江蘇石油志

（2001—2012）

《江苏石油志》编纂委员会 编

中国石化出版社

图书在版编目（CIP）数据

江苏石油志 ：2001～2012 /《江苏石油志》编纂委员会编．—北京 ：中国石化出版社，2013.1

ISBN 978-7-5114-1945-3

Ⅰ．①江… Ⅱ．①江… Ⅲ．①石油企业—概况—江苏省—2001～2012 Ⅳ．①F426.22

中国版本图书馆 CIP 数据核字（2013）第 015855 号

中国石化出版社出版

地址：北京市东城区安定门外大街 58 号
邮编：100011　电话：(010)84271850
读者服务部电话：(010)84289974
http://www.sinopec-press.com
E-mail:press@sinopec.com
南京艺中印务有限公司印刷
全国各地新华书店经销

*

889×1194 毫米　16 开本　41.25 印张　818 千字
2013 年 3 月第 1 版　2013 年 3 月第 1 次印刷
定价：230.00 元

《江苏石油志（2001—2012）》编纂委员会

《江苏石油志（2001—2012）》
编纂委员会办公室

《江苏石油志（2001—2012）》撰稿人名单

陈　香　蔡必华　谢同骏　顾永康　黄　卿　乔　珺　周　泉　李学良
武大鹏　袁　晨　陈　鹏　吴名忠　王曙光　胡　坚　王　勃　薛春玲
高大春　吴　俊　胡文悦　薛世华　相　燚　田德明　濮　飚　邹秀建
胡开建　朱军山　沈建东　谢建华　张　瓒　朱建国　鲍志民　姚　可
周　进　余　航　蔡玉宗　杨志亮　杨志明　黄亚萍　朱报春　石　磊
马　蕾　陈　云　赵　星　胡春艳　闫近伦　徐　玉　张光华　许建明
李幼辉　江惠兰　李湛扬　陈　敏　王　斌　赵　枫　郁岳麒　李　松
杨　福　陈剑平　周江华　汪向东　刘作雷　闵蓓蓓　丁　彦　王秋艳
隋吉光　赵林泉　吴旭元　徐华杰　刘伟力　王　晋　丁　科　沈宏伟
严金明　宋　瑶　董　斌　董　重　晋玉玲　刘　鸿　刘祖元　乐滕贤
王春雨　吴洪亮　黄海燕　刘　蕾　张　建　郑　婧　余　磊　贾习文
张红玉　季媛媛　魏迎波　严道君　陈学军　许进军　张　悦　钟　晨
许菁菁　严国英　孙炳祥　万江华　朱文莹　徐胜东　帅文娟　管金社
刘　进　童冬梅　许　纯　丁嘉一　凌　云

序

春华秋实六十载，风雨兼程一甲子。2013年2月9日，我们迎来了中国石化江苏石油分公司六十华诞。这六十年，是几代江苏石油人艰苦创业、发展壮大的历史，也是企业履行“三大责任”、服务江苏经济社会发展的历史。

“忆往昔，峥嵘岁月稠”。1953年公司成立时，共有5座油库、13个供应站、3座加油站、500多名职工，年销量5万多吨。在中国石化集团公司和江苏省委省政府的正确领导下，在历届领导班子和管理团队的辛勤耕耘下，在公司全体干部职工团结拼博下，经过六十年的改革发展，江苏石油分公司在市场开拓、网络建设、内部管理、党的建设等各方面都发生了翻天覆地的变化。截至2012年底，公司拥有在营加油站近2200座，油库30座，管道超过500千米，共有2.2万名职工，成品油年销量1197万吨（其中零售突破1000万吨），实现利税35亿元。

为弘扬和传承中国石化的优秀传统、优良作风和优秀文化，更好地动员和带领全体员工在中国特色社会主义道路指引下，投身到中国石化建设世界一流能源化工公司的伟业中来，在2002年出版的《江苏石油商业志》的基础上，我们组织编写了《江苏石油志（2001—2012）》，记载2001年以来企业在改革发展、经营管理及思想文化建设方面所走过的历程和取得的丰硕成绩。本书是江苏石油分公司进入新世纪的十二年精神文明建设的重要成果，也是公司全体员工十二年来艰苦奋斗、努力拼博的缩影，更是全体修志人员辛勤劳动献给建司六十周年的一份厚礼。

修志以存史，知史而鉴今。谨以此书献给中国石化集团公司以及江苏省各级党委、政府和所有关心支持江苏石油分公司的各界人士、全体客户，献给那些为企业发展打下坚实基础的历届老领导、老同志，也献给正在岗位上认真履职、团结奋斗、默默奉献的全体员工。

六十载，艰苦创业；新征程，继往开来。“十二五”期间，江苏石油将围绕中国石化集团公司“建设世界一流能源化工公司”发展目标，紧跟江苏省“开启基本实现现代化新征程”步伐，在科学发展的道路上早日建成优秀石油流通企业。

总经理：吕进华　党委书记：蔡兴勇

二〇一三年二月

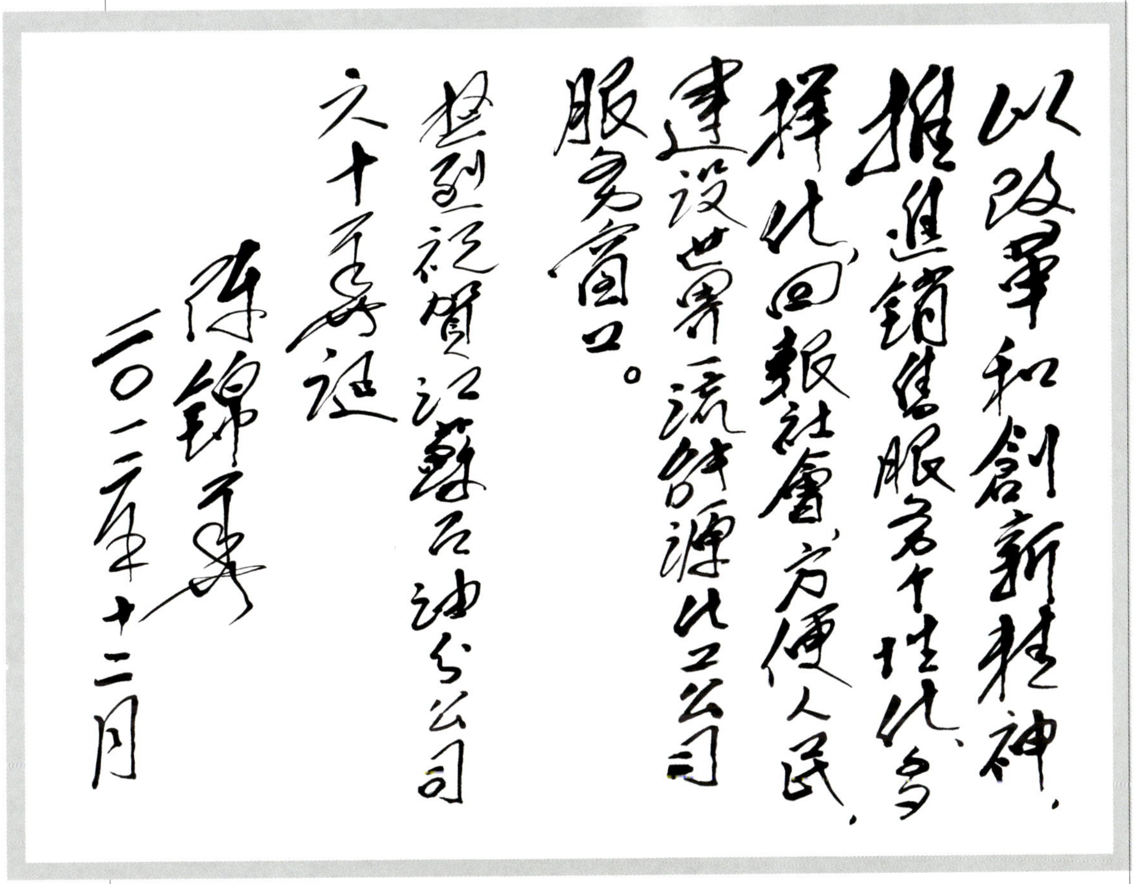
以改革和創新精神，推進銷售服務個性化、多樣化，回報社會，方便人民，建設世界一流能源化工公司服務窗口。

熱烈祝賀江蘇石油分公司六十年華誕

陳錦華

二〇一二年十二月

陈锦华：九届全国政协副主席、中国石化第一任总经理

我作为石化战线一名老战士，
衷心希望你们发扬艰苦奋斗的
优良传统，铸出过硬的工
程金牌，更富创新，更有作为，
为振兴石油化工、发展江苏
经济作出更大贡献。

盛华仁
2012年12月25日

盛华仁：十届全国人大常委会副委员长、中国石化第二任总经理

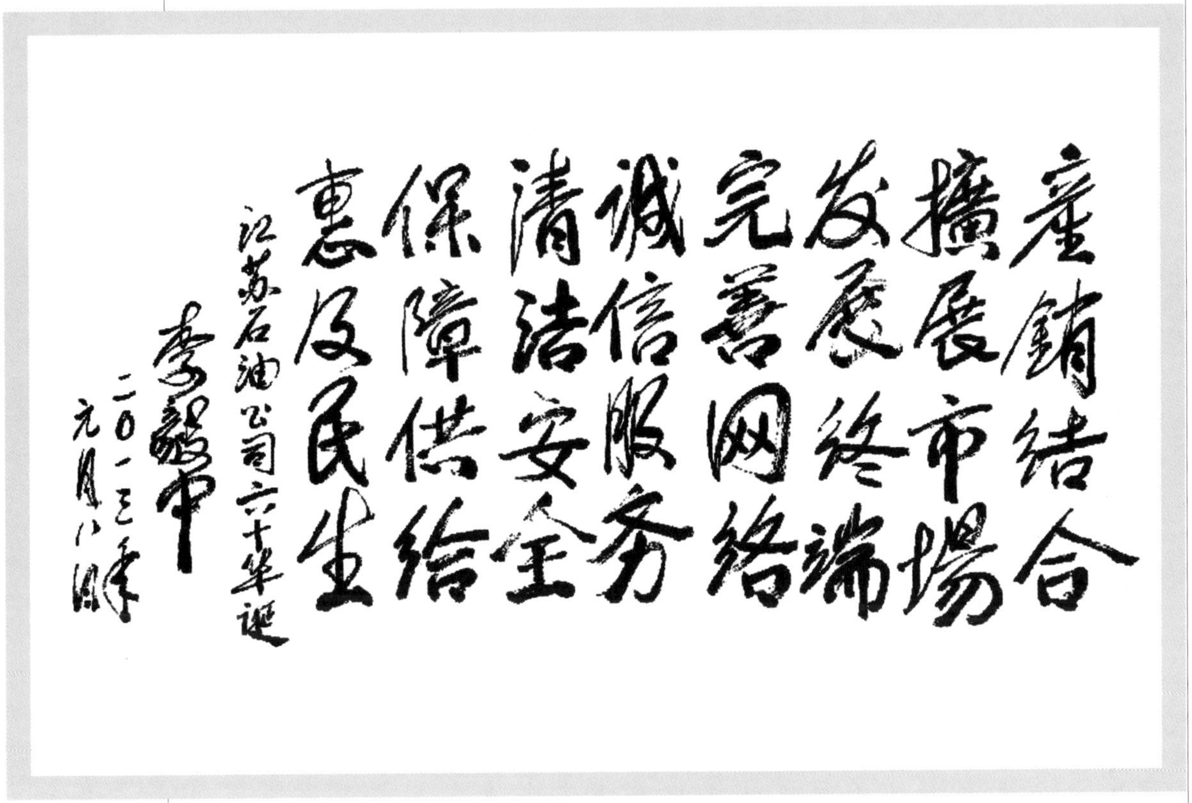

李毅中：工信部原部长、中国石化第三任总经理

寄 语

为庆祝江苏石油一甲子，新版《江苏石油志》顺利付梓，可喜可贺。

衷心祝愿江苏石油人站在新的历史起点上，面对下一个六十年，继续发扬艰苦奋斗、努力拼博的优良传统，进一步解放思想、开拓创新，全力为江苏省经济建设、社会发展和人民生活水平的提高，努力开创全面建设优秀石油流通企业新局面，为中国石化“创建世界一流能源化工公司”和江苏省“开启基本实现现代化新征程”宏伟目标多作贡献、再立新功！

2013 年 1 月 16 日

吴瑞林：江苏省原副省长

▲ 2005 年 8 月 16 日，中华人民共和国第十届运动会“我们万众一心”中国石化杯火炬传递活动在南京举行起跑仪式，江苏省委书记李源潮点燃火炬

▶ 江苏省长梁保华在十运会火炬传递起跑仪式上致辞

▲ 2008 年 5 月 28 日，江苏省长罗志军（左二）、副省长史和平（右一）赴镇江谏壁油库调研，对公司全力稳定市场供应等工作给予充分肯定。左一为江苏石油分公司总经理吕建华

▲ 2008 年 2 月 2 日，江苏省长罗志军（左一）视察南京分公司省级机关加油站，看望和慰问风雪中坚守岗位的加油员。左二为江苏石油分公司党委书记黄彪

▲ 2009 年 5 月 9 日，中石化集团公司党组书记、总经理，股份公司董事长苏树林（前左一）考察了南京分公司上新河便利加油点，对江苏石油分公司创新加油站发展模式给予了肯定

▲ 2012 年 4 月 25 日，中石化集团公司董事长、党组书记傅成玉（左四）在扬州文昌西路加油站看望慰问基层一线员工。左二为江苏石油分公司党委书记叶健宁

▲2011年11月19日，中石化集团公司总经理、股份公司总裁王天普（左二）深入南京分公司岔路口加油站开展调研

▲2003年1月14日，江苏省副省长吴瑞林莅临“庆祝江苏石油分公司成立五十周年汇报会”

▲ 2004 年 8 月 27 日，江苏省副省长李全林出席中石化壳牌（江苏）石油销售有限公司成立庆典

▲ 2004 年 11 月 13 日，中石化集团公司党组副书记周原（前右一）来公司调研指导工作。前左一为江苏石油分公司总经理杨棣

▲2004 年 8 月 27 日，中石化壳牌（江苏）石油销售有限公司成立庆典在南京举行。中石化股份公司副董事长、总裁王基铭（前左一）与荷兰皇家/壳牌集团公司执行董事兼油品化工业务董事长罗伯鲁茨（右一）为合资公司揭牌

▲2011 年 5 月 23 日，中石化股份公司高级副总裁章建华（右三）在公司调研指导工作

◀ 2002 年 1 月 26 日，中石化股份公司高级副总裁张家仁（左三）、销售公司经理李春光（右二）莅临江苏石油分公司 2002 年度工作会议。左二为江苏石油分公司总经理周立和

▶ 2009 年 4 月 8 日，中石化股份公司高级副总裁戴厚良（左二）在公司调研指导工作

◀ 2012 年 1 月 13 日，中石化集团公司党组成员、党组纪检组组长徐槟（左二）来南京公园路加油站慰问基层一线员工

▲ 2012 年 2 月 23 日，中石化股份公司副总裁、销售公司总经理张海潮（左三）在连云港苍梧路加油站调研非油品经营情况

▲ 2012 年 4 月 12 日，中石化销售公司党委书记孙久勤（中）来公司调研指导工作

▶ 2008 年 2 月，员工为困在高速公路上的车辆开展“雪中送油”

▶ 2008 年 2 月，江苏遭遇罕见的冰雪灾害，加油站在风雪中提供成品油服务

▲ 2008 年 5 月 25—27 日，北京 2008 奥运圣火在江苏传递。南通八厂加油站、泰州新区加油站和南京苜蓿园加油站作为当地政府定点加油站，为火炬车队提供加油服务

▶ 资源紧张时期，为前来排队加油“长龙”提供有序的成品油供应服务

▲ “三夏”、“三秋”期间，公司开展送油下乡以及“优先优惠、支农惠农”活动

◀ 哪里有需要就把油送到哪里

▶ 江苏农机双优卡

▲ 徐州矿山路加油站

▲ 常州城区加油站

▲ 宿迁沭阳大华加油站

◀ 无锡宜兴龙达加油站

▲ 长江水上服务区

▶ 扬州文昌西路加油加气站

▲ 江阴分公司公交总站加气站

◀ 淮安洪泽 LNG 加气站

▶ 苏州分公司 LNG 加液车

▶ 2008年10月，苏州塔韵路绿岛站、吴中大道绿岛站开业，成为江苏石油分公司第一批开业的绿岛站

◀ 2012年2月开业的苏州觅渡桥绿岛站

◀ 2009 年 7 月开业的盐城新东绿岛站

◀ 2009 年 8 月开业的南京上新河绿岛站

▲ 2009 年 9 月开业的江阴大桥南路绿岛站

▲ 2010 年 3 月开业的无锡丰裕路绿岛站

▲ 2010 年 6 月开业的常州星港大道绿岛站

◀ 2011 年 8 月开业的宿迁泗洪绿岛站

◀ 2012 年 7 月开业的南通校西绿岛站

▲ 2012 年 10 月开业的徐州行政中心绿岛站

▲ 易捷便利店

▲ 易捷便利店里提供丰富的非油商品

◀ 南通姚港油库
（销售企业优秀油库）

▲ 苏南管道配套库——苏州通桥油库（江苏石油分公司第一座现代化水平较高的油库）

▲ 徐州周宅子油库（江苏石油分公司第一座管道库）

▲ 苏南管道配套库——无锡周泾巷油库油罐群

◀ 苏南管道配套库——江阴长山油库的油罐群和管线

◀ 苏南管道配套库——常州钟楼油库的油罐群

▶ 苏南管道配套库——镇江谏壁油库的发货台

▶ 苏南管道配套库——南京栖霞油库的站场

◀ 2009年6月5日，江苏成品油管道（苏南）工程开工典礼在常州举行

▶ 2010年12月20日，江苏成品油管道（苏南）工程成功投油

▶ 2012年3月19日，江苏成品油管道（苏北）及配套油库工程在淮安举行开工典礼

◀ 工人正在焊接管道

▲ 管道施工现场

▶ 2009年3月，江苏石油分公司在淮安召开“深入群众促和谐，凝心聚力促发展”党建工作会

▲ 2009年5月，江苏石油分公司召开学习实践活动形势和任务报告会

▲ 庄严的宣誓

▲ 2005 年 8 月，江苏石油分公司组织员工参加全国十运会火炬传递活动

▲ 2009 年 10 月，江苏石油分公司组织员工参加全国第十一届运动会火炬传递活动

▲ 2011 年 6 月，江苏石油分公司组织举行庆祝建党 90 周文艺演出

▶ 2008年6月，江苏石油分公司在通桥油库组织首届物流条线篮球比赛

◀ 2011年5月，江苏石油分公司在盐城举行首届乒乓球比赛

▶ 2012年6月，江苏石油分公司在徐州举行首届羽毛球比赛

▲ 2012年10月，江苏石油分公司在南京举行第六届基层员工炊事技能竞赛

◀ 炊事竞赛现场

▶2009年11月，江苏石油分公司在南京举行第二届消防灭火技能竞赛

▲2011年11月，江苏石油分公司在南京举行第三届消防灭火技能竞赛

▲ 员工培训风采

凡 例

一、《江苏石油志（2001—2012）》以马克思列宁主义、毛泽东思想、邓小平理论、“三个代表”重要思想和科学发展观为指导思想，坚持辩证唯物主义和历史唯物主义的立场、观点、方法，真实客观地记述2001—2012年江苏石油分公司经营、改革、发展历程。

二、本志编纂时限为2001年1月1日（《江苏石油商业志》的下限）至2012年12月31日。

三、本志结构为凡例、概述、大事记、专志、附录和后记。专志按篇、章、节、目编写，部分目下设子目。

四、志书以述、记、志、传、录、图、表等方式表述。照片、图、表置于卷首或穿插于有关章节之中。

五、专志为全书的主体，全面反映企业发展的脉络，设“经营业务”等6篇45章。大事记不分章节，以事件出现时间先后为序。附录包括人物名表和荣誉，人物名表主要收录领导班子任职情况、地市级以上劳动模范和“五一”劳动奖章获得者、教授级及高级专业技术职务；荣誉只辑录获得省级及销售公司以上荣誉的集体和个人（各分公司在地方政府所获荣誉在第六篇各章节中表述）。

六、本志为节省篇幅，对一些常用名词使用简称。“中国石油化工集团公司”、“中国石油化工股份有限公司”、“中国石化销售公司”，分别简称为“集团公司”、“股份公司”、“销售公司”。中国石油化工股份有限公司江苏石油分公司、中国石油化工集团江苏石油有限责任公司、中国石化集团资产经营管理有限公司江苏石油分公司简称为“江苏石油分公司”或“省公司”。各地市石油分公司统一简称为“××石油分公司”；中石化壳牌（江苏）石油销售有限公司简称为“合资公司”；江苏高速公路石油发展有限公司简称为“高速石油”。

七、本志采用语体文，记述力求准确、严谨、简洁、务实。文字、标点、计量单位及数字的用法，均按志书有关规定书写。

八、本志资料主要来源于江苏石油分公司各单位上报资料、档案资料等。数据以统计报表为准。

目 录

概述

进入21世纪，全面建成小康社会，基本实现现代化，实现中华民族的伟大复兴，正激励着中华儿女为之努力奋斗。在中国石化建设一流能源化工公司的新航程中，中国石化江苏石油分公司迎来了六十周年华诞。回顾新世纪前十二年科学发展的历程与成就，履行"三大责任"的使命与担当，对紧紧抓住经济社会发展的战略机遇，全面推进优秀石油流通企业建设具有重要的意义。

1953年，中国石油公司江苏分公司成立。1997年，组建江苏省石油集团有限公司，并加入中国东联石化集团有限责任公司。1998年，随中国东联石化集团有限责任公司划转中国石油化工集团公司。2000年，重组上市，分设为中国石化股份公司江苏石油分公司和中国石化集团江苏石油有限责任公司。2002年2月，中国石化股份公司、集团公司分别对江苏石油分公司、江苏石油有限责任公司比照大一型企业管理。2007年，中国石化集团江苏石油有限责任公司转制为中国石化集团资产经营管理有限公司江苏石油分公司。2009年，中国石化资产经营管理公司江苏石油分公司整体委托中国石化股份公司江苏石油分公司管理。

1953年公司成立时，下属5座油库、13个供应站、3座加油站，固定资产103万元，582名职工。年销量5万多吨，向国家上缴利润224万元。

在中国石化集团公司和江苏省委省政府的正确领导下，在历届领导班子和管理团队的辛勤耕耘下，在公司全体干部职工团结拼博下，经过60年的改革发展，江苏石油分公司在市场开拓、网络建设、内部管理、党的建设等各方面都发生了翻天覆地的变化。特别是进入21世纪以来，江苏石油分公司紧紧抓住经济社会发展的战略机遇期，解放思想、深化改革、开拓经营、创新发展，进一步巩固和确立了在成品油市场的主导地位，提升了企业可持续发展能力。这期间，江苏石油分公司历任班子，团结带领全体干部员工，成功经受了加入世贸组织、市场放开、金融危机蔓延、成品油定价机制调整、市场频繁变化等严峻考验；积极推进完成了重组改制、减员分流、实行ERP和流程再造、网络大发展等重大改革发展事项；抗击了非典疫情、雨雪冰冻等重大突发事件和自然灾害，并将影响降到最低。

截至2012年底，下设14家分公司，及中石化壳牌（江苏）石油销售有限公司、江苏高速公路石油发展有限公司。拥有在营加油站2192座，在营加气站22座，在营油库30座，管道515千米，2.2万名职工，成品油年销量1197万吨，实现利润25.6亿元。

一、培育共同理想信念，积极履行三大责任

1. 以"优秀石油流通企业"的愿景引领企业发展

以"创建优秀石油流通企业"为愿景目标，激励全体员工通过诚实、优秀的工作和不懈努力，为江苏省的经济建设、社会发展和人民生活提供持续不断、优良的成品油供应服务，巩固成品油主渠道地位，积极发展非油品业务，力争成为江苏省车用天然气主力供应商，不断提高企业的综合竞争力，确保国有资产保值增值。2001—2012 年，共为江苏省提供了 10579 万吨成品油服务，共实现利润 177 亿元、利税 249 亿元，用实践巩固社会主义公有制的经济基础、证明中国特色社会主义制度的优越性。

2.积极保障成品油供应

始终坚持履行国有企业三大责任，发挥成品油主渠道作用，较好地保障了"三夏"、"三秋"、"抗击雨雪冰冻"、"奥运保供"等多个特殊时期的重点市场、重点用户的油品供应，先后获得江苏省"依法治企、诚信经营"先进单位和"能源工作先进单位"称号，树立了"讲政治、顾大局、负责任"的企业形象。2007 年下半年，国际油价大幅攀升，国内油价从紧控制，局部地区出现"油荒"现象。在各级政府的大力支持下，较好地保障了市场的有序供应。尽管当时自采油品采销价格倒挂，为维护市场秩序，公司坚持不突破零售价供应，为消费者承担了 4000 余万元成本。2008 年初，面对 50 年一遇的冰雪灾害，公司加强重点地区的调运工作，在交通堵塞最严重、无法通行的路段，员工们顶风冒雪、肩扛手提油桶步行几公里，将柴油送到司机手中，演绎了石化人"雪中送油"的感人篇章。2010 年，积极探索"支农惠农"的新方法，与省农机局联合推出"江苏农机双优卡"，向 4 万余名农机手提供各类优惠。被省农机局先后授予"尽心尽力助农机、优先优惠促增收"锦旗和"全省帮扶农机合作社发展先进企业"称号。此举也得到国家农业部的肯定和好评，并要求在全国推广。

3. 践行绿色低碳战略

在持续扩大经营规模的同时，积极转变发展方式，更加突出发展质量和效益，更加突出技术进步，更加突出绿色低碳。一是推进油品升级换代，积极推广清洁能源，2006 年在苏北五市推出乙醇汽油，2011 年停售 90# 汽油，2012 年先后推出 97# 品牌汽油（苏州地区）、车用柴油和国Ⅳ汽油。二是配合江苏省政府实施"碧水蓝天"的计划，高标准严要求，稳步推进油气回收工作，截至 2012 年底，累计完成 895 座加油站油气回收改造。三是加快成品油管道建设，改变传统的运输方式，确保油品的安全运输和节能环保。四是在全国首创资源节约、环境友好的绿岛便民加油站。通过绿色低碳的生产方式，努力实现经济责任与社会责任的有机统一。五是积极推广自助加油，倡导绿色时尚消费理念。

4.积极回报社会

坚持"饮水思源、感恩回报"，发挥国有大企业履行社会责任的表率作用，努力为江苏省的公益事业提供力所能及的帮助。2005 年，中国石化成为"十运会唯一油品供应商"，江苏石

油分公司下属300座“十运会”指定油站为全运会提供了高品质的油品保障。2008年和2010年，广大干部员工分别为汶川、玉树大地震捐款、缴纳特殊党费；同时积极支持苏北地区的扶贫项目，与江苏省“见义勇为”基金会合作设立“江苏省见义勇为好司机”基金，先后被评为江苏省“脱贫攻坚工作先进单位”和“见义勇为突出贡献单位”。扬州分公司加油站长王文清，10多年坚持无偿献血，资助了200多名贫困人员，2010年被评为“中国网事感动2010”十大人物之一，2011年被中华全国总工会授予“五一劳动奖章”称号。

二、做实做强经营，努力打造基本市场

坚持做实、做大、做强经营的指导思想，树立“以市场为导向，以客户为中心”的理念，大力打造优良、稳定、可持续、有良好效益的基本市场。

1.经营规模跃上新台阶

按照“拓展经营、做实经营、有效经营”的原则，努力拓市创效，经营规模连续攀上新台阶。2001年实现成品油531万吨、零售量243万吨；2008年成品油突破1000吨、零售量突破800万吨；2012年成品油达到1197万吨，零售量突破1000万吨。

2.经营结构持续优化

为充分发挥零售在做大规模、支撑经营创效上的主体作用，公司统筹资源配置，多措并举，举全司之力做强“大零售”。零售量由2001年243万吨上升到2012年的1000万吨；零售比重也由2001年的46%上升到2012年的86%。站均零售量由2001年的1950吨上升到2012年的4667吨，增幅139%。

3.加油卡核心优势得到巩固

2004年取消纸质加油券，推行加油IC卡。为了让“客户更方便”，公司加快卡机联动站的建设，增设加油卡圈存点，通过加油卡网上第三方平台充值、电话充值、短信充值等，大力推广加油卡自助服务。截至2012年底，IC卡消费比重达到44%。

4.非油品业务快速健康发展

按照中国石化总部统一部署，2008年正式启动非油品业务。通过加快非油品网络建设和配送业务管理，便利店商品日益丰富，便利店销售规模实现跨越式发展。2008年，实现便利店销售8229万元，2009年实现1.7亿元，2010年实现3.95亿元，2011年实现6.01亿元，2012年突破8亿元。

5.天然气业务实现良好开端

2009年，正式启动天然气业务。通过突破天然气业务专营权，加快配气设施及加气站建设，加强产销衔接，开拓终端客户，不断拓展天然气市场，实现了良好的开端。截至2012年底，累计销售天然气2686万立方米。

三、坚持科学发展，全力建设储运销网络

坚持发展是第一要务，全力建设集加油站、加气站、非油品便利店、油库、管道于一体的“大网络”，注重可长期控制，加快技术进步，努力使网络数量有效增加、质量不断提高、成本有所下降，使储运销网络在内涵提升和外延发展上都取得有效进展。

1.坚持科学、有效、持续，发展零售网络

按照“全力新建、大力收购、酌情联营、控制租赁”的原则发展新增项目，在营加油站由2000年底的969座增加到2012年底的2192座。同时，积极实施产权规范化、租赁转收购，优化网络质量，注重可持续发展，可长期控制站占在营站比例达85%，保证了零售业务的可持续发展。按照《中国石化加油站形象设计标准》对加油站进行改造，新形象站达到965座，进一步提升了油站形象，拓展了服务功能。

2.创新发展模式，推进绿岛站建设

面对“城区加油难、投资成本高、规划布点难”的情况，江苏石油分公司解放思想，创新发展，在全国首创了绿岛站建设模式，利用城市绿化带建设便利加油点。截至2012年底，累计发展绿岛站52座。绿岛站的发展受到政府和有关部门好评，苏州市政府将其列入“科学发展、为民办实事工程”。

3.抓住发展机遇，积极启动加气业务

积极抢抓天然气发展的机遇，完成全省加气站布局规划，加大工作力度，突破专营权限制。截至2012年底，累计建成加气站61座、取得39座加气站核准，成为江苏省拥有加气站最多的单位。

4.攻坚克难，建设成品油管道

2005年配合建成鲁皖成品油管道，2007年完成金扬穿江管道建设，2008年完成金嘉湖成品油管道苏州支线建设，2010年完成苏南管道及配套油库建设，使江苏境内成品油管道总里程超过515千米，年输送成品油能力超过800万吨，油库装备和自动化水平大幅提升。正在建设的苏北成品油管道，预计2014年中实现中交，届时可以实现“千里油龙贯江苏”的目标，进一步增强市场保供能力。同时，不断优化油库布局，2001—2012年共关闭油库72座，新建油库4座。

四、深化改革，强化基础管理，提升企业整体实力

“只有严格的管理，才有有效的经营；只有优秀的管理，才有优秀的经营业绩”。按照塑造中国石化特色管理模式的总体要求，“向管理要效益、要效率”，江苏石油分公司坚持继承和创新相结合、传统管理和现代管理相结合，强化基础管理，防控经营管理风险，促进企业管理迈上新台阶。

1.深化管理体制改革

围绕“管理层次扁平、业务专业垂直、岗位权责明晰、市场反应灵敏”的目标，逐步深化经营管理体制改革，建立了经营专业化、管理扁平化和市县公司一体化的经营管理模式，逐步形成了“物流配送统一优化、仓储业务两级管理、会计一级核算、财务集中管理、审计和信息条线化管理、营销两级管理”的管理体制。

2.践行“每一滴油都是承诺”的理念

推进 ISO9000 质量管理体系建设，实现油品质量的全过程有效控制。加强二次配送运输、加油站接卸、交接班及盘点等关键环节的监控与管理。强化管输数量管理，依靠科技手段，提高库站自动计量管理水平。推广运用 V20 系统，消除温度变化对油品体积的影响，提升油品损溢考核管理水平。持续开展打击偷盗油活动，与运输公司达成“诚信运输、共同发展”的共识，打造中国石化“质优量足”的品牌形象。

3.确立“大安全”的风险管理理念

将油品经营、资金资产、信息、环保、数质量等风险因素，纳入安全管理工作范畴，进一步规范经营行为，防范经营风险。落实和细化安全生产责任制，加强安全教育和培训，提升全员 HSE 意识和技能。自 2007 年起，连续举行 3 届消防运动会，突出预案演练、灭火技能和标准化操作，进一步完善应急管理，提高突发事件处置能力。强化员工八小时以外的安全行为，提高员工自身安全防范能力。抓住加油站设备设施、安全、数质量、资金、加油卡、便利店、媒体曝光应急处置等关键风险点，加强风险排查，强化管理监督和评价，提升基础管理水平。2011 年被省公安厅等 6 部门联合命名为“平安企业”。

4. 强化现场管理，提高服务水平

坚持“优质服务就是最好的营销”，按照“应该做到、能够做到、简明易行”的要求，建立加油站管理规范。推进管理星级计划，提升客户满意度。抓好“为民服务创先争优，争创客户满意加油站”活动，改善消费环境，完善服务功能，增加服务项目，全面提升窗口服务水平。在基层对外服务窗口，推行“6S”管理（整理、整顿、清扫、清洁、安全、素养），努力营造整齐、清洁、安全的工作环境。

5. 服务保障企业持续稳健发展

加快信息化建设，强化财务管理，服务企业经营发展；贯彻“三重一大”集体决策制度，推行依法治企，加强内部审计、业务公开和效能监察工作，强化监督管理，保障企业持续健康发展。

五、加强党建工作，努力把国企的政治优势转化为核心竞争力

围绕推动企业发展、服务职工群众，以改革创新的精神加强党建和思想政治工作，促进干部职工保持良好的状态，努力把国有企业的政治优势转化为核心竞争力。连续多年被授予江苏

省“思想政治工作优秀企业”和“精神文明建设先进单位”称号；2009—2011年连续3年在集团公司直属企业单位领导班子考核中评为“A级单位”。

1.以人为本，真心关爱员工

综合市场劳动力价位、物价增幅等因素，在企业力所能及的范围内，建立与劳动生产率、物价指数挂钩的工资正常增长机制，有效提高员工特别是一线员工的收入水平。强化“自己动手、改善生活”，将“五小”工程（小厨房、小园地、小药箱、小菜地、小浴室）作为思想政治工作的抓手，作为密切干群关系、凝心聚力、带好队伍的切入点。从2007年起，连续6年开展炊事技能竞赛，有效改善了基层员工生活水平。“建设五小工程”被评为江苏省“服务党员群众十件实事”之一。完善健全两级扶贫帮困基金，努力将“真困难真帮助”落到实处。同时统筹兼顾，积极落实总部政策，处理好各类群体的利益诉求。

2.加强员工队伍建设

公司在加快发展的同时，全面加强队伍建设，不断提升员工素质，努力为员工提供发展空间和成就事业的平台。持续推进技能竞赛和技术比武，员工队伍素质有较大幅度的提升，初级及以上技能操作人员占85.3%。干部队伍结构进一步优化，中层干部本科以上学历占73.5%，“70后”占25%。

3.培育积极向上、求真务实的企业文化

配合各个时期的主题教育，深入开展先进性教育、双促活动和学习实践科学发展观以及创先争优活动，全面加强党的建设，有力地保障了企业的和谐发展。注重调动和发挥广大员工的工作积极性，进一步形成了解放思想、实事求是的工作作风，干部职工的责任感、实干精神和拼搏精神明显增强。

江苏石油分公司将深入贯彻落实党的十八大会议精神，以科学发展观为指导，围绕集团公司“建设世界一流能源化工公司”发展目标，紧跟江苏省“开启基本实现现代化新征程”步伐，进一步解放思想、转变观念、开拓创新、调整结构、稳中求进，突出经济效益，严格成本管理，着力打造基本市场，完善储运销网络，夯实基础管理，进一步理顺体制机制，强化党建思想政治工作和队伍建设，全面推进优秀石油流通企业建设。

大事记

2001 年

1 月 7 日，江苏石油分公司印发《江苏区域石油分公司流程规范与管理系统设计》；3 月 6 日，成立江苏石油分公司流程规范实施工作领导小组，全面推行流程规范实施工作。

1 月 8 日，江苏石油分公司在南京召开 2001 年度工作会议，周立和总经理作了《争分夺秒 锐意创新 奋力拼搏 加快实现管理现代化 全面提高市场竞争力》的工作报告。

3 月 29 日，江苏石油分公司实施零售管理体制改革，统一全省系统零售经营与管理模式，实施零售经营权与管理权分离，组建实行独立核算的加油站管理公司，改革运行机制，转移加油站员工的劳动关系。

4 月 29 日，集团公司、股份公司批复江苏石油分公司减员增效的方案，江苏石油分公司正式开展深化劳动用工制度改革和协议解除劳动合同工作。

5 月 15 日，江苏石油分公司与农行江苏省分行，成立中国石化金卡工程江苏省领导小组，全面负责江苏省石化金卡工程建设。

5 月 25 日，江苏石油有限责任公司增设管理部，苏实油运分公司和技术设备分公司实现专业化管理。

8 月 20 日，江苏石油分公司开始实施仓储管理体制改革，成立省仓储分公司，从事全系统原油、成品油、重油、石油液化气、化肥等仓储经营。

9 月 27 日，江苏石油分公司成立高速公路网络发展工作领导小组，负责全省高速公路网络发展工作。

10 月 24 日，江苏石油分公司成立 ERP 试点工作办公室，正式启动 ERP 试点工作。

11 月 23 日，江苏石油分公司全面推进零售体制改革，做好加油站管理公司的组建和注册登记；强化 ME 队伍建设，加强油站监管；实施零售培训“113”工程（100 名合格 ME，1000 名 CORO 经理，30 名管理运营培训师）。

2002 年

1 月 4 日，江苏石油有限责任公司在全系统推行流程规范工作。

1 月 26 日，江苏石油分公司召开年度工作会议，周立和总经理作了《实现经营工作战略转移 迅速提升企业核心竞争能力》的工作报告。

2 月 5 日，股份公司、集团公司分别对江苏石油分公司、江苏石油有限责任公司比照大一型企业管理。

3 月 8 日，股份公司授权江苏石油分公司与江苏省交通产业集团公司下属的三家公司（江苏京沪高速公路有限公司、江苏宁宿徐高速公路有限公司、江苏连徐高速公路有限公司），共同投资设立“江苏科茵格油品供应有限公司”。

3 月 13 日，江苏石油分公司明确非上市加油站经营权移交上市公司，非上市公司退出成品油零售经营。

3 月 14 日，江苏石油分公司明确加油站雨棚新形象标识为：“朝阳图案”+“中国石化”+“SINIOEC”。

4 月 16 日，江苏石油分公司开展加油站专项整治工作，重点整治违规建设、违法经营、证照不全等加油站（点）。

4 月 18 日，江苏石油有限责任公司成立进出口分公司，主要负责自营和代理进出口业务。

11 月 25 日，江苏石油有限责任公司成立煤炭分公司，负责系统煤炭专业化经营业务。

4 月 25 日，江苏石油分公司召开加油 IC 卡工作会议。江苏石油分公司与上海亚太计算机信息系统有限公司签署了《中国石化加油 IC 卡试点工程江苏省工程集成合同》。

4 月 26 日，苏南国道分公司正式成立，负责经营管理 104 国道（宁杭公路）南京百水桥至无锡洑东段以及 312 国道镇江句容至苏州昆山段的系统内加油站。

6 月 26 日，为配合 ERP 上线工作，江苏石油分公司开展区域分公司经营部门组织结构调整，以原零售公司为主体，组建区域零售中心；以原配送中心、润滑油公司为主体，组建区域商业客户中心；以信息业务部、销售公司、仓储公司为主体，组建区域物流中心。

7 月 2 日，江苏石油分公司正式建立职工扶贫帮困基金。

7 月 2 日，原镇江地区的镇江分公司（股份、存续）、谏壁油库、谏壁分公司、三龙公司，重组为镇江区域股份公司和镇江区域存续公司。

7 月 17 日，江苏石油分公司明确本部设立零售部、商业客户部、物流营运部、企业管理部、人力资源部、总经理办公室、信息技术部、安全技术部、财务资产部、内审部、企业文化部、监察部等 12 个部门。

10 月 29 日，江苏石油分公司成立 HSE 体系建立工作领导小组，从 11 月份起，正式开展 HSE 管理体系的建立工作。

11 月 22 日，江苏石油分公司开展社会加油站特许经营工作。

12 月 1 日，江苏石油分公司正式启用办公自动化（OA）系统。

12 月 13 日，江苏石油分公司开始设置零售片区主管。

12 月 20 日，江苏石油分公司召开 ERP 上线会议，标志着 ERP 正式上线运行。

2003 年

1 月 14 日，江苏石油分公司在南京召开 2003 年度工作会议，周立和总经理作了《团结 鼓劲 创新 抓实 全面完成集团公司下达的各项工作任务》的工作报告。下午，召开“庆祝江苏石油分公司成立五十周年汇报会”，吴瑞林副省长到会表示祝贺。

2 月 20 日，江苏石油分公司组建苏北国道公司，主要负责省内 204 国道苏北段的成品油零售业务的经管与管理。

2 月 28 日，江苏石油分公司开展“为您的设备健康把脉，给您的油品体检”营销活动。

3 月 25 日，江苏石油分公司开展深化区域公司一体化运作改革，对区域内县属经营管理机构实现“六统一”管理。

3月28日，江苏石油分公司对特许加盟加油站进行统一授牌：中国石化江苏石油分公司特许经营加油站。

4月，江苏石油分公司在全系统加油站开展以“服务、品牌与效益”为主题的“优质服务月”活动。

4月8日，江苏石油分公司对加油站建立ABC三级督查体系，即江苏石油分公司督查（A级）、分公司督查（B级）和油站日查（C级）。

4月24日，江苏石油分公司成立防“非典”工作领导小组，开展非典型肺炎的防控工作。

6月16日，江苏石油分公司成立内部控制项目工作组，负责内部控制相关工作的推进。

7月8日，江苏石油分公司开展加油站整顿，重点对加油站站容站貌、规范化服务、内部管理、体制机制等内容进行整顿。

8月8日，江苏石油分公司部署开展“学习贯彻‘三个代表’重要思想”的教育活动。

11月3日，江苏石油分公司HSE管理体系正式投入试运行。

2004年

1月11日，江苏石油分公司召开年度工作会议，周立和总经理作了《深化改革 强化经营 降本增效 为建设具有核心竞争力的企业而努力奋斗》的工作报告。

1月19日，江苏石油分公司成立ERP管理办公室。

3月30日，江苏石油有限责任公司对37家整体不上市县公司人员实行改制分流。

4月底，江苏石油分公司停止发行加油券，全面推广中国石化IC卡业务。12月底，停止记账加油业务，逐步将记账加油用户转为IC卡用户。

4月13日，省工商行政管理局确定130家企业为省属免检企业，中石化股份公司江苏石油分公司、中石化集团江苏石油有限责任公司位列其中。

4月19日，集团公司在南京召开江苏石油分公司领导班子调整宣布大会，宣布：杨棣同志担任江苏石油分公司经理、江苏石油有限责任公司总经理、中共江苏石油有限责任公司委员会委员。周立和同志因年龄原因办理退休。

4月22日，江苏石油分公司成立二次物流优化配送领导小组，开始启动二次物流优化配送项目，10月上线运行。

4月7日，江苏石油分公司成立鲁皖成品油管道项目工程协调领导小组。

4月底，江苏石油分公司ERP系统正式单轨运行。

7月9日，江苏石油分公司成立维稳领导小组。

7月15日，江苏石油分公司开展“加油站规范化管理百日竞赛活动”。

8月27日，中石化壳牌（江苏）石油销售有限公司成立庆典在南京举行。

9月17日，江苏石油分公司批复苏州分公司《合资公司平稳交接实施方案》，明确苏州分公司在2004年底完成合资运营的平稳交接。

10月18日，江苏石油分公司召开领导干部紧急会议，传达贯彻销售公司大区公司和省市公司党政一把手紧急会议精神，要求深刻汲取河北固安事件教训，开展反盗窃斗争，保卫和维护品牌形象。

10月18日，江苏石油分公司在全系统开

展以“强三基、反三违、抓整改、保安全”为主题的“百日安全无事故”竞赛活动。

11 月 15 日，销售公司批复，同意张有根兼任江苏石油分公司总法律顾问。

11 月 17 日，江苏石油分公司成立“易金卡增值服务”项目领导小组和领导小组办公室，负责“易金卡增值服务”项目推广实施工作。

11 月 18 日，淮阴燃料公司开始实施企业内部清算，员工整体划转至淮安分公司。

12 月 14 日，江苏石油分公司成立鲁皖成品油管道周宅子油库配套改造工程项目经理部，负责周宅子油库配套改造工程建设。

2005 年

1 月 6 日，江苏石油分公司召开中层管理人员精简分流动员大会，销售公司对选聘经营管理人员到东北、西北分公司挂职作了动员部署。

1 月 25 日，江苏石油分公司召开年度工作会议。杨棣经理作了《迎接挑战 乘势前进 努力开创江苏石油分展新局面》的工作报告。

3 月 3 日，江苏石油分公司党委同意设立“中共中石化壳牌（江苏）石油销售有限公司党委会”，明确其党的组织关系隶属于江苏石油分公司党委领导。

5 月 24 日，省政府与中国石化签订《战略合作协议》。同时，中石化还与江苏省十运资源开发有限公司签署了十运会合作伙伴协议。

5 月 25 日，中国石油化工股份有限公司正式成为十运会组委会合作伙伴，成为十运会唯一油品供应商。获得十运会“乒乓球、花样滑冰、艺术体操、男排”比赛的单项赛事冠名权、“十运会火炬接力活动”的冠名权等。

7 月—10 月底，江苏石油分公司在全系统开展保持共产党员先进性教育活动。

7 月 1 日，江苏石油分公司开展深化市县公司一体化管理改革的活动。

7 月 22 日，中国石化加油卡工程（江苏工程）的集成工程通过验收。

7 月 26 日，江苏石油有限责任公司将镇江三龙公司 31 名经营、仓储人员随经营业务和仓储资产划转到中石化国际事业公司江苏化工经营部。

8 月 1 日，江苏石油分公司、江苏石油有限责任公司所属化工人员 102 人，划转至中石化国际事业公司。

8 月 5 日，江苏石油分公司制订了《2005 年关闭油库指导意见》，全省 19 座油库实施整体关闭或退租、停用。

8 月 5 日，总部股份公司正式批复，在建设金山—嘉兴—湖州成品油管道的同时，同步建设嘉兴—苏州成品油管道支线。

8 月 16 日，中华人民共和国第十届运动会“我们万众一心”中国石化杯火炬传递活动在南京举行起跑仪式。

8 月 8 日，江苏石油有限责任公司开展区域分公司油运资产处置工作。

8 月 9 日，江苏石油分公司在全系统开展“知企情，达共识”为主题的形势任务教育。

10 月 1—31 日，江苏石油分公司开展“迎国庆迎十运、满意在石化”劳动竞赛活动，确定“十运会”定点加油站，推出“十运会”纪念版加油卡。

10 月 12—23 日，第十届全国运动会在南京举行，江苏石油分公司开展了相关营销和服务工作。

12月10日，徐州、连云港、淮安、盐城、宿迁等苏北五市试推广使用车用乙醇汽油，当年年底正式封闭使用车用乙醇汽油。

12月19日，《江苏石油分公司经营管理体制改革总体方案及配套方案》获销售公司批复。

12月28日，江苏石油分公司在周宅子油库、南通姚港油库建立质量检验分中心。

当年，鲁皖管线徐州段建成投产。

当年，公司油品销售总量首次突破1000万吨。

2006年

1月1日，苏北五市全封闭运行乙醇汽油。

1月14日，江苏石油分公司在南京召开年度工作会议。杨棣经理作了《强化经营 深化改革 细化管理 努力为“十一五”发展开好局》的工作报告。李全林副省长应邀出席会议并作了重要讲话。

1月19日，江苏石油分公司部署开展经营管理体制改革。

2月底，物流、燃料油、信息、审计垂直一体化管理体制改革工作正式交接。

3月8日，江苏石油分公司在区域分公司开展“四好”（政治素质好、经营业绩好、团结协作好、作风形象好）领导班子创建活动。

3月30日，江苏石油分公司部署开展清理整顿对外投资和多种经营工作。

3月31日，江苏和海油品运输有限公司实施改制分流。

4月12日，总部股份公司批复江苏成品油管道工程项目建议书，同意建设江苏成品油管道项目。

6月，总部发展计划部批复，同意建设江苏成品管道金陵—扬子支线穿江管线。

6月，江苏石油分公司开展职业技能鉴定（考评）工作。

7月11日，江苏石油培训中心正式成立。

7月14日，江苏石油分公司成立管道建设管理办公室。

7月27日，江苏石油分公司成立对外投资和多种经营单位清理整顿工作办公室。

7月27日，江苏石油分公司设立党委组织部，与人力资源处合署办公；设立党委办公室，与政工处合署办公。

11月18日，江苏石油分公司召开干部大会，集团公司宣布：吕建华任江苏石油分公司经理、江苏石油有限责任公司经理、中共江苏石油有限责任公司委员会委员，杨棣同志调出另有任用。

12月18日，无锡地区33座加油站（不含水上和高速公路加油站）整体移交合资公司经营管理。

12月底，江苏石油分公司部署开展加油站“五小”（小食堂、小浴室、小活动室、小药箱、小园地）工程建设。

2007年

1月1日，江苏石油分公司正式运行OA办公自动化系统。

1月22日，江苏石油分公司在南京召开年度工作会议，吕建华经理作了《开拓市场 强化管理 扎实推进江苏公司新一轮发展》的工作报告。李全林副省长应邀出席会议并作了重要讲话。

2月起，按总部要求，江苏石油分公司开始统一使用“北京奥运＋中国石化”的标识。

2月6日，江苏石油分公司设立物资装备管理处。

3月14日和4月15日，金嘉湖管道苏州支线工程可行性研究和初步设计分别获总部发展计划部批复。

4月，江苏石油分公司开展“中国石化加油站优质服务月”活动。

4月1日，江苏石油分公司开展水上零售业务整合，南京、镇江、常州、江阴、南通、泰州、扬州等7个地区的长江水上加油站（服务区）经营和管理工作，交由江阴分公司负责。

4月20日，江苏成品油管线金扬支线长江穿越主体工程全部顺利完工。

5月，江苏石油分公司开展苏北五市“乙醇汽油宣传推广月”营销策划活动。

5月，江苏石油分公司部署开展加油站形象改造工作。

5月23日，江苏石油分公司部署开展财务会计管理体制改革，将全省主要财务管理职能上移，实现财务集中管理；将全省主要会计核算上移到会计核算中心，实现会计一级核算。

5月23日，江苏石油分公司部署开展完善物流一级管理改革工作。

6月9日，江苏石油分公司部署实施加油站规范化管理改革。

6月10日，江苏石油分公司部署理顺成品油直分销管理体制工作。

6月26日，江苏成品油管道（江南线）工程可行性研究报告获总部股份公司批复。

7月23日，江苏石油分公司开展“中国石化集团江苏石油有限责任公司”体制向“中石化集团资产经营管理有限公司江苏石油分公司”转换的工作。12月1日，江苏石油资产分公司正式运行。

9月1日，油库电子提单发油系统上线运行。

9月19日，江苏成品油管道工程长江穿越工程完成中交，管理权移交给江苏成品油管道工程南京分部，南岸管线日常监护交由栖霞油库负责。

10月28日，江苏石油分公司开展消防灭火技能竞赛复赛工作。

10月30日，江苏石油分公司部署开展规范油库员工薪酬分配工作。

12月14日，江苏石油分公司举办首届基层员工炊事技能竞赛决赛。

2008年

1月21日，江苏石油分公司在南京召开年度工作会议，吕建华总经理作了《贯彻科学发展观 建设优秀石油流通企业》的工作报告。李全林副省长应邀出席会议并作了重要讲话。

2月2日，省长罗志军视察了南京分公司省级机关加油站，看望和慰问风雪中坚守岗位的加油员，对江苏石油分公司全力保障省内油品市场供应给予了高度赞扬。

2月21日，江苏石油分公司提出“建设优秀石油流通企业”、实现“为社会奉献清洁能源和优质服务，安全环保，客户认同，员工满意，企业兴旺”的愿景，全面推进“创优”工作。

2月28日，苏南成品油管道工程被列入江苏省2008年重点工程。

3月16日，江苏石油分公司在淮安召开党建工作会议，部署开展“深入群众促和谐，凝心聚力促发展”和“抓源头、促清廉”的主题活动。

3 月 21 日，江苏石油分公司在常州召开加油站站内培训体系推广现场会，同时启动《员工守则》宣贯工作。

4 月 1 日，江苏石油分公司深化长江水上零售管理体制改革，将长江水上经营网点相关人、财、物划入省零售分公司。12 月 31 日，长江水上 19 座加油站资产划转到省零售分公司，实现了专业化公司运营模式。

4 月 16 日，江苏石油资产分公司设立离退休工作处。

4 月 17 日，江苏石油分公司调整物流中心和经营管理处部分职能，将原物流中心外采、一次物流调度、配置管理和驻厂办事处管理职责等调整到经营管理处。7 月，撤销物流中心各区域物流部，原物流部有关职能调整到分公司零售、商业客户等部门和油库。

4 月 25 日，全省首座加油站便利店—南京公园路加油站便利店正式对外营业。

5 月 1 日，电子提单系统完成验收，实现了电子提单单轨运行。8 月 1 日开始，取消使用普通卡，标志着电子提单成功上线。

5 月 25—27 日，北京 2008 奥运圣火在江苏传递。南通八厂加油站、泰州新区加油站和南京苜蓿园加油站，作为当地政府定点加油站，为火炬车队提供了加油服务。

5 月 28 日，省委副书记、省长罗志军，副省长史和平赴谏壁油库调研，对公司采取扎实有效的措施，全力稳定市场供应所做的工作给予充分肯定。

5 月，江苏石油分公司组织全系统职工为“5·12”汶川大地震灾区人民献爱心，共捐款 91 万元，缴纳特殊党费 43.5 万元。

6 月 5 日，集团公司总经理、党组书记苏树林到江苏石油考察调研工作，看望并慰问了江苏石油分公司机关相关处室员工。

6 月底，全省首家全自助加油站—南京乐山加油站正式投入运营。

7 月，江苏石油分公司在全国率先推行城市绿岛型便利加油站建设。此举被苏州市政府列为“为民办实事，石化主办项目”，予以大力支持和推广。

7 月 30 日，江苏石油分公司成立非油品业务处，负责组织全系统非油品业务的开发和日常经营管理。

8 月 7 日，江苏石油分公司机关首次开展奥运防恐演练。

8 月 28 日，加油站 V20（标准温度下的标准体积）考核在扬州、南京、镇江和江阴四个分公司同时进行试点。11 月 22 日，加油站 V20 项目考核推广会在扬州召开。

9 月 8 日，江苏石油分公司召开 PM 模块数据更新及动员大会。10 月底，PM 模块顺利上线。

9 月 21 日，金嘉湖成品油管道苏州支线和站场工程，以及通桥油库工程实现中交。中交后，苏州支线及站场工程管理权移交给销售华东公司，通桥油库管理权限移交给江苏石油分公司物流中心。

9 月 28 日，苏南成品油管道及配套油库工程可行性研究报告获省委改委核准。

11 月 11 日，江苏石油分公司第二届基层员工炊事技能竞赛决赛在浦口培训中心顺利举行。

11 月 14 日，苏州成品油管道暨通桥油库实现一次投油成功。

12 月 1 日，加油站 OA 系统在全省所有在营加油站全面启用。

12 月 3 日，苏南成品油管道工作动员会议在南京召开，标志着苏南成品油管道工作正式进入全面建设阶段。

2009 年

1 月 11 日，江苏石油分公司在南京召开 2009 年度工作会议。吕建华总经理作了《坚定信心迎挑战 抓住机遇促发展 全面完成 2009 年各项目标任务》的工作报告。省政府韩庆华副秘书长莅临会议并作重要讲话。

1 月 15 日，集团公司党组成员、股份公司总裁王天普一行视察了南京分公司公园路加油站。

2 月 18 日，省经贸委在苏州召开城市便利加油点建设试点工作座谈会。

2 月 24 日，江苏石油分公司召开“我要安全”主题活动动员会议，组织开展了“我要安全”主题活动全员签名活动。

3 月 4 日，江苏石油分公司聘任周雪洪同志担任副总会计师，兼财务资产处处长。

3 月 16 日，江苏石油分公司召开学习科学发展观动员大会。

3 月 27 日，江苏石油分公司在南京公园路加油站举行“持卡加好油，中奖中石化”IC 卡营销活动新闻发布会。

4 月 5 日、15 日，集团公司党组成员、股份公司高级副总裁兼财务总监戴厚良和党组成员、副总经理李春光先后来江苏石油分公司开展学习实践活动调研。

4 月 23 日，苏州分公司经理朱建德荣获由人力资源和社会保障部与国务院国资委联合颁发的“中央企业劳动模范”称号。

4 月 24 日，经中共江苏省委组织部批复，原“中共江苏石油集团有限公司委员会”更名为“中共中国石化江苏石油分公司委员会”，原“中共江苏省石油集团有限公司纪律检查委员会”更名为“中共中国石化江苏石油分公司纪律检查委员会”。各分公司党委、纪委名称也作相应变更。

5 月 7—8 日，江苏石油分公司在南京召开学习实践活动形势和任务报告会暨“解放思想、科学发展”讨论会。

5 月 9 日，集团公司党组书记、总经理，股份公司董事长苏树林考察了南京分公司上新河便利加油点，对江苏分公司创新加油站发展模式给予了肯定。

6 月 5 日，江苏成品油管道（苏南）工程开工典礼在常州举行。

6 月 21 日，江苏石油分公司在南京举行“我要安全”主题演讲比赛。

6 月 30 日，江苏石油分公司在南京召开学习实践科学发展观活动总结表彰暨“七一”表彰纪念大会。

7 月 6 日，江苏石油分公司部署开展“为祖国放歌”群众性歌咏活动。

7 月 17 日，江苏石油分公司与南京市鼓楼区检察院签订了“企检共建”合作协议书。

8 月 4—6 日，中国石化庆祝新中国成立 60 周年暨第二届职工文艺汇演在天津隆重举行，苏州评弹《科学发展指航向》荣获金奖，大合唱《加油员之歌》荣获优秀创作奖。

8 月 14 日，江苏成品油管道（江南线）工程开工获股份公司工程部批复。

8 月 27 日，江苏石油分公司牵头组织召开了中国石化 12 家驻苏企业媒体舆论工作研讨会。

9 月 1 日，中国石化—麦当劳南京首家加油站“得来速”汽车餐厅在南京示范加油站开业。

9 月 17 日，第十一届全运会中国石化杯火炬传递活动江苏省火炬传递起跑仪式在南京奥体中心举行。

9月29日，江苏石油分公司召开机关干部大会，集团公司宣布：任命杨其明为江苏石油分公司总会计师、江苏石油分公司党委委员。

10月10日，资产江苏分公司整体委托股份江苏分公司管理。

10月12日，集团公司高级顾问张家仁一行视察了南京分公司中山南路加油站和上新河便利型加油点。

11月26—27日，江苏石油第三届基层员工炊事技能竞赛决赛在南京举行。

11月27—28日，江苏石油第二届消防灭火技能竞赛在省消防总队训练基地举行。

12月1日，江苏石油分公司部署开展业务经营全面整顿活动。

12月14日，中国石化销售企业职业技能竞赛和技术比武总结表彰大会在南京召开。

12月23日，江苏石油分公司部署开展深化住房制度改革、实行住房分配货币化工作。

2010年

1月29—31日，江苏石油分公司在南京召开2010年度工作会议。吕建华总经理作了《开拓经营 加快发展 强化管理 全面提升企业综合竞争力》的工作报告。江苏省副省长史和平莅临会议并作了重要讲话。

1月27日，总部股份公司财务总监王新华等领导，来到南京示范加油站、石头城加油站进行调研和慰问。

2月20日，苏北成品油管道油库配套设施工程可行性研究获总部股份公司批复。

3月2日，省企业法制协会在南京召开“依法治企、诚信经营”经验交流会，江苏石油分公司再次获得“依法治企、诚信经营”荣誉称号。

3月17日，江苏石油分公司部署开始加油站管理工作，将成品油正常销量苏南地区（不含合资公司）2000吨、苏中地区1500吨、苏北地区1000吨以下的陆上加油站，纳入委托管理范畴。

3月29日，江苏石油分公司召开“比学赶帮超”推进会。

4月13日，江苏石油分公司部署开展“强化基础管理年”活动，以商品和资金为主要管理对象，以销售业务和存货管理为重点环节，以强化内控、深化ERP应用为主要手段，修订完善规章制度、落实岗位责任制，规范经营行为、防范经营风险。

4月14日，中国石化与江苏省政府签订战略合作协议。省政府同意中国石化建设苏北成品油管道，新建加油站、加气站，作为扬子石化和金陵石化油品质量改造升级等项目的配套项目。

4月30日，江苏石油分公司部署开展“我要安全，我们在行动，大家都安全”主题活动。

5月1日，江苏石油分公司在南京召开“牵手石化，相约世博”VIP客户授牌仪式暨媒体见面会，全省51家大客户代表受邀参加。

5月10日，江苏石油分公司与省农机局联合在南京举行战略合作协议签字暨“江苏农机双优卡”发放仪式。持有“双优卡”和对应行驶证的农机手，可享受优先、优惠加油。

6月5日，江苏石油分公司开展中国石化江苏石油杯“2010·我眼中的三夏摄影大赛”。

6月13日，国家农业部副部长张桃林一行到淮安视察三夏农忙供应工作及农机作业、油料保障等情况。

6 月 18 日，江苏石油分公司部署开展改善经营管理建议试点工作。

6 月 23 日，中国石化驻苏企业新闻宣传工作研讨会在南京召开。

6 月 28 日，江苏石油分公司部署开展“平安工地”竞赛活动。

6 月 30 日，集团公司与南京市政府签署《合作协议》。南京市政府同意中国石化在南京配套建设加油站、城市便利加油点、加气站等，支持中石化江苏南京石油分公司与南京市、区、县政府所属城建、城投等单位联营、合作建设加油（气）站。

7 月 1 日，燃料油经营管理体制调整，原江苏石油分公司燃料油中心的业务及人、财、物，划转到中石化燃料油公司江苏分公司。

7 月中旬，江苏省系统内首座橇装加油站在镇江分公司落户。

7 月 9 日，由于年龄原因，总部股份公司解聘王其敏副总经理职务，任调研员。

8 月 23 日，销售公司党委副书记何敏君带领检查组对江苏公司“强化经营管理年”活动及加油（气）站投资工作开展了为期一周的检查。

8 月 30 日，集团公司深入开展创先争优活动调研督导第四组到江苏石油分公司进行调研督导。

9 月 10 日，江苏石油分公司在扬州召开全系统精细化管理工作推进会。

10 月 21 日，苏南管道中交仪式在南京举行。

11 月 4 日，物流中心第二届篮球比赛决赛在周宅子油库举行。

11 月 4—5 日，江苏石油第四届基层员工炊事技能竞赛决赛在南京举行。

12 月 1—4 日，集团公司在北京举行“争先创优　与法同行”法律知识竞赛总决赛。江苏石油分公司代表队获得竞赛团体三等奖，合资公司丁嘉一、苏州分公司余磊分获竞赛个人银奖和铜奖。

12 月 20 日，江苏省和中国石化重点工程苏南成品油管道成功投油。

12 月 28 日，首届中国石化江苏石油杯“江苏十大见义勇为好司机”评选活动在南京揭晓，镇江司机韩小云等 10 名同志获此殊荣。该活动由省见义勇为基金会、江苏石油分公司联合举办。

12 月 30 日，苏南成品油管道成功投油庆典在江阴举行。

2011 年

1 月 11 日，省农机化工作会议在南京召开，会议总结了“江苏农机双优卡”的推广情况，徐州、淮安、南京、盐城 4 家分公司被评为“2010 年度江苏农机优先优惠加油服务先进单位”。

1 月 17—18 日，江苏石油分公司在南京召开 2011 年度工作会议。吕建华总经理作了《奋发有为　创先争优　持续推进优秀石油流通企业建设》的工作报告。江苏省副省长史和平莅临会议并作了重要讲话。

3 月 17 日，集团公司惩防体系建设检查组对江苏石油分公司推进惩防体系建设工作进行了检查。

3 月 30 日，江苏石油分公司与省邮政公司签署战略合作协议。

4 月 1 日，集团公司在南京召开部分驻苏企业对外宣传工作座谈会。

4月10—12日，销售公司党委书记孙久勤带队到江苏石油分公司就地市公司工作活力和竞争力进行专题调研。

4月13日，江苏石油分公司与南京鼓楼公安分局举行警企共建签约仪式。

4月28日，扬州江都区正谊加油站站长王文清被全国总工会授予“五一劳动奖章”。

5月5日，江苏石油分公司与常州大学签订校企合作仪式。

5月9—10日，股份公司总裁王天普赴连云港考察中国石化连云港一体化和连云港碱厂项目。

5月18日，江苏石油分公司召开干部大会，集团公司党组宣布领导班子调整决定：叶健宁同志任中共中国石化江苏石油分公司委员会党委书记、纪委书记，聘叶健宁同志为中国石化股份公司江苏石油分公司副总经理；吕建华总经理兼任中共中国石化江苏石油分公司委员会党委副书记。黄彪同志因年龄原因不再担任中共中国石化江苏石油分公司委员会党委书记、纪委书记。

5月29—30日，江苏石油分公司首届职工乒乓球比赛在盐城举行。

6月13—14日，江苏石油分公司举办首届新闻发言人及联络员培训班。

6月28日下午，江苏石油分公司机关建党90周年红色经典音乐朗诵会在南京紫金议中心举行。

6月20开始，江苏石油分公司在常州大学举办了中青年骨干培训班。

7月11日，江苏石油分公司将安全数质量处分设为安全设备处和数质量科技处。

8月，省公安厅、省国资委、省安监局等七个部门联合命名表彰江苏石油分公司等单位为省级“平安企业”。

9月27日，江苏石油分公司举行了“我要安全”暨争当“员工尊敬、企业信任”好站长演讲比赛活动。

10月13日，以王文清为原型的主旋律电影《血源》，在江都广电大楼内举行了开机仪式。

10月17日，江苏石油分公司第五届基层员工炊事技能竞赛在淮安举行。

11月16日，销售公司为民服务创先争优活动督查组，对江苏石油分公司、南京和徐州分公司的活动开展情况进行了专项督导和指导。

11月19日，集团公司党组成员、总经理，股份公司总裁王天普一行来江苏调研，深入南京分公司岔路口加油站了解基层一线工作情况。

11月23—24日，江苏石油分公司第三届消防运动会在省消防总队板桥训练基层举行。

12月28日，江苏石油分公司成立客户服务中心，同时撤销商业客户中心部门建制。

12月，经总部同意，江苏石油分公司聘任方顺利为副总经济师，兼管道办主任。

2012年

1月11日，江苏石油分公司在南京召开2012年度工作会议。吕建华总经理作了《开拓创新 科学发展 加快优秀石油流通企业建设》的工作报告。江苏省副省长史和平莅临会议并作了重要讲话。

3月19日，江苏成品油管道（苏北）及配套油库工程在淮安举行开工典礼。

3月29日，经总部同意，江苏石油分公司聘任朱建德同志为总经理助理。

4月25日，集团公司董事长、党组书记傅成玉来江苏石油调研，看望慰问南京上新河、扬州文昌西路加油站的干部员工。

4月26日，九届全国政协副主席陈锦华会见了江苏省委书记罗志军、省长李学勇和南京市委书记杨卫泽、市长季建业，就中国石化同江苏省、南京市进一步加强合作深入交换意见。

5月3—6日，销售公司党委工作考评组对公司党委工作进行检查和考评。

5月21—23日，由江苏石油分公司牵头，部分中央及江苏媒体走进中国石化驻苏企业，采访报道中国石化驻苏企业的绿色实践。

6月19—21日，江苏石油分公司2012年职工羽毛球比赛在徐州举行。

6月27日，江苏石油分公司机关召开了预防职务犯罪警示教育大会。

7月8日，连云港地区连降大雨，连云港分公司及时做好抗灾工作，组织油库和加油站开展生产自救。

7月12—16日，江苏石油分公司组织开展了全省加油站观摩学习活动。

7月20日，扬州地区发生4.9级地震，扬州分公司成功应对。

7月24日，江苏石油分公司与省消防总队在南京签订战略合作协议，进一步拓宽网络发展途径。

8月1日起，总部实施润滑油业务整合，江苏石油分公司润滑业务统一划转至中石化润滑油江苏分公司经营管理。

8月26日，集团公司到江苏石油分公司开展HSE大检查。

9月2日，江苏石油分公司在淮安洪泽客运站召开了LNG站建设推进会，该站为全系统第一座LNG站。

9月17日，经总部同意，江苏石油分公司聘任陈伟同志为副总经济师、兼经营管理处处长，聘任江宁同志为副总经济师。

9月18—25日，由江苏石油分公司牵头，苏州、常州、扬州、宿迁四家分公司分别与茅台酒公司、长城酒公司联合举行品鉴暨订货会。

9月10—15日，集团公司在山东举办中国石化“胜利油田杯”第四届职工乒乓球比赛。常州分公司孙丹获女子青年组单打第三名，江苏石油分公司获体育道德风尚奖。

10月19日，江苏石油分公司第六届基层员工炊事技能竞赛在南京举行。

12月11日，江苏石油分公司成立天然气业务处。

截至12月24日，江苏石油分公司当年零售量突破1000万吨。

从12月30日零时起，根据省政府要求，苏州、无锡、常州、镇江、扬州、南通、泰州等七个行政区域内加油站推广使用车用汽油（IV）。

第一篇　市场与经营

2001年以来，江苏石油分公司按照“拓展经营、做实经营、有效经营”的原则和“打造基本市场”的理念，激励全体员工通过诚实、优秀的工作和不懈努力，为江苏省的经济建设、社会发展和人民生活提供持续不断、优良的成品油供应服务，巩固成品油主渠道地位，积极发展非油品业务，力争成为江苏省车用天然气主力供应商。2001—2012年，为江苏省提供了10579万吨成品油服务，实现利税249亿元。

第一章 市场营销

2001 年加入世界贸易组织（WTO）以来，成品油市场先后经历了消费增长、供需紧张、竞争加剧、价税费改革等多重考验，江苏石油分公司强化市场调研、创新营销模式、优化客户服务、保障市场供应，成品油经营量从 2001 年的 530.1 万吨增加到 2012 年的 1196.7 万吨，增长 1.26 倍，年均增长 7.7%；成品油总量 2008 年首次突破 1000 万吨，零售量 2012 年突破 1000 万吨。

第一节 市场环境

一、宏观经济趋势及市场供需概况

1. 市场开放竞争阶段（2001—2004 年）

2001 年，美国、日本、欧洲等发达经济体增长乏力，世界经济走入低谷，中国坚持“扩大内需”的方针，加快经济结构调整。7 月，中国申奥成功；10 月，在上海成功举办了 APEC 会议；11 月，加入 WTO，全年经济保持一定增长，国内生产总值增长 7.3%，实现了“十五”的良好开局。中国成品油市场受国际油价连续下跌影响，价格持续下滑，市场需求不旺，油品销售企业承受高库存、高成本的压力，销售滞缓，成品油市场竞争开放性增加。

2002 年，国家积极的财政政策和稳健的货币政策取得明显效果，国民经济持续较快增长，GDP 首次跃上 10 万亿元的新台阶，比 2001 年增长 8%。国内成品油需求稳步增长，但随着“入世”后市场更加开放，业内竞争也更加激烈。

2003 年，国际美伊战争打响、国内非典疫情爆发，对国内经济带来了严峻困难和挑战，国内石油需求和成品油价格出现剧烈变化，特别是 10 月份后，全国柴油市场出现局部紧张，销售企业面临巨大的市场保供压力。

2004 年，中国经济保持快速发展，内需拉动国内成品油需求的异常增长，但受国际油价高位运行影响，市场成品油资源整体偏紧，销售企业保供压力增大，国家从紧控制成品油价格，资源供求和价格波动开始交替出现，市场环境复杂多变。

2. 市场失衡阶段（2005—2009 年）

2005 年，国际油价在 2004 年强劲上涨的基础上一路攀升，全年国际油价 19 次创下历史新高，国内成品油消费需求旺盛，资源供应持续紧张，市场批零价格长期处于倒挂状态，客户寻求资源购买转移增多，保供及稳定客户供应的矛盾增大。

2006 年，国际油价在国际政治、极端气候、欧佩克限产等多重因素影响下，呈现出大幅震荡、总体先升后降趋于理性的特点，市场成品油消费需求总体旺盛，批零价格倒挂造成的资源紧张始终存在，市场保供压力进一步增加。12 月，商务部发布《成品油市场管理办法》，统一规定了成品油批发经营资质须具备的条件，规范了市场准入门槛。

2007 年 9 月后，国际油价大幅上涨，较年初上涨 70%，导致国内成品油价格批零倒挂严重，市场供应愈发紧张。国家 11 月 1 日调整成品油定价，每吨上调 500 元，但价格倒挂依然严重，国内资源紧张形势未得到有效缓解，市场供应形势严峻。同年，江苏石油分公司作为中国石化销售企业首批试点单位，与国务院发展研究中心及省统计信息中心合作建设江苏成品油消费预测模型项目，完成了"2006—2020 年江苏省成品油消费需求预测分析"，在成品油领域将宏观研究与微观研究、定量研究与定性研究、长期研究与短期研究、全国性研究与分省市研究有机地融通结合，将江苏省及 13 个地区 16 个需求行业 71 个经济指标构成整个预测体系矩阵，采用情景分析和敏感性分析的方法，建立了一个长期的、实用的市场定量分析平台。通过梳理历年来的市场统计调研数据，以结构化的模型为基础，科学地分析市场发展的轨迹和变化规律，把模型分析应用到现实实践中去，及时补充、更新、完善数据，切实提升对市场变化的应对能力和自身经营管理水平。

2008 年，中国先后经历了南方严重雨雪冰冻灾害、汶川特大地震等自然灾害，国际油价年中一度冲到 147 美元 / 桶的历史高峰，导致国内市场资源抽紧、油荒再现。下半年奥运会召开后，又遭遇了国际金融危机的严重冲击，经历价格上涨、供应紧缺和价格暴跌、供过于求两种截然不同的市场环境。年末国家推出燃油税启征方案，下调成品油零售价，市场供需与资源形势急变使全年经营面临前所未有的保供、创效及安全生产压力。11 月 25 日，国家发改委公布新的成品油定价调整机制，根据新加坡、纽约和鹿特丹三地现货价格以 22 个工作日为周期对国际油价进行评估，当三地成品油加权平均价格变动幅度超过 4% 时，即调整国内成品油的价格并向社会发布。形成国内成品油价格与国际市场原油价格有控制地间接接轨的定价机制，也便于成品油经营主体进行价格预判和资源运作，增加了市场竞争的透明度。

2009 年，受国际金融危机的后续影响，国内外向型经济受到较大冲击，江苏进出口企业订单减少，成品油消费需求萎缩。1 月 1 日，国家实施成品油税费改革后，石脑油、燃料油、非标油等低价油品也开始流入市场，市场各经营主体降价倾销导致的价格竞争愈演愈烈，江苏石油分公司经营管理经历严峻的挑战。

3. 市场竞争频繁变化阶段（2010—2012 年）

2010 年，国内成品油市场受投机基金炒作、看涨气氛浓郁、利好经济数据等因素影响，国际油价持续在 70—85 美元区间盘整，进入三季度后呈现逐步筑底上行走势。国内成品油资源前松后紧，成品油价格震荡起伏，市场阶段性供需矛盾时有发生。

2011 年，国内经济保持较快增长，全年 GDP 增幅 9.2%，江苏省成品油消费需求持续增加。全年国际油价跌宕起伏，国内市场行情频繁切换，成品油资源供应总体仍处于紧平衡状态，行业内销售竞争进一步加剧。

2012 年，欧美债务危机、地缘政治存在诸多不确定性，国际油价波动幅度和频率进一步扩大。国内经济增幅放缓，成品油需求增长回落，国内成品油定价机制将进行调整，价格变动更趋频繁。

二、市场竞争态势变化

2001年，随着中国正式加入WTO，成品油市场完全开放在即，在“三年放开批发市场、五年放开零售市场”的承诺下，国内市场竞争呈现国际化、多元化的特征，成品油销售企业面临着紧迫的竞争压力。

2004年，成品油零售市场放开后，国外大公司加快进入中国市场的步伐，国内部分民营企业也纷纷涉足成品油经营领域，一些地方炼油企业抓紧扩大规模提高产能，对江苏石油分公司巩固和扩大市场占有构成严峻挑战。在江苏市场，各竞争主体为了争夺市场份额，区域市场的竞争日益激烈。同年，中国石化壳牌（江苏）石油销售有限公司投入运营，引入国外公司先进的管理经验，增强了合资区域市场竞争力。

2007年，成品油市场走进更加市场化的完全竞争时期，中石油、中化加快进入布点经营，沿江仓储和经营设施基本完成布局。江苏作为经济发达省份，经历前几年成品油消费高速增长后，在经济结构调整、国家宏观调控、节能降耗减排等多重因素作用下，成品油消费增幅明显放缓，进入平稳增长期。江苏中油利用前两年资源偏紧，销售任务不大的时机，完成了对所属油站硬件的形象提升和油库网络的布局调整，加之牡丹卡加油等营销手段的运用，使其竞争力特别是零售竞争力有了显著提升。中海油、中化等大型企业集团正在加快进驻江苏市场的步伐，设立机构开展经营；沿江各类资本建设的3万吨级以上码头、10万吨以上的成品油储罐和不同规模的小炼厂调和设施基本完成布局，各种资源迅速涌入，对江苏市场形成较大冲击。苏南地区天然气、生物柴油等替代能源产业发展迅猛，起点较高，对成品油消费的替代影响也逐渐显现。

2009年，按照成品油价格改革的目标，国内成品油价格逐步与国际接轨，以出厂价为基础加流通环节差价确定最高零售限价，取消清净剂加剂加价政策，企业盈利空间大幅缩减。资源供应上，国际油价走低使地炼加工负荷增大，对市场带来较大冲击，中石油、中海油、中化—道达尔等大型企业加速拓展市场；化工与重油、走私油、非标油等低价资源严重冲击市场；江苏省内社会经营单位和社会加油站大部分已恢复营业，其低价竞争和灵活的营销手段对市场造成很大冲击。

2010年，江苏成品油市场成为竞争最激烈的区域之一，各大集团都将江苏省作为发展扩张的首要阵地。中石油提出了“三年三大步”的战略目标，利用低价策略巩固和提高在江苏的市场份额，并与省政府签订战略合作协议，加大网络发展力度，努力提升其在江苏的影响力。自2009年下半年以来，中海油加大在江苏市场的资源投放，并通过收购、兼并控股等方式积极发展营销网络。江苏成品油市场竞争已上升为集团之间竞争，该市场成为各大集团竞争的主战场之一。

2012年，江苏成品油市场主要竞争主体继续保持扩张势头，竞争形势进一步升级，终端竞争成为焦点。网络发展投资成本的大幅提高，对江苏石油分公司继续扩大经营规模、巩固市场份额、提高网络控制力带来严峻挑战。

三、成品油市场调研

为摸清江苏成品油市场的资源供应、消费结构、市场分布、竞争格局、终端客户构成及年度市场消费转移情况，2005年，江苏石油分公司组织了对江苏市场的全面调研，对民营资本、境外资本和竞争对手在江苏市场的战略意图、投资布点状况进行了摸底调查，客观掌握了江苏石油分公司在江苏市场的占有率、控制力情况，了解南京、苏州等重点地区的市场潜力，以及评估在成品油批零价格倒挂情景下消费替代、用户购买转移对成品油经营活动的影响。

为全面了解江苏成品油市场的竞争形势，2007年，江苏石油分公司组织调研了近年来江苏成品油市场的竞争格局和市场占有的变化以及其他资本在江苏成品油市场的投资布点，了解成品油相关行业的现状和发展变化。并与国务院发展研究中心合作，完成了江苏成品油市场需求预测模型分析，为加强市场预测分析和经营决策提供了可靠依据。

2008年，省内成品油市场经历了较大起伏变化，为应对需求下降、竞争加剧的复杂市场环境，深刻思考自身的经营发展提供了难得的机遇。对此，江苏石油分公司专题组织了2008年度市场调研，通过调研发现，中国石化的优势在市场，危机也来自市场。在年初雪灾、梅雨期长、资源偏紧等多重因素影响下，江苏成品油消费总量增速已经趋缓，但汽油消费增势不减，增幅高于总量和柴油增幅，进一步坚定了江苏石油分公司开拓市场、做大终端、加快发展的信心和决心。

为配合置换柴油经营的DMC推广，江苏石油分公司还组织了对省内水上市场的专题调研，对水上市场消费现状及水上消费特点和容量、不同发动机类型船舶的分布和流动情况，以及水上、陆上市场DMC用户情况和水上市场DMC经营竞争环境进行了深入调查。此外，针对省内生物柴油、甲醇汽油和燃料乙醇企业的发展状况，组织了针对替代能源的专题调研，对新能源企业的产品标准、产能、市场前景、客户对象进行了调查了解，并建立月度跟踪的监测机制，定期评估对成品油经营的影响。

2009年，为促进多品种经营的需要，针对省内煤油、溶剂油、轻质燃料油的经营情况组织了专题调研。对省内各区域市场煤油、DMC、溶剂油的供应格局和竞争环境，主要竞争对手的销量、价格、营销策略和发展趋势等进行了深入研究。此外，还组织了对山东地炼资源流入和天然气业务发展的专项调研。

2010年，开展了成品油市场的全面调研，重点研究分析近年来江苏成品油市场竞争格局和市场占有的变化走势、其他竞争主体在江苏成品油市场的网络发展及客户群体消费需求，了解成品油市场营销网络和终端客户的争夺情况。

2011年，针对年初汽油消费激增，为准确掌握汽油消费变化的原因和趋势，江苏石油分公司组织了汽油消费情况的专题调研。在全省各区域分环节选取了143座加油站，共发放调查问卷11839份，分别对地级城区的3299辆、干道的3001辆、县级城区的2919辆和农村的2620辆汽油机动车进行了样本调查，并对十几个汽油消费专题进行了深入了解和研究，基本掌握了省内汽油机动车消费特点。此外，还针对苏IV标准汽油、车用柴油的推广上市，组织赴上海和深圳等地学习，以及对消费需求的专项调研。

第二节 经营策略及措施

2001年，江苏石油分公司以零售和配送

为中心，实现经营工作战略性转移。零售上，江苏石油分公司提出“得零售者得市场，得零售者得效益”，强化营销管理。各分公司配备了分管零售工作的副经理，组建了零售管理专职队伍，全系统形成了区域零售市场统一经营指挥，加油站统一管理的新格局；引进国际石油零售行业通行的CORO经营模式，零售管理体制改革取得阶段性成果；开展加油站管理达标创星活动，提高管理服务水平和零售经营管理者素质，提升客户满意度。直分销上，以客户为中心，按照“批发就是配送，配送就是服务”的要求，大力拓展成品油配送业务，充分发挥价格信息引导和调控作用，统一运作库存，正确应对市场竞争环境的变化，各分公司配送工作取得初步成效。

2002年，面对“入世”后的市场挑战，江苏石油分公司调整经营组织结构，实行“零售、配送、分销”三条线专业化管理，实施月度经营量利绩效考核。零售上，各分公司均成立了区域零售中心，设置零售运营、市场拓展、油站服务三个职能主管，同时按城市、干道、农村和水上市场划分设置片区主管；建立零售营销计划和考核制度、零售工作周例会和干道经营周分析会制度，完善了零售经营指挥体系；深化零售管理体制改革，实行CORO公司经理年度考核和淘汰制度，充分调动CORO公司经理的积极性。直分销上，调整组织机构，在省、分公司设立客业客户配送机构，配备必要的配送工具；开展多种形式的客户营销活动，建立完善客户档案；实行客户服务责任制，落实工作人员、中层、领导三级维护制度，加强配送过程管理。

2003年，实行月度综合考核办法，进一步深化ERP应用。引导分公司着力提高经济效益、做大经营总量；进一步压扁管理层，深化分支公司一体化改革，运用ERP信息化管理手段，降低运营成本，强化企业的精细化管理。

2004年，按照“内部紧密化、外部市场化”的原则，实现了销售规模和经营质量的同步大幅提升。零售经营普遍实行加油站吨油费用返还、加油工升油收入考核和客户经理量、利、费、债权挂钩考核，通过开展加油站规范化管理百日竞赛活动、推广加油IC卡销售、开展高标号汽油促销，纯油枪销量明显增加。商业客户严格落实客户分级维护制度，整合县级市场，加强客户经理营销技能培训和行销管理诚信经营。润滑油顺利实现转牌销售，整合直销客户资源，实施形象门市部建设。燃料油增设大客户经理，加大终端用户开发力度，尝试统一配送。

2005年，江苏石油分公司统筹资源平衡，优化运输调度，通过组建物流中心，实现对成品油收、储、发、运的全过程管理；加强二次物流的配送管理，提高物流的整体优化效率。零售根据加油站规模、地理位置和竞争环境，分别采用直管站、加油站管理公司和小站改制等模式经营，提高加油站管理模式对增量创效的促进作用。注重发挥IC卡优势，发行十运会加油纪念卡，启动省公司IC卡客户服务中心和分公司IC卡管理部。将县级片区加油站纳入分公司统一管理，提高县级加油站经营管理水平。直分销上，加强客户经理队伍建设，组织营销技能比武；开展销售状元劳动竞赛，调动客户经理的积极性。制定高端润滑油等重点指标的配套考核办法，出台超计划销售高端油奖励措施，完善润滑油量、利、费、资金回笼与收入挂钩的分配方法。

2006年，江苏石油分公司对经营管理体

制进行改革。一是实施了市县一体化管理改革，取消了县公司管理层次，转变了片区经理的管理职能。较好地做到了“六统一”，实现了条线管理。二是关闭了部分小油库和小加油站。其中小油库19座，关闭库容10.3万立方米，加快了库存和库容周转。三是实施经营管理体制改革。按照“物流垂直管理，财务集中管理、会计一级核算，信息、审计一体化运作，燃料油专业化经营，零售、直分销、润滑油两级管理”的目标模式，设计了体制改革总体方案，全面完成了物流、燃料油、信息、审计、财务等11项专业化改革方案和10个辅助方案，制定了75项工作流程和11项业务制度。

2007年，江苏石油分公司实施零售大站培育计划，打造100座万吨级主力站、400座5000吨级加油站。强化加油站长效管理机制建设，提高服务考核权重，完善服务标准、考核奖励、检查督促等基础管理制度；发挥客服中心的监督保障作用，进一步加强了运营管理。做好非油品业务，提升加油站综合服务功能和盈利能力。直销实施大客户战略和差别化营销，以提高直销经营质量为重点，细分目标市场和中小客户群体，组织专人加强中小客户开拓，努力提高小额配送和送货上门比例。坚持以长城润滑油市场开拓为重点，扎实推进润滑油经营“从多品牌经营向突出长城品牌、从追求总量向优化结构”的两大转变。燃料油做实经营做精终端销量、努力扩大毛利、提高终端销售比重。

2008年，面对冰雪灾害和资源紧张带来的保供压力，江苏石油分公司把稳定市场供应作为头等大事来抓。通过增加配置计划、强化外采补充、委托地炼加工等措施，积极组织资源，保障经营需要。及时启动市场应急供应预案，强化保供措施，防止市场供应脱销。面对国际油价大幅下跌和金融危机对实体经济的冲击影响，及时调整经营策略。严格赊销和信用控制，有效防范资金风险。零售将部分定价浮动权限下放到分公司，理性开展点对点竞争；直销贴近市场，努力扩大销售；抓住燃油税开征前市场出现波动有利时机，积极推价扩销降库。实施长城润滑油统一品牌营销战略，努力扩大长城包装油及高档、高端产品销量。燃料油开发长江水上重质燃料油市场，提高吨油创利水平。

2009年，按照中国石化总部“两保三不降两提高”的要求，江苏石油分公司知难而进，以进攻的姿态捍卫市场份额，提出了到2020年主业发展的量化目标。在日常经营中，坚持“规范管理、优质服务就是最好的营销”的理念，稳定经营心态。同时有效制定差别化营销策略，不断增强对市场价格的引导能力和对市场资源的调控能力，做到量价兼顾、拓展市场、灵活应变、提高效益。各分公司单设非油品经营管理部门，落实对非油品的考核激励措施。加快便利店建设，扩大非油经营品种，使非油品业务得到较快的发展。

2010年，江苏石油分公司调整经营绩效考核导向，突出对陆上零售量和终端直销量以及毛利的月度考核，较好地把握了量价互动及有效竞争的关系；坚持保供与增效相统一，兼顾优质客户的维护，零售经营针对不同市场、不同环节、不同消费群体，谋划开展了多类组合营销。直分销以强化风险防范与终端开拓并重，强化异常监管，加强终端客户的开发和维护。润滑油以技术服务为先导，以行业开发为重点，锁定了钢铁炼制、车船和机械制造等行业大客户。燃料油继续实行“一户一策”的差别化营销，大力开拓水上市场，推进保税油经营业务。非油品推进软硬件同步建设，便利店数量增至1462座（其中旗舰店15座），淮安中央仓正式运行，便利店商品达4000多种，商业氛围进一步浓郁。

2011年，江苏石油分公司组织开展了建设基本市场的大讨论，继续夯实持续稳定经营的市场基础，实现从做大向做强做优转变，提升企业综合竞争力。统筹兼顾开展各类主题营销、专项营销和交叉营销，对年度各项营销的效果统一组织评价分析，重点加强对交叉营销的分析和加油卡优惠折扣、积分兑现的分析，并结合实际开展天然气业务和国Ⅳ汽油的专项营销。

2012年，江苏石油分公司继续推进基本市场建设，加快完善客户服务管理体制机制，建设面向全体客户的统一客服平台。通过电话、网络、短信、电子商务等多渠道的便捷沟通方式，推动客户服务工作升级。实施加油卡功能升级和营销模式创新，建立较为完善的加油卡客户分级管理体系和零售大客户培育维护机制。积极推进自助加油站建设，逐步建立充值、查询、加油全流程自助的运营模式。强化直销终端客户开发维护，精心培育基本市场客户，加强对优质集团大客户的开发力度。推进非油品业务快速健康发展，强化门店运营和管理，强化商品统采和物流体系建设，强化物流配送和中央仓管理，提升运营效率。

第三节 其他品种经营

一、乙醇汽油

2005年9月，根据国家发改委等八部委发布的《车用乙醇汽油扩大试点方案》和《车用乙醇汽油扩大试点工作实施细则》要求，江苏石油分公司下发《关于做好乙醇汽油推广工作的通知》，2005年12月开始试销售，2006年1月1日起在徐州、连云港、淮安、宿迁、盐城推广车用乙醇汽油。因97#乙醇组分油资源不足，江苏石油分公司从2010年3月起在苏北五市替换供应97#国Ⅲ汽油。

二、国Ⅳ汽油

根据江苏省政府《关于实施蓝天工程改善大气环境的意见》要求，省发改委等7个部门制定了《关于印发南京地区国Ⅳ标准车用汽油供应方案的通知》，2012年4月1日零时起，在南京行政区域推广销售国Ⅳ汽油，2012年12月30日零时起，在沿江无锡、常州、苏州、南通、扬州、泰州、镇江7市行政区域推广销售国Ⅳ汽油。

三、车用柴油

2012年1月，根据中国石化总部要求，结合国家实施车用柴油标准，江苏石油分公司印发《车用柴油（Ⅲ）推广置换工作方案》，决定2012年2月1日起在地级城区和高速公路共509座加油站推广销售车用柴油，价格与普通柴油价格一致

四、船用燃料油

2007年下半年柴油资源紧张，为替代柴油资源供应，同时满足水上用户多品种需求，省公司研究决定在水上加油站开展船用燃料油（DMC）经营。2008年8月以后，受国际金融危机影响，国际油价大幅下滑，市场油品需求大幅下滑，柴油供应充足且价格竞争激烈，水上DMC销售困难，全系统到年底逐步停止DMC经营，累计销售DMC1.3万吨。

从2012年4月1日起，为满足长江水上部分用户轻质船用燃料油需求，江苏石油分公司在2座长江水上加油站试点销售1#船用燃料油，每月销售量在200吨左右。

五、煤油

因市场需求减少，江苏石油分公司于

2006年逐渐停止了煤油经营；2009年9月经南通石油分公司申请，在南通区域恢复了煤油经营，但因市场需求不足，从2011年开始再度停止煤油经营。

六、优级97$^{\#}$国Ⅳ汽油

2012年，为贯彻省政府《关于实施蓝天工程改善大气环境的意见》精神，推广中国石化品牌汽油，在征得苏州市政府和省物价局同意后，江苏石油分公司在苏州10座加油站试点销售优级97$^{\#}$国Ⅳ汽油。2012年1月1日—2012年2月29日，试点销售期间价格与国Ⅲ汽油价格一致；2012年3月1日起实施优质优价，价格上调459元/吨。大部分消费者反映使用优级97$^{\#}$国Ⅳ汽油后感觉油门轻、提速快、动力强，对优级97$^{\#}$国Ⅳ汽油认可度较高。

2012年1月，苏州分公司试点优级97$^{\#}$国Ⅳ汽油

七、90$^{\#}$汽油

因市场需求减少，江苏石油分公司从2011年起全面停止90$^{\#}$汽油销售，市场反映平稳。

第四节 价格管理

一、国家成品油定价机制变化沿革

1.前期成品油价格管理体制改革的3个阶段

1998年以来国内原油、成品油价格管理体制改革大致经历了3个阶段：一是1998年原油、成品油价格初步与国际市场的接轨阶段，原油基准价由国家计委根据国际市场原油上月平均价格确定，每月一调。汽油和柴油则实行国家指导价，中国石油、中国石化在此基础上可上下浮动5%；二是2000年6月开始的国内成品油价格与国际市场的接轨阶段，即国内成品油价格随国际市场油价变化相应调整，成品油价格开始每月一调；三是2001年11月开始的国内成品油价格接轨机制进一步完善阶段，主要内容是由单纯依照新加坡市场油价确定国内成品油价格改为参照新加坡、鹿特丹、纽约三地石油市场价格调整国内成品油价格，成品油价格改每月调整为按照国际市场油价波幅不定期调整。

2.现有成品油定价机制的建立

现行成品油价格形成机制是由国家发改委牵头、于2008年11月25日前后拟定并获审批的国内成品油价格形成机制改革方案，主要内容是：将现行成品油零售基准价格允许上下浮动的定价机制，改为实行最高零售价格，并适当缩小流通环节差价。由国家发改委根据布伦特、辛塔和迪拜三地现货价格以22个工作日为周期对国际油价进行评估，当三地原油加权移动均价变动幅度超过4%时，即调整国内成品油的价格并向社会发布相关价格信息。

在此机制下，成品油经营企业可根据市场情况在不超过最高零售价格、最高批发价

格或最高供应价格的前提下，自主确定或由供销双方协商确定具体价格。

二、江苏成品油定价变化

1.2009年6月前分价区价格管理

在2009年6月29日之前，江苏全省分为三个价区，其中南京为一价区，无锡（含江阴）、苏州、常州和镇江为二价区，其他地区为三价区。

每次调价时，国家发改委调价通知中下发南京市90#高标准清洁汽油（汽油标准品）和0#柴油的零售中准价格，其他价区城市零售价格按照国家发改委的规定与南京市同幅度调整，其中二价区90#高标准清洁汽油价格在一价区价格上加35元/吨，0#柴油价格在一价区价格上加30元/吨，三价区90#高标准清洁汽油价格在一价区价格上加55元/吨，0#柴油价格在一价区价格上加50元/吨，其他品种按国家规定的品质比率确定，具体零售价格在调后零售中准价基础上最高可上浮8%；批发价格按上浮后的具体零售价倒扣国家规定的批零差率确定。

从2001年至2009年6月29日，共调价33次，其中上调24次，下调9次。

2.2009年6月起全省统一为一个价区

从2009年6月29日起，国家发改委下文明确江苏省实行全省一价。每次调价时，发改委调价通知中下发江苏省90#高标准清洁汽油（汽油标准品）和0#柴油的最高零售价，其他品种按国家规定的品质比率确定；最高批发价由江苏省物价局在300元/吨的基础上，再考虑运杂费因素确定：一般合同约定由供方进行配送的，最高批发价格按最高零售价格每吨倒扣300元确定；合同未约定配送的，在倒扣每吨300元的基础上，再倒扣运杂费。

2009年6月29日至今共调价17次，其中上调10次，下调7次。

3.成品油计价密度变化

随着中国石油需求的迅速增长，2008年中国石化的进口原油比重已达到74.5%，因进口原油的品种与品质发生了较大变化，致使国内炼厂出厂成品油的实际密度明显提高，2009年以前江苏省汽油计价密度为0.74千克/升，而93#汽油和97#汽油的实际密度均已高于计价密度。

2008年12月31日，为保持与周边市场价格的衔接，稳定市场供应，江苏石油分公司向江苏省物价局提交了《关于调整江苏高标号汽油计价密度的请示》，申请将全省汽油计价密度上调。2009年4月14日，江苏省物价局下发了《省物价局关于调整成品油自提运杂费标准和汽油计价密度的通知》，通知中确定江苏省汽油计价密度为0.748克/立方厘米，柴油仍维持0.855克/立方厘米不变。

4.成品油“高进高出”价格政策和国Ⅳ油品定价政策

(1)实施成品油“高进高出”价格政策

2005年开始国际原油价格大幅攀升，年均价格较2004年增长37%，较2001年增长118%。国际油价不断冲高，而国内零售中准价格未作调整，国内成品油价格与国际成品油价格的差距拉大，国内外油价的倒挂挫伤了炼油企业的生产积极性，市场资源投放减少，供求形势趋于严峻。

2005年，受经济增长、投资拉动、机具保有量增加等因素支撑，江苏成品油消费需求持续快速增长。2005年上半年，中国石化总部对江苏石油分公司的计划配置量仅占江苏市场消费需求的57%左右。为保障江苏成品油市场供应稳定，在外采资源成本居高不下的情况下，江苏石油分公司努力扩大外采进货，弥补省内资源供应的不足。为避免资源的流失，向省物价局申请实行外采“高进高出”价格政策。

(2)出台国Ⅳ油品定价政策

2010年8月2日，江苏省政府下发了《关于实施蓝天工程改善大气环境质量的意见》，明确提出江苏省拟从2011年起新车登记注册全面执行国Ⅳ排放标准，同时积极推进沿江八市国Ⅳ车用汽油供应工作。

2011年7月，省物价局向国家发改委申报江苏地区国Ⅳ汽油价格政策。2011年11月，国家发改委批复了南京国Ⅳ汽油销售价格。

2012年3月20日，南京市物价局下发《转发关于提高成品油价格的通知》，明确了南京市国Ⅳ排放标准车用汽油的销售价格，90#国Ⅳ车用汽油最高零售价在现行价格基础上每吨提高410元，其他品种按国家规定的品质比率确定，并于2012年4月1日开始执行。4月5日，中国石化销售公司下发了《关于明确供江苏石油分公司苏Ⅳ汽油调拨价的通知》，结合苏Ⅳ汽油出厂价和其他省市国Ⅳ标准油品调拨价的执行情况，制定了江苏国Ⅳ汽油的调拨价。

国Ⅳ汽油价格政策确定后，后期国家调整成品油价格，国Ⅳ汽油价格调整幅度和计算方法与国Ⅲ汽油保持一致。

三、江苏石油分公司价格管理和执行情况

1.价格管理和执行

第一阶段：2001—2006年，省公司设立价格管理指导小组，组长由分管业务副总经理担任，副组长由分管零售副总经理和分管直分销副总经理共同担任，组员为经营管理处（2005年前为计划调度中心）、财务资产处、零售中心、商业客户中心（2005年前为直销中心、分销中心）等部门负责人。价格管理指导小组是省公司价格管理的决策机构，负责审定价格管理规章制度，研究决策与价格管理相关的其他重大事项，每周下达周经营指导意见，明确零售和直分销指导价格，按照内控权限进行价格审批。

第二阶段：2007年起，设立公司价格领导小组，组长由公司总经理担任，副组长由分管直分销副总经理和分管零售副总经理共同担任，组员为省公司经营管理处、财务资产处、零售中心、商业客户中心等部门负责人。价格领导小组是省公司价格管理的决策机构，负责审定价格管理规章制度，按照内控权限进行价格审批，研究决策与价格管理相关的重大事项。

经营管理处是公司成品油价格的综合管理部门。负责制定价格管理的规章制度；提出预算价格及内部结算价格建议；收集、处理市场价格信息，分析、预测市场价格走势，提出价格调整建议；下发调价文件，组织贯彻执行；牵头制定、调整省公司销售指导价格；与政府部门、系统外经营单位等开展价格协调；执行总部配置进货价格，提出外采进货价格建议；牵头对分公司价格执行情况进行监督与检查，并对价格执行结果进行分析、评价与考核。

分公司经营管理科（2001—2004年为计划信息部，2005—2009年为业务科）是分公司成品油价格的综合管理部门，负责制定分公司销售价格管理规章制度；执行国家调价规定；根据省公司指导价格和当期区域市场情况，提出分公司销售价格建议；实施价格的日常监管与协调，对分公司各销售环节价格执行情况进行监控和检查，实施价格控制，

并根据价格审批程序对SAP系统价格进行维护和管理；了解区域市场及竞争对手的价格信息，并向分公司领导及省公司经营管理处报告；做好与政府物价部门的协调工作，配合物价部门进行成品油价格的专项检查；牵头开展区域市场的价格协调。

2.零售价格管理和执行

零售中心负责制定零售价格管理规章制度；收集零售市场价格信息，分析、预测零售市场价格走势，提出零售价格竞争方案，报价格领导小组审批；根据公司调价文件，指导、协调与监督零售价格的调整与执行；审核分公司零售价格调整申请；对分公司零售价格执行情况进行检查、评价。

分公司零售管理部负责执行公司价格策略，严格按照规定价格进行销售；监控分公司所属加油站零售价格的执行，查处价格违规行为；对特殊站点和用户的价格调整实行价格审批申报；参与区域市场零售价格协调，收集并向经营管理科、零售中心提供竞争对手和市场价格信息。

零售价格原则上按照省公司指导价格执行，严禁超国家定价。遇到特殊价格调整时，在分公司权限内的价格审批，由零售管理部填制统一格式的《零售价格审批表》，通过OA—内控审批—零售价格审批程序，报分公司分管经理审批，经分公司经理批准后执行。

超出分公司审批权限的，通过OA—内控审批—零售价格审批程序，将经分公司零售管理部经理、分公司分管经理和经理签字后的审批表，并付点对点竞争加油站等明细表，上报至省公司零售中心，零售中心经理审核并会经营管理处处长，报省公司分管副总经理批准后方可执行。

3.直分销价格管理和执行

省公司直分销主管部门负责制定直分销价格管理规章制度；收集市场价格信息，分析、预测直分销市场价格走势，提出直分销价格竞争方案，报价格领导小组审批；根据省公司调价文件，指导、协调与监督直分销价格调整与执行；审核分公司直分销价格调整申请；对分公司直分销价格执行情况进行检查、评价。

分公司商业客户部执行公司价格策略，在公司指导价格的基础上，结合当期市场情况、需求变化，在价格管理权限内，制定本部门分地区、分客户的执行价格，并监督执行；对特殊用户的供应价格实行审批申报；收集客户、市场、竞争对手价格信息，并提供给经营管理科和上级主管部门。

分公司按照不低于省公司指导价格的原则制定本单位直、分销指导价格。直、分销实际执行价格原则上不低于指导价格，省、分公司在ERP系统中按照指导价格实行锁价管理。

直、分销实际执行价格可在指导价格基础上适度调整。实际成交价格高于省公司锁价且低于分公司锁价的，由客户经理在开票通知单中提出申请，经商业客户部经理签字，报分公司分管副经理审核，经理审批后解锁；若实际成交价格低于省公司指导价格或锁价水平的，分公司需填制《江苏石油分公司成品油直分销价格优惠审批表》，经分公司商业客户部经理、分管副经理及经理签字后报商业客户中心，额度在50元/吨及以内的由商业客户中心经理审批后解锁，额度在50元/吨以上的，需经经营管理处会签，并报省公司分管副总经理审批后执行。

第五节 经营管理

一、营销活动

2009年，国内经济在全球金融危机影响下增速减缓，成品油消费需求下降，省内成品油市场竞争加剧。江苏石油分公司紧紧围绕总部“两保三不降”目标，积极调整营销策略，以“全员营销”统筹组织开展主题营销、价格营销、服务营销、组合营销等多种

“持卡加好油 中奖中石化”活动广告

形式的营销活动。价格营销上，零售提出“做全省行业领先、服务引领下的美好加油生活供应商”口号，组织“点对点”竞争、对零售大客户进行“IC卡折让”、开展“加油站灌桶”业务；直销针对市场行情变化组织“事件营销”、“区域营销”和“稳价营销”；润滑油注重“时效营销”和“差别营销”，并在徐州、南通等重点地区开展买赠活动，有效遏制竞争对手扩张。主题营销上，零售开展了四期“持卡加好油，中奖中石化”主题抽奖营销活动，合资公司同期开展“加油送好礼”现场买赠活动，促进发卡数量、充值金额和持卡消费比重等各项经济指标稳步上升。非油品在节日需求旺季，策划组织“夏日送清凉”和“金秋送好礼”等主题营销活动。服务营销上，零售持续开展“神秘访客”活动，并推出“大客户账单回寄”和“客服调查”两项服务营销；润滑油加大技术性服务派遣，对客户进行跟踪服务的同时开展“专家营销”；燃料油为客户提供专业油品性能讲座和清洗油罐等服务。客户营销上，商业客户中心强化自身“责任营销”和对客户渗透的“情感营销”；润滑油做好对现有客户的“挖潜营销”和对流失客户的“二次营销”，挖掘重点客户需求。

2010年，面对省内竞争态势加剧、市场价格频繁波动、资源供需压力增大等复杂情况，省公司在营销活动中紧盯客户需求，不断强化组合竞争策略，为圆满完成公司年度经营指标提供了有力支撑。整体营销上，零售推出了春节特设的“春节幸运奖”，并在加油站现场组织送汤圆、水饺、福字、春联等，非油品对200家重点门店重新进行了氛围布置。商客、润滑油通过走访条线大客户加强客户维护。抓住举办上海世博会这一契机，按照历年成交量、供应比重、毛利贡献、合作程度等营销指标对全省范围轻、润、燃、非各条线大客户进行综合评价，评选出54家中石化VIP客户单位，隆重举行集中授牌仪式、召开新闻媒体见面会并统一组织赴上海世博游览等活动。

"持卡加好油　中奖中石化"兑奖仪式

价格营销上，开展加油卡积分、IC卡充值折让、点对点竞争、时点价营销、水上站竞价和自助站让利多种活动；活动营销上，零售、非油品条线开展油非互动营销活动，促进了零售销量和非油品收入的快速增长；零售中心组织全省范围的充值刮奖营销，激发了客户办卡、用卡、多充值、早充值的热情。此外，为营造节日促销氛围，零售条线分别在春节、五一、中秋和国庆节组织“持卡加好油　中奖中石化”抽奖活动；非油品在便利店开展购物赠礼、现场推介、免费赠饮、整箱优惠等营销活动。服务营销上，为进一步拓展零售办卡渠道便捷客户充值，省公司首个车管所发卡充值网点在宿迁市车管所办证大厅成立。此外，还与农业银行、招商银行、兴业银行等单位合作，推出限时返利2%—5%的活动进行交叉营销，进一步拓宽IC卡营销渠道。

2010年5月，举行VIP客户授牌仪式暨媒体见面会

2011年，省公司紧紧围绕“打造基本市场”目标，注重提升营销的综合效益。零售营销上，通过开展“加油卡充值刮奖”主题营销，全年投放刮刮卡1110万张，奖励金额近1600万元，充值金额同比增长39%，同时促进枸杞、开米等重点产品的销售。节日营销有3600多名客户中节日幸运奖。交叉营销与省邮政开展加油站、自邮一族活动；与农行、招行等合作开展加油卡充值优惠交叉营销；与建行开展积分换油；与驾驶无忧汽车俱乐部共推增值服务。开展97#汽油油非互促营销，从源头促进高端客户消费。商客条线召开客户座谈会、客户走访、主题活动营销和增值服务营销等活动。润滑油营销针对船舶制造、车辆制造、公交客运、钢铁制造、化工等行业以及特种行业用油、金属加工油市场，组织了9次主题技术交流活动，获得了客户的广泛认同，支撑了销售业绩；非油品营销连续推出针对海龙燃油宝、宁夏枸杞、长城葡萄酒、茅台系列酒和披云矿泉水等重点商品的买赠促销活动，通过捆绑销售、组合促销、团购优惠等多种让利互动刺激消费者进店购买，取得较好的促销成果。

二、农业用油供应和“农机双优卡”推广

自2006年起，为更好地服务“三农”，切实保障农业用油供应稳定，江苏石油分公司与江苏省农业机械管理局加强供应合作，不断深化对农机用油的保障服务措施，取得良好的社会效益，受到农业部和国家发改委的好评。

为解决农机加油难的矛盾，自2006年秋季开始，江苏石油分公司与江苏省农业机械管理局联合印制了“农机优先加油卡”，保障农机优先加油。

每逢“三夏”、“三秋”农忙到来之前，江苏石油分公司与江苏省农业机械管理局会商，研究农业用油需求和保障措施，联合下发《关于确保农业生产用油供应的通知》，高度重视做好农业用油的供应保障工作。制定“三夏（三秋）”供应方案，统一全系统的供应政策和管理流程；结合全省农机作业进展，加大对作业区域的资源投放力度；采取多种措施，设立农业用油定点站，开辟农机加油绿色通道，发放“农机优先加油卡”，组织油罐车送油到田头等，方便农机加油；有序组织农机与农户的柴油灌桶供应加强现场督察，及时核查、反馈农机咨询与投诉处理；关心油站一线员工的排班与生活，维护加油站现场秩序。

2010年5月，江苏石油分公司与江苏省农机局签订战略合作协议

2010 年 5 月，江苏石油分公司与江苏省农业机械管理局签订战略合作协议，在柴油供需频繁变化的市场环境下，推出“江苏农机双优卡”（IC 加油卡），建立农机用油长效保障机制，实现从优先向优惠供应的转变，进一步展现石化品牌形象，提升服务“三农”的水平。省市和全国性媒体对此作了充分报道。当年有 2.2 万张卡充值，充值 1.73 亿元，充值优惠 2%。江苏石油分公司与江苏省农业机械管理局联合开展评选农业用油供应先进单位、先进个人活动，重点考评“双优卡”的组织、宣传、消费、管理情况，并召开了年终表彰会。2011 年继续推广“江苏农机双优卡”，当年新增充值双优卡 1.3 万张。

江苏石油分公司还广泛开展农业用油“双优服务月”宣传活动，邀请新华社江苏分社、人民日报江苏分社、新华日报、江苏电视台等参加媒体见面会，并赴淮安进行了现场采访，相关媒体对江苏石油分公司农业用油供应情况进行了及时报道。

为农民朋友办理“双优卡”

三、防范经营风险

1. 开展业务经营整顿

2009 年 11 月—2010 年 2 月，江苏石油分公司组织开展为期 3 个月的业务经营整顿工作。在业务经营整顿期间，主要采取了七项措施：全面核查清退客户经理个人办理、用于接受客户货款的个人银行卡以及客户经理代保管的客户银行卡，规避资金风险；清退客户经理代客

户保管的电子提油卡，防范串提油品风险；与客户补签《电子提单使用协议》，明确公司与客户的提货责任；组织发放《告客户书》，告知公司客户经理的代理权限和相关法律责任；全面组织与客户的资金与已售未提的函证对账，全面理清客户的已售未提和资金往来情况；组织所有商客、润滑油、燃料油条线的客户经理签订《客户经理规范经营承诺书》、所有开票员及部分加油站收款员签订《规范开票操作承诺书》，规范员工的经营行为；组织对全系统所有开票点资金、发票管理的专项检查，落实了增值税开票员持证上岗。通过上述措施，排查梳理监管漏洞和风险环节，切断风险源，明确公司、员工、客户之间的法律责任，加强对重点环节岗位人员的管理，跟踪整改落实工作。

2.建立经营风险防控长效机制

2010年6月，江苏石油分公司等单位联合开展"双卡促三夏、服务惠三农"活动

在2010—2012年间，为建立经营风险防控长效机制，江苏石油分公司主要开展了以下工作：不断排查经营风险点，找准防范经营风险的重点环节，制定针对性的防范措施；完善经营管理制度，进一步明确部门、岗位的职责、流程、禁令，严格下一流程对上一流程的监督；创建开票通知单系统，将"收款"和"开票"环节纳入ERP在线管理，控制前移，强化信息技术对经营的支持和管控，实现风险控制的机防；加强重点业务环节管理，严格客户主数据审核，以"订单、收款、发票、提单"四单一致为核心，强化实质性风险防控；加强关键岗位人员管理，关注对重点岗位人员的职业操守和异常行为表现的分析；总结编写《经营监控手册》，下发《经营监控管理办法》，提高监管人员的素质；调整经营管理体制，进一步体现不相容岗位分离的原则，将收款、开票人员划归财务管理，并在分公司设立经营管理科，主要负责分公司综合经营监控和异常预警工作；构建综合经营监控体系，组建专兼职经营监控队伍，通过在线监控、现场检查和事中（后）审计等措施，及时发现经营异常，严肃查处违规违纪事项，努力实现经营风险防范的制度化、常态化、长效化。

四、经营管理制度建设

2006年，制定下发了《营销计划管理办法》、《经营信息管理办法》、《价格管理办法》、《统计管理办法》、《经营评价与考核办法》、《成品油调度管理办法》、《已售未提管理办法》。

2007年，制定下发了《经营基础管理考核办法》。

2008年，制定下发了《成品油经营基础管理考核细则》。

2009年，制定下发了《市场监测管理细则》、《成品油外部采购管理实施细则》。

2010年，制定下发了《营销策划暂行办法》、《成品油外采供应商管理实施细则》、《电子提单管理暂行规定》、《经营监控管理办法》、《经营基础管理考核细则》。

2011年，制定下发了《经营信息管理办法》、《经营计划管理办法》、《成品油价格管理办法》、《成品油统计管理办法》、《营销活动管理细则》、《成品油外部采购管理实施细则》、《成品油进货及一次调运管理实施细则》、《电子提单系统运行管理办法》、《经营监控管理办法》、《经营基础管理考核细则》。

五、行业协会工作

1996 年，江苏省石油流通行业协会挂牌成立，协会由全省石油产品的生产、销售、运输、仓储企业及相关单位和特邀顾问自愿参加，属于行业性非营利组织。江苏石油分公司为协会会长单位。江苏省石油流通行业以商务部颁发的《成品油市场管理办法》和江苏省经贸委发布的《江苏省成品油市场管理办法实施细则》为依据，旨在推进行业自律和规范管理，促进形成统一、开放、竞争、有序的石油流通行业环境；搭建沟通平台，组织和引导会员交流、协调和合作；开展行业统计分析和调查研究，不断提高会员企业的经营和管理水平，提高企业的经济效益和社会效益，为繁荣江苏经济发展作出贡献。

2007 年 10 月 24 日，江苏省石油流通行业协会在南京召开第一届理事会第四次会议和第二届会员大会，选举产生了新一届理事会和领导班子，吸收南京清江石化经销有限公司等 36 家批发企业、江苏高速公路石油发展有限公司等 14 家零售企业、仓储企业 2 家、运输企业 2 家、石油设备企业 1 家，共 55 家单位为协会新会员。经会员大会审议，会议通过了新一届江苏省石油流通行业协会章程。同时，为提高专业化服务水平、促进行业自律，协会还设立了批发、零售、储运、水上业务和价格协调 5 个专业委员会，配合秘书处开展相关工作，并建立了江苏省石油流通行业协会网站，为会员单位提供信息服务。

2008 年 5 月，在金陵石化、蓝燕石化两家副会长单位的支持下，协会组织会员单位共 90 多人进行现场参观学习交流活动。与会代表实地参观学习了金陵石化从原油管输进货到成品油炼制出厂的全过程，重点观摩炼油装置、调度控制中心等关键环节；赴蓝燕石化参观了码头、油库等设施，探讨了新形势下民营石油企业的发展思路与经营对策。

2008 年 9 月，在中石化壳牌（江苏）石油销售公司协助下，协会在苏州组织召开了一次由会员单位基层经营管理人员及部分加油站站长参加的学习交流会议。参会人员实地参观合资公司的加油站，现场研讨体会了中外合资成品油零售企业先进的管理经验和服务理念。

2010年，在省经信委委托下，协会接受《江苏成品油分销体系“十二五”规划和成品油储销网络电子地图》的编制任务。7 月 21 日，协会召开江苏成品油“十二五”规划工作推动会。会议指出，江苏石油流通行业要通过平稳有序、控制性的规划，尽量从对已有企业和资源的重组、盘活和优化来促进发展。在成品油基础设施上，批发企业“做减量而不是增量”、零售企业“做质量而不是数量”，即仓储油库主要在沿江作调整，仅沿海略有增量；加油站通过规划来约束，不会盲目扩张，以促成现有网点的整合为主，为规划编制进一步明确了思路和撰写方向。会后，协会成立工作组落实任务，对加油站网点、油库、管线规划等项目进行实地勘察，对全省数千座社会加油站网点进行定位监测和需求调查。经过编撰小组历时近一年的努力，于 2010 年底完成规划编制并通过专家评审验收。

2010 年以来，协会批发、水上和价格专业委员会还分别组织召开了专题研讨会，对江苏成品油市场行情及决策分析、水上消费需求规模及各经营主体供应状况、国家定价机制对国内成品油经营的影响等热点专题进行了研讨，促进与会单位的沟通与自律。

2012 年三季度，协会进行第三届换届选举。新增中海油江苏有限公司、中石化燃料油销售有限公司和江苏金翔石化有限公司三家单位为副会长单位。

第六节 经营成果

一、进货

2001—2012 年，江苏石油分公司资源购进总量由 531.1 万吨（汽油 168.7 万吨、柴油 360.6 万吨）增加至 1195.46 万吨（汽油 513.39 万吨、柴油 682.06 万吨），年均增幅 7.7%，保持较快增长；其中外采量由 31.7 万吨（汽油 10.3 万吨、柴油 19.6 万吨）增至 175.39 万吨（汽油 76.03 万吨、柴油 99.35 万吨），年均增幅 16.8%，外采占资源总量比重由 6.0% 增至 14.7%，提高 8.7 个百分点。江苏石油分公司 2001—2012 年进货情况见表 1—1—1。

为弥补中国石化配置资源与经营需求间的缺口，江苏石油分公司积极开展外采工作。2003 年以前，年外采量在 30 万—40 万吨，主要外采存在缺口的品种。2004 年起，随着经营规模的大幅增长，外采规模也相应扩大，2004 年外采完成 77.7 万吨。2005 年首次突破 100 万吨，达到 149.3 万吨。2006—2007 年完成均在 150 万吨以上。2008 年，受炼油亏损和价格倒挂等因素影响，外采较为困难，外采量回调至 60.4 万吨；2009 年，受全球金融危机、需求回落等因素影响，外采量 63.7 万吨。2010 年起，加大外采力度，外采规模回升至 123.4 万吨。2011 年完成 196 万吨，创历史新高。2012 年完成 175.39 万吨。

2011年12月，装载3.5万吨柴油的外轮靠泊长山油库码头

在加强外采管理工作上，江苏石油分公司主要采取五大措施：一是加强市场研判。跟踪了解市场变化情况，在参考国际油价、周边省市外采价格、配置价格及当期系统内直销价格的基础上，结合公司资源状况及外采市场形势，分析市场大势，把握外采节奏，压缩外采成本。二是提升外采能力。积极发展外采供应商，拓展资源渠道；引导供应商树立诚实守信的理念，密切双方合作关系；着力培育主力供应商，建立稳定、长期的合作关系；对优质供应商按月商定购销计划，分批制定价格；强化外采业务的全过程管理，突出到货衔接及收货协调工作，提高合同履约率。三是强化质量管理。在国家标准以外还额外增加了补充质检指标，严格按照规程对外采油品进行全分析化验。四是加强供应商管理。建章立制，制定下发《外采成品油供应商管理实施细则》；按照中石化总部统一部署，调整优化入围供应商名单；强化供应商评价考核工作，增加评价考核频率；建立业绩引导订货机制，对守诚信、业绩优的供应商加大合作规模。五是创新外采进货方式。创新工作思路，加强统筹协调，采取"公路配送到库，按罐计量交接"的模式，开创

2011年12月，长山油库码头正在等待接卸外采油船

了新海石化公司向徐州徐塘油库供应油品这一新的外采进货方式，既密切了产销合作，加大了一手资源的收购，扩大了外采规模，更解决了长期困扰公司关于徐塘油库铁路配置进货困难的问题，保障了当地市场的资源供应和经营需要。

通过努力，外采工作取得三大成效：一是外采形成较大规模。2001—2012 年外采量 1286.44 万吨，其中汽油 614.51 万吨、柴油 663.72 万吨；外采占进货总量比重 12.17%，其中汽油 16.0%、柴油 9.88%，有效弥补了资源缺口。二是降本创效成果明显。三是购销合作关系进一步强化。坚持从我做起，做到诚实守信，树立正确导向；坚持从细节做起，实施全过程管理，狠抓每单业务的执行；坚持业绩引导订货机制，奖优罚劣，引导供应商重合同、守信誉。

二、销售（总量、分环节销量和销售结构）

1. 成品油经营总量

2001—2012 年，江苏石油分公司成品油销售整体保持较快增长，2012 年销售成品油 1196.7 万吨（汽油 510.46 万吨、柴油 686.22 万吨），较 2001 年销量 530.1 万吨（汽油 168.7 万吨、柴油 359.6 万吨），增长 125.7%（汽油 202.6%、柴油 90.8%），年均增长 7.7%（汽油 10.6%、柴油 6.1%）。汽油年均增幅高于柴油 4.5 个百分点，销售柴汽油比由 2001 年的 2.13 下降至 2011 年的 1.34。2009 年前，江苏石油分公司保留了少量煤油经营业务，从 2010 年基本取消了煤油经营。2012 年成品油终端销售比重为 98.3%，较 2001 年上升 33.6 个百分点。

2000 年以来的 12 年中，除 2009 年受世界金融危机影响，成品油销售同比出现明显下降外，其他 11 年基本保持稳定增长，其中 2003—2006 年连续 4 年同比增幅在 10% 以上。江苏石油分公司 2001—2012 年成品油销量及同比情况见表 1—1—2。

2. 零售量

2001—2012 年，江苏石油分公司成品油零售保持快速增长。2012 年，成品油零售量 1022.7 万吨（汽油 499.1 万吨、柴油 523.6 万吨）较 2001 年销量 264.1 万吨（汽油 111 万吨、柴油 152.6 万吨）增长 287.2%（汽油 349.6%、柴油 243.1%），年均增长 13.1%（汽油 14.6%、柴油 11.9%），零售年均增幅高于经营量年均增幅 5.4 个百分点。

成品油零售比重由 2001 年的 49.8% 上升到 2012 年的 85.5%，提高了 35.7 个百分点。在 12 年中，除 2009 年受世界金融危机影响，成品油零售同比出现下降外，其他 11 年均保持增长。江苏石油分公司 2001—2012 年零售量及同比情况见表 1—1—3。

3. 直销量

2001—2012 年成品油直销量有升有降，其中 2001—2005 年直销量增长较快，由 79 万吨上升到 201.8 万吨，2009 年直销量达到 215.7 万吨，随后在严格规范客户属性划分、做实直销经营的指导下，直销规模有所下降。2012 年直销量为 153.39 万吨（汽油 7.88 万吨、柴油 145.5 万吨）。江苏石油分公司 2001—

2012 年直销量及同比情况见表 1—1—4。

4. 分销量

2001—2012 年成品油分销量随着资源供需、价格政策、保障终端及销售结构改善而逐年下降，2012 年分销量为 20.61 万吨（汽油 3.48 万吨、柴油 17.13 万吨），较 2001 年销量 187.1 万吨（汽油 47.7 万吨、柴油 139.1 万吨）下降 89.0%（汽油 -92.7%、柴油 -87.7%），年均下降 18.2%（汽油 -21.2%、柴油 -17.3%）。江苏石油分公司 2001—2012 年分销量及同比情况见表 1-1-5。

三、库存（实物和所有权库存）

1. 所有权库存

2001—2012 年成品油所有权库存总体有升有降，2005 年年末所有权库存 17.8 万吨（汽油 9.5 万吨、柴油 8 万吨），为 12 年来年末最低水平；2012 年末所有权库存 35.81 万吨（汽油 20.95 万吨、柴油 14.87 万吨）。江苏石油分公司 2001—2012 年所有权库存情况见表 1—1—6。

2. 实物库存

2001—2012 年成品油实物库存有升有降，2003 年末实物库存 15.5 万吨（汽油 9.2 万吨、柴油 6.1 万吨），为 12 年来最低水平；2008 年末实物库存 34.5 万吨（汽油 12.8 万吨、柴油 21.7 万吨），为 12 年来最高水平；2012 年末实物库存 33.62 万吨（汽油 14.98 万吨、柴油 18.64 万吨）。江苏石油分公司 2001—2012 年实物库存情况见表 1—1—7。

表1—1—1　2001—2012年进货情况　万吨

年份＼指标	进货实绩									外采比重		
	资源总量			其中：石化配置资源			外采资源					
	合计	汽油	柴油	合计	汽油	柴油	合计	汽油	柴油	合计	汽油	柴油
2001	531.1	168.7	360.6	499.4	158.4	341.0	31.7	10.3	19.6	6.0%	6.1%	5.4%
2002	528.6	169.6	357.7	490.4	157.0	333.3	38.1	12.5	24.3	7.2%	7.4%	6.8%
2003	585.8	191.5	391.7	541.9	176.5	365.2	43.9	14.9	26.5	7.5%	7.8%	6.8%
2004	752.9	234.5	516.5	675.1	211.5	463.3	77.7	23.0	53.1	10.3%	9.8%	10.3%
2005	831.3	264.0	566.5	682.0	208.4	473.4	149.2	55.6	93.1	18.0%	21.1%	16.4%
2006	928.9	301.4	627.2	754.2	213.0	541.1	174.7	88.4	86.0	18.8%	29.3%	13.7%
2007	990.2	344.4	645.6	838.1	254.7	583.3	152.1	89.6	62.2	15.4%	26.0%	9.6%
2008	1001.6	369.0	632.5	941.2	321.1	620.1	60.3	47.9	12.4	6.0%	13.0%	2.0%
2009	968.6	380.4	588.0	904.9	346.4	558.4	63.6	33.9	29.5	6.6%	8.9%	5.0%
2010	1095.2	429.7	665.3	971.8	369.8	601.9	123.3	59.8	63.3	11.3%	13.9%	9.5%
2011	1160.1	474.7	685.3	964.1	372.6	591.4	196.0	102.1	93.8	16.9%	21.5%	13.7%
2012	1195.5	513.4	682.1	1020.1	437.4	582.7	175.4	76.0	99.4	14.7%	14.8%	14.6%

表1—1—2　2001—2012年成品油销量及同比情况　万吨

年份	销量				同比增量				同比增幅			
	合计	汽油	煤油	柴油	合计	汽油	煤油	柴油	合计	汽油	煤油	柴油
2001	530.1	168.7	1.8	359.6								
2002	527.9	169.6	1.3	356.9	-2.3	0.9	-0.5	-2.7	0%	1%	-26%	-1%
2003	591.0	190.0	2.9	398.1	63.1	20.4	1.6	41.2	12%	12%	121%	12%
2004	746.3	233.5	1.2	511.6	155.4	43.5	-1.7	113.5	26%	23%	-58%	29%
2005	844.1	268.3	0.5	575.3	97.7	34.8	-0.7	63.7	13%	15%	-56%	12%
2006	932.9	304.2	0.5	628.2	88.8	36.0	-0.1	52.9	11%	13%	-13%	9%
2007	979.1	337.2	0.6	641.3	46.1	33.0	0.0	13.1	5%	11%	-5%	2%
2008	1017.2	367.7	0.0	649.5	38.3	30.5	-0.4	8.2	4%	9%	-94%	1%
2009	976.0	380.4	0.1	595.4	-41.3	12.7	0.1	-54.1	-4%	3%	450%	-8%
2010	1084.5	423.9	0.0	660.6	108.6	43.4	-0.1	65.2	11%	11%	-78%	11%
2011	1153.1	469.7	0.0	683.4	68.6	45.8	0.0	22.8	6%	11%	-63%	3%
2012	1196.7	510.5	0.0	686.2	43.6	40.8	0.0	2.8	3.8%	8.7%	-49.3%	0.4%

表1—1—3 2001—2012年零售量及同比情况 万吨

年份	零售量				同比增量				同比增幅			
	合计	汽油	煤油	柴油	合计	汽油	煤油	柴油	合计	汽油	煤油	柴油
2001	264.0	111.0	0.4	152.6								
2002	287.9	117.7	0.4	169.8	23.9	6.7	-0.1	17.3	9%	6%	-14%	11%
2003	325.2	134.2	0.2	190.8	37.3	16.5	-0.2	20.9	13%	14%	-44%	12%
2004	477.1	186.2	0.2	290.7	151.9	52.0	0.0	99.9	47%	39%	2%	52%
2005	567.6	228.6	0.1	338.9	90.6	42.4	-0.1	48.3	19%	23%	-67%	17%
2006	660.3	257.1	0.0	403.1	92.6	28.5	0.0	64.2	16%	12%	-48%	19%
2007	753.1	302.4	0.0	450.7	92.9	45.3	0.0	47.6	14%	18%	-84%	12%
2008	802.8	333.5	0.0	469.3	49.7	31.1	0.0	18.6	7%	10%	175%	4%
2009	728.9	352.6	0.0	376.3	-73.9	19.0	0.0	-93.0	-9%	6%	-38%	-20%
2010	817.0	396.6	0.0	420.5	88.2	44.0	0.0	44.1	12%	12%	62%	12%
2011	960.0	455.2	0.0	504.8	143.0	58.6	0.0	84.4	17%	15%	-66%	20%
2012	1022.7	499.1	0.0	523.6	62.7	43.9	0.0	18.8	6.5%	9.6%	-40.8%	3.7%

表1—1—4 2001—2012年直销量及同比情况 万吨

年份	直销量				同比增量				同比增幅			
	合计	汽油	煤油	柴油	合计	汽油	煤油	柴油	合计	汽油	煤油	柴油
2001	79.0	10.0	1.0	68.0								
2002	108.4	16.5	0.8	91.1	29.4	6.5	-0.3	23.1	37%	66%	-26%	34%
2003	144.2	20.9	0.9	122.4	35.8	4.4	0.1	31.3	33%	27%	18%	34%
2004	179.0	22.0	0.6	156.5	34.8	1.1	-0.3	34.0	24%	5%	-35%	28%
2005	201.8	24.4	0.5	176.9	22.8	2.4	-0.1	20.5	13%	11%	-22%	13%
2006	175.7	19.2	0.3	156.1	-26.1	-5.2	-0.1	-20.8	-13%	-21%	-33%	-12%
2007	180.3	19.9	0.4	160.0	4.6	0.6	0.1	3.9	3%	3%	32%	2%
2008	187.1	22.3	0.0	164.8	6.8	2.5	-0.4	4.7	4%	13%	-98%	3%
2009	215.7	20.6	0.1	195.0	28.5	-1.8	0.1	30.2	15%	-8%	1257%	18%
2010	199.6	11.6	0.0	188.0	-16.0	-9.0	-0.1	-7.0	-7%	-44%	-69%	-4%
2011	161.1	7.3	0.0	153.8	-38.5	-4.3	0.0	-34.2	-19%	-37%	-85%	-18%
2012	153.4	7.9	0.0	145.5	-7.7	0.6	0.0	-8.3	-4.8%	7.9%	-58.3%	-5.4%

表1—1—5　2001—2012年分销量及同比情况　万吨

年份	分销量				同比增量				同比增幅			
	合计	汽油	煤油	柴油	合计	汽油	煤油	柴油	合计	汽油	煤油	柴油
2001	187.1	47.7	0.3	139.1								
2002	131.6	35.4	0.2	96.0	-55.6	-12.3	-0.1	-43.1	-30%	-26%	-41%	-31%
2003	121.6	34.8	1.8	84.9	-10.0	-0.6	1.6	-11.0	-8%	-2%	787%	-11%
2004	90.3	25.3	0.5	64.4	-31.3	-9.5	-1.3	-20.5	-26%	-27%	-70%	-24%
2005	74.7	15.3	0.0	59.4	-15.6	-10.1	-0.5	-5.0	-17%	-40%	-97%	-8%
2006	97.0	27.9	0.1	68.9	22.3	12.7	0.1	9.5	30%	83%	560%	16%
2007	45.5	14.9	0.0	30.6	-51.4	-13.0	-0.1	-38.4	-53%	-46%	-76%	-56%
2008	27.3	11.9	0.0	15.4	-18.2	-3.1	0.0	-15.1	-40%	-21%	-100%	-49%
2009	31.4	7.3	0.0	24.1	4.1	-4.6	0.0	8.7	15%	-38%	0.0%	56%
2010	67.8	15.7	0.1	52.1	36.4	8.4	0.1	28.0	116%	115%	2770%	116%
2011	32.0	7.2	0.0	24.8	-35.9	-8.5	-0.1	-27.3	-53%	-54%	-100%	-52%
2012	20.6	3.5	0.0	17.1	-11.4	-3.7	0.0	-7.6	-35.5%	-51.7%	0.0%	-30.8%

表1—1—6　2001—2012年所有权库存情况　万吨

所有权库存				
年份	轻油小计	汽油	煤油	柴油
2001	23.4	8.3	0.6	14.5
2002	22.0	8.9	0.7	12.4
2003	18.3	11.1		7.4
2004	27.7	13.0	0.6	14.1
2005	17.8	9.5	0.4	8.0
2006	19.6	8.2	0.2	11.2
2007	35.5	16.5	0.0	19.0
2008	33.1	14.8	0.0	18.3
2009	27.8	15.1	0.1	12.6
2010	27.2	14.0	0.0	13.2
2011	40.7	21.1		19.7
2012	35.8	20.9	0.0	14.9

表1—1—7　2001—2012年实物库存情况　万吨

实物库存				
年份	轻油小计	汽油	煤油	柴油
2001	40.4	12.4	1.2	26.8
2002	26.5	11.0	0.7	14.8
2003	15.5	9.2	0.2	6.1
2004	27.1	11.2	0.6	15.2
2005	21.3	11.9	0.4	8.9
2006	22.8	10.9	0.4	11.5
2007	28.4	12.7	0.0	15.7
2008	34.5	12.8	0.0	21.7
2009	31.6	13.6	0.1	17.9
2010	28.2	12.5	0.0	15.7
2011	32.9	15.2	0.0	17.7
2012	33.6	15.0	0.0	18.6

第二章 物流运行

高效的物流运行体系是油品销售企业的核心竞争能力之一。2001年以来，江苏石油分公司不断探索和优化物流运行体制机制，努力实现资源统一调度、运输集中优化、仓储设施合理布局，物流运行更趋优化和高效。

第一节 一次物流

江苏石油分公司成品油调运包括一次物流和二次物流。成品油一次物流是指三类作业：成品油资源从炼厂到油库、水上加油站的调运作业。一次物流进货分为水路、管输、铁路、公路4种方式，以水路和管输进货为主。

2004年前，一次物流配置计划由中国石化总部统一安排分配至各大区，各大区公司根据总部计划和销售需求，制定分品号、分炼厂、分油库的调度计划，由省市公司衔接执行；江苏石油分公司计划调度中心直接与苏石油运公司联系，安排船只完成一次物流调运工作，并报华东公司驻厂办事处备案。

2004年，中国石化总部DPO项目上线运行，总部制定一次物流配置计划后，直接通过DPO制定分品号、分炼厂、分油库的调度计划，由省市公司衔接执行；江苏石油分公司计划调度中心直接与苏石油运公司联系，安排船只完成一次物流调运工作，并报华东公司驻厂办事处备案。

2006年，苏石油运公司改制为和海公司。2009年8月，销售华东分公司物流调度系统上线，所有由炼厂一次到库船只在销售华东分公司上线，由其统一调配。2006年10月鲁皖管线、2008年12月金嘉湖管线、2010年12月苏南管线相继投产运行，丰富江苏石油

大型油船停在码头卸油

分公司成品油管输调运方式，改变资源调度以水路和铁路运输为主的格局。

第二节 二次物流

成品油零售二次物流配送是指成品油资源从油库到加油站的优化配送过程。成品油零售配送是依托二次物流配送管理系统，以“流向合理、运距最短、费用最低、时间最佳”为原则，优化加油站库存，合理配备运力，降低配送成本，强化运输过程管理，提高配送绩效，保障市场供应。

一、二次物流的发展

1. 被动配送

二次物流被动配送是指加油站作为油品配送的发起方，根据自身库存、销售向分公司提出补货需求，分公司根据加油站需求，制作提货单据并安排车辆进行配送。2004 年 12 月以前，加油站进货都属于被动配送。根据被动配送订单创建方式的不同，可以分为以下三个阶段：

2002 年 12 月以前，加油站进货是由各加油站根据自身库存、销量情况，向分公司电话提报次日需求，分公司根据加油站提报的需求，创建并打印纸质提单交给车队，由车队调度车辆进行配送。

2002 年 12 月，省公司 ERP 系统正式上线运行后，各分公司开始根据加油站需求在 ERP 系统中手工创建预留单，各车队打印纸质预留单提货进行配送。

2004 年 12 月，实现了二次物流配送管理系统与 ERP 系统的接口，由系统自动导出预留单并打印纸质提单进行提货，2008 年 5 月电子提单上线运行。

2. 主动配送

为提升中国石化销售企业对市场的反应速度、降低库存成本，优化运力结构，2002 年，中国石化销售公司开展二次物流优化项目的建设工作。二次物流项目引进 AspenTech 公司的 Retail 软件，在 Retail 基础上针对中国石化销售企业的业务需求进行二次开发，建立了以 Retail 为核心的物流管理系统。

2002 年 5 月，二次物流优化项目在天津石油分公司进行试点，12 月正式上线运行。2003 年 5 月，北京、上海、浙江、山东、广东、深圳分公司开始二次物流优化项目推广工作。2004 年 3 月，中国石化销售公司将云南、江苏、河北、山西等 13 家单位分 2 批启动二次物流优化项目。

2004 年 4 月，江苏石油分公司成立了二次物流项目领导小组和项目工作小组，制定了《二次物流优化配送项目计划书》。6 月，全省开展配送基础数据采集工作，针对 Retail 系统工作原理、WEB 报数系统、周边物流系统的功能和使用，对各分公司项目组人员进行培训。7 月，项目组对 14 家分公司进行建模。8 月，省公司选择南京、常州、苏州、淮安 4 家分公司作为首批并行上线试点单位。9 月，实现了系统平稳上线。10 月，完成二次物流优化项目上线运行，开始使用 Retail 系统进行集中调度优化。

集中调度和对加油站的主动配送，可以有效优化物流线路，减少加油站的库存占用，提高资源利用率和车辆运输效率。2004 年底组建省、分公司物流配送中心后，依靠系统优化，承担对加油站的主动配送工作，为强化运行监控提供体制保障。

2005年6月，省公司进一步扩大主动配送范围，将高速公路租赁加油站和中石化壳牌（江苏）石油销售有限公司所属加油站一并纳入二次物流系统优化，拓展项目应用的范围。9月，全省在营加油站1991座，除销量较小的农村网点和水上加油站外，被纳入主动配送范围的加油站为1770座，占在营加油站的88.9%。

2007年8月，省公司开始推行电子提单项目。2008年5月1日，全面实施单轨运行，取消纸质提单，零售配送车辆全部改为IC卡提油，有效降低了伪造纸质提单的风险，提高了油库发货自动化水平。

2005年底至2012年，二次物流进入平稳发展阶段，主动配送加油站陆续增加。截至2012年底，全省主动配送加油站达到2230座。

3. 二次物流数据统计

二次物流配送量、二次物流运费、在线配送车辆数、在线配送车辆总运力分别见图1—2—1、图1—2—2、图1—2—3、图1—2—4。

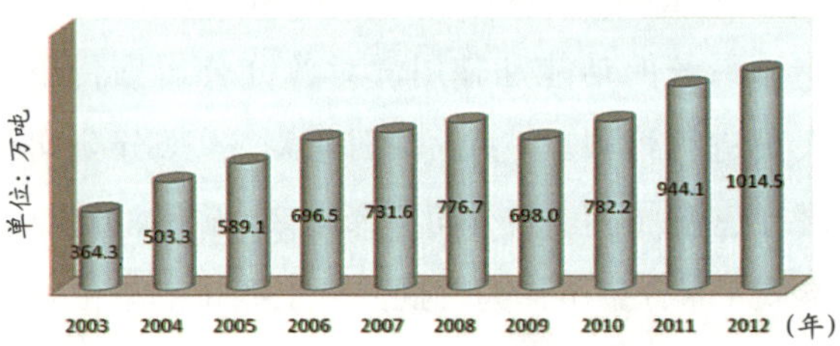

图1—2—1　二次物流配送量示意图

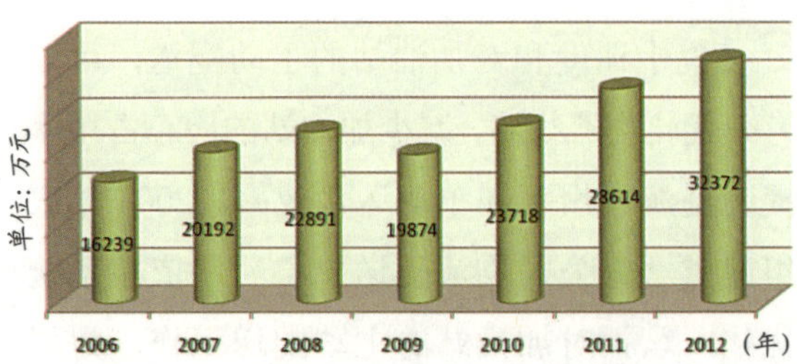

图1—2—2　二次物流运费示意图

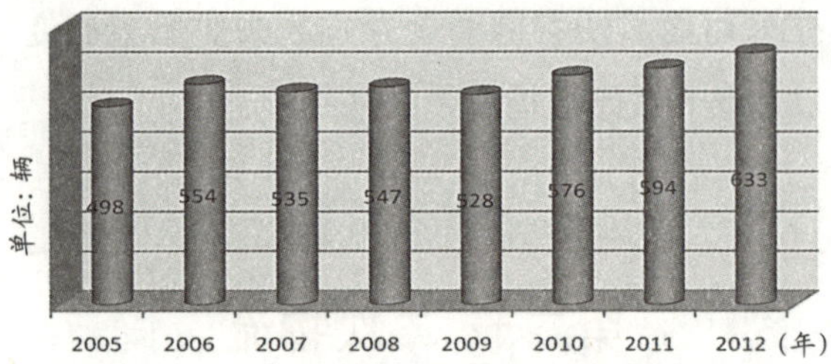

图1—2—3　在线配送车辆数示意图

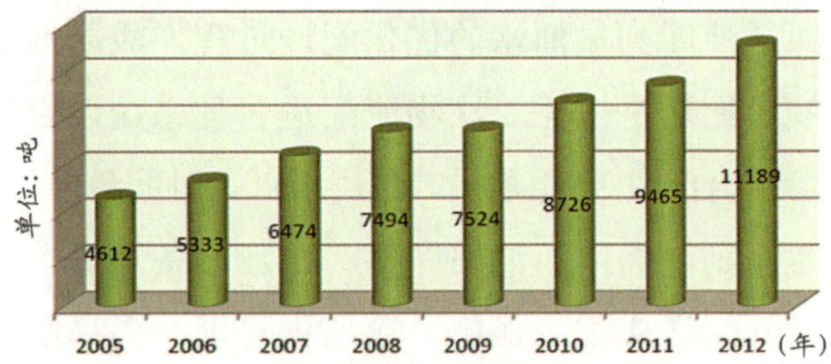

图1—2—4　在线配送车辆总运力示意图

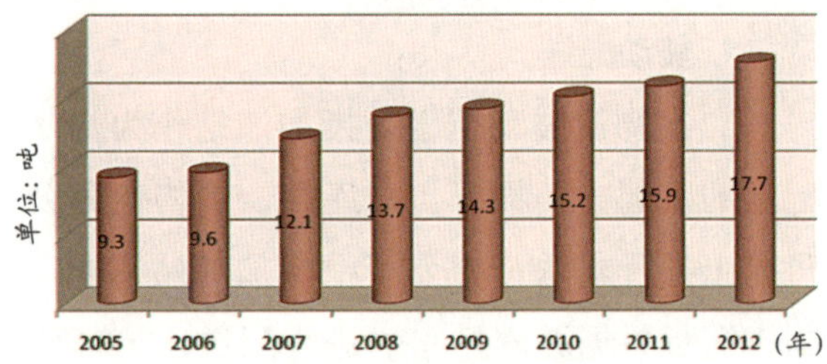

图1—2—5　在线配送车辆平均吨位示意图

二、二次物流的管理

1. 调度管理

2005年，二次物流配送管理系统上线后，从油库到加油站的成品油物流配送实现了三大转变：配送模式从被动配送向主动配送的转变，配送技术从电话、传真等传统方式向网络信息化的转变，配送管理体系从各分公司“各自为战”到全省集中统一垂直管理的转变。

加油站的主动配送打破原区域界限，实现资源统一调度、运输集中优化。特别是在2008年初遭受雪灾、资源供应紧张、“三夏”保供等矛盾突出时期，省公司根据库存及一次物流资源动态，及时启动应急配送预案，发挥统一调度的优势，采取集中调度、灵活配送、缩短优化周期、实施跨区配送、延长油库发货时间等措施，打破地域界限和车队界限，有力保障了油站资源的供应。在配送计划执行过程中，省公司把握配送节奏，加大调控力度，始终坚持原则性和灵活性并存的原则，维护了月度配送计划的严肃性，同时在局部时段、局部地区资源供应发生矛盾时，根据后续资源状况，灵活调整资源配送节奏，缓解供应矛盾。

2011 年，随着省公司物流中心职能的转变，配送工作重点放在对分公司加油站配送工作的调控、指导和协调上，扎口管理跨区配送工作，统一调配全省车辆执行跨区配送任务，克服了-20#柴油的跨省提货、柴油双品种运行以及国Ⅲ汽油置换等特殊时期运力紧张的困难，不断提升配送应急处置能力，较好地完成加油站资源配送工作。

2. 加油站库站运距管理

随着零售网络不断发展、油库布局不断调整、公路更新和改道，加油站运距也在发生变化。省公司通过严格把关，审核运距，努力降低二次物流运杂费。对新增加油站库站距离、加油站库站距离变更测量严格把关，对道路变化时刻保持关注，准确掌握道路变化情况，不定期对原有库站距离进行抽查复测，对存在误差的及时调整。对跨区配送实行扎口管理，统一组织安排，严格控制非合理跨油库配送。

2007 年 4 月，省公司组织对全省加油站到油库运距进行逐一复核，全省核减运距 8259 千米，根据 2006 年各加油站年销量测算，全年可节约运费 999 万元左右。

2009 年 5 月，省公司组织对各分公司库站距离进行抽查，全省累计核减运距 1055 千米，根据 2007 年各加油站销量测算，全年可节约运费 277 万元左右。

2012 年 5 月，省公司对全省加油站库站距离进行逐一复测，全省累计核减运距 517 千米，根据 2011 年加油站销量测算，全年节约运费 113 万元左右。

3. 二次物流运费管理

在运费结算方式上，经历了三个阶段：2005 年 1 月 1 日前，二次物流运费由各区域分公司相关人员进行手工核对、结算。2005 年 1 月 1 日起，省公司正式启用二次物流优化系统运费结算子系统，实现运费在线自动结算，有效提高运费结算的工作效率，保障结算的准确性。在这个阶段，仍然是由分公司进行运费结算。自 2005 年 9 月起，为规范陆路运输价格管理，省公司在二次物流项目自动优化、主动配送运行的基础上，进一步扩展二次物流系统的结算功能，由省公司统一在线结算零售环节的销货运杂费。

在价格管理上，2006 年 9 月 1 日前，由省公司核定成品油公路运输最高限价，各分公司可根据本区域实际情况进行调整，但不得高于省公司最高限价。社会运输企业和车辆、挂靠存续公司的全资和投资控股（或参股）的油品运输企业车辆，其运输价格必须执行市场价格，并不得高于省公司核定的最高限价。2006 年 9 月 1 日开始，省公司实施全省统一运价。到 2012 年，成品油公路运输价格随着国际油价的涨跌以及国内成品油价格的调整，先后进行过 12 次调价（见表 1—2—1）。

4. 成品油零售公路运输承运商管理

自 1998 年开始，根据中国石化总部主辅分离、辅业改制分流政策方针，存续公司下属运输车队陆续进行改制。改制分为两个阶段：第一阶段是 1998—2001 年，全省改制车

表1—2—1　　成品油零售配送公路运输价格调整一览表

调价时间	运 距（千米）	价格标准 元/（吨·千米）	运 距（千米）	价格标准（元／吨·千米）	运 距（千米）	价格标准（元／吨·千米）
2003年11月1日	0—20（不含20）	15.0	20—50（不含50）	0.60	50以上	0.50
2006年9月1日	0—30（含30）	20.0			30以上	0.66
2008年3月1日		20.2				0.67
2008年8月1日	0—10（含10）	20.2	10—30（含30）	21.1	30以上	0.70
2009年1月1日		18.2		19.0		0.63
2009年6月1日		18.63		19.45		0.645
2010年5月1日		19.04		19.87		0.66
2011年2月20日		19.43		20.28		0.674
2011年4月7日	0—30（含30）	20.69			30以上	0.688
2012年3月20日		21.28				0.707
2012年6月9日		20.41				0.678
2012年9月11日		20.84				0.692

队仍然有部分国有股份；第二阶段是2001—2008年，各区域运输车队改制基本完成，国有股份全部退出。截至2012年底，全省签约的成品油公路运输承运商有14家，其中改制企业10家，改制企业解散后部分人员重新组建企业1家，中石化系统内单位1家，原分公司车队由社会人员拍卖竞得1家，社会单位1家。根据区域划分，14家签约承运商共分为21个车队（见表1—2—2，标★为签约承运商）。

(1)市场化运作，合同化管理

2005年四季度，省公司统一与各运输企业签订公路运输合同。自2007年起，省公司采取公开招标、议标等方式确定各区域运输供应商，合同签订模式由原来的一季度一签改为一年一签，并引入合同保证金制度。根据中国石化总部对改制企业三年保护期的相关政策，同时为了保证改制企业和运输市场的稳定，逐步引入社会企业参与竞争，在前期运输企业以改制企业为主的基础上，逐步对运输市场进行了整合，并引入第三方企业进入运输市场。

2007年底，江苏和海油品运输有限公司全资收购原改制企业苏州实华运输有限公司，并组建苏州和海油品运输有限公司，接手苏州区域零售加油站配送业务。

2008年，江苏石油勘探局运输处全资收购原改制企业无锡锡安运输有限公司，接手无锡区域零售加油站配送业务。

2010年，原改制企业南通苏石危险品运输有限公司退出南通区域零售加油站配送业务，同年3月，江苏石油勘探局运输处及南

表1—2—2 成品油零售公路承运商一览表

<table>
<tr><th>序 号</th><th colspan="2">承运商名称</th><th>企业性质</th><th>2012 年在线车辆数</th></tr>
<tr><td>1</td><td colspan="2">南京金石油品运输有限责任公司★</td><td>改制企业</td><td></td></tr>
<tr><td>2</td><td colspan="2">南京禾海油品运输有限公司★</td><td>社会单位</td><td></td></tr>
<tr><td>3</td><td colspan="2">徐州安吉石化运输有限公司★</td><td>改制企业</td><td></td></tr>
<tr><td>4</td><td colspan="2">常州市苏石石油运输有限公司★</td><td>改制企业</td><td></td></tr>
<tr><td>5</td><td colspan="2">溧阳市苏石石油运输有限公司★</td><td>改制企业</td><td></td></tr>
<tr><td>6</td><td colspan="2">南通鼎盛危险品运输有限公司★</td><td>原改制企业解散重组</td><td></td></tr>
<tr><td>7</td><td colspan="2">宿迁市实华运输有限公司★</td><td>改制企业</td><td></td></tr>
<tr><td>8</td><td colspan="2">扬州群力石油运输有限公司★</td><td>原存续车队拍卖</td><td></td></tr>
<tr><td>9</td><td colspan="2">江都市石油运输服务有限责任公司★</td><td>改制企业</td><td></td></tr>
<tr><td>10</td><td colspan="2">泰兴市泰石危险品运输有限责任公司★</td><td>改制企业</td><td></td></tr>
<tr><td>11</td><td colspan="2">镇江市同发石油化工运输有限责任公司★</td><td>改制企业</td><td></td></tr>
<tr><td>12</td><td colspan="2">江阴市石化运输有限公司★</td><td>改制企业</td><td></td></tr>
<tr><td>13</td><td rowspan="3">江苏石油勘探局运输处★</td><td>无锡运输部</td><td rowspan="3">中石化系统内部车队</td><td rowspan="3"></td></tr>
<tr><td>14</td><td>南通运输部</td></tr>
<tr><td>15</td><td>扬州运输部</td></tr>
<tr><td>16</td><td rowspan="6">江苏和海油品运输有限公司★</td><td>苏州和海油品运输有限公司</td><td rowspan="6">改制企业（淮安苏石、盐城苏石为江苏和海参股企业）</td><td rowspan="6"></td></tr>
<tr><td>17</td><td>连云港和海油品运输有限公司</td></tr>
<tr><td>18</td><td>江苏淮安苏石运输有限公司</td></tr>
<tr><td>19</td><td>扬州和海油品运输有限公司</td></tr>
<tr><td>20</td><td>泰州和海油品运输有限公司</td></tr>
<tr><td>21</td><td>盐城苏石运输有限责任公司</td></tr>
</table>

通鼎盛危险品运输有限公司通过公开竞标，分别取得部分南通区域零售加油站配送业务。同年，江苏和海油品运输有限公司在连云港组建连云港和海油品运输有限公司，替代原改制企业连云港金都运输有限公司，接手连云港区域零售加油站配送业务。

2011 年，南京区域引进南京禾海油品运输有限公司，承担部分零售加油站配送业务。

为进一步加强对成品油公路运输的监督管理，督促承运商提高服务水平，2009 年 7 月，省公司印发《成品油公路运输准入管理规定》，对承运商资质、运营模式、组织结构、车辆人员等方面作了明确要求，提高了承运商的准入门槛，为选择优质承运商提供制度保障。

2011 年 9 月，省公司重新修订下发了《零售公路承运商准入管理规定》。

(2)承运商安全管理

2007—2009 年，根据集团公司《关于开展“百日安全无事故”竞赛活动的通知》，省公司在全系统开展了“百日安全无事故”竞赛活动。2009—2011 年，根据集团公司 HSE 年度工作会议精神，省公司在全系统开展了“我要安全”、“我要安全，我们在行动，大家都安全”主题活动。其间，省公司组织承运商开展了系列专项工作：

一是清理挂靠车辆。承运商改制初期，部分承运商车辆资产属性复杂，存在挂靠车辆的现象。2007 年初，全省在线油罐车 531 辆，其中挂靠车辆 112 辆，占在线车辆总数的 21.1%。为切实加强成品油运输管理，督促承运商规范车辆产权，省公司于 2008 年清理挂靠车辆，各承运商通过收购、租赁、车辆下线等方式，截至 2009 年 4 月底，112 辆挂靠车辆全部清理完毕。

二是开展车辆设备大检查。在“我要安全”活动期间，省公司制定《成品油公路运输承运商油罐车设备安全标准》，作为车辆日常检查的依据。至 2012 年底，共组织 4 次车辆设备专项大检查，合计检查油罐车 2097 车次，发现车辆设备问题 13227 条，发现重大安全隐患 167 条，督促现场整改 2129 条，不合格下线整改油罐车 195 辆。2009 年 10 月，省公司制定《承运商油罐车装备标准》，对整车、底盘、罐体等方面对油罐车及附属设备作了明确规定，进一步规范承运商车辆标准，提高车辆设备安全系数。2012 年 6 月，省公司重新修订下发了《成品油公路承运商油罐车装备标准》。

三是组织驾押人员安全考试。2009 年 5 月，为规范驾押人员的安全生产行为，省公司组织对各运输企业进行全员安全知识考试，全省 1920 名驾押人员参加了承运商安全知识考试，通过率 98.4%，31 人不合格被淘汰下岗。根据省公司《关于进一步加强油品承运车（船）安全监管的通知》精神，由省公司物流中心负责审查签约承运商，分公司负责审查直分销客户，并对审查合格的车辆、驾押人员统一制作发放《车辆入库作业许可证》、《驾、押人员油库准入证》。经省公司物流中心审查合格，发放签约承运商车辆许可证 515 张，人员准入证 1062 张；经分公司审查合格并书面盖章确认，发放直分销车辆许可证 1208 张，人员准入证 2349 张；合计发放车辆许可证 1723 张，人员准入证 3411 张。

四是组织“我要安全”优秀承运商评比。2009 年，江苏油田无锡锡安运输有限公司、盐城苏石石油运输有限公司、扬州和海油品

2011年11月，金石油运公司参加省公司举行的消防灭火技能竞赛

运输有限公司获得江苏石油分公司“我要安全”主题活动优秀承运商称号。2010年，盐城苏石石油运输有限公司、江阴市石化运输有限公司在省公司“我要安全”主题活动中获得优秀承运商称号。

2010年5月，为进一步加强成品油公路运输管理，规范驾押人员装卸油品操作流程，省公司制定下发《油罐汽车油库装油作业指导书》、《油罐汽车加油站卸油作业指导书》，要求各承运商按照作业指导书的内容，加强对驾押人员的培训、教育和考核。2011年6月，为规范公路承运商安全数质量事故的报告和调查处理，落实事故责任追究制度，预防和减少各类承运商事故，省公司制定下发了《江苏石油分公司公路承运商事故管理办法（试行）》，从事故范围和分类、事故报告、事故调查、事故处理及责任追究等方面作了明确规定和要求。

2011年6月，为帮助全省公路承运商推行HSE管理体系，建立安全生产长效管理机制，省公司制定了《承运商HSE管理体系建立实施方案》，将承运商管理纳入中国石化HSE管理体系，成立工作实施领导小组，要求各承运商成立了以企业法人为组长HSE管理体系实施工作领导小组。6月23日，省公司召开了公路承运商安全专项整治暨HSE管理体系实施动员会议。9月和10月，省公司组织两期“零售承运商HSE管理推进工作会议暨危险品运输培训”，对如何培养驾驶员良好的驾驶习惯、预防事故发生等内容进行防御性驾驶培训。10月，各承运商HSE管理体系初步建设完成，进入试运行阶段。12月，省公司召开“成品油零售公路承运商HSE管理体系内审员培训”会议。

2012年5月，省公司对各承运商HSE管理体系的建设及试运行情况进行了预审。

(3)承运商数质量管理

为保障运输油品数量安全，省公司开展了系列反偷盗油工作。

强化法制教育。督促承运商开展对从业人员的法制教育，使驾押人员认识到从油罐车偷油就是盗窃国家财产，将受到经济处罚及法律制裁。同时，在承运商停车场悬挂张贴横幅和宣传标语，在油罐车驾驶室制作反偷盗油警示牌，营造“深入开展油罐车反偷盗油活动，重拳打击油罐车偷盗油行为”的氛围。

排查油罐车硬件设备。根据规定的油罐车装备标准，省公司对承运商油罐车的设备选型、内部构件、管线、罐体安装等环节进行规范，从源头控制车辆出厂时无多余的卸油口、阀门等设备。检查油罐车有无隔箱暗仓，将油罐车除正常的装油口和卸油口外的其他出口和阀门用盲板封死并进行铅封，定期核对铅封号码是否相符，将呼吸阀、计量口、油泵、排污阀等进行有效封堵，压杆式仓口盖实行双铅封，操作箱铰链处焊点牢固，工具箱、驾驶室不得藏匿油桶、皮管、快速接口等工具。

加强GPS监管。利用油罐车GPS系统，加强对车辆在途运输的监管，对车辆异常停车、偏离行驶路线等违规行为重点排查。利用新技术、新设备加强监管，2011年、2012年，苏州和海油品运输有限公司、常州苏石石油运输有限公司相继安装了油罐车视频监控系统，有效规范了驾押人员的作业行为。

严格合同制约。在公路运输合同中，明确规定发生偷盗油事件承运商所要承担的违约责任，自2007年实施合同保证金制度以来，对偷盗油违约责任的处罚力度日渐加大。对查处的偷盗油和涉嫌偷盗油的人员一律予以加倍罚款、解除合同，同时禁止省内承运商再次录用。

五是加强途中跟踪检查。省公司物流中心、分公司及承运商经常不定期组织对运输途中的油罐车进行跟踪检查，加强监管。

六是借助公安及社会监督力量，设立反偷盗油有奖举报电话。在油罐车上印刷监督举报电话，对举报核实的进行重奖，借助地方公安部门的力量，重拳出击，打击偷盗油团伙。

(4) 运输油品质量管理

油罐车配送汽油或柴油必须专车专用，不得混装；特殊情况需要换装油品时，承运商向分公司提出书面申请，将油罐车清洗干净，经分公司零售部、安全科验收合格后签字盖章，报省公司物流中心审核批准后，在系统中调整车辆装载品种。防止因罐体污染、保管不善、调换油品、违规装卸油等造成的油品质量变化。

(5) 承运商监督评价考核

为完善对承运商的监督评价，实行优质优价运输，2008 年 9 月，省公司印发了《成品油公路运输企业监督评价办法（试行）》。2009 年 7 月，按月对运输企业实行监督评价打分，进行横向比较，实施优质优价。针对各分公司、承运商反馈的意见，省公司完善修改、并正式下发了《成品油公路运输承运商监督评价办法》。2011 年 8 月，根据实际情况，省公司重新修订《成品油零售公路承运商监督评价办法》。至 2012 年底，省公司下发《成品油公路运输承运商监督评价的通报》35 次，通报问题 2200 条，按照优质优价原则，前三名给予上调运价或运费的奖励，后三名给予下降运价或运费的处罚。根据月度监督评价考核结果以及各项专项工作的开展情况，结合承运商偷盗油、安全事故等情况，自 2008 年以来，共有 11 家单位被评为年度先进承运商，13 人被评为先进管理者（先进个人）。

第三节 油库管理

一、管理体制变革

2001—2012 年，随着经营量的不断扩大、资源集中调度和库存统一运作的深入，油库管理体制进行了多次调整。

1. 成立仓储分公司 (2001年8月—2005年2月)

2001 年 8 月，根据省公司《关于改革仓储管理体制的决定》，成立江苏石油仓储分公司，从事全系统成品油、原油、重油、石油液化气、化工、液体化工产品等的仓储经营。同时，设立 14 家区域仓储分公司，从事所在区域石化产品的仓储经营，负责管辖所在区域的油库。油库受省仓储分公司和区域公司双重领导。将原属区域分公司管辖的市级油库和谏壁油库划归省仓储分公司管辖，县级公司所辖油库仍由区域分公司管理。

省仓储分公司设经理室、业务调度部、设备技术部、仓储事业部；区域仓储分公司设经理室、业务部、管理部。省仓储分公司第一批管辖油库有南京栖霞油库、王家庄油库、无锡周泾巷油库、徐州周宅子油库、常州五星桥油库、苏州杏秀桥油库、南通姚港油库、连云港临洪油库、淮安石桥油库、运河油库、宿迁黑鱼汪油库、盐城新兴油库、扬州头道桥、泰州油库、镇江谏壁油库、江阴长山油库，共计油罐 495 只，总库容 781180 立方米，2000 年吞吐量 754.09 万吨。省仓储公司运行 3 年多时间，实现了 16 座油库的业务统一调度和安全设备管理的专业化指导。

姚港油库码头改造前

姚港油库码头改造后

2. 成立物流配送中心（2005年2月—2007年5月）

2005年初，按照“专业化”管理的思路，省公司根据《经营管理体制改革总体方案及配套方案的批复》，整合计划调度中心、仓储分公司和存续油运公司的相关职能，组建了物流配送中心。采取“条块结合、以条为主”的管理模式，负责统筹全省的进货和物流运营管理，指导分公司的物流管理。

物流配送中心是成品油物流和其他石化商品储存的专业管理中心，负责油品购进、储存、运输、安全、数质量管理以及物流环节人、财、物的统一管理。其主要职责是：用规范化的专业管理提高物流运营效率，最大限度地降低物流成本，为各专业营销中心提供优质高效的物流保障，负责配置成品油出厂至加油站前和直销用户配送全过程的收、储、发、运及安全和数质量管理，做好油库商品实物管理。在各区域分公司设物流部，负责区域油库和物流管理工作。

3. 成立物流中心，实行物流一级管理（2007年5月—2011年8月）

2007年5月，省公司下发了《关于印发完善物流一级管理改革方案的通知》，在总结2005—2007年物流统一管理改革成效的基础上，进一步调整省公司职能部门、分公司和物流配送中心的事权，成立了物流中心，实行物流中心直接管理物流部和油库，实现统一物流优化、统一调度配送、统一设施管理、统一安全数质量管理，提高物流资源利用率。

物流中心是成品油物流和其他石化商品储存的专业管理中心，对全省油库进行直接管理，负责成品油购进、运输、储存、安全和数质量管理，负责物流人、财、物的统一管理。负责全省物流管理，直接管理分公司物流部、油库。分公司物流部与油库之间是平行关系，同时将市级油库作为中心库、县级油库作为非中心库，两者之间是平行关系，受物流中心委托，中心库负责督导帮助非中心库的设备管理和安全隐患治理等专项管理。物流中心同时委派10名安全数质量监督员对区域物流的安全、数质量进行监管。物流中心经理是全省物流安全生产的第一责任人，油库主任是油库安全生产的第一责任人。

2008年4月，省公司下发《关于调整物流中心和经营管理处部分职能的通知》，将一次物流、外采等管理职能统一调整到经营管理处，撤销物流中心区域分公司物流部的设置，物流中心直接负责全省油库管理和二次物流管理工作。

4. 油库管理职责调整（2011年8月至今）

2011 年 8 月，随着内外部环境的变化，为发挥分公司对油库现场管理、安全数质量管理和人员管理的优势，进一步强化油库现场管理，省公司下发《物流管理体制优化方案》，对省、分两级公司油库管理职责进行了部分调整，将油库交给所在地分公司管理。

调整后，分公司是油库管理的直接责任单位，油库是分公司直管的基层单位，分公司负责油库油品的实物管理、人员管理、HSE 管理、数质量管理、现场作业和设施设备管理、费用管理。物流中心负责完善油库管理制度、标准和操作规程，对分公司油库管理工作进行监督检查，组织油库管理的专业化培训，组织开展油库盘点和账实管理、损溢管理，负责库存资源的统一运作，以及油库达标创优检查和考核工作。

二、油库组织结构

区域中心油库收发业务量大、品种多、保障任务重，班组设置较为完备；非中心油库收发业务量较小，班组设置也较少。

1. 区域中心油库内部管理结构

油库设主任室，负责油库全面管理工作，主任室一般由 3—4 人组成，其中主任 1 名、分管业务副主任 1 名、分管安全副主任 1 名、分管设备副主任 1 名；主任室下设安全员、设备管理员和数质量管理员，负责协助主任室进行安全、设备和数质量管理工作；油库一般设调度班、计量班、化验班、发货班、警卫消防班、维修班、综合管理、码头班等班组。

2. 非中心油库内部管理结构

油库设主任室，负责油库全面管理工作，主任室一般 2 人，其中主任 1 名，主持全面工作，副主任 1 名，按照分工分管业务或安全设备。主任室下设收发业务班、安全设备班和综合管理班等班组。

三、管理措施

2001—2012 年，虽然仓储管理体制发生多次变化，但省公司始终重视储运设施布局的优化调整，坚持以油库达标创优（星）检查、评比为抓手，完善落实设备管理责任制，提高油库自动化、信息化管理水平，促进油库管理水平的不断提升。

1. 仓储分公司管理阶段

2001 年，仓储分公司成立后，完善油库安全设备和数质量管理制度和操作规程，开展油库数质量情况分析，审核油库基建项目开工准备情况，下达油库基建维修项目开工批复，检查基建项目施工进度、质量和安全措施落实情况，组织油库库存商品盘点工作，组织油库管理工作情况检查，提高油库管理水平。区域分公司负责油库现场管理工作，贯彻落实省公司管理制度和操作规程，组织油库的基建改造和维修工作。省公司制定了《油库 HSE 信息管理暂行办法》、《油罐检维修管理办法（试行）》、《油库设备使用年限到期报告及技术评定管理办法（试行）》等规章制度，强化油库设备管理工作。制定《成品油实物监督管理办法（试行）》，组织开展全系统油库年度和半年度库存商品盘点工作，盘清库存商品家底，建立库存商品定期盘点制度和库存管理的承诺与责任追究制度。通过 ERP 管理平台，直接查询油库进货、保管、清罐等损溢情况；在全省范围内推行油库向加油站发货的体积交接，密度差损溢集中反应在油库账存的数量管理模式。区域中心油库 HTG 静压法自动计量系统基本安装到位，非中心库梅林、后袁、联顺、运河油库安装了HTG静压法自动计量系统。临洪油库安装了磁致伸缩液位计量的混合法自动计量系统。

2. 物流配送中心管理阶段

2005年，物流配送中心成立后，细化油库管理各项规章制度，组织对油库监督检查和油库达标创优检查，提高油库管理水平。

物流配送中心经理与各油库主任每年年初签订HSE责任状，将年度安全管理目标分解落实，并督促各油库与班组、班组与职工分别签订二级、三级安全责任书，层层落实安全生产责任制，建立完善的安全责任体系。

细化油库设备管理各项制度、细则和操作规程，组织油库设备管理情况监督检查并监督整改，参与新技术、新工艺、新材料、新设备的选型。组织开展油库安全设备工作专项检查，下发不符合项通知单，督促问题整改。

组织收集并审核油库上报的年度维修计划，根据油库生产需要和隐患治理要求，做好零星投资和隐患治理工作。组织5万元以上维修项目的招投标工作，与油库对接施工方案确保施工质量和施工安全。监管工程实施过程中的进度和质量。

组织工程管理人员、安全数质量管理员对油库工程进行竣工验收工作。运用ERP系统的库存管理功能，每日查询ERP系统油库库存数据，进行日库存数量监控；月度对油库账实相符情况进行抽查盘点；负责全省油库损溢的审批和油库数量纠纷的协调处理；做好油库数量工作监督检查。周宅子油库完成管道配套库改造，使用恩拉夫混合法液位自动计量系统。通过对油库收发货质量数据进行分析和开展油库质量工作监督检查，提高油库质量管理水平。

2005年，按照国家发改委和集团公司相关要求，苏北五市推广使用车用乙醇汽油，省公司下发《关于做好车用乙醇汽油推广工作的通知》，组织了车用乙醇汽油推广培训，修订完善相关业务流程，完成油库车用汽油向车用乙醇汽油的置换工作。

3. 物流中心管理阶段

2007年，实行物流一级管理后，省公司物流中心按照一级管理要求，执行油库管理相关法律法规和HSE管理规定，修订完善油库一级管理办法和规章制度，组织开展油库达标创优工作，组织油库管理人员、操作人员培训和对油库安全生产工作的监督检查，组织开展物流安全隐患整改，提高油库专业化管理水平。分公司负责油库地方关系协调和党政工团管理工作。

省公司制定《物流中心HSE管理实施细则》、《物流中心安全数质量检查实施细则》、《物流中心安全数质量管理员管理办法》等制度，强化油库安全监管，规范作业现场管理，健全检查监督体系；制定《物流中心油库修理费使用管理实施细则》，进一步规范修理费用核算，有效控制修理支出。

安全管理上，2008年北京奥运会、2009年国庆60周年和2010年上海世博会期间，开展针对性的安防教育，落实各项安保措施，各油库加强值班巡查力量，严格实行封闭化管理，组织油库修订完善防恐应急预案，提高员工防恐应急处置能力。2009年开始，组织油库深入开展“我要安全”主题活动，促进了“我要安全”向“我懂安全、我会安全”的转变。2010年，组织编制了物流条线24个岗位、18项主要作业、全套12册的安全标准化操作手册，并开展岗位（安全）标准化操作再培训、再考核工作。制定施工安全管理专项整治实施方案，严格承包商资质审查，加强施工人员入库安全教育和考核，签订HSE协议，强化施工现场监督管理，严格各类重大特殊作业许可审批手续，落实现场安全防范措施，签发用火作业许可证，确保施工安全。

设备管理上，物流中心组织开展油库设备现场规范化管理工作，油库设备设施维保责任到人，区域场所分片包干，油库作业现场“5S”管理和设备维保质量发生了明显改观。组织开展重点设备“强检强修”，开展了全省油库埋地管线试压检测和超期服役油罐清洗测厚工作，以确保设备使用安全。为做好苏南管道投产前的各项准备工作，物流中心组织开展专项培训，对新工艺、新设备尤其是高新科技设备进行培训、讲解，使员工熟练掌握操作要领、熟悉工艺流程。

数质量管理上，金嘉湖管道配套的通桥油库和苏南管道配套的栖霞、谏壁、钟楼、长山、周泾巷油库改造完成后，江苏石油分公司与销售华东分公司签订了《金嘉湖管道成品油管输数质量交接协议》和《苏南管道成品油管输数质量交接协议》，约定了管输油品损耗标准。2008年，省公司实施油库与加油站间采用V20数量交接。为提高油库发货精度，将油库192块不够稳定的0.5级发货流量计更换为0.2级，发货系统安装了0.2级数字式温度自动补偿装置，更新发货系统程序，按统一标准进行油库地坪平整和规范划线，有效提高油库发货精度。按照《油品销售企业成品油损溢核算管理办法》要求，省公司按实测公布密度实现油库向加油站发油的吨升转换。2009年，组织油库业务主任、计量、化验等油库关键岗位人员观看石化警示教育片，加强计量员、化验员职业道德教育，并与相关岗位人员签订廉洁从业承诺书。2009年，按照《中华人民共和国国家标准车用汽油》(GB17930—2006)和《中华人民共和国国家标准车用乙醇汽油调和组分油》(GB22030—2008)要求，省公司物流中心为相关油库配备了紫外荧光法硫含量测定仪，并组织了质检人员培训和油库新老标准油品置换工作。通过开展“质量安全共同的责任”等主题活动、开展质检员责任意识教育、质量案例分析等方式，强化质检人员责任意识教育。结合质检标准的提高和质检设备的运行情况，每年为油库更新质检仪器，提高检验设备的技术水平。2010年，组织召开油库数质量培训会议，对在岗质检员进行责任意识教育轮训工作，学习《销售企业质量管理办法》、《销售企业油品质量事故责任追究的规定》等管理制度，进一步加强数质量工作；同年9月，为贯彻落实集团公司质量会议精神，组织开展了质量月活动，宣传“每一滴油都是承诺”的社会责任口号。2011年，贯彻销售公司《关于加强销售企业当前经营管理工作的紧急通知》要求，对外采油品除按照国家标准进行A级检验合格外，入库前必须进行蒸发指数、未洗胶质等项目检验，同时安排油库审查随船质检报告、油船航运簿装运地等信息，进一步强化外采油品质量管理工作。

4. 油库管理职责调整后

2011年，油库管理职责调整后，物流中心通过完善细化油库安全、设备和数质量管理制度，组织油库监督检查和油库达标创优检查，组织油库和分公司安全管理人员和操作人员培训，提高油库管理水平。根据油库管理工作实际和不同时期、不同阶段物流条线安全工作的特点，每月编制下达《月度安全工作要点》，对季节变更、施工现场、气象变化、月度重点工作、专题安全活动等加以警示，提醒油库有的放矢地开展安全工作。为进一步加强油库安全设备管理工作，确保油库装卸作业安全，制定了《油库码头安全管理规定》、《油库水路收发作业 HSE 管理规定》、《油库管线和阀门完好标准》。梳理油库基建维修计划，审核油库改造安全施工方案，参与论证油库改造项目实施的可行性，检查油库施工现场的安全管理工作，指导并督促油库做好施工现场的安全、进度和质量管理工作，参与基建维修项目的验收。制定了《油库收发业务管理规定》、《油库流量计管理规定（试行）》和《关于进一步加强物流环节铅封管理的通知》等制度和操作规程，进一步加强了油库收发业务管理，确保油库收发作业规范，数量准确、质量合格。每月以工作要点的形式，指导油库抓住重点做好当前的数量管理工作。协调大区公司和炼厂，共同分析查找管输油品超损耗的原因，降低管输油品进货损耗率。

2011 年，按照国家相关标准中柴油质量升级的要求，组织完成油库车用柴油置换工作。2012 年，按照省政府在南京地区推广国 IV 标准汽油的要求，完成了南京栖霞油库库存汽油产品质量升级工作；按照省公司在苏州地区使用国 IV 标准优级 97# 汽油的要求，完成了苏州通桥油库和平望油库库存 97# 汽油库存商品置换和质量升级工作。2012 年底完成苏南苏州、无锡、常州、镇江、南通、扬州、泰州区域国 IV 标准汽油升级置换工作。

第三章 零售业务

2001年以来，为适应国内外成品油市场竞争环境的变化，江苏石油分公司坚定信心，拓市增量，全员销售，不断提升市场应变能力；方便客户，创新营销，提升加油卡运营质量；多措并举，持续推进加油站规范化管理，提升现场管理和服务水平；积极开展“五小”建设，推进油站“家”文化建设，努力打造“全省行业领先服务引领下的美好加油生活供应商”，零售经营规模、经营质量和创效水平得到大幅提升。2001年实现零售量264.0万吨，2012年零售量达到1022.7万吨，增长287.4%，年均增幅26.1%，有效打造了稳固的、可信赖的零售基本市场。

第一节 零售管理体制沿革

按照“管理体制扁平化、市场范围区域化、业务管理专业化”的总体思路，通过组建零售专业管理部门与专业管理队伍，从“以块为主、条块结合、强调管理”的直线职能管理模式，逐步向“条块结合、以条为主、强调服务”的专业化管理模式改革，探索实施CORO模式、国道公司，组建高速石油、长江水上专业管理机构，不断推进零售专业化管理。

2001年，选择苏州分公司和扬州分公司进行零售管理体制改革试点，加油站推广应用CORO管理模式。

2002年，下发《关于实施零售体制改革的指导意见》，设置零售部；组建苏南、苏北干道公司、水上和农村管理部以及主管高速公路加油站的零售公司；组建区域零售中心。

2002年，干道加油站管理以CORO管理模式为主；高速公路加油站和部分城市中心加油站由零售公司直管，其他城市加油站仍应采用CORO管理模式；实行小站改制。对地理位置偏远、规模小、无发展前景且经营亏损的干道及农村加油站，采取租赁、代销、改造、关闭、转业五种办法逐一作出处理，210座日加油量在1吨以下的加油站进行改制，关闭、改造、转业20座，租赁、代销155座。至2002年底，全省共组建CORO公司611个，注册登记237个，注册资金2500万元，所辖油站1235座。

2003年，建立“省零售部—区域零售中心—零售片区主管—油站经理”四级零售责任体系，确立615座直管站、796个加油站管理公司和480个小站改制站等多元并存的油站管理模式。组建了3个专业化零售经营公司：以104国道沿线加油站组建的苏南国道公司、以204国道沿线加油站组建的苏北国道公司、以主管高速公路加油站组建的江苏石油零售分公司。

2004年，全省直管站达到644个、加油站管理公司站812个、小站改制站457个；2004年末，终止苏南和苏北国道公司运营，加油站纳入属地公司管理。

2005年，下发《关于进一步推进和规范小站改革的指导意见》和《小站改革实施办法》，对小站改革工作进行规范。

2006年，实施加油站信息化战略，加油站电子账表取代了手工报表；同年，开发并推进加油站非油品业务。

2007年，整合长江水上零售业务，成立长江营销公司。

2008年6月，江苏石油零售分公司按照属地管理的原则将所辖加油站，划转当地分公司经营管理。江苏石油零售分公司经营范围转为长江水上零售业务，即长江营销公司。

第二节 零售经营业务

一、零售经营主要指标

2001年，实现全资网点零售量264万吨，零售比重达49.8%，汽柴比0.73∶1。

2002年，零售量287.9万吨，同比增长9.1%。年均单站加油量达1890吨。

2003年，零售量325.2万吨，同比增长13%，成品油零售比重55%，加油站总数1910座。

2004年，零售量477.1万吨，同期增长46.7%，零售量比重63.9%。

2005年，零售量567.6万吨，同比增长19%，零售比重67.2%；高标号汽油零售比重60.3%，同比提高18.7个百分点。

2006年，零售量660.3万吨，同比增长16.3%，零售比重70.8%；零售高标号汽油比重74%，同比提高14个百分点。加油站润滑油销售量15458吨，同比增长44.5%；包装油占总量比重66.8%；润滑油占轻油比重2.3‰。零售添加剂销售5339.5吨，同比增长41.4%。年底在营站1983座，单站加油量3501吨，同比增加603吨。

2007年，零售量753.1万吨，同比增长14.1%。高标号比重78%，同比提高4.3个百分点。零售比重76.9%。加油站润滑油销售1.32万吨，包装油占总量比重78.5%，润滑油占轻油比重1.9‰。年底在营站达1996座，陆上在营单站加油量达到3703吨，同比增加174吨。

2008年，零售量802.8万吨，同比增长6.6%，零售比重78.9%；单站加油量达到3830吨，同比增长5.05%；高标号比重达到90.4%，同比提高12.1个百分点。万吨级加油站总数达到123座，年底在营加油站2005座。

2009年，零售量728.9万吨，同比下降9.2%，零售比重74.7%，万吨级加油站达115座；高标号比重达92.1%，同比提高1.3%，零售比重74.7%。年底在营加油站达2058座。

2010年，零售量817万吨，同比增长12.1%，零售比重75.3%；高标号比重98%，同比提高6.1个百分点。年度万吨站152座、5000吨以上站419座，同比分别增加53座和47座。全年日均在营站2046座，年底在营加油站达2100座。

2011年，零售量960万吨，同比增长17.5%。其中汽油455.2万吨，柴油504.8万吨，同比分别增长14.8%和20.1%。97#汽油零售年度平均比重15.3%，同比提高3.6个百分点；万吨站205座，同比增加53座；日在营站2090座，同比增加44座，年末在营站2109座；零售比重83.3%，同比提高7.9个百分点。

2012年，零售量1022.7万吨，同比增长 6.5%；其中汽油 499.1 万吨，柴油 523.6 万吨，同比分别增长 9.6% 和 3.7%。万吨级加油站 226 座，同比增加 21 座；12 月末 97# 汽油比重达 20.35%。年末在营站 2192 座；零售比重 85.5%，同比提高 2.2 个百分点。

2001—2012 年零售量情况见图 1—3—1。

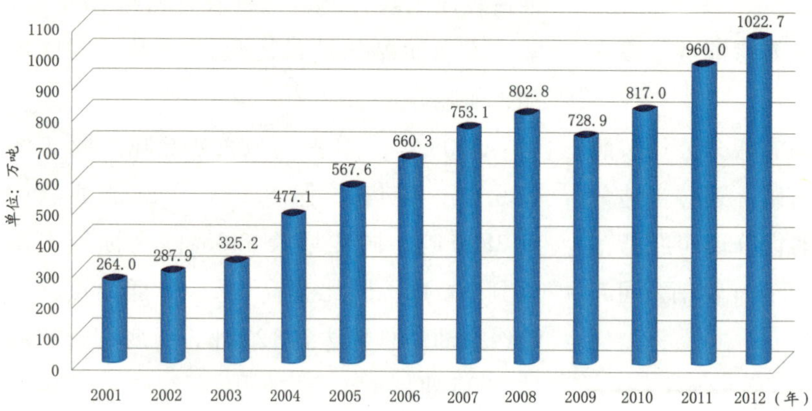

图1—3—1　2001—2012年零售量情况

二、零售经营措施

2001 年：一是强化零售经营管理，确立以条为主的零售经营管理指挥体系，初步建立加油站管理信息系统，单站内部分户核算基本到位。二是加强经营决策指挥，发挥价格调控和信息引导作用，统一运作库存，正确应对市场竞争环境的变化。三是大力拓展零售配送业务，利用小配送车和灌桶业务等加强零售配送工作。

2002 年：一是大力拓展城区、干道加油站，零售量占总销量的比重达 77%，零售所创毛利占总毛利比重近 84%，城区、干道市场占有率分别为 70%、54%。对高标号油品进行专题营销与激励，零售高标号汽油量较年初净增 1.05 万吨，增长 48.1%，所创毛利占零售总毛利的 19.4%。二是明确省市两级零售公司的零售创效责任和价格管理权力。从 2002 年 6 月起，零售部和各级零售公司在承担零售增量创利任务的同时，拥有分区域、分品种、分环节定价的权利。三是创新零售经营思路，实现市场份额和零售效益两个最大化。城市及部分干道站围绕“效益最大化”做文章，积极稳价推价；干道、水上和农村围绕“市场最大化”做文章，最大限度挖掘增量，提高经营工作质量和赢利能力。四是挖掘潜力市场，实施干道、农村、水上专业化管理。先后组建苏南、苏北及高速公路零售公司，各分公司按照省公司专业化管理的思路，形成更加专业、科学的零售运营组织框架。

2003 年：一是提升零售市场控制力，加油站点总数达 1910 座，其中城区占有率达到 75%，发展特许经营站 377 座。二是全面推进专业化运营，形成分环节差别化运作的零售经营模式。确立了“将零售分成城区、干道、农村、水上、零售配送 5 个专业性环节进行经营”的思路，形成了“年度预算——月度计划——周分析协调——日监控沟通”动态、即时的零售运营分析、指挥和决策程序。三是创新营销策划，提高经营质量。以高标号油品促销为重点，进一步挖掘城区市场创效潜力；全力开拓水上市场，实施长江水上增量策划。开展农忙策划，利用春耕的有利时机，积极扩大农用油销售。四是认真分析市场，着力控制市场。组织各区域零售中心对管辖区域内的机具保有量、车辆构成及自然增长率、水上运力等情况认真统计和分析，针对竞争对手制定信息情报网。五是合理调配资源，实现保供增效双赢。协调物流，限批保零。

建立油站保供责任制。各分公司按日汇总上报《油站每日保供情况表》，抓好油品资源平衡。细分顾客，保重点站和定点客户。同时，加强保供检查，做好媒体宣传。

2004 年：一是推进零售专业化管理，形成全省零售市场统一指挥的管理格局。省、分公司实施“以块为主、条块结合”的零售管理体制，全系统初步形成了全省零售市场统一指挥、分公司对全区域加油站统一管理的格局。分公司内部加快推进零售条线化管理。二是制定零售十项目标和考核办法。创建主力站、开展差别化营销、提升高标号汽油比重、严格价格管理等 10 项零售经营工作目标，以及细化管理、精心经营、加快网络发展及加油 IC 卡工程建设等 20 项零售经营管理措施，下发零售任务考核奖励办法。三是加强零售经营调度指挥。建立零售经营总值班、零售周经营调度会、月度经营分析会和月度综合考核通报制度。

2005 年：一是规范清净剂管理办法及添加流程，零售清净剂创效实现新突破。全省零售执行清净剂加剂加价 444 万吨，在创造社会效益的同时增加了经济效益。二是探索推进加油站管理电算化，加油站账表管理系统正式推广应用。2005 年 4 月，机制账表系统开始调研开发，9 月起在南京、淮安、泰州、江阴 4 个分公司试点，并在组织集中培训后，于 11 月 24 日正式启动应用。三是抓好政府大集团采购和记账加油客户转卡，零售债权压缩取得显著成效。累计完成 2000 余家政府、大集团用户和记账加油客户的转卡工作，大客户转卡率达到 90%。四是乙醇汽油项目顺利推进。12 月 10 日，徐州、连云港、淮安、盐城、宿迁等苏北五市试推广使用车用乙醇汽油，当年年底正式封闭使用车用乙醇汽油。

2006 年：一是全面做好零售市场保供和监管工作。严格规范灌桶经营行为，建立市场资源保供的预警机制和危机处理机制，重点保障城区、高速、干道重点站的正常供应。二是开展“服务三农”活动。联合江苏省农机局，下发了“江苏省农业机械作业用油优先加油卡”，兑现对农机用户的保供承诺和持卡客户、协议客户的资源优先。三是全面推进加油站信息化战略，加油站业务管理系统 8 月份正式启用，实现了加油站电子账表取代手工报表的历史性突破。2006 年 8 月，江苏加油站业务管理系统实现了全系统加油站零售业务数据的每日上报和在线查询分析。四是着力规范客户管理、积极推进营销创新，零售经营质量进一步提高。制定《2006 年度零售工作政府采购和大客户折扣管理指导意见》，规范政府采购和大客户折扣管理。对分公司上报的加油卡折扣单位、记账加油单位逐一核查、逐个审批。

2007 年：一是保供实现“控得住、保平安、不出事”。建立“日跟踪、周监控、月分析”经营监控制度，完善应急预案、实行油站分类供应政策；采取客服电话抽查、管控数据核查、现场检查等方式对供应情况进行跟踪和监管。二是完成长江水上零售业务的整合，成立长江营销公司，开展长江水上营销活动。长江水上市场实行营销策划、资源配送、品牌形象、制度管理、服务标准、网络优化的“六统一”管理；以南京八卦洲站为试点，积极推进水上规范化管理示范站建设，着力提高中石化品牌在长江水上的知名度和影响力。在长江水上推进 DMC 销售试点，加装加油站业务管理系统。

2008 年：一是积极应对外部环境变化，有效应对市场保供。针对年初特大雨雪冰冻灾害和批零价格长时间倒挂造成的市场消费转移，实行ABC分类供应办法，设立484座“三夏”农忙保供重点站，开辟208条农用油绿色通道，明确241座汽柴油专供站点，组织小型油罐车送油到田头，有效保障了市场供应。在四季度以后，消费需求萎缩，零售价格大幅下调，市场竞争更加激烈。迅速调整经营策略，开展点对点竞争、自助加油优惠、水上市场专项营销等一系列特色营销措施，稳定当期零售经营规模。二是4月1日，省公司深化长江水上零售管理体制改革，将长江水上经营网点相关人、财、物划入省零售分公司。7月31日，长江水上加油站迁移到省工商局注册。12月31日，长江水上19座加油站资产划转到省零售分公司，实现专业化公司运营模式。三是7月20日，印发《关于城市（绿岛）便利加油点建设工作的意见》，在全国率先推行城市绿岛型便利加油站的建设，被苏州市政府列为“为民办实事，石化主办项目”予以大力支持和推广。

2009年：坚持以“做全省行业领先、服务引领下的美好加油生活供应商”为目标，创新营销。一是制定《零售全员竞赛活动方

加油站为农业用油开辟绿色通道

案》，编发《竞赛简报》，评先进、树标杆、公布业绩，营造氛围调动每一个人；按月兑现奖励基金，专项奖励激励每一个人。二是实施经营预算和竞争应对差异化，以点保面捍卫市场份额。下发了《成品油零售价格授权管理办法》，建立快速应对市场的价格管理机制。通过规范开展柴油灌桶业务、提前确定农忙“双优”政策，主动出击、扩销增量。三是强化在营站管理，规范经营、增站增量。制定《加油站在营状态管理办法》，明确省、分公司及相关部门的管理责任，强化歇业站审批，实施专人监控。四是启用BW账表系统。2009年3月1日起，中石化销售公司正式启用零售电子账表管理系统 BW报表，零售系统BW报表基础数据来源于零售电子账表管理系统（EP、POSDM）、ERP（PM、SD）等相关系统。五是主动与省政府相关部门沟通、协商，完善农业用油的供应保障，制定“优先、优价”的“三夏”与“三秋”支农供应方案，确保“三夏”与“三秋”农机作业用油需求。

2010年：一是紧盯市场变化，灵活采取应对策略。2010年经历了从资源相对过剩到资源全面紧张两种截然不同的市场环境。资源宽松时，统筹经营要素，灵活促销，加大对分公司授权，配套调整绩效考核办法，突出对陆上零售量月度考核，提高市场响应速度。资源紧张时，精心调度，有序调控，坚持保供与增效相统一，兼顾优质客户，保证了市场基本稳定。二是精心组织、差异应对，提高市场竞争力。坚持做好对自助、点对点、大客户充值、水上、灌桶等差别化营销预算指导，形成点对点站域竞争模式。与省农机局联合推出“农机双优卡”，共发放农机双优卡2.16万张，全年农业用油9.5万吨，增长34.5%。三是开展“比学赶帮超”活动，挖掘

开展送油下乡、服务"三农"活动

一线经营潜能。制定《零售条线"比学赶帮超"活动考评细则》，以先进公司为榜样，开展零售全员销售竞赛，以竞赛促销售。四是多措并举、精耕细作，提高单站运营水平。强化加油站在营状态管理，实施万吨站计划，推动"小站变大站"。五是2010年10月下发《零售送油下乡业务操作办法（暂行）》，在农忙期间由分公司零售管理部开展送油下乡业务。

2011年：一是强化市场监控。强化竞争对手、资源、价格、营销动态"四个监控"，强化价格预算管理，根据竞争状况，制定差别化预算，指导分公司在实际经营中实现量价平衡。二是组织"点对点"竞争。三是全力保供市场。严格按计划进度安排供应，开展农机免费办卡、充值优惠、加油优先、流动充值及送油下乡。严格内部管理，开展现场巡查，保证经营秩序和市场稳定。四是突出大站培育。落实领导干部挂钩培育责任，促进增量增收增效。五是引导高标号消费。抓好97#汽油供应站布局及油罐、油机的优化调整。六是引导自助消费。全年共有133座自助站投营，积极稳妥推进自助消费。

2012年：一是强化在营站管理。针对1000座油气回收改造，以及大力开展自助加油站建设的局面，从强化改造与歇业管理、不在营加油站管理、加油站通过能力管理着手，加强在营站管理，日均在营站数与财务口径在营站数均创历史新高，有力支撑了零售经营。二是着力提高大站通过能力。对年销量8000吨以上加油站通过能力的提升进行调研并制定整改措施。通过优化加油机布局、设置车道线与停车位以及城区加油站适当减少柴油枪数、对城区站中柴油占比小于20%的油站进行纯汽油站转换、密切跟踪油气回收过程中油枪流速变化、使用大流量柴油加油机、科学管理加油高峰期等措施，努力提高油站的通过能力。三是实行量价互动，建立与市场适应的经营策略。一季度资源相对紧张时期，合理安排销售节奏，涨价前期控制柴油日配送量，严格审批灌桶业务，对销售异常放大的加油站或大单销售进行核查。二至四季度资源相对宽松时期，加强市场监控和应对，做好扩销增量工作。四是多措并举，提高经营质量。深化县域市场研究与拓展。强化县域市场零售经营的组织，每月对县域市场进行分析，建立全省县域市场的经营指标和网络增长排名，营造比学赶帮超的氛围，县域市场销量增幅明显高于全省平均水平，2012年县域市场同比增长9.6%，高于全省零售增幅3.1个百分点。五是营造比学赶帮超的积极氛围。认真贯彻中国石化总部"比学

用小配送车为农机手灌装柴油

赶帮超”活动精神，一方面，精心组织零售经营，以同组兄弟省市公司为目标，“比学赶帮超”、奋发进取。完善2012年《“比学赶帮超”活动零售条线2012年考评细则》，综合考核零售量、零售价格、加油卡持卡消费比重、加油卡充值额、加油充值卡销售额、加油卡运营质量、加油卡新增单位客户数、在营站净增加数等指标，在零售条线设置4面月度红旗、8面年度红旗，有效激发争先创优的氛围。六是积极实行新产品的推广工作。落实南京区域加油站国Ⅳ汽油置换工作。南京区域195座汽油站点3月底前完成国Ⅳ汽油置换工作，并在4月1日零时前实行挂牌销售，12月对镇江、常州、无锡、苏州、扬州、泰州及南通等地加油站国Ⅳ汽油进行置换，并将于2012年12月30日零时起实行挂牌销售；落实509座地级及以上市区和高速公路加油站车用柴油置换工作。4月1日起在长江水上八卦洲站、六圩站试行柴油与船用燃料油双品种经营，四季度扬州分公司内河水上站即施桥水上站试行双品种经营。

三、加油卡

2000—2001年，中石化销售公司在上海、湖北、江苏试点推出中国石化加油卡系统。江苏石油分公司按要求成立了加油卡工程领导小组、加油卡工程项目组，对苏州、无锡、江阴、常州、镇江、南京、徐州、连云港等8个分公司的加油站设备进行了全面调研分析，开发了油站设备管理统计系统。

2002—2003年，完成苏州、无锡等8家分公司481座加油站的挖沟布线与卡机联动建设、171座加油卡POS加油站的调试工作，并建设售卡充值网点14座。举办2期培训讲师培训班，参培人员36名；分公司组织相关岗位员工进行多轮培训，累计培训7890人次，投入培训经费56万元。

2004年，进行全面宣传与策划，开始正式对外发卡，下发统一的宣传广告平面设计图，在《新华日报》、《车友报》作了IC卡宣传广告。3月14日—5月15日，利用赞助“江苏省首届家庭汽车挑战赛”的机会，在南京、苏州、无锡、常州、南通、盐城、徐州等7座城市的活动现场发放IC卡宣传资料，同时在比赛现场通过平面广告牌、宣传资料、有奖问答等形式为加油IC卡作宣传。利用省财政厅编撰《2004年政府采购指南》的机会，通过彩页的形式宣传推介加油IC卡。2004年实现发卡21.4万张，当年持卡消费比重2.7%。在营售卡充值网点193座，加油卡联网站945座。

2005年，中石化销售公司先后下发《关于成立中国石化加油卡客服中心的通知》、《中国石化加油卡2005年宣传促销方案》、《关于做好“油中感谢”积分增值服务项目推广工作的通知》、《关于加强和改进IC卡运行管理工作的通知》。江苏石油分公司在进一步规范加油卡运营的同时，组织全省积极开展加油卡营销。2005年实现发卡量37.9万张，持卡消费比重11.74%，在营售卡充值网点230座，加油卡联网站1222座。

2006年，中石化销售公司先后下发《中

国石化加油卡系统业务管理流程汇编（试行版）》、《关于加强加油卡系统密钥管理工作的通知》、《关于严禁使用加油卡用户卡替代员工卡加油的通知》、《关于开展加油卡充值赠送读卡器活动的通知》，推出加油卡业务内控流程（4.10）。江苏石油分公司下发《关于规范执行加油卡销售业务流程的通知》，对业务进行规范。2006年实现发卡量49万张，持卡消费比重17.45%。在营售卡充值网点316座，加油卡联网站1255座。

2007年，根据苏州分公司实际，首次推出银行营业厅式加油卡销售服务中心。2007年实现发卡量53万张，充值231万次，持卡消费比重20.11%。在营售卡充值网点322座，加油卡联网站1394座。

2008年，推出专用验泵卡，开始建设加油卡系统，实现发卡量70.5万张，持卡消费比重23.55%。在营售卡充值网点341座，加油卡联网站1548座。

2009年，在具备条件的加油站全面建设售卡充值网点，当年新建售卡充值网点457座。为加强灌桶业务的管理，推出“大客户专用卡”，专用于灌桶客户使用。10月，推出加油卡充值刮奖活动。为减少不记名加油卡发行，满足特殊客户群体需求，5月推出加油充值卡，面值分为50元、100元、500元、1000元。当年实现发卡量77万张，持卡消费比重29.72%。在营售卡充值网点798座，加油卡联网站1877座。

2010年，推出加油卡积分活动，对加油卡钻卡、金卡、银卡客户给予积分回馈。在全省范围内推出了“江苏农机双优卡”，并通过充值优惠、充值抽奖、上门办卡等多项措施，充分调动农机手持卡加油热情。当年实现发卡量103.8万张，持卡消费比重

中国石化加油卡及充值卡

32.16%，销售加油充值卡4.51亿元。在营售卡充值网点838座，加油卡联网站2054座。

2011年，推出零售大客户管理系统，为零售大客户经理分析、维护、开发客户提供了工具和数据。9月，推出加油卡自助充值，形式包括网上充值、手机短信充值、电话充值、农行自助终端充值。当年实现发卡量120.6万张，持卡消费比重33.29%，加油充值卡销售7.86万元。在营售卡充值网点898座，加油卡联网站2090座。

2012年，加油卡系统功能升级，增加持卡促销、卡片物流、奖励积分、应用网关、异地圈存功能，完善清分清算、卡管应用功能。同时，对充值优惠、营销活动、收款方式、特殊业务复核等进行了系统控制，对防范加油卡风险起到了系统控制作用。推出增值税发票管理系统，通过系统计算和控制零售客户增值税发票开具，有效规避了虚开增值税发票风险。推出了加油卡现金分道加油和加油卡激励政策。当年实现发卡量169.66张，持卡消费比重38.21%，加油充值卡销售12.45亿元，在营售卡充值网点1392座，加油卡联网站2135座。

四、零售营销

2001年，零售营销工作得到强化。各分

公司配备分管零售工作的副经理，组建零售营销专职队伍。全系统形成了分公司正职经理80%以上精力、分管经理100%精力抓零售、区域零售市场统一经营指挥、加油站统一管理的新格局。为加强营销过程监控，实施零售营销计划编制和零售经营总值班制度，定期检查通报。在营销定价上，区分不同市场，灵活定价。在营销策划上，实施主干道、水上和县级市场统一营销策划。南京、南通、淮安、扬州等分公司通过各种形式的有奖促销、开辟绿色通道、实行假日价、开展多功能服务等营销措施，实现了增量增效。

2002年，以高标号推介为重点，开展零售营销策划。一是组织市场调查，优化网络设施，下发了《高标号汽油营销指导意见》，按合理经济流向建立了16座高标号汽油中心存放库，在1073个加油站设定专门的高标号清洁汽油供应区。完成燃油清洁剂的采购招标、高标号汽油加油机和油枪形象包装及员工油品服务知识培训，统一配备了高标号特色服务用具，将高标号推广的各项任务和指标逐一量化，纳入月度综合考核，按月通报。二是联合强势媒体，创新营销模式。与江苏交广网合作，联办《一路上有你》、“点点幸运星”节目、“首届江苏车友节”和《交广风行网》周刊，宣传高标号汽油的品质和品牌优势。三是借助政府力量，扩大社会影响。9月12日，联合省经贸、环保、质监、工商部门，在无锡召开“江苏省推广高标号清洁汽油新闻发布会”，并以无锡分公司为试点单位和范本，开展高标号清洁汽油营销推介活动。

2003年，分环节精心经营，着力提高经营质量。针对国内非典疫情、洪涝灾害的情况，“3·15”期间开展“为您的设备把脉、为您的油品体检”营销活动；元旦春节开展为客户准备馈赠品的亲情营销。同时，以高标号促销为重点，进一步挖掘城区市场创效潜力。一是加大加油站改造力度，当年全系统93#供应站1211座，97#供应站203座。二是重点做好员工培训，让每个员工都掌握高标号清洁汽油基本知识、高标号特色服务方法以及两个加油提醒服务。三是抓住夏季汽油消费高峰，开展“清洁动力之夏”高标号营销策划。四是加大考核力度，制定奖励政策，努力提高干道市场营销策划质量。开展农忙策划，组织了“迎春耕、送温情”农忙营销策划。

2004年，分环节实施营销策划，开展“诚信石化，真情服务——江苏石油与您共铸‘油’情系列营销活动”。组织了“江苏首届家庭趣味汽车挑战赛”、“为F1加油、回馈消费者”统一营销策划活动。探索设立干道项目经理制，改变同一国道分段经营、多头指挥、管理杂乱的局面。省公司负责按照《全省干道加油站经营管理整合指导意见》，细化干道经营管理，最大限度地发挥中国石化“网络、品牌、管理”三大优势。建立水上销售组织和水上大户档案，努力摸索长江及内河供应站的营销办法；下发《做好2004年夏收夏种农忙保供促销工作的通知》，组织分公司开展多种形式的农忙策划。

2005年，紧扣十运会、加油卡、润滑油三大主题，创新零售营销策划。抓住赞助“十运会”商机、充分利用十运会最大合作伙伴机遇，全面启动零售秋冬季组合营销，先后推出12万张“十运会”纪念版加油卡销售、400多张十运会门票抽奖回报高标号和加油卡大客户、设立十运会销售展示专区等一系列大型营销策划，提升中石化形象和企业美誉度。转变营销理念，联合并借助长城润滑油、海龙清净剂等公司的力量，推出“办卡充值送礼”活动。实施加油卡与润滑油联动促销，在全省加油站开展“办卡充值送好礼”、“持卡惠购润滑油”大型策划，实现加油卡和润滑油销售优势互补。

2006年，开展绿色江苏营销活动。以“提高刷卡比例、加油站润滑油销量、高端客户比例”为重点，持续开展“办卡充值送九重好礼”、“持卡购润滑油大优惠”、“高端客户赠送读卡器”、“五一黄金周充值送保险”、“激情与速度”F1营销等营销活动。与交广网联手开展加油卡宣传推介，全面启动“油中感谢”2006年新积分方案。开展绿色江苏营销活动，加强燃油清净剂差别化经营，举行“刮刮乐”、“五个一”满意加油站活动。

2007年，适时开展零售客户满意度建设、实施客户分级维护计划。以提升高标号汽油比重、持卡消费比重和长城润滑油销售为目标，重点实施了四大客户满意度建设活动和四项客户培育计划。年初，开展“发卡充值送保险送祝福”、“水上站迎新年润滑油促销”、“干道站送温情”迎新年组合营销活动；5—6月，组织全省干道站统一营销；10月中旬组织苏北五市加油卡营销活动。同时，积极实施客户忠诚度培育计划。通过折扣优惠和提供用油定制服务等，锁定省政府机关办卡充值5.6亿元、销量17万吨；开展了向1万个加油卡大客户按月邮寄对账单业务；客服中心按月对银、金、钻级客户实施加油卡积分兑奖提醒；积极落实“油中感谢”新方案的培训、宣传与推介。

2005年，省公司发行的十运会纪念版加油卡

2008年，联合主流媒体，开展主题营销活动。以开展“您好”工程为主线，贯穿优质服务月、“彰显品牌、服务奥运”主题活动，组织客户赴京观看奥运赛事、开展“油中感谢”积分兑奖提醒服务、星级站增加增值服务项目、建立单卡多车加油客户档案、提供对账单服务等。南京、泰州、南通等分公司在为奥运火炬传递车队加油、储备奥运火炬传递车队特种用油方面做了大量服务工作。以优化结构为重点，实施《提升97#汽油销量的实施方案》，通过调整销售网络、开展促销活动、开辟绿色通道、增加供应油枪、调整考核办法、开展消费引导等一系列措施，提升高端汽油销量。在江苏电视台城市频道播出《焕然一新》广告片、开辟《扬威奥运》专栏，与江苏交广网联合播出“中石化阳光加油站”栏目，持续开展充值送保险、现代快报、贺年封、读卡器等营销策划，开展免费道路救援活动，有效提升了中石化加油卡的品牌知名度。

2009年，创新营销，积极探索拥有客户的新举措。开展为期8个月的“持卡加好油、中奖中石化”营销活动，并同步推出加油充值卡。通过媒体宣传、电视抽奖、张贴中奖喜报、组织集中兑奖，扩大加油卡的品牌影响力和知名度，推动加油卡各项指标快速提升。以加油卡和充值卡为媒介，积极探索第三方合作模式，与江苏电信签订了战略合作协议，确定了业务场所共享、积分礼品互换等合作意向，与移动、房地产公司交叉合作销售充值卡8000多万元。镇江、扬州、泰州、无锡、江阴分公司利用充值卡与移动公司开展交叉营销，充值卡销售金额均超千万。南京分公司第一个与移动公司签订了互惠协议。制定《零售大客户管理办法》，组织各分公司建立本单位前200名零售大客户档案，将加油卡的“油中感谢”钻、金、银客户增减情况纳入零售考核体系，推动客户分级维护责任的落实。开通加油卡客户短信服务平台，定期发布营销信息和节日问候，按月实施积分兑奖电话提醒；主动上门为钻、金、银客户配送“油中感谢”高值积分礼品。

2010年，坚持以“做全省行业领先、服务引领下的美好加油生活供应商”为目标，直面竞争、强化管理、创新营销。按照“季季有活动、节节有惊喜、形式常创新”的思路，开展了“约惠春天”、“激爽清夏”、“收获金秋”和“暖冬呵护”等营销活动，进一步优化“油非互动”营销活动，全年油非互动实现销售7420万元。大力开发加油卡、商客、润滑油、燃料油等客户资源，抓住“牵手石化、相约世博”VIP世博行等契机，将VIP客户发展成非油品的固定团购客户。在自助站和高标号汽油主力站开展加油送易捷券，在干道和农村站开展“加中石化柴油、送易捷商品”活动，在抵御价格竞争的同时，大幅提升了高标号汽油和非油品销售的增长。

2011年，巧用社会资源，营销凸现合作共赢。明确“省公司负责统一营销策划、分公司侧重区域营销操作”的工作职责，推动营销地域化、个性化。联手巧用社会资源，探索合作共赢项目，与客户互动双赢。组织实施全省统一营销，进一步彰显品牌、凸显整体营销优势。开展“加油卡充值刮奖”主题营销，效果明显；先后开展“中国石化加油卡圣诞元旦、七一大抽奖”和“持卡加好油、中奖中石化”节日（春节、劳动节）营销活动，3600多名客户喜中节日幸运奖、并将获奖幸运口口相传。开展交叉营销，全力推进合作共赢项目建设，吸引私家车办卡用卡。南京、苏州分公司还吸引招商银行在便利店合作，推动便利店商品的销售；南京、徐州等分公司积极与宝马、奥迪等4S店合作，推动加油卡宣传资源的共享、互赢。以自助充值平台运营为契机，专职开展电话自助充值平台专项咨询服务。设立客服积分及大客户预分配专席，重点针对钻、金、银级客户开展积分查询、电子账单、消费传真、兑奖提醒及额度预分配等优先服务，并通过持续完善与日常服务质量、电话接通率挂钩的客服中心绩效考核机制，推动服务质量不断提升。

2012年，紧贴顾客所需，创新营销模式，开展丰富的营销活动。一是在加油站与充值网点建立二维码充值电子化抽奖平台，从2月1日开始，正式在电子平台上运营充值抽奖工作，实现充值与抽奖的分离，大大缓解了充值窗口排队状况。二是交叉营销取得突破，利用自有网络平台，抓住格力宣传其空调变频技术荣获国家科技进步奖的契机，吸引高端品牌联合回报客户，开展“中奖中石化、格力送空调”联合营销活动。三是实施有针对性营销。7月，实施 “夏日关怀、加油有礼”重点站油非互动，在全省选择200座年加油量5000吨以上的，竞争相对激烈，且有易捷便利店的加油站（自助加油站）开展活动，客户在活动加油站加油满 300 元以上，送礼品一份，参与活动加油站零售量同增水平高于全省平均 3%。四是扩大与银行的合作，发展私家车客户。与省农业银行、招商银行、兴业银行、平安银行等构成了较好的合作关系，获得合作伙伴 1000 多万条短信及其他宣传支持，进一步扩大了加油卡在开车族中的影响。

五、自助加油

加油站利用电子屏开展营销活动宣传

2008 年 6 月底，南京分公司第一座自助加油站—乐山加油站正式开业，从此迈出了江苏石油分公司自助加油的第一步。

2008 年 3 月，中石化销售公司下发《中国石化自助加油指导意见》，明确了自助加油应采取全自助加油和半自助加油两种模式，并对选点原则、设备设施、形象标识、推广措施和制度建设等提出了要求。江苏石油分公司按半自助加油模式，对入围加油站进行局部改造，全年发展自助加油站 202 座。

2011 年，先后制定下发《2011 年全自助加油站实施方案》、《自助加油站管理办法》以及配套管理文件《全自助加油站员工手册》、《自助加油站规范化服务标准》和《自助加油站应急预案》等，对自助站的选点、设备改造、形象标识出新、现场服务规范、营销策划等工作明确标准和要求。同时，广泛开展社会宣传，通过发放海报、折页、操作指南、摆放手套抽纸及自助加油优惠、免费办卡等措施，大力宣传自助加油的便捷、实惠、时尚，吸引顾客、引导造势。2011 年，建成全自助加油站 133 座。

2012 年，中石化总部下发《中国石化自助加油推广指导意见》，并对自助加油站形象标准作了修改。当年完成自助加油站 67 座，累计达到 227 座。

第三节 零售管理

一、加油站规范化管理改革

2007 年，在扬州分公司进行规范化管理改革试点，制定了《加油站经营与管理考核办法》、《加油站规范化管理三张检查表》、《片区经理工作指南》，总结提炼了员工服务“三三信条”、“1234 服务承诺”等服务要求，推进加油站规范化管理改革。通过改革宣传发动、全员逐级培训、片区划分、片区经理选聘、以示范站的建设培育和加油站经营管理考核办法的落实为重点，着力强化改革推进。通过“定人、定站、定责任、定时间”和“资源、设备、人员、激励”“四个优先”的示范站培育挂钩措施，加强培训示范站建设，当年培育 177 座示范油站。分公司实施了规范化管理月度检查，省公司开展了全省三、四季度规范化管理检查考核，召开改革推进会议，抽调部分片区经理到省公司述职、规范化管理知识考试等，保证了分公司将规范化管理标准掌握、执行应用到位。

二、加油站达标创星

从 2000 年开始，中石化总部在全系统开展加油站“达标创星”活动，下达《加油站达标创星管理办法》。江苏石油分公司成立

加油站员工为车辆提供温馨服务

了省、分公司两级加油站达标创星领导小组，明确工作职责。各分公司对照标准，制定本单位达标创星工作目标，硬件上进行改造，软件上进行培训。至2000年末，江苏石油分公司有522座加油站符合达标加油站条件，达标率43.6%。

2001年，创建四星级加油站31座、三星级加油站105座、达标加油站345座。南京示范、苏州时代、南通越江路和徐州邳州第二加油站等4座加油站，顺利通过了中石化总部专家组的五星级考评验收。

2002年，创建四星级加油站15座、三星级加油站25座。

2003年，创建五星级加油站4座、四星级加油站25座、三星级加油站53座、达标站979座，油站形象、员工规范化服务、基础管理、安全设备、营销意识普遍提高。

2004—2005年，中石化销售公司组织开展加油站百日竞赛活动，促进了达标创星管理进一步落实。

2005年，评定五星级加油站4座、四星级加油站23座、三星级加油站71座，达标加油站110座。

2006年，评定五星级加油站2座、四星级加油站24座、三星级加油站54座，达标加油站667座。

2007年，评定五星级加油站10座、四星级加油站24座、三星级加油站123座，达标加油站794座。

2008年，评定管理五星级加油站5座、管理四星级加油站20座、管理三星级加油站99座，管理达标站400座，油站规范化管理水平得到提升。

2009年，评定管理五星级加油站6座、管理四星级加油站10座、管理三星级加油站37座，管理达标加油站968座。

2010年，评定管理五星级加油站20座、管理四星级加油站48座、管理三星级加油站150座，管理达标加油站1153座。

2011年，评定管理五星级加油站22座、管理四星级加油站55座，管理三星级加油站165座，管理达标加油站1245座。

2012年，评定管理五星级加油站20座、管理四星级加油站70座、管理三星级加油站150座。

三、加油站安全数质量管理

1. 加油站安全技防

2009年，加强小站清理整顿，对小站进行拉网式检查，对安全设施差和边远低效的47座小站进行了关闭或退租工作。通过增加发行网点、推行上门收款和护卫缴款业务，减少资金风险。油库全部安装了视频监控系统。强化油站与当地公安部门和企业组成治安联防机制建设，建立油站警务室，定期召开治安联防会议，开展夜间安全巡逻和特殊时期派出警力驻库，强化加油站、油库等经营设施的生产安全。

2. 未遂事故管理

2008 年，建立加油站未遂事故报告档案和未遂事故报告激励机制，累计上报油站未遂事故 1174 起；建立月度 HSSE 案例学习制度，全年累计编发 48 期《加油站 HSSE 及客服分享案例》，组织油站员工学习讨论，吸取教训、警钟长鸣，营造全员参与、群防群治的安全管理氛围，提高加油站及员工处置各类突发事件的能力。盐城分公司在全省率先实施了加油站未遂事故报告工作。2009 年，全系统上报未遂事故 1876 起。2010 年全系统上报未遂事故 1115 起。2011 年，全系统上报未遂事故 1067 起。

3. 加油站现场施工安全管理

从 2009 年开始，在改造加油站现场施工安全管理中，重点抓好以下规定的执行。“一个叫停”，即对施工单位的“三违”操作和超范围作业立即叫停施工。“两个到位”，即施工人员安全教育到位、持证上岗到位。“三项记录”，即认真检查《现场施工确认表》、《现场施工安全监督检查表》、《现场施工安全监督检查台账》，做到工作有痕迹、过程有记录。“四个确认”，即对施工组织部门、安全部门、零售部门、分管经理对《施工单位进站施工确认表》中的内容确认。“五种作业票”，即执行动火、用电、破土、进入受限空间、登高作业五项作业票制度的权限审核和确认。“六不施工”，即坚持未办理《施工作业许可证》不施工，未办理《施工单位进站施工确认表》不施工，未制定相关作业方案不施工，未进行相关作业的危害识别及风险控制不施工，未制定相关作业的应急预案不施工，未进行相关施工的项目交底不施工的有关规定。

4. 落实接卸油十步法

2012 年，重点抓好接卸油管理，通过接卸油视频回看检查，将视频监控与液位仪记录、管控系统加油记录等进行比对。加油站接卸油卸前卸后稳油 15 分钟、四确认、安全防护、过程监管等重点环节有了较好改进。

5. 强化油品数质量管理

2009—2012 年，分公司每月进行加油机精度检查，上报加油机精度检查表，省公司在每月《零售管理通报》中进行通报。成立专项检查组，多次对加油站数质量情况进行检查。

6. 做好车用柴油和国Ⅳ汽油置换工作

2012 年，对全省部分加油站进行车柴置换，采用自然置换和清罐相结合的方式，并对加油站加油机标识、油品灯箱等进行更换。按周通报各分公司置换进度，确保车用柴油和国Ⅳ汽油按期置换到位。

7. 深入开展“质量月”活动

2008—2012 年，在加油站张贴横幅，营造“质量月”活动氛围。同时，对加油站的油品质量进行抽检，进一步提高加油站员工的质量意识。

四、加油站规范化管理百日竞赛

2004 年 7 月 1 日—10 月 10 日，中石化销售公司开展“加油站规范化管理百日竞赛”活动，主要针对加油站规范化服务、站容站貌、厕所管理、安全设备管理、账表册统一等问题比较突出的方面展开。

经过一百天奋战，江苏石油分公司“百

日竞赛”活动完成十项重点工作和六大重点目标。“十项重点工作”：一是建设片区主管队伍，二是建立培训工程，三是提升服务软件，四是定岗定编及劳务管理规范，五是油站贯标规范，六是厕所改造及管理到位，七是油罐容积表到位，八是规范账表册。九是设备、安全管理到位。十是其他方面形象到位。“六大重点目标”：一是完成全省加油站站容站貌整改。二是强化主管、加油站经理和员工三支队伍建设。三是发挥片区主管对加油站的监管作用。四是规范加油站用工、分配制度。五是加油站规范化管理培训工作形成体系。六是实施对特许加油站的监管。

五、加油站督查

2001年，中石化销售公司开始组建督查队，对各省市加油站进行不定期督查。同年，江苏石油分公司对全省加油站开展不定期督查。

2003年4月，江苏石油分公司制定下发《加油站督查管理办法（试行）》和《加油站管理督查细则》，建立A、B、C三级督查体系，即：省公司督查(A级)、分公司督查(B级)和加油站日查（C级）。A级督查以月查为主，重点检查分公司的星级加油站。B级督查以旬查为主，对分公司所辖主要加油站过行督查，每旬不少于一次。A、B级督查工作的重点是加油站规范化服务及现场管理。C级督查由片区经理组织本片区站长进行加油站互查。C级督查以周查为主，检查重点是油站现场状况、员工服务质量等情况，每周不少于一次。

2005年11月，制定下发《江苏石油分公司加油站督查管理实施办法》，明确了各级督查组的职责：负责检查、指导下一级单位督查组工作；组织下一级督查组进行交叉检查；对管辖范围内的加油站进行随机抽样督查；对督查发现的违规现象予以通报，并责令限期整改。进一步调整充实全省督查队伍，统一督查台账，建立《督查简报》制度，通过下发督查《整改通知书》，推动督查中发现的问题整改到位。全年共开展20次加油站A级督查，督查分公司B级检查开展情况18次，编写《督查简报》14期。

2006年，开展全省专兼职督查员培训，全面规范《督查周报》、《督查月报》、《督查工作表》和《加油站不符合项整改通知书》，定期编发《督查简报》10期。

2007年，督查月报并入《零售工作通报》，明确月度管理与督查重点，按月通报排名并与分公司零售管理考核挂钩。全年全省完成督查4465次。

2008年，全省完成督查9235次。

2009年，全省完成督查9863次。

2010年，全省完成督查5774次。

2011年，全省完成督查4567次。

2012年，全省完成督查16904次。

六、加油站管理技术提升

2012年，省公司下发《加油站管理技术提升示范站实施方案》，明确在江阴、徐州、泰州、南京4个分公司，先期试点加油站管理技术提升。

积极推进液位仪的使用与管理。对液位仪站点的站长、管理员、部分作业班长进行业务技能培训，并由站长对作业班长进行液位仪使用技能培训，使操作人员熟悉液位仪使用方法。确保安装液位仪的加油站均做到自动取数，定期检查通报分公司液位仪使用情况和自动取数情况。

开展加油站地罐交接。完善《加油站地罐交接卸油流程“十步法”程序检查表》，进一步规范液位仪的日常管理和操作应用。下发《地罐交接管理办法》和《地罐交接实施方案》。截至2012年底，江苏石油分公司已安装液位仪加油站592座（油罐2375只），重新标定油罐容积表121座（油罐447只）。地罐交接试点加油站195座（油罐770只），其中正式运行52座（油罐226只），已签订三方协议51座。

七、优化资源整合、提高劳动效率

2012年开始，江苏石油分公司开展了“优化资源整合、提高劳动效率”活动。

1. 梳理加油站各项报表

规范、精简加油站账册表单，努力降低加油站一线员工劳动强度。中石化销售公司对加油站43张账表册单进行了梳理整合。在此基础上，省公司对其他的15张账表进行梳理，明确是否打印和填写人员。

2. 优化加油站工时管理

制定下发《关于改进和完善加油站工时管理的指导意见》，根据加油站销量、地理位置、加油频率、主要客户群体、竞争情况等，制定加油站工时管理方案。通过优化，每天营业时间24小时加油站1107座，营业16小时加油站496座，营业12小时加油站384座，营业时间8小时加油站36座。

3. 完善省市两级视频监控体系

建立加油站视频监控日报制度，巡检所有加油站视频监控设备是否开启、视频是否清晰、视频角度是否正常、录像是否能够回放，发现问题及时解决。明确专职视频监控人员检查项目，月均检查加油站3880站次。对接卸油、校泵等重点作业进行监控。同时，加快加油站视频监控新标准建设。

第四节 加油站员工队伍和文化建设

一、片区经理管理

2003年，省公司明确片区经理的主要职责是：承担辖区油站的直接经济责任、现场作业监管、员工培训以及零售中心和油站之间的反馈与服务。根据所辖站的单站经营量、年加油量增长幅度及是否具有地方关系协调职能，将片区经理分为一、二、三级。2005年，省公司制定《片区经理管理暂行办法》。2008年，中石化销售公司下发《中国石化销售企业零售片区经理管理指导意见》，进一步明确片区经理的工作定位、管辖范围、工作职责、职权、工作流程、素质要求、建立片区经理储备制度及相应机制等。2010年，省公司完善《片区经理考核办法》，制定《片区经理工作要点》，建立了对片区经理“油站经营管理结果与履职过程”的双重考核机制。

二、加油站员工管理

2003年，实施加油站劳动用工和员工等级管理工作。通过合理设置加油站组织构架和岗位等级，确定油站人员编制。油站一般设置经理、管理员、领班、加油工等由高到低的岗位序列，其中加油工按技术水平高低分为高级、中级、初级加油工和实习生“4个”等级。2003年底，加油站员工等级划分按员工的表现确定：实习生实习期满，经考核合格，定为初级加油工；2003年被评为分公司先进加油员，可定为中级加油工；2003年被评为分公司优秀加油员，可定为高级加油工。自开展职业技能鉴定以来，加油站员工可评定为初级工、中级工、高级工、工人技师。

2004年，省公司打破员工身份界限，凭能力和业绩选拔人才，不论正式工还是劳务工，只要符合条件均可参加站长公开竞聘。加油站普遍实行联量、联服务技能和服务水平计酬的分配办法。随着零售业务的不断拓展，陆上加油站设立站长、记账员、计量员、便利店售货员、领班、安全员、加油员、加油卡充值员岗位。水上加油站设立加油员、开票员、油管员、设备管理员、船长、轮机长、领班（安全员）岗位。

2011年省公司下发《加油站站长管理办法》，进一步明确站长的管理职责和任职资格。分公司负责组织站长公开竞聘，站长必须取得《站长资格证》、《计量证》、《安全资格证》，实行持证上岗。

三、零售技能培训

2003年，组织开展零售片区经理、职能主管和主力站长等各类培训17期，先后培训525人次。建立完善"省公司—区域零售中心—零售片区经理及油站经理"的零售三级培训体系，明确省、分公司分级培训责任。省公司零售部负责培训目标制定和培训教材的统一编写，重点组织对零售片区经理、职能主管和主力站站长的培训；各分公司零售中心重点组织对油站经理、管理员、新进加油员工理论培训和岗前培训；零售片区经理及油站经理重点负责对油站员工的现场服务规范、安全等的日常培训。

2005年，开展岗位专业培训。全省80名片区经理、108名油站督查员、65名加油卡管理及客户服务人员、50名账表人员，通过了省公司的岗位专业培训。

2006年，组织5次大规模的零售培训，培训各类人员972人次。

2007年，组织选拔15名零售经理、11名片区经理、11名站长，参加中石化总部举办的培训班。省公司分别在南京、扬州、苏州组织3期培训班，主是是对规范化管理理念、"三张检查表"、《加油站经营与管理考核细则》进行培训，全省零售分管经理、零售部经理、片区经理、示范站站长共计144人参加了培训。

2008年，组织零售师资、信息统计、卡管、非油品、客服培训，共计960人次。

2009年，组织片区经理述职，开展集中辅导培训和任职资格考试，提升片区经理的综合素质。组织零管人员BW系统应用培训、零售全员销售技巧培训。组织7次非油品业务培训，相关人员业务水平得到较好提升。

2010年，注重加强后备站长培训。按照油站管理优秀、业务配套较齐全、站长德才兼备等要求，在全系统建立34座后备站长培训基地站，开展后备站长培训及跟班实习。组织40名2010年度优秀站长赴江西培训基地进行职业素养提升培训。做好与四川公司结对交流工作，派出师资开展督查、零售师资、站长及后备站长培训，组织赴川走访座谈和油站实地调研，选派21名人员赴川交流。

2011年，建立省、分公司和站内培训三级培训体系，建立84个站内培训基地和223人的培训讲师队伍。组织开展5期培训班，加油卡管理、积分、督查、经营等关键岗位355人次参加。

2012年，组织加油卡系统新功能、加油卡风险防范、BW深化应用、加油站建设要点、加油服务技能、加气站经营管理、零售经营管理培训，共计550人次。组织40名2011年度优秀站长赴江西培训基地进行职业素养提升培训。

四、加油站文化建设

1. 建设"五小"工程

2006年，对加油站员工生活设施需求开展调研，按照"逐步解决、分批到位"的原则，为加油站添置第一批生活设施：微波炉、电磁炉、电饭锅及防寒用的棉大衣、背心等。印发《加油站生活设施管理办法》，将全省加油站按地级城区、县级城区、城郊干道、县道乡镇四大类，并结合其年均加油量情况，分别制定相应的《加油站生活设施配置参考标准》。同时，配套下发《江苏加油站生活设备管理试行办法》，将改善油站员工生活条件纳入正常工作范围。以建设加油站小食堂为龙头，全面开展以“小食堂、小浴室、小药箱、小宣传栏、小活动室”为主要内容的“五小”活动，建设“朝气蓬勃、健康向上、团结和谐”的江苏油站文化。

2007 年，省公司印发《加油站“五小”管理制度》，加强“五小”工程管理，

2008 年，省公司统一配置点钞验钞机、收银包、毛毯、工作服和摩托车安全头盔，员工的工作生活环境得到进一步改善。

2009 年，省公司为小食堂没有抽油烟机的加油站统一配备了抽油烟机。

加油站自己的"小菜地"

2. 发放伙食补贴

2007 年，江苏石油分公司开始为加油站一线员工发放每人每月 50 元的伙食补贴。结合物价水平，2008 年、2011 年、2012 年分别提高月补贴标准为 70 元 / 人、150 元 / 人、200 元 / 人。

3. 建立员工热线

2010 年，江苏石油分公司公示总部及省公司、分公司三级加油站员工热线，制定《加油站员工热线管理办法》，组织员工学习总部及省公司内部员工监督举报办法，做好加油站员工热线反映和举报问题的调查处理，实现了内部员工举报事事有结果、发现问题件件有问责。2010 年受理加油站员工举报 52 起，2011 年受理加油站员工举报 41 起。

4. 开展炊事竞赛

本着“自己动手、改善生活”的原则，江苏石油分公司大力推动加油站“小食堂”建设，创新经济、营养、实用的食谱，改善员工生活。2007—2012 年，每年举办一次基层员工炊事技能竞赛活动，发动基层员工在适当物质条件的基础上，提升实用炊事技能，提高加油站员工的生活质量。

竞赛分初赛、检查考评和决赛三个阶段。初赛由各分公司组织，检查考评和决赛由省公司组织。竞赛内容由两方面组成：一是炊事现场操作。每队必须在规定的 90 分钟时间内做出一日三餐（包括主食）组合饭菜，

饭菜的份量必须保证5人食用，除调味品以外，主食及菜金采购不得超过规定金额。二是各参赛队总成绩由炊事技能现场操作得分、《加油站（油库）十日菜谱》编写和各单位活动开展情况三部分组成。竞赛设综合一等奖、二等奖、三等奖、最佳组织奖、优秀奖、炊事能手奖、最具特色菜肴奖。参赛代表队由6人组成，其中领队1人、菜谱解说员兼传菜员1人、炊事操作员3人（主厨1人、副厨2人），工作人员1人。炊事操作员3人必须来自同一加油站（油库）。

第一届至第六届炊事竞赛决赛举办的时间、地点、参赛队组成和获奖情况如下：

第一届：2007年12月14日，在江苏石油公司培训中心，各分公司、物流中心、中石化壳牌（江苏）石油销售有限公司共16支代表队参加决赛。最佳组织奖：连云港分公司代表队；一等奖：连云港分公司代表队；

从2007年开始，每年开展一次基层员工炊事竞赛

二等奖：盐城分公司、徐州分公司代表队；三等奖：淮安分公司、无锡分公司、物流中心代表队。

第二届：2008年11月11日，在江苏石油公司培训中心，各分公司、物流中心、中石化壳牌（江苏）石油销售有限公司、高速石油公司共17支代表队参加决赛。最佳组织奖：南京分公司代表队；一等奖：江阴分公司代表队；二等奖：徐州分公司、淮安分公司代表队；三等奖：苏州分公司、南通分公司、连云港分公司代表队。

第三届：2009年11月27日，在江苏石油公司培训中心，各分公司、物流中心、中石化壳牌（江苏）石油销售有限公司、高速石油公司共17支代表队参加决赛。最佳组织奖：南通分公司代表队；一等奖：泰州分公司代表队；二等奖：南京分公司、苏州分公司代表队；三等奖：合资公司、常州分公司、扬州分公司代表队；优秀奖：无锡分公司代表队、徐州分公司代表队。

第四届：2010年11月5日，在江苏石油公司培训中心，各分公司、物流中心、中石化壳牌（江苏）石油销售有限公司、高速石油公司共17支代表队参加决赛。最佳组织奖：扬州分公司代表队；一等奖：盐城分公司代表队；二等奖：合资公司、徐州分公司代表队；三等奖：苏州分公司、宿迁分公司、镇江分公司代表队；优秀奖：淮安分公司代表队、高速石油公司代表队。

第五届：2011年10月17日，在江苏食品职业技术学院烹饪实训中心（淮安），各分公司、省公司机关、物流中心、中石化壳牌（江苏）石油销售有限公司和高速石油公司共计18支代表队参加决赛。最佳组织奖：淮安分公司代表队；一等奖：南京分公司代表队；二等奖：苏州分公司、扬州分公司代表队；三等奖：徐州分公司、盐城分公司、无锡分公司代表队；优秀奖：连云港分公司、物流中心代表队。获领队组前3名的分公司是：第一名：南通分公司；第二名：徐州分公司；第三名：淮安分公司。

第六届：2012年10月19日，在江苏石油公司培训中心，各分公司、省公司机关、中石化壳牌（江苏）石油销售有限公司、高速石油公司、通桥油库、临洪油库、姚港油库共20支代表队参加决赛。最佳组织奖：无锡分公司代表队；一等奖：南京分公司代表队；二等奖：苏州分公司、盐城分公司代表队；三等奖：扬州分公司、江阴分公司、合资公司代表队；优秀奖：徐州分公司、淮安分公司代表队。

第四章 直分销业务

2001—2012 年，是江苏石油分公司直分销业务专业化经营整合发展的重要时期。江苏石油分公司不断调整直分销经营体制机制，强化客户经理队伍建设，激发专业化经营创效活力，努力实现批发销售业务从数量型向质量型、经营结构从批发为主向直销为主的转型。其间，直分销管理体制经历了 4 次大的变化，由属地管理变为全系统条块结合的专业化管理模式，直分销业务经营质量和创效水平得到有效提升。2001 年直分销量 266 万吨，其中终端直销量 79 万吨，占 29.6%。2012 年直分销量 174 吨，其中终端直销量 153.4 万吨，占 88.7%，终端直销量 增长 94.2%。

第一节 直分销经营管理体制沿革

2001—2002 年 6 月，直分销业务当时称批发业务，由属地管理。省公司的销售公司和分支公司的销售部门负责各自的批发业务。

2002 年 7 月—2004 年 12 月，省公司成立配送中心和分销中心两个管理条线部门，明确直销业务和分销业务的划分及职能管理部门，由两个中心负责全系统直分销业务的经营管理，采取条块结合的管理模式。

2005 年 1 月—2011 年 12 月，省公司将配送中心和分销中心合并，设立商业客户中心，分公司设立商业客户部（与业务科合署办公）。结合市县公司一体化管理，积极推行客户经理制度，形成“省公司商业客户中心—分公司商业客户部－客户经理－客户”的经营管理模式。直分销业务实行省公司商业客户中心和分公司商业客户部两级专业管理。

2012 年 1 月以后，省公司撤销商业客户中心，直分销业务合并到经营管理处，分公司商业客户部保留，直分销业务实行省公司和分公司两级管理模式。

第二节 直分销经营业务

2001 年，国内成品油市场资源总量失衡，市场竞争激烈，成品油销售价格不断下滑。省公司以零售和配送为中心，实现经营工作的战略性转移；各分公司努力培养“批发就是配送、配送就是服务”的经营理念，加大配送经营力度。当年实现直分销量 266 万吨，其中直销量 79 万吨（送货上门配送量 67 万吨）。

2002 年，省公司强化零售和配送工作，调整经营组织结构，实行零售、配送、分销三条线专业化经营。当年实现直分销量 240 万吨，其中配送量 121 万吨，同比增加 23 万吨，增幅 23%。

2003 年，因国际上美伊战争、国内非典疫情，造成市场需求和成品油价格剧烈变化。省公司强化“服务客户”意识，全面推广客户分级维护责任制和差别化价格营销；控制分销节奏，规范分销行为，重点发展特许加盟站。当年实现直分销量 265 万吨，其中直销量 143 万吨；分销量 122 万吨。

2004 年，国际油价高位运行，国内成品油需求异常增长，资源供应偏紧与价格波动交替出现，保供压力增大，保零售、压直销、控分销是全年的主旋律。当年实现直分销量 270 万吨，其中直销量 179 万吨，同比增加 34.8 万吨，增幅 24.1%；分销量减少 31.3 万吨。

2005 年，国际油价高位振荡，资源供应持续紧张、外采进销价格倒挂，省公司争取到物价部门在直销环节“高进高出”的顺价销售政策。当年实现直分销量 276 万吨，其中直销量 201.8 万吨，同比增长 12.7%。

2006 年，市场需求旺盛、资源供应持续偏紧，价格长期批零倒挂，消费及购买转移情况较为严峻；柴油资源前三季度始终紧缺，直销受到一定的影响。完成直分销量 272 万吨，其中直销量 176 万吨，同比下降 13%。

2007 年，由于下半年国际油价大幅攀升，柴油资源前松后紧，尤其是进入四季度后，资源短缺形势严峻。各分公司都制定了市场保供预案，将重点客户列入保供范围，在控直销停分销的情况下，直销价格一路高企。当年实现直分销量 288 万吨，其中直销量 180.19 万吨，同比增长 2.6%。

2008 年，国内成品油市场经历了从价格上涨、供应紧缺到价格暴跌、供过于求两种截然不同的市场环境，市场剧烈波动前所未有。省公司及时调整经营策略，严格信用控制，增强应对竞争变化和市场波动的适应能力。当年实现直分销量 307 万吨，其中直销量 187 万吨，同比增长 4.1%。

2009 年，成品油市场始终处在资源充裕、供大于求的局面，随着兄弟企业在江苏投放资源的增加，民营企业异常活跃，直分销经营遇到前所未有的挑战。全系统紧盯市场、客户，采取各种有效措施积极投入竞争。当年实现直分销量 247 万吨（已经剔除江苏高速石油的销量，调整到零售Ⅲ），其中直销量 216 万吨，同比增长 15.6%。

2010 年，面对国内成品油资源前松后紧、市场阶段性供需矛盾突出等复杂的经营环境，省公司确立直分销“做实终端”的经营理念，进一步完善直分销体制机制的调整。在管理体制上，省公司将营业室从商客条线划出归财务管理。从 2 月 1 日起将客户经理、商业客户部经理的薪酬考核下放到分公司管理。在强化经营风险防范与开拓终端销售并重，做实直销、挤干水分的情况下，实现直分销量 268 万吨，同比增长 8.3%，其中终端直销量 187 万吨，同比下降 15%。

2011 年，国际油价跌宕起伏，国内市场切换频繁，资源供应偏紧。针对一、四季度资源紧张形势，省公司采取“保零控直停批”的经营策略，直销环节按月制定保供预案，保黄金级以上的重点客户，柴油资源按日销售计划库割。深化直分销业务经营整顿，严格对销售对象的资金监管，停止客户现金结算，大幅减少分销经营量，直分销经营出现一定回落。当年实现直分销量 193 万吨，同比下降 28%，其中直销量 161 万吨，同比下降 15%。

2012 年，国际油价频繁波动，国内成品油最高零售价四涨四跌，成品油市场上涨行情和下跌行情交替出现，由于世界范围内的经济疲软，消费需求下降，市场资源全年总体呈现为供大于求的局面，给直分销经营带来很大的压力，扩销增效较为困难，直分销量持续下降。当年实现直分销量174万吨，同比下降9.8%，其中直销量153.4万吨、同比下降4.7%。

第三节 直分销客户经理队伍建设

一、客户经理培训

自2002年直销、分销队伍建立以后，省公司每年都对直分销条线客户经理组织培训。2004年直销条线开展《客户经理行销十步法》培训，对提高客户经理的营销能力、规范直销客户经理的日常操作行为发挥了积极作用。

2008年起，直分销客户经理培训在以往单纯课堂培训的基础上，相继开展户外拓展培训、营销座谈交流会等培训方式，提高培训层次和客户经理参训的积极性。在2010年的培训中，除了将客户经理作为培训对象外，还要求商客经理、客户服务监督岗一起参与培训，在客户经理培训课程设置中也兼顾了高级、中级、初级以及见习各等级客户经理的不同内容。对2009年入职的见习客户经理先后进行3次培训，并以个人总结和部门评价的方式对其进行考评，取得了较好效果。

二、客户经理管理

1. 制定客户经理管理办法

2005年，为加强对直分销商业客户经理的管理，调动客户经理的积极性，省公司制定了《星级客户经理评定办法》。对全系统413名客户经理进行统一评级，评出三星级客户经理62名、二星级客户经理141名、一星级以下客户经理240名。

2007年，省公司制定了《直分销客户经理管理办法》，明确客户经理的职责、任职条件、产生程序、配备标准和等级划分（分为特级、高级、中级、初级客户经理和见习客户经理5个等级）；明确5个等级客户经理的任职划分标准和销售指标，由省公司、分公司每年评定一次；建立客户经理动态等级管理制度，制定统一的客户经理薪酬标准，按量取酬，提高优秀客户经理的收入。同时，要求客户经理实行轻润组合营销，不仅要销售轻油还要销售润滑油。

2009年7月，省公司从社会集中招聘了24名营销专业本科毕业生，充实到直分销客户经理队伍。

截至2012年底，全系统直分销客户经理229人，其中特级客户经理5人，高级客户经理45人，中级客户经理138人，初级客户经理34人，见习客户经理7人。

2. 实行客户经理日志制度

2003年开始，为加强客户经理工作的计划性，改进对客户经理的日常行动管理和绩效考核工作，提高客户经理维护客户的能力，省公司开始试行“客户经理日志”，省公司统一印发《商业客户部客户经理工作日志》，并采取不定期抽查和年终点评通报相结合的方式提高记录质量。2006年，省公司编制下发《商业客户部经理工作日志》，要求每日填写，每月上报电子文档，省公司每月对《工作日志》的填写质量进行通报点评。

3. 客户经理定岗定编与薪酬挂钩考核办法

2005年，为规范客户经理的绩效挂钩考核，省公司制定《客户经理薪酬挂钩指导意见》。2006年，对客户经理按销量定岗，主要依据2005年的直销量及客户经理人均销量水平（苏锡常澄8000吨、宁通徐扬泰镇6000吨、连淮宿盐4500吨）确定，县级市场按苏锡常5000吨、宁通扬泰镇4500吨、徐连淮宿盐3500吨标准安排。

2007年，省公司进一步落实商业客户条线的定岗定编，贯彻“以能力定等级，以绩效论薪酬”的激励机制，对客户经理普遍实行“六联”考核，即联量、联价、联客户维护和开发、联货款回笼、联客户已售未提量、联营销基础管理，激发客户经理从“要我销售”变为“我要销售”。当年客户经理人均销量达到6660吨，同比增长37%，客户经理的经营积极性得到充分发挥。

2009年，省公司进一步调整商客条线薪酬考核机制，客户经理的薪酬从各分公司总薪酬中分离出来，由省公司商业客户中心考核后按月下达。绩效工资按全省统一吨油工资含量计提，实行上不封顶政策，同时加大对客户经理的奖励力度，每月对全省增量排名前列的客户经理给予1000元/人的奖励；对商业客户部经理实行七联挂钩，即与销售计划完成率、毛利完成率排名、吨油毛利额排名、润滑油销量、已售未提比例、月末债权、月度经营分析报告挂钩，有效调动了直分销经营人员的销售积极性。

2010年2月1日起，为加强直分销经营监控，强化营销队伍管理，将客户经理、商业客户部经理的薪酬考核下放到分公司管理。

4. 客户经理业务交通费的改革

2007年，为调动客户经理开展市场调研，开拓市场扩大经营的积极性，保证客户经理走访客户工作到位，省公司对直分销条线的客户经理进行了业务交通费的改革。本着“实事求是保障工作、限额报销超额自负、规范操作严格管理”的原则，取消原来直分销客户经理拜访客户由公司安排交通工具的做法，商业客户部原使用的公车统一公开处置，客户经理的交通费用实行按实限额报销办法，按月报支、按年统算、超额自负。

交通费限额报销的方式有两种：一是“自购车辆限额报销方式”。凡2007年目标直销量超过所在地分公司客户经理定岗标准销量1000吨、目标分销量超过客户经理直销定岗标准4000吨，且月拜访客户工作量在33次以上的客户经理，以及商业客户部经理、副经理可以选择“自购车辆限额报销方式”，交通费给予一定的补贴。二是“非自购车辆限额报销方式”。凡2007年达不到自购车辆规定标准，以及虽达到自购车辆标准但未选择自购车辆的客户经理可选择非自购车辆限额报销方式，月交通费用根据客户经理的销量大小及维护客户的多少核定。每个客户经理的具体执行标准由分公司提出建议，报省公司审定。随后几年，交通费标准作了相应的修改和调整。

第四节 直分销客户管理

一、配送上门业务开展

送货上门业务是稳定客户购买的重要途径。尤其是县级市场小油库关闭后，一批中小客户，如农村个体经销网点、基建工程等，由于批量小、距离远，运输工具难找且费用成本高，客户买油不方便。实施送货上门，既满足了这类客户的需求，同时也扩大了经营销量。

2002年，省、分公司设立配送机构，同时配备配送工具，全面启动配送客户的开发维护工作。2006年，全系统共有配送人员666名，配送专用车船135辆（艘），租赁油罐车195辆，配送客户1208户，年配送量43.2万吨，占直销量的24.6%。2007年起，直销配送业务的运杂费由省公司统一结算，省公司制定《直销运杂费管理办法》，实行统一审批、统一结算、统一列支。2010年下半年，在做好大配送业务的同时，扩大小配送业务的开展。为扩大对小型终端客户及农村偏远客户送货上门的业务，配合零售环节做好农忙期间的送油下乡服务，省公司为徐州、连云港、淮安、宿迁、盐城和南通6个分公司分别配备2台专门定制的带有流量计油枪加油功能的小型配送车辆，日常由商业客户部负责运营，农忙时交由零售管理部组织送油下乡。2007—2011年，直销配送业务得到稳定发展，每年送货上门的客户数在900—1100户左右，年均送货上门量在28万—32万吨左右，每年承担直销运杂费1000万元左右。2012年，实行送货上门业务的客户发展到1626个，占当年有成交直销客户总数的21.4%，送货上门量36.3万吨，占直销量的25%。

二、客户开发维护和分类管理

2004年，省公司制定落实了直销环节客户分级维护制度，整合县级市场经营，加强客户经理的营销技能培训和行销管理，当年新增客户4508户，客户数同比增长45%。

2005年，全系统直分销客户16295户。为进一步细化目标市场，各商业客户部对区域范围内的直分销客户分别进行ABC分类管理，即：根据客户的购油规模大小顺序进行排列，销售量比重前80%左右的客户群为A类客户，销售量比重90%以后的客户群为C类客户，其余为B类客户。按客户的不同类别实行分级维护，推行“一户一策”维护，实行“一对一”营销。直销购油量前10名和分销购油量前2名的特大户或重点开发的大客户由分公司分管领导参与维护；直销购油量前11—40名和分销购油量前3—7名的A类大客户、新开发大客户由商业客户部经理参与维护；所有A、B类和C类前20名客户的维护责任全部落实到客户经理。当年成品油直销A类客户数达2593户，其中A类客户中优质客户数达到2414户，优质客户比重达到84.1%。

2008年，结合电子提单上线管理要求，依据客户的购油量、稳定率和合作时间，将终端客户分为终端Ⅰ类、Ⅱ类、Ⅲ类；依据分销客户的性质，将分销客户分为Ⅰ类和Ⅱ类。对终端Ⅰ类客户，再根据客户的购油量、稳定率、信用度、合作时间等指标，分为黄金客户和优质客户。客户的等级每年评定1次。分公司分管领导参与黄金客户的维护每季度不得少于1次，商业客户部经理参与黄金客户和优质客户的维护每月不得少于1次，客户经理对维护的客户每月不得少于1—3次。

2010年，根据中国石化销售公司的要求，对客户进行重新划分，直销分为集团客户、钻石客户、黄金客户、高级客户、普通客户5个档次。客户分类按中石化总部确定的客户价值评价体系进行，客户价值评价体系由购油量、效益贡献值、客户购油份额、购油频率、合作时间、信用等级、发展潜力7个维度指标组成。集团客户指全省客户价值排名前2%且年购油量大于6000吨；钻石客户指价值排名前2%—5%、黄金客户指价值排名前5%—25%；高级客户指价值排名25%—60%；普通客户指低于排名60%的客户。客户的维护责任分为：集团级客户由省公司分管副总经理参与维护；钻石级、黄金级客户由省公司商业客户中心经理及分公司分管副经理参与维护，加强与客户的沟通；高级客户、普通客户由分公司商业客户中心经理参与维护；所有客户都由客户经理负责维护，每月对辖区内客户至少回访一遍，填写客户跟踪记录，及时掌握客户和市场的变化情况。分销客户的划分：社会经营单位分为优先级、基本级和补充级；社会加油站分为优质级和普通级。

2010年1月，省公司开展经营业务清理整顿工作，对ERP系统上线以来累计3.6万条客户主数据重新进行逐一清理核对、更新维护，冻结不合规的客户记录2.1万条，将原来直销中维护的2774个非终端客户调整到分销客户中。经过半年努力，对1万多名客户进行了全面走访核查，约有1/3的客户基本资料补充修改完善，确保了客户主要数据的真实性。2010年全系统有成交的客户12149户，集团客户10户、钻石客户490户、黄金客户2000户、高级客户3500户、普通客户4102户；社会经营单位优先级客户40户、基本级客户118户，补充级客户235户；社会加油站中优质级客户661户，普通级客户993户。

2011年，全系统有成交的直销客户数8705户，成交量161万吨，其中集团客户10户，成交量12.9万吨，占成交总量的9%；钻石客户420户，成交量44万吨，占成交总量的29%；黄金客户1750户，成交量65.3万吨，占成交总量的43%；高级客户3040户，成交量23万吨，占成交总量的16%；普通客户3485户，成交量6.1万吨，占成交总量的4%。

2012年9月份，省公司完善直销客户的分级维护管理办法，根据1—8月份终端客户购油量对直销客户重新进行了分类，按客户购油量的多少，将客户划分为钻石级、金卡级、银卡级和普通级，明确了客户分级维护责任。全省合计有成交的终端客户7157个，其中钻石级客户277个，金卡级客户391个，银卡级客户1004个，普通客户5485个。在四季度的实际执行过程中，对新开发客户按规定标准及时进行了划分。当年共有成交直销客户7976个，其中钻石级客户279个，金卡级客户415个，银卡级客户969个，普通客户6313个。

三、电子提油卡的开发和运用

随着信息化建设的逐步深入，取消传统纸质提单、采用先进的电子卡片式客户身份识别的需求提上了议事日程。2007年4月，省公司开始开发电子提单系统，石化盈科作为实施顾问参与电子提单项目建设。2008年5月1日，电子提单正式上线运行，覆盖全省在营油库，涵盖所有油品销售和发货业务流程，支持会员客户、普通客户及车队司机持卡提油的综合管理系统。截至2012年底，累计发展直销有效会员客户11060户，下发电子提油卡24039张，其中会员主卡11060张，提油卡12979张。

电子提油卡

通过实施电子提单系统，江苏石油分公司实现了 6 大管理功能：一是实现刷卡开单，卡单自动关联。对轻油、润滑油、燃料油的所有油库陆路销售实现凭卡开票功能。卡单能够自动关联，不需要人为进行指定。二是实现分级锁价的价格管理。除省公司对 ERP 系统进行锁价外，分公司还可以根据市场情况，在省公司锁价的基础上，进行二级锁价。三是油库刷卡提油。在油库全部取消纸质提单，实现刷卡付油，提高油库发油安全性，杜绝假提单的风险。四是建立应急系统。在油库配置应急系统，在 SAP 计划或非计划停机或油库网络出现问题时，油库能够正常刷卡，在保证安全的前提下，实现对加油站及客户的付油。五是开辟客户查询功能和短信平台。客户可以通过外网查询功能，自助查询 3 个月以内提货明细及未提清单的查询，同时在客户购提油的同时，实现自动发送短信提醒的功能，方便客户实时核对自己的购提油记录。六是实现油库自助式换票和查询。在油库设立自助式终端，由客户自行刷卡换票和查询，减少客户换票等待时间，提高油库工作效率。

四、特许加盟加油站的清理工作

2002 年，根据中国石化销售公司《中国石化加油站特许经营管理办法（试行）》的精神，江苏石油分公司积极开展特许加盟站业务。2002—2005 年，省公司分销中心以发展社会加油站特许加盟业务为中心，将特许加盟站分为贯标站、授牌站和协议站三种形式进行开发、维护和管理。贯标站指地理位置好、信誉度高，在资源价格、计质量上愿意接收中国石化管理的加油站，统一贯“中国石化”标志。授牌站指地理位置较好、有发展前景，愿意作为公司特许经营单位，其加油站授予 “中国石化江苏石油特许经营加油站”的铜牌。协议站指地理位置一般、规模较小，愿意加盟公司的加油站，只与其签订特许经营加油站协议，但不贯标、不授牌。2002 年共发展加盟站 446 座，2003 年发展 340 座。至 2003 年底，分销客户合计 2521 户，销售量 89.3 万吨。累计发展特许加盟站 786 座，年销售量 36.5 万吨，占分销量的 41%，其中：贯标站 86 座、销售量 8.4 万吨，授牌站 269 座、销售量 12.5 万吨，协议站 345 座、销售量 15.6 万吨。特许加盟站的发展为江苏石油分公司的网络建设带来了机遇，仅 2003 年就有 44 座特许加盟站被江苏石油分公司收购或租赁经营。

随着特许加盟站自身在安全设备管理、数质量管理、外观形象、现场服务等方面存在问题越来越多，顾客投诉增加、媒体曝光频繁，严重影响中国石化的品牌形象。2006 年 4 月和 6 月，中石化销售公司先后印发《关于加强特许经营加油站规范管理的通知》、《关于开展联营、特许加油站专项检查的紧急通知》。按照中国石化总部的要求，江苏石油分公司成立联合检查组，对省内联营、特许加盟加油站以及侵权加油站进行专项清理检查，江苏石油分公司特许加盟站工作基本结束。

第五章 非油品业务

非油品业务包括便利店、汽车服务、广告及快餐等。2008年，中国石化成品油销售企业开始全面启动非油品业务，2010年提出要把非油品业务作为主营业务来抓。江苏石油分公司从2008年开始，不断强化非油品主业意识，加快“易捷”便利店网络建设，构建物流运营体系，强化专业人才队伍建设，加强经营管理，推进非油品业务健康快速发展，到2012年，在营便利店达1970座，当年实现销售收入8.37亿元。

第一节 非油品业务管理体制沿革

2007年，江苏石油分公司着手开展非油品业务，但未组建独立的非油品业务部门和专业团队，而是在零售业务中增设非油品业务，在零售部门中设立非油品岗位。

2008年7月，江苏石油分公司成立非油品业务处，全面负责全省非油品业务，主要职责包括：制定优化各项非油品制度、办法、流程；制定和组织实施便利店网络发展计划；组织供应商及商品引进、管理、结算；制定物流配送体系发展规划，组织做好物流配送工作；指导便利店做好商品配置、陈列，增加商业氛围，开展营销活动等专业管理工作；做好便利店信息系统日常维护和运行管理；负责非油品快餐、广告、汽服等品牌合作项目的开发。

2008年，江苏石油分公司非油品业务工作由零售部门承担，2009—2010年，各分公司先后成立了独立的非油品业务部门，定编5—7人，主要职责包括：制定地市公司非油品发展规划；负责分公司采购商品的供应商管理、采购配送与对账结算管理；落实区域市场便利店产品策略、价格策略和营销方案；负责落实上级公司便利店经营管理的制度和标准，做好现场管理专业培训、专业指导；负责门店非油品考核办法制定；负责便利店销售团购业务管理、大客户维护与开发；负责区域市场非油品业务项目的开发与日常监管。

非油品便利店场景

第二节 网络建设及配送业务管理

一、非油品便利店建设

1. 易捷便利店建设标准和分类

中国石化销售事业部先后制定了2009年版、2010年版和2011年版《便利店形象设计和施工工艺标准手册》，易捷便利店分为四类：高级店、标准店、基本店、简易店。江苏石油分公司结合实际，将便利店划分为精品店和一般店，并将精品店划分为三个等级：五星级精品店、四星级精品店和三星级精品店。

易捷便利店分类标准（见表1—5—1）分为核心指标和参考指标两类，核心指标包括单店日均销售额、店内营业面积、商品品种数量和POS机配置等，核心指标要求同时具备；参考指标包括便利店位置、装修标准、商品类别、营业时间、货架配置、指示牌和设备设施等，参考指标可以不同时具备。

2. 江苏石油分公司首座易捷便利店

2008年5月1日，江苏石油分公司第一座便利店—南京公园路加油站便利店投入运

表1—5—1 中国石化易捷便利店分类标准(试行)

指标描述	指标类型	高级店	标准店	基本店	简易店
日均销售额	核心指标	不小于1500元	不小于800元	不小于300元	300元以下
店铺面积		大于60平方米	大于30平方米	小于30平方米	
销售单品数量		不少于800种	不少于500种	不少于260种	
POS系统		配置	配置	配置	
地理位置	参考指标	高速、城市、国道	高速、城市、国道、城镇等	城市、国省道、城镇、水上等	高速、郊区、农村、水上等
装修标准		形象站标准	形象站标准	简易标准	简易标准
商品服务类型		不少于6大类	不少于6大类	不少于4大类	不少于2大类
营业时间		24小时	24小时	不小于16小时	不小于12小时
货架配置		设置中岛、壁柜、端架和背柜	设置中岛、壁柜、端架和背柜	根据实际情况配置	根据实际情况配置
		设置促销/新产品端架	设置促销端架		
指示牌		设置货类指示牌	设置货类指示牌		
设备设施		微波炉、电热水器、冰箱、冰柜、冷（暖）空调、监控器、电子磁条防盗门、快餐桌椅、可选速食加工	微波炉、电热水器、冰箱、冰柜、冷（暖）空调、视频监控器、电子磁条防盗门、快餐桌椅	冰箱、冰柜、空调、防盗镜、电热水器、微波炉、快餐桌椅	根据实际需要配置

营，标志江苏石油分公司便利店业务正式启动。公园路便利店建设面积 70 平方米左右，销售商品 424 种，配备 2 名兼职便利店工作人员，当年实现销售收入 27 万元。

3. 便利店网络建设

按照中国石化销售事业部统一部署，江苏石油分公司加快便利店网络建设，到 2012 年末，基本建成了覆盖城区、干道、乡镇的易捷便利店销售网络。2008 年在营便利店 437 座；2009 年在营便利店总数达到 930 座；2010 年在营便利店总数达到 1436 座；2011 年在营便利店总数达到 1838 座；2012 年在营便利店总数达到 1970 座，其中油站以外的便利店 8 座。

二、配送体系建设

1. 配送中心基本情况

2010—2012 年间，江苏石油分公司先后建设了淮安、苏州、南京 3 座易捷便利店商品配送中心，基本形成覆盖苏北、苏中、苏南的配送体系。2010 年 5 月 5 日，江苏石油分公司第一座非油品配送中心——淮安配送中心投入使用，淮安配送中心租用淮安设备安装公司仓库，占地 2000 平方米，负责配送淮安、宿迁、徐州、连云港、盐城 5 个地市。2011 年 4 月，苏州配送中心投入使用，苏州配送中心占地 2000 平方米，负责配送苏州、无锡、常州、南通、江阴 5 个地市。2011 年 10 月，南京配送中心投入使用，占地 2000 平方米，负责配送南京、扬州、泰州、镇江 4 个地市。

2. 配送中心管理体制

非油品配送中心实行条块结合的管理模式。非油品业务处负责配送中心日常业务运作指挥和业务管理；配送中心所在地分公司负责 HSE 管理、人员现场管理以及地方关系协调等其他相关管理工作。非油品业务处和所在地分公司共同对配送中心管理人员进行考核。配送中心现场管理工作由江苏石油分公司人员负责，现场操作工作和对门店的配送工作外包给第三方物流公司。

3. 配送中心业务管理

2011 年 5 月，江苏石油分公司制定《中央仓商品退货管理办法》，完善和规范了便利店商品合理订货、滞销商品主动促销、规范退货操作流程。8 月，江苏石油分公司制定《中央仓配送业务操作手册》，明确了配送操作流程和规范管理要求。9 月，建立配送中心考核制度，对安全、商品摆放、数质量管理、配送服务、供应商管理等关键指标进行月度考核。

第三节 便利店经营

一、采购

1. 商品采购权限

商品购进由省公司和地市公司共同组织，省公司组织大宗商品统一采购，其他商品由地市公司采购，部分全国性的大宗商品由中国石化销售事业部负责引进。便利店商品采购权分销售事业部、省公司、地市分公司三级，被列入上级单位采购目录的商品，下级单位未经批准不得自行采购。省公司非油品业务部门确定省级采购商品目录，报省分管领导审批；地市分公司确定地市采购商品目录，报省公司非油品业务部门审批。商品采购目录至少每半年调整公布一次。

2. 供应商管理

非油品供应商引进方式分为招投标和商务谈判，同一种商品供应商在三个及以上的，采用公开招标或邀请招标方式引进；商品来源唯一性的供应商或供应商数量达不到要求的，采用谈判方式引入。供应商引进由省公司非油品、零售、财务、纪检、法律等部门组成的评审小组评审，报公司领导审批后，由省公司与供应商签订采购合同，签订期限控制在1年以内；与每家供应商签订《廉洁从业责任书》，防范不规范行为和风险产生。2009年统采供应商23家，2010年统采供应商45家，2011年统采供应商90家，2012年统采供应商数93家。

中国石化销售公司统一引进了海龙燃油宝、茅台白酒、长城红酒、宁夏枸杞、西安开米等重点商品，以及福建、云南等地方特色商品。

江苏石油分公司引进了洋河白酒、镇江香醋、无锡泥人、扬州漆器，南京云锦、阳澄湖大闸蟹、南京盐水鸭、常州梳篦等多种江苏地方特色商品；引进了江苏邮政报刊杂志销售、中国移动通信充值卡以及预配号卡代售业务，完善加油站服务功能；并对供应商进行整合，将辐射能力较强的地方供应商进行跨区域覆盖，如扬州区域供应商覆盖镇江区域，合资统管站供应商覆盖自管站等。

二、商品品类管理

江苏石油分公司建立了省公司商品推荐

店内商品陈列

目录、分公司商品推荐目录和门店商品配置目录三级商品目录。省公司根据海信系统商品销售数据、行业销售数据、分公司推荐和总部、省公司统一推荐的商品制作省公司商品推荐目录，并于每季度调整一次。分公司根据省公司商品推荐目录、分公司当地畅销的特产商品、便利店商品配置需求制定分公司商品推荐目录。分公司根据门店提出的商品配置需求，综合考虑油站类型、门店的分类级别、顾客需求，在分公司推荐的商品目录范围内确定各门店的商品配置目录，按月调整门店商品目录。省公司对五星级精品店、四星级精品店、三星级精品店和达标店分别规定了必配的统采统配商品目录；选定了城区、干道、乡镇3种类型的123家门店作为新品试销门店，所有的新品根据产品类型首先在这些门店试销。

便利店销售商品主要包括烟草、酒类、食品、饮料、汽服、百货、图书音像等十大类商品，销售单品4000多种。

三、营销工作

从2009年开始，按照“季季有活动、节

春节营销活动店外地堆布置

节有惊喜、形式常创新”的指导思想，开展油非互动、交叉类等营销活动，注重事先策划、事中跟踪和事后效益评估。省公司定期开展季节性营销活动，如“激爽清夏”、“收获金秋”和“暖冬呵护”、“春之舞—易捷春季购物节”、

“夏之梦—易捷夏季购物节”、“秋之歌—易捷秋季购物节”等营销活动。省公司针对不同供应商统一开展品牌专项营销，开展了半价、量贩价、降价促销档期特价促销活动。同时在江苏省广播电台开展重点商品广告宣传；与江苏城市频道合作《易捷车友汇》电视节目，宣传易捷便利店商品和服务；组织分公司大客户开展长城系列红酒和茅台系列酒品鉴会，既增强了大客户的沟通，又增加了销售业绩，同时又较好宣传了易捷品牌。

“约惠春天”营销活动布置

“激爽清夏”夏季购物节活动布置

第四节 其他非油品业务

一、国际快餐项目

快餐业务以场地出租为主，优先引进国际知名快餐品牌。2008 年 11 月，由南京石油分公司与麦当劳公司签订《麦当劳“得来速”餐厅合作合同》，合作期限 20 年，南京石油分公司将示范加油站部分场地租赁给麦当劳公司，双方约定麦当劳负责建设餐厅并承担建设及装修费用，每年向南京公司支付保底租金或提成租金。2009 年 9 月 1 日，江苏石油分公司同时也是江苏省首座国际品牌加油站汽车穿梭餐厅—麦当劳南京浦口示范加油站汽车穿梭餐厅正式营业，占地 365 平方米，加油站外观形象和服务功能得到明显提升。

二、加油站广告项目

广告业务由中国石化销售事业部统一规划、统一操作规范、统一组织，2009 年 11 月，江苏石油分公司与航美金石广告有限公司签订《江苏省中国石化加油站广告位委托经营协议书》，航美金石从 2009 年 11 月到 2014 年 12 月 31 日租赁经营江苏石油分公司加油站户外广告业务。加油站广告设备设施由航美负责投入，主要设置加油站出入口落地灯箱、加油站围墙灯箱、加油站立柱画框、便利店外立面广告灯箱。广告位对外运营由航美负责，江苏石油分公司根据广告项目开发站点数量向航美收取相应租金。截至 2012 年末，累计开发加油站 354 座，其中开发加油站出入口落地灯箱 228 块，开发加油站立柱看板 2124 块。

三、电子商务业务

根据中国石化销售事业部《关于做好销售企业电子商务系统项目推广实施工作的通

2009年9月，南京浦口示范加油站汽车穿梭餐厅正式营业

知》的要求，江苏石油分公司开展了电子商务。按照中国石化总部“立足长远、总体规划、分步实施”的原则，电子商务依托非油品营运体系，与非油品营运体系相互促进，从而进一步扩大易捷网在江苏的影响力，同时也逐步将电子商务易捷网的江苏专区打造成具备信息发布、商品交易、加油卡充值、客户服务等丰富功能的综合性商务平台。

江苏石油分公司电子商务系统由新蛋公司开发和负责维护，2012 年 7 月 24 日对内上线，8 月 15 日对外上线，电商第三方物流为圆通公司。电商商品实行全省范围送货上门，每个分公司安排自提门店。2012 年，电商商品以实体门店所销售的商品为依托，以具有江苏特色的人文类纪念品、食品、饮料、酒及百货、汽车用品等为主。销售模式依托线下商品，大部分商品实行经销模式，少部分商品实行代销模式。

第五节 非油品业务管理

一、计划编制和下达

省公司根据分公司零售量每吨油实现的非油品销售额测算分公司非油品销售计划，其中高速公路零售量、水上零售量、小站零售量分别按汽油量的 55%、柴油量的 45% 折算为有效零售量。

随着便利店经营商品种类日益丰富，销售规模也呈现跨越式发展。2008 年，江苏石油分公司实现便利店销售 8229.2 万元，毛利 1900 万元；2009 年实现便利店销售 1.7 亿元，同比上年增长 106%，实现毛利 3200 万元；2010 年非油品销售收入 3.95 亿元，同比增长 132.4%，实现毛利 5850 万元；2011 年实现便利店销售收入 6.01 亿元，同比增幅 52.3%，实现毛利 9456 万元。2012 年实现便利店销售 8.37 亿元，同比增幅 39.2%，实现毛利 1.16 亿元。

二、门店运营管理

江苏石油分公司确定了“商品丰富、陈列规范、氛围浓郁、服务优质、促销有效”门店运营管理五个基本要素，根据门店所处位置、零售销量、客户构成等，进行客户需求分析，建立分加油站类型的门店商品销售必备目录；制作下发了商品陈列口袋书，推进便利店门店布局图、商品陈列表、商品摆位图实施到位；加大对促销的事前指导、过程监督检查和事后评估，较好保证营销活动的效果。

三、商品质量管理

江苏石油分公司制定了《便利店商品质量管理办法（试行）》和《便利店商品数量管理办法（试行）》等制度，建立商品采购、进货、配送、销售全过程质量控制体系；建立食品安全、假冒伪劣问题的应急预案；实施海信系统商品保质期预警体系，对临期商品进行主动提醒和预警。

四、人才队伍建设

江苏石油分公司先后于 2009 年 2 月、2010 年 11 月和 2012 年 2 月共引进 15 名来自

易捷便利店外的布置

麦德龙、苏果、金润发等大型连锁零售企业的成熟型专业人才，其中5人（2名营销管理专业人员、2名采购管理专业人员、1名物流管理专业人员）在非油品业务处工作，10人在分公司非油品业务部工作。

江苏石油分公司建立了专项工作小组和兼职培训员队伍，组建“专家团队”，指导样板店建设和经营工作。以专业人员为主，组建了涵盖“营销策划”、“商品陈列”、“品类规划”、“门店订货及库存管理”四个方向的“江苏石油非油品专家小组”，对门店业务开展进行专业剖析、指导和帮扶。

江苏石油分公司配备了便利店专（兼）职人员，每年组织约300名骨干片区经理、加油站站长、便利店营业员参加的业务技能培训。

五、制度建设

2008年9月制定了《关于加强便利店商品保质期管理的通知》。

2009年3月制定了《加油站便利店经营管理纪律（试行）》；4月制定了《关于进一步规范非油品综合项目管理的通知》；5月先后制定了《“易捷”便利店服务规范（试行）》和《关于进一步规范加油站便利店商品盘点及损耗管理的通知》；7月制定了《非油品业务人员廉洁从业规定》；9月先后制定了《关于进一步加强便利店商品质量管理的通知》和《易捷便利店供应商及新品引进管理办法（试行）》；10月制定了《关于开展易捷便利店商品代销业务的通知》；11月制定了《关于推进门店商品品类管理的通知》。

2010年4月制定了《非油品供应商营销支持处理规定（试行）》；10月制定了《关于强化非油品业务在线操作的通知》。

2011年5月制定了《易捷配送中心商品退货管理办法》和《易捷便利店商品质量管理办法（试行）》；9月制定了《非油品供应商货款结算管理办法（试行）》；10月制定了《易捷便利店商品数量管理办法(试行)》。

第六章 天然气业务

随着中国经济的持续发展和能源政策的进一步调整，以及“绿色低碳”的发展战略要求，极大地促进了天然气业务的发展。江苏石油分公司提出“油气并举”的发展战略和尽快成为江苏省车用天然气主力供应商、使车用天然气市场份额与成品油市场份额相匹配的发展目标，制定天然气业务发展规划，加快加气站建设，拓展资源渠道，设立专业管理机构，有效推动了天然气业务的发展。

第一节 市场背景

由于国际油价长期居高不下，全球对清洁能源——天然气的需求增长强劲。天然气需求将在2009年到2030年期间每年增长2%，到2030年，天然气可能成为与煤炭和石油分庭抗争的一次能源之一。

一、天然气市场发展及经营概况

随着国家“降碳减排”目标的提出和环境治理力度的不断加大，以油改气的能源替代成为大势所趋，传统的出租车、公交、物流车用燃料在2000年初 PNG过渡替代的基础上，将迅速由CNG、LNG取代。

在江苏市场，中石油、中海油利用西气、LNG资源、城市管网和车用气业务等优势条件，通过与新奥、华润、港华、中燃等市场先入者的合作，重组地方煤气企业，与公交公司联营和招商引资取得城市燃气专营权垄断市场，采取与政府签署经营排他性协议方式，在全省62个行政区域中取得35个行政区域的天然气业务专营权。

二、江苏省内天然气资源供应

江苏天然气市场快速增长，省内天然气资源初步形成东西南北（西气东输、川气东送、冀宁联络线、如东进口LNG）“四方来气”的格局。2011年资源供应量首次突破百万亿立方米，预计到2015年达到270亿立方米，年增长率26.5%。

1. 气源

根据江苏省发改委测算的数据，“十二五”期间江苏省天然气气源格局（见表1—6—1）。在2015年之前，中石油对江苏省提供的气源量呈现逐年增长的态势。

2. 输气管道

江苏省的输气管道已形成四横五纵的格局，其中苏南地区两横四纵，苏北地区两横一纵，过江管道两条。

根据江苏省发改委2011年11月公布的数据，江苏天然气主干输气管道长度2015千米，其中，中石油投资建设的西气东输管道、冀宁联络线和支线管道约1226千米，中石化投资建设的川气东送管道约227千米，江苏省天然气公司投资建设的省内配套输气管道

表1-6-1　“十二五”期间江苏省天然气气源　亿立方米

序号	气源名称	2011年	2012年	2013年	2014年	2015年
1	中石油	92.0	136.0	170.0	188.0	200.0
2	中石化	11.0	14.0	18.0	23.5	23.5
3	江苏油田	0.55	0.55	0.55	0.55	0.55
4	其他气源	2.0	3.0	8.0	10.0	10.0
合计		105.5	153.55	196.55	222.05	234.05

约220千米，江苏地方燃气公司建设的城际输气管道约342千米。

西气东输天然气资源：以新疆塔里木气田为主气源，以中国中东部的长江三角洲地区为目标消费市场，以干线管道、重要支线和储气库为主体，连接沿线用户，形成横贯中国西东的天然气供气系统。“西气”主要是指中国新疆、青海、川渝和鄂尔多斯四大气区生产的天然气；“东输”主要是指将上述地区的天然气输往长江三角洲地区。2002年7月4日正式动工建设，2004年12月31日正式向上海等地输气。西气东输2004年底输气量达到120亿立方米，而江苏与中石油签订了60亿立方米的大单。2004年江苏省天然气用量3.14亿立方米，其中城市燃气用了2.1亿立方米。

2004年，苏南五市以及武进、宜兴、昆山、江阴、吴江5个县级市都用上天然气。2005年江苏省13个市都用上天然气。陕京二线冀宁联络线施工，从河北安平分输站经山东到达江苏，经邳州、宿迁、淮安、宝应、高邮、江都、扬州和仪征青山。

另外还有3条支线，一是全长138千米的连云港支线，从邳州到东海到连云港；二是全长56千米的徐州支线，从邳州到铜山到徐州；三是长141千米的南通支线，从江都到泰州到南通。加上在射阳有天然气气田的盐城，江苏省的13个市已全部用上天然气。

川气东送天然气资源：川气东送管道工程西起川东北普光首站，东至上海末站，是继西气东输管线之后又一条贯穿中国东西部地区的管道大动脉。管道途经四川、重庆、湖北、江西、安徽、江苏、浙江、上海等六省二市，全长2206千米。工程于2007年3月25日开工，2010年8月全线通气投产。川气东送管线的全面投产对江苏省内的天然气资源供应起到非常重要的补充。

3. 天然气储存设施

2012年底，江苏省已运行的天然气储气库仅2座，即常州金坛、淮安金湖刘庄，均为中石油投产所建。

4. LNG项目

液化天然气LNG作为天然气的一种形态，解决了气态天然气不利于远途运输的问题，改变天然气依赖管道输送的传统格局，进而打破现在天然气市场的供应格局。

2012年底，中石油江苏如东LNG项目正式投产，中石化连云港LNG接收站及中海油滨海接收站正在前期工作。

三、江苏省内天然气市场竞争格局

江苏天然气市场主要经营主体有中国石油、中国石化、港华煤气、华润燃气、新奥燃气。其中中国石油在江苏地区经营LNG的单位有：中国石油江苏液化天然气有限公司、江苏华港燃气有限公司、江苏新捷新能源有限公司；经营CNG业务的有中石油昆仑燃气各市级公司。

2012年底各经营主体CNG、LNG市场份额见表1—6—2。

表1—6—2 江苏境内天然气市场份额

经营主体	CNG市场份额	LNG市场份额
中国石油	21%	70%
中国石化	7%	15%
港华燃气	13%	0%
华润燃气	42%	0%
新奥燃气	15%	3%
其他	2%	12%

第二节 天然气经营

一、CNG经营

1. 使用对象

CNG主要销售给出租车及城市公交运输企业。由于出租车辆和公交车辆的改造更新成本大、周期长，预计在未来几年内不会发生太大的变化。

鉴于江苏省内社会燃气企业和中石油利用城市管网专营及入市早、布点多的情况，江苏石油分公司在CNG经营上主要依托网络发展，积极参与市场竞争，力争在CNG市场上占有一席之地。

2. 进货渠道

2009年9月起，江苏石油分公司CNG供应商选定3家，江苏油田矿业开发总公司为江苏石油勘探局下属企业，主要供应南京、扬州、泰州、南通4个地区的CNG资源；无锡东之尼燃气有限公司主要供应江阴地区的CNG资源；江苏省天然气有限公司负责供应江阴三元加气站的CNG资源。

3. 运输情况

压缩天然气进货主要采取送货制，运输由供应商安排。

4. 价格管理

出厂价格由国家发改委管理，即规定天然气出厂基准价格，各经营单位可根据基准价格，结合市场行情上下浮动。

市场销售价格由各地物价部门统一制定。2012年江苏市场CNG市场零售价（即加气站销售价格）每立方米4.00—4.60元。其中南京、南通每立方米4.6元，江阴每立方米4.3元，其他地区每立方米4元。

5. 销售情况

2009年9月起，江苏石油分公司第一座CNG加气站—扬州文昌西路加气站正式投营。2009年销售CNG 23万立方米。2010年建成5座，在营6座，销售CNG 334.7万立方米。2011年建成4座，在营10座，销售1010.6万立方米。2012年新建9座，在营22座，销售2410万立方米。

CNG设施

二、LNG经营

根据中国石化总部统一部署，江苏石油分公司重点发展LNG业务，通过网络布局和客户开发，服务于不同类别的目标客户，全力拓展LNG业务，提高中石化加油站综合服务功能，控制替代能源对成品油的影响，占领天然气消费的高端市场。

1. 使用对象

LNG主要使用对象是城市公交、长途客

2012年4月，苏州园区公交站LNG加液车投入运营

运、物流行业车辆。

2. 进货渠道

2012 年 3 月，江苏石油分公司开发了苏州汽运集团客户，掀开了 LNG 经营的序幕。LNG 的进货渠道来自内蒙古鄂尔多斯市星星能源有限公司（中国石化天然气分公司定点供应商）。江苏石油分公司与该公司签订长期供应合同，实行送货制价格。2012 年 3—12 月累计进货 2377 吨。

3. 储运情况

由于 LNG 是新替代能源，江苏石油分公司处于起步经营阶段，暂没有 LNG 储气库。2012 年采取租库中转方式，即在苏州燃气集团合资公司的 LNG 调峰库中转。

4. 销售情况

鉴于 LNG 加气站建设周期长、申报手续多等特点，为尽快抢夺 LNG 终端客户，江苏石油分公司先期采用 LNG 移动加液车、撬装站开发公交、客运、物流企业的 LNG 客户。

截至 2012 年底，投资撬装设备 5 套，分别布置在淮安 2 套、扬州 1 套、南京 2 套，其中淮安洪泽客运站、江苏油田运输处 12 月份已建成，具备投营条件。

截至 2012 年底，江苏石油分公司洽谈 LNG 大客户 53 家，签订合同 19 家，实现加气 14 家，其中苏州 4 家，扬州 3 家、镇江 2 家、淮安 2 家；常州、江阴、盐城各 1 家，实现 LNG 销量 1907 吨。

三、江苏石油分公司与燃气企业合作情况

江苏石油分公司 LNG 经营起步较早，燃气经营各项手续办理复杂。公司要求存在政府授权燃气专营权障碍而导致审批手续无法办理的市县公司，加快推进与被授权燃气企业的联营合作。2012 年，南京分公司与南京港华燃气签订合作意向书，进入 LNG 经营。

2012年9月，全省首座LNG加气站—淮安洪泽客运站投入运营

第三节 天然气业务管理

一、天然气业务管理职责分工

2012年7月，为开拓天然气业务，江苏石油分公司下发《关于明确天然气业务经营管理职责的通知》，明确各部门的工作职责。

1. 省公司有关部门职责

经营管理处：主要负责全系统天然气资源的采购、调度与结算；提出移动加液、撬装设备的需求建议；天然气市场调研、分析、汇总与反馈；分解年度计划，指导和督促分公司做好LNG市场开发工作；对分公司天然气经营提出考核建议；牵头做好与省内燃气经营单位的合资谈判。

零售中心：主要负责制定加气站各项经营政策和规定，检查、督促分公司落实地方政府关于加气站运营工作的要求；提出加气站运营年度计划和月度计划的分解建议；协同营销人员制定和执行年度营销计划；组织调查竞争对手加气站的价格和营销信息，提出加气站运营管理建议；组织加气业务骨干、师资等培训；协助分公司解决加气站经营问题。

发展规划处：负责加气站网络规划，提出固定、撬装加气设备的选型要求，建设项目立项、设计、开工审批，施工过程监督；负责设计、监理、施工队伍管理；指导分公司办理报建到竣工所需的相关手续和开业必备证照。

财务资产处：主要负责编制、分解、监控、分析天然气财务预算，分析通报预算执行情况；负责天然气进货、销售、库存、调拨资金收付和费用支出核算及发票管理；监督商品损溢处理；管理天然气资产运营和折旧。

安全设备处：主要负责加气业务的HSE管理、加气站设备管理和加气站建设工程项目验收管理，牵头负责加气站设备设施维修管理。

数质量科技处：负责制定天然气计质量管理制度，并监督制度执行情况；组织开展有关计量检定（校准）工作；检查天然气加气站进、销、存计量数据管理，负责天然气损溢的审核；负责天然气计量仪器设备的选型；负责加气站计量人员的培训（含外培）、考核与发证管理。

人力资源处：负责天然气业务绩效考核；负责配备天然气业务工作人员；会同相关业务部门制定天然气业务培训方案，组织实施重点培训。

信息管理处：负责制定加气站信息系统建设规范；组织开展加气站卡机联动改造；配合业务部门制定天然气业务流程，组织进行系统开发。

经理办公室：负责协助做好相关政府部门的沟通、协调工作；做好天然气业务的宣传工作；做好天然气相关工作的督办与服务。

企业管理处/法律事务处：负责牵头制定天然气经营管理职责分工、完善《部门（岗位）工作手册》；指导各分公司审核LNG合作与购销协议；督促各分公司办理天然气经营增项和经营证照年审（年检）。

客户服务中心：负责培训客服人员，向客户提供天然气业务相关咨询和营销政策宣传。

物资装备管理处：负责天然气相关设施设备及耗材的采购等。

物流中心：负责天然气仓储管理与物流运输管理；制定并督促落实天然气仓储与物流相关制度。

2. 分公司职责

分公司主要负责天然气业务开发，分析目标客户需求及做好客户业务合作的洽谈；做好LNG加气站选址、网络规划、报建等相关手续，办理开业所需证照及其定期审检；

协调、处理加气站运营过程问题；组织加气站人员从业资质培训。

3. 天然气业务处职责

2012 年 12 月，为推动天然气业务发展，落实专业化、规范化管理，省公司成立天然气业务处，主要职责为：负责天然气业务市场调研、销售管理（销售组织、销售计划、销售过程控制）和市场开发管理；提出天然气站、储气库发展规划意见，指导分公司天然气站项目的相关论证，提出加气设备的选型与需求意见；负责天然气的资源采购、调运配送；负责制订天然气经营管理相关规章制度和流程，负责对分公司天然气经营管理工作提出考核意见；牵头与省内天然气经营单位、大客户的合资合作谈判；提出天然气技术骨干培训意见并会相关部门组织实施。省公司天然气业务推进工作组的职责由天然气业务处承担，经营管理处不再履行天然气经营管理具体职能。省公司其他部门和分公司天然气相关职责仍按照《关于明确天然气业务经营管理职责的通知》要求执行。

员工给公交车提供加气服务

二、队伍建设与技能培训

2011 年 9 月，江苏石油分公司成立天然气业务推进工作领导小组，总经理担任组长，分管经营的副总经理担任副组长，经营管理处、零售管理处、发展规划处、安全设备处、数质量科技处等部门负责人组成领导小组成员，各个分公司也相继成立天然气推进小组。

1. 分层次组织天然气业务知识的培训

2011 年 11 月，江苏石油分公司在常州大学专门组织分公司分管经理、基建科长、经管科长的培训，重点讲解天然气知识、《液化天然气（LNG）汽车加气站技术规范》（NB/T1001—2011）；2012 年组织 14 个分公司的加气站站长和员工进行培训，详细讲解 LNG/L-CNG 加气站的原理、流程、设备、规范和数质量管理监督与考评等多项内容。此外，还印制《LNG 培训手册》和《LNG 知识三折页》供公司内部经营管理人员及客户使用。

2. 建立天然气绩效考评体系

2012 年起，在明确年度天然气经营目标的基础上，逐步建立天然气经营的考评体系，先后下发《2012 年天然气考核办法》、《2012 年天然气业务"比学赶帮超"考评细则》、《2012 年网络发展与加油加气站改造工作考核办法》等，同时加大月度分公司天然气业绩考核权重，调动分公司天然气经营积极性。

三、天然气数质量管理

1. 管理体系

江苏石油分公司明确数质量科技处负责天然气的数质量管理。2012 年 5 月开始，组织相关部门人员分别到苏州、南京、扬州、江阴、镇江等分公司进行调研，并根据《油品销售企业压缩天然气加气站计量管理办法》要求，制定下发《江苏石油分公司天然气加气站计量管理办法（试行）》。

2. 持证上岗

天然气加气站站长、充装工、电工等各岗位人员不但要经过分公司培训、考核合格，还要经过政府职能部门的专业技能培训、考试、实操检定，取得合格证书后方能上岗。截至 2012 年底，全省所有加气站员工均持证上岗。

第七章 润滑油业务

润滑油业务是成品油经营业务的重要组成部分，江苏石油分公司从2001年起，对润滑油经营业务实行采用统进分销的经营模式，大力拓展润滑油市场，到2005年经营规模突破25万吨。2007年6月起，润滑油经营重点转变为长城包装油销售，江苏石油分公司进一步整润滑油客户经理队伍，强化技术营销，推进长城包装油替代战略，大力拓展终端市场。2012年8月1日起，根据中国石化销售公司润滑油销售业务整合方案，成立中国石化润滑油江苏销售分公司，江苏石油分公司润滑油经营管理职能调整到润滑油分公司，江苏分公司保留加油站长城润滑油中小包装商品零售业务。

第一节 润滑油经营管理体制沿革

2001年起，江苏石油分公司润滑油经营采用统进分销的经营模式，确定润滑油分公司为润滑油经营归口管理部门，负责全系统润滑油进货和经营管理，分公司润滑油经营部和省公司本部负责销售长城及其他品牌润滑油。

2001年9月，省公司制定《南京销售部经营管理体制调整操作方案》，按照“同城重组”的模式调整南京销售部管理体制，润滑油分公司直接负责南京销售部业务经营及主要领导的考核；南京分公司主要负责南京销售部一般人员工资待遇、奖金发放、往来账及有关库存账的管理。

2004年3月，中国石化集团公司确定除OEM、区外及直供用户外的销售渠道均交由销售公司统一管理。

2007年6月，中国石化销售公司下发《关于调整润滑油考核方案的通知》，将长城包装油购进计划完成率以及长城包装油的终端销售量作为主要考核指标，降低经营总量和利润的考核权重。7月，江苏石油分公司下发《关于调整对润滑油经营部经营考核指标的通知》，明确以长城包装油和终端销售量为主进行考核。

2008年11月，江苏石油分公司制定《整顿润滑油经营管理体制实施方案》，将润滑油经营模式调整为“统进分销、分级管理”。

2012年8月1日起，根据《润滑油销售业务整合方案》和《关于润滑油业务重组的指导意见》的要求，成立中国石化润滑油江苏销售分公司，各分公司设立润滑油销售经营部。江苏石油分公司润滑油经营管理职能调整到润滑油分公司，取消润滑油中心和分公司润滑油经营部机构设置，326人划转到润滑油分公司。润滑油销售业务重组整合后，江苏石油分公司保留加油站长城润滑油中、小包装商品零售业务，并作为便利店一个品类进行管理，加油站润滑油的日常经营监管由零售部门负责。

第二节 润滑油业务经营

一、润滑油经营网点和设施

2001年10月，江苏石油分公司制定《加油站润滑油连锁网点建设实施办法》，确定在全省将系统内加油站、水上销售点、农村零售点、润滑油门市部和换油中心以及特约经销网点作为销售点，并推进包括店标（门头或灯箱）、证书、展示柜、宣传品等内容的连锁网点建设。至2011年末，全系统有73个润滑油门市部，对661个连锁网点进行贯标，配置了663个展示柜，省公司为分公司配置润滑油配送车49辆、叉车11辆。

二、加油站润滑油经营

2001年10月，江苏石油分公司制定《加油站润滑油经营管理办法》，规定加油站销售润滑油的经营管理责任和业务操作流程，确定润滑油公司对零售公司采取经销结算或代销结算的模式。

2002年8月，江苏石油分公司制定《加油站销售润滑油挂钩费用运作办法》，制定加油站销售润滑油的奖励标准，散油0.15—0.25元／千克，4升包装油1.5—2元／听，其他包装油折算成4升包装。

2004年4月，中国石化销售公司下发《销售企业加油站润滑油经营管理办法》，确定“统一组织、分工协作、分级管理、连锁经营”的加油站润滑油经营管理原则，加油站只能销售长城牌润滑油。

2007年12月，中国石化销售公司下发《加油站润滑油商品最低库存及陈列摆放指导意见》，规定高速公路站、城区站、国省道站、乡镇站和水上站等五种类型加油站的摆放品种及最低库存，以及货架数量、油品数量等陈列摆放基本原则。

三、经销商管理

2005年6月，中国石化销售公司下发《润滑油经销商管理指导意见》，规定对润滑油经销商实行分级管理。

2008年9月，中国石化销售公司下发《销售企业长城润滑油经销商管理指导意见》，将经销商分为一级经销商、二级经销商和直供代理商，明确了各方职责、经销渠道划分、经销商标准、管理流程和考评等细则。

四、价格管理

2006年3月，中国石化销售公司下发《关于实行长城润滑油统一零售价格的通知》，规定销售企业和社会经销商的加油站、换油中心、零售门店、汽配店等零售环节实行统一的零售价格；中国石化销售公司下发《关于当前润滑油经营工作的几点要求》，规定最低批发限价在出厂价基础上从原先加价0.3%改为至少加价8%。

2008年2月，江苏石油分公司制定《润滑油销售价格管理办法》，将销售价格分为一级分销价、二级分销价、直销价和零售价四种类型，以及挂牌价和最低限价。

2011年4月，江苏石油分公司下发《关于进一步加强润滑油销售价格管理的通知》，对价格审批流程、报价、检查、标准等进行了详细规定。

五、经营成果

2001年，江苏石油分公司成为海牌、长城、飞天3个国内知名品牌油的江苏总经销商，当年销售海牌2.8万吨、长城包装油4400吨、飞天3000吨。2005年、2006年连续两年销售总量突破26万吨。2007年长城包装油销售

8.09 万吨，2011 年长城包装油销售 7.4 万吨。

2002—2011 年润滑油销售量见表 1—7—1，2004—2011 年长城包装油销量见表 1—7—2。

第三节 润滑油经营管理和制度建设

一、数质量管理

2009 年 2 月，中国石化销售公司下发《润滑油商品库存管理指导意见》，明确省公司润滑油、财务、物流、零售和非油品等 5 个条线和地市公司两级部门的各自职责，以及数质量、出入库、盘点、统计分析、储存规范等方面的实施细则和流程。

2011 年 6 月，江苏石油分公司制定《润滑油赠品管理办法》，对润滑油赠品的收、发、存、核查等方面的内容制定了具体的流程和规定。

二、规范经营纪律

2008 年 5 月，中国石化销售公司下发《关于部分销售企业与四川力通化工有限公司发生润滑油应收账款情况的通报》和《关于进一步规范润滑油经营严肃经营纪律的通知》。

2009 年 4 月，中国石化销售公司下发《关于严肃润滑油经营纪律，规范经营秩序的通知》，规定在当期进货成本价的基础上，上浮 2% 作为批发最低限价，并在 ERP 中锁价，防止直供代理商的特价销售流入市场。

2010 年 12 月，江苏石油分公司下发《关于处置江心洲水上库存润滑油实物损失问题的批复》和《关于处理润滑油已提未售油品的批复》，南京、徐州分公司将前期已提未售的 302 吨和 135 吨开票后按清欠流程处理。

三、制度建设

2010 年 3 月，江苏石油分公司制定《润滑油销货运杂费管理暂行办法》，规定省公司润滑油中心和财务资产处负责管理运杂费预算审核和检查监督；分公司润滑油经营部是运杂费管理直接责任部门，财务部进行审核并按实支付。

2010 年 11 月，江苏石油分公司制定《润滑油业务操作规范》，对职责分工、进销调存、考核制度、投诉处理、设施发展等方面进行了规定。

2011 年 9 月，江苏石油分公司制定《润滑油经营管理督查办法》，建立了润滑油经营管理督查体系，内容包括明确各级职责分工，确定了督查范围、方式、内容和流程。

2011 年 12 月，江苏石油分公司制定《润滑油门店服务规范》，内容包括仪容、服务态度、用语和行为规范，以及门店主任、营业员、保管员和配送员的岗位工作职责。

表1—7—1 2002—2011年润滑油销售量 吨

单位＼年份	2002	2003	2004	2005	2006	2007	2008	2009	2010	2011
南京	15807	23414	30271	38049	42345	29203	11931	12975	11771	8287
无锡	10471	15194	23397	30700	31006	24645	9218	9944	11532	10878
徐州	6318	11005	13360	20288	17198	13215	8817	6150	8016	7460
常州	5672	10120	13050	16740	20310	19712	9491	11496	16353	14979
苏州	15380	25504	35357	43380	43354	36997	17381	16032	22507	19531
南通	5762	7621	10513	12130	14613	14578	8193	9954	9707	9947
连云港	3653	4241	5524	6973	8009	5967	3252	2737	3643	3627
淮安	3654	4883	6363	7668	7630	6064	2921	3364	3554	3243
宿迁	1737	2356	3312	4170	4133	2789	2538	3400	2840	2830
盐城	3847	5115	7197	10113	9161	8832	3287	3714	3622	3144
扬州	3926	5467	7221	9239	11169	9947	5893	6286	7064	6280
泰州	5354	7170	9866	11991	13519	12256	6550	6273	6807	6164
镇江	9788	5158	6650	9377	8650	9096	4042	4632	6318	5147
江阴	1337	2913	4140	3285	3800	3340	3398	4166	4850	5354
分公司小计	92706	130160	176220	224104	234897	196641	96913	101123	118584	106871
本部	48861	44051	60778	44641	28411	22969	4097	5668	16716	31779
合计	141567	174212	236998	268746	263308	219610	101010	106790	135300	138650

表1—7—2　　2004—2011年长城包装润滑油销售量　　吨

单位＼年份	2004	2005	2006	2007	2008	2009	2010	2011
南京	7919	8943	12821	11931	7921	8506	7363	6729
无锡	2885	3856	7146	8692	7759	8374	8719	7631
徐州	3568	4644	6679	6849	6514	5613	5497	5174
常州	4378	5276	6720	9013	7198	7807	9091	8586
苏州	9153	9264	9498	12019	9572	10384	13936	11449
南通	2811	2749	3822	4790	4817	5577	4488	4526
连云港	1670	1624	2827	2929	2748	2686	2929	3157
淮安	1307	1305	2091	2435	1943	2414	2709	2726
宿迁	1366	1241	1498	1860	1578	2900	2335	2104
盐城	1124	1626	2136	2530	2344	2682	2890	2992
扬州	2611	3204	4326	5461	4800	5278	5612	4897
泰州	2393	2957	4555	5262	4626	4699	5189	4746
镇江	2284	2514	2841	4301	3170	4204	4461	4075
江阴	2638	1579	2252	2646	2928	3848	4340	4118
分公司小计	46108	50783	69213	80719	67918	74971	79561	72910
本部	6455	5436	1701	222	287	292	74	1189
合计	52563	56220	70914	80941	68205	75263	79635	74099

第八章 燃料油业务

从1998年起，江苏石油分公司开展燃料油经营业务，由逐步做大规模转变到做实销售，燃料油销量由2001年的38万吨增长到2010年的101万吨。2010年6月，中国石化股份公司调整燃料油经营管理体制，组建中国石化燃料油销售有限公司江苏分公司（简称燃料油江苏分公司），江苏石油分公司的燃料油业务整体划转至燃料油江苏分公司。

2010年6月30日，按照中国石化股份公司《关于调整燃料油经营管理体制的通知》和中国石化销售公司《关于做好燃料油经营管理体制调整实施有关事项的通知》的相关要求，组建中国石化燃料油销售有限公司江苏分公司，江苏石油分公司42名员工和滨江油库资产划转至燃料油江苏分公司，2010年10月20日，江阴滨江油库人员劳资关系划转至燃料油江苏分公司。

第一节 燃料油经营管理体制沿革

2001年，中国石化江苏石油有限责任公司（省存续公司）进行体制整合，将经贸开发公司改建为燃料油分公司，将燃料油纳入主要经营品种，实施专业化经营。

2003年3月，按照中国石化销售公司《关于销售企业开展燃料油经营管理工作有关问题的通知》的要求，燃料油业务整体由中国石化江苏石油有限责任公司（省存续公司）划入中国石化江苏石油分公司（省股份公司）管理。

2006年4月1日，江苏石油分公司设立燃料油中心，将燃料油经营由两级管理模式调整为一级管理模式。燃料油中心先后上收南京、镇江、江阴和苏州4个经营部，并设立扬州和常州2个经营点。

第二节 燃料油经营

一、经营策略

2001年，江苏石油分公司与张家港玻璃厂组建了工贸结合的联营公司—张家港保税区苏润贸易有限公司，在继续利用进口配额操作燃料油进口业务的基础上，燃料油经营重点向实盘销售和市场拓展转变。开拓中国石化系统内外的资源采购渠道，燃料油的经营逐渐得到发展，年终端销售量8万吨。

2003年3月，燃料油业务整体划转江苏石油分公司，确立了做大规模、发展终端销售、迅速提高市场占有率的经营思路。资源采购上实行统进分销，油品销售采用两级管理的模式，条块结合共同对区域市场进行开发销售，中国石化燃料油品牌的市场影响力逐步扩大。先后与中国石化清江石化、泰州石化、常州长润、等燃料油加工企业开展燃料油原料供应业务；同时又与江苏燃料、上海燃料等大型燃料油销售企业建立了良好的业务合作关系，在进货和销售上采取联动的模式，为集中力量进行终端市场的开拓提供了保证。

2004年1月1日起，国家取消了燃料油进出口配额，实行进口自动许可管理，合作进口量锐减，为保证经营总量，燃料油分公司加强了外进外销业务。

2005年，江苏石油分公司确立了燃料油中心以终端市场开发销售为重点的经营思路，实施“差别化营销”策略，与客户进行一对一的个性化营销，年终端销量增长至35万吨。

在2006年连云港石油分公司试销售DMC的基础上，2008年四季度开始，江苏石油分公司在长江和运河部分水上加油站增加DMC经营。

2009年，受世界金融危机影响，陆上燃料油需求萎缩，江苏石油分公司将燃料油中心销售重点调整为水上船用油市场。

二、经营设施

2001年，南京栖霞油库选择2个2000立方米油罐作为燃料油储罐；2002年，江阴长山油库选择2个5000立方米油罐作为燃料油储罐；2003年，南京栖霞油库新建2个3000立方米燃料油储罐，江阴长山油库燃料油罐增加至6个5000立方米油罐。

三、经营成果

2001年，燃料油销量38万吨，其中终端销量4.8万吨。

2002年，燃料油销量45万吨，其中终端销量5.8万吨。

2003年，燃料油销量37万吨，其中终端销量5.9万吨。

2004年，燃料油销量27万吨，其中终端销量14.9万吨。

2005年，燃料油销量35万吨，其中终端销量25.5万吨。

2006年，燃料油销量36万吨，其中终端销量35.2万吨。

2007年，燃料油销量44万吨，其中终端销量40.1万吨。

2008年，燃料油销量70.6万吨，其中终端销量10.1万吨。

2009年，燃料油销量70.8万吨，其中终端销量5.9万吨。

2010年，燃料油销量101.3万吨，其中终端销量13.8万吨。

第三节 燃料油管理

为规范燃料油业务的经营管理，江苏石油分公司于2004年制定《燃料油经营管理暂行办法》、《燃料油仓储调度管理办法(试行)》，2009年制定《燃料油经营管理办法》、《燃料油物流配送实施细则》。

第九章 客户服务

江苏石油分公司客户服务业务随着2004年以来加油IC卡业务的发展不断完善，初期设立的目的主要是服务于加油IC卡客户。2011年12月28日，江苏石油分公司组建中国石化销售系统第一家独立的省级客户服务中心，职能定位为：以通信平台为载体、以沟通客户为核心、以提升品牌为目标、以提供改进建议为手段，面向全体客户提供综合服务。

第一节 客户服务管理体制沿革

2004年8月，江苏石油分公司IC卡工程竣工并开始加油卡销售业务，利用电话8008289166作为客服热线，为零售客户提供咨询、对账和投诉受理等服务。

2005年3月9日，中国石化销售公司下发《关于成立中国石化加油卡客服中心的通知》，正式成立中国石化加油卡客户服务中心，体制构架分为三级：中国石化总部加油卡客户服务中心、省级加油卡客户服务中心和地市加油卡客户服务部。其中省级客服中心设在省级公司零售中心内。

2005年8月，中国石化销售公司将“加油卡客服中心”更名为“加油卡及客户投诉受理服务中心”，进一步明确和界定了“客服中心”的工作定位，并开始利用客服热线（95105988、95105888）向全体零售客户提供信息咨询、业务办理及投诉受理等服务。

2006年12月22日，中国石化销售公司下发《关于在加油站全面推出投诉电话及建立投诉汇总上报制度的通知》，要求全国统一客服电话（95105988、95105888）。12月28日，江苏石油分公司全面完成客服电话清理工作，取消省公司加油站客服电话8008289166和分设于各市、县公司的油站客服电话共26个。

2011年12月27日，江苏石油分公司下发《关于设立江苏石油分公司客户服务中心的通知》，组建中国石化销售系统第一家独立的省级客户服务中心，建立了一个面向全体客户的统一客户服务平台。省公司零售中心原“加油卡客服中心”的职能及人员成建制划转到客服中心。

第二节 客服渠道建设与业务发展

一、客服渠道建设

1. 电话

2004年，设3名电话座席员，受理电话5716个，对客服电话的结构和特点、接听和处理的程序有了初步认识。

2005年，设6名客服人员，安装客服座

席系统和客服管理系统，共受理电话17688个。

2006年，设6名客服人员，共受理电话5.2万个，客服电话接通率93%。

2007年，全年受理电话量9.8万个，环比上升87.8%。

2008年，14个分公司零售管理部均设立客服管理岗，受理客户电话18.8万个，环比上升91.8%，电话接通率保持稳定。

2009年，客服人员增加到9名，全年受理电话28.1万个，环比上升49.5%，平均电话接通率85%。

2010年，在编客服员工14名，实现"内呼与外呼"、"一般电话业务和专项电话服务"的两个分离。5月1日起，客服中心正式开通24小时电话服务，人工座席电话值班实行客服班长带班、座席员倒班制。全年受理电话42.3万个，环比上升50.5%。

2011年，为适应加油卡自助充值平台发展需要，进行客服系统扩容，热线由8通扩容至16通，员工在编16名，增设2名客服人员专职开展电话自助充值平台咨询服务。全年电话量44.3万个。

2012年，通过5次公开招聘增加客服座席8人，员工在编22名，在现有电话客服基础上，通过优化呼叫系统电话语音菜单，实现一般客户和大客户业务分设，为VIP客户提供专键优先服务，开通零售、非油品、直分销分业务环节电话咨询服务。全年电话量56.2万个。

客服中心座席员现场接听客户电话

2. 企业QQ

2012年3月1日，江苏石油分公司企业QQ（800000608）客服正式上线，每位座席员分配专门号码，并规范服务用语、客户资料建立及分类管理。全年共通过QQ为客户提供咨询、查询、预分配、挂失等业务21276笔，占年度电话总量的3.8%，在分流和缓解热线压力上起到较积极的作用。

3. 客服网站

2012年4月28日，江苏石油客服网站（www.jssy.cn）正式发布上线，形成统一对外、支持全业务的客户服务平台。实现向所有用户开放注册功能，提供企业、产品、营销活动介绍；向加油卡用户开放预分配、账单查询、下载及订阅服务功能，并通过链接加油卡自助充值网址和QQ客服，为客户提供更便捷、更多元的服务。当年客户访问量达到32.9万人次，预分配业务替代率超过50%，有效缓解了人工电话压力。

二、客户投诉处理

2005年，共受理客户投诉及反映问题495个。

2006年，建立加油站新闻危机管理体系，明确客户有效投诉的界定标准，共受理客户有效投诉98个。

2007年，共处理客户有效投诉93个。

2008年，共处理客户有效投诉88个。

2009年，共处理客户有效投诉68个，在《江苏石油》杂志开辟《客户服务投诉案例》专栏，并通过《月度客服工作通报》，每月选取客户投诉典型案例进行分析。

2010年5月起，95105988、95105888作

为加油站员工热线电话，受理内部员工举报电话。全年共处理客户有效投诉98起，调查受理员工举报47起。

2011年，建立加油站客户投诉突发事件应急处置预案，逐级明确油品数量、质量、便利店商品等客户投诉突发及重大事件的处置原则、工作职责及处置程序，并将客服中心投诉受理从加油站零售条线拓展到其他业务环节。全年共处理客户有效投诉86起，调查受理员工举报41起。

2012年，建立OA系统客户咨询投诉自动化流转模块，通过OA系统管理和记录投诉处理过程，形成痕迹管理和追溯记录。抓住投诉受理、核实、处理、回访等关键点，实现投诉处理及时、投诉客户满意、服务改进全程监管。全年共处理客户有效投诉112起，调查受理员工举报16起。

三、客户维护

2005年，在日常电话业务的基础上，客服中心人员开始参与零售业务监控和客户维护工作，主要包括加油站日常数据上传监控，以及“油中感谢”、十运会组合营销等活动的宣传、跟踪和客户答疑等。

2006年，重点抓好省公司营销中奖客户、分公司前50名加油卡充值和消费大客户回访；实施客户关怀服务，建立分级客户档案，为客户量身定制不同的增值服务项目；加大客服热线的宣传推介力度，开展热线送祝福等活动。

2007年，按月开展加油卡钻级、银级客户积分兑奖提醒，对运维集成商服务情况进行抽查，开展加油卡对账单邮寄、长江水上和出租车客户需求调研等服务。四季度成品油资源紧张，客户电话突增，客服中心增开客服座席和晚间值班，全力做好客户资源问题的解释协调工作。

2008年，对2006—2007年度投诉客户进行回访，了解客户需求和建议；围绕抗雪灾、“三夏”保供等工作，启动应急预案，增加客服排班；动态掌握全省重点保供站点，做好客户加油引导。

2009年，增设专职客服回访员，增强服务主动性，做好客服电话回访维护工作，提升客服人员电话服务的标准化、规范化、主动性和应变能力。

2010年，利用客户电话和加油站视频监控平台，建立以“加油站服务问卷调查、售卡网点服务质量测评、零售工作推进电话调查、加油站视频监控”为主要内容的客服中心服务评价体系，按月通报分公司服务评价结果，持续跟踪问题整改情况。

2011年，按照“优质客户、优先服务”的原则，优化调整客服席位，设置积分及大客户预分配专席，开展积分查询、电子账单、消费传真、兑奖提醒及额度预分配等优先服务，实现加油站服务多维测评、服务问题深度分析。

2012年，将大客户回访、加油站服务评价和直分销客户满意度调查等工作相结合，制定客户满意度考评细则，与月度、季度、年度电话调查相结合，建立健全了客户满意度评价指标体系。

第三节 管理制度建设

2004年，制定《客服电话接听处理工作流程》和《客服电话接听工作记录表》，建立客服周报和定期总结制度。

2005年，制定《江苏石油客服管理规范》、《江苏客诉处理流程》、《加油站服务投诉责任追究制度》和《江苏客服中心考核办法》，建立《跨省投诉台账》和《客户回访记录表》。

2006 年，制定《江苏加油卡疑难问题处理反馈机制》和《加油卡及客户服务投诉责任追究制度》。

2007 年，建立客户投诉“周汇总上报、月度分析通报、季度挂钩考核”制度，按周编制上报《江苏客服投诉周报》，按月做好全省客诉情况统计与分析。

2010 年，制定《加油站内部员工举报管理办法》和《加油站员工热线管理办法》。

2012 年，建立完善客服中心《岗位工作手册》，修订《江苏石油分公司客户咨询投诉管理办法》、制定《江苏石油分公司客服呼叫中心管理规范》、《江苏石油分公司客户服务问题闭环管理实施方案》和《江苏石油分公司客服中心服务质量监管办法》。

第四节 客户服务队伍建设

2005 年，全面倡导并树立“勤奋、进取、提高、创新”的江苏客服精神。制定《客服中心考核办法》，按周下发《加油卡及客服例会纪要》和《客服周工作计划》，将各项工作任务、期限和责任落实到人。10 月在扬州组织全系统零售管理部客服经理（副经理）及客服管理岗专业培训。

2006 年三季度组织全系统客服人员岗位练兵竞赛活动活动。通过《客服绩效考核办法》和《客服周工作检查督办制度》，建立“客服座席——客服领班——客服管理员”的晋升通道。

2007 年，抓“电话接通率、座席工作状态、系统运行情况、日均电话量、月度投诉量”五项重点指标的监控与分析，并由客服主管、客服班长按日根据电话座席员五项指标实际进行打分。

2008 年，举办全系统 22 名客服人员业务培训班，客服中心人员赴 14 家分公司及合资公司，对片区经理、站长、客服人员进行品牌营销、“油中感谢”、客户服务等培训，培训一线员工 648 人。

2009 年，组织客服人员深入油站一线，充当神秘访客，以客户的身份对员工的加油服务规范操作、油站环境、厕所卫生等进行暗访调查，并依据《加油站现场检查激励表》，对服务好的员工进行现场检查激励。

2011 年，调整优化客服月度绩效考核办法，开展客服人员“星级评定”，营造创先争优氛围，并建立与工作量、工作绩效、工作年限相匹配的客服人员薪酬机制。

2012 年，制定新聘员工现场实习制度及《江苏石油分公司客服中心员工绩效考核办法》，开展服务明星评比和团体争先奖励，拉开绩效挂钩差距，鼓励全体客服座席提高业务水平和服务质量，打造客服品牌。

2012年10月，客服中心组织开展客服中心户外拓展培训

第二篇
储运销网络建设

储运销网络是成品油销售企业的“生命工程”。江苏石油分公司始终坚持发展是第一要务，坚持科学发展观，内涵提升和外延发展并重，全力构建集加油站、加气站、非油品便利店、油库、管道于一体的“大网络”，为提升企业核心竞争力，实现可持续发展奠定物质基础。截至2012年底，共拥有在营加油站2192座，加气站61座，非油品便利店1970个，在营油库30 个，管道500余千米。

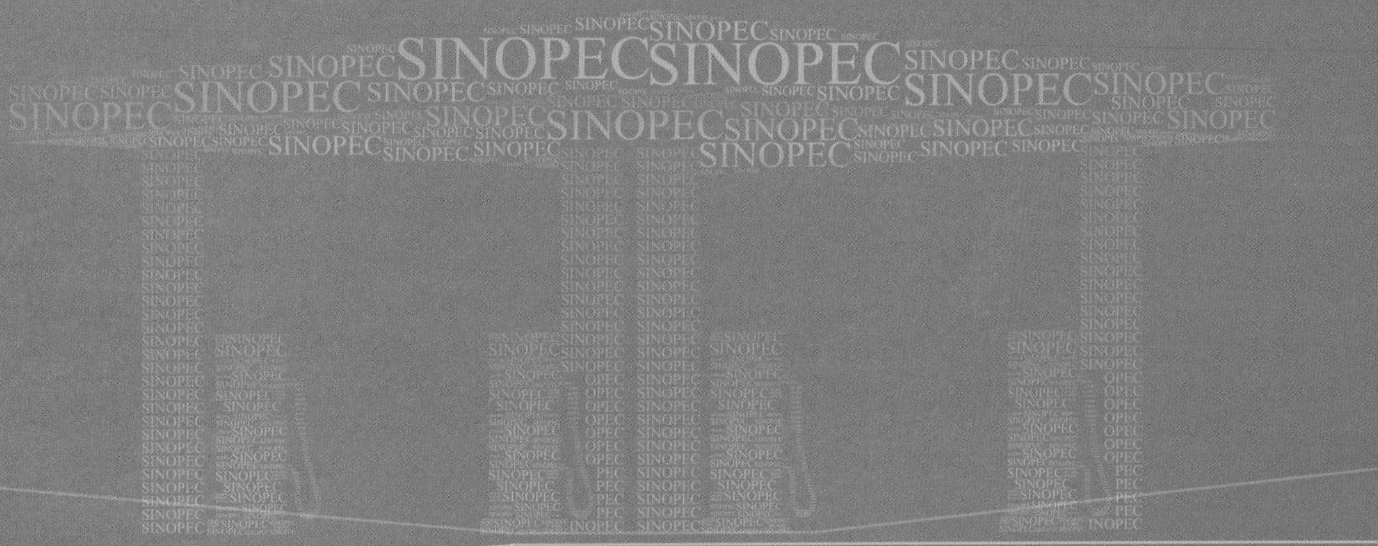

第一章 加油站建设

2000年底，江苏石油分公司在营加油站969座，站均销量1950吨。2001年以后，随着中国加入WTO，面对国内经济国际化接轨后的成品油市场竞争形势，根据中国石化总部“加快销售网络建设，提升企业核心竞争能力”的战略要求，江苏石油分公司把网络发展作为企业工作的重中之重，按照“全力新建、大力收购、酌情联营、理智租赁”的发展思路，落实“守土有责”的责任，按照“扩张、优化、攻坚”三步走的策略，加快加油站网络发展和优化，加油站网络整体布局、质量、结构实现了全面提升。截至2012年底，江苏石油分公司在营加油站2192座，站均销量4667吨。

第一节 “十五”期间（2001—2005年）

按照加入WTO承诺，“十五”期间是中国成品油市场全面开放的关键时期，处于经济发达地区的江苏成品油销售网络成为众目关注的焦点，市场控制权竞争直接而复杂。一是社会存量网点成为争夺热点，业主普遍持等待观望态度，待价而沽，收编成本急剧上升，国内主要竞争对手都在加大竞争力度。二是为遏制前期社会上的加油站无序滥建之风，政府开始实行加油站保有总量控制，获得布点规划和土地指标难度加大。三是城市及道路建设和改造成为引领经济发展的热点，原有加油站屡被规划拆除，竞争抗衡能力不断下降。

2001年2月，中国石化销售公司在青岛召开网络建设工作会议，总结2000年大规模、超常规发展网络的经验和效果，分析了加入WTO以后的竞争态势，提出了加大社会存量加油站收编力度，尽快实现网络覆盖和市场控制的加油站发展总体思路。

根据集团公司发展思路和战略部署，江苏石油分公司把外延扩张作为网络发展重要策略，努力在短期内快速形成网络覆盖，实现对加油站资源的绝对控制。

一是拼抢重点部位。重点发展城区和高速公路等战略制高点。加强城区已有社会站的资产收购，抢先新区布点建设；全力争取对高速公路沿线站的控制，跟踪建设进度，提前介入合作，千方百计取得经营权；关注和开展在高等级公路出入口布点，锁定零售市场。

二是优化干道网络。组织对10条国道619座加油站、55条省道888座加油站的发展前景和控制能力评估，根据高速公路分流效应，采取严谨控制发展，通过补建、迁建、改造、关闭等整合优化措施，重点培育建设具有多种服务功能的大型骨干加油站。

三是开辟水上市场。依托长江、京杭大

运河和东海海岸线，借助长江江苏段航行规则调整契机，建造水上加油基地。

四是延伸网络覆盖。全面推进农村加油点建设，在落实中央企业“三农”服务社会责任的同时，实现成品油销售网络的延伸覆盖。

“十五”期间，江苏石油分公司全系统发展新增加油站1010座，其中收购、租赁社会加油站709座，占70.2%；新建迁建238座，占23.6%；系统内资产划转63座，占6.2%。发展新增农村加油点185个、水上加油点89个，其中租赁、收购社会网点170个，占62%；新建104个，占38%。

到2005年末，江苏石油分公司加油站保有数由期初的1198座增加到2369座，控制数量的此涨彼消，有效地改变了市场竞争态势。

一、高速公路及县级以上城区

1996年9月，江苏第一条高速宁沪高速公路建成通车后，全省的高速公路建设全面提速。围绕高速公路这一新兴零售市场和成品油需求增长点，江苏石油分公司加大了全方位竞争和协调力度，组织开展战略性和前瞻性发展。2001年9月，江苏石油分公司成立了由零售、财务、经营、人事、法律等多部门负责人组成的高速公路网络发展工作领导小组，负责高速公路加油站的沟通谈判和决策推进工作，并取得有效突破：一是实现了省公司与全省高速公路投资主体方—江苏交通控股有限公司的合作。经中国石化集团公司批准，与江苏交通控股有限公司、中石油江苏销售有限公司共同成立江苏科茵格油品供应有限公司（后改名江苏高速石油有限公司），租赁经营江苏交通控股有限公司投资的所有高速公路服务区加油站，中国石化对江苏主要高速路网加油站经营权获得了稳定控制。二是实现了省零售公司与江苏高速公路建设指挥中心的合作。获得宁启、宁靖盐、淮连、宁高、宁马等高速公路加油站经营权。三是实现了分公司与地方高速投资方及高速公路加油站所有者的合作。南京、扬州、苏州等分公司，分别获得南京及苏州绕城、宁合、宁淮、宁启等地方高速加油站经营权。“十五”期间，江苏石油分公司发展高速公路加油站85座，实际控制数由期初的25座增加到110座。

县级以上城区加油站也是争夺目标。江苏石油分公司把城区网络控制力上升到事关企业可持续发展的高度，通过收购、租赁、新建等方式，不断强化发展力度。“十五”期间，新增城区加油站380座，实际保有数由期初的396座上升到776座。

二、水上市场

江苏省水系发达，贯穿8个地区的433千米长江、途经7个地区的600余千米京杭大运河，沿途接纳了太湖、高邮湖、白马湖、洪泽湖、骆马湖水系和淮河等数十条内河，组成了“金十字”黄金水道，加上1000余千米的海岸航道，形成了江苏省通江达海的航运条件，高速的经济增长和发达的水运业务催生出巨大成品油市场。

2001年前，江苏石油分公司零售网点建设侧重于陆路的抢滩布点，对长江等水上网络发展仅进行了一些探索性尝试，欠缺建设和经营经验。由于初期发展方法简单，站点规模有限，加上销售品种、价格和经营管理手段与社会单位及个体业主存在差异，致使江苏石油分公司在水上市场缺乏竞争力，尤其是对长江、京杭大运河、沿海港口等重要水系的控制和影响力有限。为改变水上控制现状，完善终端网络的全覆盖，江苏石油分公司在经过市场调查研究后，部署开展了水上加油站网点建设行动。

此间，在沿海主要渔港建设了启东大洋港、如东洋口港、赣榆韩口港和青口港、射阳颖川港、大丰斗龙港等骨干水上加油站，拓展了渔业用油市场；在京杭大运河沿线自主建成徐州铜山港、万寨港，新沂骆马湖，无锡新安、千步、白荡圩、吴桥，苏州胥口等水上站，初步实现了重点部位或水域的控制。

2004年，江苏石油分公司抓住江苏海事局打造长江水上“高速公路”计划和水上油品供应网点整治契机，积极沟通争取长江水上服务区加油站建设和进点权。2004年8月，开始打造21艘加油趸船（长80米、宽12米、深2.4米）；2005年1月，分别在南京、镇江、扬州、泰州、常州、江阴、南通沿江的16个服务区进点营运。此举实现了江苏石油分公司在长江水上市场控制上零的突破。

这一时期，除了自主规划建设一批重点水上加油站外，各地在水上市场开拓方面相应做了大量工作。常州、淮安、宿迁、南通等分公司积极开展库改站工作，利用现有或关停油库设施改建水上加油站；淮安、镇江、盐城等分公司利用富余油运驳船改造成加油趸船进行经营，既盘活了资产，又快速发展了水上网络；扬州、泰州分公司实施水上加油站点整体租赁经营的方式，遏制水上经营的无序竞争态势。

2001—2005年，江苏石油分公司全系统通过新建、收购、租赁方式，发展水上加油站点192座，在较短时间内取得了控制大户的地位。

三、农村市场

江苏的农村网点建设始于20世纪80年代，投资主体主要是当地农机和供销社系统。进入90年代，加油站建设之风盛行，投资主体更加多元。2000年末，全省1471个乡镇农村网点多为民营、个体经济所控制，这些站点普遍存在规模小、设备简易、建设不规范、安全隐患多、数质量无保证的问题。随着农业机械化程度的提高，农业用油的就近规范供应成为农民和当地政府的迫切需求。2002年，江苏石油分公司从履行国有企业社会责任的高度，以延伸完善终端销售网络为抓手，专门成立了农村网点发展工作小组，负责落实推进。

2002年8月，江苏石油分公司下发《关于加快拓展农村零售市场的指导意见》，改变依靠农村个体经营者代销、松散管理的做法，快速建设高效、牢固、规范的农村自有自营直销网点。同时，提出了“扫除盲点、发展重点、摸清情况、做好可研、整合网络、按县规划”的发展原则和“新建、租赁、收购”的发展方式，以及“选址临近镇区、使用规范土地、满足安全条件、符合设计标准”的建设要求。9月4日，江苏石油分公司在南京召开了农村网点建设工作会议，对发展要求、任务、进度及其操作事项进行了部署。9月12日，与各分公司对接发展项目计划，并下达建设任务。12月14日，全省农村网点建设现场会在盱眙召开，推动了建设工作铺开。

各分公司根据自身情况，采取全资新建、租赁土地新建、租赁部分土地及设施改造、收购地面资产租赁土地、整体租赁等多种发展方式，2002年新增农村加油点274座，在一定程度上弥补了农村网络的空白。

四、本系统网络内部划转

2000年前，中国石化的上海、浙江石油分公司，以及上海高桥石化公司、金陵石化公司、扬州石化总厂、徐州管道公司、清江炼油厂等生产企业均采取各种方式在江苏投资建设加油站，这些加油站分布于南京、无锡、徐州、常州、苏州、淮安、扬州等地区。2003年2月，针对系统内无序建设带来的无序竞争状况，江苏石油分公司向中国石化销售公司提交了《关于划转上海、浙江石油分公司在江苏省内加油站有关问题的请示》，得到中国石化总部的重视，并作出加油站实行属地化经营管理的决定。3月7日，中国石化销售公司在上海召开协调会议，形成《江、浙、沪两省一市跨省加油站划转工作协调会会议纪要》，明确：在中国石化重组改制到位前，部分省市跨地区发展加油站对中石化抢占零售市场起到一定的促进作用。但随着企业内部关系基本理顺，跨省加油站亦有逐步理顺和划归属地经营管理的必要。并对跨省市加油站划转原则交接方案进行了确定。2003—2005年，江苏石油分公司陆续接收中国石化销售企业划转加油站51座，接收中国石化生产企业划转加油站12座。此举有效地消除了企业内部的同业竞争状态，在江苏石油分公司的集中经营管理下，中石化企业的窗口形象得到了统一。

第二节 “十一五”期间（2006—2010年）

“十一五”期间，政府政策和外部环境的变化给加油站建设和网络维稳带来深刻影响：一是为遏制加油站滥建之风、减少重复建设的资源浪费，2007年，江苏省商务厅对加油站建设条件进行了限制性规定，要求新建项目尽可能利用原有站点调整移建，新布点加油站应满足间距要求，使用规范获得的商业出让土地，以控制全社会加油站总数的无序增加。同时，各地市政府也对加油站发展采取了相应的抑制措施，如南京市政府在2005年就明确规定，五年内南京城区范围内不再新增一座加油站。二是经济发展突飞猛进，基础设施建设日新月异、城市和道路的大规模建设改造导致大量的原有加油站被规划拆除，或者在重新规划后失去经营条件，销售网络的完整性受到冲击。三是大规模的土地开发导致资源紧缺、建设成本骤升，加油站项目规划与市场需求配套率较低、规划和土地成为影响网络建设的两大难点。

“十一五”期间，直面激烈的竞争形势和巨大的发展压力，江苏石油分公司积极践行科学发展观，确立以“完善网络、优化结构、提升形象”为目标，引领企业全面实施网络、形象和品牌的全方面竞争，在网络发展、优化、维稳、提升方面做了大量创造性的工作，为建设优秀石油流通企业、增强核心竞争力奠定了坚实基础。

一、务实推进加油站建设

“十一五”期间，江苏石油分公司坚持发展是第一要务和头等大事，始终按照“全力新建、大力收购、酌情联营、控制租赁”的原则，共发展加油站441座，推动了网络建设的稳步发展。

1. 全力发展全资加油站

全资加油站是网络稳定的前提，也是网络发展中追求的发展目标。2007年后，江苏省商务厅按照“控制总量、优先迁建”原则，实际批准年度新增发展项目不足30座。在计划与发展需求矛盾十分突出的情况下，江苏石油分公司提出“全力发展全资加油站”的思路，各分公司主动加强与政府的沟通，争取主管部门对主渠道企业的支持；参与项目竞争，对于重点地区、重点部位和重点项目的竞争，省公司直接与分公司会商竞争方案，靠前指挥；按照“有所为、有所不为”的发展策略，在进行市场调查和项目评估的基础上，灵活处理与主要对手的竞合关系，锁定优质项目建设权。“十一五”期间，省商务厅实际批准新增建设项目 140 座，江苏石油分公司实际新增建设全资站 72 座，占省定计划的 51%。加上江苏石油分公司 20 座控股新建项目，江苏石油分公司合计获批新建加油站 92 座，占省定计划的 66%。按照滚动发展计划，“十一五”期间新近、迁建加油站 177 座（占 40%），保持了网络建设的领先优势。各分公司在控制加油站建设成本上积极想办法，争取土地定向挂牌，利用政府协调、包干征地、废弃证照迁建、油库土地置换等方式，

新建加油站

“十一五”期间累计取得“定向挂牌”土地 150 宗，与公开竞价项目相比，节省土地成本 60% 以上。

2. 收购社会加油站

经过 2000 年及“十五”期间的大规模持续收编，网络竞争态势发生了根本性的转变，社会单位一大批具有较强控制能力和销售前景的加油站产权已经转移至两大集团，经过市场调查，2006 年以后社会具有收购价值的加油站仅剩 300 余座。

在此情况下，江苏石油分公司把社会主要加油站收购作为网络发展的一个组成部分组织实施，并对收购项目提出“土地规范、符合规划、手续齐全、前景良好”的指导要求。“十一五”期间，各分公司积极而谨慎地开展操作，通过收购新增全资加油站 106 座，占发展总数在 24%。。

3. 合作发展加油站

随着石油市场的全面放开和加油站建设计划的抽紧，加强与社会优势单位和项目持有单位合作，借力发展加油站，提高网络控制能力，成为江苏石油分公司在新形势下应对市场竞争的举措。各分公司积极融入地方，广泛开展与车辆大户、用油大户、项目持有户和具有社会影响力单位的合作，发挥各自优势共同建设和经营加油站。“十一五”期间，根据多元化发展思路，苏州、南京、无锡等分公司与公交、交通、城建、城投等地方龙头企业成立合资公司 14 个，开辟了网络发展的新途径，按照渐进发展计划建成投产加油站 46 座。

4. 限制租赁项目

2001 年大发展阶段的超常规收编操作在促进江苏石油分公司加油站控制数快速增长的同时，也形成了产权比例失衡的弊端。虽经逐步调整，2006 年末江苏石油分公司仍有租赁经营性质加油站 621 座，占加油站控制总数的 26%，南京、无锡两地区的租赁站比例高达 40% 左右，存在租金要求不断提高、诱发纠纷因素多、网络稳定难度大的诸多后续问题。

2007年后，江苏石油分公司对加油站发展思路和方式不断进行调整，逐步采取了限制租赁措施，除了对位于高速公路、县级以上城区，以及主要干道和重点乡镇，在最终谈判无法进行产权合作而又势在必得的项目以外，限制其他项目以租赁方式获得经营权。“十一五”期间，江苏石油分公司新增租赁加油站111座（占25.2%），其中高速公路站53座、县级以上城区33座、高速路口及主要干道站13座、苏南发达地区中心乡镇站12座，重点部位项目占77.5%。

5. 参与制定地方政府的网络发展规划

为实现可持续发展，省、地两级公司注重了当前任务和中长期目标的结合，除了制定江苏石油分公司五年发展规划、三年滚动计划、年度建设计划外，全面参与省、地两级政府加油站发展规划和计划的制定工作，使企业规划与政府规划得到了较好的融合。广泛的参与性和发展的计划性创造了较好的发展环境，到“十一五”末，江苏石油分公司取得新建土地或签订转让意向的预备项目达到84个，奠定了持续发展的基础。

二、全力维护网络稳定

进入“十一五”，发展和维稳逐步成为江苏石油分公司网络建设工作的重要任务。

1. 强化维权保站力度

从2001年开始，陆续有少量加油站因涉碍规划被要求拆除。2006年以后，随着市政建设力度的加大，加油站首当其冲，被拆迁情况逐年加剧。据统计，“十一五”期间江苏石油分公司先后有86座加油站被要求拆除。面对巨大的拆迁压力，江苏石油分公司加强了与地方政府沟通，要求各分公司高度重视，加强维权，全力保站，并作为第一把手责任，在第一时间向省公司报告。江苏石油分公司明确了通知拆迁项目谈判政策：对于可拆可不拆的项目坚决不拆；对于非拆不可的项目，必须按照“拆一还一、有偿拆除、先建后拆”的规定操作，经批准后实施拆除。各分公司采取了沟通协商、据理力争、现场护卫等手段，尽心尽责地维护了企业的合法权益和根本利益。“十一五”期间，经过努力保护了21座加油站免遭拆除，完成了56座加油站的拆迁复建。淮安城中、泗洪第八、靖江张桥、大丰第三等加油站在拆迁谈判中，做到坚持原则、坚守底线，获得“拆一补多”的效果；南通、盐城等一批拆迁项目获得“定向挂牌、底价成交、净地出让”的用地条件，在降低网络风险的同时，压降了复建成本。

无锡长安加油站改造前被要求规划拆除

无锡长安加油站改造后形象出新得以保留

2. 注重稳定租赁经营

为减少租赁站比例过高对网络稳定的影

响，江苏石油分公司除了在网络发展形式上确定“适度租赁”思路外，要求分公司高度关注租赁加油站经营权稳定工作。实际工作中，各分公司区别情况，灵活采取多种做法：一是加强与出租方的经常性沟通，培养感情和合作基础，巩固合作关系。二是利用租赁加油站规模性技改或规划拆迁时机，提前商定延长加油站租赁期限，提前完成65座加油站延长租期续签。三是加大对重点部位租赁加油站产权转化力度，先后实施了29座租赁站全资收购；南京、常州分公司促成对12座主力租赁站的控股收购，南京分公司实现了南京杰海石油制品有限公司6座加油站的控股经营，获得了消除竞争和稳定网络的双重效果。

三、优化提升网络质量

“十一五”期间，在政府宏观控制和加油站保有数增速减缓的情况下，江苏石油分公司及时调整发展思路，实现由追求数量到更加注重质量的转变。

1. 侧重优质网络

江苏石油分公司注重城区、高速公路、主要干道等战略位置的控制，以及产权项目的发展。“十一五”期间新增441座加油站中，按照地理位置分类，县级以上城区、高速公路和主要干道加油站395座，占89.6%；中心乡镇等位置加油站46座，占10.4%。按照资产权属分类，全资、土地租赁和控股等具有权属关系的加油站330座，占75%；租赁加油站111座，占25%。

2. 加大优化力度

在对2006年末621座租赁加油站进行梳理分析的基础上，江苏石油分公司实施了其中46座站全资或股权转化；通过退租、关闭、迁建等手段，清理长期低效运行、无发展前景的农村及水上加油点204座，降低了人工经营成本，提升了网络张力。

3. 大力推进改造

按照中国石化销售公司《中国石化加油站形象设计标准》和大力改造加油站、提升窗口形象的要求，江苏石油分公司集中精力持续开展了以“保站提量”为主旨的加油站改造工作。2009年9月起，先后4批次组织加油站改造工作培训，建立和完善一系列规章制度，实行改造方案集中评审制度，强化改造标准、施工现场安全和质量督查。

在“二统筹三优先”（统筹投资计划和改造费用、统筹经营需求和施工；全资站优先、城区站优先、重启站优先）原则指导下，“十一五”期间全省实施了787座加油站形象改造，加油站面貌焕然一新，形成一道靓丽的风景，提升了油站形象，拓展了服务功能，

溧阳水西加油站改造前

溧阳水西加油站改造后

在实现资产效益最大化的同时，化解了拆迁风险。

四、创新建设模式

从2008年起，在城区加油站销售网点减少、新增布点困难的大背景下，江苏石油分公司提出了建设城市绿岛型便利加油点（简称绿岛站）、补城区网络盲区的思路。

绿岛站建设没有现成的规范和先例，江苏石油分公司在市场调研的基础上，制定出了切合实际、易为政府部门接受的实施方案：一是用地规模控制在400平方米左右，选择城区道路绿化带，大型企业、高等院校、公园、规模住宅区、停车场、城市广场等具备布局条件的绿化带，有效利用和节省土地。二是根据当地规划要求和人文环境，开展与当地特色、周边环境协调融合的建设设计。三是按照全自助式标准建设，使用自助式加油机；安装液位仪，取消手工计量交接和销售报表的远程制作；安装视频监控，完善治安防护措施；根据不同建站条件有选择地安装油气回收、使用双层油罐，提高环保等级。

江苏省商务厅对新型的加油站建设模式给予了积极评价，同意该类型加油站突破使用商业出让土地的限制，并立即批准江苏石油分公司在苏州和南京试点建设。2008年6月，江苏石油分公司下发《城市（绿岛）便利加油站建设工作意见》，召开专门会议进行发动。2008年10月，绿岛站试点项目在苏州、南京两地同时开工建设。2008年底，苏州塔韵路、苏州吴中大道、苏州太湖西路、南京高淳老街等绿岛站建成。从2009年开始，绿岛站建设在苏州、南京、无锡、常州、江阴、南通等分公司推开，到2012年底，全省先后建成城市便利加油点51座，形成了对城区市场供应和销售网络的积极补充。

2001—2010年，江苏石油分公司全系统干部员工以高度的责任感和使命感，持之以恒地开展销售网络建设，取得新发展加油站1451座的成绩，剔除网络优化减少站点后，实际新增加油站1213座，全系统加油站保有数由2000年末的1198座增加到2010年的2431座，基本建成了广泛覆盖的优质零售网络。

“十五”和“十一五”期间，江苏石油分公司根据不同时期发展环境，及时调整网络发展思路和目标，工作重点由数量扩张转换为数量扩张、网络优化各有侧重：

2008年10月，苏州塔韵路便利加油点成为江苏省首座绿岛站

一是资产结构优化增强了网络稳定性。全资、土地租赁、控股等资产权属加油站保有数由“十五”末的1773座上升到“十一五”末的1918座，占网络总数比例由74%上升到79%；整体租赁加油站由621座下降到513座，占网络比例由26%下降到21%，剔除高速公路加油站发展特例，全省实际租赁加油站占网络总数比例

为 14%。

二是关键部位控制提升了网络竞争力。县级以上城区、高速公路、高速公路出入后及主要干道等制高点位置加油站保有数，由“十五”末的 1725 座上升到“十一五”末的 1872 座，占网络总数比例由 72% 上升到 77%；农村乡镇和水上加油站点保有数由 669 座下降到 559 座，占网络总数比例由 28% 下降到 23%。

三是终端销售业绩凸显了网络质量。2000 年末，全省在营加油站 969 座，实现零售量 189 万吨，站均销量 1950 吨。加油站在营数由“十五”末的 1739 座上升到“十一五”末的 2050 座，零售量由 612.3 万吨上升到 817 万吨，增幅 33%；站均销量由 3520 吨上升到 3985 吨，增幅 13%。

第三节 “十二五”期间（统计数据截至 2012 年底）

“十二五”是江苏石油分公司成品油终端销售网络建设攻坚时期，仍然面对机遇与挑战并存的环境。《江苏石油分公司成品油销售网络“十二五”发展规划》确定了未来五年的网络发展战略：坚持“规划先行，引领发展；突破难点，有效发展；完善流程，规范发展”原则，按照“油气并举，储运销并举”思路，采取“新建为主，收购为辅，规范联营，严控租赁”方式，全力打造由 2450 座在营加油加气站、1300 千米成品油管网和 130 万立方米库容组成的销售网络，实现布局完善、结构优化，具有核心竞争和可持续发展优势的网络发展目标。

2011 年和 2012 年分别是“十二五”规划的开局之年和规划落实关键年。这两年，江苏石油分公司在网络发展的主要做法是：

一、坚持科学发展

针对投资成本高、竞争压力大、政策规范严的特点，江苏石油分公司以科学发展观为统领，加快转变增长方式。从区域网络整体竞争力、市场占有率、持续增长力和综合创效能力出发，着力从数量扩张向质量提升的转变，通过网络结构调整和优化抢夺潜力市场，稳定盈利市场，淘汰风险市场。关注网络整体功能和综合创效回报能力，加大了城区、国道、省道、高速、中心乡镇、长江运河网络整合优化、改造提升力度。

二、坚持有效发展

遵循“新建为主、收购为辅、发展联营、严控租赁”的发展原则，实施抢夺城区、高速公路站点，优化干道站点，精选中心乡镇、长江运河主力站点，关注农村潜力网点等布局策略。提前做好重点位置租赁站的合作谈判，最大限度地以较低成本保持控制权；关注社会迁建站和存量潜力站，主动介入合作，锁定经营权；加快绿岛站和油气站建设，满足客户需要。

三、坚持协调发展

按照发展和优化并重、运营和维稳并重、加油和加气并重、油品和非油品并重、单站考核同网络整体考核并重要求，加大租赁转全资、土地规范化、盘活歇业全资站力度，尤其对零售市场份额低于 60% 的县（区）级区域网络发展目标、措施和责任的落实。

2011—2012 年，江苏石油分公司共发展新增加油站 130 座，其中全资、土地租赁、联营等拥有产权站 101 座，占 78%；县级以上城区、高速公路沿线、主要干道等重点位置站 105 座，占 81%。

截至2012年底，江苏石油分公司在营站达到2192座，较“十一五”末增加142座；按照新标准建设和改造新形象加油站894座。实现零售总量1023万吨，增长206万吨，增幅25.2%；站均销量4667吨，增幅32.6%。

第四节 基建投资管理

2001年以来，是网络发展最快、基建投资规模最大的时期。江苏石油分公司践行“今天的投资就是明天的成本”的理念，加强了规范操作和基建投资管理。

一、投资项目集体决策

在省、分两级公司“投资管理领导小组”的领导下，按照中国石化总部“三重一大”事项决策制度，江苏石油分公司坚持了基建投资项目的集体会商，将发展项目和决策事项通过投资管理会议进行报告分析、会商审议，形成决议后再批准实施，始终把项目置于公开、透明、有效的监督之下操作。2006年以来，省公司召开投资管理领导小组会议162次，集体审议决策项目4500余项。

二、管理体制和队伍

江苏石油分公司适时对投资管理体制进行调整，不断强化基建投资管理、明确工作责任。2004年，将分公司基建与安全质量科分离，专门设立基建管理科；2005年，将省公司投资管理职能从零售中心等条线部门分离，成立发展规划处。这些措施有效克服了多头决策、分散管理的弊端。在网络发展等投资项目上落实 “一把手”责任制，有效地强化了投资管理力度和责任。同时，通过培训、培养、选拔、引进等多种形式，不断提高从业人员业务技能和整体素质，逐步形成了一支适应投资基建管理的专业队伍。

三、规章制度

“十一五”是江苏石油分公司投资基建管理力度最大的时期，其间在国家和主管部门现有规章制度的基础上，结合本地本企业实际情况，公司先后制定完善了《基建工程项目操作流程》、《建设工程及工程服务类招标投标管理制度》、《基建工程施工交底制度》、《基建工程施工管理规范》、施工安全管理规定（试行）》、《七项特殊作业安全管理规定》、《基建工程施工作业标准》、《基建工程项目安全分析制度》、《基建工程项目日常检查制度》、《工程方案变更管理制度》、《建设工程竣工验收实施细则》、《加油站施工现场安全监管人持证监管制度》、《基建投资工作评价标准》、《三支队伍管理及工作质量考评办法》、《加油加气站基建工程档案管理制度》等一系列制度、规定、标准、流程，促进了加油站工程建设管理由粗放简单型向精细规范型的转化。

四、操作程序

2006年，按内控制度要求和建设工程管理规定，江苏石油分公司对投资基建项目操作流程进行了明确，并根据管理要求的变化相应完善。一是新发展项目先由分公司进行现场考察、论证、初步可行性研究和投资回报测算，通过投资管理领导小组会商后向省公司提出项目建议书。二是省公司职能部门对分公司建议项目进行勘察会商，提交省公司投资管理领导小组审议，形成决议。三是分公司落实规划、土地，开展转让方或合作方法律尽职查证等项目前期操作，申请项目投资立项。四是省公司进行项目立项条件审查，按照投资管理权限审批立项。五是分公司开展规划定址、土地出让、建设报建工作，按照标准进行项目初步设计并提交省公司评审确定方案，开展工程招标、确定施工和监理队伍，编制工程预算，前期工作完成后申请开工条件审查。六是分公司按照开工批复要求，成立项目建设领导小组，落实现场管理人员及责任，进行施工队伍人员、设备、施工及安全方案符合性审查，组织开工交底。七是省地市公司按照职责分工进行施工现场安全、质量、工期检查和督查。八是进行隐蔽工程验收、竣工验收和开业前全面检查交接。

五、工程质量

江苏石油分公司通过把好“四关”，加强加油站工程质量监管。一是设计关。按照国家规范和企业标准及工程需求，进行项目设计集约统筹。2007 年开始，省公司实行了基建项目设计集中评审制度，根据项目环境、现状和使用部门的实际需求会商确定完整方案，进行同步设计和施工，避免重复建设和浪费。二是材料关。按照形象设计标准，使用总部和省公司招标确定的设备、形象标准和主要材料，严格禁止替代品和非标品，现场管理人员严格按照规定和设计要求进行进场物资验收、保管。三是施工关。按照项目要求，使用具有相应资质和资格的施工队伍，执行相关施工工艺标准，并落实专人现场监督。四是验收关。施工过程中严格按照工序逐道检查验收，不合格工序不得移交。

六、施工安全

按照“谁管理谁负责、谁实施谁负责”的要求，明确安全管理责任。分公司经理为第一责任人，分管经理为直接责任人，省、分两级安全管理部门为监管责任人。规范现场管理，选择相对稳定、具备相关作业技能和安全意识的施工队伍，狠抓“三支队伍”进场人员安全教育，规范施工交底和作业流程落实施工人员和现场安全监管人员持证上岗制度；严格“人、机、料、法、环”五大要素现场质量管理痕迹留存，规范填写现场“三表一单”及施工、监理日志；坚持文明施工，按规定实施现场封闭，悬挂“五牌一图”和警示标识，材料分类堆放，做到“工完料清”。

从 2007 年开始，为强化安全管理，江苏石油分公司实行了施工现场安全质量巡查、督查、施工现场远程视频监控等检查方式，定期发布检查通报并配套实行奖惩措施，将施工安全与地市公司管理人员和施工队伍的考核、评价紧密挂钩与施工、监理队伍的准入、清退挂钩，对工程质量的保障起到了积极作用。

七、招标及承包商管理

1. 招标管理

2009 年 3 月，江苏石油分公司下达《建设工程及工程服务类招标投标管理办法》；2010 年 6 月下达《关于建设工程及工程服务类招标投标管理的补充通知》，对招投标流程及要求进行了规范和强化。

2. 承包商管理

2007 年 7 月，江苏石油分公司着手开始承包商管理工作，并于当年 7 月在常州召开了加油站承包商的培训会议，进行宣贯明确。2008 年 11 月，组织开展了全省 200 余家在用承包商情况调查。2009 年 11 月，制定下发了《承包商考评办法》，组织了“我要安全”优秀承包商评比工作。2011 年 9 月，选择了 3 家监理单位，推行全省统一监理工作。2012 年，依据《江苏石油分公司设计、监理、施工单位工作质量考评办法》，对承包商从资格审查、HSE 管理实施程序、作业过程监督及评估等 5 个方面重点进行细化，下发了《关于做好 2011 年加油站建设工程参建队伍考核评价工作的通知》，各分公司对124个项目进行了承包商考评，涉及164家承包商（其中27家设计单位、134家施工单位、3家监理单位），对出现安全事故和廉政问题的二家承包商进行了清退处理。2012年8月，江苏石油分公司开展承包商资源库建立工作。2012年12月，资源库建立完成并上报中国石化总部。

2012年，随着加气站建设、油站（库）油气回收项目的逐步推开，基建工程呈现直接作业环节多，施工人员数量多、分布广、流动性大，进度与安全之间矛盾突出等特点。面对严峻的安全形势，从以下两方面着手进行承包商管理。

施工前：一是开展风险分析。内容涵盖作业过程的步骤、作业所使用的工具和设备、作业环境的特点以及作业人员的情况等；从横向到边、纵向到底的角度监管到每位施工人员、每台设备、每个现场、每项作业，反映和查找管理和具体实施中的缺陷和漏洞，提出防范措施。根据风险分析的结果采取相应的预防和控制措施。严格施工人员的安全教育、考核以及作业现场安全交底，对作业规程、施工方案和应急预案进行审查。二是开展组织相关安全培训，提高全员安全意识。组织全省基建人员针对油气回收、加气站建设项目的特殊性，组织2期相关培训和考试，针对基本知识、设计流程、施工工艺、安全监管、相关制度、承包商资质、资料归集等进行培训，确保项目顺利开展。

施工中：一是抽调全省基建管理人员组成专家组，从安全、专业技术等方面给予支持。二是细化制定了《基建工程项目检查方案》，将创建“平安工地”和中国石化销售公司相关检查内容进行归纳，从工程前期、安全文明施工、工程质量、日常管理等方面逐条明确，确保检查的目的性。三是采取例行检查、视频监控检查和飞行检查各种检查监督手段相结合的方式，加强施工全过程检查，推行安全隐患闭环管理，从根本上确保项目本质安全。四是针对施工安全受环境因素影响较大的特点，在冬季、高温、台风季节实时下发通知，提出对施工现场安全管理的要求，提前做好现场预案处理。五是做好问题整改落实工作，对检查中发现的问题，形成基建工程安全情况通报，对存在问题进行分析，提出整改意见。

第五节 加油站油气回收工程

为进一步加强大气污染防治工作，改善大气环境质量，江苏省政府要求实行加油站油气回收治理工作，规定沿江八市于2012年12月底前完成，苏北五市于2013年6月前完成；凡不能按时完成油气回收治理的加油站将不准予通过加油站成品油零售经营许可证的资质审核。从2011年6月起，江苏石油分公司在与省环保部门沟通协调的基础上，稳步推进了加油站油气回收治理工作。

一、组织体系

江苏石油分公司采取了先试点，取得成功经验后推广的治理方案。2011年6月，在无锡召开了试点工作启动会议，确定了南京、无锡、镇江、江阴等4个分公司的35座站先行试点。并结合试点情况，制定了《油气回收改造实施方案》，成立了由江苏石油分公司经理任组长，分管经理任副组长，安全、发规、零管、财务、物装、审计等部门领导参加的领导小组，明确了各部门的职责，在全系统内推广油气回收工作。

二、施工安全

江苏石油分公司制定了油气回收施工手册，明确审批、实施要点和安全注意事项：一是做好安全教育培训，落实各方安全监护责任，明晰施工安全措施和注意事项，签订安全协议和承诺书；各个作业现场做好应急预案的演练，具有安全防护意识和抢险自救能力。二是强化危害识别和安全防护。施工方案（含安全专篇）作为开工报告附件，省公司审查确认后审批；现场监护人员取得开工批复、安全培训合格证明、《施工确认表》后方可允许施工单位进站施工；施工过程中，监理旁站监护，现场人员按日检查，填写《安全监督检查表》；监护、监理人员一旦发现安全监护、施工质量问题，施工单位须无条件施工，整改确认后恢复返工。三是在进行重点作业，如清罐、管道试压、动火作业时，安全和基建部门派出人员、加油站现场监护人员和监理一起现场监护，对试压过程、数据收集进行现场跟踪和核查。管道使用气体试压时，施工单位技术总负责人和监理批准安全措施。

三、工程质量

一是充分发挥设计的引领作用，先勘察后设计再会审。二是实施前由分管基建领导组织召开技术交底会议，进行图纸说明和技术答疑；所有施工人员、安全监护人经安全培训并考核合格后进场，严格执行作业票制度。三是“三段式”验收：首先由工程队、设备供应商自检，再由分公司组织验收，最后申报环保验收。四是认真归集施工档案。

四、分步统筹实施

结合加油站形象出新、隐患治理（如站内外安全距离问题）、发卡、自助和便利店建设，避免重复施工；结合经营需要，合理安排停业，引导客户分流，减少对经营工作的影响。并确立了“先城区全资站后干道”的顺序，对于租期较短的租赁站由投资会审议决定。

截至2012年底，江苏石油分公司已累计完成油气回收治理项目898座，取得了阶段性成果。

第二章　加气站建设

随着节能环保力度的加大，天然气成为清洁能源的发展方向。江苏石油分公司顺应发展趋势，把握发展机遇，多措并举，努力突破加气站建设专营权限制，天然气业务起步良好。2009年9月，扬州分公司文昌西路油气合建站建成并营运，实现了江苏石油分公司加气站零的突破；2011年，江苏石油分公司开始发展LNG业务，2012年4月苏州分公司园区公交站加液车投入运营，2012年9月淮安分公司洪泽客运站LNG竣工，成为江苏石油分公司第一座液化天然气站。截至2012年底，共建成加气站61座，成为全省拥有加气站最多的单位。

第一节　天然气发展趋势及江苏省加气站保有情况

一、天然气发展趋势

在城市各类排放的废气中，汽车尾气占有相当大的比例，并随着汽车发展有增长趋势。天然气汽车已成为世界上清洁汽车的发展方向。天然气进入江苏后，江苏一些地区启动并大力发展天然气汽车，经过“十一五”的发展，天然气作为汽车能源有力补充的地位基本确立。

“十二五”期间，中国天然气年消费总量将达到2600亿立方米。由于LNG汽车尾气排放低、成本低、不受天然气管网制约等优势，LNG市场正方兴未艾。预计“十二五”期间国家将新建加气站3000—3500个。到2015年，替代燃料占车用燃料消耗的比例将达到10%，内河船改装LNG燃料也将成为重点发展对象。

二、江苏省加气业务专营权

在江苏省，中石油、中海油都已组建专业公司，利用西气、LNG资源优势介入城市管网和车用气业务；新奥、华润、港华、中燃等单位作为市场先入者，取得城市燃气专营权垄断市场。

江苏62个行政区域（13个地级市、25个县级市、24个县）中25个设置了加气站排他性专营权。江苏石油分公司通过努力，在设有加气站专营权地区突破15个，获得发改委项目核准。

截至2012年12月底，江苏全社会共有CNG加气站（常规站和子站）163座。其中在营CNG加气站139座，经营量140万立方米/天；全省共有LNG和L-CNG加气站25座（其中LNG加气站15座，LNG和L-CNG合建站6座，L-CNG加气站4座）。其中在营LNG和L-CNG加气站11座，经营量12.6万立方米/天。

第二节 加气站建设情况

一、2007年

2007年4月，中国石化集团公司在武汉召开“沿线石化企业支持川气东送管道工程建设动员协调会”，中国石化销售公司召开“依托川气东送项目开展加气站建设工作座谈会”，布置沿线销售企业CNG加气站的规划建设工作。同月，江苏石油分公司率队赴山东青岛石油公司考察加气站建设相关工作。同时，成立天然气项目组，统筹策划加气站发展相关工作。

5月，江苏石油分公司天然气项目组与中石化销售公司、中石化天然气分公司、省国信集团天然气公司等保持联系，及时了解川气东送路由及母站规划情况，了解加气站核心设备压缩系统的技术发展情况，以及国内相关单位的选型使用情况，并进行比较。

6月，江苏石油分公司现场调研南京分公司网络发展工作。经反复筛选，确定将南京分公司江宁东山、和燕路、安德门3座加油站作为首批改造为油气合建站，省公司派出专家组参与南京公司网络发展工作。同月，南京市蒋宏坤市长来江苏石油分公司调研，听取了公司网络发展、成品油管道建设、川气东送及加气站规划等情况的介绍。

7月，南京分公司首批3座油气合建站，经南京市市政公用局批准立项。经南京分公司商务谈判，确定加气站设计单位。

8月，组织召开技术交流会，确定设备选型，采用液压式压缩系统。组织赴中石化川渝公司、青岛石油分公司考察液压式CNG压缩机及相关设备采购及使用情况。

9月，中石化销售公司召开加气站发展规划研讨会，江苏石油分公司汇报了加气站规划情况，提出了加气站发展的相关原则。

10月，南京市政府下发《关于中石化江苏南京石油分公司加油站改造有关问题的备忘录》，明确3座油气合建站重点事项由相关部门加速协调推进。南京市政公用局组织3座油气合建站初步设计方案评审。经公开招标，省公司选定了加气站主要设备供应商。因政府规划，安德门加油站被列入拆迁范围，省公司改选油坊桥加油站建设油气合建站。

11月，中石化天然气分公司和江苏省国信集团就共同经营管理川气东送江苏段管线达成协议，成立了合资公司，江苏石油分公司及时了解相关情况。

12月，南京市政公用局下发和燕路和江宁东山加油加气合建站的《准予行政许可决定书》。

二、2008年

江苏石油分公司下发《加油加气合建站建设方案》，为分公司预留加气站设计时提供参考标准。下发《关于进一步加快CNG加气站建设工作的意见》，明确加气站建设指导思想、原则及重点工作安排。

省公司在组织储气井工艺交流的基础上，采用储气井作为储气设施，完成储气井工程的招标；同时完善加气设备技术需求，落实后续加气站建设的设备招标。

通过向扬州市发改委出具“川气东送”江苏段规划路由和气源说明，进行有效的协调，扬州分公司落实了文昌西路油气合建站规划建设权，突破了中燃公司的加气专营权障碍。

镇江分公司落实高家门和西郊两座油气合建站的规划建设权。

通过提供“川气东送”江苏段规划经过江阴及配套建设母站的信息，江阴分公司开始办理加气站建设项目核准。

2008年底，南京江宁东山站、油坊桥站主体工程完工。

三、2009年

2009年，江苏石油分公司竣工加气站10座，其中开业1座。扬州分公司文昌西路油气合建站建成并营运，实现了江苏石油分公司加气站零的突破。

江阴分公司统筹运作，协调政府启动当地加气站建设，编制区域天然气规划，并作为江阴市天然气推进小组成员，和公交公司合作，负责建设城区4座加气站，基本控制城区车用天然气市场，填补了江阴作为全国百强县之首的加气站建设的空白。

镇江分公司突破华润燃气公司的专营权障碍，获得两座加气站的建设权并开工建设。

扬州文昌西路加气站

四、2010年

随着各条管网建设到位，江苏形成川气，西气，中亚、俄罗斯天然气，山西煤层气和进口LNG多气源、交叉互补局面，形成买方市场，其资源丰富，价格便宜、环保等优势对成品油零售产生冲击，加气站建设事关企业后续发展。对此，2010年江苏石油分公司在全省投资工作会议上要求，顺应新能源发展趋势，加快加气站建设。当年，确立了发展加气站的途径：

一是通过改造建设加气站。充分利用现有城区、城郊加油站、关停加油站和闲置土地，通过改造和布局调整，建设为油气合建站；江苏石油分公司网点密集区在营站、关停加油站，如规模较小，可以建设独立加气站。二是积极新建加气站，一方面积极参与新建加气站土地竞拍，另一方面将油气混合站建设纳入拆迁谈判条件。只要场地面积、周边间距符合规范，所有城区拟建加油站都要争取按油气混合站规划、设计、报建，短期内有审批难度的，先建加油部分，预留加气部分。三是利用网络优势，积极寻求与城建、城投、公交等地方政府投资企业，以及先期进入加气市场企业的合作，拓宽加油加气站发展渠道。四是积极收购、租赁个体业主加气站。五是苏州、无锡、常州等公司根据市场，结合中石化、省天然气公司管线布局情况，争取自建母站。

同时，要求积极关注LNG的发展。研究LNG与CNG加气站的设计、设备差异，探索LNG加气站建设，各分公司选择一些面积大、位置好的城郊、干道、高速进出口加油站，预留LNG站建设。

2010年，江苏石油分公司加气站发展取得新的突破，竣工加气站16座；累计完成了41座加气站核准手续。南通分公司通过“技改立项”一次性取得9座加气站建设权，其中4座建成；苏州分公司一次性获得12座加气站支持函；淮安、泰州等分公司利用加油站改造、新建，调整规划，取得多座加气站建设权；无锡分公司取得3座标准站建设权；江阴分公司抓住政府发展“绿色公交”的机遇，建成4座加气站并投入运营。

2010年，为全面落实江苏省政府与中国石化签订的战略合作协议精神，全力保障江苏能源供应，江苏石油分公司委托南京市燃气设计院，编制《中石化江苏石油分公司2010—2015年天然气加气站布点规划》。

五、2011年

2011，中石化天然气资源已覆盖苏南，“十二五”期间将辐射苏中、苏北大部分城市，江苏石油分公司以资源换市场，加快加气站建设。

2011年，江苏石油分公司在投资工作会议上要求，加快推进加气站建设。确立了如下发展原则：对于“十二五”期间中石化管道天然气资源能够辐射的城区，优先建设CNG加气站；暂不能辐射的地区，结合中石化液化天然气加工厂布局，建设L-CNG加气站；干道、重要交通枢纽地区建设LNG加气站。同时，要加大对现有19个未获得加气站建设权的市（县）的政策争取力度。充分利用现有在营、关停加油站和闲置土地，通过规划和布局调整，建设油气合建站或独立加气站。

此外，积极参与新建加气站的土地竞争；后续新建、迁建、改造的城区、干道加油站，争取按油气混合标准进行规划、设计。发挥中石化网络和资源优势，加大与交通、公交、消防、城建以及先期进入加气市场企业的合作，联营发展加油加气站。加强与天然气分公司和省天然气公司的协调，争取在管道沿线自建加气母站。

2011年，江苏石油分公司千方百计突破经营权障碍，累计竣工加气站38座，成为江苏境内气站份额最大的经营单位。陆续开发了淮安、常州、连云港、苏州等区域LNG供气业务。在资源严重短缺情况下，实现日均加气零售量4.95万立方米。江阴、南通分公司加快项目报建，取得17座CNG站核准、11座LNG站支持函。

六、2012年

2012年3月，江苏石油分公司召开了投资基建和天然气业务推进工作会议，推进加气站建设。并确立了以下发展原则：一是发展方式上，尽可能利用现有具备增项条件的加油站进行油气合建改造，新建加油站全力争取油气合建，在加油站网络密集的地方尝试采取油改气的功能转换方式改建独立加气站。二是形式分类上，城区以小型车辆为主体服务对象的部位建设CNG加气站。交通场站、干道等以大型车辆为主体服务对象的部位建设LNG加气站。城郊结合部位可建设L-CNG加气站。三是操作方法上，加气站在自有土地使用权的加油站建设，在存在市场壁垒的地区，初期可采取合作方式寻求突破，优先选择具有天然气专营权、天然气资源、天然气专业运输单位，或车辆用气大户进行合作，项目土地及资产应归属合资公司名下。LNG项目原则上自主建设。

为加快推进天然气工作，各分公司做好以下工作：一是快速布点。依托自有网络优势，布局加气站；新建、改造加油站按“油气混合站”办理规划许可；利用自有网络、闲置土地，抢核准、抓报建。二是快速突破。在设置专营权限制的16个县区，多管齐下，寻求突破。三是快速经营。在全面落实2012年加气站年度发展项目基础上，确定本区域第

2012年4月，苏州园区LNG加气项目开始营业

一座 LNG 或 L-CNG 站开工、开业时间；精心策划与专营单位的合资合作，在高速、干道服务区和停车区抢滩布点；提早谋划水上市场，利用现有岸基站、沿线油库闲置土地，积极布点 LNG 站，全力形成中石化在江苏天然气市场上的后发优势。四是快速开发。全力做好与城市公交、长途客货运、出租公司及其他相关交通部门的合作；通过撬装、加液车等方式，全力开发终端大客户。

2012 年 4 月，为确保全省第一座 LNG 加气项目顺利运营，江苏石油分公司多次召开天然气推进会议，快速作出系列决策，加强调研，协调解决困难，在苏州分公司和省公司相关部门共同努力下，确保了苏州园区公交 LNG 加气项目顺利运营。

同时，开展 2012—2015 年加油（气）站发展规划编制工作，开展长江、运河水上 LNG 加气站规划布局工作，开展南京玉带 LNG 储气库建设前期工作。

2012 年 9 月，淮安金湖客运站竣工，成为全省第一座 LNG 站，省公司在淮安召开现场会，要求全面发展 LNG 业务。

为推进 LNG 业务的发展，江苏石油分公司下发了《2012 年网络发展和加油站改造工作考核奖励办法》。油气合建站按两座站（改造加油站 + 加气站，新增加油站 + 加气站）考核。加大奖励力度，突出项目进度，根据类型，分类奖励。

2012年9月，省公司在淮安金湖站举行LNG培训

2008 年至 2012 年末，江苏石油分公司逐步加大加气站建设力度，合计建成 61 座，其中：CNG 站 47 座、LNG 站 7 座、L-CNG 站 1 座、LNG 和 L-CNG 站 6 座。其中投产运营 22 座，2012 年销售 CNG 20000 吨，销售 LNG 2000 吨。

第三章 非油品设施建设

非油品设施建设主要包括非油品物流中央仓和易捷便利店建设。在便利店建设上，2008年5月1日，江苏石油分公司第一座便利店—南京公园路加油站便利店投入运营，标志江苏石油分公司便利店业务正式启动；截至2012年底，在营便利店总数达到1970座，其中油站以外的便利店8座。在配送中心建设上，2010年5月5日，江苏石油分公司第一座非油品配送中心——淮安配送中心投入使用；截至2012年底，建成淮安、苏州、南京3座配送中心，基本形成覆盖苏北、苏中、苏南的非油品物流配送体系。

第一节 非油品物流中央仓

2008年，按照中国石化总部的统一部署，江苏石油分公司开始启动加油站便利店建设。随着便利店经营规模的扩大，初始阶段依赖综合经销商供货、配送的物流方式，对经营和效益的影响日益显现：一是供货价格偏高；二是到货不及时，断货缺货现象时有发生；三是产销脱节，销售环节难以获得生产商提供的陈列设备、通道费、促销费等营销支持。因此，建立自主的仓储物流配送体系成为非油品经营发展壮大的迫切选择。

为克服非油品经营的供应链瓶颈，满足易捷便利店在江苏的发展需求，江苏石油分公司经过多次实地考察，决定通过盘活现有闲置土地和租赁的方式，发展非油品物流配送体系。2009年6月，经中国石化销售公司批准，南京王家庄和张家港乘航2座中央仓，于年底启动建设。同时，租赁位于淮安市经济技术开发区的厂房，改建淮安中央仓。

苏州中央仓

2010年5月5日，江苏石油分公司第一座非油品配送中心——淮安配送中心投入使用，标志着全省便利店配送业务开始启动。

南京中央仓

2010 年和 2011 年配送业务量分别达到 3399 万元和 7771 万元。

南京王家庄中央仓位于王家庄油库内，占地面积约 2100 平方米，房屋主体结构为钢筋混凝土框架结构，屋盖为网架结构上敷阻燃岩棉彩钢夹心板和阳光板。工程于 2009 年 9 月开工，2011 年 6 月竣工交付使用。

苏州乘航中央仓位于张家港乘航库区内，工程由 2000 平方米仓库、消防泵房 2 个单体（分项）工程组成。2010 年 6 月开工建设，2011 年 3 月交付使用。

三座中央仓投产后，形成了覆盖全省非油品物流配送体系，有效提升了货物的及时配送能力，降低了二次物流费用。其中，张家港乘航中央仓辐射无锡（45 千米）、常州（71 千米）、泰州（142 千米）、南通（31 千米）、苏州（86 千米）等 5 个市；南京王家庄中央仓辐射扬州（101 千米）、镇江（70 千米）、南京等 3 个市；淮安中央仓辐射盐城（130 千米）、宿迁（97 千米）、徐州（218 千米）、连云港（122 千米）、淮安等 5 个市。

第二节 易捷便利店

为做大做强非油品业务，完善加油站服务功能，打造中国石化非油品品牌，培育新的利润增长点，增强企业核心竞争力。2008 年 3 月，中国石化销售公司制定《关于加快发展加油站非油品业务的指导意见》，江苏石油分公司成立了非油品业务处，加快易捷便利店建设。便利店建设分为三个阶段：

一、试点建设阶段

2008 年 5 月，制定下发《加油站非油品业务实施办法》，下达全省非油品业务实施计划，明确年度目标和阶段性目标。按照“先试点、再推广、边发展、边规范”的原则，加快加油站非油品业务的实施，下达了 380 座便利店开业的年度指标。

为完成年度指标，省、分公司分别成立了加油站改造领导小组，并将便利店年度指标分解到站。各单位按照《中国石化加油站形象标准手册》，组织便利店选点、设计、施工。2008 年底，在营便利店 437 座，超额完成年度指标。

二、规模发展阶段

2009 年，根据中国石化销售公司《中国石化易捷便利店管理（分类）标准》、《中国石化加油站便利店形象设计与施工工艺标准手册 2009 版》，江苏石油分公司制定了《加油站便利店建设标准》，划分为特级店、高级店、标准店 3 类标准，当年在营便利店达到 930 座。其间，主要发展措施如下：

无锡江南路便利店

1. 确定建设原则

新建和站房重建改造的加油站按照《加油站便利店建设标准》建设便利店；原有站房利用的加油站，在不影响站房质量安全的前提下，参照《标准》通过站内布局调整改造，最大限度地满足便利店经营场地需要。

2. 强化图纸审查

新建和改造加油站项目，经过省公司设计审查。未经审查通过的初步设计，不送地方部门审图和报建；未经审查通过的施工图，不用于项目招标和施工。

3. 明确设计需求

加油站设计中，充分听取非油品业务部门的意见。便利店设计规模、店内经营设施的配置和布局、室内装修标准等，由非油品业务部门直接参与确定。2009 年，江苏石油分公司被评为中国石化销售公司加油站改造先进单位，无锡江南站被评为便利店改造优秀项目。

三、等级提升阶段

2012 年，随着业务量和影响力的增大，江苏石油分公司开始实施重点便利店升级改造，着力建设一批骨干旗舰店。通过树样板、抓典型，以点带面，全面提升便利店经营管理水平，塑造中国石化品牌形象。根据中石化销售公司《2010 年中国石化销售企业建设易捷精品店竞赛活动方案》，江苏石油分公司印发《进一步推进加油站便利店旗舰店建设工作的通知》、《2010 年省公司建设易捷精品店活动方案》。通过竞赛活动，打造一批形象统一靓丽、管理规范、经营业绩突出的样板门店，并通过这些门店带动周边门店，提升整体经营业绩。各单位高度重视，比建设进度、比建设质量。省公司通过简报形式通报进度、介绍好的经验做法，督促项目进度，顺利完成年度指标。

到 2010 年底，全省在营便利店 1436 座，旗舰店达 24 座，完成了每个地市公司均有 1—2 座旗舰店的目标。

2011 年底，全省在营便利店达 1838 座，旗舰店达 45 座。江苏石油分公司再次被评为中国石化销售公司加油站改造先进单位，无锡锡太路北站被评为优秀改造站。

2012 年底，全省在营便利店达 1970 座，精品店达 405 座。

无锡锡太路北站便利店

第四章 油库建设

2001 年初，江苏石油分公司共有油库 100 座。为优化油库布局，2001—2012 年关闭油库 74 座，新建油库 4 座。

截至 2012 年底，共有油库 30 座，其中一级油库 3 座、二级油库 6 座、三级油库 10 座、四级油库 9 座、润滑油专业库 2 座；油库码头 37 座，铁路专用线 4 条，陆路发货鹤位 289 个；7 座油库有管输进货功能，4 座油库有铁路进货功能，25 座油库有水路进货功能，10 座油库有公路进货功能。

第一节 油库建设

一、新建油库

1. 连云港联顺油库

江苏石油公司与抚顺石化共同投资建设了连云港联顺油库，该油库于 2001 年 6 月建成投产，总投资 1850 万元。建设 3000 立方米和 5000 立方米内浮顶储罐各 1 只，3000 立方米和 5000 立方米拱顶储罐各 1 只，并配套建设了工艺系统、陆路发货系统、消防系统和办公设施，码头作业租用连云港港务局码头。

2. 无锡梅林油库

按照中国石化销售公司《关于无锡宜兴梅林油库建设工程开工的批复》，2002 年 5 月开始建设，2003 年 10 月建成投产，工程总投资 1600 万元。新建 2000 立方米内浮顶储罐 2 只，1000 立方米内浮顶储罐 3 只，500 立方米内浮顶储罐 1 只，2000 立方米拱顶储罐 2 只，1000 立方米内浮顶储罐 1 只，125 立方米拱顶储罐 8 只，并配套建设发货、消防、工艺设施和办公设施，新建 300 吨级码头 2 座。

3. 苏州通桥油库

为配套金嘉湖管道运行，满足苏州区域成品油经营需要，2007 年 7 月开始建设苏州通桥油库，2008 年 12 月建成投产。新建 2 万立方米内浮顶储罐 4 只，用于储存柴油；5000 立方米内浮顶储罐 8 只；1 万立方米内浮顶储罐 2 只，全部用于储存汽油；500 立方米内浮顶储罐 3 只，用于长输管线切割混油和泄压；新建陆路 24 车位发货场；新建 500 吨级码头 2 座；新建消防、污水处理、办公等配套设施。油罐安装了混合法油罐自动计

通桥油库中转泵房

量系统、罐区安装了电动阀门、发货场使用下装发货系统、库区控制使用集中控制平台、库区安装了周界报警系统。工程总投资20772万元。

4. 常州钟楼油库

为配套苏南管道运行，满足常州区域成品油经营需要，2009年6月开始新建常州钟楼油库，2010年8月建成。新建8000立方米内浮顶储罐5只，其中4只储存柴油，1只储存汽油；5000立方米内浮顶储罐3只；1000立方米内浮顶储罐2只，全部用于储存汽油；500立方米内浮顶储罐2只，用于长输管线切割混油。新建陆路22车位发货场；新建消防、污水处理、办公等配套设施。油罐安装了混合法油罐自动计量系统，罐区安装了电动阀门，发货场使用下装发货系统，库区控制使用集中控制平台，库区安装了周界报警系统。工程总投资9001万元。

二、关闭及划转油库

1. 关闭油库情况

从2001年起，为优化油库布局，江苏石油分公司加大对现有油库的整合力度，提高一、二次物流的整体优化水平。油库优化整合的基本原则是：以满足区域经营需要为导向，以安全运营为基本前提，以费用控制作为主要评判标准，以促进企业发展、提高核心竞争力为最终目标。在中国石化销售公司的统一部署下，2001—2012年共关闭油库74座，特别是在2006年之前关闭油库工作力度较大。

2001年关闭油库26座，分别是：南京岔路口油库、江宁镇油库、宝塔油库、燕子矶油库、苏州北门油库、无锡闾江油库、徐州新庄油库、孙圩子油库、贾汪油库，大湖油库、叶庄油库、南通平潮油库、通海油库、马塘油库、扬州三团油库、施桥油库、淮安杨庄油库、刘圩油库、西安路油库、泰州河横油库、钓鱼油库、泰兴油库、口岸油库、镇江南门油库、江阴北国油库、南闸油库。

2003年关闭油库14座，分别是：宜兴山门油库、常州白龙荡油库、苏州三里桥油库、南通货隆油库、三里闸油库、连云港东方红油库、新安油库、淮安砚台油库、宝积山油库、盐城坎南油库、鞍湖油库、近湖油库、海联油库、镇江沙家港油库，关闭镇江高家门油库轻油和化工收发业务。

2004年关闭油库3座，分别是：苏州杨家桥油库、扬州清水口油库、连云港灌南油库。

2005年关闭油库19座，分别是：南京花山油库、徐州工农路油库、苏州三联油库、海盛油库、南通十里墩油库、三里闸油库、汇龙油库、掘港油库、连云港牛山油库、淮安西门油库、宿迁江庄油库、闸塘油库、盐城刘庄油库、阜南油库、扬州邓庄油库、泰

原常州五星桥油库罐区

2010年新投用的常州钟楼油库罐区

州姜堰油库、黄桥油库、靖江油库、镇江车站油库，关闭镇江谏壁油库雩山罐区。

2006年关闭油库5座，分别是：无锡石塘湾油库、徐州广山油库、胥洼油库、淮安黎城油库、盐城兴桥油库。

2007年关闭油库1座，为苏州乘航油库。

2008年退租油库2座，分别是：南京蓝燕油库、苏州春光油库。

2009年关闭油库3座，分别是：苏州杏秀桥油库、西跨塘油库、泰州五里油库。

2011年关闭油库1座，为常州五星桥油库。

2. 划转油库情况

为适应经营体制调整和专业化经营的需要，2001—2012年间，江苏石油分公司先后划转了南通江海油库、镇江三龙油库、镇江谏壁化工二库、江阴长山油库化工区、江阴滨江油库。

南通江海油库位于南通市跃龙路28号，库容14.6万立方米，有1座2.5万吨级码头。2007年，根据《关于将南通东海石化公司股权划转化工销售上海分公司的通知》要求，将江苏南通石油分公司持有的南通东海石化公司50%股权划转镇海炼化分公司，再将镇海炼化分公司持有的南通东海石化公司100%股权划转化工销售上海分公司，划转基准日为2007年11月30日。江海油库随之划出。

镇江三龙化工油库位于镇江市谏壁镇，与镇江谏壁油库毗邻，库容3.1万立方米。2005年，根据《关于将江苏石油分公司化工资产划转给国际事业公司的批复》，随化工江苏石油分公司整体划转给国际事业公司。

镇江谏壁化工二库位于镇江市谏壁镇，与镇江谏壁油库毗邻，库容1.6万立方米。2005年，根据《关于将江苏石油分公司化工资产划转给国际事业公司的批复》，随化工江苏石油分公司整体划转给国际事业公司。

江阴长山油库化工区库容2万立方米，有1座0.5万吨级码头。2005年，根据《关于将江苏石油分公司化工资产划转给国际事业公司的批复》，随化工江苏石油分公司整体划转给国际事业公司。

江阴滨江油库位于江阴滨江开发区，与江阴长山油库毗邻，库容9.9万立方米，有1座2.5万吨级码头。2010年，按照《关于调整燃料油经营管理体制的通知》和《关于做好燃料油经营管理体制调整实施有关事项的通知》、《关于省市公司与燃料油公司办理人财物划转有关事项的通知》要求，随江苏石油燃料油分公司整体划转中国石化燃料油销售有限公司。

三、改扩建油库

1. 盐城新兴油库扩容改造

2001年，盐城新兴油库拆除4只500立方米储罐，新建2000立方米和1000立方米内浮顶储罐各1只。2005年，按照《关于调整2004年仓储改扩建投资项目计划的通知》和《关于盐城分公司新兴油库新建油罐工程开工的批复》要求，盐城新兴油库拆除2只1000立方米储罐，新建2只2000立方米拱顶罐。工程总投资180万元。

2. 连云港临洪油库标准化改造

2003年3月，根据中石化总部安排，按照《关于连云港临洪油库改造项目开工建设的批复》要求，连云港临洪油库对铁路卸油、油罐计量、公路发油、输油工艺、供配电、消防、污水处理、自控系统进行了全面改造。工程总投资930万元。

3. 南京栖霞油库改扩建

2003年，按照《关于南京栖霞油库新建燃料油油罐工程开工的批复》，南京栖霞油库新建2只3000立方米燃料油储罐。工程总投资484万元。

4. 南通姚港油库发货场改造

2004年，按照《关于南通分公司姚港油库陆路发货系统改造工程开工的批复》要求，新建了发货场网架大棚及其基础、地坪、消防道路、发货泵房及工艺管线、发货台位和自动控制发货系统，安装了门禁系统、货位安全系统、电子汽车衡。工程总投资693万元。

姚港油库发货场改造前

姚港油库发货场改造后

5. 盐城灌河油库改造

2004年，按照《关于盐城灌河油库改扩建项目的开工批复》要求，在原有1只2000立方米储罐的基础上，改造盐城灌河油库。共新建2只1000立方米储罐和1只2000立方米储罐，迁建1只2000立方米储罐，并配套建设发货、消防、工艺设施和办公设施，油库采取租用方式，该库仅储存柴油。工程总投资498万元。

6. 高邮八里松油库改造

2004年，按照《关于高邮八里松油库改造工程开工的批复》要求，改造2只1000立方米拱顶罐储存汽油，并配套改造发货、消防、工艺设施，改造后八里松油库1000立方米内浮顶储罐4只、1000立方米拱顶储罐4只，采用趸船码头。工程总投资190万元。

7. 常州后袁油库发货场改造

2004年8月—2005年10月，对常州后袁油库发货场进行了全面改造，拆除高架罐，新建发货棚、改造发货系统和电气系统。工程总投资140万元。

8. 泰州油库发货场改造

2004年，按照《关于泰州油库陆路发货系统改造立项的批复》要求，泰州油库更换了陆路发货系统流量计、电液阀、自动发货系统等。工程总投资25万元。

9. 徐州周宅子油库新建发货场

周宅子油库原为高架罐发货系统，2004年6月作为隐患整改工程进行了发货场改造，10月完工。新建了发货场网架大棚及其基础、地坪，新建了发货泵房及工艺管线、发货台位和自动控制发货系统。工程总投资390万元。

10. 徐州周宅子油库管道配套库改造

为配套鲁皖管道运行，2004—2005年，江苏石油分公司成立鲁皖管道工程协调领导小组，实施周宅子油库配套改造工作。油罐

周宅子油库罐区

安装了混合法油罐自动计量系统，罐区安装电动阀门，库区控制使用了集中控制平台。工程总投资 1090 万元。

11. 乙醇汽油配套改造

2005 年，根据国家发改委的统一部署，江苏省在徐州、宿迁、盐城、连云港、淮安五市推广使用车用乙醇汽油，江苏石油分公司在苏北五市实施车用乙醇汽油配套改造工程。

徐州周宅子油库新建 500 立方米储罐 8 只，其中 2 只用作变形燃料乙醇储罐，2 只用作管输混油罐，4 只用作成品油储罐，配套新建了变性燃料乙醇卸车系统、6 套车用乙醇汽油汽车调和装车设施。工程总投资 578 万元。

淮安石桥油库配套新建了变性燃料乙醇卸车系统，将油库现有的 6 套公路发油系统改造为车用乙醇汽油调和装车系统。工程总投资 273 万元。

连云港临洪油库拆除停用的 12 只 200 立方米润滑油储罐，新建 2 只 500 立方米变性燃料乙醇储罐，配套新建了变性燃料乙醇卸车系统，在发货场增设 8 套乙醇汽油汽车调和装车系统，增设 4 套变性燃料乙醇铁路接卸系统，配套建设工艺管线、消防管线、防火堤、消防道路等设施。工程总投资 239 万元。

盐城新兴油库新建 1 只 500 立方米变性燃料乙醇储罐，配套新建了变性燃料乙醇卸车系统，在发货场增设 6 套乙醇汽油汽车调和装车系统。工程总投资 341 万元。

宿迁黑鱼汪油库改造 2 只 500 立方米柴油储罐，储存变性燃料乙醇，新建 2 只 2000 立方米柴油储罐，配套新建了变性燃料乙醇卸车系统，在发货场增设 4 套乙醇汽油汽车调和装车系统。工程总投资 303 万元。

12. 江阴长山油库发货场改造

2007 年，按照《关于长山油库陆路发货改造工程的开工批复》，新建了发货场网架大棚及其基础、地坪，发货泵房及工艺管线、

长山油库消防泵房

发货台位和自动控制发货系统、消防系统，总投资 880 万元。

13. 徐州周宅子油库扩容改造

2008 年，按照《关于江苏石油分公司周宅子油库扩容项目的批复》，周宅子油库新建 2 只 3000 立方米内浮顶储罐，并配套建设工艺和管道及相关设施。为满足水路发油需要，新铺设 2 条油罐区至码头输油管线。工程总投资 560 万元。

14. 苏南成品油管道配套油库改造

2009—2011 年，南京栖霞油库、镇江谏壁油库、常州钟楼油库、江阴长山油库、无锡周泾巷油库进行了苏南管道配套油库改造工作。

栖霞油库新建 3 只 1.5 万立方米储罐和 4 只 1 万立方米储罐，用于苏南管线首站储备管输油品，并配套建设管输站场、消防设施、陆路发货场、消防水罐等，新建 2 只 5000 立方米内浮顶储罐，用于储存汽油和柴油；新建 2 只 2500 立方米储罐，用于储存消防用水。工程总投资 9396 万元。

谏壁油库新建发货场、综合楼、中转泵房、管输站场、污水处理系统等。工程总投资 3204 万元。

长山油库拆除 18 只共计 1.16 万立方米

润滑油储罐，新建管输站场和2只500立方米浮顶罐，用于长输管线泄压。工程总投资3874万元。

周泾巷油库拆除31只共计3.34万立方米润滑油、化工储罐，新建3只1万立方米储罐、1只5000立方米储罐、4只1000立方米储罐和2只500立方米管输混油罐，新建

无锡周泾巷油库改造前

无锡周泾巷油库改造后

陆路发货场、综合楼、管输站场、污水处理系统等。工程总投资8032万元。

四、租赁油库

1. 租赁南京蓝燕油库

1998年省公司租赁南京蓝燕油库，2008年退租。

2. 租赁苏州昆山春光油库

按照《关于苏州分公司租赁昆山春光油库部分油罐的批复》要求，2005年租赁昆山春光油库罐容7200立方米，2008年退租。

五、油库油气回收改造

按照《储油库大气污染排放标准》，江苏石油分公司积极实施油库油气回收改造工作。2011年11月，江苏石油分公司将苏州通桥油库确定为全省油库油气回收试点单位，并向总部申报立项。2011年12月，江苏石油分公司接到中石化总部立项，正式开始项目实施工作。2012年4月，项目正式开工。2012年7月，项目主体竣工进入调试阶段。2012年9月，项目通过分公司预验收并投入试运行，成为江苏首座通过油气回收改造并试运行的油库。

2012年3月，江苏石油分公司向中石化总部申报栖霞油库、谏壁油库、钟楼油库、长山油库、姚港油库、周泾巷油库等6座油库油气回收改造立项。2012年6月，江苏石油分公司收到总部立项批复。2012年9月，6座油库陆续开工。

第二节 在营油库基本情况

截至2012年底，江苏石油分公司共有油库30座，在用储罐353只。其中一级油库3座、二级油库6座、三级油库10座、四级油库9座、润滑油专业库2座；油库码头37座，铁路专用线4条，陆路发货鹤位289个；7座油库有管输进货功能、4座油库有铁路进货功能，25座油库有水路进货功能，10座油库有公路进货功能。2012年油库吞吐量2573万吨，年平均周转21.8次。江苏石油分公司在用油库基本情况见表2—4—1。

一、南京栖霞油库

栖霞油库位于南京市栖霞区石油新村，占地面积14.3万平方米，北临长江，东临南

京炼油厂。截至2012年底，总容量16.8万立方米，其中含销售华东分公司管输首站罐容10万立方米；3000吨级钢结构浮动趸船码头1座，500吨级钢结构浮动趸船码头1座，29个货位的陆路油罐车发货棚1座。主要承担南京地区（除江北地区柴油外）的汽柴油供应。储存汽油、柴油、燃料油，在用员工108名。栖霞油库是苏南管道首站，建有配套的管输站场、泵房。

二、南京王家庄油库

王家庄油库位于南京市栖霞区神农路58号，占地面积5.83万平方米。该油库为润滑油专业库，担负省公司和南京地区桶装、小包装润滑油储存、中转和供应任务。在职员工17名。截至2012年底，散装润滑油仓储设施以及铁路专用线已停用，润滑油经营业务随润滑油中心划转润滑油江苏分公司。库内建有非油品中央仓以及省公司计量检定中心和质量检测中心。

三、南京灵岩油库

灵岩油库位于南京市六合区雄州马营村，占地面积2.66万平方米。库容2000立方米，600吨级码头1座，陆路发货鹤位2个。作为柴油中转分销库，担负南京江北地区柴油储存和供应任务。在职员工15名。

四、无锡周泾巷油库

周泾巷油库位于无锡市城南路南端，占地面积13.8万平方米，东靠沪宁铁路，西临京杭运河。库容7.4万立方米，500吨级码头3座，铁路专用线990米，22个车位，陆路发货鹤位21个。在职员工76名。该油库是苏南管道配套油库，连通苏南管道和金嘉湖管道。该油库储存汽油、柴油、润滑油、化工产品，并通过铁路代外单位中转液化石油气，主要供应无锡除宜兴以外地区。

五、无锡梅林油库

梅林油库位于宜兴市宜城镇东郊沧浦村，占地面积4.59万平方米，库容1.35万立方米，300吨级码头2座，陆路发货鹤位7个。在职员工25名。该油库储存汽油、柴油，主要供应无锡宜兴地区。

六、徐州周宅子油库

周宅子油库位于徐州市铜山县茅村小张家村。占地13.3万平方米，库容6.3万立方米，600吨级码头1座，铁路专用线1323米，40个车位；陆路发货鹤位14个。在职员工86名。该油库是鲁皖管道下载油库，储存汽油、柴油、变性燃料乙醇，主要供应徐州地区。

七、徐州徐塘油库

徐塘油库位于徐州邳州市天山路54号。占地面积4.7万平方米，库容1.2万立方米，铁路专用线330米，15个车位；陆路收货台位2个；陆路发货鹤位10个。在职员工28名。该油库只储存柴油，主要供应徐州邳州、新沂两地区。

八、常州钟楼油库

钟楼油库位于常州市钟楼区紫薇路6号。占地面积5.94万平方米，库容5.7万立方米，陆路发货鹤位22个。在职员工43名。该油库是苏南管道配套油库，储存汽油、柴油、整装润滑油，主要供应常州除溧阳以外地区。

九、常州后袁油库

后袁油库位于常州溧阳市新昌镇蒋店后袁村，占地面积3.33万平方米，库容1.2万立方米，350吨级码头1座；陆路发货鹤位10个；在职员工26名。该油库储存汽油、柴油，主要供应常州溧阳、金坛和南京溧水、高淳地区。

十、苏州通桥油库

通桥油库位于苏州市吴中区郭巷镇黄潦泾社区。占地面积11.7万平方米，库容14万立方米，500吨级码头2座；陆路发货鹤位

16个，24个鹤管；在职员工53名。该油库是金嘉湖管道配套油库，同时与苏南管道相连，主要储存汽油、柴油、整装润滑油，供应苏州除张家港、吴江以外地区。

十一、苏州平望油库

平望油库位于苏州吴江市平望镇太浦河北岸联农村。占地面积2.42万平方米，库容1.84万立方米，500吨级码头2座，陆路发货鹤位6个；在职员工22名。该油库储存汽油、柴油、润滑油，主要供应苏州吴江地区。

十二、南通姚港油库

姚港油库位于南通市姚港路30号，占地面积10.54万平方米，库容10.6万立方米，2.5万吨级码头1座（2.5万吨泊位1个、1000吨泊位2个），陆路发货鹤位18个；在职员工105名。该油库储存汽油、柴油、润滑油，主要供应南通地区。

十三、南通金沙油库

金沙油库位于南通市通州区金通大道1765号，占地面积2.07万平方米，库容1.12万立方米，500吨级码头2座，陆路发货鹤位2个；在职员工18名。该油库储存柴油、润滑油，主要供应南通通州、如东、海门和启东地区。

十四、连云港临洪油库

临洪油库位于连云港市新浦区临洪西路47号。占地面积9.3万平方米，库容2.62万立方米，铁路专用线1942米，48个车位；陆路发货鹤位16个；在职员工55名。该油库储存汽油、柴油、变性燃料乙醇、润滑油，主要供应连云港地区。

十五、连云港联顺油库

联顺油库位于连云港市连云港港务有限公司危险品库区。占地面积1.18万平方米，库容1.6万立方米，租用港务局码头，陆路发货鹤位6个；在职员工24名。该油库储存柴油，主要供应连云港港口地区。

十六、淮安石桥油库

石桥油库位于淮安市清浦区轮埠路7号。占地面积5.5万平方米，总库容1.5万立方米，拥有泊位能力500吨的汽、柴油码头各1座，陆路发货鹤位9个；在职员工57人。该油库储存汽油、柴油、变性燃料乙醇、桶装润滑油，主要负责淮安及区县汽、柴油供应任务。

十七、淮安运河油库

运河油库位于淮安市楚州区华亭路70号。占地面积3.33万平方米，库容8500立方米，800吨级码头1座，陆路发货鹤位12个；在职员工38名。该油库储存柴油，供应淮安部分地区。

十八、淮安下草湾油库

下草湾油库位于淮安市盱眙县鲍集镇。占地面积4800平方米，库容4000立方米，600吨级码头1座，陆路发货鹤位4个；在职员工16名。该油库储存柴油，供应淮安盱眙和毗邻地区。

十九、宿迁黑鱼汪油库

黑鱼汪油库位于宿迁市宿城区付庄居委会2号。占地面积2.9万平方米，库容1.65万立方米，1000吨级码头2座，陆路发货鹤位10个；在职员工58名。该油库储存汽油、柴油、变性燃料乙醇，主要供应宿迁地区。

二十、宿迁南关荡油库

南关荡油库位于宿迁沭阳市沭城镇孙巷居委会。占地面积1.9万平方米，库容7000立方米，500吨级码头1座，陆路收货台位6个；陆路发货鹤位6个；在职员工21名。该油库储存柴油，主要供应宿迁沭阳地区。

二十一、盐城新兴油库

新兴油库位于盐城市亭湖区新兴镇人民北路457号。占地面积5.26万平方米，库容1.9万立方米，500吨级码头2座，陆路发货鹤位10个；在职员工56名。该油库储存汽油、柴油、变性燃料乙醇，主要供应盐城地区。

二十二、盐城周家舍油库

周家舍油库位于盐城东台市经济开发区内。占地面积2.86万平方米，库容5000立方米，600吨级码头1座，陆路发货鹤位4个；在职员工21名。该油库储存柴油、润滑油，主要供应盐城东台、大丰地区。

二十三、盐城灌河油库

灌河油库位于盐城响水县开发区国家粮库北侧。占地面积9700平方米，库容6000立方米，租用地方码头，陆路收货台位4个；陆路发货鹤位4个；在职员工19名。该油库储存柴油，主要供应盐城响水、滨海、阜宁及连云港灌云、灌南部分地区。

二十四、扬州头道桥油库

头道桥油库位于扬州市东郊湾头镇头道桥。占地面积7.07万平方米，在用油罐15只，库容3.3万立方米，500吨级码头两座，陆路发货鹤位10个；在职员工55名。该油库储存汽油、柴油、润滑油，主要供应扬州地区。

二十五、扬州长江油库

长江油库位于扬州仪征市渡江路61号。占地面积3.94万平方米，库容4000立方米，1000吨级趸船码头1座，陆路发货鹤位2个；在职员工14名。该油库储存柴油、润滑油，主要供应扬州仪征地区。2011年由于管线设备问题，已停止柴油收发业务。

二十六、扬州八里松油库

八里松油库位于高邮市南郊八里松，占地面积4.66万平方米，库容8000立方米，500吨级钢制趸船码头1座，陆路发货鹤位6个；在职员工20名。该油库储存汽油、柴油，主要供应扬州高邮地区。

二十七、镇江谏壁油库

谏壁油库位于镇江市谏壁镇粮山村。占地面积2万平方米，库容6万立方米，2.5万吨级码头1座，1万吨级趸船码头1座，陆路发货位17个；在职员工76名。该油库是苏南管道配套油库，储存汽油、柴油，主要供应镇江地区。

二十八、镇江高家门油库

高家门油库位于镇江市镇宝路，占地面积3.2万平方米。该油库为润滑油专业库，担负省公司和镇江地区桶装、小包装润滑油储存、中转和供应任务。在职员工13名。2012年底，散装润滑油仓储设施及铁路专用线已停用，润滑油经营业务随润滑油中心划转润滑油江苏分公司。

二十九、泰州油库

泰州油库位于泰州市江洲路460号。占地面积6.88万平方米，库容2.26万立方米，300吨级码头2座（400吨级泊位5个），陆路发货鹤位14个，在职员工59名。该油库主要储存汽油、柴油、润滑油，主要供应泰州地区。

三十、江阴长山油库

长山油库位于江阴市滨江开发区安全村，占地面积13.8万平方米，库容7.2万立方米，2.5万吨级码头1座（2.5万吨泊位1个、500吨泊位2个），陆路发货鹤位14个，在职员工93名。该油库是苏南管道配套油库，具有管输注入功能，主要储存汽油、柴油、润滑油。

泰州油库全景

表2—4—1 江苏石油分公司在用油库基本情况表

序号	油库名称	所在区域	油库定位	接卸方式	储存品种	2012年吞吐量（万吨）	码头最大停靠吨位
1	栖霞油库	南京市栖霞区	区域中心库	内河（沿江）、管输	汽油、柴油、燃料油	286.43	3000
2	灵岩油库	南京市六合区	非中心库	内河	柴油	15.03	600
3	王家庄油库	南京市神农路	润滑油专业库	公路	润滑油	1.08	0
4	周泾巷油库	无锡市城南路	区域中心库	管道、内河、铁路	汽油、柴油、润滑油	155.59	500
5	梅林油库	宜兴市宜城镇	非中心库	内河	汽油、柴油	31.09	300
6	周宅子油库	徐州市铜山区茅村镇	区域中心库	管道、铁路、内河、公路	汽油、柴油	193.45	600
7	徐塘油库	徐州邳州市	非中心库	铁路、公路	柴油	14.00	0
8	钟楼油库	常州市钟楼开发区	区域中心库	管道	汽油、柴油、润滑油	115.85	0
9	后袁油库	溧阳市溧城镇	非中心库	内河	汽油、柴油	34.92	300
10	通桥油库	苏州市吴中区郭巷镇	区域中心库	管道、内河	汽油、柴油、润滑油	457.83	600
11	平望油库	苏州吴江市平望镇	非中心库	内河	汽油、柴油、润滑油	23.28	1000
12	姚港油库	南通市姚港路	区域中心库	内河（沿江）	汽油、柴油、润滑油	248.04	25000
13	金沙油库	南通市通州区	非中心库	内河	柴油、润滑油	3.99	500
14	临洪油库	连云港市新浦区	区域中心库	铁路、公路	汽油、柴油、润滑油	54.05	0
15	联顺油库	连云港港务公司危险品库区	非中心库	沿海	柴油	58.27	20000
16	石桥油库	淮安市清浦区	区域中心库	内河、公路	汽油、柴油、润滑油	36.72	300
17	运河油库	淮安市楚州区	非中心库	内河	柴油	60.49	1000
18	下草湾油库	淮安市盱眙县鲍集镇	非中心库	内河	柴油	0.97	600
19	黑鱼汪油库	宿迁市宿城区	区域中心库	内河、公路	汽油、柴油	77.07	1000
20	南关荡油库	宿迁市沭阳县	非中心库	内河、公路	柴油	16.45	500
21	新兴油库	盐城市亭湖区	区域中心库	内河、公路	汽油、柴油	91.85	550
22	周家舍油库	东台市东台镇	非中心库	内河	柴油、润滑油	16.18	500
23	灌河油库	盐城市响水县	非中心库	内河、公路	柴油	8.80	500
24	头道桥油库	扬州市东郊湾头镇	区域中心库	内河	汽油、柴油、润滑油	102.30	500
25	长江油库	扬州仪征市	非中心库	内河（沿江）	柴油	0.02	1000
26	八里松油库	扬州高邮市	非中心库	内河	汽油、柴油	16.41	600
27	泰州油库	泰州市江洲南路	区域中心库	内河	汽油、柴油、润滑油	84.97	300
28	谏壁油库	镇江市谏壁镇	区域中心库	管道、内河（沿江）	汽油、柴油	150.99	25000
29	高家门油库	镇江市镇宝路	润滑油专业库	公路	润滑油	0.41	0
30	长山油库	江阴市经济开发区	区域中心库	管道、内河（沿江）	汽油、柴油、润滑油	216.36	25000
合计在用油库30座						2573	

第五章　成品油管道建设

管输可以解决水路运输受制于天气、损耗大的困难，有效提高成品油运输的安全性，降低成品油的运输成本，更有效地保障市场供应，对强化企业核心竞争力有着重要意义。从2005年起，江苏石油分公司开始建设江苏成品油管网，相继完成了鲁皖成品油管道江苏段、金嘉湖成品油管道苏州支线及苏南成品油管道的建设。这三条管线的建成投油，使江苏境内成品油管道超过500千米，年输送成品油能力超过800万吨。

目前正在建设的苏北成品油管道于2012年3月开工，全长618千米，设计输量为545万吨／年。预计2014年中实现中交投油，届时江苏石油分公司可以从苏南、苏北两个方向将优质油品分别输送到全省各地，进一步增强市场保供能力。

江苏石油分公司“十二五”成品油规划见图2—5—1。

第一节　鲁皖成品油管道江苏段工程

鲁皖成品油管道途经山东、江苏至安徽，全长763千米，其中江苏徐州段71千米。管道设计输量650万吨／年，设计压力9兆帕。

2004年4月，按照中石化总部部署，根据鲁皖成品油管道工程协调会议精神，江苏石油分公司成立鲁皖成品油管道工程协调领导小组，专门负责协调、解决工程前期路由、规划等审批工作，参与施工方案设计、提出施工意见，负责与江苏省及徐州地方政府的工作协调、联络，争取支持配合。

2004年8月，江苏石油分公司在前期调研的基础上，委托华东管道设计研究院编制了《“徐州—宿迁成品油管道工程”方案设计》，上报总部《关于建设鲁皖成品油管道徐州—宿迁支线项目的请示》。

2005年2月，为进一步做好鲁皖成品油管道徐州周宅子油库配套工程项目，江苏石油分公司对管道项目建设领导小组进行了调整，成立了周宅子油库配套工程项目经理部，同时召开现场衔接协调会，全力推进工程建设。周宅子配套油库改造工程，总投资1090万元，油库油罐安装了混合法自动计量系统，罐区安装电动阀门、库区控制使用了集中控制平台。2005年12月底，工程投产。

第二节　金嘉湖成品油管道工程

利用金嘉湖成品油管线向苏州供应成品油管道工程是中石化总部和江苏省政府2008年度重点工程。2007年8月30日，在苏州举

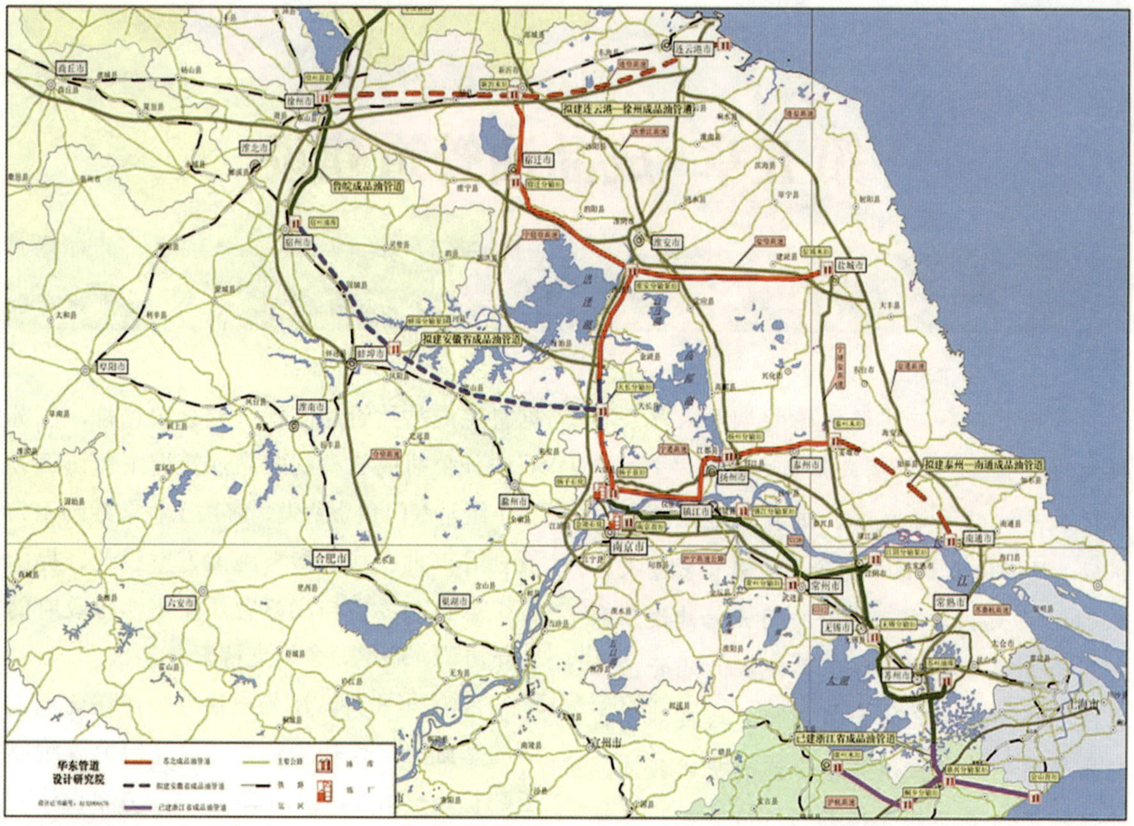

图 2—5—1　中国石化江苏“十二五”成品油管道规划图

行油库奠基仪式。本着“确保安全工程、打造优质工程、创建阳光工程、努力节约成本”的方针，紧紧围绕“安全、质量、进度、投资、合同“等五个方面抓好管理控制，2008 年 11 月完成了工程建设任务。

一、工程项目简介

1. 管线

管线全长 76 千米，其中苏州段 50 千米，管线年设计输量 250 万吨，管道设计压力 9 兆帕，并建设苏州末站 1 座。完成苏南管线同沟敷设 6.6 千米。

2. 末站

末站建于苏州通桥油库内，主要设施有收球系统、站控系统、计量系统及混油回掺系统、1 座泄放罐（500 立方米）、2 座混油罐（500 立方米）、阀组区等。

3. 油库

新建的通桥油库规划总容量 18 万立方米，本期建设总容量 14 万立方米（其中 5000 立方米油罐 8 只，1 万立方米油罐 2 只，2 万立方米油罐 4 只），发油车位 16 个，油库征地 146.55 亩。油库总体技术水平：一是油库下载罐与连续下载相关阀门均采用电动执行结构，可通过 PLC 实现集中控制和远程控制。在油罐上设置液位报警、联锁用的液位开关，与电动阀门实现联锁控制，确保油罐进出油品的安全。二是公路发油采用 DN100 鹤管、85—100 立方米 / 时流量的工艺，采用下装密闭系统。公路发油定量装车系统采用集散式微机发油系统，系统具有 IC 卡加油功能。三是油罐计量系统均采用《中国石化销售企业油库建设标准（试行）》推荐的混合法进行

2007年8月，苏州管道举行开工典礼

配置。油罐计量管理系统功能包括：数据采集和处理；显示动态流程；油罐液位、油品温度、密度、油水界面等参数检测与跟踪；可实现液位锁定、油罐高低液位软报警等功能。四是安全监控系统包括闭路电视安全监测部分和安全仪表，采用可燃气体浓度检测报警系统、闭路电视监控系统、火灾报警、周界报警及无线智能巡检系统。五是现场各类仪表信号直接或以总线方式送达油库总控制室的 PLC 或通信接口单元，站、库 PLC 以总线方式通信已实现控制信息的共享。六是配套油库的标识系统严格按照《中国石化销售企业油库建设标准（试行）》执行。

二、组织架构

为做好江苏成品油管道工程项目，江苏石油分公司成立成品油管道建设领导小组，作为工程实施统筹和重大问题决策的机构，组长由省公司经理担任，副组长由有关分管经理担任，成员由管道办、财务资产处、发展规划处、信息管理处、安全数质量处、人力资源处、企业管理处/法律事务处、审计处、纪检监察处、物资装备处、物流中心主要负责人组成。注册 “江苏成品油管道工程部”，下设管道建设办公室具体办事机构，实行项目法人制管理，下设以各分公司为依托的区域工程部。项目建设实行行业主管模式，采用项目法人制，推行工程监理制。

2006 年 7 月 31 日，中国石化股份公司以《关于成立江苏成品油管道工程项目经理部的批复》同意项目经理部及相关组织架构的设置。

三、项目审批

1. 中国石化总部立项

2007 年 3 月 14 日，中国石化股份公司下发《关于利用金嘉湖成品油管线向苏州供应成品油管道工程可行性研究报告的批复》，同意项目可研报告。

2. 省政府立项

2007 年 2 月 7 日，江苏省发改委组织召开利用金嘉湖成品油管线向苏州供应成品油管道工程（苏州段管线及相关配套设施）可行性研究报告审查会，同意通过可行性研究报告。2007 年 3 月 20 日，江苏省发改委以《省发改委关于核准利用金山—湖州管线向苏州供应成品油管道及配套设施项目的批复》对项目进行核准。

3. 环境评价批复

2006 年 9 月，江苏石油分公司委托江苏省环境科学院对利用金嘉湖成品油管线向苏州供应成品油管道工程编制环境预评价报告。2006 年 11 月，苏州项目部将《建设项目环境影响申报（登记）表》上报苏州市环保部门，并由项目所在地环保部门逐级上报至江苏省环保厅。2007 年 1 月 18 日，江苏省环保厅下发《关于对利用金山—湖州管线向苏州供应成品油管道工程（苏州段管线及相关配套设施）环境影响报告书的批复》。

4. 中国石化总部初步设计批复

2007 年 4 月 25 日，中国石化发展计划部下发《关于利用金嘉湖成品油管线向苏州供应成品油管道工程初步设计的批复》，对项目进行批复，批复投资为：管道工程 1.65 亿元、油库工程 2.10 亿元，共 3.75 亿元。

5. 其他批复

工程施工前期分别进行了安全预评价、环境评价、地质灾害评价、水土保持评价和职业卫生以及地震灾害评价等，并分别取得相关政府部门批复。

四、工程设计

工程项目外管线（含站场）部分由华东管道设计院负责设计；油库部分由天津中德设计工程有限公司负责设计，其中油库码头水工部分由苏州市交通设计研究院有限责任公司负责设计。华东管道设计院、天津中德设计工程有限公司以及苏州市交通设计研究院有限责任公司均为甲级资质设计单位。

工程设计单位由省公司发规处牵头负责选定单位进行商务洽谈。设备选型均由省公司物装处牵头负责，除部分进口阀门设备等以及站控系统由设计单位、供货方和苏州项目部签订技术协议指定供货商外，其余设备选型均由省公司物装处负责招议标确定。

五、施工招投标

工程的招投标由省公司发规处牵头负责招投标，其中油库的土建和桩基以及码头工程由苏州市招标办招标；油库的零星项目，如油库二道围墙施工、油库绿化等经省公司发规处授权，委托苏州分公司进行招议标。

六、物资采购

物资采购由省公司物装处牵头负责招投标，其中油库灯具采购等零星项目由省公司物装处委托苏州项目部会同苏州分公司共同进行招议标。管线的钢管防腐质量由监理单位驻场监造，确保产品质量。所有的入场设备由苏州项目部、施工单位、监理单位一起到场验货，并签字确认合格，形成台账。

七、合同管理

按照《江苏石油公司合同管理办法》、《江苏石油公司合同事务管理办法》以及《江苏成品油管道及配套油库工程建设管理办法》等规章制度，认真履行职责，主动接受审查监督，合同审查率 100%。所有合同均经省公司各相关处室或苏州分公司进行会签，纳入省公司管理体系编号归档，建立了台账。所有合同履行情况良好，未发生一起合同纠纷。

八、工程控制管理情况

1. 工程质量

严把施工单位的资质审查，施工单位按照设计要求和相关施工验收标准规范施工，现场监理分专业严格把关施工签证。第三方检测单位对管道焊口、油罐焊缝等关键部位的施工进行拍片检测。对材料供应、管线焊接、油罐安装施工等情况进行监督检查，对不合格的甲、乙供材料设备进行退场。整个工程未发生一起重大质量事故。

同时，采取以下措施加强质量管控：一是加强培训，认真钻研规范与技术标准，对《石油化工工程师实用技术手册》、《混凝土工程施工与质量验收实用手册》、《油气管道工程监理实用手册》、《输油管道规程汇编》等专业书籍及施工管理技术规范进行系统学习。二是抓焊接质量，通过查验现场焊工身份、现场技术考核评定优选焊工，通过第三方无损检测保证每一道焊口都符合标准。做好回填前防腐层检测，对试压、吹扫等环节进行监督，并做好记录。三是抓好关键环节。对土建有关隐蔽工程、屋面防水、电气线路、阴保施工等加强旁站管理，做好相关检查确认。对材料设备严把进货关，严格验收。

油库和管线的安装施工由中石化质量监督站管道储运分站进行质量监督，整个工程质量合格。在油库的土建施工中，苏州市吴中区质监站对所有的桩基和承台的混凝土施工以及钢筋等用料进行检测，检测结果全部合格，确保了工程质量。

2. 统筹计划

一是抓好以监理、设计为龙头的施工管理队伍。一方面，严格监理人员素质，对不合格人员进行清退，更换适岗人员；另一方面，与监理和施工单位定期碰头，强化落实施工统筹计划。二是根据不同阶段，解决主要矛盾。初期，重点是解决进场准备和施工准备。正式施工后，重点是科学组织。倒排施工工期，充分规划设备、机具、人力、材料，并进行合理调度，把施工强度合理地调整到最大，千方百计加快工程进度。落实责任，做好压力层层传递，保证施工进度。根据施工作业特点，尽可能多点交叉作业。扫尾阶段重点是清障。根据不同阶段的工作要求，适时开展工程会战，营造“比学赶帮超”的竞争氛围，促进整体施工进度。

3. 安全管理

严格落实安全生产责任制，所有人员进场前开展安全教育。施工单位在施工前经监理单位审查施工方案，做到人员到位、责任到位、措施到位。进入受限空间、高空作业时，严格执行作业票制度。特别针对油罐正负压试验和喷沙除锈等高危险施工，不仅检查安全措施的落实情况，还进行现场监督。为进一步保障已建成管线安全工作，施工单位落实巡线责任，对部分段因其他单位施工，做到专人值守，做到已施工管线上方无违章建筑、无损坏管道现象以及无水土流失现象。整个工程的安全管理体系运转正常，没有发生一起安全事故。

4. 投资控制

按照“节约工程每一分钱”的指导思想，做好投资控制。加强与地方政府协调，全心全意降成本。认真做好补偿清查，做好施工方案优化，合理节约费用。加强工程签证管理，严把工程付款过程，加强采购供应管理，合理节约费用。

5. 内部建设

建立临时党支部，加强思想政治工作，强化“自警、自律、自励、自省”意识。落实廉洁责任，主动接受审计、监察全过程的监督管理。

九、管理制度

建立健全管理体系，制定下发了《江苏成品油管道及配套油库工程建设管理办法》、《江苏成品油管道工程部 QHSE 工作职责及考核办法》、《江苏石油分公司管道工程量变更管理办法》等制度，并严格执行，做到有章可循。

十、建设工期

1. 线路工程

2007 年 12 月 5 日点火开焊。2008 年 8 月 8 日全线贯通，8 月 30 日完成苏州支线通球、扫线、试压。

2. 站场工程

2008 年 3 月初开工，8 月 10 日完成主体工程，9 月 1 日管道工程完成三查四定，9 月 15 日完成整改和单体调试，9 月 20 日完成中交。

3. 油库工程

2007 年 8 月 30 日奠基，10 月 20 日正式

开始进行油罐基础打桩。2008年3月初开始油罐安装，8月30日完成"三查四定"，9月18日完成整改和单体调试,9月21日完成中交。

4. 投油

2008年10月27日，中国石化总部工程部组织专家组对苏州成品油管道油库工程进行投油条件检查确认和投油方案审查后，同意投油。11月14日，从上海陈山首站起泵输油，15日晚8：32分，3200吨柴油顺利进罐，实现了管线油库全线投油一次成功。

2008年11月，苏州管道工程投油庆典

第三节 江苏成品油管道（江南线）工程

2009年6月，江苏成品油管道（江南线）工程开工建设。按照"加快建设进度、强化工程质量、规范投资管理"的总体思路，沿线6个区域工程部、3个监理单位、9个施工单位、15个作业工地、近1300名参建人员，于2010年12月，完成了393千米管线及配套油库工程建设任务。

一、工程项目简介

江苏成品油管道（江南线）工程建设项目由成品油管道工程和配套油库工程组成。成品油管道工程及站场由华东管道设计院负责设计，管道起点为南京栖霞油库，途经镇江谏壁油库、常州钟楼油库、江阴长山油库、无锡周泾巷油库，终点为苏州通桥油库。管道输送汽油（90#、93#、97#）、柴油（0#、-10#）2大类5个品种。

1. 管道工程

管道工程设计输量为300万吨/年。南京—扬子管道支线设计输量为300万吨/年，管线全长393千米。南京玉带油库—南京栖霞油库，输油管径为323.9毫米，设计压力为5.0兆帕；江阴长山油库——苏州末站，输油管径为323.9毫米，南京栖霞油库——江阴长山油库，输油管径为406.4毫米，设计压力为10兆帕。

2. 配套油库工程

配套油库工程由天津中德工程设计有限公司负责设计。新建南京玉带油库（一期），规划设计库容量为11万立方米。改扩建南京栖霞油库（首站），新增库容量10万立方米；改建镇江谏壁油库（分输泵站）；迁建常州钟楼油库（分输站），新增库容量5.5万立方米；改建江阴长山油库（分输泵站）；改扩建无锡周泾巷油库（分输站），新增库容量3.5万立方米。

苏南配套油库总体技术水平：一是油库下载罐与连续下载相关阀门均采用电动执行结构，可通过PLC实现集中控制和远程控制。在油罐上设置液位报警、联锁用的液位开关，与电动阀门实现联锁控制，确保油罐进出油品的安全。二是公路发油采用DN100鹤管、

85—100 立方米 / 时流量的工艺，采用下装密闭系统。公路发油定量装车系统采用集散式微机发油系统，具有 IC 卡加油功能。三是油罐计量系统均采用《中国石化销售企业油库建设标准（试行）》推荐的混合法进行配置。油罐计量管理系统功能包括：数据采集和处理；显示动态流程；油罐液位、油品温度、密度、油水界面等参数检测与跟踪；液位锁定、油罐高低液位软报警等。四是安全监控系统包括闭路电视安全监测部分和安全仪表，采用可燃气体浓度检测报警系统、闭路电视监控系统、火灾报警、周界报警及无线智能巡检系统。五是现场各类仪表信号直接或以总线方式送达油库总控制室的 PLC 或通信接口单元，站、库 PLC 以总线方式通信实现控制信息的共享。六是配套油库的标识系统严格按照《中国石化销售企业油库建设标准（试行）》执行。

长山油库罐区改造前

长山油库罐区改造后

二、组织架构

2007 年 6 月 26 日，成立成品油管道建设领导小组，作为工程实施统筹和重大问题决策的机构。注册“江苏成品油管道工程部”，实行项目法人制管理，下设以各分公司为依托的区域工程部。项目建设实行行业主管模式，采用项目法人制，推行工程监理制。

三、项目决策及审批

1. 总部立项

2007 年 6 月 22 日，中国石化股份公司下发《关于江苏石油分公司江苏成品油管道（江南线）工程可行性研究报告的批复》，同意项目可研报告。

2. 省政府立项

2008 年 9 月 11 日，江苏省发改委组织召开“苏南成品油管道及配套油库工程可行性研究报告审查会”，通过可行性研究报告审查。2008 年 9 月 28 日，江苏省发改委下发《省发改委关于核准中石化苏南成品油管道及配套油库工程的批复》，对项目进行核准。

3. 专项评价

江苏成品油管道（江南线）工程施工前期分别进行了安全预评价、环境评价、地质灾害评价、水土保持评价等，并分别召开专家审查会议，由主管政府部门对评价进行专项批复。

2008 年 7 月 8 日，江苏省环境保护厅结合江苏省环境工程咨询中心技术评估意见，以及南京市、镇江市、常州市、无锡市、苏州市、江阴市环保局初审意见，分别以《关于对江苏成品油管道工程及相关配套设施项目（江南干线、金陵—扬子联接线及配套的南京栖霞油库、镇江谏壁油库、江阴长山油库、无锡周泾巷油库改扩建）环境影响报告书的批复》、《关于对中国石油化工股份有限公司南京石油分公司江苏成品油管道配套扬子玉带油库环境影响报告表的批复》、《关于中石化南京分公司栖霞油库发货场改造工程项目环境影响报告表的批复》批复同意，常州市环境保护局对常州钟楼油库项目也进行了批复。

2008年7月14日，江苏省安全生产监督管理局以《危险化学品建设项目安全许可意见书》，对苏南成品油管道项目安全预评价进行了批复。

2007年12月17日，江苏省国土资源厅对《江苏成品油管道工程（江南线）地质灾害危险性评估报告》进行了批复。

2008年1月16日，由江苏省水利厅对《江苏成品油管道（江南线）工程水土保持方案报告书》进行了批复。

4. 初步设计批复

2008年6月2日，中国石化发展计划部以《关于江苏成品油管道（江南线）工程初步设计的批复》对项目进行批复，批复投资为管道工程9.60亿元、油库工程4.40亿元、金陵配套工程0.17亿元、扬子配套工程0.03亿元，共计14.20亿元。

四、工程设计

华东管道设计院负责编制江苏成品油管道工程（江南线）成品油管道工程可行性研究报告、初步设计，负责完成（江南线）成品油管道工程线路工程及相关工艺站场的施工图设计；全线自控系统（SCADA系统）的施工图设计。

天津中德工程设计有限公司负责配套油库设施项目的可行性研究报告、初步设计，负责配套油库设施项目的施工图设计。

华东管道设计院和天津中德设计工程有限公司均为甲级资质设计单位。设计单位的选定由省公司发规处牵头负责选定单位进行商务洽谈。

五、施工招投标

在施工招投标过程中，严格执行“公平、公开、公正”的原则，管道、发规、法律、纪检、审计、财务等多部门密切配合、共同操作监督。具体操作中，由管道办提出需求，发展规划处进行具体标书编制，监督部门负责帮助审核把关。开评标当日共同参加、互相监督。中标候选人由评委推荐，定标由相关部门共同商议，报领导审定。

在苏南管道及配套油库建设中，江苏石油分公司加强与总部招标办的沟通，从招标规划开始，直至招标的具体操作，每个步骤按总部要求进行、报总部审批。标书、邀请单位、开标组织、评委安排、定标情况及时向总部汇报。通过招标节省了标底额10%的投资，各阶段的招标工作均公开透明，累计开展招标26项、金额达6.7亿元。

六、物资采购

江苏管道工程物资采购和供应执行内控制度和采购流程。统筹安排采购时间，确保按期供应。加强供应商管理，做好物资供应沟通协调工作，对物资供应中出现的问题，及时协调解决。采购物资设备涉及罐板、管线钢管、输油泵、阀门等52大类、1000余项物资。

对于自采物资，严格按《江苏石油分公司物资供应管理试行办法》实施，对单项30万元以上的物资，由物资装备管理处组织，管道办、物流、财务等相关部门参加，进行招标采购；纪检监察处、审计处、法律事务处等监督部门人员组成监督小组，对采购全过程进行监督。

对重点的阀门、电缆、流量计等设备，在中国石化供应商网络内，通过招标等竞争

管道施工场面

性采购方式确定供应商，并对供应商资质、规模等情况进行实地考察。共组织9次考察，分别考察了上海良工阀门厂有限公司、合肥精都机电仪表有限公司、上海哈威新材料技术股份有限公司、江苏奥光波纹管有限公司、上海一诺仪表有限公司、远东电缆有限公司等供应商。

对于主要设备材料（如阀门、泵）的供应厂家，规定提供产品的生产结点，确保设备的到货时间。在建设过程中，在生产的关键结点，物装处和管道办相关人员到厂监督，保证产品质量。

在工程施工过程中，因现场实际原因发生大量工程变更，新增设备供应存在供货周期问题，采取各种方式保证物资及时到位。量大的物资，提出需求后直接去厂家联系催货；量小的设备，现场直接采购。

七、开工建设

项目前期获取了项目规划、核准立项、土地计划、安监审查等各项政府批文；取得环评、安评、水保、地灾、职卫等各类评价批复；提前完成钢管、钢板等各类主材的采购，完成其余小型零散物资设备的需求提报、订购；招标确定了监理、施工、通信、穿越、防腐等20支队伍。

2009年4月15日，油库工程分阶段进场开工。2009年6月2日，在常州举行了江苏成品油管道工程开工典礼。6月10日，管道各区域工程陆续开工建设。

苏南管道工程参建单位见表2—5—1。

八、工程管理实施情况

1. 构建四大管理体系

一是规范运转体系。实行成品油管道建设领导小组领导下的项目部负责制，并组建了区域工程分部和现场工程部，分公司经理兼任工程分部经理、分管副经理（书记）兼任现场工程部经理、区域安委会对施工现场派出安全监督员。省公司项目部组建了以总工程师负责的专家组，明确了管道办、工程分部、项目部专业部、职能处室、专家组和效能监察组相结合的一体化管理体制，强化了责任永久追溯的理念。同时，加强工程的统筹协调，实行周、月度全线工程协调会，形成了运营高效的管道建设管理格局。

二是制度标准体系。管道建设开展初期，制定下发了管道工程各类专项制度，签订项目责任书和廉政责任书，建立循环考核评价体系。管道建设实施过程中，完善施工手册、补偿流程、安全规范、物资采购、费用管理、廉政建设、档案管理、工程变更管理等10大类管理制度，积极开展各类培训。

三是补偿操作体系。在建设初期即对各工程分部明确了区域补偿控制总额，明确了补偿工作成效基本考评标准。确定了所有补偿均由分公司（工程分部）统一对外洽谈，对分公司充分授权，给予一定额度的备用金，分公司纪检、跟踪审计同步介入，保证“洽谈—签约—承付资金”按最高效流程办理。对重大

表2—5—1 苏南管道工程全体参建单位

序号	单位名称	承担工作	备注
1	石化质量监督总站管道储运分站	质量监督	
2	华东管道设计研究院	线路、站场设计	
3	天津中德工程设计有限公司	油库设计	
4	濮阳中油工程管理有限公司	监理	扬子玉带油库、南京栖霞油库、南京段管线
5	江苏石油勘探局工程监理部	监理	镇江谏壁油库、常州钟楼油库、江阴长山油库及镇江段、常州段、江阴段管道
6	青岛越洋工程设备监理有限公司	监理	无锡周泾巷油库、无锡、苏州段管道
7	胜利油田胜利石油化工建设有限责任公司	线路安装Ⅰ标段施工	南京段管道
8	中国石化集团第二建设公司	线路Ⅱ标段施工	江阴段线路
9	中原石油勘探局工程建设总公司	线路Ⅲ标段施工	无锡、苏州段管路
10	南京金陵石化建筑安装工程有限公司	油库Ⅰ标段施工	南京栖霞油库、镇江谏壁油库
11	中国石化集团第二建设公司	油库Ⅱ标段施工	扬子玉带油库、江阴长山油库
12	南京南化建设有限公司	油库Ⅲ标段施工	常州钟楼油库、无锡周泾巷
13	江苏省邮电建设工程有限公司	通信外线路光缆敷设工程	南京—苏州线路段
14	江汉石油管理局油田建设工程公司	Ⅰ标段穿跨越工程	常州段
15	河南油田油建工程建设有限责任公司	Ⅱ标段穿跨越工程	无锡段
16	江苏石油勘探管理局油田建设处	Ⅲ标段穿跨越工程	苏州段
17	宁波科鑫腐蚀控制工程有限公司	管道防腐	
18	北京中石祥和无损探伤监测有限公司	Ⅰ标段工程监测	南京—镇江段油库、站场、管线
19	胜利油田方正工程建设监测中心	Ⅱ标段工程监测	常州—江阴段油库、站场、管线
20	徐州环宇工程监测有限公司	Ⅲ标段工程监测	无锡—苏州段油库、站场、管线

补偿方案省公司直接指挥，深度介入，提高效率。对政府控制能力强的地区，尽量采取统一的补偿标准；对当地需求差异较大的区域，充分发挥市、县、乡、村各层面政府的管理优势，实行差别化管理，“一乡一策、一村一策”。

四是监督保障体系。江苏管道工程列为公司效能监察重点项目，纪检监察处牵头组建监察小组，进驻工程项目部现场办公，全过程同步监察。省公司外聘跟踪审计，现场实地提出隐蔽工程、变更工程等设计工程量变动依据。工程所有合同协议均由省公司法律人员审核把关，按照“高效、规范、务实”的原则，加强合同管理，防范法律风险。

2. 强化五大控制目标

一是统筹计划控制目标。项目部、工程分部紧扣统筹计划展开工作，利用专题会审核完善区域工程部统筹计划。各工程分部实行每日碰头会、每周工程例会，检查计划执行情况。项目部定期（周、月）召开月度全线工程协调会，每周选择重点、难点事项到施工现场直接会办，集中研究解决计划执行中的突出矛盾和问题。将统筹计划细化到标段和单体，分解至每个作业面、环节、措施、时间和责任人，形成施工目标进度节点。

二是安全监管控制目标。贯彻“安全第一、预防为主、全员动手、综合治理”的安全方针，全面实施“危害识别、风险评估、预案演练”的管理模式，依托各区域安委会建立三级安全管理网络体系：区域工程部、监理单位、施工单位。开工初期召开安全现场推进会，对20类施工作业和18种作业机具进行了危害识别与风险评估，对全员全面展开施工安全教育，牢固树立“施工建设、安全先行”的理念，构建现场三级安全生产责任体系。省、

2009年6月，召开苏南管道及配套库改造工程施工安全现场会

分公司两级工程部建立常态安全大检查考核，特别是对改造库和重大作业实行风险方案审查评价制，加强重大特殊作业监管，安全管理总体处于受控状态。

三是工程质量控制目标。坚持“科学管理、规范施工、争优质工程；严把质量、不断改进、创满意工程”方针，开展质量三级检查制度，区域工程部、监理单位责任人每天现场督检，每周进行一次B级质量检查，对关键施工环节包括管线焊接、补口、管沟开挖、管线下沟、管线或定向钻通球、试压、测经，以及定向钻回拖施工全过程质量控制责任到人，严格质量规范施工，对管线大开挖、穿（跨）越工程、定向钻施工、隐蔽工程，制定落实专门的质量技术方案，确保管道施工质量在可控范围内。专项布置落实适季施工安全技术、定向钻全过程施工管理、管道顶管和管线连头作业、管道分段清管和分段试压等重要工序的质量管理工作。

在集团公司质量监督总站具体指导下，办理工程质量监督手续，对工程质量实施政府监督职能。油库和管线的安装施工由中石化质量监督站管道储运分站进行质量监督，由北京中石祥和无损探伤监测有限公司、胜利油田方正工程建设监测中心、徐州环宇工程监测有限公司承担工程检测任务。中石化总部质检站专家检查后评价：苏南管道工程

质量和HSE保证体系运转正常，经检查统计，管线一次焊接合格率达98.6%，油库罐体焊接一次合格率达98.7%，工程实体的建设过程质量总体处于受控状态。

四是合同管理控制目标。按照内控要求进行合同审批和签订工作，有效防范合同法律风险。前期，开展调查监督，法律部门参与项目前期尽职调查及招投标（商务谈判）过程，履行法律审查和监督职责。规范合同审批资料，规定项目合同送审时须具备项目立项批复文件、《合同审查登记表》、项目主办部门审核意见、财务部门关于资金问题审核意见等资料；规范合同审批程序，合同首先由项目主办部门兼职合同管理员，结合相关合同示范文本草拟并进行商务条款审查，随后由财务部门对资金支付条款把关，然后由法律事务部门对合同进行合法性审核，后报公司领导审定。同时，妥善保管合同资料。对于已签署的合同及相关审批资料，法律部门和项目主办部门分别留存保管，确保有档可查。

焊接口防腐测拉检验

五是成本管理控制目标。依据总部内控要求，制定了《成品油管道及配套油库投资项目财务管理实施办法》，指导管道的核算与管理工作。根据销售企业管道投资财务集中管理的原则，管道及配套油库投资所发生的所有资本性支出和费用性支出在省公司本部核算，不单独设置账套，在系统中设立了专门的成本中心、PS项目进行核算与管理，按实际发生数据实列支，所有项目支出实行计划管理，实行专款专用，计划在PS系统中单独下达，超计划系统将不予做订单。资金支付程序按照《江苏石油分公司资本性支出集中核算暂行办法》执行。财务部门根据监理公司、跟踪审计、项目部有关部门审核无误的付款申请、施工方提供的发票等相关资料，与施工单位对清往来款项，核对无误后付款。

3. 抓好六大突破

一是路由调整。占总里程13%的路由获得优化调整，特别是镇江338省道、江阴入库管道路由的优化调整，节约工程成本，确保工程施工进度。

二是铁路、高速公路协调。省、分公司上下联动，得到上海铁路局、沿线高速公路公司、路政总队、省交通厅的支持。上海铁路局牵头召开20余次会议，交通部门也热情帮助，管道成功穿越铁路7条18次，穿越高速公路36条次。

三是难点施工。江阴岩石穿越、通桥库反输改造、镇江宝华段鹅卵石施工推进、苏州洋宝山开挖铺设、南京甲鱼塘穿越、无锡入库管道中交验收后更换等一系列的难点作业、特殊作业，都成功取得突破。

四是部队协调。加强沟通，获准通过部队18条通信光缆的穿越铺设。建设期间部队还派出战士全程看护，为工程建设获得了宝贵时间。

五是工程竣工验收。在管道、油库主体工程竣工的同时，省公司、管道沿线各分公司在较短时间内与华东公司完成管道、阀室、配电、站场的工程中交验收；完成了站场自控远程调试、站场油库联动调试，自行铺设的光缆全面投入运营；项目部、沿线各工程

2010年4月，镇江段召开警企联防协调会

分部同物流中心完成了新建、改造油库的中交验收；物流中心统筹调集全系统油库专业管理人员，经培训考核后上岗，做好了迎接管道输油的各项准备工作。

六是投油生产组织。江苏石油分公司会同销售华东分公司组建了投油生产指挥部，各分公司相应成立了投油生产指挥分部，完成全线水联运、消防验收、环评验收、安全备案；管道工程全面通过总部工程部组织的投油生产准备条件确认。投油当日，各分公司（工程分部）亲临一线，设计、施工、监理单位和主要设备供应商聚集现场，严阵以待，省公司指挥巡视组、应急专家组全程跟踪，投油组织务实有序。

九、工程建设管理制度建立与执行

制定完善施工管理手册、补偿办法、安全规范、物资采购、费用管理、廉政建设、档案管理、工程变更管理等10大类管理制度，开展各类专业培训16期，促进了工程管理队伍素质提高。同时建立考核评价体系，层层签订项目责任书和廉政责任书，采取月度通报、现场督察、工程点评的方式，提高工作热情和积极性。

十、工程“三查四定”及投油

2010年9月，主体工程完工、完成“三查四定”。

2010年10月，完成工程中交和水联运。

2010年12月17日，首批5.2万吨柴油从南京栖霞油库发出，17日晚上11:46分到达镇江谏壁油库，18日中午11:30分到达常州钟楼油库，19日凌晨3:22分到达江阴长山油库，19日下午4:32分到达无锡周泾巷油库，20日上午9:20顺利抵达苏州通桥油库。实现了苏南管线油库全线投油一次成功。

2010年10月，苏南管道成功投油

第四节 江苏成品油管道（江北线）工程

2012年初，江苏成品油管道（苏北）工程前期工作开始启动；7月底，苏北管道施工建设已全面启动。2012年底，各项工作进展顺利。

一、工程项目简介

苏北成品油管道全长618千米，途经苏北7个地级城市及安徽天长，分成东干线、北干线及淮安盐城支线。东干线途经南京、扬州、泰州，长度为165千米；北干线途经南京、安徽天长、淮安、宿迁、新沂，长度为327千米；支线为淮安至盐城，长度为120千米。管道设计输量545万吨/年，其中扬子—泰州干线设计输量230万吨/年、扬子—新沂干线设计输量315万吨/年（淮安—盐城支线设计输量125万吨/年）。成品油输送采取常温顺序输送工艺，管道干线、支线设计压力为9.5兆帕。

东干线：扬子玉带油库（新建）为首站，途经扬州头道桥油库，终点为泰州溱湖油库（新建）；北干线：扬子玉带油库（新建）为首站，途经安徽天长到淮安齐湖油库（新建）、宿迁黑鱼汪油库，终点为新沂新安油库（新建）；北干线支线：起点是淮安齐湖油库（新建），终点是盐城新兴油库。全线设工艺站场7座，其中扬子首站1座，淮安分输泵站1座，扬州、宿迁分输站2座，泰州、新沂、盐城末站3座。全线设手动线路截断阀室22座；阴极保护站11座。

东干线、北干线管径355.6毫米，材质选用1415直缝电阻焊钢管；淮安—盐城支线管径355.6毫米，材质选用1360直缝电阻焊钢管。

管道防腐采用外防腐层和强制电流为主、牺牲阳极为辅的阴极保护系统。全线防腐采用加强级三层PE；管道热弯弯管采用加强级熔结环氧粉末；管道焊缝采用热收缩套补口。

新建及改扩建油库站7座，新增库容49.6万立方米，改造库容2.5万立方米。管道投资14.7亿元，油库投资8.5亿元。

二、组织架构

2007年6月26日，成立成品油管道建设领导小组，作为工程实施统筹和重大问题决策的机构。注册“江苏成品油管道工程部”，实行项目法人制管理，下设以各分公司为依托的区域工程部。项目建设实行行业主管模式，采用项目法人制，推行工程监理制。

三、项目决策及审批

1. 总部立项

2010年2月23日，中国石化股份公司下发《关于苏北成品油管道油库配套设施工程可行性研究报告的批复》，同意工程可研报告。

2. 专项评价

施工前期，苏北成品油管道及配套油库工程分别进行了安全预评价、环境评价、地震安全性评价、地质灾害评价、水土保持评价等，分别召开专家审查会议，由主管政府部门对评价进行专项批复。

2010年7月19日，江苏省国土资源厅对《苏北成品油管道及油库配套设施工程地质灾害危险性评估报告》进行了批复同意。

2010年7月21日，由江苏省水利厅对《苏北成品油管道工程水土保持方案报告书》进行了批复同意。

2010年11月8日，江苏省安全生产监督管理局以《危险化学品建设项目安全许可意见书》，对苏北成品油管道项目安全预评价进行了批复同意。

2010年11月25日，江苏省环境保护厅结合江苏省环境工程咨询中心技术评估意见以及扬州市、泰州市、盐城市、淮安市、宿迁市、徐州市环保局初审意见，以《关于对苏北成品油管道及配套油库工程（新建北干线、东干线、支线及配套的扬子玉带油库、扬州头道桥油库、盐城新兴油库改扩建）环境影响报告书的批复》，对苏北成品油管道及配套油库项目进行了批复同意。

2010年11月23日，江苏省地震局对《关于苏北成品油管线及配套油库（苏北段）工程场地地震安全性评价报告》进行了批复同意。

3. 省政府立项

2010年12月29—30日，江苏省发改委组织召开“江北成品油管道及配套油库工程项目核准会”，严格审查后同意通过。2011年7月12日，江苏省发改委以《省发展改革委关于中石化江苏江北成品油管道及配套油库项目核准的批复》对项目进行核准。

4. 初步设计批复

2010年10月15日、12月9日，中国石化发展计划部分别以《关于江苏石油分公司苏北成品油管道工程基础设计的批复》、《关于江苏石油分公司苏北成品油管道油库配套设施工程基础设计的批复》对项目进行批复，批复投资为：管道工程14.67亿元、油库工程8.48亿元，两项合计23.15亿元。

四、工程前期工作开展情况

1. 完成各类重点审批

2012年以来，组建专门工作小组，加强汇报沟通，通过层层努力，苏北管道专项评价全部结束，取得发改、国土、住建、安全、环保、地震、文物等部门的批复文件。特别是通过了省能源局组织评审会，并列入江苏省“十二五”重点工程项目。

2. 加强工程部内部管理

一是抓培训。2012年初，组织召开了管道工程培训班，对“五大控制”为主的安全控制管理、油库施工管理、线路施工管理、档案控制管理、施工现场管理等进行了培训，增长了各区域管道人员施工控制管理方面的知识。

二是抓例会。2012年5月，在淮安组织召开了苏北成品油管道工程例会，对管道建设指导意见、工程创优规划等重要文件进行了宣贯，汇报研究了有关标段工程统筹大纲。

三是抓制度。进一步完善工程例会、信息通报、OA管道模块、上下沟通机制，不断提升工作效率。着重加强对各区域管理人员的激励考核，专门制定《管道工程条线比学赶帮超竞赛方案》，在五大控制、内部管理、廉政党纪方面设定指标，强化管道工程队伍建设、能力建设和作风建设。编制宣贯《工程建设指导意见》、《工程创优规划》、《工程安全责任方案》，强化工程建设制度保障。

四抓合同。充分总结苏南管道建设经验，征求法律、审计、纪检等监督审查部门的意见，对苏北管道线路、油库、防腐等各类工程合同进行全方位的修改调整，完善重点条款内容的严谨性。

3. 作好施工准备

一是做好前期工程招标准备工作，推荐了6家线路、8家油库施工投标单位，编制541千米4个标段的线路招标清单预算、4个油库的招标清单和预算控制价，线路和油库清单方案均通过第三方跟踪审计的审核。向14家投标单位发放了图纸，分别组织了线路、油库的现场踏勘，召开了3次图纸答疑会，对相关问题进行回复反馈。

二是作好线路工程施工准备。加大对各区域的工作指导和督促，苏北管线南京、泰州、淮安、宿迁、徐州、盐城区域路由中线已经规划审核确认；扬州管线已完成仪征市、江都市路由中线确认，扬州城区初步达成共识。规划许可证已办理好的有宿迁市区、泗阳县。2012年5月，已完成各区域内的开工点选择。沿途已完成防洪评价的市管河道的统计。各区域工程部积极收集地方政府下发的拆迁补偿标准和近年国家、省、市重点工程在辖区的拆迁补偿标准，并确定了新的补偿标准，对部分确定路由（淮安洪泽段、盐城段、徐州段、泰州段等）编制了补偿方案，为后期打开作业面作好准备。

三是作好油库工程施工准备。对苏北各个新建改造库，以作好“四通一平”为重点，加强对各区域的现场查看、工作对接和协调促进。新建油库中徐州新安、泰州溱湖库的“四通一平”全部完成，满足施工要求。宿迁油库的围墙砌筑已完成。泰州、淮安、徐州油库完成了规划审批、安评环评、防雷设计审查、施工图设计审核，消防报建正在办理中。扬州头道桥油库的防洪评价报告完成，评估单位近期将组织专家进行评审。特别是围绕玉带油库项目，以样板示范库为标准，倒排统筹，精心谋划，做好前期报批、化工园政策处理、油罐基础等关键节点，采取销项责任制等措施有力推进施工。

管道焊接

4. 做好苏南苏北扩容改造库技术工作

组织相关职能部门单位，到苏南苏北4家扩容改造库现场进行论证确认，共同商定建设方案，形成下发4个会议纪要。对设计方案组织审查，对施工图纸进行科学合理的调整完善，组织编制了工程量清单和预算控制价。

5. 加强党建工作

树立“以党建促工程”的思路，指导各区域工程部建立临时党支部，由分管经理任支部书记，工程主管任支部委员，坚持党员定期学习制度，深入开展“比学赶帮超”等创先争优活动，发挥广大党员示范带动作用。同时配合开展效能监察，在受理审批、协议谈判、资金支付等环节，严格按规章制度办事。

五、后期工作规划

2012年下半年，苏北管道建设进入施工建设阶段，按照统筹计划安排，力争实现以下目标。

1. 工期目标：加快工程进度，力争工程于2014年中实现中交投油。

2. HSE目标：健康目标是无疾病流行，无辐射损害人员健康，使全体参建人员的健康得到充分保证；安全目标是实现“三个为零、一个减少”，即人身伤亡事故为零，设备、交通及技术质量事故为零，火灾爆炸事故为零，努力减少一般事故；环保目标是无重大环境破坏事件，无重大工业污染事故，各施工承包商应努力实现清洁生产，保护自然与生态环境。

3. 质量目标：加强质量管理及质量保证体系基础工作，确保苏北管道工程质量在可控范围，力争达到中石化优质工程标准。

第三篇
企业管理与改革

“只有有效的管理，才有有效的经营；只有优秀的管理，才有优秀的经营业绩”，管理是企业永恒的主题，是企业实现可持续发展的根本保障。江苏石油分公司始终将强化管理放在与拓展市场、发展网络同等重要的位置，切实下真功、出硬招、求实效。

以“建设优秀石油流通企业”为目标，不断探索和深化经营管理体制改革，激发企业活力，逐步建立起“物流配送统一优化、仓储业务两级管理、会计一级核算、财务集中管理、审计和信息条线化管理、营销两级管理”的管理模式；继承和发扬传统中国石化管理的优良传统，不断强化“三基工作”，引入并推广实施 ERP、内部控制制度、HSE 管理体系、法律风险防控等管理理念和手段；强化信息技术应用，推动“智能江苏石油”建设，企业现代化管理水平不断提升。

第一章 体制改革

围绕“管理层次扁平、业务专业垂直、岗位权责明晰、市场反应灵敏”的目标，江苏石油分公司逐步深化经营管理体制改革，形成了“物流配送统一优化、仓储业务两级管理、会计一级核算、财务集中管理、审计和信息条线化管理、营销两级管理”的管理体制。

第一节 组织机构沿革

一、省公司机关

2000年，省公司机关设立总经理办公室、企业管理处、综合业务处、财务资产处（结算中心）、人事教育处、政工办公室、审计处、纪检监察处、储运技术处（安全保卫处、数质量管理处）、零售管理处、信息技术处、销售分公司、润滑油分公司和零售分公司等14个部门。

2001年8月，设立仓储分公司，负责全系统原油、成品油、重油、石油液化气、化工、液体化工产品等的仓储经营。

2002年7月，省公司印发《本部机构人员调整到位后按新职能进行运作的通知》，明确设立零售部、商业客户部、物流营运部、企业管理部、人力资源部、总经理办公室、信息技术部、安全技术部、财务资产部、内审部、企业文化部、监察部等12个部门。

2005年1月，省公司印发《中层管理人员精简分流实施办法》，组织部门机构调整，明确设立零售中心、商业客户中心、物流配送中心、经理办公室、经营管理处、发展规划处、财务资产处、企业管理处/法律事务处、人力资源处、信息技术处、审计处、安全数质量处、纪检监察处、政工处、润滑油分公司、燃料油分公司、零售公司等17个部门。

2006年1月，省公司印发《关于推进经营管理体制改革的通知》，对省公司机关有关部门名称和职能进行了调整，“物流配送中心”更名为“物流中心”，“润滑油分公司”更名为“润滑油中心”，“燃料油分公司”更名为“燃料油中心”，成立“会计核算中心”，与财务资产处合署办公，“会计核算分中心”改名为“会计核算部”，“信息技术处”更名为“信息管理处”，“零售公司”隶属零售中心，对内称“高速公路片区”。此后，省公司机构基本趋于稳定，根据实际需要略作调整。

2006年7月，设立培训中心，隶属于人力资源处。

2006年7月，设立管道建设管理办公室。

2006年7月，设立对外投资和多种经营单位清理整顿工作办公室。

2006年7月，设立党委组织部，与人力资源处合署办公；设立党委办公室，与政工处合署办公。

2007年2月，设立物资装备处。

2008年7月，设立非油品业务处。

2009年10月，资产江苏分公司整体委托股份江苏分公司管理。股份江苏分公司增设实物资产处，与资产江苏分公司综合管理处合署办公；资产江苏分公司财务资产处与股份江苏分公司财务资产处合署办公；撤销资产江苏分公司离退休工作处，股份江苏分公司增设离退休管理处，统一管理股份公司和资产公司离退休人员和内退人员。

2010年7月，随着燃料油业务的划转，撤销燃料油中心。

2012年7月，随着润滑油业务的划转，撤销润滑油中心。

2011年7月，安全数质量处分设为安全设备处和数质量科技处。

2011年12月，设立客户服务中心，同时撤销商业客户中心。

2012年12月，设立天然气业务处。

二、分公司

2001年1月，省公司印发《江苏区域石油分公司流程规范与管理系统设计》，明确分公司统一设立6个管理部门：企业事务部、审计监管部、人力资源部、信息业务部、财务资产部和仓储安全部和4个专业性公司：销售公司、零售公司、润滑油公司、仓储公司。

2002年6月，省公司先后印发《区域分公司经营部门组织结构调整及主要职位设计》、《江苏石油区域分公司经营部门组织结构调整补充意见》，以分公司原零售公司为主体，组建区域零售中心。以分公司原配送中心、润滑油公司为主体，组建区域商业客户中心。以分公司原信息业务部、销售公司、仓储公司为主体，组建区域物流中心。原仓储安全部更名为安全技术部。

2005年，印发《深化市县公司一体化管理改革调整分公司机构设置的指导意见》，地市分公司统一设置“四部四科一室”或“五部四科一室”，即综合办公室、人力资源科、财务资产科（资产处置办公室）/会计核算分中心、基建安全数质量科、党群纪监科等5个管理部门，以及物流配送部、零售管理部、商业客户部/业务科和润滑油经营部等4个经营管理部门，南京、江阴、苏州、镇江、扬州分公司增设燃料油/液化气经营部。

2006年1月，省公司印发《关于推进经营管理体制改革的通知》，明确分公司统一设立综合办公室、人力资源科、财务资产科/会计核算部、基建安全数质量科、党群纪监科、零售部、商业客户部/业务科和润滑油经营部。

2007年2月，分公司基建安全数质量科分设为基建管理科和安全数质量科。

2009—2010年，分公司先后成立非油品经营部。

2010年3月，分公司撤销商业客户部/业务科，设经营管理科和商业客户部。

2010年7月，随着燃料油业务的划转，撤销南京、江阴、苏州、镇江、扬州分公司燃料油/液化气经营部。

2012年7月，随着润滑油业务的划转，分公司撤销润滑油经营部。

第二节 主要体制调整工作

一、分公司流程规范工作

2001年3月，成立省公司流程规范实施工作领导小组，先后下发《区域分公司流程规范与管理系统设计》、《区域分公司流程规范实施的指导意见》和《流程规范实施工作考核检查办法》，全面部署了流程规范实施工作。4月初，下发了《调整〈区域分公司流程规范与管理系统设计〉中部分部门职能及机构组合的通知》，明确分公司统一设立6个管理部门（企业事务部、审计监管部、人力资源部、信息业务部、财务资产部和仓储安全部）和4个专业性公司（销售公司、零售公司、润滑油公司、仓储公司），规范部门职能、岗位职责和岗位任职资格。重点明确了商品业务流转程序，建立了A、B、C三级商品流转账务体系：财务部门建立分品种核算的总分类账（A级库存商品明细账）；信息业务部建立与财务部门对应的商品总账（B级库存商品明细账）和与各保管、经营部门对应的各类商品明细账（B级库存商品明细账）；油库、加油站及其他商品保管部门建立商品保管明细账（C级库存商品明细账）。同时明确了销售部门、业务管理部门、财务部门、监管部门之间的单据、报表传递和操作程序及管理办法。

二、ERP体制调整

2002年，江苏石油分公司在对ERP管理思想和管理技术反复研讨的基础上，提出了以ERP试点为契机，从业务流程重组入手，逐步确立了建立"混合型"组织管理模式的思路。按照管理扁平化、经营一体化、服务共享化的思想，建立需求、物流和共享服务三大体系。先后印发《区域分公司经营部门组织结构调整及主要职位设计》、《区域分公司经营部门组织结构调整补充意见》，以分公司原零售公司为主体，组建区域零售中心。以分公司原配送中心、润滑油公司为主体，组建商业客户中心。以分公司原信息业务部、销售公司、仓储公司为主体，组建物流中心。原仓储安全部更名为安全技术部。

7月17日，省公司印发《本部机构人员调整到位后按新职能进行运作的通知》，明确本部设立12个部门。

三、县公司体制改革

2000年，江苏石油分公司针对省市县三级管理及三级核算的管理体制，进行市县公司一体化管理、压扁管理层次的改革。2002年，抓住实施ERP契机，完成分公司统一核算及纳税的各项准备工作，为进一步深化市县公司一体化运作创造了条件。

1. 2003年深化市县公司一体化管理

2003年3月25日，省公司印发《深化区域公司一体化运作的管理规定》，分公司按照建立零售、商业客户、物流三大区域营运中心的要求和公共服务中心的思想，调整并整合区域内的经营和管理资源，强化和延伸分公司功能，按照组织机构扁平化和营销管理专业化的要求，对区域内县属经营管理机构实行以专业化运作为主要内容的"六统一"管理，即人事、劳资的统一管理，财务统一核算、统一纳税，资产、资金、费用的统一管理，经营统一管理，建立统一、科学的考核体系，安全生产及数质量工作的统一管理。

考虑到与地方关系的协调，对外仍保留县公司名称，不设领导班子，不设管理部门，只设经理1人，由县零售片区主管兼任。县公司经理作为区域分公司在县属区域的代表，协调地方关系，同时协助分公司协调配送、分销、润滑油在县属区域与用户的关系、开拓市场，直接向分公司经理汇报和负责。县公司领导班子取消后，设立相应的县属区域管理委员会，是县属区域经营和管理事务的议事和协调组织。县零售片区主管为主任，县属区域配送主管、润滑油主管（达到一定规模设）为委员。原县公司管理团队中财务、关系事务、人力资源等人员作为分公司相关部门派出人员，为各片区提供服务。

2. 2005年深化市县公司一体化管理

2005 年 6 月，中国石化销售公司下发了《销售企业实现市县公司一体化管理的验收标准》。2005 年 7 月，省公司印发《深化市县公司一体化管理改革调整分公司机构设置的指导意见》，在实行“人事、劳资统一管理，财务统一核算、统一纳税、统一资金、资产、费用管理，经营统一运作，绩效统一考核”的“六统一”的基础上，启动深化市县公司一体化管理改革。

一是对内取消县级公司经营机构（对外保留营业执照），撤销原县级公司管理委员会，由分公司对县片区实行物流、营销专业化垂直管理和对公共服务的延伸管理。二是县零售片区主要职责为加油站管理、地方关系协调和网点发展。三是原县片区的公共服务、直销 / 分销、润滑油和燃料油经营职能由分公司相关经营管理部门直接负责。四是片区零售管理人员办公地迁至符合办公条件的加油站，原办公楼（层）均列入资产处置盘活范围。五是片区人员仍与所在地维持劳动关系，与分公司签订上岗合同，报酬由分公司统一发放。六是市县公司实现统一增值税发票管理，分公司统一费用报销、数据统一集中、统一制作表证。

3. 2010—2012年县公司体制完善

2010 年，在苏州分公司试点的基础上，省公司印发《关于完善县片区经营管理体制的指导意见》，在坚持市县公司“六统一”的基础上，按照“强化县片区功能、整合客户资源、延伸管理职能、凝聚各条线力量”的指导思想，以有利于市场经营拓展和客户维护、有利于加强网络建设发展、有利于增强企地关系协调联系为目标，开展县公司体制完善工作。2011 年，各分公司全面实施到位。主要完善内容：

明确县级分公司定位。县片区是分公司市场和管理范围的重要组成部分，县片区机构是分公司职能延伸的机构，县片区人员为分公司委派人员。

强化县级机构地位。对已被取消政府序列的县公司，分公司积极与政府协调，恢复其政府行政序列单位。

延伸分公司职能部门对县片区的管理。

县片区主要职责和岗位设置。各县级分公司负责人对外称县级分公司经理，直接对分公司经理室负责。主要职责是：统筹协调地方公共关系，宣传和维护石化品牌在县片区形象；对县片区轻油直分销、润滑油经营管理指标和分公司交办的网络发展工作负主要责任；对县片区零售、非油品业务、财务与开票室工作承担监督管理责任；负责县级分公司人员管理，对零售片区经理、会计代表、开票室人员承担现场管理与日常工作协调职责；县级分公司负责人是县片区安全管理的第一责任人，对维稳工作负责。县级分公司根据工作需要可设经理、经营管理岗、客户经理岗、综合管理岗、网络发展岗、安全设备岗、数质量管理岗、IC 卡和报表岗、非油品管理岗。

2011年4月，组织县公司经理培训班

2012 年 7 月，根据中国石化销售公司《进一步加强地市公司建设指导意见》和省公司制定的《“优化资源整合、提高劳动效率”

工作实施方案》，在反复调查研究的基础上，省公司印发《关于进一步完善县公司体制的指导意见》，11月各分公司完成体制完善工作。完善的主要内容：

调整县公司零售管理体制。县区域内加油站经营管理工作交由县公司管理团队负责，分公司零售部门负责制定整体价格、营销策略，业务指导、服务和监管。取消原县零售片区经理岗位，在县公司增设零售管理岗。

完善县公司直分销管理体制。分公司商业客户部要负责制定整个区域内的价格、营销策略，负责整合整个区域内的客户资源和客户经理队伍，负责整个区域的配送业务，指导县公司做好直分销客户的开发维护和客户档案的完善工作，并参与县公司重要客户的客户关系维护。县公司主要负责落实分公司下达的直分销经营指标，做好区域内市场开拓、客户关系的维护和客户经理管理。

重新明确县公司岗位和编制。县公司根据需要，可设经理、书记、副经理、零售管理岗、综合管理岗、安全设备与数质量管理岗、网络发展岗、IC卡报表岗和会计代表（条线委派）等管理岗位；设“客户经理”营销岗位及“开票”、“收款”等操作性岗位。

人员编制上，成品油经营量5万吨以下、管理油站15座以下的县公司可以设置1名副经理，其他县公司设1—2名副经理，每个县公司管理岗位总编制为7—11人；客户经理、开票、收款等岗位由各分公司根据省公司对客户经理、开票、收款的劳动定员标准确定编制。

规范县公司的内部议事机构。县公司的经理、书记、副经理、零售管理岗、综合管理岗、网络发展岗、会计代表（主要）等组成县公司日常议事机构，主要职责是强化沟通、实行民主集中制管理，涉及县公司各项日常经营管理运行中的问题、油站站长人选建议、油站投资改造建议、县公司内部费用开支、二次考核分配情况等方面问题，要定期召开例会集体商议决定。

四、2006年经营管理体制改革

2005年，为全面落实中国石化总部关于经营管理体制改革的要求，在市县公司一体化到位的基础上，按“专业化、扁平化、区域化”的原则，制定《经营管理体制改革总体方案及配套方案》共15项改革方案，调整省、分公司之间，专业中心和管理部门之间的职能及事权划分，强化省公司管理决策和分公司经营执行职能，优化物流配送和服务保障体系。2005年12月19日，改革方案获中国石化销售公司批复。

2006年2月15日召开全省动员大会，改革的主要内容：一是物流运营专业化，实行全省物流一级运营。二是经营业务专业化，零售、成品油直分销和润滑油实行两级管理，燃料油实行一级经营管理。三是服务体系专业化，即信息技术专业化，审计专业化，财务集中管理、会计一级核算。

1. 物流

整合省公司物流中心和分公司物流部，由省公司物流中心统一负责全省的物流运营，实行人、财、物垂直管理，负责全部石化产品的一次物流进货、储存、调运和安全、数质量管理及二次物流配送。分公司物流配送部及油库上划省公司物流中心，作为物流中心派出机构，负责所辖区域石化产品的收、发、存作业的运作及管理，为地市公司的经营业务提供保障。

2. 燃料油

整合省、地市公司原有燃料油经营机构，成立燃料油中心，负责江苏石油分公司燃料油业务的经营管理、市场拓展和客户服务。根据省内各区域燃料油市场需求状况，在南京、江阴、苏州、镇江分公司设立燃料油经营部，其他分公司设燃料油客户经理。

3. 信息

整合省公司信息管理处和分公司信息技术岗位，统一由省公司信息管理处在各分公司派驻信息工作站，作为派出机构。省公司信息管理处按照“六统一”（统一工作计划、统一技术开发、统一项目管理、统一人力调配、统一集中培训、统一工作考核）要求实行信息技术的人、财、物统一管理。

4. 审计

整合省公司审计处和分公司审计岗位，统一由省公司审计处在全省派出5个审计分部（审计一室，办公地无锡，负责审计无锡、苏州和江阴分公司；审计二室，办公地南通，负责审计南通、盐城和泰州分公司；审计三室，办公地徐州，负责审计徐州、连云港和宿迁分公司；审计四室，办公地淮安，负责审计淮安、扬州分公司；审计五室，办公地镇江，负责审计常州、镇江分公司），实行全省审计人员集中管理，统一审计业务运作，统一工作业绩考核，全面承担各地市公司的日常审计监督职能。

2006年2月底，省公司组织了4个交接小组，对分公司物流、燃料油、信息、审计的人、财、物进行了全面的清理和交接。3月，省公司重新聘任条线负责人，调整分公司财务预算，将部分预算指标切分到条线，按条线对其预算完成情况进行考核。4月按新体制正式运行。

五、2007—2012年深化体制改革

1. 财务会计管理体制改革

2007年5月23日，省公司部署财务会计管理体制改革，按照“会计一级核算、财务集中管理”的总体要求，建立以“单一会计主体、商品统进分销、资金统一调度、资产统一调配、税金统一缴纳、业绩内部考核、人员集中管理”为主要内容的新体制。

财务管理职能与会计核算职能相对分离，在省公司设立财务资产处和会计核算中心。财务资产处履行财务管理职能，会计核算中心履行会计核算职能，机构性质分属综合管理部门和专业中心。在各分公司派驻财务核算部，作为财务资产处和会计核算中心的派出机构，主要负责本地区的会计核算，同时落实财务管理有关工作，向所在地分公司提供会计核算服务，行使财务管理职能。根据业务需要，在县片区委派会计代表，负责县片区内相关会计工作。分公司不再设置财务资产科和会计核算部。

2. 物流管理体制完善

2007年5月23日，省公司部署完善物流一级管理改革，明确物流中心是成品油物流和其他石化商品储存的专业管理中心，直接管理物流部、油库，并对一次、二次物流统一调度，负责成品油购进、运输、储存、安全和数质量管理，为各专业营销中心提供优质高效的物流服务，负责物流人、财、物的统一管理。

物流部与油库之间是平行关系，中心库、非中心库是平行关系，受物流中心委托，中心库负责督导非中心库的设备管理和安全隐患治理等专项管理。物流中心委派的安全数质量监督员对区域物流的安全数质量进行监管。物流中心经理是物流安全生产的第一责任人，油库主任是油库安全生产的第一责任人。物流中心在省公司核定的用工数内，与人力资源处共同组织员工选聘或竞聘。物流中心按年、月编制本部、物流部和油库费用预算，会财务资产处统一下达。物流部和油库发生的所有费用统一由物流中心审批后，在财务核算部报支。

随着内外部环境的变化，安全数质量管理形势日益严峻，为扬长补短、进一步强化现场管理，2011年省公司进一步对物流管理体制进行了完善，将油库调整为分公司属地管理。分公司负责油库油品及其他库存、物资的实物管理，油库人员、HSE、数质量管理，现场作业和设施设备管理，油库费用预算管理，负责提出二次物流配送流向意见，提供对属地承运商日常监督管理，并提出绩效评定意见，审核运杂费。省公司负责全省成品油库存管理、账实管理，库存资源统一运作，ERP模块管理，统一负责全省二次物流管理，负责油库人才规划、用工编制、薪酬制度、绩效考核指导和整体培训计划管理。

3. 加油站规范化管理改革

2007年6月9日，省公司部署实施加油站规范化管理改革，零售工作实行两级管理和专业化管理相结合的方式。在分公司直接管理的基础上，建立“零售中心经理—零售部经理—零售片区经理—加油站站长—员工”的专业化管理考核体制。

零售部按照“经营指标下达到站、费用预算编制到站、营销策划实施到站、监管服务执行到站、绩效考核兑现到站”的管理原则，全面负责本区域零售经营管理的目标实施，并接受零售中心在加油站工作上的直接指导和专业化管理考核。

明确片区加油站管理经理、加油站长定位；调整加油站管理片区划分，合理设置片区管理等级；本着“应该做到、能够做到、简单易懂、简明易行”的原则，统一制定职责清晰、符合江苏实际的加油站规范化管理标准：《加油站规范化管理考评细则》、《零售经营考评细则》、《零售部加油站规范化管理考评细则》、《零售片区经理加油站规范化管理考评细则》。

2007年6月，在扬州召开加油站规范化管理会议

按照管理目标和经济指标双重考核的原则，统一制定了全省加油站经营与管理的考核办法。根据双百分的打分结果和排名情况，对加油站的经营与规范化管理工作落实责任，考核到人。根据《规范加油站员工薪酬分配实施方案》，结合加油站规范化管理要求，进一步理顺和规范全系统加油站劳务工与正式工的薪酬分配体系，推进同工同酬工作。

4. 理顺成品油直分销管理体制

2007年6月10日，省公司部署理顺成品油直分销管理体制改革。

一是调整分公司商业客户部管理岗位设置，落实客户经理编制。同时，财务部门管理的开票点，在适度集中整合的基础上，成建制划归商业客户部管理。二是开展组合营销业务。直分销客户经理不仅销售轻油，还开拓终端客户的润滑油销售。三是建立并完善客户经理的薪酬管理体系。对客户经理设立准入标准。客户经理队伍薪酬从分公司总薪酬中分离，由省公司依据挂钩办法按月考核、单列下达到各分公司，分公司据此进行二次分配。建立以业绩论薪酬的分配制度。实行以能力定等级的动态管理制度。客户经理划分为五个等级，分别是见习、初级、中级、高级、特级。

5. 安全数质量配套改革

2007年7月，结合《完善物流一级管理改革方案》和《加油站规范化管理改革实施方案》，省公司印发《安全数质量配套改革实施方案》，成立区域安委会，作为区域安全工作的统筹管理机构，负责分公司及省公司各专业条线派出机构安全工作的统一协调和监督管理。同时，设立省公司安全数质量协理员和物流中心安全数质量管理员。

6. 润滑油经营管理体制整顿

针对润滑油经营管理中商品管理、门市部管理、客户经理行动管理中存在的不足，进一步提高润滑油经营管理水平，2008 年，省公司印发《理顺润滑油经营管理体制实施方案》。对润滑油经营部合理划分客户群，根据销售末梢网络到县级市场、每个县级市场至少有 1 个的原则从紧设置门市部。全省设置润滑油门市部86个。同时，对管理、经营、技能操作等岗位进行统一规范，并根据区域经济和销售量确定各类岗位人员的定编数。

7. 理顺审计管理体制

2008 年 5 月，根据中国石化销售公司《审计体制改革的实施意见》和《关于省（区、市）石油分公司审计机构设置和编制定员的通知》的精神，省公司印发《理顺审计管理体制工作实施方案》，进一步调整了审计机构、岗位设置和人员定编等。

省公司设审计处，负责全系统审计工作，并负责开展南京分公司所属区域内审计工作。将原有 5 个审计派出机构整合为 3 个审计派出机构和 1 个专业审计机构，名称统一为“江苏石油分公司审计处 ×× 分处”，负责所辖区域或专业审计工作，具体是：苏南分处，负责无锡、常州、苏州、镇江及江阴分公司所属区域内的审计工作，办公地设在无锡分公司；苏中分处，负责南通、盐城、扬州及泰州分公司所属区域内的审计工作，办公地设在南通分公司；苏北分处，负责徐州、连云港、淮安及宿迁分公司所属区域内的审计工作，办公地设在徐州分公司；工程分处，负责 100 万元以上的投资建设项目审计工作，办公地设在省公司。

根据中国石化审计局和销售公司江苏石油分公司审计条线共定编 24 人，其中：审计处定编 6 人，审计分处定编共计 18 人。

审计工作实行条线化管理，审计处负责对分处的业务和人员管理，分处在审计处的领导下开展审计工作。审计分处人员的选聘、使用、经费、培训、考核和奖惩等均由审计处会人力资源处统一管理，对审计分处主管（副主管）的人选，由审计处会同人力资源处提出，报省公司领导审批同意后，按规定程序任免，一般审计人员由审计处报分管领导同意后直接聘用。审计处每季度负责对各分处人员进行一次考核奖励。审计条线的费用预算由审计处按照省公司费用编制原则，按年度和月度编制费用预算，分解到各审计分处。各审计分处的费用集中到省公司统一报销。

六、加油站委托管理改革

2008 年，根据中国石化销售公司《规范推进小型加油站委托管理指导意见》，江苏石油分公司组织对加油站委托管理的组建形式、关键环节、监控机制、经济指标等进行认真研究，全面分析法律风险，制定了工作方案。

2009 年，首先在淮安分公司进行了小型加油站委托管理的改革尝试，完成了 11 座加油站委托管理的试点工作。在总结试点经验的基础上，2010 年以实现“将加油站委托管理作为油站管理的一种基本模式”作为目标，全省先后共有 2 批次 435 座站实施了委托管理，由 420 个加油站管理公司负责受托管理。

1. 纳入委托管理的油站条件

将 2009 年度苏南地区（不含合资区域）正常销量 3000 吨、苏中地区 2500 吨、苏北地区2000吨以下的符合一些基本条件的陆上加油站纳入委托管理范围。

2. 托管形式与责任范围

在加油站所有权和经营权不变前提下，分公司通过招议标和签订托管协议方式，将加油站的日常运营管理委托给符合条件的加油站管理服务公司管理，1家油站管理公司负责管理1座加油站，少数经统一评议管理水平较高、履约能力较强的管理公司，管理2座加油站。

托管责任范围仅限于加油站成品油、润滑油、非油品等业务销售管理（不含IC卡发卡与充值），客户服务管理、站容站貌管理、现场安全管理、数质量管理、设备日常运维管理、油站运营费用管理等，以及合同中明确的其他责任。委托管理不实行承包性质的买断经营和费用差价化形式。

3. 加油站管理公司设立规定

加油站管理公司的牵头人主要是加油站站长，符合“站长自愿、职工拥护”的原则，同时具有一定的经济实力和经营管理经验、劳动（劳务）关系清晰、取得相关资质，身体健康、作风正派、诚实守信，有2年以上站长工作经验并且工作表现优秀。对管理公司监管实行“三个不变、三个改变”。“三个不变”：加油站业务流程不变、加油站管理要求不变、加油站监管方式不变。“三个改变”：站长身份改变、员工聘用关系改变、加油站相关费用列支渠道改变。

2010年10月，销售公司对加油站委托管理检查验收

七、燃料油、润滑油业务划转

1. 燃料油业务划转

按照中国石化股份公司《关于调整燃料油经营管理体制的通知》和中国石化销售公司《关于省市公司与燃料油公司办理人财物划转有关事项的通知》的要求，2010年7月1日，原江苏石油分公司燃料油中心的业务及人、财、物划转到中石化燃料油公司江苏分公司。江苏石油分公司划转至中石化燃料油江苏分公司42名员工，其中正式职工38人，劳务工4人。江阴油库滨江库区资产净额8667万元划转给燃料油江苏分公司。

2. 润滑油业务划转

2012年4月，江苏石油分公司根据《润滑油销售业务整合实施方案》、《润滑油业务重组的指导意见》等文件要求，制定了《润滑油业务整合工作实施方案》，自2012年8月1日起，润滑油业务统一划转中石化润滑油公司江苏分公司经营管理。

撤销省公司润滑油中心，润滑油代储管理职能纳入物流中心负责。撤销分公司润滑油经营部，加油站长城润滑油中、小包装产品的零售业务经营管理职能纳入非油品业务部负责。具有轻润组合优势的直供客户业务，与润滑油分公司协商达成一致后，实行代理制。润滑油直供客户代理业务纳入各分公司商业客户部经营管理职能范围。

相关经营性资产由中石化润滑油江苏分公司按照市场价以租赁方式使用。按照“人随业务走，兼顾职工个人意愿”的原则，共有326人划转到润滑油江苏分公司。

第二章 安全与设备管理

安全管理工作是企业开展一切工作的前提和保障。2001—2012年，根据企业改革实际，江苏石油分公司不断优化安全管理体制。2002年7月，调整为安全技术部。2005年1月，调整为安全数质量处。2011年7月，安全数质量处分设为安全设备处和数质量科技处，进一步促进安全和设备的专业化管理水平的提高。

第一节 安全与设备管理机构

1999年7月，省公司设立储运安全处，负责全系统的安全、设备、仓储和数质量管理工作，重点管理油库的安全与设备。

2002年7月，省公司印发《本部机构人员调整到位后按新职能进行运作的通知》，储运安全处调整为安全技术部。调整后安全技术部的主要职责包括：制定和实施公司安全、环保、健康方面的政策、标准和管理机制；监督和检查公司安全环保方面的工作，确保安全运营；制定产品数量、质量检验的标准，提高管理质量；负责基建工程的立项、规划，监控项目实施管理，负责审核油站和加油库的安全整改投资计划；负责受理客户油品数质量投诉，并与地方政府、行业协会、中石化总部质量部门联络和协调；指导分公司安全环保、质检等方面的工作。

2005年1月，省公司将安全技术部调整为安全数质量处，主要职责包括：拟定和实施公司安全、环保、健康及数质量管理的政策、标准；油库、加油站储运设施设备的安全管理，以及设备更新、报废、转移、审定；油库、加油站安全评价与管理；安全隐患整改，治理隐患资金的审定和监督管理使用；系统内产品质量争议的仲裁、鉴定，受理客户对油品的数质量投诉；提出对零售中心、物流中心数质量考核的意见。

2011年7月，省公司下发《关于调整省公司安全数质量管理机构设置的通知》，将安全数质量处分设为安全设备处和数质量科技处。安全设备处职责包括：一是负责贯彻落实HSE方针、政策及法律法规。二是负责风险评价管理应急与消防管理，组织分公司及专业条线开展危害识别、风险防范活动，组织和监督隐患治理。三是负责事故和未遂事件管理。四是负责安保基金的缴纳、返还、使用和各类受灾损失的确认、理赔申报工作。五是负责建立环保、职业卫生管理网络和工作流程；监督、检查环保与职业卫生“三同时”执行情况，对建设项目的环保与职业卫生工作实施监督管理。五是制定并落实设备管理制度、规程、标准；负责设备规划、设计、选型直至报废更新的全过程综合管理；负责全系统设备检修计划管理及设备修理费计划使用管理。六是负责组织重大检修项目方案审核和竣工验收；组织限上、重点等大项目工程交工验收及其他工程的竣工验收。七是负责设备管理信息系统应用与PM模块维护管理；负责新设备技术审查与推广应用；组织重大设备事故调查。

第二节 HSE体系建设

2002年11月，为消除和减轻成品油销售企业在生产经营过程中存在的风险，保护员工的健康和生命安全，减少财产损失，保护生态环境，江苏石油分公司作为销售企业第二批推行安全、环境与健康（HSE）管理体系的试点单位，开始建立实施HSE管理体系。

一、HSE管理体系建立

2002年10月，省公司发布《关于成立省公司HSE体系建立工作领导小组的通知》和《关于在全系统开展HSE管理体系建立工作的通知》，从2002年11月开始建立HSE管理体系，并成立省公司HSE管理体系推行领导小组推动此项工作。2002年11月，集团公司安全环保局领导、诺卫安全环境技术有限公司、集团公司青岛安工院专家组成的工作组正式进驻省公司，开始指导省公司系统HSE管理体系的建立工作。

2003年3月，在完成HSE管理体系建设初始阶段工作的基础上，省公司发布《建立及实施HSE管理体系方案》，明确了建立及实施HSE管理体系的组织机构及职责：省公司HSE管理体系建立工作领导小组，全面负责省公司系统HSE管理体系的建立和实施领

表3-2-1 HSE管理体系的建立及实施的五个阶段

阶 段	主要工作内容
第一阶段 初始状态评审	初始状态评审
第二阶段 HSE管理体系策划及风险评估	培训
	草拟HSE方针
	法律法规及其他管理要求的获取和识别
	危害识别及风险评估
	拟定HSE目标和指标
	拟定HSE管理方案
	确定HSE方针、目标、指标及管理方案，并公布HSE方针
第三阶段 HSE管理体系策划并形成文件	培训
	建立江苏公司HSE管理体系文件架构
	策划HSE体系程序
	收集、整理、审查、识别现有的HSE文件
	补充、完善及优化HSE运行控制及作业指导文件
	制定HSE管理体系管理手册
	HSE体系文件审定
第四阶段 HSE管理体系试运行	培训
	HSE管理体系试运行
第五阶段 HSE管理体系审核及管理评审	内审员培训
	HSE管理体系内部审核
	管理评审
	模拟认证审核及纠正措施

导工作；省公司HSE管理体系推进办公室，下设风险评估组、法律法规组、体系文件及宣传教育组，负责组织开展日常的HSE管理体系建立及实施工作，检查指导省公司各部门和分公司HSE管理体系建立及实施情况；省公司仓储中心、零售部、存续公司管理部成立以经理为组长的HSE管理体系建立工作领导小组和HSE管理体系推进办公室，负责所属油库、加油站、车船队等条线的HSE管理体系建立及实施工作；各分公司相应成立HSE管理体系，建立工作领导小组和HSE管理体系推进办公室。

《建立及实施HSE管理体系方案》制定了建立及实施HSE管理体系的职责分工、时间安排、具体步骤、工作内容及工作要求。HSE管理体系的建立及实施大体分为五个阶段见（表3—2—1），即HSE管理体系初始状态评审、HSE 管理体系策划及风险评估、HSE管理体系文件编制、实施HSE管理体系和HSE管理体系审核及管理评审。

从2003年3月开始，省公司HSE管理体系推进办公室每月发布月度HSE工作计划，监督指导分公司、各专业公司和各部门开展HSE管理体系建立及实施工作，并相继发布了《HSE管理体系文件编制导则（试行）》、《适用江苏石油分公司HSE法律法规和其他要求目录清单（试行）》、《关于举办HSE体系策划和文件编写培训班的通知》、《关于征求“江苏石油分公司HSE方针、目标”修改意见的通知》、《关于下发〈江苏石油分公司HSE管理体系程序文件〉的通知》等文件。

2003年10月，在完成HSE管理体系建立前三阶段工作、准备进行试运行时，省公司发布《关于成立HSE管理组织机构的通知》，将省公司原有的安全管理组织调整为HSE管理组织，成立省公司HSE管理委员会和省公司专业条线，分别是仓储、零售、直销及燃料油、液体化工经营及运输4个HSE专业条线。2007年，为体现“谁主管，谁负责”的原则，提高安全管理专业水平和工作效率，省公司HSE管理委员会下设物流、零售、工程、综合、信息5个HSE专业组；2009年增加管道HSE专业组，明确了各自职责，根据“条块结合”的原则开展工作。至此，省公司初步完成了HSE管理体系的建立工作。

二、HSE管理体系试运行与评审

2003年10月，省公司发布《建立及实施HSE管理体系试运行和审核阶段工作总体安排》，各分公司和省公司各部门于2003年年内完成HSE管理体系试运行，并对HSE管理体系试运行和审核阶段的工作作了具体安排（见表3—2—2）。

2003年11月，省公司发布《HSE管理体系管理手册（试行）》，阐述HSE管理体系的理念、原则及控制方法等内容，对于HSE管理体系的程序文件、作业指导文件等具有指导和规范作用。12月，省公司各部门和各分公司陆续完成HSE管理体系试运行阶段的宣贯体系文件、识别摘录HSE程序文件使用条款、编制HSE职责、修改完善体系文件等工作。

2004年1月，省公司下发《关于开展HSE管理体系内部自审工作的通知》，决定于同年3月开展HSE管理体系内部审核工作。同时，聘任省公司20人分公司77人为HSE管理体系内部审核员。4月下旬至5月中旬，省公司分别对南京、江阴、宿迁、盐城、南通、泰州、淮安等7家分公司开展了HSE管理体系预审工作，HSE管理体系框架基本建立。按照“体系创建、重在运行”的原则，在2004

年以来各分公司自审、省公司预审的基础上，省公司分两批对全系统HSE管理体系的建立及实施情况进行了首次内部审核。第一批内部审核于2004年11月针对全省油库开展；第二批内部审核于2005年5月针对各分公司机关管理和经营部门、油运公司和70%的加油站开展。2批共审核14家分公司的64个管理部门、28个经营部门、25座油库、84个加油站、14个车队和14个县级片区。审核组认为：在创建HSE管理体系的2年多时间里，各分公司领导重视，组织周密，大部分管理部门和基层单位体系创建工作比较积极主动，员工的HSE意识明显增强，遵章守纪的自觉性显著提高，预防事故的能力有所提升。

HSE管理体系建立后，江苏石油分公司按照HSE管理体系的原则和要求，严格落实管理，逐年发布年度HSE目标，省、分公司HSE管理者代表签署HSE管理目标责任状。年度HSE目标包括集团公司等级事故为零、职工全员事故死亡人数为零、直接经济损失率＜0.01%、油品质量销售合格率达100%等。

2005年，江苏石油分公司严格遵循中石化集团公司"安全第一，预防为主，全员动手，综合治理；改善环境，保护健康；科学管理，持续发展"的HSE方针，采用PDCA的HSE管理体系模型（计划、实施、检查、改进），将HSE管理体系十大要素（领导承诺、方针目标和责任，组织机构、职责、资源与文件控制，风险评估和隐患治理，承包商和供应商管理，装置（设施）设计和建设，运行和维修，变更管理和应急管理，检查与监督，事故处理与预防管理，审核、评审和持续改进）联系起来，共同发挥作用，确保HSE管理体系的系统性、统一性和规范性，达到持续改进的目的。

为此，江苏石油分公司承诺：在所有的

表3—2—2　　HSE 管理体系试运行及评审阶段工作步骤

HSE管理体系试运行及评审	主要工作内容
第一方面 体系文件的宣贯	对分公司领导层、中层及一般管理人员、基层员工进行培训，重点进行管理手册、程序文件和作业指导书的培训
第二方面 识别、摘录HSE程序文件使用条款，编制HSE职责	省、分公司职能部门识别、摘录HSE程序文件使用条款
	省公司各部门、分公司编制HSE管理委员会、部门、岗位及HSE管理小组职责
第三方面 体系试运行和修改完善体系文件	各职能部门、基层单位运行省、分公司下发的HSE管理体系文件
	召开现场交流会，举办体系内审员培训班
	HSE文件资料的收集、整理、归档
	HSE标识设置
	审查、修改体系文件
	策划和组织编写应急预案
第四方面 HSE管理体系审核和正式运行	HSE管理体系内部审核
	HSE管理体系管理评审和正式运行

业务活动中，严格遵守国家和地方政府的安全、环境与健康法律法规及其他方面的要求；坚持预防为主，将风险管理融入到企业经营活动的各个方面，最大限度地防止火灾爆炸、行车事故、油品泄漏、溢油、混油、人员伤亡、财产损失等事故的发生；积极推行储存、运输、销售全过程的清洁作业，努力保护企业及周边地区的环境质量；不断改善劳动条件，为员工提供必要的劳动防护用品和卫生保健措施，确保员工的身心健康，预防职业病的发生；积极采用新技术、新工艺、新材料，努力实现本质安全；努力创造崇尚安全，环保和健康的企业文化，鼓励公司员工以及其他相关方人员参与公司的HSE管理，注重员工的HSE培训，不断提高员工的HSE意识和能力，努力培养和建立一支与HSE管理体系相适应的专业化骨干队伍；规范承包商和供应商等相关方的管理，加强与相关方的沟通，确保其满足公司HSE管理的要求；定期公布HSE业绩，主动征求用户、周边社区等相关方的意见，尽可能地满足公众的合理要求；层层落实HSE责任，严格执行检查和监督、审核、评审三级监控机制，把员工和相关方的HSE表现作为考核和激励的重要依据，确保HSE管理体系的有效运行并持续改进，不断提升企业竞争能力。

2011年8月，为提高HSE管理水平，强化对安全生产形势的分析，突出事前预防，省公司建立省公司和分公司两级HSE工作月度分析会，规定省公司每月5日前、分公司每月28日前召开分别由省、分公司HSE委员会主任或HSE管理者代表主持，省、分公司HSE委员会成员全部参加的HSE工作月度分析会；各HSE专业条线在月度分析会上汇报当月HSE管理、安全检查、安全措施、风险分析、事故事件和下月工作要点、重大特殊作业安排等情况；由安全部门对上次月度分析会确定风险的整改以及工作任务的完成情况进行通报，对工作不落实的，分析原因，追究责任；省、分公司班子成员针对各部门汇报的HSE工作情况进行点评，并遵照“一把手负总责，谁主管、谁负责，安全负监管责任”的原则提出工作要求。

第三节 油库“达标创优”

为加强油库基础设施建设，逐步实现油库规范化、标准化、科学化管理，努力创建本质安全型油库，2001—2007年期间，省公司每年组织油库管理达标创星检查；2008—2011年期间，省公司每年组织油库管理达标创优检查。

一、油库管理达标创星（2001—2007年）

2001—2007年，油库管理达标创星检查的依据为省公司制定的《江苏石油分公司油库管理达标创星办法》。按照管理水平设定达标油库、一星级先进油库、二星级先进油库、三星级先进油库、四星级先进油库、五星级先进油库六个等级称号，明确开展油库管理达标创星活动的主要方法、检查考评的五项主要经济指标（人均吞吐量、仓储收入、吨油仓储费用、仓储利润、库容周转次数）、各等级油库需达到的管理方法和手段等。

年度油库管理达标创星检查由省公司安全部门牵头，成立检查考评工作组，采用深入现场、查看资料、业务考核、询问访谈、组织预案演练等方法，重点关注HSE、数量、质量、设备管理四个方面，进行全面考评。检查考评结束后，工作组针对检查出的问题

表3—2—3　　2001—2007年油库管理达标创星检查考评结

年度	四星级油库	三星级油库	二星级油库
2001		姚港	谏壁、周宅子、泰州、临洪、头道桥、杏秀桥
2002		姚港	栖霞、周泾巷、周宅子、五星桥、杏秀桥、临洪、石桥、头道桥、泰州、谏壁
2003		姚港、栖霞、临洪	周泾巷、周宅子、五星桥、后袁、杏秀桥、石桥、黑鱼汪、新兴、头道桥、泰州、谏壁、长山
2004		姚港、栖霞、临洪、头道桥、杏秀桥、泰州	周泾巷、五星桥、石桥、黑鱼汪、新兴、长山、后袁
2005	姚港	栖霞、临洪、杏秀桥、周泾巷、头道桥、谏壁、周宅子、泰州	五星桥、后袁、石桥、黑鱼汪、新兴、长山、梅林
2006	姚港	栖霞、石桥、临洪、杏秀桥、周泾巷、头道桥、镇江谏壁、泰州	五星桥、后袁、黑鱼汪、新兴、八里松、长山、梅林、周家舍、周宅子
2007	姚港	栖霞、石桥、临洪、杏秀桥、周泾巷、头道桥、谏壁、泰州	五星桥、后袁、黑鱼汪、新兴、八里松、长山、梅林、盐城、周宅子

下发不符合项报告单，各油库限期整改完成；召开年度油库管理达标创星检查考评会议，汇总评议形成各油库总评分，确定评定等级。安全管理部门根据检查考评结果，发布油库管理达标创星检查考评情况通报。

2001—2007年油库管理达标创星检查考评结果见表3—2—3。

二、油库管理达标创优（2008—2011年）

2008—2011年油库管理达标创优检查的依据为《中国石化销售企业油库规范管理“达标创优”考核办法》和《中国石化销售企业油库规范管理“达标创优”考评细则》，该办法设达标、先进、优秀油库三个等级。

油库管理达标创优检查分两个阶段进行。第一阶段为分公司自查自评自改阶段，分公司对照检查标准开展自查、自评、自改工作，并填报油库达标创优自查自评表；第二阶段为省公司检查评审阶段，省公司成立检查考评工作组，围绕基础管理、工艺与设备、计量管理和质量管理四部分，采用看现场、查资料、书面测试、消防演练等形式，对油库管理达标创优工作进行检查、评审。

2008—2012 年油库管理达标创星检查考评结果见表 3—2—4。

表3—2—4　　2008—2012年油库管理达标创优检查考评结果

年度	优秀油库	先进油库	达标油库
2008			栖霞、灵岩、谏壁、五星桥、后袁、周泾巷、梅林、杏秀桥、西跨塘、平望、长山、姚港、金沙、头道桥、八里松、长江、泰州、五里、新兴、周家舍、灌河、临洪、联顺、石桥、运河、下草湾、黑鱼汪、南关荡、周宅子、徐塘
2009	姚港	栖霞、新兴、周家舍、临洪、石桥、周宅子、南关荡、黑鱼汪、泰州、谏壁、通桥、五星桥、后袁、周泾巷、头道桥、八里松、长山、梅林	王家庄、灵岩、运河、下草湾、联顺、灌河、徐塘、金沙、高家门、长江、平望
2010	姚港	栖霞、新兴、周家舍、临洪、石桥、周宅子、南关荡、黑鱼汪、泰州、谏壁、通桥、五星桥、后袁、周泾巷、头道桥、八里松、长山、梅林	王家庄、灵岩、运河、下草湾、联顺、灌河、徐塘、金沙、高家门、长江、平望
2011	姚港	钟楼、临洪、通桥、后袁、周泾巷、头道桥、泰州、运河	长山、新兴、石桥、黑鱼汪、周家舍、梅林、谏壁、栖霞、金沙、联顺、南关荡、徐塘、下草湾、灵岩、灌河、八里松、平望
2012	姚港 通桥 钟楼	栖霞、周泾巷、梅林、周宅子、后袁、临洪、石桥、黑鱼汪、周家舍、头道桥、泰州、谏壁、长山	灵岩、徐塘、平望、金沙、联顺、运河、南关荡、灌河、八里松

第四节 隐患治理、职业卫生与环保管理

一、隐患治理

根据《中国石化事故隐患治理项目管理规定》定义，以下固定资产投资项目可以界定为隐患项目：生产设施和公共场所存在不符合国家和中国石化安全生产法规、标准、规范、规定要求的隐患；存在可能直接导致人身伤亡、火灾爆炸事故或造成事故扩大的生产设施、安全设施的隐患；可能造成职业病或职业中毒的隐患；预防可能造成灾害扩大的固定资产投资项目；总部当年确定的隐患治理重点项目。

2001—2012 年，江苏石油分公司积极排查摸清在营油库和加油站设备设施及管理方面存在的突出问题，向总部申请隐患治理项目资金计划，加大隐患整改力度，提高油库和加油站设备设施的本质安全水平。

2001 年，总部下达隐患治理投资 1448.1 万元，主要治理项目有更新消防泵、汽油拱顶罐改造、1000 立方米及以上油罐液位仪安装、铸铁消防管线更换、消防冷却水管更换等。

2002 年，总部下达隐患治理投资 2165.3 万元，主要治理项目有栖霞油库罐区标准化改造、姚港油库罐区标准化改造、消防系统隐患治理、铸铁消防管线更换、发油台下部泵阀室通风改造、油品管线覆盖式管沟改造、罐区防火堤改造等。

2004 年，总部下达隐患治理投资 1020 万元，主要治理项目有江阴长山油库消防水系统改造、油品管线隐患治理、发油台改造及隐患治理、高架罐改造、消防电气系统改造等。

2005 年，总部下达隐患治理投资 1530 万元，主要治理项目有周泾巷油库配电系统、消防系统、轻油泵房改造，徐塘油库配电系统、消防系统改造，运河油库电气系统、消防系统改造，周家舍油库配发电系统、泵房改造，五里油库供配电系统、铸铁消防管线改造，长山油库消防、电气系统改造，杏秀桥油库通道式发货台改造，姚港油库消防系统改造，头道桥油库栈桥隐患治理，泰州油库消防系统改造，谏壁油库 35 万千瓦配电房配电设施改造。

2006 年，总部下达隐患治理投资 1072 万元，主要治理项目有栖霞油库库区照明系统改造，徐塘油库铁路卸油系统隐患整改，头道桥油库油罐喷淋管线安装，周家舍油库公路发油台改造，姚港油库码头引桥管线防撞装置增设、电气系统改造更换，长山油库公路发油台改造、1# 和 2# 区防火隔离带增设，长山油库锅炉房改造。

2007 年，总部下达隐患治理投资 1360 万元，主要治理项目有下草湾油库发油台及消防系统改造，周泾巷油库电气设备及泵房可燃气体报警器集中控制改造，周宅子油库中转泵房、主配电房及配电柜改造，平望油库配电系统改造，长山油库污水系统改造，周泾巷油库码头隐患治理，八里松油库消防系统隐患治理，泰州油库配电、消防系统改造，栖霞油库输油管线及罐区消防水管线更换，金沙油库消防系统改造，谏壁油库输油管线更换。

2008 年，总部下达隐患治理投资 1540 万元，主要治理项目有栖霞油库半地下式发油台改造、周宅子油库铁路卸油系统隐患治理、周泾巷油库铁路卸油系统隐患治理、黑鱼汪油库收油码头打桩加固、后袁油库地下消防铸铁管线更换、长山油库罐区防火堤更新改造。

2009 年，总部下达隐患治理投资 1170 万元，主要治理项目有长山油库、姚港油库、周宅子油库、临洪油库、黑鱼旺油库的消防隐患整改，徐塘油库铁路卸油系统隐患治理，

姚港油库增设清净剂自动添加系统。

2010年，总部下达隐患治理投资1100万元，主要治理项目有长山油库、临洪油库、后袁油库、泰州油库的消防系统隐患治理，周泾巷油库、周宅子油库的消防道路改造，新兴油库码头卸油区隐患治理。

2011年，总部下达隐患治理投资915万元，主要治理项目有长山油库油罐区护坡隐患治理，周宅子油库、平望油库的消防系统隐患治理，周泾巷油库库内铁路沿线消防隐患治理，临洪油库铁路栈桥消防隐患治理，姚港油库消防道路隐患治理，头道桥油库码头护坡隐患治理，后袁油库半地下泵房隐患治理。

2012年，总部下达隐患治理投资505万元，主要治理项目有：谏壁油库消防车更换（王家庄油库消防管线老化锈蚀渗漏隐患治理项目调整）、栖霞油库更换消防车、姚港油库消防水池分隔改造隐患治理、平望油库防火堤及消防道路隐患治理、后袁油库发电机组不能满足消防需求隐患治理。

二、职业卫生管理工作

2010年以来，为落实销售公司《销售企业职业卫生工作方案》，江苏石油分公司明确职业卫生管理工作依托省、分公司HSE委员会，将职业卫生工作列入季度HSE委员会重要议题。省公司安全数质量处设立了兼职的职业卫生管理岗，负责指导、督促全系统职业卫生工作的开展，分公司、油库明确了职业卫生兼职管理人员，具体负责各单位职业卫生各项工作的开展和落实；省公司明确了人力资源处、工会、零售中心、物流中心、企管法律事务处、发展规划处等部门的职业卫生工作责任，初步构建了职业卫生管理机构网络。

印发了《职业卫生管理规定（暂行）》、《个体防护用品管理规定》、《高温作业管理规定》、《职工听力保护管理规定》、《血吸虫病预防及控制管理规定》等职业卫生管理相关规定。省公司还梳理出国家以及中石化有关职业卫生的管理规定和技术规范共32项发给各分公司、油库，供职业卫生管理人员参考学习。

在探索中开展职业健康体检、职业危害因素监测、职业卫生教育培训、职业卫生档案建立等工作。2010年和2011年，江苏石油分公司均按规定对所有在营油库、加油站的一线员工进行职业健康体检。2010年，江苏石油分公司完成30座油库、30%左右的在营加油站（525座）的职业危害因素监测工作；2011年，完成所有在营油库和加油站的职业危害因素监测工作。

2010年9月，省公司邀请中石化总部职业卫生专家库成员、金陵石化职业卫生专家，对全系统37名职业卫生专兼职管理人员开展了全面的职业卫生专题培训。2011年5、6月选派相关人员参加中石化总部组织的职业卫生培训班学习，以增强职业卫生工作的管理力量。同时，通过“我要安全”网及时发布如《职业病防治法》、《职业健康技术规范》、第十次职业卫生工作会议精神以及关于职业卫生方面的课件等资料，供分公司下载、学习和培训。

2010年，按照规定有计划、分步骤地建立和完善职业卫生档案，完成了职业病危害因素接触统计、职业卫生专业技术人员情况表统计、工艺流程、接触职业病危害因素职工统计汇总以及职业病危害因素分布统计等相关档案的建立工作，分公司也完成了工作场所平面图以及检测点分布图的绘制工作。2011年，随着职业卫生管理工作的深入推进和开展，省、分公司全面完成了职业卫生档案的建立。

按照中石化总部岗位工种劳保用品配备标准，配备劳保用品，省公司主要负责工作服的采购和发放，其他劳保用品由各分公司负责采购。劳保用品由省公司零售中心和物流中心牵头，分别制定了加油站和油库的劳保用品采购计划，并组织发放；物资装备处牵头组织劳保用品采购的招标，对采购过程进行跟踪监督。

三、环保管理工作

江苏石油分公司一直将环保管理工作作为HSE管理的重要组成部分，重视环境保护，推行绿色低碳战略，积极推广使用乙醇汽油、推进天然气业务、加强油气回收改造、开展水体污染风险排查、环境隐患治理、应急防范等环保管理工作，为江苏的清洁空气、青山绿水作出了应有的贡献。

从2006年1月1日起，根据国家发改委等八部委和省政府的要求，江苏石油分公司在苏北五市推广销售乙醇汽油。

从2008年起，为积极响应国家发展新能源的号召加快加气站建设步伐，大力拓展车用天然气业务。截至2012年12月，全系统已建成加气站点61座，成为江苏省内拥有加气站点最多的企业。

从2011年起，根据《江苏省政府关于实施蓝天工程改善大气环境的意见》要求，江苏石油分公司在各类加油站、油库新建、改造中全面预留油气回收管线、更新油气回收设备。截至2012年12月底，全系统累计完成加油站油气回收改造965座，已完成苏州通桥等油库的油气回收改造。苏北各分公司的油库油气回收改造，将随苏北成品油管道配套油库改造项目同步实施。

每年组织开展水体污染风险排查工作，着重对水上加油船、油库码头、含油污水排放、污水处理装置等关键要害部位和重要直接作业等开展全面的环境隐患排查和监控。2010年，省公司印发《关于加强水上加油站水体风险防控工作的通知》，对全系统的水体污染风险防控工作作了具体部署，各分公司积极开展重大环境风险排查，全面识别环境隐患，制定和完善应急预案并开展培训和演练，切实做好环境应急抢险准备工作。

在危险废弃物处理方面，省公司抓好含油污水和清罐污泥的处理工作。全省所有油库均已实现清污分流，9座油库安装了油污水处理装置，其他油库建立了三级隔油池；分公司、物流中心制定年度清罐计划，与有资质的外单位签订协议，委托外单位将油库、加油站含油污泥运出库、站进行定点专业处置，确保安全、环保地处理固体废弃物。

2010年，省公司零售中心、物流中心等专业条线制定了省公司总体应急预案和包含水体污染应急预案的15项专项应急预案，并邀请了专业安评公司对预案的制定工作进行指导、对应急预案进行评审。2010年以来，各分公司着眼于各条线、各岗位、各作业环节的标准化操作，强化员工处理突发事件的能力，结合水体风险防控的特点，开展应急预案的培训和演练，并按规定配备应急救援物资。2012年为油库和水上加油站配备了吸油毡16.8吨、围油栏8950米、消油剂29.2吨。

第五节 消防灭火技能竞赛

为增强全员消防安全意识，提高全员消防技术素质和操作水平，提高广大员工应对突发事件、实际灭火以及应急处置的能力，省公司于2007年、2009年和2011年举办了

3 届消防灭火技能竞赛。每届消防灭火技能竞赛，均成立领导小组和竞赛办公室，对竞赛活动的整体安排、组织管理、运动会期间相关工作的协调、宣传、安全和后勤保障提供指挥和支持；省公司安全处制定详细的活动方案，具体指导全系统安全高效地组织初赛、复赛和决赛等事宜。

一、2007年第一届消防灭火技能竞赛

1. 初赛

时间为 6—8 月。各分公司以班组为单位，组织开展以消防法律法规、规章制度、灭火知识、预案实施等为主要内容的理论知识和实际灭火演练的全员培训。通过培训，使每位员工提高消防法律意识，懂得消防灭火的有关知识，熟知本岗位预案的内容，掌握实际灭火操作的方法。其中，灭火预案演练采用实战演练和模拟演练两种方式。每位员工相应岗位的灭火预案模拟演练不少于 3 次，实际灭火操作不少于 2 次。演练的项目按照机关管理人员、加油站员工、油库除专职消防队外的其他人员、油库专职消防队员等岗位分工不同而确定，包括 8 千克灭火器 50 米灭小油盆火、35 千克灭火器 50 米灭大油盆火、石棉毯灭模拟车辆油箱口火、65 毫米一根水带连接消防栓和 19 毫米水枪等项目。

2. 复赛

时间为 9 月份。省公司竞赛办公室牵头，组织检查和验收分公司初赛结果，从各个单位中随机抽取一定比例的职工，组织开展理论和实际灭火演练的测试。零售条线抽查不少于 10% 的加油站，物流条线检查所有在营油库不少于 2—3 个班组，分公司机关抽查不少于 10% 的工作人员。

3. 决赛

时间为 12 月 12—13 日。地点为江苏省消防总队板桥训练基地。参加的代表队共 16 家，分别是 14 家分公司、和海油运公司和高速石油公司。决赛项目包括：一是理论知识考试，

油库消防灭火演练

考试内容为消防安全法律法规、油品性质、灭火原理及方法方面的知识，参赛人员为机关、零售、油库各1人。二是实操项目比赛，其中个人项目5项，包括8千克灭火器50米灭小油盆火、石棉毯30米灭模拟油罐车口火、石棉毯30米灭模拟油箱口火、专职消防队员两盘水带连接、原地着战斗服；小组项目2项，包括35千克灭火器50米灭大油盆火、65毫米2根水带连接消防栓和19毫米水枪出水。

表3—2—5　2007年第一届消防运动会个人获奖情况

竞赛项目	第一名	
	单位	姓名
理论知识考试	宿迁分公司	尚雁冰
原地着战斗服	苏州分公司	刘辉
一人两盘水带连接	江阴分公司	李伦华
石棉毯30米个人灭模拟汽车油箱口火	江阴分公司	陆献冬
石棉毯30米个人灭模拟油罐车口火	南通分公司	张伟
8千克干粉灭火器50米个人灭小油盆火机关组	南京分公司	居雪波
8千克干粉灭火器51米个人灭小油盆火零售组	苏州分公司	孙其振
35千克干粉灭火器男女双人50米灭大油盆火	扬州分公司	徐云峰、王丽
两盘水带连接消防栓和水枪出水	宿迁分公司	滕学兵、蔡佩江

决赛结果：先进集体第一名为扬州分公司，第二名为苏州分公司，第三名为宿迁分公司。2007年第一届消防灭火技能竞赛个人获奖情况见表3—2—5。

二、2009年第二届消防灭火技能竞赛

1. 初赛

时间为5—6月。由分公司安委会牵头、物流中心协助。5月下旬至6月上旬，分部门、班组（加油站）两个层次对照消防安全理论知识考试大纲、题库及书面考试规则开展全员培训。分公司安委会组织全员参加消防安全理论知识书面考试。6月中、下旬，以县级零售片区、物流条线在营油库和海油运公司等承运商为单位对照灭火应急预案内容、操作程序和实际灭火操作竞赛规则，分别开展全员模拟演练和实战演练。实战演练的项目按照岗位分工的不同而确定。分公司安委会组织人员对初赛阶段工作进行考核。

2. 复赛

时间为7—8月。7月上、中旬，分公司安委会在总结初赛经验的基础上，组织开展针对性培训、演练，完善资料收集、归档工作。8月中旬，省公司竞赛办公室牵头，从各单位随机抽取38人参加实际操作考核，20人参加理论知识书面考试（加油站 10人、油库4人、承运商3人，在参加实际操作考核的选手中产生；机关3人，安全、基建、零售管理部门各1人），验收初赛结果。

3. 决赛

8千克干粉灭火器比赛场景

35千克干粉灭火器男女混合灭火演练

时间为11月27—28日。地点为江苏省消防总队板桥训练基地。参加的代表队共17家，分别是14家分公司、中石化壳牌（江苏）石油销售有限公司、高速石油公司及和海运输有限公司。项目包括：一是理论知识考试，考试内容为消防安全法律法规、油品性质、灭火原理及方法方面的知识。二是实操项目比赛，其中个人项目2项，包括65毫米两盘水带连接（专职队，2人）和原地着战斗服（专职队，2人）；团体项目5项，包括加油车辆油箱口着火应急预案演练（加油站2男1女）、油罐车装油口着火应急预案演练（第一组油库2男1女，第二组承运商2男1女）、35千克干粉灭火器30米男女混合灭大油盆火（第一组加油站1男1女、第二组加油站1男1女）、65毫米2根水带连接消防栓和19毫米水枪出水（油库义务消防队员2人）、专职队手抬式泡沫消防泵60米出水（专职消防队员4人）。

决赛结果：先进集体第一名为盐城分公司，第二名为宿迁分公司，第三名为连云港分公司。2009年第二届消防灭火技能竞赛个人获奖情况见表3—2—6。

三、2011年第三届消防灭火技能竞赛

1. 初赛

时间为4—6月。整个工作由分公司安委会牵头、物流中心协助。比赛内容包括安全理论知识、岗位（安全）标准化操作、消防灭火与应急操作，其中实际灭火操作包括8千克灭火器30米灭小油盆火、35千克推车灭火器50米男女双人灭大油盆火、两盘65毫米水带连接消防栓和19毫米水枪出水等。

2. 复赛

时间为7—8月。省公司竞赛办公室从各分公司（包括油库）员工名单中随机抽取120名人员（其中机关10人、加油站60人、油库30人、承运商10人、承包商10人），被检单位根据选手及健康

表3—2—6　　2009年第二届消防运动会个人获奖情况

竞赛项目	第一名	
	单位	姓名
理论知识考试	连云港分公司	冯登瑞
原地着战斗服	无锡分公司	范建平
一人两盘水带连接	宿迁分公司	尚雁冰
加油车油箱口着火应急预案演练	淮安分公司	汪洋、汪成、李红梅
油罐车装油口着火应急预案演练	无锡分公司	许文俊、王家兵、项贞
35Kg干粉灭火器男女双人30米灭大油盆火	连云港分公司	冯登瑞、宁新朵
两盘水带连接消防栓和水枪出水	南京分公司	邓金宝、钱斌
手抬式机动消防泵60米出水	南通分公司	干泉、印小旭、张进、陆飞

情况，从抽取的120名员工中确定40名参赛选手参加理论和实际操作，其中机关2人，加油站20人，承运商4人，承包商4人，油库10人（其中专职消防队员4人），除专职队员外其他人员不参与其他项目比赛。

3. 决赛

时间为11月23—24日，地点为江苏省消防总队板桥训练基地。参加的代表队共18家，分别是14家分公司、中石化壳牌（江苏）石油销售有限公司、和海运输有限公司、高速石油公司和江苏油田运输处。决赛项目包括：一是理论知识考试，考试内容为《员工安全知识问答》、集团公司和省公司《安全生产禁令》、《8小时以外员工行为规范》、安全标准化操作知识等，参赛人员为加油站2人、油库和承运商各1人。二是实操项目比赛，其中个人项目3项，包括原地着战斗服（专职队，1人）、一人两盘水带连接（专职队，1人）和佩戴空气呼吸器60米跑（专职队，1人）；团体项目8项，包括两人五盘水带连接（专职队，2人）；手抬式机动消防泵60米出水（专职队员4人）；35千克干粉灭火器30米男女混合灭大油盆火（1男1女）；加油车辆油箱口着火应急预案演练（加油站2男1女）；油罐车装油口着火应急预案演练（油库、承运商各2男1女）；加油站卸油标准化操作及卸油管着火应急预案演练（加油站1男1女，承运商1人）；公路发油标准化操作及装油口着火应急预案演练（油库1男1女，承运商1人）；承包商看图进行危害识别（承包商2人）。

决赛结果：团体总分第一名为扬州分公司，第二名为苏州分公司，第三名为盐城分公司。2011年第三届消防灭火技能竞赛个人获奖情况见表3—2—7。

2011年11月，省公司举行第三届消防灭火技能竞赛

表3-2-7　　2011年第三届消防运动会个人获奖情况

竞赛项目	第一名	
	单位	姓名
理论知识考试	盐城分公司	张盛、张忠良
35 千克灭火器灭大油盆火	苏州分公司	王久增、吴海英
油罐车装油口着火演练	宿迁分公司	滕学兵、黄政、付玲
原地着战斗服	苏州分公司	任超
一人两盘水带连接	苏州分公司	付紫阳
两人五盘水带连接	宿迁分公司	尚雁冰、胡晓
手台机动消防泵出水	盐城分公司	路盐海、卞月亮、孙维军、袁虎
佩戴空气呼吸器 60 米跑	淮安分公司	唐登峰
加油车油箱口着火演练	扬州分公司	徐云峰、经松、王丽
加油站卸油标准化操作及卸油管着火应急预案演练	南京分公司	王超、鹿伟、徐敏
公路发油标准化操作及装油口着火应急预案演练	徐州分公司	孙迅、纪新亚、王美华
承包商看图进行危害识别	常州分公司	杨文朝

第六节　事故与未遂事件管理

一、事故管理办法

2005 年，省公司根据《集团公司安全生产重大事故行政责任追究规定（试行）》，制定了《江苏石油分公司安全生产事故责任追究规定（试行）》。确立了安全管理工作实行“谁主管、谁负责”的原则和分工负责、目标责任制，明确了各级管理者的安全生产职责，划分了火灾、爆炸、设备、生产、交通、人身、诈骗、盗抢等八类事故，规定了特别重大、特大、重大、一级、二级、三级、四级等七级非交通、质量类事故的判定标准，特大、重大、一般、轻微等四级道路交通类事故的判定标准，特大、重大、一级、二级、三级等五级质量类事故的判定标准，明确了责任界定、追究、惩罚的方法和措施。

2008 年，省公司对《江苏石油分公司安全生产事故责任追究规定（试行）》进行修订并重新发布。取消了事故分类，简化了事故等级，规定了特别重大、特大、重大、一级、二级、三级、四级等七级事故的判定标准，更具可操作性。

2010 年，根据集团公司《安全事故管理规定》要求，省公司制定下发了《安全事故管理实施细则》。划分了火灾、爆炸、人身、生产、设备、交通等六类事故，将事故分为集团公司级、省公司级、上报集团公司备案等三个级别。其中，集团公司级事故分为特别重大、重大、较大、一般等四个等级，省公司级事故分为二级、三级、四级等三个等级。

与2005年和2008年发布的《安全生产事故责任追究规定（试行）》相比，2010年发布的《安全事故管理实施细则》新增了事故报告、事故调查、事故汇报等三部分内容。在事故报告方面，规定了发生各级事故或备案事故后上报的程序及时间限制；规定事故单位在事故发生8小时内填写《中国石化事故快报》或《中国石化备案事故快报》上报省公司，省公司在接到快报后2小时内上报集团公司；规定事故单位建立健全事故新闻发布制度和媒体应对机制，及时、主动、准确、客观地向新闻媒体公布事故的有关情况；规定事故单位立即启动应急预案，采取有效措施组织抢救，防止事故扩大，努力减少人员伤亡和财产损失，在事故抢险过程中应妥善保护事故现场以及相关证据。

在事故调查方面，明确了各级事故调查的主体单位，即二级以下事故由分公司或专业条线组织调查，一般事故以及二级事故由省公司组织调查，较大及以上事故由集团公司组织调查。规定了各类事故的调查、处理、统计、分析、归档等工作按照“谁主管、谁负责”的原则，由相关职能部门分工负责成立事故调查组进行调查；事故调查组查明事故发生的经过、原因、人员伤亡情况及直接经济损失，认定事故的性质和事故责任，提出对事故责任者的处理建议，总结事故教训，提出防范和整改措施，提交事故调查报告。

在事故汇报方面，规定了事故汇报一般在事故发生后20天内进行，汇报材料包括事故调查报告、事故现场视频、照片等资料。本细则要求二级事故由事故单位主管业务领导、主管安全领导、主管部门负责人、安全部门负责人以及事故部门主要负责人向省公司HSE委员会汇报；一般及以上事故由事故单位主要负责人、主管业务领导、主管安全领导、主管部门负责人、安全部门负责人以及事故部门主要负责人向省公司HSE委员会汇报，同时省公司主管领导、主管部门负责人、安全部门负责人以及事故部门主要负责人向集团公司汇报；发生较大及以上事故的，由省公司主要领导、主管领导、主管部门负责人、安全部门负责人及事故单位主要负责人向集团公司汇报。

二、未遂事件和OSHA管理

2008年11月，为进一步推进HSE管理体系运行，形成“事先预防、全员参与”的管理氛围，省公司发布了《未遂事故管理办法》。一是规定未遂事故是指发生损害企业、员工和公众利益的事故条件已经具备，或虽然已发生但未造成财产损失、人身伤亡等重大影响的事故，分为如下几类：设施设备问题、防火灭火问题、防意外伤害问题、防抢防盗问题、防交通事故问题、防油品溢漏问题、防工作疏忽问题、涉及第三方问题等。二是规定未遂事故分析主要是从人的不安全行为、物的不安全状态、管理缺陷和有害的作业环境入手，进行排查和风险评估，落实整改措施、责任部门、人员及整改时间。三是未遂事故报告包括事故情况简述、即时采取的措施、解决建议、处理意见、事后措施及跟踪情况等内容。四是未遂事故信息上报实行全员参与，自下而上的分级管理模式，即由报告撰写人→加油站／油库班组→油站片区管理经理→分公司零售管理科／油库→区域分公司安全数质量科→区域分公司安委会→省公司安全数质量处。五是未遂事故报告采用分级共享的方式，每一级必须向本级范围内所有员工公告，以示警惕，并及时做好预防工作。省公司每季对未遂事故组织评审，确认典型案例，并在全系统共享。

2012年4月，根据集团公司安全环保局《未遂安全环保事件管理规定》，省公司发布新版《未遂事件管理办法》。新的管理办法改称“未遂事故”为“未遂事件”，以区别于“事故”，并对未遂事件重新定义，即未遂事件是指可能导致健康损害、人员受伤（亡）、财产损失、环境破坏或声誉损害，低于等级事故的安全环保事件，包括违反安全禁令或安全纪律的行为。新的管理办法将未遂事件按照潜在后果的严重性分为一般未遂事件和高危未遂事件，一般未遂事件是指潜在后果可能导致省公司级事故的事件，高危未遂事件是指潜在后果可能导致集团公司级事故的事件。

新的管理办法对“不安全行为”、“设备隐患”、“管理缺陷”和“环境风险”进一步细化界定。“不安全行为”包括：操作错误、忽视安全、忽视警告造成安全装置失效；使用不安全设备，手代替工具操作；物体存放不当；冒险进入危险场所；攀、坐不安全位置，在起吊物下作业、停留；机器运转时加油、修理、检查、调整焊接、清扫等；有分散注意力行为；在必须使用个人防护用品用具的作业或场合中，忽视其使用；不安全装束；对易燃、易爆等危险物品处理错误；其他不安全行为。“设备隐患”包括：防护、保险、信号灯装置缺乏或有缺陷；设备、设施、工具、附件有缺陷；个人防护用品用具缺少或有缺陷；生产（施工）场地环境不良；其他设备隐患。“管理缺陷”包括：教育培训不充分；劳动组织不合理；对现场工作缺乏检查或指导错误；安全操作规程不健全；事故隐患整改不力，事故防范措施不落实；技术和设计上有缺陷；其他管理缺陷。“环境风险”指可能影响、破坏环境的风险。

2012年6月，在徐州、镇江两家分公司开展试点工作的基础上，结合实际，省公司下发了《关于开展人身伤害或疾病上报统计工作的通知》，开始在全省实施OSHA统计工作。

第七节 岗位标准化

2010年1月，集团公司安环局下发《关于深化“我要安全”主题活动的通知》，深化标准化操作活动，规范全员安全行为，固化标准化操作程序，彻底纠正习惯性违章，培养全员良好的安全行为习惯，确保“上标准岗、干标准活、交标准班”。油品销售事业部下发《关于进一步抓好“我要安全”主题活动的通知》，要求各销售企业全面开展标准操作，加油站继续抓好加油“八步法”、卸油“十步法”的贯彻执行，油库重点抓好收发油等关键作业的标准化操作。

2010年4月，按照中石化总部通知要求，省公司印发《关于开展“我要安全，我们在行动，大家都安全”主题活动的通知》，要求各分公司、省公司各处室和专业中心全面开展标准化操作管理，规范安全行为；省公司各专业条线制定岗位作业标准手册，编印卡通画，制作DV短片，规范岗位和重点作业环节的管理；根据作业标准化手册，分层次开展作业标准化宣贯，在此基础上，组织上岗资质认证考核，持证上岗，促进基层员工“上标准岗、干标准活、交标准班”。

为全面高效推动岗位标准化操作管理工作，省公司成立了安全、零售、物流、基建等条线专业人员组成的项目组，探索开展安全标准化操作工作。项目组按照岗位制度化、制度表单化、表单信息化的要求，从岗位职责和HSE职责入手，对全系统主要作业岗位进行梳理和细分，梳理出关键岗位和从业人员相对集中的岗位42个，其中物流12个、零售7个、基建6个、管道4个、信息4个、财务2个、综合7个。对照中石化总部的安全生产责任制，项目组对每个岗位进行提炼、归纳和完善，编制了42个岗位的岗位职责、HSE职责和岗位关键控制点，印制成卡片和表单，一线员工随身携带，管理人员放在办公桌前，让员工熟悉自身职责，自觉遵守规范。

在梳理细分42个岗位的岗位职责、HSE职责和岗位关键控制点的基础上，项目组采用现场观察、分工起草、集中讨论、征求意见相结合的方法，对各岗位主要作业进行梳理、筛选和提炼，筛选出71个主要作业以编制标准作业流程。对照国家法律法规、系统内规章制度和操作规程，项目组列出每个岗位的主要作业活动，然后对每个作业活动中的每一个操作步骤进行分解，对操作步骤的主要风险进行细致的危害识别，提炼关键控制环节和操作要求，将以往工作中发现的一些问题及工作中积累的操作经验纳入其中，用标准的格式、精练通俗的语言进行归纳，形成标准步骤，形成单个作业的标准。标准制定后，项目组多次反复修改完善，请专家评审，并听取基层员工的意见，使作业标准既符合规范要求，又具有可操作性，做到操作规程步骤化、操作动作标准化、操作步骤卡片化。

为让基层一线员工快速、简单、形象地掌握作业标准化操作，项目组分专业、分岗位将岗位（安全）标准化手册进行了卡通化设计。一是根据7个专业不同的特点分别设计成7个形态各异、特点鲜明的卡通人物，让员工喜闻乐见，容易接受。二是将每一个操作步骤的文字内容作视觉化的造型表现，去掉繁琐的枝节，直奔主题，更加简洁和直观。三是将关键的动作要领、重要的数据、错误的动作、禁止的行为在画面上清晰地加以标注，让员工感到直观、清晰、易记。四是将手册尺寸做成口袋书大小，便于员工随身携带，随时翻阅。

2010年8月，省公司组织各专业条线和扬州、镇江、无锡、江阴、盐城、南京分公司安全管理人员对编写完成的岗位（安全）标准化操作手册进行审核。2010年年底定稿。2011年1月，省公司印制《岗位（安全）标准化操作手册》，全省每人一册与自身岗位相对应的操作手册。

2011年1月，省公司做好《岗位（安全）标准化操作手册》宣贯工作。2011年5月，省公司组织361名培训讲师对全体员工进行安全标准化培训。2011年8月，省公司下发《关于做好岗位（安全）标准化操作考核取证工作的通知》，9月底完成全员持证上岗工作。

油库岗位(安全)标准化操作手册

加油站岗位(安全)标准化操作手册

全系统 18960 人参加岗位（安全）标准化操作考试，18798 人首次考试合格，162 人首次考试不合格，补考后合格。

历时两年的岗位（安全）标准化工作使岗位职责清晰化、岗位操作标准化、操作手册卡通化，有效规范员工操作行为。2011 年，省公司未遂事件比 2010 年下降 19.3%，其中不安全行为下降 38.2%。

第八节 新设备与新技术

一、计量流量计

油库应用的流量主要有容积式、质量和叶轮流量计，其中双转子流量计（LSU）属于目前国际上最新一代容积式流量计，用于管道中液体流量测量和控制的精密仪表。油库将双转子流量计主要用于公路发货系统油品计量交接和成本核算。

双转子流量计操作压力为 0.25 兆帕，计量精度等级达到 0.2 级，允许最大流量为 100 立方米 / 时，可现场指示，字码直接读数并配接脉冲发讯器，将正比于通过流量计体积流量的转子旋转次数转换成脉冲信号，远传到二次仪表或计算机，组成自动控制、自动检测和数据处理等系统。

2001 年，省公司各油库发货系统计量主要采用腰轮流量计。2005 年，鲁皖成品油管道配套徐州周宅子油库发货系统试点使用合肥奥巴尔双转子流量计。2008 年苏州通桥油库、2010 年苏南成品油管道配套镇江谏壁、常州钟楼、无锡周径巷油库开始推广使用上海一诺双转子流量计。

二、电动阀

电动阀是油库应用较为广泛的自动控制设备，可分为上下两部分，上半部分为电动执行器，下半部分为阀门，即用电动执行器控制阀门，从而实现阀门的开和关。电动阀一般分为角行程电动阀和直行程电动阀。江苏石油分公司各油库的罐根二道阀多使用直行程电动阀，其压力等级达到 CLASS150，设备整体隔爆，全行程时间为 60—90 秒，具有现场手动控制、现场自动控制和远程自动控制、ESD 紧急停车、储油罐高低液位连锁、故障报警、阀门开关状态回讯等功能，实现了油品进出库的自动控制。

2005 年，鲁皖成品油管道配套徐州周宅子使用电动阀。2008 年，苏州通桥油库使用美国利米托克（Limitorque）电动阀。2010 年，苏南成品油管道配套南京栖霞、镇江谏壁、常州钟楼、江阴长山、无锡周径巷油库使用英国罗托克（Rotork）和美国利米托克（Limitorque）两种电动阀。

三、高液位报警系统

高液位报警系统主要用于监测储油罐液位高度，采用音叉液位开关，型号为TF—100L30—DC1A，过程压力为1.6兆帕，输出开关量信号，连接油库自控系统，当液位超过设定的安全位置时，及时发出报警信号，供监控操作人员了解液位状况，并连锁相应电动控制阀。

2001年来，江苏石油分公司各油库主要采用油罐液位仪设置液位高限来实现高液位软件报警功能。2008年苏州通桥油库、2010年苏南成品油管道配套南京栖霞、镇江谏壁、常州钟楼、江阴长山、无锡周泾巷油库在此基础上，开始使用音叉液位开关实现高液位硬件报警功能。

四、周界报警系统

传统的周界安防分为红外对射、视频监控、微波对射、泄漏电缆、振动电缆、电子围栏及电网等。目前，油库普遍采用的周界报警系统是在围墙设置对射式红外周界报警传感器，信号采用总线送入控制报警主机并经扬声器实现报警。报警主机以RS485总线经PLC介入总控室安监系统工作站上显示报警。同时，系统与视频监控系统进行联动，当出现报警时，摄像头自动调整角度和焦距，显示现场相关情况。系统对报警时间、位置等相关信息进行记录，可追溯查看。

2008年苏州通桥油库、2010年苏南成品油管道配套南京栖霞、镇江谏壁、常州钟楼、江阴长山、无锡周径巷油库开始使用红外周界报警系统实现各油库安全联防。

五、下装发货系统

下装公路发油系统采用集散式控制。由微机发油系统（上位机）和现场发油控制器（下位机）组成。上位机设在油库换票室，带有IC卡功能的发油控制器设在现场发油台，上位机或发油控制器都可直接控制发油。微机发油系统与设在总控室的油库控制系统联网，并在服务器上建立发货数据平台，实现发货数据监测和共享。

2008年，苏州通桥油库试点改造上装发货系统为下装发货系统。2010年，苏南成品油管道配套南京栖霞、镇江谏壁、常州钟楼、江阴长山、无锡周径巷油库开始推广使用下装发货系统。

六、含油污水处理装置

含油污水处理装置主要通过分离、气浮、过滤吸附等几个步骤对含油污水进行净化脱油处理，以满足油库环保管理要求。

2002—2005年先后在江阴长山、连云港临洪、南通姚港、徐州周宅子油库安装了含油污水处理装置。2008—2010年，随着管道配套库的建设，陆续在苏州通桥、镇江谏壁、常州钟楼、无锡周径巷油库安装了含油污水处理装置。

第九节 设备管理信息（EM）系统

一、设备管理信息系统建设方案

2009年9月，中石化总部确定江苏石油分公司试点设备管理信息系统。省公司前后召开六次专题会议与多次调研，讨论研究设备管理信息系统试点建设内容，并广泛征求加油站站长、油库主任、片区管理经理、信息处ERP支持中心等设备管理、使用人员的意见，对设备分类标准及代码、故障体系等进行研讨，形成了设备管理信息系统试点建设总体方案初稿。

2010年6月，销售公司会同生产经营管理部、信息管理部组织有关专家对《设备管理信息系统试点建设总体方案》进行了评审，经审议，评审专家组同意该方案通过评审。

二、设备管理信息系统试点建设及运行

省公司成立了以总经理为组长、相关业务部门负责人为成员的项目领导小组。2011年4月21日，省公司召开了设备管理信息系统试点项目启动会，要求认真研究学习集中设计阶段制定的各项标准、业务流程和系统功能，结合公司实际业务需求，兼顾其他省公司的管理模式，设计实现一套适用于销售企业省公司模式的设备管理信息系统，为提高销售企业设备管理水平和工作效率提供切实有效的服务支撑。

设备管理信息系统界面

项目启动后，根据实际业务情况和未来业务需求，对集中设计阶段制定的34个业务流程进行讨论，新增8个流程，删减2个流程，并对11个流程进行修改和完善，最终制定并确认了40个业务流程。同时，参考集团公司设备管理办法、修理费管理办法、销售公司设备管理办法（征求意见稿），组织制定了《江苏石油设备管理制度》，使系统业务流程有据可依。

从2011年4月21日项目启动至9月24日，省公司完成了设备管理制度梳理、系统业务流程设计、系统功能设计、开发及测试、用户权限设计及测试、最终用户培训、数据收集整理、生产系统搭建等工作，做好系统上线前的各项准备工作。9月25日，中国石化销售公司在江苏石油分公司召开设备管理信息系统项目评审会，就项目试点实施阶段的主要工作情况、项目试点存在的问题及下一步计划都进行了深入讨论，部署了下一步的项目实施工作。11月1日，江苏石油分公司设备管理信息系统正式上线运行。

设备管理信息系统正式运行后，省公司充分利用系统进行设备管理，提升设备管理的精细化水平。2012年，公司各项设备管理业务严格按照业务流程在线实时操作；安全、零售、财务、物流等相关部门严格监督维修费的使用情况，形成了以预算为源头，工单、订单为手段，成本结算为目的的维修费闭环管理，有效控制了维修费的预算控制和合理使用；通过系统内线上审批主数据等相关业务，提高了数据的可控性、真实性；通过深化应用系统的专业管理、综合管理功能，规范了资产、设备的调拨、报废等业务。

第三章 数质量管理

2002年7月，设立安全技术部，明确为本单位数质量管理工作主管部门。2005年1月，省公司对部门机构进行调整，设立安全数质量处。2007年，结合《完善物流一级管理改革方案》和《加油站规范化管理改革实施方案》，制定下发安全数质量配套改革实施方案，明确物流、零售环节数质量管理职责，强化专业管理职能的延伸。在安全数质量处和物流中心分别配备了5名和10名安全数质量协理员和安全数质量管理员，加强对基层一线指导和监督。

2011年7月，对物流管理体制进行优化和完善，调整省、分公司物流管理部分职责，将油库交给所在地分公司管理，明确分公司为油库数质量管理责任主体。

2011年7月，根据中国石化销售公司《关于将安全数质量处分设为安全设备处和数质量科技处的通知》精神，省公司将安全数质量处分设为安全设备处和数质量科技处，进一步加强数质量专业化管理力度。

第一节 数量管理

一、计量管理

1. 制度建设

2001—2007年，在仓储管理体制和市县一体化改革阶段，结合ERP上线后精细化管理的要求制定系列制度。分别是：

2003年7月，制定《油品损耗（溢余）核销管理细则（试行）》，明确省公司相关部门及分公司（含县级片区）管理职责，对进货环节、储存环节和零售环节油品损耗（溢余）数量确认作了规定。对盘点组织、盘点流程和油品损耗（溢余）核销处理程序进行了规范要求。9月省公司计质量管理领导小组，进一步加强对全系统计质量管理工作领导。

2005年11月，徐州、淮安、连云港、宿迁、盐城等苏北五市推广使用车用乙醇汽油，省公司制定了《车用乙醇汽油计量管理办法》，对计量器具和人员、油库入库验收、油库发货计量、油库商品账务处理、加油站计量管理都作了具体的规定，加强变性燃料乙醇、调和组分油和车用乙醇汽油的计量交接管理。

2007年，下发《关于进一步加强油品计量交接管理的紧急通知》，统一油品计量交接制度管理，进一步明确陆路发货计量交接以油库流量表计量为准。同年5月制定《陆路发货实物补量实施细则》，规范了油库陆路发货实物补量操作行为，统一补量操作流程，严格审批权限和手续办理。

2007—2012年，在完善物流一级管理和加油站规范化管理改革阶段，建立责任明确、权责一致的数质量管理体制，实行“横向到边、纵向到底”的数质量专业化管理。其间制定了如下制度：

2007年5月，制定《安全数质量配套改革实施方案》，成立区域安委会、建立紧急状态下的应急指挥系统、设立省公司安全数质量协理员和物流中心安全数质量管理员，实现对安全、数量、质量方面专业化的管理，强化油库的监督管理。8月，对现行计量管理制度进行了补充、完善和修订，形成了《油品计量管理办法（试行）》等10项油品计量管理制度，涵盖了油品收、发、存、结算等环节计量管理主要内容。其中，基本计量管理制度1项：《油品计量管理办法（试行）》；综合管理制度4项：《油品内部移库计量交接管理办法（试行）》、《油品贸易计量交接管理办法（试行）》、《油品损溢管理办法（试行）》、《油品计量管理工作考核办法（试行）》；专项管理制度5项：《油库计量管理办法（试行）》、《加油站计量管理办法（试行）》、《长江水上加油站计量管理办法（试行）》、《成品油管输计量管理办法（试行）》、《合资加油站油品计量交接结算管理办法（试行）》。

2008年，印发《加油站油品损溢V20考核试点推进方案》、《零售环节油品损溢V20考核工作推进实施方案》、《应用计算机系统自动计算库站交接项目管理手册》、《加油站油品损溢V20考核项目管理手册》和《加油站V20考核项目验收办法》。

2010年7月，下发《关于加强润滑油数质量管理的通知》，对润滑油入库、出库、储存数质量管理提出具体要求，强化润滑油数质量管理。2010年制定《外采成品油水路进货数量验收流程》，规范外采油水路进货验收作业。

2011年4月，制定《油品零售损溢考核办法（试行）》，明确了零售损溢的管理要求、管理责任、考核标准、考核流程、考核奖惩、超耗赔偿等内容，建立油品零售损溢考核体系。

2012年9、12月，省公司结合分公司加油站地罐交接试点情况，分别制定了《加油站液位仪自动取数及进货地罐交接管理办法（试行）》和《卧式金属油罐容量校准工作管理办法（试行）》，明确了加油站在实施地罐交接中的交接标准、交接流程及超耗索赔等具体内容，并规范了加油站地罐校准工作，在技术、方法、数据确认、容量表编制及导入系统等方面的管理要求。

2. 专项检查

2001年8月，中国石化销售公司下发《计量工作考核标准》，2009年4月，中国石化集团公司下发《计量管理与考核规范》。江苏石油分公司建立定期和不定期计量监督检查机制，推动各项计量制度、标准的贯彻和落实。

2004年10月，汲取河北“固安事件”的教训，开展自查自纠工作，并在全系统加油站开展计量专项整治及反盗窃斗争的专项检查。一是就加油机的计量精度召开加油机生产厂家沟通会，重点检查加油机电脑部分及加油机税控、IC改造后对原计量部件铅封恢复情况。二是各分公司对辖区范围内所有零售网点的加油机、流量计等计量器具进行了一次全面检查、校验。三是组织28名专业人员分7个组，对全系统14个分公司及省零售公司管理的加油站就计量管理基础工作、加油机的计量装置铅封、加油站加油机计量发油精度和加油站计量责任落实等情况，进行了拉网式计量专项整治工作检查。

2005年，根据中国石化销售公司《关于做好国家质量监督总局开展加油站计量执法检查迎检工作的通知》的精神，各分公司对加油站计量执法情况进行自查自纠，重点放在“十纵十横”交通要道沿线加油站、省级交通主干线沿线加油站、城乡结合部加油站、水上加油站。对在用加油机计量合法性、计量准确度及加油站所售油品质量进行检查。

2011年4月，省公司召开数质量工作会议

2006 年初，国家税务总局和国家质检总局联合下发通知，明确 4 月底在全国范围内开展加油站加油机税控功能和计量性能监督检查。各分公司对在用加油机税控装置和税控加油机、加油站在用加油机进行自查。

2008 年 5—12 月，中国石化销售公司开展计量管理监督检查工作。省公司计量管理制度贯彻落实情况、规范使用计量器具情况、按规定开展量值溯源和传递情况、企业计量标准的建立和维护情况、计量操作规范情况及油品损耗管理情况等内容进行全面普查。

2008 年 7 月，组织开展以加油机电脑主板及芯片专项排查和升级改造为重要内容的加油机计量专项检查。省公司组织加油机防计量作弊培训，明确了加油机供应商检查和升级改造责任。对全系统所有在用加油机进行了拉网式检查，对电脑主板及芯片、编码器、计量器三个部位实行双铅封，建立和完善了铅封登记台账，全系统共检查加油机 6685 台，其中对升级改造 3707 台。

2010 年 5 月，省公司开展数质量工作专项检查，主要内容是：一是机构设置和人员配备。二是加油机、流量表的精度、铅封及管理情况。重点检查计量精度是否超国家规定标准、检定期是否有效。三是非油品质量安全。重点检查进货渠道是否合规、是否存在加油站私自进货现象。四是发票与现金管理。重点检查核对加油站交接班记录、现金解缴等台账，检查现金解缴是否及时，发票管理是否规范，是否存在虚开等违规现象。五是库存与账实情况。随机抽查盘点油库、加油站库存情况，检查账实是否一致。对加油站油品进行质量抽检，抽检站数不少于在营加油站总数的 2%，重点抽检汽油 B 级检验项目。六是计质量器具、设备配备和使用情况。重点检查计量器具配备是否合理、是否在有效期内合法使用，计量、质检设备是否完好，使用是否规范。七是外采油管理。重点检查是否按规定签订外采合同、是否严格执行 A 级质量检验和验收入库流程、是否按规定流程支付货款、是否形成外采预付款项。检查外采供应商管理情况，重点检查是否建立外采供应商管理细则和档案、是否超规定供应商范围外采、是否与外采供应商签订质量承诺书。检查外采油油品质量情况，重点检查外采油品来源是否清晰、是否违规调和油品、质量是否合格等。八是数质量管理制度执行情况，重点检查 V20 管理制度是否执行到位，温度测量是否真实，考核是否到位，油品取样、送样是否符合规范，入库、出库质量检验规定是否严格执行。油品损溢是否办理核销。

2011 年，省公司下发《关于开展 2011 年计质量工作检查的通知》，各分公司组织安全、零售相关人员进行自查；省公司零售中心组织加油站油品数质量和加油机铅封管理的专项检查；物流中心开展油库人员相互交叉检查；5月省公司组织分公司开展互查；6月集团公司对省公司机关、计量检测中心、南通公司、连云港公司、姚港油库、临洪油库进行了检查。

3. 计量技术与创新

检定设备更新。2002—2003年省公司购进2台温度检定槽，用于石油温度计检定。2005年配备了1台瑞士进口的光学垂准仪，光学垂准度达到1/200000，大大提高油罐检定的准确性。2008年，为配合苏州通桥油库尽快投产，解决管输下载量用油罐检定等问题，省公司购置了一套全站型电子速测仪用于油罐检测，提高检测精度，降低劳动强度，提高油罐检定工作效率。

引进移动式油罐专用校准系统。为加快零售条线加油站油罐检定速度，提高检测质量，省公司2004年和2007年分别引进了14台移动式油罐专用校准系统，用于解决加油站无容积表、超期、倾斜油罐容积标定。该装置采用专用计量设备（大流量抽油机）的进出油计量数据及液位仪，显示罐内油位变化数据经电脑软件计算而得出实际的油罐容积表。该方法的使用无需人工清罐，节省标定时间。

加油站液位仪的推广。为加强加油站数量管理、减轻员工劳动强度，2008年，省公司在部分加油站推广液位仪的使用。液位仪的推广主要是解决手工计量油、水高度及罐内温度问题，也为尽快实施V20考核提供技术支撑。省公司选用的产品主要是维德路特和青岛奥科品牌。在V20考核试点期间，全省有10个分公司63座加油站安装了液位仪和自动取数接口，并为72座加油站的316只油罐安装了温度传感器。截至2012年底，省公司对593座加油站的2448只油罐安装了液位仪。通过检查、监控，加强测量数据的比对，实现利用液位仪采集罐内油、水高度和温度等数据替代人工测量数据，自动取数进行账务处理，发挥液位仪的先进技术和管理优势。

油库发货流量计更新。在2007—2008年期间，省公司对油库陆路发货系统的流量计进行大规模更换，使绝大部分陆路发货系统流量计的精度达到0.2级以上，并对27座陆路发货系统的温度自动补偿装置进行改造，全部采用0.2级数字式温度传感器自动测温。省公司选用的流量计主要产品：一是合肥奥巴尔和上海一诺生产的容积式双转子流量计。2008年，苏州通桥油库安装26台。2010年，苏南管道镇江谏壁库安装19台，常州钟楼库安装22台，无锡周径巷库安装22台等，系统内大部分油库更换了容积式双转子流量计。截至2012年底，全系统油库在用0.2级容积式流量计达到280台。二是罗斯蒙特和艾默生生产的质量流量计。质量流量计精度±0.002×流量±零点漂移，密度测量精度±0.003克/立方厘米，密度测量范围0.5—1.5克/立方厘米，温度测量范围±1摄氏度，该仪器是由流量传感器和变送器组成，可以测量流体的质量流量和总量，有的也可用于测量流体的密度。在用油库有：2007年，江阴长山库陆路发货改造安装10台，南京栖霞油库陆路发货改造安装29台，南通姚港油库码头改造安装2台。2008年，徐州周宅子油库码头改造安装1台。2009年，苏州通桥油库新建码头安装2台。2011年，南京管输玉带油库安装10台。截至2012年底，全系统油库在用0.1级质量流量计达到57台。

应用计算机系统自动计算库站数据交接。

2008年9月，在全省油库推广“应用计算机系统自动计算库站数据交接”项目。油库对加油站发货，实现陆路发货系统从省公司数据库下载油罐车容积表，根据实发体积自动计算出理论空高。陆路发货系统通过温度传感器实时采集油温，计算平均发货温度。先发货后打单，即发货完毕后在《加油站进货核对单》上自动打印出理论空高、实发体积和发货平均温度，作为油库与运输方驾驶员数量交接的依据。该项目的全面实施，使得全系统油库陆路发货系统的软件得到了更新升级，建立了先发货后打单的作业流程，做到自动采集发货信息打印《加油站进油核对单》。改造和完善了油库发货系统的硬件设施，安装了测量准确度为±0.2℃的数字式温度传感器。将核准的罐车容积表集中录入公司数据库，通过发货系统下载后根据实发体积自动计算理论空高。强化了油库发货系统的计量准确度管理，将发货准确度控制在1.5‰以内，实现系统K值由省公司集中维护。规范了油库发货计量交接流程和数量争议处置流程。油库标准计量地坪也得到改造，强化了油罐车容积检定工作。

V20考核项目的实施。2007年，省公司在加油站推行V20考核，探索零售数量管理新途径。该项目实施目的是将加油站进、销、存各环节油品体积都换算成标准体积（V20）进行油品损溢控制管理。消除温度变化对油品体积的影响，把加油站损溢口径统一到V20同一平台上，使加油站损溢具有一定的可比性，量化考核趋于公平、合理。项目推广经历了四个阶段：

初期准备阶段。2007年10月，制定《加油站“升进升出、V20考核”试点实施方案》，对初选试点加油站油罐、加油机等计量设备状况进行普查，确定试点加油站。对试点油库安装发油温度自动补偿装置。设计并建立加油站V20油品损溢管理辅助账表，对自动测温软件进行了可行性测试。对部分试点加油站安装液位仪和自动测温装置。开发了损溢管理辅助账表机制出表操作软件。对相关管理人员、ME和试点站站长、直接操作人员进行了培训。

试点运行阶段。2008年8月，省公司确定在扬州、南京、镇江和江阴4个分公司进行V20考核试点。下发《关于做好零售环节V20考核试点工作的通知》和《加油站油品损溢V20考核试点推进方案》。落实专人每日运用V20专用报表进行跟踪和分析，重点跟踪分析各片区、加油站当日损溢、罐车V20验收超损溢、温度变化、录入数据等情况，对违规行为要严肃处理。加强对员工进行培训，使员工熟练测量温度，熟练使用V20账表册，熟练使用后台监控报表；加强对“库站容积表项目”验收后的整改工作，对罐车容积表误差超0.15%的必须立即下线整改。印发《加油站油品损溢V20考核项目管理手册》。

全面实施阶段。从2009年，在全省零售环节全面实施加油站V20考核。组织V20考核项目师资培训，各分公司建立周报和简报制度，做好后台数据监控工作，做好温度传感器的安装以及液位仪的使用和维修工作，实施项目组联系点负责制度等工作。

2009年4月，省公司召开V20考核推广会

验收总结阶段。2009年初，制定印发《加油站V20考核项目验收办法》。3月中旬和4月初，分2批对全系统14家分公司V20考核项目进行了验收检查。

历经一年多努力，V20项目实现全面实施，规范了加油站V20口径下的计量作业流程及加油站进销存各环节V20换算温度的测量、采集、录入管理。明确了加油站罐车验收误差标准和加油站油品考核损耗标准。建立了加油站油品数量管理辅助账表及《加油站分罐保管登记账（V20）》。实施了加油站计量场地的改造、温度自动测量设施的投入、地下油罐和罐车容积表的修正和重新标定仪器的配备、失准计量器和加油机的更换等。建立了V20后台报表监控系统，通过省公司、分公司零售、数质量部门和片区经理的监控，从数据分析到现场核查找出加油站损溢原因，为降低损耗采取有效措施提供了依据。制定和完善加油站油品损溢考核办法和考核细则，统一考核口径和考核方式，实施全面的加油站油品损溢考核。

二、损溢管理

2002年4月，省公司召开计量制度宣贯会，加大油品损溢检查力度，对油品进货、储存、销售三个环节制定切实可行的降耗措施，抓好零售环节油品体积交接工作。9月，省公司下发《关于进一步加强油品损溢管理工作的通知》，加大对进货损耗的管理，水路运输全面实行保量运输。仓储中心直管油库要按月盘点、按月对帐、按月核销。强化零售环节的损溢管理。计量数据实现归口管理。清罐损耗按规定逐罐核销。加大对区域公司所属油库、加油站的损溢管理。

2006年，为加强对油品进货损耗的管理，在水路配置油和外采油进货环节全面实行保量运输，凡超过定额损耗均要求全额索赔。将零售损耗管理作为数量管理的重点，加强油品损溢的过程监控，调整加油站零售保管损耗考核指标，进一步落实损溢管理责任。推行油罐车铅封管理。

2007年，物流、零售、油库、加油站按照各自定位，制定各环节工作措施，抓好运输损耗索赔，完善内部损溢考核管理办法。建立和完善对内对外的数质量工作协调机制、纠纷仲裁处理机制以及重大突发事件的应急处置机制。

2008年，制定和落实管理措施，完善油品损溢考核，加强油品损溢管理。分公司制定零售损耗管理考核办法，按月考核到站。对油品损溢实绩连续排名靠后的加油站、零售片区加大考核力度。建立油品损溢分析月报告制度，省公司、分公司分品种、分环节、分库（站）对油品损溢进行原因分析，提出整改措施和改进意见。集中精力解决计量管理薄弱环节。重点解决南京栖霞、徐州周宅子油库管输损耗和水路进货损耗、南京分公司零售损耗、合资公司无锡区域统管站损耗偏大等问题。建立油品损溢分析报告制度，提高油品损耗分析质量。

2009年，从抓V20考核长效管理入手，加强零售损溢过程控制与考核、加强运输损耗跟踪管理、严格承运船只准入制度，细化月度油品损溢分析，建立油品损溢管理定期通报制度。

2011年，省公司提出“强化油品流转过程数量控制”，重点做好五方面的工作：一是做好损溢分析工作。树立“超耗就是失控、失控就有漏洞”的管理理念，做好各环节的损溢分析。定期开展油品损溢统计、分析、核查工作。二是加强油库环节的数量管理。加大对进货损耗的监督检查，要求每个批次进货交接计量时，油库主任（或副主任）全过程参加计量监尺。跟踪下载质量流量计检定调试情况，解决管输损耗大的问题。强化发货系数 K 值和数据库管理，完善发货系统检维修管理流程和制度。三是努力降低运输损耗。开展水路运输专项整治，进一步规范水路运输油品接卸流程，提高油品装船、到港计量交接管理的规范性，降低水路运输损耗。完善外采信息共享机制，细化一、二次运输合同的数质量条款内容，规范收货流程和努力降低损耗结算标准。建立承运商信用评价机制，加强对运输船只、油罐车的监督检查，实施重点监控和严格下线等处理。四是开展油品损耗节能达标工作。结合“比学赶帮超”活动，分苏南、苏中和苏北三个片区按季开展树标、对标工作。在零售环节将节能达标与星级评比有机结合，继续深化 V20 管理，强化站长接卸油品的责任，对损耗大的油站实行“干部挂钩制损耗管理”，实现全省 80% 油站达标。五是持续开展打击偷盗油活动。加强对承运商的监督和管理，建立内外部举报制度，加强与当地公安部门的联合打击行动。

三、容器具检定与管理

1. 标准复查

2001 年以来，依据国家颁布的《计量标准考核规范》要求，在做好立式金属计量罐、卧式金属计量罐、汽车油罐车、二等水银温度计、二等石油密度计、测深钢卷尺等 6 项计量标准维护的同时，修订和完善《计量实验岗位管理制度》、《计量标准使用维护管理制度》、《量值溯源管理制度》、《环境条件及设施管理制度》、《计量检定规程或技术规范管理制度》、《原始记录及证书管理制度》、《事故报告管理制度》、《计量标准文件集管理制度》等 8 项管理制度。结合标准复查需要，建立了相关的 11 种技术资料。按规定做到了实验场所及环境条件满足工作需要，标准器与设施配置合理，建标器具及配套设备及时送检、通过实验比对数据准确可靠。

2002 年、2006 年和 2010 年，省质量技术监督局 3 次对省公司在建的 6 项计量标准进行复查考核，通过考核颁发了 6 项“计量标准合格证书”，保证了全系统量值传递的合法、有效。为进一步加强检定证书的管理，维护检定证书的权威性、法制性，省公司在建的 6 项标准（立式金属油罐、卧式金属油罐、油罐汽油、密度计、温度计、测深钢卷尺）所出具的检定证书封面格式及填写要求，按国家质量监督总局下发《关于印发新版（检定证书）和（检定结果通知书）封面格式式样的通知》进行全面调整。各单位对油库、加油站在用的其他计量器具经检定后严格把关，向检定单位索取规范的检定证书。

2. 容器检定

2001 年，省公司计量检测中心承担着全系统新建罐、改造罐，复检罐的检定。

2002—2006 年期间，分公司组织检定油库及加油站复检罐，省公司派员到现场指导，并负责检定数据审核、容积表编制及出具检定证书。新建或改造油罐的检定、数据审核、容积表编制及出具检定证书，全部由省公司计量检测中心承担。油罐车由地方政府计量机构检定。

2007 年，为配合零售条线油罐汽车容量核检，省公司计量检测中心恢复了油罐车检定工作，并于 2007—2009 年完成 165 辆罐车，计 252 个仓位的容量核检。

2010 年，为解决外采油水路进货交接油罐的合法性，规避外采交接的法律风险，省公司与江苏省计量科学研究院合作，将南京栖霞、镇江谏壁、无锡周泾巷、苏州平望、南通姚港、连云港联顺、扬州头道桥、盐城新兴、江阴长山、宜兴梅林等10座接受外采油水路进货重点油库的罐容检定列入强检，委托江苏省计量科学研究院检定，并出具检定证书，化解与运输方交接油罐的矛盾。

通过统一组织安排油罐检定，做好检定数据审核、归类、建立比对分析数据。加强SAP系统罐容表维护及强检油罐资料数据统计，实现了储存容器从检定、编表、审核、出证的全过程管理。

3. 器具检定

2001—2002年，器具检定工作在省公司老办公楼内进行。

2003年，省公司组建质检中心，5月将器具检定工作地点迁往南京分公司燕子矶油库。

2002—2007年，器具采购委托省公司技术设备公司，计量检测中心负责计量器具检定和分配。

2008年，省公司器具检定工作地点由南京燕子矶油库搬迁到南京王家庄油库。计量器具采购移交给公司物资装备管理处统一实行招投标，计量器具检定委托省公司技术设备公司，计量检测中心负责计量器具的申购、汇总、报批及监管。2008年，下发《关于建立三项器具申购领用制度的通知》，明确了计量器具在配备、采购、检定、保管、领用及费用等方面规定。

2010年，为解决油库对外交接用计量器具的合法性，省公司规定：用于贸易交接（外采油）的计量器具应列入强制检定，由省公司统一送江苏省计量科学研究院检定，并出具检定证书。

2001—2012年，省公司积极开展计量器具检定工作。通过完整的器具检定工作流程，实现计量器具从申购、汇总、报批、检定到发放的动态管理。做到全系统在用计量器具的受检、合格率达到100%。

四、计量培训与技能竞赛

为加强计量人员培养，提高岗位操作技能，省公司每年按计划组织计量培训，并积极参加上级部门举办的技能竞赛活动。

1. 计量培训

中国石化销售公司规定：通槽（航）点计量员培训由省公司组织，中国石化销售公司计量管理站负责考核发证。非通槽（航）点计量员培训与考核发证由省公司负责。

2001—2002年期间，省公司先后举办3期通槽（航）点计量员考、验证培训班，217人取得中国石化销售公司计量管理站颁发的计量员岗位证书。

2003年组织两期针对加油站计量业务的培训，159人取得省公司颁发的计量合格证书。

2004年，省公司对加油站计量员实行分级培训考核，编写了加油站计量员培训教材和考核大纲，解决了零售环节1187名加油站计量员的培训考证，实现每座加油站配备1名持证计量人员。选派5人到中国石化天津工业计量站参加温度、密度、长度培训考证，全部取得中国石化销售公司检定员证书。

2005年和2009年，经与省质量技术监督局协商，合作举办了2期大容量检定员培训班，全系统74人次接受培训，72人取得省质量技术监督局颁发的检定员证书。

2009年，经省质量技术监督局同意，委托省计量院培训5名器具检定员，并获得省质量技术监督局颁发的检定员证书。

2010省公司在连云港举办油罐容积校准现场培训班，参加培训30人次。通过培训掌握了油罐自动校准系统操作方法、软件应用和后续数据处理等技术。

2012年3—7月，选派7名人员参加在天津、杭州、云南等地举办的容量、密度新标准培训学习，并通过考核取得证书。同年9月，在省计量院的帮助下，对省公司油罐车检定项目进行考核，4人取得省级油罐车项目检定证书。

在计量培训工作方面，省公司以计量法律法规、误差理论、油量计算、油品损耗索赔、容器具技术、实际操作技能等内容为重点，实现在岗人员都具备熟练的岗位操作技能。2001—2012年期间，省公司先后举办了计量培训班17期（见表3—3—1），培训2467人

表3—3—1 计量人员培训与考核一览表

时间	地点	培训项目	人数
2001-06	江阴黄山度假村	通槽通航点计量员验证	94
2001-09	江都市委党校	通槽通航点计量员验证	83
2006-08	南京燕子矶油库	通槽通航点计量员考证	42
2007-11	江都市委党校	通槽通航点计量员考证	43
2009-04	省公司培训中心	通槽通航点计量员验证	45
2009-05	江都市委党校	通槽通航点计量员考证	55
2010-05	省公司培训中心	通槽通航点计量员验证	50
2010-11	扬州头道桥油库	通槽通航点计量员考证	28
2010-12	省公司培训中心	通槽通航点计量员验证	38
2011-08	省公司培训中心	通槽通航点计量员验证	26
2011-11	南通姚港油库	通槽通航点计量员考证	28
2012-04	省公司培训中心	通槽通航点计量员验证	49
2012-11	南通姚港油库	通槽通航点计量员考证	35
小计			616
2003-05	江都市委党校	加油站计量员考证	79
2003-10	江都市委党校	加油站计量员考证	80
2005-06	各分公司	加油站计量员考证	1000
2008-09	各分公司	加油站计量员考证	692
小计			1851
2004-05	江都市委党校	大容量检定员考证	32
2009-08	江都市委党校	大容量检定员考证	22
2009-08	江都市委党校	大容量检定员验证	20
小计			74
2004-03	省公司培训中心	加油站计量员师资	28
2008-04	省公司培训中心	加油站计量员师资	35
小计			63
合计			2604

2010年3月,省公司开展加油站油罐容积校准培训会

次，经考核2328人取得计量员合格证书，其中通槽（航）点590人取得计量员合格证书，非通槽（航）点1738人取得计量员合格证书。举办容器检定员培训班2期，培训74人次，72人获得容器检定员资质证书。举办了加油站计量员师资培训班2期，培训63人次，全部获得通过。

2. 技能竞赛

2006年开始，为强化对专业技能人才的培训，中国石化销售公司组织开展全员岗位技能竞赛和技术比武活动。省公司下发《关于认真做好计质量岗位技术比武工作的指导意见》，统一部署在系统内开展岗位技术竞赛活动。当年参加分公司初赛的人数达到400多人次，经过选拔与复赛，4名选手参加销售公司的决赛，决赛中获得个人项目1枚铜牌和1枚银牌、团体项目第五名的较好成绩。

2011年，计量员技能竞赛由中国石化集团公司统一安排，油品计量工职业技能竞赛分4个阶段，即岗位练兵阶段（4月—7月上旬），开展全员岗位练兵；内部选拔阶段（7月中旬—9月上旬），逐级选拔优秀选手；集中决赛阶段（9月中旬—9月下旬），参加集团公司组织的竞赛。通过省公司复赛有3名优秀选手进入销售公司的决赛，并取得个人项目1块银牌。

第二节 质量管理

一、质量管理制度建设

1. 制度制定

2000年3月，省公司制定《油品质量监督管理实施细则》，首创“汽、柴油运输要专车专用”的规定，受到了中国石化销售公司的肯定，并推广普及。对油品采购、运输、储存、销售环节的质量管理办法作了全面规定，重视加强质量溯源检验。

2001年11月，下发《关于确保抽检油品质量合格的紧急通知》，把好市场质量监督抽样关，防止或减少质量监督抽检误判。一是各油库主任、加油站站长是本部门质量第一责任人，承担市场质量监督抽样签字把关直接责任人的责任。二是对工商或质量技术监督部门抽样的人员（简称抽样方，下同），查验其资质证明。三是认真检查并确认抽样器材（标准油样瓶、取样器）是否清洁、干燥，取样方法是否正确。四是为防止加油机管线、油泵内金属构件对油品氧化催化质量变质作用的影响，禁止在“不动加油机”内抽取油样，防止因所取油样无代表性，而造成样品检验不合格，只能在“不间断加油”的加油机上取样。五是对抽好的油样摇动油样瓶，仔细对光目测检查，若有可见水分或杂质等异常情况，检查原因，重新取样。六是对使用不清洁、不干燥的玻璃瓶容器、塑料容器，以及不符合GB/T4756—1998标准取样方法、规定条件的问题，向抽样方提出纠正，否则拒绝抽样或签字，并做好情况记录备查。七是在市场监督抽样的同时，用自备清洁样瓶自留样一式两份，签封送省公司质检中心按规定检验。在此基础上，2008年5月，制定《质量监督受检管理规定》。

2004 年 9 月，制定《油品质量管理考核实施细则》。2005 年 11 月制定《车用乙醇汽油质量管理办法（试行）》。2008 年 7 月，制定《关于外采油品入库检验的补充规定》、《油品质量事故应急预案》、《物流中心质量事故预案》、《加油站质量事故应急预案》。2008 年 12 月制定《通桥油库管输油品质量管理规定（试行）》。2010 年 10 月制定《江苏石油分公司油品质量控制流程（试行）》。

2012 年 12 月，制定《加油站内部质量抽检办法》，规定流转环节油品质量责任：一是分公司质量责任范围：油品入库、出库、运输，加油站接卸，加油枪出售的油品，客户用油正常，监督抽检合格。二是油库质量责任范围：油品入库、出库、运输，加油站验收。三是零售中心质量责任范围：加油站油品质量验收，油品在罐无混油、无水杂、无污染、无超期储存，售出油品使用正常、监督抽检合格。分公司安全数质量科负责内部抽检计划安排，检验结果跟踪溯源、问题的整改、统计报告。零售中心（零售管理部）负责按内部抽检计划组织抽样、送样，加油站油罐超期存油取样送检、置换。2012 年 12 月制定《油品质量事故责任追究规定》。

2. 制度完善

2010 年 6 月，修订《油品质量管理实施细则》。

2012 年 3 月，修订《质量监督受检规定》，明确了基本要求、管理职责、监督抽检取样报告和通知、监督抽检取样准备、取样代表性把关、报告监督抽检情况、自留样送检、监督抽检结果、监督抽检《检验报告》销项管理、仲裁检验、罚则等 11 个方面的管理事项。

2012 年 12 月再次修订《油品质量管理实施细则》。

修订后的细则有以下创新：一是开展入库油品均匀性评估分析。按舱取样检测密度和色度，不均匀时增取一个对均匀性影响最大的单元样检验减少检验工作量。二是开展出库油品均匀性评估分析。收油罐油品出库前，至少分别取上、中、下三个点样，对均匀性影响最大的基本单元样，作 A 级项目检验。三是加油站内部质量抽检作质量溯源分析，待卸油罐车油样检验结果，应与油库进、出库评估检验相关项目的结果一致或在应知正常范围。

二、质量管理组织机构

1. 管理机构

2001 年，质量管理职能部门是储运安全处，设专职质量管理员，分公司质量管理组织领导机构是经理室。质量管理职能部门是仓储安全部，设专兼职质量管理员，油库设兼职质量管理员，各单位“一把手”是质量第一责任人，油库主任、加油站站长为本部门的质量第一责任人。

2011 年 7 月，省公司设立数质量科技处，分公司质量管理职能部门为安全数质量科。

2. 质量检验机构

2002 年，省公司设立质检中心，属省公司储运安全处直接领导。计质量检测中心搬迁至燕子矶后，配备 A 级检验项目 58 个。

2006 年，省公司质检中心编制设定主任岗 1 人，质检员 2 人。

2008 年 8 月，计质量中心由燕子矶油库迁至南京王家庄油库。

2011 年 8 月，省公司设数质量科技处，质检中心定编 7 人，开始 24 小时对全省系统油品质量检验服务。

2005 年，成立徐州、南通质检分中心，

2009年淮安石桥油库质检室升为准A级质检室。截至2012年底，江苏石油分公司全系统设置省公司质量检测中心1个（A级），准A级质检室3个，B级质检室11个，C级质检室11个。

3. 工作职责

省公司质检中心。参与对质检分中心及B、C级质检室定期考评，每年组织各质检室进行油品质检比对试验，确保检验数据准确可靠，促进质检工作规范化、标准化、科学化。按省公司油品质量管理工作计划，对系统内的油品质量进行抽检。承担外采油品的A级项目检验，负责南京、扬州、常州、无锡分公司A级的检验工作。承担委托油品检验及相关技术服务。参与系统内质量争议油品的仲裁。为油品质量处理提供技术支持。为系统内质检仪器和设备购置提供技术性意见，承担新增质检仪器的调试。承担系统内质检人员的业务培训。

质检分中心及油库。在履行B级质检室职责的同时，完成省公司数质量科技处和质检中心安排的A级质检室的相关工作。按数质量科技处和质检中心的安排，对相关分公司的油品质量进行抽检；承担相关分公司（油库）委托的外采油品增测项目和B级质检室油品检验任务；承担省公司质量主管部门委派的初、中级质检员业务培训；承担省公司质量主管部门委派的其他工作事项。质检分中心人员行政上受所在区域分公司领导，业务上受省公司质检中心的技术指导；质检分中心技术负责人由省公司质量主管部门会商物流中心和分公司后委派，日常工作考核由分公司负责；由省公司质量主管部门或质检中心委派的工作直接向委派部门负责，不受其他部门或人员干预。

检验任务划分。徐州质量检验分中心主要负责周宅子油库B级油品质量检验及徐州、宿迁、连云港区域A级检验项目的质量检验工作。淮安质量检验分中心主要负责石桥油库B级油品质量检验及淮安区域A级检验项目的检验工作。南通质量检验分中心主要负责姚港油库B级油品质量检验及南通、泰州、盐城、江阴、苏州区域A级检验项目的检验工作。

4. 第三方石油化工实验室

2004年3月，为提高省公司计质量检测中心的检测能力，江苏省石油集团有限公司与江苏方圆石化产品质量检测有限公司签署《关于江苏方圆石化产品质量检测有限公司租用江苏石油集团有限公司实验室硬件设施的协议》。按照《产品质量检验机构计量认证/审查认可（验收）评审准则》、《检验和校准实验室认可准则》GB/T15481—2000要求，建立第三方石油化工实验室—江苏方圆石化产品质量检测有限公司实验中心（简称方圆检测中心）。双方聘请江苏省产品质量技术监督局质检院1人，任方圆检测中心主任，主持对系统外开展技术交流检验服务工作。省公司拨款37万元，添置部分化工仪器设备、化学试剂、办公必需品。

2004年，方圆检测中心通过了省级计量认证，取得证书CMC号，取得国家实验室认可证书编号CNAL2353，方圆中心可检测石油产品中汽柴油润滑油脂中112个品种、化学试剂中25个品种的全部或部分标准的检测项目。

2006年4—5月，方圆检测中心受江苏省工商行政管理局消保分局的委托，承担了对无锡市成品油20个批次油品质量的抽检，为省公司质量管理水平和计质量检测中心的检测能力，密切与省工商、省质检的协调合作起到了积极的作用。

2007年4月，方圆检测中心通过了中国合格评定国家认可委的第一次监督评审，取得了《认可决定情况通知书》。同年省公司退出合同，方圆检测中心解体。

三、质量检验项目

1. A级项目

省公司质检中心的仪器项目配置，按《中国石化股份公司销售企业油品质量管理办法》要求，为A级项目配置65个。检验项目的仪器设备，汽油按标准全检项目配置，普通柴油、车用柴油按标准全检项目，除十六烷值机外全部配齐，按可开展检验汽油、柴油、煤油、润滑油（脂）的检验仪器达58个项目。2011年以来，中国石化销售公司对外采汽油入库验收，在车用汽油GB17930—2011标准项目以外，增加了11个内控质量检验项目指标，其中蒸发指数DI值、N-甲基苯胺、甲缩醛、碳酸二甲酯、乙酸仲丁酯、氯含量等6个是新增检验项目，实际可检验项目达到64个。

徐州分公司周宅子油库质检室、南通分公司姚港油库质检室、淮安分公司石桥油库质检室设立为省公司质检分中心，在B级项目配备基础上，增加配备部分汽油、柴油A级检验的项目。

2. B级项目

分公司中心油库质检室按《中国石化股份公司销售企业油品质量管理办法》要求，配置了37个项目。

3. C级项目

非中心油库质检室按省公司油品质量管理实施细则规定配备15个项目。

质检机构人员项目情况统计表见表3—3—2。

4. 配置油与外采油的检验

配置油指中石化系统炼油企业交付的成品油资源，外采油为省公司自行采购的成品油资源、委托地炼加工的资源及中石油的串换资源等。

配置油品入库检验项目：2000年，根据《中国石化股份公司销售企业油品质量管理办法》规定，汽油入库检验：馏程、博士试验、胶质。2005年，汽油入库检验：馏程、博士试验、胶质（可边卸边验）、硫含量。2011年，汽油入库检验：馏程、硫醇、胶质、硫含量、外观（颜色、水杂、清澈度等）、密度（国Ⅳ）。2000年，轻柴油入库检验：馏程、闭口闪点、冷滤点（或凝点）、色度。2005年，轻柴油入库检验：馏程、闭口闪点、冷滤点（或凝点）、色度、硫含量（可边卸边验）。2011年，轻柴油入库检验：馏程、闭口闪点、冷滤点、色度、硫含量、酸度、外观（颜色、水杂、清澈度等）。车用柴油入库检验：馏程、闭口闪点、冷滤点、硫含量、外观（颜色、水杂、清澈度等）。

外采油品入库检验项目：2011年2月，根据《中国石化有限公司销售企业油品质量管理办法》，外采汽油入库检验：外观（颜色、水杂、清澈度等）、馏程、胶质、硫含量、硫醇、铜片腐蚀、水溶性酸碱、机械杂质及水分、苯含量、氧含量、甲醇含量、烯烃含量、芳烃含量、研究法辛烷值、铁锰含量、密度（国Ⅳ）。2011年5月21日，根据中国石化销售

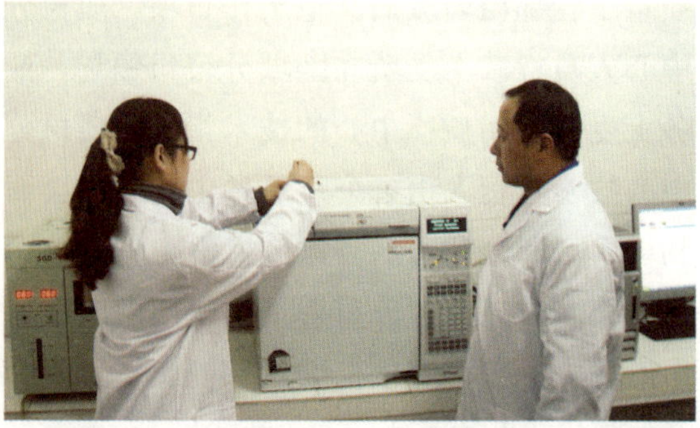

油库质检人员正在检验油品质量

公司下发的《关于加强销售企业当前经营管理工作的紧急通知》，省公司进一步切实加强外采质量风险防范。加强外采源头控制，落实“三不采”（无法确定来源的不采、非在册供应商不采、未提供合格质检报告的不采）规定。坚持油源和质量双控制原则，增加对外采油质量的检测项目和控制。严格采样、送样、检验、复检、出具检测报告的流程控制与监管，确保质检全过程受控，确保销售油品质量合格。按照中国石化销售公司规定，外采汽油追加检测指标（8项内控指标）：气味、馏程、未洗胶质、蒸汽压、蒸发指数

表 3—3—2　　质检机构人员项目情况统计表

单位名称	油库名称	质检人数	检验级别	配置项目数
合计	26 座	110		810
省公司质检中心		9	A	64
一、南京分公司	栖霞油库	9	B	37
	灵岩油库	2	C	15
二、无锡分公司	周泾巷油库	4	B	37
	梅林油库	2	C	15
三、徐州分公司	周宅子油库	7	准 A	53
	徐塘油库	2	C	15
四、常州分公司	钟楼油库	5	B	37
	后袁油库	2	C	15
五、苏州分公司	通桥油库	6	B	37
	平望油库	2	C	15
六、南通分公司	姚港油库	7	准 A	53
	金沙油库	2	C	15
七、连云港分公司	临洪油库	3	B	37
	联顺油库	2	C	15
八、淮安分公司	石桥油库	6	准 A	53
	运河油库	2	C	15
九、盐城分公司	新兴油库	4	B	37
	周家舍油库	2	C	15
	灌河油库	2	C	15
十、扬州分公司	头道桥油库	5	B	37
	八里松油库	2	C	15
十一、镇江分公司	谏壁油库	5	B	37
十二、泰州分公司	泰州油库	4	B	37
十三、宿迁分公司	黑鱼汪油库	5	B	37
	南关荡油库	2	C	15
十四、江阴分公司	长山油库	9	B	37

DI 值、N- 甲基苯胺、甲缩醛、烯烃含量不小于 8%。2012 年再追加 3 项内控指标：乙酸仲丁酯、碳酸二甲酯、氯含量（不大于 40×10^{-6}）。共计追加 11 项内控指标。外采普通柴油入库的检验项目：馏程、闭口闪点、冷滤点、色度、硫含量、酸度、外观（颜色、水杂、清澈度等）、凝点、铜片腐蚀、机械杂质、水分、运动黏度、氧化安定性（可边卸边验）、十六烷指数、密度。外采车用柴油入库的检验项目：馏程、闭口闪点、冷滤点、硫含量、外观（颜色、水杂、清澈度等）、凝点、铜片腐蚀、机械杂质、水分、运动黏度、氧化安定性、十六烷指数、密度、润滑性、多环芳烃含量、脂肪酸甲酯。

5. 新标准油品经营置换

2002 年 2 月，开展 GB252—2000 轻柴油的置换工作。7 月开始对加油站销售的汽柴油添加清净剂工作。

2004 年 10 月，开展 GB17930—1999 车用无铅汽油的置换工作。

2005 年开始经营 GB18351—2004 车用乙醇汽油的置换质量管理。

2011 年 12 月，苏州分公司完成优级国Ⅳ 97# 车用汽油的推广置换管理。2011 年 2 月开始进行 GB17930 国Ⅲ标准车用汽油的升级置换工作。

2012 年 2 月，进行 GB19147—2009 车用柴油经营质量管理。2012 年 4 月 1 日，南京分公司开始经营国Ⅳ标准车用汽油的质量管理。2012 年 12 月 30 日，沿江 7 个分公司开始销售国 IV 标准车用汽油。

6. 油品质量监督抽检

省公司经营油品质量的监督抽检主要有四部分，一是中石化系统的质量监督抽检，二是国家质量监督总局系统生产领域产品质量监督抽检，三是国家工商总局系统流通领域产品质量监督抽检，四是省公司系统内部质量抽检。

为确保销售油品质量合格率 100%，质量监督抽检合格率 100%，省公司坚持严把油品进库、储存、运输、销售全过程的质量控制关。

省公司、各分公司和物流中心、零售中心定期或随机组织对油库、加油站的油品质量进行抽检，按期向油品销售事业部汇报《油品质量抽检报表》。按月对炼厂来油质量周检日，按油品标准全项目检验，对配置油进库质量，定期开展全项目验收检验监测。

从 2011 年 5 月开始对外采油供应商资质进行审核准入制度。并对外采油在入库前的质量进行溯源。

四、质量检验人员培训与考核

从 2001 年开始，省公司质检员的培训与考核工作，依据《中国石化集团公司销售企业油品质量检验员管理办法（试行）》执行。油品质检员分为初、中、高三级，培训考核以实际操作与理论知识考试两部分组成，采用双百分制。初、中级质检员由省公司质量管理部门指定机构培训，2011 年开始由省公司人事处组织质量管理部门实施培训，中国石化销售公司质量管理机构考核发证。2012 年，省公司开始组织油品分析工的中级、高级工技能鉴定培训考核。

截至 2012 年底，全系统 3 人参加国家质检总局考核，获化学检验员技师 2 人、化学检验员高级工 1 人。3 人获地方标准质量技术监督局自考注册质量工程师职称。2012 年 6—10 月，2 人参加中石化销售企业油品质量检测和管理高级研修班，均获得结业证书。

江苏石油分公司质检人员培训情况见表 3—3—3。

表 3—3—3　江苏石油分公司质检培训情况

年度	初级（人）	中级（人）	高级（人）	轮训（人）	验证（人）	师资（人）
2001	31					2
2002	50			20		
2003	23	1		20		
2004	18	1		20	30	
2005	16	1		18	30	2
2006	30	1			30	
2007	10	1			30	
2008	4	2			30	1
2009		1				
2010	28	1				
2011	24	1				
2012	2	技能鉴定（18） 中级工（1）	技能鉴定（4）			2
合计	236	29		78		7

五、质量研究与检验技术比赛

1. 质量研究

省公司质检中心参加石化销售公司汽柴油贮运过程质量变化的研究，江苏石油分公司获中国石化集团公司 2004 年度科学技术进步奖，省质检中心 1 名选手获 2011 年度中国石化集团公司质量先进个人荣誉证书。

2. 检验技术比武

2006 年，省公司参加油品销售事业部首届质检员技术比武，南通分公司 1 名选手获银牌奖，1 名选手获铜牌奖，省公司质检中心 1 名选手获铜牌奖，省公司获团体第二名。

2007 年，参加中国石化销售公司第二届质检员技术比武，南京分公司 1 名选手获铜牌奖。

2012 年，省公司质检中心 1 名选手参加中国石化集团公司油品分析工技能竞赛获铜牌奖，质检中心 1 名选手参加中国石化销售企业质量管理人员技术比武获铜牌奖。

3. 检验技术比对成绩

质检中心参加中国石化销售公司质检项目比对，取得较好成绩：2003 年取得第 2 名，2004 年取得第 1 名，2005—2007 年取得第 4 名，2009 年取得第 1 名。

六、建立ISO9000质量管理体系

2011 年 6 月，根据《关于中国石化销售企业实施 ISO9000 质量体系的通知》要求，江苏石油分公司启动了 ISO9000 质量管理体系建立工作。2011 年 11 月 17 日，《江苏石油分公司质量手册》等质量管理体系文件正式颁布，标志着 ISO9000 质量体系在省公司系统正式运行。

1. 实施范围

以省公司系统为整体，以成品油质量管

理为核心，贯穿油品采购、运输、储存、销售整个业务流程，对各环节油品质量控制的相关部门和相关工作进行规范，使全系统油品质量管理均处于有效控制状态。组织编写了质量手册、12 个程序文件；收集汇总整理销售事业部和省公司相关规定、制度共计 27 个，油库、加油站有关作业指导书 14 个；汇总文件相关记录表格 28 个。

2. 质量方针和目标

质量方针：质量永远领先一步。

质量方针的内涵：坚持质量是企业生命和发展基础的理念，规范管理、诚实经营，大力建设优秀石油流通企业，为江苏经济社会发展和人民生活提供优质油品和优质服务。

质量目标：质优量足，顾客满意。

总体目标：销售油品质量合格率 100%；油品入库、储存、出库检验和内部质量抽检检验率 100%；油品外部质量抽检合格率 100%；客户质量投诉处理率 100%；不发生一级及一级以上质量事故；贸易交接计量器具强检率 100%；质检员、计量员持证上岗率 100%，质量检测仪器完好率不低于 98%。

3. 管理职责

总经理：对公司内各部门、人员职责、权限进行规定并进行有效沟通；负责签发质量手册，并向全体员工公布；是本公司油品质量管理的第一责任人。

党委书记、副总经理、总会计师：制定公司的质量方针、目标并在职责范围内落实；指导职责范围内相关部门的质量管理工作；收集职责范围内的质量相关信息并输入管理评审。

管理者代表：代表总经理处理质量管理体系日常事务，全面负责质量管理体系所需过程的建立、实施、保持和改进；贯彻执行质量方针，主持质量管理体系内部审核，审批质量管理体系审核计划和报告，及时向总经理汇报体系运行情况；处理重大质量问题，提出下步工作部署和改进建议，提交管理者评审；负责质量管理体系有关事宜以及与外部各方的联络。

4. 质量承诺

遵守国家、地方法律法规，质量活动符合质量管理体系的规定，并执行现行国家、地方及行业标准；关注顾客的期望与需求，精细管理，诚实守信，服务优良，持续创新；为管理体系的建立与实施提供必要的人力、物力和财力资源支持，优化资源管理，促进公司和谐发展；接受员工、相关方及社会的监督，持续改进质量管理体系；树立以人为本的管理理念，增强全员质量意识，努力营造良好的企业文化，实现企业可持续发展，践行每一滴油都是承诺；鼓励和表彰对质量管理工作作出贡献的单位和个人。

5. 体系作用

新体系的建立与实施促进了物流各环节的优化：建立内部审核管理程序和评审管理程序，用于评估和验证公司质量管理体系各项活动及结果是否符合标准规定要求；评估质量管理体系的适宜性、充分性、有效性。完善了质量管理持续改进工作机制。固化质量管理新要求。将“三不采”要求、外采油均匀性分析与跟踪、追加检测项目等写入成品油采购质量控制程序。规范数据分析控制程序，规范油品质量分析等工作，发现潜在不利倾向及时进行质量预警和防范。完善不合格品控制程序。强化 A、B、C 三级质检室管理，完善质检员准入与退出机制。

七、质量管理日常工作

明确油品流转环节相关质量责任部门人

员，贯彻执行 ISO9000 质量管理体系要求，按制度规范操作管理。

每半年对分公司、油库质量管理工作检查和考评，对存在问题下发整改通知并落实整改。

在“3·15”质量日活动、中石化总部“4·7”质量日活动、全国9月“质量月”活动及重大质量事件期间，对职工宣传中国石化总部的质量方针、质量目标，不断强化全员质量意识，落实全员质量责任，推动全员参与质量工作。

开展对质量检验人员培训，对质量检验工作检查与考核，对进出库油品质量溯源分析。

每月经营分析会对系统质量管理作专题分析，按月发布《油品数质量管理情况的通报》。

贯彻执行《质检室管理规范》，强化质量管理检验队伍考核，做到按油品质量标准和内控应检项目检测率 100%、项目检验结果准确率 100%。

严格油品质量处理报批程序，外采油不符合中国石化销售公司内控质量管理规定的，作退货处理。

强化油库发货、运输、加油站接卸验收油品质量管理，严防油品储运污染、超期储存，确保售出油品质量合格率 100%。

贯彻执行《加油站内部质量抽检办法》，掌握流转环节油品质量的变化情况。

贯彻执行《质量监督受检管理规定》，强化自留样制度，确保受检油品质量合格率 100%。

第四章 财务与会计

2001—2012年，围绕公司经营体制和经营目标，在逐步建立完善“财务集中管理、会计一级核算、商品内部调拨、业绩内部评价、税金统一计缴”的财务管理体制过程中，始终坚持以服务经营发展为本职，以强化财务基础工作与信息应用为手段，以突出风险控制为重点，以提升企业价值与核心竞争力为目标，使全省会计基础工作持续夯实，财务风险控制能力不断强化，财务管理水平有效提高。

第一节 管理体制沿革

2001—2002年，省公司本部、75家分支公司实行独立核算。省公司财务资产部设资金、资产、预算、会计中心，承担本部核算及全省财务管理的职能。

2002年，随着国家对税收征管改革的加快，省公司财务资产部设立了税务中心。

2003年，随着县公司取消建制，分公司区域内县级经营管理机构的财务实行统一管理。

2005年，随着市县公司一体化管理改革的深化，分公司财务资产科负责所辖县属区域的会计核算及财务管理。县属区域的财务代表和会计代表是区域公司财务部门派驻的管理人员，代表区域公司行使核算、监督和管理的职能，并做好相应的开票和收款工作。

2007年，中国石化销售企业实行省市石油分公司“财务集中管理、会计一级核算”的体制。为实现财务管理职能与会计核算职能相对分离，省公司设立财务资产处和会计核算中心，两部门合署办公。财务资产处履行财务管理职能，会计核算中心履行会计核算职能，机构性质分属综合管理部门和专业中心。在分公司设立财务核算部，作为财务资产处和会计核算中心的派出机构。

2009年，根据中国石化总部《关于印发资产公司所属销售企业委托管理办法（试行）的通知》要求，按照一体化管理，全面托管，权责统一、规范操作的委托管理原则，省公司下发了《关于中国石化资产管理公司江苏石油分公司整体托管的通知》，明确资产分公司财务资产处（保留印章和文号）和股份江苏分公司财务资产处合署办公。原江苏石油资产分公司区域（地市公司）管理部承担的财务会计职能并入各地财务核算部。除了资产性费用（折旧费、财务保险费、无形资产摊销、长期待摊费用、转租资产租赁费）、对外租赁资产费用（修理费等）、以资产江苏分公司为支付主体的税费（中介费、诉讼费、工商年检费、土地使用税等）外，其余费用都由股份公司统一管理与核算。

第二节 财务管理

一、预算管理

2001年，预算管理以费用预算和资金预算为重点，根据股份公司费用考核口径和考核办法，按照完全费用、现金费用、关联交易费用3大类和运杂费、人工费用、日常操作性支出、对外协议支出、公务性支出、税费性支出、折旧和摊销、损失及损失准备性费用、财务费用和其他10小类，编制费用预算，并结合资金预算下达年度预算控制指标。同时，省公司根据年度预算分月编制收入、支出、投资、资金和利润的滚动预算并按月下达，逐月检查，并严格控制资金拨付，将成本费用管理作为当年全系统财务控制的核心工作抓紧抓好，体现改革成果。在控制环节，对费用实行精细化和部门化核算，将降费任务分解到部门，具体落实到人，按照确定的责任主体，对费用在划分批发、零售、润滑油和管理部门的同时，实施不同责任主体的完全费用核算，在系统内初步建立了内部分层费用控制体系。

2002年，围绕公司的中心工作，强化预算管理，着手构建以地区分公司为块和省公司零售、分销、配送为条的复合的全面预算，开始在全系统推行全面预算，努力促进效益提高。全面预算包括业务预算、费用预算、损益预算和资金预算，在年度预算目标中一次性下达。

2003年，继续以中国石化总部下达的年度目标为基础，对各条线经营部门，测算各单位的年度损益，并以对接方式下达年度预算。根据滚动预算的原则，由财务部门为主导，各业务部门提供基础数据，根据各经营环节对市场走势的判断和对总体效益的预期，测算各经营环节的量利等指标，通过月度预算滚动下达。首次将月度预算作为月度考核的主要依据，不断促进企业效益提高。当年，为更好实现费用过程控制，改革现金费用审核拨付办法，由原来每月2次拨付改为每月4次（即每周）拨付，同时在具体项目上也实行分类审核控制：人工费用按照人力资源部和企业管理部月度考核结果拨付；零售促销费用由零售部审核后按照发生数拨付；租赁费按照发生数拨付；其余费用按照年度预算的时间进度审核拨付，费用预算的约束力逐年递增，费用管理水平日益提升，费用增长趋势得到遏制。

2004年，在全面预算基础上，推行管理责任会计。完善以划分经济责任主体、统一责任核算体系、明晰成本收入边界、建立管理会计报表为主要内容的管理责任会计的核算构架，初级的管理会计报表已经被广泛地运用。通过管理会计报表反映各业务单元的经营和管理情况，并以此逐步开展企业绩效评价和财务预警、预测活动，充分发挥财务管理在企业管理中的中心地位。在此基础上，不断加强财务分析，根据财务报表等资料，按月编制财务分析，点评各单位和条线预算完成情况，及时总结经营管理得失，并提供相应改进措施。

2005年，在全面预算管理基础上，按照“财务集中管理、会计一级核算”要求，确定了“规范、集中、受控”的费用管理基本思路，推进集中管理，强化费用控制，努力实现经营创效和管理控费能力同步提高。一是在费用审批环节，改分散、分权审批为集中管理、集中审批，规定1500元以上的业务招待费用和除了协议性支出外的3000元以上费用均需要事先申请和经过批准，开支后由财务负责人、归口管理部门、分管领导审核后，由经理集中审批。二是在投资管理环节，实施战略成本控制，强化投资项目集中管理。对项目可研、立项、开工等投资环节实行省公司集中审批制度，以低成本新建加油站为主要网络发展方式，严格控制租赁加油站项目，特别是高租赁费加油站的项目，及时关停退租低效加油站。三是强化费用集中力度，严格控制各项支出，实行运杂费省公司集中核算，大宗物资集中采购，专项费用集中管理。四是资金集中管理，降低资金营运费用。通过完善资金收支两条线、集中控制现金流量、严格债权信用管理等方式，资金使用效率走上新台阶。五是强化内部控制制度，实行费用集中管控。以股份公司正式实施《内部控制制度》为契机，通过修订本部和地市分公司费用管理办法，严格费用控制的流程，通过权限指引的延伸，制定比总部更加严格的授权，从流程、权限上对费用进行控制。

2006年，注重全面预算的引导作用。一是根据物流一级管理和专业化经营管理的思路，首次将分公司和条线的预算区分开来，并明确了专业条线的预算管理方法。二是结合长期股权投资和独立核算加油站清理，将其纳入全部预算管理，规范了投资企业和独立核算加油站的预算和考核口径，实现了全品种、全口径、全方位的全面预算管理。三是费用管理上，采取进一步集中管理。在已经集中的运费、广告费、业务宣传费、财务费用的基础上，又实现了加油站租赁费用、安保基金、关联交易的集中支付和集中管理。对二次物流运费建立规范台账和结算流程，细化对不同区域、不同运距、不同运价的监督控制；对燃料油、润滑油运费和直销运费开展了销售价格与送货上门的比对，核减了不合理的费用。全系统集中签订了关联交易协议，统一了关联交易项目、内容和标准；还集中办理了现金、工程、车辆等系统的统一保险。财务集中的效果初步显现，全系统吨油费用和定额费用指标控制的同时，专项费用也得到了较好的控制。从10月起又实现了资本性支出的集中资金支付和集中核算。

2007年开始，按照“财务集中管理、会计一级核算、商品内部调拨、业绩内部评价、税金统一计缴”要求，开始建立基于价值管理的全面预算管理，从预算管理、资金管理、投资评价、财务绩效等方面入手，引导分公司从更高层次、更远角度考虑当前决策对企业未来发展的影响，特别从战略成本控制和打造企业核心竞争力高度，着手建立基于价值的预算管理方法。一是完善费用考核指标体系，引用基金中心管理手段。按照体制改革和经营责任体系，区分专业中心和分公司费用，分别预算、分别考核。试行量（业务量）、价（价费额）的预算方法，逐步建立费用标准体系，并结合ERP/TR的实施，制定基金中心管理办法，结合预算管理要求，对现金费用和专项费用预算在SAP中维护和控制。二是落实预算目标责任。完善以加油站、油库、营业部为业务单元，以客户经理、站长为销售责任主体，以专业中心为管理体系，以分公司为管理平台，建立纵向到底、横向到边的预算目标责任体系。省公司年前对分公司、专业中心分解预算；监督分公司和专业中心1月底前将预算向下分解；月度跟踪分析评价预算目标责任落实情况。三是完善分析评价方法。定期开展对分公司的分组评价分析，按照地方经济、市场竞争、历史发展等主要方面的相对一致性，分成若干个差异不大的分析评价组，采取相对平衡、区内比高，综合考虑GDP增长、市场份额、竞争态势、可持续增长率等因素，对企业的经营绩效、资产质量、资金效率进行综合的评价分析，并通过分析评价编制和校验预算，使预算更趋科学、合理、贴近实际。四是监控预算价格实现。加强销售预算管理，按月对零售价格与规定价格差异，加油IC卡销售折让行为的合理性，批发直销价格优惠政策执行分析；开展地区间价格梯度分析，比较各地区批发与直销、直销与零售的价格差异，提出价格梯度建议。进一步加强对联营单位管理，配合经营管理部门制定投资单位供货价格政策，监督供货价格执行；配合零售等部门规范独立核算加油站证照管理，实现全资经营；按月对联营企业出具管理报表，对其量价费预算监控分析，杜绝违规让利，避免效益流失。

2009年，省公司已基本建立了以全面预算为龙头，优化资源配置，推进公司价值提升的全面预算管理体系。一是树立“大预算、全要素”的管理思路，经营方针与预算紧密结合，由财务牵头编制年度预算和月度滚动预算，基本形成了以经营规划和发展规划为导向、年度预算为控制目标、月度滚动预算执行为控制手段，覆盖商品、经营、资金、资产等要素管理的全面预算。二是财务资源得以优化，市场与网络拓展有力推进。在经营上，根据经营部门的需要，及时统筹追加安排业务宣传费，指导营销费用使用，跟踪营销过程管理，积极参与研究积分加油和油非互动方案。在业务招待费上，年度预算安排的业务招待费优先用于网络发展，并根据发展需要年内追加网络专项业务招待费，专项用于网络发展。在安全防范和基础管理上，统筹追加安排视频监控、小站技防、加油站库减速带、V20温度传感器安装费、加油站形象改造、提量改造、自助改造等费用资金，保障企业安全和发展。三是完善现金预算控制，强化基层预算管理责任。及时修订《基金中心管理办法》，通过ERP直接将预算控制到加油站等最基层的成本中心，将现金流量控制作为预算管理体系的核心组成部分，增强全员预算管理意识。四是开展预算执行评价，细化多层次分析。对经营活动情况进行综合分析、定量分析和典型分析。通过“对标、定标”，量化优秀流通企业内涵指标，查找差距，制定措施，争先创优。加强对分公司量价费利三年平均指标与当期指标的对比分析，科学评价分公司的成长性。开展分公司贡献率分析评价，促进分公司平衡快速发展。加大对分公司量价平衡情况分析，加大对现金销售行为的跟踪分析，提出了改进的建议。加大修理费用等重点费用项目实施跟踪检查，提高财务资源效用发挥的及时性和有效性。

2011年起，全面预算管理引入分档目标管理和联量增费管理模式，进一步引导预算管理由规模控制向效率控制转变，进一步激发地市公司扩量增效动力，有效提高经营质量。预算管理按照“预算责任归口负责、预算形式公开透明、预算标准量价分离、预算控制量费联动、预算管理事项审批、预算目标考核挂钩”原则，对预算目标实行分档自选方式确定，并将量费联动管理作为体现预算管理弹性和引导分公司合理配置财务资源的主要内容，进行推广实施。从实施情况来看，新的预算管理方式一是保证了预算刚性实施，二是促进分公司根据核增预算，按照轻重缓急，及时将预算安排到各个具体项目，改善经营环境，三是有效激发分公司经营潜力，有效提升陆上零售增量。联量增费预算管理对调动分公司积极性、合理配置预算资源有明显促进作用，并可通过调整联费结构和标准，确保全公司年度预算的有效执行和吨油费用的整体控制。

二、资金管理

2000 年，在初步建立资金统一收支管理的基础上，逐步完善资金的统贷办法，继续在股份公司的授信额度内由省公司统一筹集全系统的流动资金。一是在全省范围内开展了银行账户清理工作，原银行账户 600 多个，分账后保留在存续公司 110 多个，剩余账户上市公司清理后为 320 多个。二是开展了偿还外部贷款，置换高息借款，集中由省公司统借统还，分账时各分支公司长短期借款高达 11.5 亿元，最高时达到 20 亿元，贷款分布在各类金融机构，利率基本上浮 10%—20%，经与各大银行联合清理，统一由中国石化股份公司对指定银行授予信用额度，并由省公司统一借款后偿还分支公司贷款，截至 2001 年 8 月末，除 0.279 亿元贷款存在抵押风险和争议事项外，其余款项全部转移到省公司， 流动资金贷款降至 8.6 亿元，除 3 亿元的农行贷款为基准利率贷款外，其余利率均下浮 10%。三是改善借款的结构，努力减少短期借款，扩大商业和银行承兑汇票的使用，不断降低资金成本。

2002 年，将债权限额目标和清理收回一年以上目标，分解至每个会计科目、每个债权项目、每个单位（分公司、公司内部部门）。加大了对分公司经理的考核。做到“三个落实”，即落实清欠责任，落实清欠时间，落实清欠奖惩办法。省公司积极向总部汇报，争取支持和理解，核销历史债权 1.09 亿元。

同时，加强信用管理，禁止分公司对任何单位提供担保、资产抵押等各种形式的信用，明确股份公司也不能为存续公司提供担保等信用，建立了重大资金事项报告制度。分公司全面建立销售信用制度，落实销售货款回笼责任制度，对确需赊销的用户，建立信用评级制度。严格控制新增债权的形成，做到“三个不准”，即：不准在零售环节（除政府采购外）和对经营单位赊销，对终端客户的赊销应严格执行信用评级制度和实行总额控制；不准对外部单位付（借）出资金，包括对关联企业和投控股企业付出资金，投控股企业的流动资金应采取资产抵押等方式自筹；不准新增 3 个月以上的新欠款，一旦发生，有关责任人必须停发工资、奖金清欠。

2003 年起，不断降低资金成本、优化负债结构、控制货币资金、压缩债权规模，完善资金收支两条线管理，加强资金预算分析工作，资金工作取得了较大进展。针对加油站和经营网点的资金安全问题日益突出，开展了资金安全的专项检查，业务部门和财务部门普遍建立资金回笼和销售日报匹配检查制度，防止挪用，落实资金归集责任。

2006 年，完善经营网点资金回笼和归集台账，落实资金安全回笼流程和各级人员的责任，特别是经营网点账管员、网点负责人、零售片区经理和会计代表的责任。年末报表付息债务 7.71 亿元，其中总部分割资本性付息债务 7.51 亿元，基本实现江苏石油分公司无流动资金贷款的历史性转折。

按照中国石化总部统一部署，对 2002 年上线的 ERP 项目进行优化提升，启用了 TR 模块有关功能，同时进行了银企直联的上线工作。实行银企直联，优化资金管理流程，支撑了资金集中管理，实现与银行间的电子支付、电子对账，完成各种资金交易信息的传递、反馈和查询，实现资金交易的高效性、实时性和准确性，每笔资金的进出都能够在系统中实时反映，对加油站网点资金的回笼提供了实时监控手段。江苏石油分公司作为中国石化第三批银企直联推广单位，于2006年进行了银企直联的上线工作。省公司财务部门和信息部门联合设立ERP项目组财务小组，由埃森哲咨询公司顾问、省公司关键用户组成，负责制定项目上线策略和计划、提供银企直联技术支持、与上线开户行及网点协调沟通、落实上线前的系统配置、提供上线后支持。江苏石油分公司于2006年11月顺利完成了对建行4个账户、工行5个账户实施上线，2007年1月16日起，对全省农行19个账户推广上线，累计实现上线账户28个。

2007年，省公司通过稳步推进财务体制改革，在财务集中管理方面努力实现“四个集中”，即预算编制集中、权限设计集中、资金支付集中、风险控制集中。根据省公司实际情况，本着“有效、高效”的原则，在投资资金集中支付、采购资金集中支付、重要费用项目集中支付的基础上，对下级单位（部门）预算的2个方面再实施系统控制：一是预付款的预算控制，省公司对预付款控制到专业采购业务部门，根据信用领导小组批准的供应商信用评价结果及批准额度在SAP中维护控制。二是应收款的控制，利用ERP系统对每个应收客户在建立主数据时实行总额和期限的二维控制，在系统权限设置上将省、地市公司信用解锁权集中至省公司财务资产处，审批权限上移至省公司信用领导小组。由省公司信用领导小组每半年一次对全省的信用客户进行审定和评级。三是资金支出。投资资金支出全部集中在省公司支付，并依托SAP/PS平台运行和管理；油品和物资采购资金由省公司统一结算和支付；流动资金中的主要费用项目也由省公司集中支付；税款资金、工资和劳务费用以及其他流动资金支出由省公司核拨到分公司支出户。全系统需要支出的资金由省公司按照总部资金收支两条线的规定，于每天下午集中向总部申请。

2008年，对FM基金管理功能进行调整，以便更适应调整、完善后的经营管理模式，提高ERP系统运行效率。TR模块基金中心设置到每个成本中心，以保证预算责任可以落实到最基层的业务单元，即油库、加油站、门市部。按照中国石化销售公司“会计一级核算，财务集中管理”的要求，在加强财务集中管理的同时，进一步加强了对资金运行情况的监控。一是账户管理，所有银行账户的设立由省公司批准，包括收入户、支出户、税务户、收入过渡户，用于偏远网点资金归集的银行卡、折，所有银行账户纳入SAP核算，银行账户总数下降到251个。二是资金筹集，所有资金筹集和融资性质的业务由省公司办理，分公司收到的银行承兑汇票贴现业务也交由省公司集中办理。三是资金回笼，按照“一站一策”的思路，采取上门收款、护卫缴款、自行缴款、“搭车缴款”等方式将营业网点的销售收入款安全、及时缴存银行，其中上门收款站点约44%，回笼资金占63%，站长、账管员、零售部门的片区经理和会计代表的资金监督和管理责任按照规定执行，资金管理人员和核算人员通过TR—CM监控资金回笼，每天将所有银行账户的资金逐级上划至总部。四是信用管理，公司以内控制度为依据，以ERP系统为手段，实现了信用全过程管理，根据经济形势的变化，及时调整信用政策，加强对客户实地考察，在保障经营平稳有序运行的同时，控制资金信用风险。当年开展了3

次信用更新，授信客户减少了577家，月中授信额度降低了3.3亿元。

2009年，为贯彻中国石化集团公司加强境内境外资金集中管理工作的精神，实现以财务公司为平台，借助总分账户体系，将各企业的资金集中起来，建立收入定向集中、支出统一调度、筹融资统筹策划、内部结算封闭运行、收支运作逐级平衡的资金管理体制，根据集团公司《关于印发中国石油化工集团公司资金管理办法的通知》和《关于资金集中管理开立账户有关事项的通知》，省公司于2009年9月完成集团资金集中管理信息网络系统的上线工作。主要包括银行分账户的开立、与财务公司的财企直联和通过集团资金集中管理信息网络系统实现资金的集中收付管理。做到资金“收得进、付得出、分得清”，确保生产经营的平稳运行。其中TMS系统主要包含：资金计划、账户管理、筹融资管理、结算业务等。股份TMS上线主要功能是：编报日资金计划，拨款模式，形成拨款指令，通过SAP接口发送指令到ATOM进行拨款，减少各单位上存款；资金上划后ATOM发送到账通知到SAP，SAP通过接口发送信息到TMS，增加各相关单位的上存款；通过TMS处理完业务后，发送信息到SAP中作凭证；日常结算业务，通过SAP做凭证后，通过XI发送指令到ATOM，ATOM通过财银接口发送到银行进行代理结算。

为提高资金流速，完善资金回笼渠道，在2007年开始推行“邮储资金回笼直通车”的基础上，在全系统营业室和IC卡充值点开通“POS直通车”。一是刷卡后资金直接归集到省公司账户，减少资金沉淀，提高了资金效率。二是规范银联POS刷卡行为，明确刷卡操作规范和禁止行为。三是将银联POS机的操作整合进加油充值卡系统，有效降低操作误差，对银联POS机取消“退货”、“撤销”和其他类的授权交易功能，大大降低了资金风险。四是将交易成功数据实时记录在加油卡充值系统内，为POS机交易情况的实时核对和监控提供了基础。当年全省共布放银联POS机257台，其中开票点60台，充值点197台。

2010年5月开始，在全省推进了县片区营业室整合，贯彻落实营业室收款和开票管理办法、监管办法。保证整合后县片区远程销售业务顺利开展，实现了直分销收款开票业务的集中处理和规范化管理。积极配合总部“资金池”管理工作，在工行试点成功上线的基础上，6月完成了农行系统的上线试点工作，并在线正式运行，实现“收得进、分得清”的目标。6月末除个别业务外省公司本部对外付款业务以及中石化集团内部结算业务、非油品付款业务全部纳入资金集中系统内运行，进一步节约了资金成本，提高了工作效率。同年，淮安、宿迁、连云港、盐城和扬州公司经过数年的清理，于2010年实现了历史债权为零的清理目标。在此基础上，对全省剩余历史债权逐行分析分类，下达清欠任务，按月跟踪指导清欠进展情况，督促分公司加大清理力度。

2011年，按照中国石化集团公司会计集中核算项目总体实施进度安排，经过前期准备、总部集中和现场实施等三个阶段，于11月正式启用了股份公司关联交易平台。通过建立集中的交易平台，实现集团公司内部交易的确认、挂账、结算网上运行，杜绝内部交易单方挂账。通过建立规范的交易规则、争议仲裁机制及与ERP、ATOM、TMS的系统集成，加快了内部结算进度。

2011—2012年，为实现对经营网点的资金监控，对全省经营网点资金监控情况进行了梳理，对原先通过审核经营网点纸质报表（轻油销售日报、非油品销售日报、充值点日报、润滑油销售日报）、相关业务系统（SAP、海信系统、加油卡系统）及银行到账信息后在系统中进行账务处理并清账的方式进行了改进，充分发挥核算及业务系统的控制作用。一是将原先财务人员手工录入的非油品、IC卡充值的相关数据，通过程序由业务系统导出后每日导入SAP系统，实现加油卡、海信系统数据与SAP完全一致。二是完善零管系统的数据录入，将相关业务数据（轻油、润滑油、IC卡、非油品）和现金缴款情况整合在一个系统中。三是协调银行加大对银行到账信息的准确录入，如加油站编码、付款单位名称等。四是通过EXCEL电子表，对SAP系统中电子到账信息和零售管理系统中的缴款情况做匹配，发现异常情况作进一步核查和处理。实现上述每日的资金监控后，财务人员不再需要根据纸质报表进行审核，大大提高了对经营网点进行日资金监控的时效性。

三、资产管理

2001—2002年，以价值形态管理为主线，实施固定资产投资的“六严格”：即严格制度、严格立项、严核预算、严审决算、严查台账、严查权证，保证投资效益和安全，制定了《内部控制制度——投资》、《投资决策程序及管理办法》、《投资项目竣工决算管理办法》等制度省、分公司和各个部门在计划、立项、开工、建设验收、决算、入账等工作进行合理分工、明确责任、规范投资决策程序。开展全系统资产普查，进行长期投资项目、债权、油库关联资产、存续公司加油站、房产土地、小额投资的“六项清理工作”，建立资产管理档案与台账。

2003年，继续履行投资项目归口管理职责，严格投资计划控制，进一步规范投资管理行为，采取“职能部门主管，财务部门监控”的管理体系，加强了对加油站发展吨油投资、站均投资、投资回报率等方面的审核，并颁布下发了投资管理办法和决算办法。借助SAP系统和投资月报，在事前审批、事后考核基础上补充完善事中监控，贯彻实施了“两证三报告”（土地使用权证、房屋所有权证、工程验收报告、工程竣工决算报告和工程审计报告）制度，将投资计划、立项批复、资金清算、项目评价、权证管理全程衔接，实现了投资全方位监控管理。加强投资企业管理和资产清查工作，一是建立完善投资企业档案，梳理了各类长期投资资料，建立了投资企业资料上报、管理和归档程序。二是对全系统近2000座加油站进行清理盘查，掌握加油站投资规模、加油量、投资性质、投资效益和资产损失情况，分析、总结加油站发展得失和盘活闲置资产建议，并清理核销资产损失。同时，根据总部要求，上海石油分公司、浙江石油分公司及集团生产企业和存续公司110座加油站划转江苏石油分公司，并完成了对其权证、经营和法律遗留问题的梳理。

2004年，《销售企业资产管理暂行办法》正式实施，为进一步理顺资产管理关系，加强内部控制，规范资产处置行为，成立了主要领导负责、跨部门的资产管理委员会，综合管理部门、实物管理部门和使用部门的资产管理职责得到了明确，财务部门和发展规划（基建）部门履行资产综合管理部门职责。中石化壳牌（江苏）石油销售有限公司成立，苏州地区加油站资产、零售业务整体移交合资公司。同时，开展关闭油库及加油站资产专题清查，完成资产损失处理，防止效益流失。

2005 年，通过体制调整，全面解决对外投资管理缺位、建设投资管理错位和固定资产实物管理不到位的问题，日常管理责任分别落实到企业管理、发展规划和零售（仓储）部门，财务部门的责任是综合价值管理，并建立以 ROCE 为核心的资产和投资营运指标体系，监督实物管理和投资管理部门的经济行为，促进企业资产的高效运行。继续做好存量资产的清理工作，全面进行财产清查，重点清理了长期投资、独立核算加油站和已关闭加油站、三项不良债权和已核销债权、低效油库和已核销油库资产等，重视核销资产风险管理，明确资产核销了总体要求。加油站登记证管理制度正式实施。

2006 年，进行 SAP 资产管理模块（AM）优化提升。一是重新上线的资产明细账以清查结果为依据按统一分类标准进行合并与拆分，维护、完善资产主数据信息。二是对 SAP 资产管理业务流程进行重新描述并与投资管理（PS）、设备管理（PM）模块相集成，为资产由采购至报废的整个生命周期提供管理支持，提升了江苏石油分公司资产管理水平。为规范资本性支出的管理与核算，制定实施了《资本性支出集中核算暂行办法》，实行所有资本支出项目由省公司集中核算，资本性支出资金由省公司核拨或对外支付，并梳理了投资项目各部门管理职责。同时，根据总部关于清理长期投资和多种经营的要求，组织了清理并按照项目进行了对接，将全系统 114 笔对外投资和多种经营单位进行了档案资料清查与核实。

2007 年，根据成品油管道建设的需要，成立了管道财务管理中心，由分管副处长任财务经理，并配备了专职的管理和核算人员。管道财务管理的职责：根据成品油管道建设的特点，制定财务管理办法；建设单位管理费和其他资本性支出的管理和核算工作；参与招投标、工程变更等重大投资决策活动；作为线路补偿工作小组成员，参与线路补偿的各项工作；成品油管道投资分析和专项分析；项目竣工决算工作。

同时，规范投资集中核算办法，进一步加强投资项目的财务监督。一是对新增长期待摊项目、无形资产项目视同资本支出管理，实行省公司集中核算和统一管理，加强租赁项目管理，严格全口径投资的财务管理，按项目、按预算、按进度控制投资资金。二是明确了资本性支出管理和投资网络发展过程中接收发票的流程。三是补充下发了《关于明确省公司集中核算在建工程项目操作与资金支付流程的通知》，通过每月编制在建工程形象进度月报表、每季度通报在建工程财务核算进展情况等方式，提高在建工程核算、完工项目结转的规范、及时性。落实资产处置职责，将资产处置纳入日常工作范围，进一步规范处置资产的实物清理程序，制定并下发资产评估实施细则，对报废资产的残值处置进一步规范流程。

2008 年，为实现分公司投资项目建设管理与财务管理的同步，完善固定资产投资集中核算，将在建工程的财务核算由省公司集中管理核算至各分公司利润中心，实行在建工程属地管理，提高在建工程管理与结转效率。提出加油站形象改造工程财务监督管理规范，完工项目在决算时应进行项目支出费用化和资本化的判断。突出处置控制，根据新版内控权限和股份公司新修订的《资产处置若干规定》，谨慎、规范处置资产，减少资产处置损失，加强对实物资产处置情况的监督，清理已经拆除、退租并已经核销登记证加油站账面资产，做好政府拆迁补偿的税务政策、财政政策、会计政策的综合运用。按照总部要求试点条码技术应用，重点进行了资产的全面清查工作，通过在宿迁分公司的试运行，探索建立固定资产价值信息与固定资产实物信息的数据链接方式，积累了利用条码技术实现固定资产账实一致、加强资产与设备的动态管理方面的经验，同时，参与制定了中国石化股份公司条形码技术实施方案。

2009年，以过程控制为重点，发挥投运效率，贯彻资产全生命周期管理理念。一是突出信息系统支撑，全力配合做好PM数据更新和深化应用工作。严格PS与财务模块的集成和财务控制，推进投资项目预算细化，协调基建部门将WBS元素维护到第三层次，加强投资预算在线控制。二是突出过程管理控制，建立了暂估转资和后续正式转资审批程序，所有正式转资均通过OA进行审批，完善了资产交付清单的标准模板，严格区分收益性支出和资本性支出。三是突出对外投资管理，落实对外投资清理整顿工作，做好保留的投资项目管理，坚持月度报表、月度分析和月度财务监督制度。对合资地区出资和转让资产情况进行分析，处理好相关涉税事项，避免产生税务风险。四是突出资产退出控制，根据内控要求，所有资产处置都实行了评估和招投标，减少资产处置损失。

管道项目以规范管理为抓手，规避合同风险，加强管道成本控制。进入苏南管道项目工程现场，了解工程情况，掌握工程进度、合同签订、付款等情况，对工程核算与项目管理过程中存在的问题及时沟通，确保工程项目顺利进行。在总部管道概算的基础上，将管道预算分解到单个实体项目，开发了“管道成本控制系统”，实现了管道成本的单体控制。

2010年，调整投资项目财务管理方法，提高项目财务管理水平。一是制定下发了《关于调整投资项目财务管理方法的通知》，主要从改进资金支付方式、执行转资通知制度和建立投资项目财务档案等方面入手，提升投资财务管理水平和效率。改进资金支付，即省公司根据风险程度，通过OA办公系统将投资项目资金支付权限进行重新分配，将风险小、时间紧的投资资金支付下放到分公司操作，提高资项目集中核算与资金支付效率，有效支撑公司网络发展；转资通知制度加强了财务与投资部门沟通协调，共同推进完工项目后期管理，项目转资进度取得突破。二是为确保苏南管道项目顺利进行，先后制定了《成品油管道建设财务管理办法》、《管道及配套油库投资项目代垫款项管理办法》、《成品油管道工程设备物资管理办法》和《成品油建设费用管理办法》等相关制度，强化财务基础管理。

实施资产处置三同步，实现资产处置日常化。针对加油站、油库的改造、移建、拆除等业务事项，明确了“处置方案与更新立项、残值回收与更新改造、资产减值与资产核销”三同步的管理要求，制定了资产处置补充规定，进一步理顺了加油站、油库改造、移建、拆除业务的资产处置流程，突出资产处置及时、有效，无效资产得以瘦身，真实反映企业资产状态。并按中国石化总部强化专项费用管理的要求和项目支出通过PS模块实施控制的建议，制定了形象改造项目工作调整方案，对改造项目在预算环节明确资本性支出和费用性支出，通过新建投资结构，实现费用性支出当月结转，资本性支出集中归集，在销售板块率先实现形象改造项目全部纳入PS统一管理，确保项目完整、预算有效、费用区分，形象改造项目核算逐步规范。

2011年，先后制定完善了《资产处置实施细则》、《在建工程转资管理办法》等资产管理制度，细化了转资和处置工作各个环节的管理。通过将投资项目按建设、审计状态分类管理，按月下达转资计划，建立转资项目沟通机制，落实项目转资责任，提高转资完成率。完善和推进资产处置“三同步”工作。通过加强对投资立项中同步上报资产处置方案的督促与审核，下发范例指导分公司树立样板，跟踪样板项目改造进度。

跟踪落实管道财务管理工作。一是完成通桥油库竣工决算审计。二是做好江南管线及配套油库项目竣工决算准备工作。三是配合管道办做好苏北管道及配套油库项目的开工前准备工作。为适应投资主体调整的需要，与销售华东分公司确认了投资主体变更后财务管理相关事宜，起草了《苏北管道财务管理办法》，并就未执行合同主体变更、银行账户开设、ERP系统配置和权限划分等问题做了一些前期准备工作。

2012年 1月，苏北成品油管道项目投资主体变更至中国石化销售有限公司华东分公司。3月份完成了固定资产主数据新国标分类转换及价值转移工作。《固定资产分类与代码及单项固定资产确认规则》中国石化企业标准（Q/SH0417—2011）在SAP中正式启用。同时，为方便新分类代码的准确查询与使用，按实际适用情况，明确了加油站、油库适用的设备、设施资产类别清单以及单项资产确认规则，促进了固定资产核算的规范。4月下发了《投资项目往来核算科目调整方案》，全省实现了所有投资项目预付资金使用“预付工程款”科目核算，与投资项目号关联，明确各分公司清账责任。新增了“应付投资款”会计科目，按往来单位属性归集，实现了投资性往来与经营性往来的核算区分。11月份，完成苏南成品油管道项目竣工决算审计。12月组织对已取得法人资格的、符合产权登记范围、产权清晰的被投资单位进行了全面清查梳理，集中审核和补充登记了54家被投资单位产权登记有关信息。

四、税务管理

2000年，积极向省国家税务局和地方税务局汇报系统的内部管理和改革进程，协调各方面关系，最终取得了省国家税务局和地方税务局批准的以取消支公司会计独立核算为主要内容的税收改革方案，实现了“统一核算、依法纳税、合并抵扣、税金分缴”的会计核算新体制。分支公司真正一体化运行，减少内部销售引起的税费2600万元。

2002年，财务资产部设立税务中心和税务主管岗、税务管理岗。积极筹划江阴以前年度1500万元亏损弥补方案，协调解决江阴弥补前利润的转移实现。

2003年，按照省国税局《关于市县公司实行统一纳税》文件精神实施，并取得了圆满成功。经过省国家税务局批准，统一了全省的IC卡核算中的税务问题。下发了《关于加油IC卡售油业务有关税务问题的批复》。

2005年，一级核算和计税改革取得了突破。根据国家税务局的批准文件，下发了《增值税有关纳税问题的通知》，明确按照扁平化管理、专业化经营的统一要求，改变了原有的省、市、县三级管理经营体制，实行全省统一管理、统一采购、统一配送、一级核算。

2006年，税收改革持续推进。4月份，全系统实现了所得税一级计税，并正式转发了《国家税务总局关于中国石油化工股份有限公司合并缴纳企业所得税问题的补充通知》，明确从2006年度起，江苏石油分公司所属成员企业不再就地预缴企业所得税，由江苏石油分公司按汇总计算的应纳所得税额的60%就地预缴企业所得税。实现真正意义上的一个账套和一级核算。

2007年，全面总结税收缴纳和分配情况，强化税务管理的基础工作。根据税务内控业务管理流程和修订下发的《税务管理办法》。清理各种地方基金和行政性收费项目，停缴多项收费，全年减少地方基金和行政性收费1600万元。

2009年，随着财务信息化工作的推进，全系统努力做好税务系统上线。其中包括递延所得税系统上线，所得税申报系统上线，全系统年收入12万元以上个人所得税委托申报工作 ，实现全员全额网上申报个人所得税。为加强销售发票管理，修订下发了发票管理办法，建立发票管理的防范和检查相结合的体系。下发了《专用发票和普通发票开票须知》，明确了风险预警告。针对零售现金加油开具增值税专用发票等方面，也制定了个性化的换开通知单，回避了原普通发票换开专用发票浪费成本、专用发票换开管理不严的情况。

2010年，积极筹划税费降成本。把管道等主业资产纳入固定资产抵扣目录，落实地方税收优惠政策。持续做好所得税申报系统、递延所得税系统等税务管理系统的提升工作。

2011年，配合HR系统年金企业代缴部分的在线个别申报工作，确保每位职工的工资和年金带来的税金分开申报。积极研究通过信息化加强开票风险控制，开展各项在线出票业务，加油站挂枪出票和增值税专用发票直开系统试点全面开展。

2012年，江苏石油分公司作为总部增值税发票管理系统的首批试点单位，自3月1日起全面推广实施增值税发票管理系统，基本实现了增值税发票的在线开具。实现与业务系统的发票数据集成，实现了开票客户信息、发票领用存、发票开票网点及发票开具等统一管理。全面推广了加油站挂枪出票系统，该项目实现了现金加油客户所需卷式税控普通发票的联机开具。两项发票管理系统上线对于提高发票的基础和日常管理，特别是防范税务风险，提高客户服务满意度，具有强力的支撑作用。

2001—2012年分税种变化及演变情况：

1. 企业所得税

企业所得税是系统内缴纳额最大的税种。

自2003年1月1日起，系统内所属市、县级分公司所得税，统一由市级分公司向所在地主管税务机关申报和就地预交，预缴比例为年应纳所得税额的40%。

从2005年7月1日起，江苏石油分公司省以下分公司依据模拟成本计算的应纳所得税额的20%就地预缴企业所得税，省公司仍按应纳所得税额的60%就地预缴企业所得税。

从2006年度起，江苏石油分公司所属成员企业不再就地预缴企业所得税，由江苏石油分公司按汇总计算的应纳所得税额的60%就地预缴企业所得税。2010年三级以下分支机构不就地申报、预缴企业所得税，二级分支机构仍然按照60%的比例就地预缴。

从2011年1月1日起，中石化不具有法人资格的二级分支机构，按照年度应纳税所得额的50%的比例就地预缴企业所得税。

2. 增值税

从2003年1月1日起，取消县级分公司（含全资加油站，下同）的核算职能，改由市级分公司统一核算，县级分公司为市级分公司所属的非独立核算分支机构，向所在地税务机关办理注册税务登记。市、县级分公司实现的增值税应税收入统一由市级分公司核算销项税额，取得的进项税额一律在市级分公司集中申报抵扣，市县级分公司根据计算分摊的增值税分别就地申报缴纳增值税。

2005年按照《增值税有关纳税问题的通知》，江苏石油分公司按各分支机构的销售额对当月实现增值税进行分摊，各省辖市市区所在地分支机构应根据《分配表》所列本地区及所属各县（市）的增值税汇总数向主管国税机关办理预缴申报。

3. 地方小税种

系统内主要缴纳的地方小税种是：营业税、城市建设维护税、教育费附加、地方教育费附加、印花税、房产税、土地使用税、车船使用税、契税、个人所得税等。

2002年根据《江苏省地方税务局关于中国石油化工股份有限公司江苏石油分公司地方税纳税问题的通知》的规定，印花税由市级分公司统一计算、贴花、纳税。营业税、城市维护建设税及教育费附加、房产税等地税税种分别向市、县公司所在地地税机关申报、缴纳。

4. 地方规费

省公司系统统一缴纳的主要有防洪保安基金。其余均在市、县分公司缴纳。

按照《江苏省财政厅关于缴纳2003年度防洪保安资金的通知》规定，自2003年起防洪保安资金由省公司统一计提缴纳，不再对下分解，分公司也不再重复缴纳。

按照《省政府关于进一步取消和停止征收部分行政性收费项目的通知》，自2009年9月1日起取消粮食风险基金和市场物价调节基金。

截至2011年底，系统内缴纳的地方规费主要有：残疾人保障基金、提防河道占用费、加油站道口费、航道占用补偿费、地方教育基金、绿化费等。

第三节 会计核算

一、会计政策

按照《关于印发中国石油化工股份有限公司内部会计制度（2001）的通知》的要求，从2001年1月1日起，省公司开始执行中国石化股份公司内部会计制度。2006年，总部对《中国石油化工股份有限公司内部会计制度》进行了完善和修改。

随着新企业会计准则的发布，2007年1月1日起，根据中国石化股份公司《关于做好2007年执行新〈企业会计准则〉工作的通知》要求，上市企业全部执行新会计准则。新准则对于省公司的主要影响在于长期股权投资的成本法与权益法的确认标准变化。中国石化销售公司组织编写了《油品销售企业会计手册》，对油品销售企业各类业务的会计处理进行了详细规定和说明。省公司从2011年7月1日起，全面执行《油品销售企业会计手册》，所有业务流程的会计核算均按照手册严格执行。

二、信息系统

2000年，省严格按重组原则实施了分账与建账工作，制定了一系列财务资产管理办法，转换会计制度，构筑股份公司财务管理体系，开始推动中国石化财务管理信息系统。5月23日，中国石化财务管理信息系统开始在江苏试点工作，讨论修改了中国石化股份公司统一会计政策和销售企业主要会计制度，研究确定了销售企业会计核算模式和财务管理发展方向，对会计核算软件功能提出了建议和方案，经过不断完善和修改制度与软件，7月4日顺利通过验收。同时全面向中国石化股份公司其他企业推广运用。到9月末，全省分支公司已按新会计制度和新的财务软件进行核算，经初步验收，基本达到了总部验收的标准，作为江苏石油公司法定的会计核算系统。全系统均使用此系统进行分责任中心的精细化核算。

2002年，省公司作为销售企业第一批试点单位实施ERP项目。根据中国石化股份公司财务部《关于ERP试点单位财务管理信息系统与SAP系统并行的通知》要求，为保持中石化财务管理信息系统2002年数据的连续性和完整性，江苏石油分公司实行SAP系统与财务管理信息系统并行的模式，并行期延续到2003年落实完2002年审计调整为止。

根据总部《关于财务管理信息系统2003年初始化的通知》精神，自2003年1月1日起，ERP的试点企业可以将SAP作为法定的财务管理信息系统使用，逐步取消了原县级分公司及省公司本部二级核算单位的独立核算资格。

2004年4月，公司ERP项目通过中国石化股份公司总部验收，正式投入单轨运行，SAP系统成为公司财务核算的法定系统。财务部门负责FICO和TR模块的操作。

2006年10月，ERP实施优化提升，实现全省1个账套、1级核算，统一使用公司代码3060，14家分公司作为不同的利润中心在SAP中进行核算。

2009年7月，省公司作为BW&BCS第一批推广应用企业成功上线。BW&BCS项目通过统一的报表取数逻辑，也使企业不适应BW&BCS环境的一些配置得到了整改和提升，从而有效地规范了企业的业务操作和数据处理工作。

2010年7月，省公司实现BO上报准确率达到100%，实现了BW&BCS的单轨运行。

2011年，省公司于11月正式启用股份公司关联交易平台。公司所有集团公司内部交易全面纳入平台管理，避免内部交易单方挂账形成的内部往来不平的现象，实现了规范结算流程、加快结算进度、提高会计信息质量的建设目标。

三、主要业务的会计核算方法

1. 商品进销存

根据内部会计制度规定，存货的计价采用移动加权平均方法。

2001—2002年，省公司以大区开票作为购进依据，分公司进货则根据省公司的结算票据和油库验收单作为商品入账的依据。省分公司间的商品内部移库均通过开票结算。

根据《江苏石油分公司财务与会计管理办法》和2005年下发的《江苏石油分公司增值税纳税问题的通知》，自2005年7月1日起，省公司成品油改为统进分销的模式，即成品油的所有进货权归属于省公司，分公司负责成品油的销售。省公司及其统一核算的分支机构之间调运成品油等货物，仅作为移库处理，不开具增值税发票。

2. 费用

从2004年开始，运费、广告费、业务宣传费用、财务费用开始由省公司进行集中核算支付。2006年，将加油站租赁费、关联交易、安保基金纳入集中管理的范围。车辆费自2011年起启用单车核算模式，通过车辆WBS号进行核算统计。

3. 加油IC卡业务

2004年，省公司的IC卡正式发卡。IC卡业务主要涉及充值、消费、折扣和工本费的处理。为了规范加油卡核算，省公司下发了《关于规范IC卡充值折扣账务处理的通知》和《关于规范加油卡营销财务管理和会计核算的通知》。充值环节在预收账款中体现，实际消费时冲减预收账款实现销售收入并计缴增值税销项税。国税总局《成品油零售加油站增值税征收管理办法》中对加油卡业务的纳税问题也进行了明确。IC卡折扣业务作预收账款的抵减，在发生时直接冲减预收账款。加油卡工本费在销售时作为其他业务收入—材料销售收入和其他业务支出—材料销售成本核算。

自2011年7月《油品销售企业会计手册》执行后，IC卡业务通过预收账款—IC卡充值、预收账款—IC卡消费、预收账款—加油卡优惠、预收账款—充值卡、预收账款—加油卡异地交易待清算资金、递延收益—奖励积分等6个总账科目进行明细核算。

4. 非油品业务

2008年，省公司非油品业务正式展开。为规范核算非油品业务，省公司下发了《非油品业务财务管理实施细则（试行）》。2008年11月，中国石化总部下发了《油品销售企业非油品业务财务管理与会计核算办法（试行）》，非油品业务属于销售企业的非主营业务，其收入及支出全部通过其他业务收支体现。非油品商品不通过物料核算，通过海信系统（后改为非油品业务管理系统）进行库存管理，在ERP中不分品类，全部核算在非油品商品科目中。

四、会计基础工作

1. 会计基础工作制度

2002年3月，根据中国石化总部下发的《销售企业会计基础工作达标考核（暂行）管理办法》，省公司下发《关于印发会计基础工作若干具体工作补充规定的通知》。ERP正式上线后，根据工作实际，省公司制定了《SAP系统会计核算管理办法暂行规定》和《会计凭证、账簿、报表管理规范》，对会计基础工作进行了统一要求。2008年，中国石化总部下发了《ERP企业会计凭证和账簿管理若干暂行规定》。

2. 会计基础达标工作

2002年，是江苏石油分公司开展会计基础达标年。根据中国石化销售公司《关于会计基础工作达标的通知》，省公司建章立制，规范管理，严格考核，并组织了全省会计基础达标自评及验收活动。活动范围为全系统所有实行独立核算的会计机构。经过中国石化销售公司的验收，全省75个核算单位中13个单位实现了一级达标。江苏石油分公司也被评为销售企业会计基础工作二级达标单位。

五、财务报告

1. 财务报告的内容及编报方式

自2000年股份公司成立以来，财务报告按照总部要求分为月报、季报和年报。内容主要由会计报表、会计报表附注和财务状况说明书等。省公司半年报和年报都由毕马威会计师事务所审计，落实审计调整意见后方可报送股份公司总部。

会计报表月报除了《资产负债表》、《利润及利润分配表》、《现金流量表》外，需要报送BB类及应收账款类、存货类、应缴应弥补款项表、固定资产、长期投资、费用明细表等126张附表。半年报和年报需要增加SB类和PL类多张披露报表。

会计报表附注主要包括：与股份公司内部会计制度不一致的会计政策、会计估计以及对财务状况和经营成果的影响，或有事项和资产负债表日后事项，关联方关系及其交易的说明，重要资产转让、出售及其租赁、购置情况，重大筹资、融资活动，企业合并、分立、改组改制、关闭破产情况，产权变更及其登记情况，会计报表中增减变动较大的项目。

财务状况说明书的主要内容包括企业生产经营状况即进销存的基本情况，主要财务指标的完成情况，企业效益情况，期末企业财务状况和其他主要指标情况说明。

2. 合并报表的范围及历年合并报表单位的变化

根据中国石化股份公司财务部要求，会计报表分为合并口径和母公司口径。

2001—2002 年，全省母公司口径的单位主要有省公司本部及内部 7 家二级核算单位、15 家地级分公司和 60 家县级分公司及其内部二级核算单位，投控股企业主要有锡山有限公司、江苏海牌润滑油销售有限公司和长江石化储运有限公司共 3 家。

2003 年 1 月起，随着 ERP 全面上线，逐步取消了原县级分公司及省公司本部部分二级核算单位的独立核算资格。分别与省公司本部及各县级分公司所在地（市）级公司合并为一个账套。纳入合并报表的单位有省公司本部、14 家地（市）级分公司。投控股单位较 2002 年新增了 3 家，分别为上海石油集团青浦石油吴江公司、上海石油集团昆山有限责任公司和苏州工业园区沪苏石油有限公司。这三家都属于总部划转的上海石油公司在江苏的联营加油站。

2004 年，上海经营部成立，并作为省公司的二级机构参与并表。投控股单位新增了 2 家，分别为连云港联顺石化有限责任公司和中石化壳牌（江苏）石油销售有限公司。

2005 年，由于原并表单位江苏海牌润滑油销售有限公司在 2004 年进行了清算，合并报表范围比 2004 年减少了 1 家。另外，省公司控股 51% 的联营企业——大公高速公路供油有限公司，根据《中国石油化工股份有限公司内部会计制度》会计政策，该公司未被纳入合并范围。2004 年及 2005 年末大公公司有关指标均小于 10%，依据重要性原则暂未并表。

2006 年，随着 ERP 优化提升，全省实现了一个账套核算，取消了 14 个地市公司的公司代码。投控股单位与上年一致。

2007 年，减少了 2 家投控股单位，分别是江苏省石油集团锡山有限公司和上海石油集团青浦吴江公司。

2008 年，省公司代表中国石化股份公司以人民币 5150 万元，收购日本三井物产株式会社所持江阴长江石化储运有限公司 40% 的股权，收购后该公司成为省公司的全资子公司，于 2008 年 12 月依法将江阴长江石化储运有限公司注销后并入省公司。因此省公司 2008 年度决算报表范围较上一年度减少 1 家。

2009 年度决算报表范围较上一年度增加 4 家，分别为：苏州市马云路加油服务有限公司、苏州市翠园路加油服务有限公司、苏州市青丘街加油服务有限公司、苏州市澄湖石化有限公司。

2010 增加了 1 家控股公司并表，为中石化南京中锦石油有限公司。

2011 年度决算报表范围较上一年度增加 32 家，分别为：中石化南京中锦石油有限公司、常州路能油品有限公司、常州市常锡石油有限公司、常州市朝阳加油站有限公司、常州市高田加油站有限公司、常州市金武加油站有限公司、常州市沙河石油有限公司、常州市伟盛加油站有限公司、常州市武进南方加油站有限公司、常州市武进石化加油有限公司、常州新区百力石油有限公司、常州元润加油站有限公司、江苏中海石化销售有限公司、江阴市健中加油站有限公司、江阴市交运加油有限公司、江阴市申达加油有限公司、江阴市锡沙加油有限公司、靖江市沪江加油站有限公司、靖江市江海石油有限公司、连云港华建石化有限公司、连云港市华福石化有限公司、南京河西新城销售有限公司、苏州工业园区南炼红叶油品销售有限公司、苏州市吴中石化有限公司、苏州市浒墅关新区大桥加油站有限公司、苏州湘江路加油服务有限公司、泰州石油分公司南门联营综合经营部、无锡市诚城石化有限公司、无锡市广石加油服务有限公司、无锡市新光加油服务有限公司、扬州市邗江朝阳石化投资有限公司、中石化南京中南石油销售有限公司、溧阳顺达加油站有限公司。

2012年，合并报表范围增加了8家，年末并表单位增至50个。当年新增单位分别为苏州交投能源有限责任公司、常熟兴前物资贸易公司、中石化南京沿江石油发展有限责任公司、扬州宝朝石化有限公司、洪泽县腾达石化有限责任公司、金湖县淮金石化有限责任公司、常州市武进礼嘉礼新加油有限公司、常州龙江天然气销售有限公司。

3. 合并报表的编制方法

2009年前，江苏石油分公司的会计报表，都是通过浪潮汇总报表编制。2001—2002年，县公司独立核算时，县、市公司分别编制会计报表对当地主管部门并经过两级汇总形成全省会计报表。2003年县公司取消独立核算后。至2006年底，分公司单独编制会计报表报省公司汇总形成全省会计报表。2007年财务体制改革后，分公司不再出具独立报表，全省只出具一套报表。分公司只出具管理报表供内部考核使用。

2009年BW&BCS上线以来，在BW&BCS环境下，通过取数逻辑直接从SAP中抽取数据及通过MESA程序转换子公司报表，整个操作过程在后台自动运行，无需人工干预。月结完成后，编制个别报表的财务人员直接通过批量计划生成财务报表，无需再集中抽取数据，大大加快了报表出具的速度，提高了报表质量。BO报表的取数逻辑由总部统一定义，企业不能自动修改，降低了人为调整报表的可能性，也降低了人工操作中发生错误的可能性。

第四节 内控管理

一、内控制度的实施历程

2002年9—12月，中国石化总部建立内控制度。2003年4—10月，中国石化总部编制内控手册，并在18家分（子）公司测试。2003年11月至2004年6月，总部及约90个分（子）公司全面试行。2004年10月，董事会批准于2005年1月1日正式执行。

2004年，江苏石油分公司制定实施细则，2005年正式实施内控制度。

2005—2012年，每年修定内控实施细则权限指引，四次接受总部内控综合检查、评价。

二、内控组织工作

2004年，根据总部关于实施内控制度的要求，省公司成立了内控领导小组，结合企业实际增加润滑油、燃料油的采购和销售业务流程，组织编写制定了22个流程的实施细则，并进行延伸权限指引，将《内部控制手册》

下发区域分公司，在全省及其所属单位全面执行内部控制制度。

从2005年开始，省公司根据人员变动情况，每年对省内控领导小组进行更新。根据总部内控手册监控内容的变化及权限设置等，省公司内控领导小组下发执行内控控制手册的通知，对年度监控重点进行安排。内控领导小组下设内控办公室，每个流程有对应的责任部门、流程负责人以及流程内控联络人，各流程部门人员参与内控办公室组织的每年两次综合检查。

2003—2006年，每年组织人员对内控手册及规章制度的执行情况进行抽查与评价。2007—2010年，审计处参与内控办组织的内控手册及实施细则执行情况的抽查与评价。2011—2012年内控办和审计处分别组织省公司内控年度综合检查和分公司内部控制的执行情况独立审计与评价。

三、内控制度建设

2004年，省公司制定22个流程的实施细则。2005—2011年，均下发关于执行新版《内部控制手册》的通知，每年根据总部权限指引及省公司经营管理的实际情况调整省公司《内控权限指引》。

2006年，省公司下发了《关于授权分公司经理审批“四项费用”的通知》、《内控手册实施细则及权限指引》、《关于完善内控自查工作的通知》，《江苏石油分公司货款回笼责任书》，转发《实施承况汇票、安全环保业务流程的通知》。

2007年，印发了《关于进一步健全内控组织的通知》、《关于明确地市级分公司经理内控权限的通知》、《ERP系统权限和用户账号管理规定》。

2008年，印发了《关于加强对外投资企业内控及股权管理的通知》、《关于进一步完善内控自查的通知》、《关于进一步加强财经纪律、严格内控制度的通知》。明确新增《工程项目管理》和《合同管理》流程的责任部门;明确管道工程的资金支出审批权限。

2009年，省、分公司分别制定《江苏石油分公司内控制度和ERP规范执行十项规定》，省公司印发了《ERP系统权限和用户账号管理规定》、《ERP系统权限和用户账号管理规定》、《关于规范SAP用户信息维护的通知》。

2010年，省公司下发《关于进一步加强风险防控管理的通知》。

2011年，股份公司、集团公司的内控手册合二为一，不再划分股份和集团的内控手册，修订了公司层面的控制，补充完善省公司风险清单，细化了业务层面的流程控制点。

2012年，销售事业部制定《销售企业风险手册》和风险清单。下发了《关于调整内控组织和责任分工的通知》、《内部控制实施考核细则》。

四、内控实施情况

2004年，省公司试行内控手册。省公司内控办公室负责内控手册的组织和实施工作。结合公司的经营情况，增加了润滑油、燃料油的采购和销售业务流程。

2005—2012年，省公司内控领导小组每年审批内控实施方案、内控细则及权限指引，听取并审核内控办公室及流程责任部门汇报，审批业务流程季度穿行测试报告和半年内部控制自查、评价报告，听取并审批信用评定报告、信用政策、信用额度，对内部检查中发现问题作出处理和整改决定，研究确定对分公司、专业中心、流程责任部门内控实施情况的考核和奖罚。

内控办公室负责实施修订内控细则、权

限指引，内控流程的培训；每年组织全省内控执行情况的季度测试、问题跟踪整改，每年6月、10月组织实施年度内控的综合检查。分公司内控办公室负责所属下属部门的内控测试和检查及问题的督促整改。

从2006年开始，业务招待费、会议费、差旅费、办公费对分公司经理进行授权。

2007年费用预算指标在SAP中进行系统预算控制。

2008年管道工程的资金支出实行由分部经理签署、管道办公室审核报省公司分管经理、经理审批；实行统一表单、制度更新，落实岗位责任、完善考核机制。

2009年新增办公会审批事项制度，重大业务和事项实行集体决策审批制度。

2010年，各种审批及变更事项实行OA系统在线审批；加强客户档案管理和网点日常监管、规范合同基础资料和台账管理、加强资金和发票监管等。

2011年，对风险重点开展多种形式监控，对省公司及部分分公司的内控执行情况进行综合评价。

2012年内控管理信息系统正式实施，内控管理实现了信息化。每季度实行在线内控测试，内控检查侧重从公司层面和业务层面对年度内控执行情况进行综合检查。内控测试及内控检查发现的问题在内控管理信息系统进行在线整改。

第五节 财务状况和经营成果

2000年以来，公司经营规模不断扩大，量利互动显著提升，财务状况逐年改善，2012年底成为年经营量突破1100万吨，年利润超过20亿元的大型石油流通企业。2001—2012年各期经营成果分述如下：

一、狠抓资金运营，夯实财务基础(2001—2003年)

2001年，是江苏石油分公司按中国石化股份公司上市后新体制新机制规范运作的第一年。当年实现销售成品油531.3万吨，同比增长4.2%，实现利润3.93亿元，比上年增长26%。财务管理坚持以资金管理为主线，降低付息债权、清理历史债权，强化资金运营管理，当年付息债务下降3.17亿元，综合资金成本由上年的4.57‰降为3.91‰，吨油财务费用由2000年19.41元下降为16.19元，全年压缩债权资金4.15亿元，清理收回不良债权资金1.25亿元，债权资金比1999年重组改制时的17.36亿元下降77%，为企业经营发展创造良好基础。

2002年，完成成品油销量528万吨，实现考核利润8.7亿元，盈利能力创历史新高。财务管理在核算体制上取得重大突破，实现了“统一核算、依法纳税、合并抵扣、税务分缴”的会计核算新体制。资金运行实现新突破，付息债务规模实当年下降 3.95亿元，单位资金成本再次降低，全年综合资金成本3.792%，同比下降0.816个百分点，清理历史债权1.09亿元，年底债权余额2.75亿元，比年初下降1.79亿元。

2003年，完成成品油销量592万吨，其中零售量327万吨，零售比重达到55%，实现考核利润13.2亿元，终端市场控制力和盈利能力得到大幅提升。财务推行全面预算管理，强化费用过程控制，将管理重点转向财务基础管理和精细管理，会计核算质量和财务管理功能逐步体现。强化资金指标管理，资金状况继续改善，付息流动资金债务6.8

亿元，比年初减少 4.1 亿元，财务费用减少 2000 万元。

二、推行全面预算，实行财务集中（2004—2006年）

2004 年，完成成品油销量 744 万吨，其中零售量实现 509 万吨，同比增长 50%，实现考核利润 15.3 亿元。财务继续推进全面预算管理，大力压缩费用规模，积极参与投资管理，财务运行情况良好。费用增长得到遏制，全年实际费用剔除追加的加油站形象整改费用外，基本控制在销售部下达的吨油费用控制线上。当年，通过资产减值和报废方式，处理资产损失 1.4 亿元。

2005 年，全系统经营总量首次突破 1000 万吨大关。当年实现经营总量 1009.1 万吨，同比增长 15.9%，其中成品油经营量 844 万吨，零售量 612.3 万吨，同比增长 20.2%；实现考核利润同比增长 11.9%，全系统 ROCE 达到 49%，同比提高 4%，比销售系统平均水平高 17.4 个百分点。财务推行内控制度，加强过程监控。通过强化预算集中管理，加大费用集中管理力度，考核吨油费用 148 元，比指标低 5 元；强化资金管理，在投资贷款增加到 10.5 亿元的情况下，全年平均流动负债下降 42%，财务费用比预算节约 29.9%，同比下降 16.7%。强化资产管理，改善资产负债结构，资产负债率从年初的 43.6% 下降到 37.2%。

2006 年，实现经营总量 1088 万吨，同比增长 8%，其中成品油经营量 933 万吨，零售量 710 万吨，同比增长 16%；实现利润 18.5 亿元，全系统净资产回报率达 43%，居销售企业第二位。积极推进财务会计体制改革，构建“责任落实、规范高效”的运行机制；推进内部控制制度的进一步实施，健全流程简洁、权责清晰、风险受控的内部控制体系；当年费用结构继续得到改善，实现江苏石油分公司无流动资金贷款的历史性转折。

三、突出价值管理，强化风险控制（2007—2012年）

2007 年，实现经营总量 1127.75 万吨，同比增长 3.62%，其中成品油 979.14 万吨，同比增长 4.96%；实现利润 19.77 亿元；费用总额 15.5 亿元，吨油费用 137 元。财务当年完成“财务集中管理、会计一级核算”的体制构建，从省公司到县级片区会计代表 285 人实行条线直接管理和考核。在内控建设上，强化风险管理，以内控从“符合性执行”转向“实质性控制”为主，重点控制钱和物的风险。

2008 年，全年实现经营总量 1097.69 万吨。成品油首次突破千万吨大关，达 1016.74 万吨，同比增长 3.8%，其中零售 709.31 万吨，直销 187.12 万吨。便利店收入 2155 万元；实现利润 20.77 亿元，吨油成品油费用 185 元，控制在总部指标内。开展了“精细管理、挖潜增效”经济活动分析工作，实现内控和日常财务管理以及 ERP 运用的有机结合。

2009 年，全年实现经营总量 1057.60 万吨，成品油经营 975.99 万吨，非油品销售收入 1.46 亿元；实现利润 17.47 亿元，成品油吨油费用 214 元，各项经营指标均完成年度目标。财务管理以风险识别和风险控制为前提，将财务资源优先保证市场拓展和网络发展需要；强化销售资金回笼，投资管理将过程控制延伸到项目结转，累计结转项目 640 项，在建工程 72784 万元。

2010 年，实现经营总量 1147 万吨，其中成品油经营量 1085 万吨，同比增长 11.1%。实现零售 817 万吨，同比增长 12.1%；直分销 268 万吨，同比增长 8.3%；长城包装油 7.96 万吨，同比增长 6%。非油品销售收入 3.95 亿元，同比增长132.4%。当期利润19.2亿元，完成总部下达目标的135%。吨油费用208元。财务管理以控制业务风险和服务经营发展为主线，通过开展“强化基础管理年”活动，进一步完善风险管理措施，整合县片区营业室，实现直分销收款开票业务规范运作，实现发票的闭环管理。

2011年，实现成品油经营量1153.1万吨，同比增长6.3%；其中零售960万吨，同比增长17.5%；终端销售比重97.2%，同比提高3.5个百分点；零售比重83.3%，同比提高8个百分点。吨油毛利455元，同比提高37元；非油品销售收入6.01亿元，同比增长52.3%；实现利润22.06亿元，再创利润新高；吨油费用234元。财务管理全面预算管理引入分档目标管理和联量增费管理模式，调动分公司扩销增效的积极性。随着全员成本的持续推进，加油站保管损耗和公务性支出明显下降，其中加油站保管损耗同比下降3109万元，公务性支出同比下降407万元，其中业务招待费下降307万元。主动开展ERP直联和IC卡直联增值税发票管理系统试点，虚开发票现象得到有效遏制。

2012年，以建设基本市场为主线，继续做强做大零售市场，努力开拓天然气业务。全年实现成品油经营量1196.72万吨，同比增长3.78%；其中零售1022.7万吨，首次突破1000万吨大关，同比增长6.53%；终端销售比重87.73%，同比提高0.67个百分点。吨油毛利480元，同比提高25元；非油品销售收入8.37亿元，同比增长39.26%；实现利润25.62亿元，再创历史最好水平。财务管理围绕集团公司“保效益、强管理、控风险、促发展”的工作主线，按照“经营一元钱，节约一分钱”的总体要求，控成本、保效益，盈利能力稳定增长；抓内控、强应用，风险防控体系不断完善，打基础、提素质，财务管理水平显著提升，尤其在全员成本控制、资金统筹运作、发票管理系统应用、财务技能培养方面成绩突出，财务管理水平再上新台阶。

2001—2012年江苏石油分公司财务主要指标完成情况见表3—4—1。

2001—2012年江苏石油分公司利税情况见图3—4—1。

2001—2012年江苏石油分公司销售收入情况见图3—4—2。

表3—4—1　　2001—2012年江苏石油分公司财务主要指标完成情况　　万元

指标＼年份	2001	2002	2003	2004	2005	2006	2007	2008	2009	2010	2011	2012
销售收入	1, 447, 871	1, 429, 936	1, 959, 268	2, 868, 301	3, 817, 038	4, 954, 379	5, 340, 528	6, 355, 640	5, 792, 922	7, 424, 145	8, 983, 636	9, 588, 894
销售毛利	129, 637	158, 543	243, 907	321, 954	249, 306	364, 025	340, 486	402, 367	413, 723	458, 883	547, 039	579, 341
商品流通费用总额	100, 827	102, 136	118, 633	145, 917	164, 273	163, 753	161, 546	204, 130	222, 787	238, 094	277, 100	316, 738
毛利率	9. 0%	11. 1%	12. 4%	11. 2%	6. 5%	7. 3%	6. 4%	6. 3%	7. 1%	6. 2%	6. 1%	6. 0%
费用率	7. 0%	7. 1%	6. 1%	5. 1%	4. 3%	3. 3%	3. 0%	3. 2%	3. 8%	3. 2%	3. 1%	3. 3%
吨油毛利	231	285	362	370	247	335	302	367	391	400	468	480
吨油费用	180	184	176	168	163	151	143	186	210	208	237	247
利税总额	21, 940	75, 887	157, 652	206, 944	122, 006	253, 002	235, 835	260, 888	254, 418	239, 416	309, 332	353, 462
利润总额	3, 570	60, 800	114, 117	152, 449	71, 083	185, 710	170, 075	194, 498	174, 735	164, 519	220, 476	256, 203
资产总额	442, 176	466, 657	495, 488	603, 040	632, 524	686, 032	780, 764	862, 156	915, 831	1, 351, 527	1, 500, 160	1, 689, 858
其中：长期股权投资	15, 520	18, 212	26, 770	20, 734	28, 100	34, 602	17, 977	17, 280	13, 581	32, 176	15, 081	16, 732
固定资产原值	343, 530	377, 572	421, 938	470, 138	522, 420	566, 105	498, 012	588, 406	629, 993	692, 712	768, 891	767, 958
在建工程	30, 510	34, 156	30, 898	50, 073	52, 267	63, 004	73, 553	109, 464	154, 414	167, 779	160, 511	225, 193
负债总额	30, 300	261, 293	210, 342	250, 159	300, 448	228, 884	276, 756	287, 512	250, 631	686, 653	760, 136	838, 378
其中：短期借款	12, 310	13, 810	2, 000	10, 000	16, 000	0	6, 674	2, 000	6, 250	0	1, 000	2, 000
内部资本	130, 515	155, 123	202, 428	224, 667	257, 311	279, 751	342, 621	379, 079	480, 139	595, 928	647, 403	717, 001
未分配利润	2, 075	43, 512	75, 239	100, 919	44, 634	123, 244	113, 607	147, 366	133, 452	5, 567	19, 861	54, 660

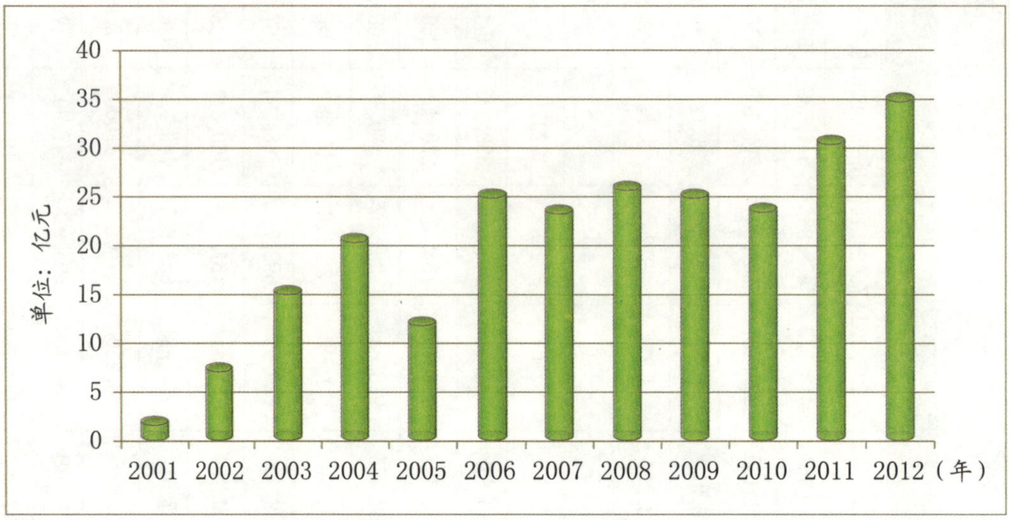

图3—4—1　　2001—2012年江苏石油分公司利税情况

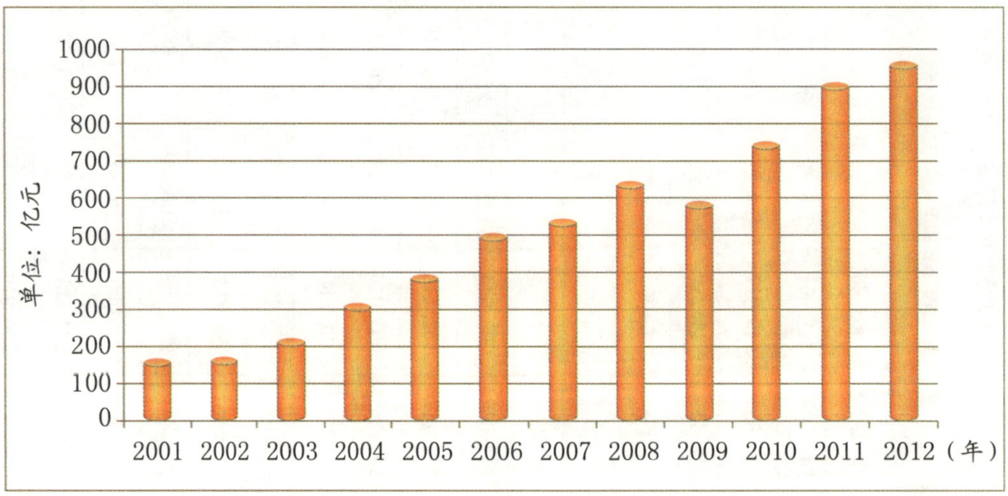

图3—4—2　　2001—2012年江苏石油分公司销售收入情况

第五章 内部审计管理

2001—2012 年，江苏石油分公司内部审计经历了从两级管理到一级管理的转变。紧紧围绕企业的经营管理活动开展审计工作，努力推进审计工作转型，不断改进审计管理工作，切实加强审计队伍建设，认真履行审计监督职能，为公司规范经营、有效管理提供了有力支撑。

第一节 审计体制变化

一、审计体制

2001 年 1 月—2006 年 3 月，省公司设审计处，分公司设审计科（室），为两级审计管理体制。2006 年 4 月起，内部审计实行条线化一级管理体制，省公司审计处直接负责江苏石油分公司内部审计工作。

二、机构设置

根据中国石化销售公司对《江苏石油分公司经营管理体制改革总体方案及配套方案》的批复，2006 年 2—3 月，组织实施审计一体化改革方案，将原地（市）分公司审计室（科）整合为省公司审计处 5 个派出机构：审计一室，办公地无锡，负责审计无锡、苏州和江阴分公司；审计二室，办公地南通，负责审计南通、盐城和泰州分公司；审计三室，办公地徐州，负责审计徐州、连云港和宿迁分公司；审计四室，办公地淮安，负责审计淮安、扬州分公司；审计五室，办公地镇江，负责审计常州、镇江分公司。

2008 年，对一级管理体制进一步优化，将原来的 5 个派出的审计室整合为 3 个审计分处，并增设工程分处：苏南分处（办公地无锡），负责审计无锡、常州、苏州、镇江、江阴分公司；苏中分处（办公地南通），负责审计南通、盐城、扬州、泰州分公司；苏北分处（办公地淮安），负责审计徐州、连云港、淮安、宿迁分公司；工程分处（办公地南京），负责审计南京分公司及全系统 100 万元以上工程审计工作。

三、审计人员

2008 年体制优化后，全系统审计人员定编 24 人，其中审计处 6 人，审计分处 18 人。2012 年末，实际在岗审计人员 23 人，其中审

2012年1月，组织审计条线的干部进行培训

计处6人，审计分处17人。设审计处长1人，高级审计师1人，科级干部7人，一般审计人员14人。从职称结构看，高级职称1人，中级职称9人。审计队伍平均年龄39岁，其中50岁以上4人，40—50岁9人，30—40岁5人，30岁以下5人。从专业结构看，财务审计专业19人、工程专业2人、物资专业1人、信息专业1人。

第二节 内部审计业务

2001年以来，紧紧围绕企业的经营管理活动开展审计工作，推进审计工作转型，不断拓宽审计业务领域，创新审计工作方法，提高审计工作质量。2009年，提出审计工作由财务收支审计向管理效益审计转变、事后监督向事前和过程控制转变、以监督为主向监督与服务并重转型的目标。2010年，提出努力践行总部提出的具有中国石化特色的“四大”审计理念，即“大审计”理念、审计“免疫系统”功能理念、审计监督与服务并重理念、审计增加价值理念。

2001—2012年的内部审计工作大致分为四个阶段。

一、第一阶段（2001—2002年）

2001—2002年，内部审计以财务收支审计为主，审计以“查错防弊”为主。共完成525个审计项目，提出审计意见和建议572条，被采纳334条，采纳比例58%。

在做好常规审计的同时，加大营销、投资审计的力度，开始探索计算机辅助审计的方法。完成的审计项目主要有：

开展对地（市）分公司2000—2001年度财务决算审计。重点检查成本费用、检查企业库存商品成本的潜亏潜盈情况、检查企业各项考核指标的完成情况及资产的潜亏等情况。

开展泰州、南通、无锡、江阴、淮安、宿迁、镇江、连云港等8家分公司及1家专业公司经理的离任经济责任审计。审计的重点是核实会计核算中不真实、不合法、不规范问题，核实了经济指标的完成情况和公司的资产质量情况。

2002年3月开展对中国石化集团江苏石油有限责任公司支公司的管理审计。重点是检查管理不到位和散乱问题、盈亏不实及隐瞒截留利润、会计信息不实问题和财务会计制度执行情况。

2001年6—7月开展对30座加油站的经营及管理情况进行审计。重点是进货验收、商品损耗、赊销商品及货款解交等情况进行审计。

2001—2002年常年对工程项目及固定资产投资进行审计，重点是虚报工程投资等问题。

2001年7—9月对联营的镇江三龙公司及南通东海石化公司进行审计，重点是投资的到位及经营的过程是否规范以及利润的分配等情况。

2002年8月，省公司下发《关于做好自查自纠迎接中石化集团公司稽查审计工作》的通知，主要是对1999—2001年财务收支及经济活动存在的问题进行自查自纠。2002年10—11月集团公司审计稽查组，对江苏石油分公司1999—2001年财务收支及经济活动进行了稽查审计，没有发现严重的违纪违规问题。

二、第二阶段（2003—2005年）

2003—2005年，以执行财经法纪法规的检查及清查“小金库”为突破口，对经营过程的热点、难点开展专项审计。共完成1696个审计项目，提出审计意见和建议939条，被采纳828条，采纳比例87%。

全面组织开展“小金库”自查自纠工作。2003年11月按照中国石化总部《关于彻底清查“小金库”账外账工作的紧急通知》的要求，组织对“小金库”账外账情况进行全面清查。

完成地（市）分公司2002—2004年3个年度财务决算审计，重点检查企业库存商品计价和销售成本结转的会计政策是否遵循制度规定和一贯性原则，企业各项考核指标的完成情况，以及各项费用支出是否合规、合理、真实。

开展苏州、盐城、连云港、宿迁、镇江、连云港等14家分公司及专业公司经理的离任经济责任审计，重点核实会计核算过程中不真实、不合法、不规范问题，揭露会计信息失真现象，核实了任职期间各项经济指标的完成情况、资产的保值增值情况以及任职期末公司的资产质量情况等。

2003—2005年抓好工程建设项目审计监督。主要抓住投资和建设两个关键环节，强化审计监督力度，重点抓好概算执行情况、招标投标、物资采购、工程结算等几个方面的检查。

2003年7月，以整顿规范管理和核心业务审计监督为重点，开展对存续公司审计。重点是审计存量资产和投资、核实了资产真实情况、检查了往来、核实债权债务和坏账的真实情况。

2004年5—7月，对淮安分公司和淮阴燃料公司进行了专项审计。重点是审计业务经营管理过程、财务管理及执行财经纪律情况。

2005年5月，开展关联交易审计。重点是签订合同协议和结算价款、结算票据不合规等问题，为规范股份公司与存续公司之间的关联交易行为、促进股份和存续公司增加盈利和降低成本费用起到了积极的作用。

2004年10月，国家审计署进驻江苏石油分公司审计，用时近2个月，对股份、存续两个公司的经营和管理全面审计，审计的重点是会计信息的真实性和执行财经纪律的情况。

三、第三阶段（2006—2008年）

2006—2008年，内部审计以审计体制改革为抓手，审计监督由财务收支审计逐步向经营管理审计转变。实施审计项目1465个，提出审计意见和建议1295条，被采纳的1189条，平均采纳建议的比例91%，

2006年4月1日起，审计实行一级管理，在省公司审计处统一领导组织下开展审计工作。

完成对地（市）分公司2005—2006年2个年度的财务决算审计和2007年度的经济指标审计。重点是审查企业资产负债损益的真实性、内控制度有效性等方面以及年度各项经济指标完成情况。

组织2006年对无锡、徐州、扬州3家分公司，2007年对苏州分公司，2008年对宿迁、淮安2家分公司经理的任期及离任经济责任审计。重点检查核算过程中不真实、不合法、不规范问题，揭露和处理会计信息失真现象，核实了经济指标的完成情况和任职期末公司的资产质量情况等。

2006年3—7月组织油库专项审计。组织对淮安石桥、南京栖霞、南通姚港、江阴长山、常州五星桥和宿迁黑鱼汪等6座油库库存管理情况进行了4个多月的连续跟踪审计，揭示油品库存管理中存在的薄弱环节。

2006年4—9月组织加油站经营管理审计。成立5个审计组，用了5个月时间对26个零售片区经理所管理的216座加油站进行了经营管理审计，并组织审计人员现场跟踪检查审计意见落实整改情况。

2006—2008年加强固定资产建设审计。

扩大工程结算审核和竣工决算审计范围，将修理费纳入结算审核范畴，单项工程支出1万元以上，均须先审核后结算，并将竣工决算审计扩大到所有工程投资项目，作为固定资产转资必须条件。对加油站投资建设管理进行专项审计调查，本着“分析查找问题和薄弱环节、研究解决问题改进不足的措施和办法、规范项目管理、有效控制建设成本，提高投资效益和效果”的目的，邀请部分外部工程审计专家，对8家分公司42个项目的可研真实性、项目审批程序、项目组织、项目预算控制、招投标管理、合同签订、工程现场管理、项目预审、竣工验收、甲供材管理等方面进行审计调查，全面梳理投资建设管理程序执行中存在的问题，完善制定投资建设管理办法等制度。

2007年5—7月做好清理整顿过程中的各项专项审计。集中15名审计人员成立5个专项审计小组，制定工作方案和审计意见书样本，全力配合省公司和分公司清理整顿工作。

2007年8月组织对27家投资企业进行审计。摸清了投资控股企业财务状况，核实投资企业国有资产保值增值情况，为确定退出方式提供了依据。为配合运输企业改制，组织对15家运输企业进行了财务审计和经济责任审计。

2007年9—10月开展润滑油经营管理专项审计。对全省14家分公司的润滑油经营管理情况进行了审计，发现进货、销售、库存、信息系统管理4大类18个问题，此后江苏石油分公司对全省润滑油管理进行全面整顿，为规范润滑油经营管理打下了坚实基础。

2008年6月开展成品油外采专项审计。对成品油外采情况进行了审计，重点检查外采供应商管理、合同管理、质量管理、采购资金管理、进货损耗索赔管理等方面，促进企业严格规范外采管理，提高外采效益。这两次审计引入了内控评审的方法和程序，采取了调查问卷的形式，对审计的内容进行了符合性测试，对存在的风险进行了评价，对问题的整改情况进行了跟踪，收到了较好的效果。

四、第四阶段（2009—2012年）

2009—2012年，以“四大审计理念”即，“大审计”理念、“免疫系统”功能理念、审计监督与服务并重理念及审计增加价值理念为指导，将审计工作的转型及风险导向审计作为内部审计的努力方向。实施审计项目2139个，提出审计意见和建议898条，被采纳的814条，平均采纳建议的比例91%。

2009年5—6月开展加油站投资运营管理情况专项审计、直分销经营管理专项审计和江苏长江16座水上加油站零售经营管理专项审计。

完成2009年度地（市）分公司的财务决算审计。重点对资金管理、信用管理等高风险领域进行审计。

2010年5月开展非油品管理专项审计和零售经营管理专项审计。非油品审计重点检查了商品采购、销售管理、库存管理及便利店现场管理等方面的情况；零售审计重点检查加油站资金管理、零售价格及点对点竞争的情况、零售损溢、加油卡和发票管理、营销活动效果等方面的情况。

2011年5—7月开展油库商品管理专项审计和油品运杂费管理情况专项审计，2011年10—11月对一次和二次物流优化提出了意见和建议，指出非合理提货管理存在的问题以及可以压降的空间，为进一步规范运杂费管理和减少运费支出起到积极作用。

2011年7月对新开展的加气业务进行了

审计调查。重点是对规范加气业务、建立相关业务管理制度提出意见和建议。

全面组织开展“小金库”自查自纠工作。2009年按照《关于开展“小金库”自查自纠工作的通知》要求，在系统内全面开展“小金库”自查自纠工作，地（市）分公司、机关部门对“小金库”问题进行彻底清查，并根据销售企业的实际情况对“小金库”的表现形式进行了细化，选择了部分分公司进行现场检查指导。通过自查自纠，发现了违规收取力资费和处置润滑油空桶及余油等问题，并进行了严肃处理，公司内部从各级领导到加油站普通员工均对“小金库”有了更加深入的了解和认识，整顿和纠正了一些不规范的行为，进一步强化了企业基础管理。2011年5月，下发《关于印发江苏石油分公司严格禁止设立和使用“小金库”》的管理规定，建立严禁设立和使用“小金库”的长效机制。

加强了对地（市）分公司的审计服务。2009年起建立了与分公司的审计工作联系制度，明确审计工作联系内容、重点和联系方式，切实做好对分公司的审计服务与监督工作，确保分公司审计工作连续性。2009年除做好日常的工程结算审核和项目竣工决算审计外，对地（市）分公司先后开展了加油站资金管理专项审计、运费管理专项审计等，审计内容涉及非油品、资金、发票、运费、委托站管理等多个方面。2011年，选取镇江、泰州、宿迁3家分公司开展审计重点服务拟定审计服务方案，确定服务重点以及所要解决的问题，对分公司规范管理、防范风险起到了积极的促进作用。

2009—2012年进一步深化固定资产投资审计。2008年江苏成品油管道建设全面启动，为进一步规范投资建设程序，合理控制投资成本，前移监督关口，对成品油管道建设开展全过程在建跟踪审计工作，采用外聘专家团队与内审联合成立跟踪审计小组，派驻施工现场，从项目前期招标文件审核、过程工程变更审核到项目竣工验收、施工决算预审，跟踪审计人员全过程参与造价控制和审计监督，促进投资成本的控制和投资管理规范。通过开展跟踪审计、签证审核和工程决算预审，2008年苏州支线项目核减投资5580万元，2009年苏南管道项目核减工程投资1688万元；线路工程决算预审，审减投资3940万元；对跟踪审计发现的情况或问题，及时提出审计意见和建议，向项目部共计发送工作联系单19份。2011年，通过跟踪审计对苏北管道4座配套油库的招标控制价和工程量清单进行审核，提出修改意见764条，采纳719条。

2012年3—11月组织开展南京、盐城、宿迁、镇江、江阴、连云港、扬州、泰州等8家分公司经理的离任经济责任审计。重点检查离任领导任期内投资决策及核算过程中不真实、不合法、不规范问题，揭露和处理会计信息失真现象，核实了任职期间经济指标的完成情况和公司的遗留问题等。这个阶段的经济责任审计的考核评价指标和评价体系进一步完善，为干部的考核任用提供了基本依据。

2012年2—4月开展合资企业经营管理专项审计。重点审计60家合资企业、公司治理情况、油品进销存情况、经营绩效、网点建设及改造、成本费用列支、薪酬管理、委派人员履职等情况。审计发现4大类18个问题，提出规范公司治理、完善合资企业制度、妥善处理好各类历史遗留问题等6条意见和建议。省公司召开落实审计查出问题整改专题会议，落实省公司各责任部门整改责任，并在全省合资企业管理会议上通报审计情况，落实整改，为合资企业健康规范发展起到积极的促进作用。

第三节 内部审计管理

一、建立健全内部审计制度体系

2005年2月，进一步修订完善内部审计工作及管理制度，修订下发了《内部审计工作规定》、《财务收支审计办法》、《企业领导人员任期经济责任审计办法》等16项内部审计工作制度。

2008年制定下发《审计工作联系办法》。

2009年制定下发《审计项目组长负责制暂行办法》、《审计项目质量考评办法》、《审计项目审理办法》、《审计工作底稿规范》等7项实施细则。同年，为规范固定资产投资建设审计行为，制定下发《投资建设项目跟踪审计暂行办法》、《投资建设委托中介机构审计管理办法（试行）》2项审计工作制度。

2011年，根据制度标准化改造要求，对审计工作制度进行全面修订和完善，修订下发《内部审计工作规定》等31项审计工作制度，初步建立了包括三大方面（审计业务管理、审计人员管理、行政工作管理）和六大类别（审计工作管理、审计业务技术规范、审计项目规范、审计实务指南、审计机构及人员管理、行政工作管理）的审计制度体系。

2012年，根据集团公司有关规定，制定《经济责任审计管理办法（试行）》，建立经济责任审计评价指标体系和计分评价办法，进一步规范经济责任审计行为，提高经济责任审计的科学性和系统性。

二、建立健全内部审计质量控制体系

2008年起全面实行审计项目组长负责制。审计组长作为审计项目质量控制的第一责任人，全面负责项目方案设计、人员配备、组织实施等一系列工作，对项目质量负总责，并赋予审计组长相应的职责与权力，使得审计项目质量得到有效的控制。

2009年开始推行“三级审理”和项目考核评分制度，逐步建立审计组长、审理人员、审计部门负责人的“三级审理”制度。2009年主要对省公司组织实施的项目开展“三级审理”制度和项目考核评分，采用集中审理方式。

2010年开始推行现场审理和集中审理相结合的方式，提高审理效果。

2011年起将分处实施的审计项目也纳入“三级审理”范围，全面发挥项目审理对审计质量把关作用。成立项目考评小组，按照考核评分办法从审计程序、项目实施、审计成效和审计创新等四个方面，对各分处实施的审计项目进行考核评价打分，列入对审计分处考核，每季度在审计工作例会通报各分处考核结果和考核排名。

作为中国石化首家开展内部审计质量评估的试点单位，江苏石油分公司于2011年12月8日—2012年4月19日接受了江苏省审计厅、江苏省内部审计协会组织的内部审计工作质量评估，得出江苏石油分公司内部审计工作“总体遵循《中国内部审计准则》的要求”的结论，量化评分为94分。

2012年7月，江苏省内部审计协会组织召开石化轻纺专业工作委员会

第六章　信息技术管理

随着计算机和网络技术的快速发展，以及应用的不断普及深化，企业对信息化的需求越来越多，信息技术开始从传统的辅助业务处理向推动企业变革、构建竞争优势方向发展，重要性日益凸显。

2000年5月，省公司设立了信息技术管理处，统一管理省公司系统信息化工作，为办公自动化系统、ERP系统、IC卡系统等项目建设提供组织、人员和技术保障。2006年5月，为进一步整合信息条线专业技术人才，省公司推行了信息条线垂直一体化管理，确立“统一规划、统一标准、统一设计、统一投资、统一建设、统一管理”的工作原则，信息技术与业务的融合日趋紧密。

第一节　管理体制沿革

2000年5月，省公司设立信息技术管理处，负责省公司系统信息化工作。分公司信息部门仍然与综合办或业务科合署办公。

2004年初，为推进ERP系统单轨运行，省、分公司成立了ERP管理办公室，负责ERP应用管理与支持工作。

2005年，省公司进行机构改革，撤销了ERP管理办公室，ERP应用管理职能划转信息技术处。

2006年6月，省公司在物流、燃料油、信息、审计实施垂直一体化管理改革，信息技术管理处更名为信息管理处，负责省公司系统信息化建设、运维与条线工作计划的管理等工作；信息管理处在各地市公司派驻信息工作站，作为派出机构，负责区域公司网络、信息系统、设备的管理与维护工作。

2008年8月，设立ERP支持中心，负责ERP应用管理和支持工作，与信息处合署办公，信息处副处长兼任支持中心主任，业务支持人员由业务部门骨干人员兼职。

第二节　ERP系统建设

一、试点建设

2001年初，中国石化总部印发《中国石化ERP总体规划》，提出了“国际水准，中国国情，石化特色”的建设思路，确定了“先试点，后推广”的建设方案。2001年6月，中国石化总部确定了镇海炼化、仪征化纤、江苏石油分公司、天津石油分公司为ERP试点企业。

1. 实施范围及内容

江苏石油分公司上线的模块有销售分销（SD）、采购与库存管理（MM）、财务管理（FI）、成本核算（CO）4个模块，涉及全省81个单位，73座油库、近190个销售开票点、200多个润滑油门市部，1500个加油站。项目实施期间，省公司对轻油、润滑油的财务成本、销售分销、物料管理3大模块的179个大流程进行了讨论和确定，对原有不合理的业务流程进行了规范。

根据中国石化销售公司对县级公司会计核算体制的要求，省公司与省国税局达成一致意见，2003年开始实行市县公司合并纳税，变省、市、县三级管理为省、市两级管理。为适应新的核算体系，中国石化总部要求省公司将原市县分级核算的ERP模板调整为市县统一核算模板，将81个公司代码调整为18个。在此要求下，省公司不仅完成了原省市县三级核算、分地纳税的苏州模板的制作、完善和保存工作，还完成了市县统一核算模板的制作，并按时成功上线。

2. 建设过程

2001年8月，省公司ERP试点正式启动。项目由埃森哲咨询公司负责实施，中国石化总部ERP项目管理组、中国石化销售公司和石化盈科、SAP咨询公司等单位给予了支持和帮助。经过项目准备、流程设计、系统实现、上线准备等阶段工作，于2002年12月16—19日分批上线试运行，12月23日正式上线，历时16个月。上线初期，ERP系统与原浪潮财务系统并轨运行。

2001年9月—2002年4月，省公司抽调了省、分公司经营、物流、财务、安全、信息等部门关键用户共8人，在北京集中了近8个月时间，系统学习SAP系统理念、技术架构、功能模块等方面的知识，并完成了项目立项、现有业务流程梳理及未来流程初步设计等工作。

2002年12月，省公司召开ERP上线会议

2002年5月，项目转入现场实施阶段。省公司成立了ERP领导小组，总经理挂帅任小组组长，书记任ERP办公室主任，明确1名公司领导分管ERP具体工作，3名副总师协调ERP各专业组日常事务。在ERP领导小组下，组建了由省公司、埃森哲、石化盈科等单位人员组成的9个小组，分别是项目管理组、库存（轻油）组、销售（轻油）组、财务组、润滑油组、技术支持组、培训事务组、数据转换组和ABAP组。14个分公司也成立了以经理为组长，以分管领导为项目经理，以业务、财务、人事、信息骨干人员为主体的项目组织。全系统ERP实施工作形成了以省、市公司经理为主导，以30多名中层管理人员、近40名关键用户和讲师为核心，以1600多名最终用户为骨干，以近30位埃森哲公司顾问为支撑的实施团队。后期全职参与ERP实施的工作人员达300余名。

2002年10—12月，完成用户手册编写和印刷工作，举办65个培训班，培训人员1493人次，合格率达96.85%。省公司本部调配5名中层管理人员、9名全职人员充实到数据转换组工作，78个市县公司从3个模块共抽调234名数据转换人员投入数据转换工作。从数据的收集到整理、对账、审核、上报、导入全过程监督数据质量。9—11月3次盘点，对每一个分公司数据收集上报的进度和质量落实到人，最终完成导入数据486万多条。

3. 后评估和单轨运行

2003年11月，省公司通过了中国石化

总部组织的ERP后评估。专家组认为，江苏石油分公司ERP系统符合总体方案的要求，基本实现预定的建设目标；财务核算从81个账套合并为18个账套，物流、资金流、信息流在全省范围内实现了“三流合一”；ERP系统的实施推进了体制改革的进程，变三级管理模式为两级管理模式，为企业扁平化管理提供了技术支撑；借助于ERP系统，规范了销售作业流程，强化了基础管理，实现了整个业务流程的有效监控；培养了较强的信息技术支持服务队伍；系统建设投资费用使用合理，投资回报已有显现；企业的信息化水平有较大的提升。

2003年12月开始，着手推进ERP系统单轨运行。

2004年1月，省、分公司成立了ERP管理办公室，制定完善了相关业务规范和管理制度，落实了职责。4月，省公司组成2个组，依照《SAP单轨运行验收标准》，对分公司进行了单轨验收。

二、优化提升

1. 实施范围及内容

省公司ERP优化提升项目实施范围为省公司本部和14个分公司；优化提升的内容是，根据销售模板对省公司的业务流程进行优化、公司代码合并、会计科目调整以及启用功能范围、TR实施和销售事业部EAM推广等。涉及的模块包括财务会计（FI）、管理会计（CO）、资金管理（TR）、销售分销（SD）、物料管理（MM）、投资管理模块（PS）和设备管理模块（PM）与资产相关部分等。

2. 业务流程重组

财务管理组织架构。2005年7月开始，省公司执行全省统一纳税政策，在提升项目中优化了ERP组织架构：原系统中的16个公司代码合并为1个公司代码，14家地市公司从公司代码核算转向利润中心管理，对应和满足财务一级核算的变革需求：财务会计上，一个统一的公司代码；成本会计上，利润中心架构按“区块”+“条块”设置，满足了财务管理和经营分析的需求，成本中心设置到加油站，做到了与销售模块的销售组一一对应，实现了到加油站的销售收入和成本统计及分析；资金管理上，基金中心架构总体设置到各分公司，淮安分公司的基金中心设置到了加油站，进行对加油站预算控制的试点运行。

销售管理组织架构。按照条线对销售组织架构进行了重新设计，体现了按“条块”进行销售管理的特点。销售主数据由省公司统一维护，有效减少数据冗余。

物料管理组织架构。按照模板增加了配置采购工厂，油库对应的逻辑库存不区分分公司所有权，一个油库对应一个物理工厂和逻辑工厂。

3. 实施过程

2006年5月29日，省公司ERP优化提升项目正式启动。项目由埃森哲咨询公司负责实施，经过流程设计、系统演示、集成测试、用户测试、权限设置、用户培训、数据转换等阶段的各项工作，于2006年10月8日成功上线。

7月初，开始培训教材的编写工作，共计编写教材9册。7月下旬开始，由咨询顾问项目经理对所有参加用户培训的关键用户、讲师进行了理论知识、系统操作和演讲技巧的培训，并按照模块进行了讲师的模拟演练，最终选拔了25名讲师。

7月17日—8月11日，完成用户集成测试第一阶段的工作。

8月16日—9月27日，省公司开展了最终用户培训工作。最终用户培训分模块组织，共培训1150多人次。

8—9月，开展油库和加油站的资产盘点、建立资产综合管理台账工作。集中进行油库和加油站资产数据的合并和拆分、数据收集和试转换工作。在试转换的资产数据基础上，进行模拟运行，核对资产清理结果。完成资产数据正式收集和转换。

9月8日，完成第二阶段用户集成测试工作。

9月底完成数据收集和初始化。

三、深化应用

2008年5月29日，中国石化集团公司召开了ERP深化应用交流大会，标志着中石化信息化工作从“以建为主、边建边用”转入“建用结合、以用为主”的新阶段，并提出了今后3年ERP深化应用的目标任务。6月13日，省公司召开了ERP深化应用推进大会，传达中国石化总部ERP应用交流大会的精神。8月，省公司从ERP应用现状和经营管理需求分析入手，逐个模块制定应用目标、任务和具体措施，制定并下发了《ERP应用典型企业培养实施方案》。

2008年10月，对管理层进行ERP培训

1. 完善应用管理体系

2008年8月，省公司成立ERP应用典型企业创建领导小组，负责审定工作要求，指导、督促各项工作落实。领导小组下设ERP应用典型企业创建办公室，与信息处合署办公，负责制定工作方案并具体落实。明确信息管理处承担综合协调职责，相关管理和业务部门承担模块和业务条线的应用职责。各分公司同步成立由相关领导任组长，各相关部门负责人为成员的领导小组和相应的工作小组，制定实施方案，落实ERP典型培养工作要求，并明确部门职责分工与工作要求。

省公司成立了ERP支持中心，和信息管理处合署办公，落实各模块、各部门支持人员及职责。各分公司成立了相应的ERP支持小组。省、分公司专兼职支持人员100多人，绝大部分人员落实在业务部门。

2. 加强制度建设

2008年9月，根据总部ERP运行规范和考核标准的要求，省公司修订了ERP监控考核细则。同时根据ERP深化应用的要求，对ERP支持管理制度、ERP模块应用规范等制度陆续进行了修订和发布。10月开始，支持中心每月组织支持人员集中办公1—2次，对全省ERP运行情况进行线上检查，并将检查结果纳入省公司经济活动分析会进行汇报，向全系统下发ERP运行通报。

2009年10月，与总部对接ERP典型应用方案

3. 注重解决实际问题

开发ERP开票通知单。2009年9月，省公司启动了ERP开票通知单开发项目。ERP开票通知单将销售业务相关的客户经理、审批人员、收款员、开票员等按不相容岗位要求纳入SAP系统管理，实现客户经理在ERP系统内出具开票通知单、在线管理和审批开票通知单的功能，满足先收款审批后开票结算要求，规范送货上门收款业务。2009年11月，ERP开票通知单在江阴分公司开始试点。2010年1月，扩至南京分公司试点。2010年2月，省公司组织了ERP开票通知单流程及管控要点培训会。2010年3月1日，ERP开票通知单在省公司范围内推广使用；2010年4月1日，开票通知单转入单轨运行。

全面完成BW&BCS项目推广工作。2009年8月，省公司作为股份公司BW&BCS项目的第一批推广应用企业，启动了项目建设工作。江先后派出9名主办会计到北京集中参与项目建设，并通过“传帮带”方式，为每个分公司都培养了1名BW&BCS关键用户。2010年4月，省公司BO上报率为80%，5月份开始BO上报率达100%。

并表单位ERP实施。2010年3月份起，省公司先后分多批次上线了并表单位ERP项目。截至2012年底，省公司49家并表单位，已上线47家。

深化系统功能应用。2008年深化ERP系统应用以来，省公司先后开发润滑油移库库存超限控制功能、发票冲消审批功能、销售订单、预留单自动关闭功能、费用报销与OA系统集成功能等；实施润滑油门市部在线操作；规范天然气业务管理流程，实现在线管理。

第三节 加油卡系统

一、加油卡系统建设

2002年初，中国石化加油卡江苏工程开工建设，2005年5月竣工。在这三年期间，经历了宣传动员、土建布线、加油机改造、设备采购安装、系统联调上线、人员培训、发卡营销策划等一系列步骤。

1. 前期准备

2002年1月14日，中国石化明确，加油IC卡试点工程以北京、苏州、福州为起点，逐步扩展到29个城市，以卡机联动方式为主。此阶段在江苏石油分公司建成1个省中心、1个地级分中心，2个县级管理终端、8个卡机联动加油站和2个发卡网点。核心软件V10通过现场测试，打通了加油卡的交易流程。2月8日，根据中国石化销售公司加油IC卡工程建设办公室组织的地区集成商招标评分结果，江苏石油分公司确定上海业太计算机信息系统有限公司为加油卡系统集成商。3月22日，中国石化下发《关于下发中国石化加油IC卡试点工程投资测算、资金管理办法、管理规范和设备技术规范的通知》，明确苏州试点投资预算为1756万元，江苏试点投资预算为5072万元，并同步下发了资金管理办法和设备技术规范。

2. 苏州试点工程

2002年6月—2003年1月。完成了苏州地区40个卡机联动加油站的联调上线，对核心软件V20进行测试。2002年9月，根据中国石化《关于加油卡工程试点省市进行试运行正式发卡有关工作的通知》，在3个试点城市开展试运行正式发卡工作。

3. 一期工程

2003 年 6—9 月，在苏州、南京、无锡、江阴、常州、镇江、徐州、连云港 8 个地市分公司实施，共建设 6 个地市中心（南京、江阴未建）、402 座卡机联动加油站、3168 支油枪，16 个发卡充值网点。2003 年 10 月，江苏石油分公司开始正式对外发卡。

4. 推广工程(二期工程)

2004 年 5 月，中国石化销售公司下发《关于正式下发加油卡推广实施工程建设资金预算的通知》，明确江苏石油分公司推广工程资金预算 4966 万元。2004 年 6 月，国家质检总局、国家税务总局《关于对中国石化加油 IC 卡工程进行推广实施的复函》，同意中国石化加油 IC 卡工程进行推广实施。扬州、泰州、南通、盐城、淮安、宿迁 6 家分公司实施。共建设 6 个地市中心、333 座卡机联动加油站、2597 支油枪，26 个发卡充值网点。

2005 年中石化壳牌（江苏）石油销售有限公司（简称“合资公司”）成立，双方约定，合资公司继续使用中国石化加油卡，由此产生的投资与费用，双方签署专门协议。

截至 2005 年 5 月，全省共建设 1 个省数据中心、12 个地市前置及客服中心、236 个发卡充值网点、855 个卡机联动加油站、394 个 POS 加油站，100 多个应用终端。加油卡系统已覆盖江苏石油分公司近 80% 的加油站，初步实现“一卡在手、省内加油”的目标。

5. 后续建设

2005 年 9 月，为迎接第十届全国运动会在南京召开，南京分公司对 28 座十运会授权加油站进行了卡机联动改造。

2007 年 9 月，省公司组织了各分公司共 152 站加油站的卡机联动改造工作。10 月，省公司组织完成了 16 座省内高速公路加油站的卡机联动改造工作。

2008 年 12 月，省公司组织各分公司完成了 91 座加油站、386 个发卡充值网点的建设工作。

2009 年 9 月，完成了 217 座加油站的改造工作。11 月，完成了江苏高速石油 56 座加油站每站 6 枪的改造工作。2009 年，分 2 批完成了 300 座便利店的加油卡进店工作，实现了持卡消费非油品的功能。

2010 年 10 月，组织各分公司完成了 151 座加油站的改造工作。11 月，自行组织开发了卡机联动加油车，并由承运商采购 12 辆，方便三夏、三农下田间供油，同时配备 35 套流动充值设备，鼓励分公司进社区、下田间办卡充值。

2011 年 2 月，在宿迁闸水上服务区、泰州高岗水上站，试点使用卡机联动大流量加油机。10 月，为解决网上充值业务开通后客户圈存不便的问题，全省一次性增加了 696 个圈存点，并在已有发卡充值点的加油站增加设备解决夜间及节假日圈存问题。

截至 2012 年底，全省共建成发卡充值网点 1500 余个、卡机联动加油站 2111 个、POS 站 47 个。

6. 周边系统建设

2009 年 5 月 11 日，江苏石油分公司加油充值卡系统上线，正式对外发售面值为 50 元、100 元、200 元、500 元、1000 元的加油充值卡。该卡作为加油卡的补充，有效减少了低效加油卡的数量。截至 2012 年底，共发售充值卡 946 万张。

2011 年 10 月 1 日，江苏石油分公司加油卡综合充值平台上线运行。该平台为客户提供多种线上充值方式：客服电话 95105888、短信 1063695105888、客服网站、支付宝、财付通、通联支付、农业银行渠道、光大银行渠道、移动手机红包充值等。截至2012年底，累计自助充值45.78万笔。

2012年5月，江苏石油分公司客户服务网站试运行。该网站一期功能主要为加油卡客户服务，提供用户注册、加油卡绑定、在线充值、在线预分配、账单查询下载等功能。截至2012年底，累计访问量96.6万次，注册用户数26342个，完成自助预分配业务23.25万笔。

二、加油卡系统运维

加油卡系统点多面广、设备数量庞大，截至2012年底，省公司共有发卡充值网点1500余个，加油卡加油站2158座，其中卡机联动加油站2111座、POS站47座，各类设备超过4万台套。系统的运维工作水平对系统的稳定运行起着至关重要的作用。

加油卡系统的集成、运维，均由上海亚太计算机信息系统有限公司承担。从2002年在加油卡项目上合作以来，陆续完成了加油充值卡系统、零售客户管理系统、客服网站等的开发工作，并配合完成了挂枪开票、增值税专用发票管理系统等的实施、维护工作。2011年起，该公司陆续承接了部分分公司的加油机维护、站级水电维修及罩棚清洗工作。

三、加油卡系统保平稳

加油卡系统自2002年实施以来稳定运行。但随着发卡量、交易量的大量增长，系统运行效率大大降低，影响到网点正常业务操作。2007年起，中国石化销售事业部启动加油卡保平稳项目，确保现有系统平稳运行。明确了每年度下拨专项资金的方式，确保加油站、发卡充值网点各类设备的常态化更新。截至2012年，经过6轮集中更新，共更新工控机1442台，PC机529台、打印机2287台、UPS1324台，对站级、网点级系统的稳定运行起到了积极作用。

2009年，中国石化销售事业部组织开发了加油卡查询系统，将加油卡系统生产与查询、管理相分离。

2010年，组织完成了加油卡生产系统数据库历史数据卸载。

2011年底，对加油卡系统小型机、应用服务器、加密机等进行升级更新，整体性能有了极大提升，更新后业务处理速度明显提高。

2012年7月，加油卡系统核心软件进行了系统上线后规模最大的一次升级，主要涉及支付类型增加、卡片物流、充值优惠、应用网关等，升级后对发卡、充值环节的风险防控起到一定作用。

第四节 便利店信息系统建设

2008年上半年，省公司非油品业务正式起步。为提升非油品经营管理效率，中国石化总部开发了加油站便利店连锁经营管理系统，实现了便利店进销存等一整套完整规范的业务流程。2008年8月，省公司加油站便利店经营管理系统的建设进入全面实施阶段。

2008年8月，省公司印发《加油站便利店连锁经营管理系统项目实施方案》，成立了项目领导组和项目实施组，分工明确了信息、零售、财务等相关部门职责，明确环境准备要求，落实批次上线计划和培训范围及方式；通过周例会了解监控实施进度和质量，针对问题提出建议解决方案，重要事项按决议形成会议纪要备案上报，保质保量推动实施工作的开展。

一、中心及门店系统建设

2008年8月，召开视频会，对系统上线

工作进行动员。同时，分批次对分公司非油品业务经理、信息工作站主任、分公司相关专业管理人员开展培训，培训内容包括：便利店经营管理系统站级实施规范及注意事项，门店系统和后台管理系统操作，业务流程及规范宣讲等。

系统上线分为核心实施阶段和扩大实施阶段。2008年8月，进入核心实施阶段，同步启动中心级系统建设和样板门店系统建设，按计划完成了中心机房环境准备、中心设备到货验收上店测试，核心体系搭建、加油站便利店网络环境准备、门店设备安装配置等。省中心级和6家样板门店系统联调一次成功并整体运行正常。8月末，完成现场实施并上线门店共36家。9月，经过测试和总结，在核心实施阶段成功基础上，进入扩大实施阶段。各分公司参照省公司项目组织构架成立项目组和实施组，培训范围扩大到站长和门店操作人员，上线工作全面铺开。10月，完成基础数据录入325家门店，其中316家门店成功上线，2008年底，顺利通过整体集成验收。

二、物流配送模块建设

物流配送模块，主要负责配送商品的验收入库、存储、出库、配送运输，配送中心接受管理中心的指令进行日常标准业务操作。据此梳理汇总出业务需求，通过集中设计定义并实现了系统功能模块中商品采购、商品验收、入库流程、物流中心退货给供应商、要货及审核、配送、越库型商品验收和分拣、物流中心出库复核、门店退货给物流中心、物流中心调拨等业务流程。

2010年5月，省公司启动淮安中央仓建设；2011年9月，张家港和南京中央仓也分别投入运营，系统物流中心模块建设分别同步配合实施上线，形成物流业务辐射全省的多物流中心应用模式。

第五节 加油站信息化

一、零管系统建设

2005年9月，省公司“加油站电子账表册系统”开发完成并在南京分公司进行试运行。该管理系统集成了加油站包括轻油业务、润滑油业务、账表制作、定点客户、资金管理在内的加油站各业务流程，成为加油站核心业务管理系统。

2005年底，电子账表册系统在全省推广使用。系统通过管控取数取得加油站业务数据，自动生成中石化标准“两账四表一册”，加油站不再需要上报其他系统数据模板。同时，分公司不再需要制作相关模板，可以通过ERP接口、二次物流接口将加油站数据直接导入相关业务系统。在开发过程中充分利用加油站现有的IC卡工控机设备，部署在linux平台，不需要新购置机器。

2008年11月，中国石化销售公司印发了新的油站账表册规范，加油站账表册系统随即进行了变更，并且在原先经营报表的基础上加入了管理类报表，系统名称改为“加油站业务管理系统”。2009年1月，系统正式发布并运行。

2010年6月，开始实施中国石化总部零管系统。9月，系统在常州公司试运行。9月27日，经营相关模块在全省上线运行，与省公司原有加油站业务管理系统双轨运行。11月30日，省公司原有加油站业务管理系统停止运行，总部零管系统实现单轨运行。新的账表系统将加油站日常进销存、设备管理、人员管理、安全和HSE管理等一并纳入，同时实现了管控数据、液位仪数据、二次物流数据的集成。2011年4月，零管系统所有管理相关模块上线运行，系统实现全面上线。

二、利用V20进行加油站损溢考核

为消除加油站损益分析和考核中的温度差异等客观因素，省公司将加油站的收发存各环节油品体积都换算成标准温度下的体积(V20)，消除油品损溢考核中的温度影响因素，使加油站损溢更具可比性，量化考核趋于公平合理。

1. 系统实施

2007年10月，在扬州分公司进行试点运行。2008年8月试点推广到南京、镇江、江阴分公司。2008年11月，在全省推广。2009年3月，14家分公司通过了省公司V20项目考评组的验收，系统全面上线运行。

2010年6月，省公司启动液位仪网络采集平台建设，通过和维德路特公司合作，对加油站现有350台维德路特和澳科品牌液位仪进行改造，8月平台搭建完成，9月投入运行。系统可以实时采集全省液位仪数据，并在网站通过图表进行展示，同时为零管系统提供加油站库存原始数据。2012年在江阴分公司开展地罐交接试点，进一步提升了加油站V20考核管理和数量管理的水平。

2. 主要功能

应用计算机系统自动计算库站数据交接。通过改造油库陆路发货系统，安装数字式高精度温度传感器实时采集油温，计算平均发货温度；发货完根据实发体积自动计算出理论空高；相关数据打印在出库单上作为油库与运输方驾驶员数量交接的依据。

深化应用加油站业务管理系统。在零管系统中增加V20与Vt的转换模块，实现数据自动转换，V20换算符合《石油计量表》(GB1885—1998)的规定；加油站继续在以Vt口径进行“升进升出”油品数量管理的基础上，增加V20账务处理功能，自动生成V20口径的《计量计算表》、《分罐保管登记账》、《盘点月报表》等账表，从而实现V20口径下的损耗统计。

利用液位仪、温度传感器进行数据自动采集。在安装液位仪的加油站，通过液位仪取数接口，采集油罐液位、温度等数据，并自动传输到零管系统；在加油站交接班、进油等环节的账务处理时直接采用液位仪采集的数据。

构建V20数据监控平台。在省公司建立了数据监控平台，自动汇总各分公司V20数据；提供V20口径的数据报表，作为查询分析手段；并出具V20运行过程中异常数据预警报表。可以根据预警信息及时在区域公司内通报、跟踪处理相关异常情况，实现逐级监控，进行深度超损分析，解决硬件缺陷，堵塞管理漏洞。

三、加油站视频监控系统建设

2009年5月20日，下发《关于印发加油站视频监控系统安装实施和技术方案的通知》，成立项目组，各分公司成立了项目推进工作小组。加油站视频监控系统项目正式启动。加油站视频监控系统按高、中、低端3种模式实施，高端站摄像头6—7个，中端站摄像头5—6个，低端站摄像头3—4个，建设范围覆盖所有分公司和在营加油站。2009年底，省公司组织了对各分公司加油站视频监控系统建设的验收工作。

利用视频监控系统开展监管工作，省公司建立统一的监控管理平台。系统整体为三层结构，通过系统平台实现对所有安装了视频监控设备的加油站、油库、经营网点等部位进行实时监控、管理。视频资料分布式存储，提供集中管理的功能。

为确保视频信号的传输，省公司通过招标，选择中国电信江苏分公司提供的方案，将全省所有在营加油站的网络接入升级为4M的MPLS-VPN方式，接入介质全部为光缆，和视频监控系统同步施工，为集中管控提供基础条件。分公司到省公司之间的视频信号传输通过因特网转发实现，并采取相应的安全控制措施。

2010年，结合视频监控的应用，省公司在大厦五楼建设了中心监控室，使用DID液晶拼接技术建设了大尺寸显示频，设置了8个监控坐席，可以实现对全省加油站和油库的实时监控。

油库视频监控建设。管道库结合成品油管道建设同步建设，其中通桥油库于2008年11月完成，栖霞、谏壁、钟楼、长山、周泾巷油库于2010年12月完成；其余21座非管道库于2009年8月完成视频监控系统建设。

四、挂枪开票系统

为消除现金加油后加油工手工开具普通发票带来的风险，江苏石油分公司从2010年下半年开始探索开票机与加油卡管控机联机开票，从而杜绝虚开票、多开票的税务风险。联机开票以加油卡系统中现金加油的交易明细为依据，加油站只能开具半小时以内的发票，一笔交易只能开具一次，同时通过动态密码的方式，解决故障情况下开票机的脱机开票问题。

2012年4月，完成了南京、无锡、常州、苏州、南通、扬州、泰州、镇江8家分公司大唐品牌税控开票机的联机调试；2012年底完成了徐州、连云港、淮安、宿迁、盐城、江阴6家分公司航信品牌税控开票机的联机调试，实现所有卡机联动加油站挂枪开票改造工作。

第六节 物流配送信息化

一、一次物流管理

2005年12月，中国石化总部组织召开华东大区进销业务集成方案推广启动会议，决定分两个阶段实现华东大区相关企业的进销业务集成。镇海炼化、扬子石化、金陵石化和江苏石油分公司4家企业定于2006年3月1日正式实现进销业务集成运行。项目由埃森哲咨询公司负责实施。省公司成立项目组，修改了成品油配置计划相关业务流程，完成了进销业务集成相关功能配置，于2006年3月1日正式上线运行。

2006年10月，省公司实施了ERP优化提升项目，针对油库点多面广、进货批次多、流向多、单据传递频繁、调运信息量大等特点，提出了一次物流的管理需求。经过客户化开发，实现进货调运全过程线上管理、信息共享。

2009年9—12月，中国石化总部组织对销售华东、销售华南公司相关炼厂、省市公司集成方案进行调整，省公司同步调整了进货调运系列程序功能，于2010年1月1日正式切换，实现了订单和交货单的集成。

二、二次配送管理

2004年3月，中国石化销售公司下发了《关于全面推广实施销售企业成品油二次物流优化项目的通知》，江苏等12家省市公司作为第二批推广单位启动二次物流优化系统的建设。

2004年4月，省公司成立信息、物流、零售、仓储等部门人员组成的项目组，制定了《二次物流项目计划书》，项目实施分为动员培训、数据采集、建立模型、试点运行 、全面推广等 5 个阶段。

2004 年 5—6 月，省公司先后 3 次组织全省讲师培训班，将 Retail 软件的工作原理、数据采集要求、WEB 报数系统、周边物流系统的功能对分公司相关人员进行培训。6 月，省公司组织了全省基础数据的采集工作。采集的数据包括槽车、加油站油罐、加油站、油库、库站距离等基础信息。

2004 年 7 月，根据全省采集的基础数据，对 14 个分公司进行系统建模工作。省公司抽调分公司业务骨干，提出实际配送业务对油库、加油站、槽车的特殊要求，将油库对发货时间的限制、车辆对运输片区的限制、加油站对车辆的特殊要求等建立到系统模型中，使系统模型尽可能与实际业务相吻合。

2004 年 8 月，省公司制定与 ERP 系统衔接的业务流程和票据流程，选择具有代表性的南京、常州、苏州、淮安等 4 家分公司作为试点单位。由于配送模式的根本改变，试点过程中暴露出以往物流配送环节上的不少弊端和矛盾，试点期间省公司要求分公司关闭同品种的低效油罐，降低加油站占有库存。9 月中旬 4 家试点单位先后平稳上线。

2004 年 9 月下旬，省公司在全省推广二次物流优化系统，制定下发《成品油物流配送调度管理办法》，明确了省、分公司物流配送中心的部门职能、岗位设置及职责。10 月底，全省按进度完成了系统的正式上线。2005 年 1 月，省公司下发《关于启用二次物流优化系统运费结算子系统的通知》，各分公司从 2005 年 1 月份正式启用运费结算子系统。

系统上线后加油站配送模式实现由被动要货到主动配送的转变，实现物流配送的专业化管理。通过系统优化，加油站的总体库存水平趋于合理，槽车利用率大大提高，运杂费有效降低。

2012 年 10 月，省公司实施了二次物流系统提升项目，由“中国石化销售企业成品油物流管理系统”替代原有配送管理子系统及运费结算系统，并于 11 月初正式上线。

三、电子提单系统及油库发货系统建设

2007 年 4 月，为进一步规范经营、锁定客户、树立品牌，在全省范围实施电子提单系统。电子提单系统覆盖了全省在营的 33 座油库，涵盖 ERP 中所有油品销售和发货业务流程，支持会员客户、普通客户及车队司机的持卡提油。

1. 实施过程

2007 年 4 月，制定《油库陆路发货系统接口设计标准》，5 月召集分公司一线业务人员、ERP 系统关键用户以及相关业务部门研讨电子提单项目需求，制定《电子提单系统需求说明书》。

2007 年 7 月，完成系统开发以及各业务环节的功能测试和集成测试，10 月，完成 15 座轻油油库改造，实现与 ERP 系统联网，支持读卡功能。7 月，省公司下发《电子提单项目试点方案》，8 月初开始在南京、扬州分公司试点运行。9 月，分批次举办了 5 期培训班，全省合计培训达 500 余人，涵盖分公司领导层、管理层和一线操作人员。10 月，省公司下发了《电子提单项目推广实施方案》，组织系统推广上线，12 月，完成全省推广。

2. 功能拓展

电子提单系统包括制卡、卡下发、卡回收、卡管理、卡查询、卡单关联、刷卡开单等主要功能。为进一步提高对客户的服务水平，在原有系统功能的基础上，进一步拓展了电子提单系统的功能。

应急系统。2007 年 11 月，省公司开发电子提单应急系统，省公司服务器每日抽取 ERP 中的未提单据，一旦 ERP 系统停机，油库可通过电子提单应急系统连接省公司服务器继续在线刷卡发货。

短信发送平台。2008 年 1 月，省公司在 ERP 系统中开发短信发送功能，为客户实时发送购油提示短信，并通过发货系统自动给客户发送提油短信。

发货系统提升。2008 年 3 月，省公司对发货系统进行了修改，使发货系统只能按照客户订单的日期顺序发货；2008 年 9 月，开发了发货系统自助终端，实现了客户自助刷卡换票、提油。2011 年—2012 年 4 月，进一步增加权限细化、日志记录、报警锁定、车辆管理、记录上传、应急发货、客户提货控制、款未到账限制发货、打印 V20 等功能，切实提高系统的安全性。

营业厅自助查询机。2010 年 10 月，开发了业厅自助查询机，客户可以在自助机上自助查询购油信息、提油信息和未提单据。

四、油库自动化集成平台建设

2008 年，配合金嘉湖成品油管道及苏州通桥油库建设，提升油库及站场自动化控制系统设计，对发货、计量、阀控、安防、视频等自动化子系统集中集成。5 月开始施工，11 月正式投用。自动化集成平台采用力控软件进行组态，配置两台监控工作站，并与 SCADA 系统共享油品下载流量数据。

2009 年，省公司启动江苏成品油管道（江南线）建设，包含栖霞、谏壁、钟楼、长山、周泾巷 5 个油库的改造或新建。在通桥油库自动化平台的基础上，进一步提升集成功能，逐步实现系统之间的联动和告警功能。平台由北京瑞赛长城航空测控技术有限公司集成，2009 年 12 月开始施工，2010 年 9 月进行中交，12 月正式投用。

2011 年底，苏南共有 6 座管道油库建立自动化监控平台。自动化监控平台集成了发油、计量、阀控、可燃气体、电力监控等子系统，具有阀门与高液位连锁功能，阀门、计量系统数据及状态为华东分公司站控系统共享。

第七节 办公自动化（OA）系统

一、建设过程

1999 年底，为推行无纸化办公，提高机关办公效率，在省公司机关推行 OA 系统，系统功能包括发文管理、收文管理、个人工作、电子邮件等简单功能。

2003 年 1 月，OA 系统向各分公司推广，实现独立服务器，自行管理。分公司 OA 系统的实施范围仅涵盖本部、县公司和油库。由于省、分公司 OA 系统的服务器相互独立，省、分公司之间的公文依然线外传送。

2007 年 1 月，对 OA 系统进行全面升级，采用全省服务器物理上集中、逻辑上各分公司独立运行。系统功能包括收文管理、发文管理、外出留言、岗位办公、通知公告、电子邮件、工作计划、待办事项等功能。省、分公司之间公文通过系统在线流转，大大提高了上下行文效率。系统覆盖省公司、分公司本部、县公司和油库。

二、推广情况

2008 年 12 月，OA 系统推广至全省加油站，增加了条线通知公告、油站报文等新功能，重点是省公司和分公司的各项发文以及通知公告等内容可以直接发布到所有加油站，实现是 OA 办公系统的全面覆盖。

三、二期项目建设

2010年9月，在中国石化销售公司的统一安排下，江苏石油分公司OA系统进行全面升级，新增与档案系统接口；实现对OA系统中的收、发文定期归档；新增电子签章子模块，提升系统的安全性；新增资金、销售、费用、采购、信息等共14个模块96个工作事项审批流程，基本覆盖日常单据审批业务。

2011年，OA系统新增改善经营管理建议、费用报销审批等功能。

2012年，OA系统实现了与合同系统、设备管理系统、TS系统的单点登录接口。

第八节 其他信息系统

一、人事管理信息系统

2003年9月，中国石化集团公司部署了人力资源信息系统（eHR）建设工作。2005年5月上线运行，基本形成企业正式职工的人员与薪酬数据库。功能包括组织机构管理、人员基本信息、查询分析、统计报表、薪酬管理、领导人员管理6个模块。

2005年8月，为补充eHR系统的不足，实现对劳务用工的管理，省公司建立金蝶K/3人力资源系统。10月采集并导入全员基本信息，11月制定全员薪酬模式并导入全员薪酬。2006年1月正式采用金蝶K/3人力资源系统进行全员管理和薪酬发放。

2010年7月，中国石化总部将省公司纳入SAP-HR系统第一批推广单位名单。10月，省公司成立SAP-HR项目领导小组和实施小组，正式启动项目建设。

2011年3月，进入现场实施阶段。在完成了数据采集、最终用户操作培训、生产系统组织和人事数据的导入、各模块功能测试和权限测试、历史工资的导入、过账测试、工资主数据采集配置及薪酬发放功能测试等工作后，2011年11月报表通过HR系统上报，12月员工薪酬实现在线计发，系统转入正式运行。

SAP-HR系统采用服务器总部集中部署的架构，由业务处理和综合应用两个平台构成。业务处理平台是各层级各类用户的统一应用平台，设有机构编制、劳动用工、干部管理、人才管理、薪酬保险、人工成本管理、培训管理等13个一级菜单，实现各类人力资源管理业务的在线处理、信息维护和管理控制。综合应用平台设有管理图表、浏览查询、灵活查询、定期报表等4个一级菜单，满足各级领导和管理人员的浏览查询和综合分析需要，实现统计报表的填报汇总。

由于中国石化总部薪点工资的实施，江苏石油分公司SAP-HR系统薪酬过账集成功能于2012年9月正式开通，实现了正式工、劳务工薪酬的自动集成到SAP系统财务模块。

二、中石化统一邮件系统

2010年6月，江苏石油分公司正式推行中国石化总部统一邮件系统。统一邮件系统是中国石化员工使用电子邮件方式进行对外业务办公和交流的唯一指定邮箱。

三、远程培训系统

2011年初，完成远程教育中心和各远程教育站服务器、视频直播设备和课件制作设备的安装与调试，实现在线学习、测评等核心功能上线，下半年实现了整体功能上线。

四、合同管理系统

2011年12月，正式推行总部合同管理系统，除劳动合同、安全协议外，其余合同一律纳入系统管理，在线流转。合同管理系统贯穿合同整个生命周期管理，包含合同的准备、审批、签署、执行、中止或终止等各个环节，代办事项与OA集成，订单与ERP系统集成。

第九节 信息基础设施建设

一、省公司中心机房建设

2010年，省公司对原六楼中心机房进行改建。

2011年4月，中国石化销售公司下发《中国石化油品销售企业中心机房建设规范》，经过综合考虑房屋条件，并对防水防洪进行了论证，中心机房改建方案重新选址在省公司大厦一楼并重新设计上报中国石化总部。2011年8月，总部组织专家组在南京召开了江苏石油分公司中心机房建设设计方案评审会，通过设计方案评审。12月正式开工建设，截至2012年10月，机房主体工程及设备安装调试初步完成。

新机房面积超过300平方米，是原机房的3倍，按照国家机房二级标准建设，规范设计完备的供电、空调、环境监测等设施，使用新风、空调准确送风、机柜温湿度监控、智能PDU等新技术，设置门禁、视频监控，具有安全、环保、稳定、高度智能化的特点。

二、网络建设

1.省分公司主干网络建设

2000年12月，省公司实施广域网建设，分公司与省公司之间通过64K/128K DDN数字专线进行实时连接，结束通过调制解调器电话线通信的方式，实现主干网络线路实时通信，第一次实现全省真正意义的联网。

2001年11月，主干专线线路带宽升级为512K/1M，并且建设了省分公司之间通过网络传输的IP电话，内部通话全部不发生费用。

2002年5月，新增1条2M SDH线路，实现线路的备份。

2009年10月，通过和广电运营商合作，将主干线路升级为8M MSPT和2M SDH负载均衡和互备。

2012年4月，将两条线路升级到10M，实现对称备份，基本保证全天候不断线。

2.加油站和网点网络接入建设

2003年，随着加油卡系统的建设，加油站逐步通过电话拨号VPDN的方式和分公司进行数据通信，传递油站经营和管理数据。此后，各分公司根据实际情况，逐步将拨号方式升级成为ADSL接入方式，并且引入MPLS-VPN，网络连接更方便和安全。

2009年，配合视频监控系统的建设，在全省所有加油站（除长江水上加油站）实施光纤接入工程，在中国石化销售企业第一家做到全部光纤到站，通过4M-MPLS的方式传输，使得油站的数据传输基本做到透明无缝。长江水上加油站使用3G通信配合VPN接入方式实现数据传输，并在南京八卦洲长江水上加油站进行了微波数据传输试点。

结合SAP和电子提单建设，从2001年起，各油库陆续建设内部局域网和与分公司之间的远程连接，带宽都达到了2M以上；2010年，和中国移动运营商合作，所有油库都增加1条4M带宽线路作为备份。

2012年4月，实施全网提升，在分公司增加1台核心三层交换机；增加1条不同物理路由走向的加油站100M汇聚线路，形成热备；改造油库网络架构，增加2台交换机，分别连接主线路和备份线路，实现从油库到分公司到省公司以及加油站接入的双线双设备热备，确保网络不间断畅通。

三、信息安全

1. 管理体系

2006年，省公司将信息安全纳入公司安全管理体系，信息安全小组作为省公司HSE安全管理组织的一部分，与零售、物流等同为一个专业小组。信息管理处作为信息安全的责任部门和省公司安全委员会成员，定期向安委会汇报信息安全工作情况，提出信息安全工作计划。各分公司信息工作站，也作为当地分公司的安全委员会成员，开展信息安全管理工作。

2. 培训

按照内控要求，各级信息管理部门组织对全体员工的信息安全教育，部分信息工作站结合企业信息系统应用实际情况，自行编写了员工信息安全培训教材，省公司提出了员工信息安全禁令。通过集中授课、与信息系统操作培训同时培训、在OA网站发布培训材料等多种方式进行全员信息安全教育，结合信息安全风险评估，组织对信息专业技术人员的信息安全技术、风险评估技能等方面的专业培训。

3. 主要措施

2005年全面部署诺顿8.0网络版杀毒软件。2006年升级为9.0版本，2008年升级为10.0版本，2010年升级为11.0版本。2007年8月在全省推广部署BigFix终端桌面安全系统，实现信息设备资产统计、安全扫描、补丁修补等功能。

2004年上线亿阳信通综合网管系统，实现对网络运行状态，以及主要网络设备和服务器设备的在线监控和管理，2009年实施了升级。

2009年，与亿阳信通公司合作进行了全面信息安全风险评估工作。一是对全省信息条线人员进行了信息安全风险评估的知识普及培训；二是完成14家分公司的信息安全评估工作，提交了省公司及分公司信息安全风险评估报告。

2011年2月，将使用数年IPSEC-VPN设备更新为新的SSL-VPN设备，并按角色和用户账号进行访问权限划分，和中石化统一信箱与账户绑定，实现远程安全接入，方便员工使用网络。

2011年，按照中国石化总部和公安部门的要求开展信息安全等级保护，经评测确定加油卡数据中心为三级保护，ERP数据中心、省公司广域网、OA系统、浪潮财务报表系统等4个信息系统为二级保护，评测结果报信息部审批后在省公安厅备案，并对照信息安全等级保护的要求进行相关信息系统安全整改和提升。

2011年6月，中国石化总部委托江南天安公司对江苏石油分公司网络、硬件等基础设施情况进行评估，并形成了“销售企业信息安全模板”。2012年6月被确定为中国石化销售企业信息安全模板建设试点单位。

第十节 队伍建设与人才培养

2000年7月，省公司系统一次性引进应届计算机及相关专业的大学生42名，使全系统专业人员达到74人。

2001年之后，省公司系统每年招收一定数量信息技术人员。通过公司内、外部合理调整与流动，信息条线人员维持在80人左右的规模。截至2012年底，信息条线共有员工78名，各信息工作站一般配备4—7名工作人员，省公司配备15名工作人员。

通过专业培训、技术比武、项目建设、专家组活动等方式，不断提高信息条线人员的业务水平。2001—2012年，省公司每年组织信息人员培训15次以上，年均信息人员参训次数超过3次，公司其他管理人员年均信息培训超过1次。多次组织信息条线人员参加总部组织的技能比武，取得较好成绩。2008年12月，省公司信息条线成立了ERP、零售、物流、基础设施和程序开发5个专家组，使信息队伍的专业性更强，更紧密地与经营管理重点工作相结合。

为留住专业人才，省公司从2001年1月起执行计算机专业人员特殊工资制。2005年7月，根据省公司新的收入分配体制改革要求，取消信息条线特殊工资制，纳入省公司一体的分配政策；新的政策设立技术职务和行政职务两条晋升通道，有利于信息条线长效稳定发展。

第七章 法律事务

2001年以来，江苏石油分公司法律事务工作在总法律顾问制度推进、组织机构完善、人员队伍建设、法制宣传教育等方面均取得较大进步。2005年法律事务处成立后，围绕公司中心工作，法律事务重点在健全工作制度体系、建立工作考评体系、强化合同管理、加强法律纠纷管理、规范公司事务管理、提升信息化管理手段、提高法律队伍整体素质、全方位进行法制宣传教育等方面开展工作，逐步加强法律事务管理职能发挥，努力推动法律事务实现“从事务型向管理型，从事后救济型向事前防范和事中控制型”的“两个根本转变”。

第一节 体制机制建设

一、管理体制沿革

2003年，中国石化集团公司正式推行企业总法律顾问制度，江苏石油分公司是首批实施企业总法律顾问制度单位之一。

2004年6月，设立总法律顾问，由省公司副总经理兼任。

2005年，省公司机关设立法律事务处（与企业管理处合署办公），负责合同管理、纠纷诉讼、公司事务、普法培训等法律事务管理职能，在此之前法律事务管理职能属于总经理办公室。分公司综合办公室设法律事务管理岗，配备专兼职法律工作人员。省、分两级公司重要经营管理部门设兼职合同管理岗位。

二、管理制度建设

2005年3月23日，省公司转发《中国石化股份公司法律顾问制度实施办法》，根据业务发展和公司内、外管理和法律环境的变化不断修订、完善相应的管理制度，分两个层次逐步构筑法律事务工作制度体系：一方面，以集团公司法律事务部统一下发的法律事务工作管理制度为依据，结合公司实际，制定法律事务管理实施细则，如《合同管理实施细则》、《法律纠纷管理实施细则》、《商标使用与维护管理实施细则》等；另一方面，根据法律事务工作管理现状并结合经营管理实际工作，补充制定并实施《法律尽职调查管理办法》、《法律权证管理规范》、《法律事务基础工作管理规范》、《外聘法律中介机构管理办法》等专项工作制度。

2011年9月，省公司举行法律事务工作汇报座谈会

三、工作考评体系建设

2010年，省公司制定并实施了《法律事务工作考评细则》，从组织保障及队伍建设、合同管理、诉讼维权管理、公司事务管理、普法宣传教育、风险防控管理和基础工作管理7大项15个方面量化法律事务工作管理内容和考评标准，结合“比学赶帮超”工作，设置年度工作先进红旗，全方位考评法律事务工作成效。

第二节 合同管理工作

一、合同管理基本情况

2005年，省公司下发《合同管理办法》，作为合同管理的工作依据。

2011年，根据制度标准化工作要求，完善修订并整合以往合同管理各项制度，制定下发《合同管理实施细则》。合同管理实行主办部门负责制和法律事务部门归口管理制，以及统一制度、分类分级、会签审核、各负其责的管理体制，实行订立、履行、终结全过程管理。合同签订前，由合同主办部门、会签部门和法律部门分别对合同进行经济性、技术性和合法性审核。合同管理业务流程主要包括合同准备、尽职调查、文本选择、文本审核、合同审批、合同打印、合同授权、合同签订、合同用章、合同履行、合同终结、争议处理等环节。

法律事务部设置专职合同管理员，负责日常合同管理工作，在合同主办部门配备兼职合同管理员，负责管理本部门日常合同事务；除员工劳动合同加盖公司行政章以外，其余合同均加盖公司合同专用章，合同专用章由法律事务处负责保管和使用。

自2010年，依照省公司档案管理规定，合同文本档案统一交省公司综合档案室管理。

二、合同管理信息系统

合同管理信息系统是中国石化集团公司组织研发，实行服务器集中管理，统一在中国石化全系统推广使用的线上合同管理平台。

传统合同管理履行线下签审程序，合同由主办部门草拟发起，经由法律事务部及相关部门审查会签，按内控权限报公司领导审批后打印文本，最后由法律事务部门加盖公司合同专用章。根据集团公司统一安排，江苏石油分公司作为33家首批推广企业之一，自2011年7月正式启动合同信息系统上线实施工作，历经5个月，顺利完成信息采集、业务流程梳理、供应商和用户信息维护、标准合同文本库建设、系统初始化、与ERP和OA系统对接等工作，经试运行后于2012年1月1日正式上线运行。

合同管理信息系统实现了从合同起草、审查审批、履行监控和合同终结全过程在线操作，实现传统手工方式向现代化信息化方式转变，体现合同全生命周期管理理念，有效提高工作效率；并通过相对人资质管理、签约依据管理、标准文本库管理、水印防伪等细节功能，全方位防控合同管理法律风险。

第三节 法律纠纷及商标使用维权管理

一、法律纠纷管理

2005年8月，发布法律纠纷管理工作工作依据《法律纠纷管理办法》。

2011年6月，随着法制环境和集团公司业务内容的发展变化，修订下发《法律纠纷管理实施细则》。法律纠纷诉讼管理实行发案单位负责制，发案单位是处理法律纠纷的责任主体；法律事务部门是法律纠纷的归口管理部门，按照相关制度对法律纠纷实行分类分级负责的管理体制。外部法律纠纷处置由案发单位法律事务部门牵头，实行集体讨论、领导决策、承办人员负责制。同时，根据纠纷性质和标的额对涉诉案件进行分类处置，一般纠纷及重要纠纷由发案分公司为主自行处置，重大法律纠纷由省公司直接参与或指导处置；内部法律纠纷处置，按照中石化内部法律纠纷调处相关管理制度和程序进行内部调解处理，未经允许不得通过诉讼、仲裁等外部方式解决。

2005年，制定下发《法律中介机构管理办法》，对公司外聘法律中介机构进行管理。法律事务管理部门负责外聘法律中介机构选聘、日常管理、案件处置管理、业绩考评等职能。

2008年，制定下发《外聘法律中介机构服务考评细则》，参照招投标程序确定年度外聘法律中介机构，按年对外聘法律中介机构服务业绩进行综合考评，考评结果运用于年度中介服务费用支付和下年度续（解）聘事宜，督促法律中介机构提供优良服务。

二、商标使用及维权管理

2011年，根据整合以往相关商标石油及管理制度，修订下发《商标使用及维权管理实施细则》。商标指中国石油化工集团公司依法注册并享有所有权的“”（亦称“朝阳”商标）、“”（亦称“满天星”商标）、“SINOPEC”商标，中国石油化工股份有限公司依法注册并享有所有权的“长城”和“易捷”等系列商标，江苏石油分公司在获得集团公司、股份公司商标许可（授权）后，享有商标的使用权、再许可使用权以及对江苏省内侵犯商标权行为进行处理的权利。商标使用与维权工作按统一制度、全员参与、分级负责、归口管理的原则对商标使用、再许可和维权工作进行管理。

2007年始，社会成品油经营单位未经许可假冒、仿冒中石化商标侵权行为逐步增加，江苏石油分公司率先在销售企业开展商标打假维权工作，积极与地方工商、商务部门联系，形成“政企联合”的商标打假维权工作模式，取得良好社会效益和经济效益。2008年4月，销售公司、法律事务部联合召开“中国石化商标打假维权工作电视电话会”，在中国石化销售企业统一部署开展商标打假维权工作。

此后，按照中国石化总部统一安排，江苏石油分公司进一步加强商标打假维权工作领导，陆续发布《关于深入开展中国石化商标打假维权工作的通知》等文件，进一步明确工作职责、落实分工、建立月报制度和工作考评制度，形成商标打假维权长效工作机制，日常清理和专项行动相结合打击商标侵权行为，做到发现及时、清理及时、成果维护及时，累计取缔各类商标侵权单位201家。

第四节 公司事务管理

一、法律权证管理

2005年8月，下发《工商权证管理规范》，标志着法律权证管理工作开始明确有据，有“法”可依。按照“省公司统筹安排，分公司自行管理”的原则，将事前防控和风险应对相结合开展法律权证管理工作，及时办理各类经营机构法律权证设立登记、年检、变更、换证工作，整改不规范权证，确保合规经营。

2009年12月，制定《经营项目前置行政许可办证指南》，依据相关法律法规和部门规章，对公司经营过程中涉及的各行政许可类经营证照办理程序、主办部门、办理要求、办理时限等进行明确，有效指导全系统法律权证管理工作。

2007 年，开发法律权证信息管理系统，创造性地将所有经营机构各类权证资料电子化、数据化，通过信息系统实现经营机构法律权证统计、查询、预警提示、报表统计等功能，实现法律权证信息化动态管理，有效提高工作效率，降低公司违规经营法律风险。该系统由中国石化销售公司统一在部分销售企业推广使用。

二、授权委托管理

2011 年，制定下发《授权委托管理实施细则》。授权委托管理以中石化内控制度及总部对江苏石油分公司一级授权内容和授权时限为原则，以《授权委托书》为载体，针对不同工作内容采取一般授权和特殊授权两种形式进行，实行统一办理、集中管理的体制，规范授权文件和授权委托书的签发、使用和管理，按年度对各单位行权情况进行检查和监督，控制行权过程中表见代理风险。

第五节 法制宣传教育

2010 年 4 月，制定下发《法制宣传教育办法》，2011 年修订完善后，下发《法制宣传教育管理办法》，进一步规范指导法制宣传教育工作。法制宣传教育工作以“全员学法、分类指导”、“突出重点、整体推进”、“规范引导、务实高效”为工作原则，成立江苏石油普法办公室（非常设机构），组织保障到位、职责分工明确、普法手段多样、工作形式创新。以宣贯社会主义法治理念和依法治企观念为目标，建立领导干部中心组学法制度，定期开展领导干部学法主题活动；以“干什么、学什么，缺什么、补什么”为原则，对经营管理人员进行专项普法培训，帮助经营管理人员学法、用法；以“了解法律常识，规范自身行为”为指导，促使基层一线员工知法、守法；以提高专业知识水平和综合素质能力为主要目标，对专兼职法律事务工作人员开展业务培训，提高法律事务人员持证上岗率；充分利用公司内部刊物、OA 办公系统、视频会议系统及板报橱窗等为载体，以“送法到基层”普法巡讲、法律征文比赛、法律知识竞赛、手机发送普法廉政短信、编制下发普法教材等多种形式，开展普法宣传教育活动。

一、“五五”普法及“六五”期中普法成果

组织党委中心组学习《物权法》、《合同法》、《劳动合同法》、《侵权责任法》、《破产法》等专题法制讲座 15 讲，在《江苏石油》刊发法制类文章 50 余篇，OA 系统“法律法规”专栏发布各类法律法规 83 部，发布《普法工作简报》20 余期；组织各类专业普法讲座 24 场，发放各类法律法规单行本 10 余类 1000 余册，编发《案例汇编》、《江苏石油分公司常用法律法规汇编》等普法教材，下发集团公司《边学边练》与《“五五”普法讲座》等系列普法教材共计近万册，组织全员法律知识竞赛 3 次，开展《食品安全法》知识、《保密法》等专题法律知识竞赛 6 次，开展“践行‘每一滴油都是承诺’，‘打造双高’企业的法律思考”等主题法律论文征集活动 3 次，开展手机短信普法廉政宣传，每周两次向包括两级公司领导班

制作普法宣传专栏

子、机关管理人员，直至油库管理人员、加油站站长等基层一线员工共计近4000人发送“普法廉政短信”，内容涵盖各项与经营管理业务以及廉洁从业相关的法律法规、规章制度和警言警句，贴近工作、通俗易懂。

二、法律专业竞赛比武

2007年，受中国石化销售公司委托，江苏石油分公司承办“中国石化销售企业法律知识竞赛决赛”。竞赛中，江苏石油分公司精心准备、统筹安排，组织开展了全员法律知识答题活动，全系统近4500名员工参赛；决赛阶段公司一名选手获得个人银牌，并获“团体优秀奖”。

2010年，集团公司在中石化系统组织开展“创先争优、与法同行”法律知识竞赛，比赛分初赛、复赛、决赛选拔赛和决赛4个阶段。江苏石油分公司3500余名员工参加初赛阶段答题；复赛阶段，经择优选拔出的3名员工代表公司参加笔试并取得优异成绩，其中，2名员工分获个人银牌和铜牌，江苏石油分公司从复赛103支参赛队进入决赛选拔赛24强；决赛选拔赛阶段，脱颖而出进入8强，并最终在决赛中获得团体三等奖。

2012年，江苏石油分公司组织开展合同管理法律知识学习及竞赛活动，工学结合、

2010年12月，参加集团公司“争优创先、与法同行”法律知识竞赛决赛

以赛促学。针对不同对象分层次开展合同管理法律知识学习和竞赛：针对省公司处级人员及地市分公司科级以上人员，组织合同管理法律知识学习和学习成果目测活动；针对全系统法律人员、专职合同管理员及重点业务部门兼职合同管理员，开展合同管理法律知识竞赛活动；学习和竞赛活动内容涉及合同法律知识、中石化内部合同和内控管理制度、合同管理信息系统管理和运用等内容。

第六节 法律人员队伍建设

一、人才引进与培训相结合

每年从高校引进法律专业毕业生充实到省、分公司法律事务及相关业务部门，让具有法律专业背景人员从事业务部门工作，将法律风险控制关口前移，力争培养一批懂法律、懂业务的综合性人才；自行组织和外派相结合，开展法律人员专业培训，提升队伍综合素质。

二、组织法律人员持证上岗各项工作

2009年以来，统一组织专兼职法律人员参加全国企业法律顾问资格考试。专职法律工作人员参加，支持和鼓励兼职合同管理员等其他岗位人员参与；公司积极协调省考试教育中心在考生报名程序给予方便，在资金、培训等方面给予保障和支持，同时对考试通过者予以奖励。2012年底，全系统共9名专兼职法律人员取得企业法律顾问资格，3人取得全国企业法律顾问和法律职业资格双证。

三、畅通法律人员成长通道

2012年，在各分公司综合办公室增设一名副科级岗位负责法律事务工作，该岗位要求任职人员具备企业法律顾问资格，为系统法律人员成长设立了行政通道。

第八章 综合管理

江苏石油分公司一直重视企业基础管理工作，在继承和发展“三基”等传统管理的同时，在制度标准化、岗位工作手册、“6S”现场管理、对外投资企业管理、物资采购、文秘、档案、保密、对外宣传等基础管理方面做了大量工作。同时积极创新管理方式，在2001—2012年期间，获得国家级、集团公司级管理创新成果14项。

第一节 基础管理

一、“三基”工作

“三基”工作是石油石化行业的“传家宝”，是中国石油石化企业在长期实践中形成，并随着生产发展和技术进步不断完善起来的之有效的管理方法。中国石化集团公司下发《基层单位“三基”工作基本要求编制指引》等5项管理标准及系列规范性文件后，江苏石油分公司于2009年组织召开苏南、苏北片分公司“三基”工作座谈会，深入淮安、徐州、宿迁、南通、泰州等公司基层单位调研进展情况。在总结“三基”工作经验基础上，制定下发了《改进和加强“三基”工作实施意见》。根据中国石化集团公司的统一部署，制定、修订了一系列有关“三基”工作的规章制度，连续5年举行技能竞赛和技术比武活动。根据中国石化销售公司部署，每年下达“三基”工作考核标准和考核细则，并明确了“三基优秀个人”、“先进基层单位”和“先进单位”的评选标准。

二、规章制度建设

1. 制定经营管理体制改革配套制度和流程

为加强日常制度建设、实行归口管理，江苏石油分公司于2006年2月制定并下了《制度制定管理办法》，明确了规章制度的分类、省、分公司规章制度制定归口管理部门、规章制度拟稿部门职责、制度制定、修订、废止的程序以及制度的格式等内容，有效规范各项规章制度的制定工作。2006年底，将江苏石油分公司的170多个制度汇编成共13大类，形成《规章制度汇编（2006版）》；2008年，又组织对当时240多个制度进行了修订。

2. 制度标准化改造

2011年，中国石化总部组织开展了制度标准化改造工作。2011年5月，江苏石油分公司制定并下发了《制度标准化改造工作方案》，明确了制度标准化工作的目标、方法和步骤。按照中国石化总部下发的业务分类、标准化制度体系和主营业务重点流程，结合企业实际情况，强化“向管理要效益、要效率”意识，以实现“一套制度体系支持若干管理要求”为目标，加强制度流程管理，防范经营管理风险，全面落实总部制度标准化改造各项工作要求，并按制度全生命周期开展各项管理工作。截至2012年底，共标准化改造并下发166项规章制度。

三、开展精细化管理

1. 创造优秀石油流通企业实施纲要

2007年下半年开始，江苏石油分公司组织各分公司、各部门开展大讨论。2008年3月制定并下发了《创造优秀石油流通企业实施纲要》。该纲要明确，力争用5—8年的时间，将江苏石油分公司建设成为经营业绩突出、主要指标石化销售企业领先、省内流通企业领先的企业；成为内部管理体制、发展约束机制更加适应社会主义市场经济和现代企业要求的企业；成为员工工作生活条件持续改善、队伍素质优良的企业；成为具有较强凝聚力、企业文化和谐的企业。纲要还明确了公司未来几年的奋斗目标和创建优秀石油流通企业所应开展的主要工作内容。

2. 清理整合油站和油库账表单以及信息系统

2009年通过调研、座谈和现场考察等形式，对加油站30种台账、34类表单和12个信息系统和油库133种台账、32种表单和6个信息系统进行了全面清理，取消油站7种账表、修改2种账表和2种台账；取消油库16种台账、4种表单，修改10种台账。按中国石化总部标准化编码规则，对修改、完善后的账表单进行了统一编号。

3. 编制《部门（岗位）工作手册》

2010年，省公司确定扬州分公司为试点单位，在该公司提交的岗位工作手册的基础上，结合苏州分公司县公司改革试点，组织省公司机关各部门修改、审核了分公司各部门（岗位）说明书。经过两次对接、修改、征求分公司意见，形成了江苏石油分公司《部门（岗位）工作手册》（分公司与条线派出机构两部分），包括172个岗位、15个部门的工作职责、127项工作流程、512项规章制度，明确了每个部门关键绩效指标及主要工作制度流程，明确了每个岗位职责、岗位HSE工作职责、关键风险控制点和主要禁止事项。省公司在扬州分公司组织推广会议后，在各分公司推广实施。

2011年，根据体制和职能调整的变化，组织修订、完善工作手册。经过省、分公司两级领导、各部门和专家的多轮修改、研讨和完善，形成包括省公司机关20个部门269岗位和分公司14个部门172个岗位的2011版《部门（岗位）工作手册》。

2010年9月，省公司召开精细化管理推进工作会

4. 强化基础管理年活动

根据中国石化集团公司“塑造中国石化特色管理模式”、中国石化销售公司“强化经营管理年”活动等工作部署，2010年4月江苏石油分公司制定《“强化基础管理年”活动实施方案》，组织开展“强化基础管理年”活动。

此活动以“爱岗敬业、规范管理”、“增强安全意识，防范经营风险”为主题，以“优秀的企业必须要有优秀的管理”为理念，以商品和资金为主要管理对象，以销售业务和存货管理为重点环节，以强化内控、深化ERP应用为主要手段，修订完善规章制度、落实岗位责任制、明晰工作责任，规范经营行为，防范经营风险，初步建立“事事有人管、人人有权责、办事有标准、工作有检查、奖惩有规定”的基础管理工作体系。活动分目标任务、责任范围、工作重点、组织分工、时间节点、活动要求等5个方面56项具体工作。经销售公司检查验收，得到检查组的充分肯定，获得销售公司“强化经营管理年活动优秀组织单位奖”称号，5名同志获得优秀个人称号。

5. 改善经营管理建议工作

2010年5月，集团公司将江苏石油分公司作为“改善经营管理建议”试点单位，6月省公司制定了《改善经营管理建议试点工作方案》，形成“一个试点方案、一个管理办法、三项实施细则、一套管理系统”的改善经营管理建议试点工作机制。改善经营管理建议范围重点为：加快网络发展，改善投资管理的建议；提高经营能力、提升市场占有率的建议；适应市场变化，完善体制与机制的建议；降本减费，优化财务资源的建议；

2011年11月，省公司召开改善经营管理建议交流会

提高工作效率，控制管理风险的改进建议。截至2012年底，共收到各类建议4700多条，其中1000条已立项，430多条已投入实施。

6. “三标”活动

为将“三基”工作推向深入，融合“比学赶帮超”、“为民服务创先争优”、“我要安全”等活动为一体，2011年5月，江苏石油分公司制定并下发《“三标”创建活动实施方案》，明确岗位工作任务、工作要求、职责权限、理顺工作流程，明确关键控制点和HSE职责，提高工作效率和工作质量，做到“上标准岗、做标准事、干标准活”，全面落实岗位责任制。

各分公司分别树立本区域的标杆县公司、片区、油库、油站等，全面组织开展对标、追标。省公司各职能部门组织了各具特色的基础管理工作：物流中心在钟楼油库开展创建样板油库活动，培训中心牵头拍摄宣讲《加油站长的一天》DV片，管道办公室牵头拍摄苏南成品油管道建设落实安全责任制DV片等。同时，制定基层样板单位验收标准，结合“对标工作”和“比学赶帮超”活动，以油库和油站班组为重点，明确验收标准，提炼典型经验，按总部要求培育不同类型的基层样板单位。

7. “6S”现场管理工作

为加强现场管理，营造整齐、清洁、安全的工作环境，2012年，在全系统范围内开展“6S”管理工作，即：整理（seiri）、整顿（seiton）、清扫（seiso）、清洁（seiketsu）、安全（security）、素养（shitsuke）。2012年4月，制定下发《“6S”管理办法》、《机关办公场所“6S”管理标准》、《加油（气）站（便利店）“6S”管理标准》、《油库“6S”管理标准》、《润滑油门市部“6S”管理标准》和《营业室“6S”管理标准》等规范性文件，把“6S”管理作为对分公司季度考核的一项内容。为落实“6S”管理办法及相关管理标准，5月初召开“6S”管理视频培训会，省公司领导、部门负责人，利用检查、调研等机会，对分公司“6S”管理工作进行指导。省公司财务资产处、零售中心、物流中心、总经理办公室采取不同形式，对加油站、油库、营业室、机关办公楼的“6S”管理情况进行了检查，并通报检查结果。

四、“比学赶帮超”和对标评价工作

1.“比学赶帮超”活动

2010年1月，中国石化销售公司下发《关于成立销售企业“比学赶帮超”活动领导小组的通知》，江苏石油分公司在全系统开展“比学赶帮超”活动。2月，江苏石油分公司成立总经理、党委书记为组长，分管副总经理为副组长，其他领导班子为成员的“比学赶帮超”领导小组；领导小组下设“比学赶帮超”活动办公室，经理办公室主任为办公室主任，省公司各部门负责人为成员。3月29日，召开 “比学赶帮超”推进视频会，部署 “比学赶帮超”活动方案。此后，定期召开“比学赶帮超”工作分析会，每月发布“比学赶帮超”光荣榜。及时兑现奖励，授予分公司年度红旗榜及奖励。

2010年以来，江苏石油分公司连续3年制定“比学赶帮超”工作方案，并突出江苏石油分公司特色。2010年设置创建“百万吨级分公司”的上台阶对标和加油卡持卡消费比例的标杆。2011年新增97#汽油零售比重、非油品烟草和酒营业额、月度油品损耗等指标。2012年新增了经营综合考评、零售客户满意窗口、零售增量增效贡献奖、非油品零售（门店销售）比重先进红旗、法律风险管理、资产管理、土地管理、县级区域综合竞争力、分公司综合竞争力等指标，建立了4大类41项指标的省级公司之间对标体系。

根据总部对标评价工作指导意见，江苏石油分公司于2010年8月，制定了《对标评价工作方案（试行）》，包括省、分公司两个层次52项对标指标体系，并将对标评价工作纳入“比学赶帮超”活动范围。

2010年3月，省公司召开比学赶帮超推进会

2. 2010年度比学赶帮超红旗

标杆企业：苏州石油分公司。

分公司上台阶奖：苏州石油分公司实现“100万吨级”上台阶，无锡石油分公司实现“80万吨级”上台阶，扬州、泰州石油分公司实现“50万吨级”上台阶。

优秀组织奖：宿迁石油分公司、徐州石油分公司。

年度“争光贡献奖”：扬州石油分公司王文清。

各分公司比学赶帮超2010年度红旗见表3—8—1、表3—8—2、表3—8—3。

3.2011年度比学赶帮超红旗

各分公司2011年度红旗见表3—8—4、表3—8—5。

五、管理创新工作

2001年，江苏石油分公司总结流程改造与ERP试点经验，“地县石油公司区域整合和流程再造”项目获得第八届国家级企业管理现代化创新成果二等奖。“改革体制、创新管理”和“再造观念、再造流程”获集团公司第十届管理现代化创新成果一等奖。

2007年，总结加油站建设决策支持系统建设经验，“加油站建设决策支持模型”项目，获得集团公司第十七届企业管理现代化创新成果一等奖。

2006—2007 年，首创法律权证管理及其信息系统，完成 2800 多个分支机构及经营资质的家族图谱建设，在销售企业得到全面运用，获得中国石化集团企协第十六届管理现代化创新成果二等奖。

2007 年，以和海油品运输有限公司改制为内容的“强化过程控制，培育第三方物流体系”获得中国石化集团企协第十六届管理现代化创新成果三等奖。

2008 年，全面推广实施 V20 油品损溢管理，“基于 V20 平台的加油站成品油数量管理体系研究”获得集团公司第十八届管理现代化创新成果三等奖。

2009 年，以江苏石油分公司“创建优秀石油流通企业”为主要内容的《省公司以创优为特色的企业管理模式探索》获得集团公司第十九届管理现代化创新成果一等奖；《苏州分公司城市便利加油点》获得集团公司第十九届管理现代化创新成果二等奖。《手机终端的移动信息化办公系统（MOA 系统）》和《淮安分公司 ERP 在直分销环节效能监控工作中的应用》获得集团公司第十九届管理现代化创新成果三等奖。

2010 年，总结扬州分公司精细化管理经验，《以落实责任制为导向的石化销售企业精细化管理实践》获得集团公司第二十届企业管理现代化创新成果一等奖。

2011 年，江苏公司总结 2007 年以来的基础管理成果，“石油销售企业精细化管理”项目获得第十八届国家级企业管理现代化创新成果二等奖。

2012 年，总结化解防范经营风险制度，“建设经营风险防范长效机制”项目获得集团公司第二十一届企业管理现代化创新成果一等奖。“打造高度负责任的现场管理”、“基于工作表单系统的执行力管理实践”和“基于 IC 卡平台的营销管理”三项成果获得二等奖，“运输车辆视频监控系统建设”获得三等奖。

第二节 对外投资企业管理

一、管理体制沿革

2005 年以前，由财务资产处负责长期股权投资管理。

2005 年，对外投资设立合资企业的管理职能明确划归企业管理处。

2006 年，根据中国石化总部统一部署，省公司成立清理整顿办公室，对历史形成的对外投资企业开展全面清理整顿工作。

2008 年 5 月，企业管理处 / 法律事务处设置对外投资企业专职管理岗位。

2009 年 12 月，制定《合资企业管理实施细则》明确企业管理处 / 法律事务处为合资企业归口管理部门，对全省合资企业实行两级管理：省公司直管合资企业 3 家，其他合资企业按属地原则由省公司授权各分公司进行管理。

2009 年—2011 年 4 月，苏州、南京和常州分公司先后设立了联营企业管理办公室（与综合办公室合署办公），各定编 4 人。2012 年 12 月，南京分公司联营企业管理办公室独立设置。

二、管理概况

2008 年 2 月，制定《关于加强对外投资企业内控及股权管理的通知》，明确投控股企业参照中国石化股份公司《内部控制手册》，结合自身特点制定内控制度，履行董事会审批程序后报江苏石油分公司内控办公室备案。

2008 年 11 月，制定《关于加强合资区域日常经营管理协调工作的通知》，明确要求建立协调沟通机制，落实责任主体，股份公司与合资公司之间建立管理层和执行层两个层面的协调沟通机制；明确合资公司内部中方委派人员之间也要建立起定期沟通机制；确定股份公司与合资公司定期沟通协调方式和内容以及分管领导、对口部门和岗位人员；明确了合资区域重要事项的处理及需要相互列席的会议制度等。

2009 年 2 月，制定《关于落实投资企业管理责任的通知》，各分公司明确了投资企业管理工作分管领导、责任部门及责任人并上报省公司，以加强日常管理联系。

2009 年 5 月，制定《关于加强对外投资企业基础档案管理的通知》，通过规范合资企业档案管理工作，确保合资企业的档案资料完整、真实、安全，防范股权投资的相关权利证明资料不全、企业证照灭失或未及时变更等带来的法律风险。

2010 年 3 月，完善并落实长期股权投资内控实施细则，明确了长期投资企业可研、筹建、设立、运营、管理与终止、清算等环节的详细操作流程及其标准，并按实施细则落实南京、苏州、常州、扬州、连云港等分公司新设合资企业过程管理，为全省规范股权管理奠定了良好的基础。

2010 年 4 月，制定《关于做好控股并表单位 ERP 项目实施有关准备工作的通知》，相关分公司做好上线前的准备和配合工作。2011 年 3 月，第一批合资并表单位实现了 ERP 上线运作。2011 年 5—6 月，第二批合资并表单位实现了 ERP 上线运作。

2011 年始，江苏石油分公司代表中国石化股份公司，与壳牌石油公司就中石化壳牌（江苏）石油销售有限公司经营管理过程中涉及“不竞争”、“油品供应价格”、“中石化出资方式调整”、“品牌及商标使用”、“统一管理加油站协议”和“拆迁加油站处置”六个主要议题进行多轮磋商与谈判，相关议题取得一定进展。

2012 年 11 月，根据中国石化集团公司统一部署，江苏石油分公司正式启动股权管理信息系统上线实施工作。

第三节 物资供应管理

一、管理体制

2007 年以前，江苏石油分公司物资供应管理采取分部门扎口的方式，其中加油站物资设备采购主要由发展规划处负责、其他零星采购物资由各需求部门自行采购。

为使物资供应工作更加规范化和专业化，从充分发挥集中采购优势，根据内控制度的要求，2007 年 2 月，江苏石油分公司成立物资装备管理处，负责起草、修订物资采购规章制度和流程规范，对物资计划、供应商、价格等物资供应工作实行统一管理，组织全系统大宗物资、设备及服务集中采购。

省公司成立物资采购工作小组，负责中国石化总部组织采购和省公司集中及组织采购活动的具体操作，采购工作小组成员根据所采购物资的特点具体确定，由物资装备管理处组织使用部门、技术部门人员及相关专家组成。省公司各部门负责对口条线所需物资计划的统一提报，物资供应的组织衔接和相关规章制度在对口条线执行情况的监督检查，组织到货物资的验收、使用情况跟踪等工作。同时，成立物资采购监督小组，由纪检监察处、审计处、法律事务处等部门组成，招标、采购会议，物资采购监督小组1人参加。

各分公司明确一个物资供应管理职能部门，对本单位和一级管理条线在当地所属分支机构的物资计划、供应商、价格、质量、到货验收等物资供应工作实行归口管理，对生产建设所需物资实施集中采购。

二、采购模式

按照采购主体的不同，物资采购分为总部集中采购、省公司集中采购和分公司采购等三种模式。

总部集中采购包括总部直接集中采购、总部组织集中采购和总部授权集中采购，总部集中采购物资的具体范围及操作管理按照总部下达的采购目录执行，由物资装备管理处统一与总部衔接、落实。

集中采购目录内的物资，由物资装备管理处组织实施集中采购，包括省公司直接集中采购和组织集中采购。物资装备管理处可根据实际情况，授权分公司物资供应部门对部分省公司集中采购目录内的物资实施采购。省公司集中采购目录外的物资，由分公司物资供应部门实施采购。

三、采购形式

按照组织方式的不同，物资采购划分为招标采购、询比价采购、商务谈判采购三种形式。

1. 招标采购

招标采购包括公开招标采购和邀请招标采购。凡一次性采购金额在100万元以上且适合采取招标方式的物资实行招标采购，对国家、中国石化总部及省公司明确规定需要招标采购的物资实行招标采购。对采购金额在100万元以上、适合采取招标方式且未列入中国石化总部资源市场的物资可实行公开招标采购。所采物资专业技术性强、仅能从有限供应商范围取得或不适合采取公开招标形式的物资采购，以及对一次性采购金额在100万元以上、适合采取招标方式且列入总部资源市场的物资实行邀请招标采购。

2. 询比价采购

对于市场中物资型号、规格、质量等较为统一、透明的物资，采取市场调研或供应商报价等形式，对两家以上供应商提供的商品、服务、价格进行综合比较，择优选择供应商的采购方式。特殊情况下，对部分采购金额低、物资差异性小且市场价格透明度高的物资，经物资装备管理处会签可由需求部门或单位直接向正规供应商实施采购。

3. 商务谈判采购

通过与一个或一个以上供应商按照规程进行商务谈判，择优选定供应商、价格的采购方式。此形式适用范围一般为：物资没有统一标准或技术复杂，质量、价格等不容易确定的物资采购；与某供应商前期已建立合作关系，且合作效果较好；物资仅能从唯一供应商处取得，或为保证与现有设备配套而需要继续从原供应商处补充购置物资；试用新产品；其他特殊情况。

四、供应商管理

按照“统一管理、动态考核、择优汰劣”的原则，加强对供应商的管理，配合中国石化总部建立中国石化统一的供应商网络。对尚未纳入中国石化总部统一资源市场的物资，按照总部实行供应商准入制和目录制管理的要求，由物资装备管理处负责对各类物资制定供应商准入标准，逐步建立省公司二级供应商网络，各分公司及省公司机关相关部门进行配合。

物资采购优先在总部一级供应商网络和省公司二级供应商网络中选择供应商，对尚未纳入一级和二级资源市场的物资或特殊情况下，根据“一单一定”的原则，制定选择、评价标准，按流程报批确定供应商。

通过使用单位评价、省公司抽评、供应商自评等三种渠道，对产品质量、供货时间、售后服务等方面开展综合评价，加强对供应商所供物资设备的跟踪考评，对质量、服务等业绩差和有不正当竞争行为的供应商，视情节给予减少采购量、暂停采购、列入黑名单或除名等处罚。

五、价格管理

在满足物资功能和技术质量要求的前提下，坚持性能价格比最优和供应总成本最低的原则，采取招标、询比价、商务谈判等形式，科学理性地确定采购价格。严格执行中国石化总部组织集中采购或授权集中采购物资框架协议执行价格和参考价格，严格执行采购规程和公开价格确定过程，严格执行审核程序，加强供应市场分析研究，掌握重要物资价格走势，把握采购时机，降低物资采购成本。

六、质量管理

加强物资供应的全过程质量管理，严格对设计或生产选型、供应商选择、技术协议与商务合同签订、加工生产过程、验收检验、储运和安装调试等关键环节实行质量管理控制。分解落实物资供应质量管理责任，发生质量问题后，使用部门及时向物资装备管理处反馈，根据合约及时办理退货、更换或不接收及索赔事宜，并对相关供应商视情节轻重，给予口头警告、通报、限制定货、取消供应商网络成员资格等处罚。

七、合同管理

为防范采购工作的法律风险，单笔金额5万元以上（含5万元）且对技术要求复杂、售后服务要求较高的物资，采购供应时实行合同化管理。根据采购情况，按照标准合同文本要求，起草物资采购合同，会签物资需求、法律等部门，审核完成后，按照内控权限报批、签订。签订后的合同一份交法律事务处备案，一份物资装备管理处留存，对存档的合同结合其他采购材料，明确专人保管，定期转交档案室归档。及时跟踪供货进程，检查合同的执行情况。

八、规章制度建设

为提高物资供应管理水平和保供能力，从物资计划、供应商、价格、质量等专业化管理与监督方面完善制度建设，先后修订下发《物资供应管理试行办法》、《物资招标采购管理办法》、《苏南管线项目集中采购物资管理作业指导书》、《物资供应质量暂行规定》、《关于调整加油站重点建设物资采购供应模式的通知》、《物资供应管理办法》、《物资采购招标管理办法》、《加油站视频控制设备注意事项和常见问题判断方法》、《加油站家俱配备标准手册》、《物资供应质量管理办法》、《物资采购专家库专家管理办法（暂行）》、《关于调整加油站部分建设物资订货与付款流程的通知》等制度。

九、物资采购成果

2007—2012年，共计组织采购物资（含服务类）17.06亿元，涉及300多家供应商的200多个大类、800多个品种规格的物资设备，保障了全系统管道油库和油气站建设改造、大厦改造和经营管理中所需的物资供应。

第四节 文秘、档案与保密管理

一、公文管理

1. 公文处理

2001年1月，省公司印发《关于公文处

理有关事项的通知》，对文件制发、文件报送、文件归档作了规定。一是文件制发。对公文文种、上市公司他非上市公司的文件标识及发文文字号分别作了规定。二是报送方式。要求各分公司的公文直接寄送至省公司办公室，由办公室登记后分送主管处室办理。三是文件归档。重组以后的档案分成上市公司、非上市公司两个全宗，分别按新的企业名称立档、管理。

2. 发文流程

2007年4月30日，省公司印发《关于进一步规范省公司机关发文流程的通知》。规定省公司报送总部、政府部门以及系统外的正式行政文件，以及经营、人事、诉讼、审计、监察、土地、重大事项等方面重要对外函件，经分管领导签署意见后，报主要领导签发。对分公司上报的请示类文件，主办部门要给予明确的书面批复。办理分公司来文，主办部门利用收发文链接功能，将批复连同分公司请示一并报领导批示。

3. 公文制发管理

2007年11月6日，为实现公文撰写、审核、签发、缮印、校对、盖章、分发等环节规范化管理，提高公文质量和效率，印发《关于进一步规范公文制发管理的通知》。规范了常用的法定文种：决定、指标、通知、通报、报告、请示、批复、函（复函）、会议纪要。界定了行文权限。经理办公室是全系统公文处理的唯一管理机构，主管省公司机关并负责指导分公司机关的公文处理工作。经理办公室（分公司综合办公室）统一负责收发、分办、传递、用印、立卷、归档和销毁工作。明确了行文规范格式。参照中国石化集团公司机关公文处理办法规定，对发文机关、秘密等级、紧急程度、发文字号、签发人、标题、主送机关、正文、附件、印章、成文时间、附注、主题词、抄送机关、印发机关和时间等15个部分进行了明确规定。

4. 印章管理

2003年8月，省公司印发《关于启用省公司机关部门印章（内部专用章）的通知》，对印章管理范围，印章刻制、启用和注销，印章保管，印章使用作了规定。

二、办公自动化（OA）系统

1. 发展历程

2002年12月1日，正式启用OA系统。

2007年1月1日，在全省正式统一推广使用新的OA系统，主要应用的有公文管理、日常工作、公司信息、公共信息、邮件系统、岗位办公等功能模块，全面启用电子印章，初步解决省、分公司公文流转技术互通，提高信息管理水平。

2008年2月1日起，将OA办公自动化系统延伸至全系统所有加油站，进一步完善了基层一线的自动化办公网络，提高各级机关与基层一线之间的工作沟通效率和质量。

2010年5月，组织开展OA功能提升。

2. OA管理制度

2006年7月30日，省公司印发《办公自动化系统管理暂行规定》，对用户管理作了规定，明确了OA系统使用、管理职能的划分，明确系统的安全管理，规定了电子印章的使用与管理，明确OA系统日常维护的职责分工。

2012年2月，转发中国石化销售公司《关于中国石化油品销售企业办公自动化系统管理办法》，对管理部门职责、系统用户与权限管理、主要功能与使用、安全管理、操作使用培训等5个方面的内容，进一步规范OA系统的管理与应用。

三、档案管理

1. 档案库房情况

省公司：省公司大楼于2001年启用后，档案室设在10楼，占地面积25平方米。由于面积有限，仅存放文书档案。随着档案业务发展的需要。2007年公司投入270万元，改造新建5楼档案室，并于2010年1月投入使用。5楼档案库房面积545平方米，办公用房29平方米，阅览室29平方米，共有密集架91组，容量720立方米，留有10年以上的余量，各类档案设备设施齐备。目前，共有文书档案1904卷25588件，会计档案12344卷，审计档案843卷，基建档案343卷，经济合同4217件，清理整顿档案723卷，房产证土地证935本，照片档案18G，光盘63张，实物档案109件。

分公司：省公司共投入380万元，对各分公司进行分批改造。分公司档案室基本达到《档案馆建筑设计规范》主要规定项目工作要求，档案库房硬件建设有了明显的提升和改善。

2. 档案管理

建章立制。2006年5月，省公司印发《档案管理暂行办法》。明确了全省档案工作实行统一领导、分级管理的档案管理体系。经理办公室为省公司档案管理部门，主要负责对省公司档案管理和对全系统档案工作的统一领导；分公司综合办公司为分公司档案管理部门，主要负责分公司档案管理，接受省公司档案工作的统一领导；省、分公司其他部门负责本部门归口文件材料的收集、整理和向本单位档案管理部门归档工作。明确了档案归档范围。分类方案及保管期限。归档时间为次年3月前移交档案管理，档案管理部门在次年6月前完成归档。明确了档案保管的要求，即要有专门的库房，具备良好的卫生环境和防盗、防火、防光、防潮、防尘、防有害生物和防污染等条件。四是对档案利用、档案鉴定及销毁工作、档案保密等工作作了规定。

明确界定档案管理职能。2009年中国石化销售公司下发《关于加强销售企业档案管理工作的通知》，据此省公司对档案管理职能进行了明确规定：按照“统一领导、分级管理”的原则，参照《国有企业资产与产权变动档案处置暂行办法》中有关档案归属和流向的规定，在改革中撤销的机构，其原有档案尤其是重要的文书档案、基建档案、资产档案、经营档案、设备档案等，必须移交上级主管部门，并严格履行交接手续，清楚界定管理责任。基建工程、合同协议等重要档案在工程竣工或工作结束后三个月内进行移交。各级办公室做好档案收集接收工作。除人事档案由人事部门自行保管，以及必须在经营实体中悬挂、张贴、保存的档案外，其他档案全部由办公室统一管理。办公室履行对本级档案工作的综合协调、整理归档、统计利用、建章建制、监督指导下级工作和档案队伍培训教育等职责；基建发展、财务、人事、信息、企管、安全等部门作为档案工作的配合部门，要切实履行对本单位档案管理的软硬件建设职能。

推动档案达标升级。2009年6月19日，省公司在盐城分公司召开了档案达标工作推进会。会议确定了14家分公司分步达标升级的规划。通过努力，2010年、2011年，江阴分公司和盐城分公司分别达到省三星级管理水平。2012年8月，省公司达到省档案局三星级管理水平。

开展档案检查。2010年3月，省公司开展档案工作检查。对各分公司档案管理的体系建设、业务建设、制度建设、硬件建设、队伍建设、信息化建设都进行了一次全面的检查，并下发了通报。

档案分类及保管期限。2010年前，省公司档案以处室为单位，进行分类归档。2009年9月，中国石化销售公司下发《销售企业档案分类及保管期限》，省公司根据此文重新对档案进行分类：即党群工作类、行政管理类、经营管理类、经济合同、生产技术类、科技研究类、基本建设类、设备仪器类、会计档案类、职工档案类等10大类。从2010年开始，省公司开始按照“10大类”的方法进行档案分类。

3. 档案队伍

2008年，省公司与省档案局联合举办了档案管理人员任职资格培训班，使全省专兼职档案员都接受了较为专业的培训，30余人取得省档案局与省人事厅共同颁发的《档案人员上岗资格证书》。

四、保密工作

1. 组织情况

2001年开始，省公司成立了保密委员会。并根据各职能处室负责人变动及工作需要，动态调整保密委员会成员。2012年12月，省公司调整后的保密委员会由公司副总经理担任主任，经理办公室与信息管理处负责人任副主任，各职能处室负责人担任委员，经理办公室作为保密工作的归口管理部门，指定专人负责保密管理，进一步强化对密级文件的流转跟踪，确保密级文件不在机要室外过夜。

2. 工作制度

2002年3月，省公司转发油品销售事业部《关于加强营销宣传中商情保密工作的紧急通知》，规定企业的对外宣传实行归口管理，统一对外宣传的口径，加强保密教育，增强保密意识，保护好企业利益。

2008年制定了《十大保密规定》。

2011年制定了《商业秘密保护规定》，进一步明确了江苏石油分公司核心商业秘密及普通商业秘密保护规定。转发了《中国石油化工集团3G移动终端使用保密管理通知》、《中国石化领导人员保密工作责任追究暂行规定》。

3. 培训工作

省公司定期召开保密委员会或者扩大会议，并组织学习《中国石化保密管理办法》及《中国石化商业秘密保护规定》等文件。2011年邀请江苏省保密局局长专门给党员领导干部上专题保密课，加强保密教育。组织公司领导及关键岗位人员参观了江苏市保密局举办的“全国窃密泄密案例警示教育展”。2012年4月，举办了信息安全与保密知识专项培训，邀请总部专家现场授课。

4. 日常管理和检查

严格纸质涉密文件管理。明确涉密文件由机要秘书门管理，明确涉密文件阅读范围，严格涉密文件回收机制。

强化各类计算机信息系统的安全保密管理。严格ERP系统管理。在该系统严格用户名和密码管理的基础上（一人一用户名和密码），2010年起强制用户定期更改密码，凡3个月未登录或者修改登录密码的，信息管理处将强制修改密码或者对该用户进行冻结。同时，强化OA办公系统保密管理。

签订保密协议。2010年，省公司印发《关于签订员工保密协议的通知》，与正式员工和劳务用工均签订了《员工保密协议》。

加强保密检查工作。于2010年、2012年连续两年集团公司保密工作办公室对公司的保密工作进行了检查。江苏石油分公司认真开展自查工作，购买了专项保密检查软件工具，开展计算机保密情况检查。2011年4月，根据江苏省保密局的工作要求，开展保密专项检查，对保密工作组织实施、密码电报、涉密文件资料管理、保密电话管理、网络保密情况等进行了全面检查，并向江苏省保密局作了专题报告。

第五节 对外宣传

一、工作制度

2004年11月3日，省公司印发《新闻宣传和对外信息发布工作管理办法（暂行）》。建立对外宣传归口管理制度，明确新闻宣传工作和对外信息发布由总经理室、党委统一领导，总经理办公室归口管理。明确新闻采访和对外信息发布的接待流程，包括日常新闻采访和对外信息发布；省公司出台的重要规章、重大措施、成品油供应、成品油价格等对外信息发布；新闻媒体采访各分公司接待流程等。明确新闻和对外信息发布的相关要求。

2009年，明确了党委书记负总责，分管领导作为新闻发言人，经理办公室负责日常运维，政工处、经营管理处、零售中心等相关部门配合的对外宣传工作机制。

2010年，省、分公司均建立了新闻发言人制度。5月，印发《突发事件新闻宣传应急处置预案》，明确突发事件新闻宣传工作基本原则、组织机构及职责、应急处置工作流程等相关内容。

2011年6月，组织对全系统新闻发言人及联络员培训。建立每日舆情监控机制。经理办公室每个工作日为领导提供《舆情监控简报》。7月印发《对外宣传管理细则》。

二、落实中国石化驻苏企业对外宣传牵头单位相关职责

2009年7月，中国石化集团公司下发了《关于加强各省区媒体舆论工作的通知》，明确江苏石油分公司作为中国石化驻苏企业对外宣传工作牵头单位。江苏石油分公司牵头，组织建立了中国石化驻苏企业党委书记和部门负责人两个层面上对外宣传联席会议机制。

2010年6月，牵头组织召开中国石化驻苏企业对外宣传工作研讨会。为中国石化驻苏企业提供舆情监测和负面舆情应急处置服务，引入外部专业监测分析力量，新华社江苏分社每半月提供一份《中石化驻苏企业舆情动态》。2011年牵头建立了300人的驻苏企业网络评论员队伍。

2010—2012年，江苏石油分公司统筹协调政府资源、媒体资源，为驻苏企业建立“统一规划、各司其责、资源共享”的外宣工作平台。与省委宣传部、省政府应急办、省政府办公厅、省信访局、省公安厅（省网络管理中心）等部门密切联系，在敏感环节建立了较为紧密的联系，为驻苏企业储备了政府资源。与在苏主要媒体建立了良好合作机制。通过合作和举办各类活动，与在苏主要媒体

2010年6月，江苏石油分公司牵头组织召开中国石化驻苏企业新闻宣传工作研讨会

的关系保持了良好的工作关系，积极为驻苏企业储备了媒体资源。

三、对外宣传主要内容

1. 宣传绿色环保

2012 年 5 月 21—23 日，牵头组织 11 家中央及江苏主流媒体现场采访报道中国石化驻苏企业的绿色实践。中国石化主动追求环保清洁生产与社会上治污以关闭为手段的简单做法形成了鲜明对比，显示了理念、科技、实力的整体优势，对行业健康发展有示范作用。

2. 宣传典型人物

2011—2012 年，深度挖掘、宣传中国石化驻苏企业身边的典型人物，把镜头聚焦到企业一线员工。江苏石油分公司的加油站站长王文清、扬子石化烯烃厂裂解炉维护班女炉王翟玲等一批中国石化基层一线的先进人物在新华网、人民日报、新华日报等中央及省主要媒体上亮相，宣传了中国石化员工的风采和形象。

2012年5月，江苏石油分公司牵头组织召开中国石化驻苏企业绿色实践媒体座谈会

3. 宣传央企精神

由国资委主办，中国石化扬子石化公司承办的中央企业先进精神巡回报告会于 2012 年 6 月 13 日在南京举行。江苏石油分公司与扬子石化共同策划，请省委宣传部帮助邀请中央在苏及江苏主要媒体现场参加、报道报告会，江苏分社、新华日报、江苏电视台、中国江苏网等 10 余家中央在苏及江苏主要媒体现场报道，收到了良好的效果。

4. 宣传企业的社会责任

在“三夏”、“秋收”、春节保供等重点时期，在开展“为民服务创先争优”、消防运动会、加油站炊事竞赛等活动中，精心策划，不断宣传中国石化保障市场、履行社会责任的良好形象。

2011 年农历大年三十晚与江苏电视台共同推出《今年春节：加油有保障》专题新闻，展示了中国石化人爱岗敬业、乐于奉献的精神。

2011 年 5 月、2012 年 6 月，中央电视台连续两年宣传报道江苏石油分公司农忙用油供应情况，收到了较好的社会反响。

2010—2012 年，与江苏省公安厅联合举办中石化江苏石油杯“江苏十大见义勇为好司机”评选活动，宣扬见义勇为精神，宣传中国石化支持社会公益活动的企业形象。

表3—8—1　　“比学赶帮超”工作2010年度红旗（一）

单位	成品油经营量		零售量		终端直销量		利润		非油品营业额	长城包装润滑油经营量	在营站净增加数	加油卡持卡消费比重	
	先进	进步	先进	进步	先进	进步	先进	进步	先进	先进	先进	先进	进步
南京												🚩	
无锡						🚩	🚩						
徐州													
常州													🚩
苏州			🚩	🚩						🚩	🚩		
南通													
连云港								🚩	🚩				
淮安													
宿迁	🚩	🚩											
盐城					🚩								
扬州										🚩			
泰州													
镇江													
江阴													

表3—8—2　　“比学赶帮超”工作2010年度红旗（二）

单位	网络发展数量	网络发展质量	加油站改造	人均成品油经营量		人均零售量		人均创效		宣传舆论		网络发展投营率
	先进	先进	先进	先进	进步	先进	进步	先进	进步	先进	进步	先进
南京						🚩		🚩				
无锡												
徐州			🚩									
常州				🚩							🚩	
苏州												
南通	🚩											
连云港									🚩			
淮安		🚩										🚩
宿迁					🚩							
盐城							🚩					
扬州										🚩		
泰州												
镇江												
江阴												

表3—8—3　　“比学赶帮超”工作2010年度红旗（三）

单位	吨油成品油费用	EVA		易捷精品店	安全管理	数质量管理	财务管理	经营风险管理	三基工作	教育培训	纪检监察	维稳工作	贡献率
	先进	先进	进步	先进	先进	先进	先进	先进	先进	先进	先进	先进	先进
南京													
无锡		🚩					🚩						
徐州													
常州										🚩			
苏州	🚩							🚩					🚩
南通						🚩						🚩	
连云港			🚩	🚩									
淮安													
宿迁													
盐城													
扬州									🚩		🚩		
泰州													
镇江													
江阴					🚩								

表3—8—4

“比学赶帮超”工作2011年度红旗（一）

单位	红旗数	经营综合先进红旗	零售先进	加油卡		97# 汽油		零售客户管理进步	在营站净增数	直销先进	利润		非油品营业额		非油品烟草和酒营业额		润滑油	油品损耗	
				先进红旗	进步红旗	先进红旗	进步红旗				先进红旗	进步红旗	先进红旗	进步红旗	先进红旗	进步红旗		先进红旗	进步红旗
南京	4			🚩	🚩											🚩			
无锡	1																		
徐州	5					🚩	🚩												
常州	1																		
苏州	4																🚩	🚩	
南通	3										🚩								
连云港	4							🚩				🚩							
淮安	5																		
宿迁	0																		
盐城	0																		
扬州	0																		
泰州	6	1 🚩											🚩	🚩	🚩				
镇江	2	3 🚩																	🚩
江阴	3	2 🚩															🚩		

表3—8—5 "比学赶帮超"工作2011年度红旗(二)

单位	品牌形象	窗口服务	吨油费用	EVA	财务管理	人均劳效	数质量管理	宣传舆论	政务信息	三基工作	法律风险管理	教育培训	纪检监察	维稳工作
南京						🚩								
无锡	🚩													
徐州		🚩		🚩								🚩		
常州	🚩													
苏州	🚩		🚩											
南通	🚩						🚩							
连云港										🚩				🚩
淮安	🚩				🚩			🚩	🚩				🚩	
宿迁														
盐城														
扬州														
泰州	🚩										🚩			
镇江														
江阴	🚩													

第四篇
党建工作与队伍建设

党建工作是国有企业的独特优势，是凝聚力量、攻坚克难、推动发展的有力武器。2001 年以来，江苏石油分公司党委围绕企业发展战略目标，坚持“围绕经营抓党建、抓好党建促发展”的指导思想，全面加强思想建设、组织建设、作风建设、反腐倡廉建设，积极落实“建班子、育队伍、促和谐、维稳定、强自身、保中心”六项工作任务，有效发挥企业党委的政治核心作用、党支部的战斗堡垒作用和共产党员的先锋模范作用，有力促进了企业改革发展稳定。

推动科学发展，人才队伍是关键。江苏石油始终坚持德才兼备、以德为先、注重业绩的选人用人标准，着力加强干部和员工队伍的思想、能力和作风建设，不断优化“三支队伍”结构，持续提升队伍整体素质，努力塑造一支政治强、业务精、作风好、素质高的干部和员工队伍。

推动科学发展，反腐倡廉是保障。江苏石油分公司纪检监察工作坚持围绕中心，服务大局，着力构建具有江苏石油特色的惩治和预防腐败体系，为公司的改革发展提供政治和纪律保障。

第一章 党建思想政治工作及工会、共青团工作

2001年以来，江苏石油分公司党委坚持发展是第一要务，突出加强组织建设，突出加强领导班子建设，积极推进学习型、创新型、服务型党组织建设，努力把党组织的政治优势、组织优势和群众工作优势转化为企业发展的竞争优势、创新优势和发展优势，为公司持续有效和谐发展提供思想保证和精神动力。

第一节 党建工作

一、组织建设

江苏石油分公司在组建行政单位的同时，建立党的组织；在配备行政班子的同时，配备党组织的干部，在考核经营发展工作的同时，考核基层党建工作。在企业改革发展期间，始终做到党组织设置无空缺、党员管理不空档、党建工作不断线，保证了党委各项决策部署的贯彻落实，为企业发展建设提供了组织保证。

2000年，中国石化股份公司上市后，江苏石油分公司党组织关系委托江苏省石油集团有限责任公司管理。

2001—2009年，省公司党委一直沿用“中国共产党江苏省石油集团有限公司委员会”，各地市公司党委名称为“中共江苏省××市石油公司委员会”。2009年3月，经中共江苏省委组织部批复，“中国共产党江苏省石油集团有限公司委员会”正式变更为“中国共产党中国石油化工股份有限公司江苏石油分公司委员会”，各地市公司按照省公司党委统一要求，在报地方党委同意的基础上，更名为“中国共产党中国石油化工股份有限公司江苏××石油分公司委员会”。

2005年1月1日，成立中石化壳牌（江苏）石油销售有限公司党委。

2007年9月，成立中国石化国际事业有限公司江苏化工经营部党委。2009年，不再由省公司党委进行受托管理。

2008年，省公司下发了《关于做好原县级公司党员组织关系转移工作的意见》，理顺和规范县级片区党员组织关系。截至2010年12月底，54个县级片区中有46个县片区共1062名党员完成了党员组织关系上移地市公司，52个县片区777名不在岗党员移交地方社区。退休人员党组织关系全部移交地方社区管理。

2011年12月底，全系统共设县片区党支部54个，配备专职党支部书记17人，兼职党支部书记37人。3000吨以上规模大站有党员站数从2008年的272座提高到449座，占大站总数的80.72%。

2001—2012年省公司基层党组织设置及党员基本情况见表4—1—1。

二、制度建设

2004年，为发挥党团员的先锋模范作用，

表4—1—1 2001—2011年基层党组织统计

年 份	党委数（个）	党支部数（个）	党员数（个）
2001	16	183	3520
2002	16	190	3538
2003	16	192	3556
2004	16	191	3550
2005	17	197	3548
2006	17	199	3538
2007	17	205	3572
2008	17	205	3608
2009	18	222	3982
2010	17	220	3446
2011	17	208	3442
2012	17	212	3538

省公司党委制定下发《关于省公司系统在销售窗口单位工作的共产党员、共青团员统一佩戴党员标志、团徽的通知》。省公司系统在销售窗口单位工作的共产党员、共青团员全部佩戴党徽、团徽，亮明身份，公开接受社会监督。

2005 年，制定下发《关于在经营体制改革中切实抓好党的基层组织建设的通知》，通过开展基层党组织建设，激发基层党组织的生机活力，增强基层党员的素质能力，夯实党的组织基础，使党的基层组织充分发挥推动发展、服务群众、凝聚人心、促进和谐的战斗堡垒作用，为推进公司科学发展提供坚强的组织保证。

2006 年，制定下发《省公司党委中心组学习制度》，主要从制度化和规范化方面，对党委中心组的学习组织和领导责任、学习内容和形式方法、计划制定和学时规定、学习要求和检查考核进一步进行了明确。

2007 年，制定下发《关于进一步加强和改进基层党建思想政治工作的实施方案》和《贯彻落实〈党建思想政治工作考评办法〉实施计划》。全系统统一使用《党支部工作手册》，立足于基础性建设，把促进基层支部工作和党员教育管理活动的规范化，作为基层支部工作的主要任务，列入考核和评价支部工作的依据，规范了基层党组织台账管理。

2008 年，制定下发《关于进一步加强基层党支部建设的意见》和《关于县公司党员组织关系转移工作的意见》。按照“规范动作不走样，自选动作求创新”的原则，努力夯实基层党支部建设。县公司党员组织关系统一转移到地市公司管理。

2009 年，制定下发《关于规范使用党组织活动经费的通知》。根据集团公司党组关于党组织活动经费的有关规定，按照每年党员人均 450 元的标准，将党员活动经费列入企业预算，列支企业管理费用。

2010 年，制定下发《党建思想政治工作考评办法》。按照中国石化销售公司《关于进一步加强和改进销售企业党建思想政治工作的指导意见》等三个指导意见要求，省公司党委围绕“建班子、育队伍、促和谐、维稳定、强自身、保中心”六项基本任务，“不左、不空、不虚”地开展党建思想政治工作。

2011 年，制定下发《关于加强基层党支部规范化建设和达标创建工作的通知》。根据《销售企业基层党组织规范化建设标准》和《销售企业基层党组织达标标准》，结合省公司实际，为基层党支部规范化建设制定具体的标准，制定下发《江苏石油分公司党委中心组理论学习制度》。

2012 年，制定下发《江苏石油分公司政工例会制度》、《关于在创先争优活动中开展组织建设年的通知》，把党建思想政治工作与经营管理工作同研究、同推动、同落实、同考核。制定下发《基层班组思想政治工作细则》、《关于进一步规范使用一线工作日志的通知》和《门户网站应用管理办法（试行）》。按制度规范化要求，修订印发了《江苏石油分公司帮扶救助基金管理使用办法》。

2001—2012 年，每年印发《江苏石油分公司党建思想政治工作要点》。按照中国石化集团公司思想政治工作要点和销售公司党建思想政治工作指导意见要求，围绕公司的中心工作，明确工作重点和具体要求，对全系统党建思想政治工作进行全面部署。

三、基层党支部建设

省公司把加强基层党支部建设作为基础性工作来抓，发挥基层党支部的战斗堡垒作用。

2006 年，根据机构改革和人员调整的实际，开展基层党支部的调整和改选（补选）工作。按照“一岗双责”的要求，党支部书记均由部门党员行政负责人兼任。市县一体化后，取消了县级公司的专职党支部书记，改由三级片区经理或客户经理兼任。针对改革后的党务人员新手多、兼职多的情况，公司党委对新担任的党支部书记进行党的基础知识和党务操作的轮训。选派优秀党务干部参加集团公司组织各种培训班。

2007 年，体制改革后，油库、油站、客户经理人员发生较大变化，明确了党支部和党小组的调整原则：机关科室按经营管理职能设立党支部；在营油库、加油站按照油库功能、经营片区的党员数量和集中、方便、必需的实际情况分别设立党支部或党小组，确保基层党支部组织健全。明确选配党支部书记任职条件，以兼职为主，专职为辅的做法配备党支部书记。统一印发《基层党支部工作手册》，推动支部工作活动的正常化和管理工作的规范化。

2008 年，制定下发《关于进一步加强基层党支部组织建设的意见》，就分公司如何理顺党组织管理关系，规范设置基层党组织，选好配强专兼职党支部书记，解决基层党支部活动场所和经费保障和基层党支部工作的考核考评等工作提出要求。按照“宜兼则兼、宜专则专”的原则，选好配强专兼职党支部书记。举办两期基层党支部书记培训班，对县级片区、分公司零售管理部、中心油库等基层一线的党支部书记进行培训。培训主要结合基层党支部和支部书记工作需求的实际，就有关基层党支部工作基础知识、如何当好基层党支部书记、基层党支部日常工作及常用文体写作等知识和能力方面进行培训、交流研讨。

2009 年，以《基层党支部工作手册》为

2008年11月，组织基层党支部书记培训

依据，规范基层党支部“三会一课”制度和党员日常教育管理工作。利用加油站培训体系网优势，建立基层支部活动场所 94 个，省公司按照每名党员 450 元为基数，下发 148 万元基层党组织活动经费到分公司和机关党委，保证“支部活动有场地、党员活动有经费、支部工作有活动”。组织了第三期基层党支部书记培训班。

2010 年，结合政工条线竞赛比武活动，邀请专家学者对系统党群骨干人员举办专门的

党务知识培训班和党群干部培训班，提高专职党群工作人员的党建理论知识水平和实际工作能力。经过3年努力，180多名专职党群工作人员和专兼职党支部书记都已全部轮训一遍。

2011年，根据《销售企业基层党组织规范化建设标准》和《销售企业基层党组织达标标准》，结合实际，制定了《关于加强基层党支部规范化建设和达标创建工作的实施意见》。组织两级公司党委对基层先进党支部、优秀共产党员和优秀党务工作者进行了评选表彰。

2012年，按照"四个在基层"（力量在基层、工作在基层、保障在基层、稳定在基层）的工作理念、"1+6"党建工作法（即"一个核心，六项抓手"。"一个核心"就是突出系统党建要围绕中心，服务大局，力求不左、不空、不虚地推动和保障各项行政工作科学发展、赶超发展、和谐发展。"六项抓手"就是抓学习，提升党员素质；抓创新，提升党建水平；抓基础，提升基层活力；抓典型，提升带动能力；抓舆情，提升社会影响；抓文化，营造和谐氛围）和"统一规划、统一规范"的原则，按照"十有"（有人管、有场地、有经费、有活动、有标识、有制度、有资料台账、有设备、有挂板、有图书）标准，推动基层一线党样板支部建设。组织开展了为民服务创先争优暨油站文化建设样板站建设工作，按照样板站建设标准，组织进行了检查验收工作，对首批180个合格样板站授予"为民服务创先争优暨油站文化建设样板站"称号。

第二节 思想政治工作

一、主题教育活动

江苏石油分公司党委坚持从主题教育入手，深入推进社会主义核心价值体系建设，引导职工树立正确的世界观、人生观、价值观，在推动企业发展、促进企业和谐方面发挥了重要作用。

2001年，制定下发《关于开展纪念建党80周年活动的意见》，以多种形式开展建党80周年纪念活动。组织开展党的知识竞赛，机关156名党员及入党积极分子参加了竞赛活动。组织召开以"光辉的旗帜、坚强的堡垒"为主题的纪念建党80周年机关党员大会，举办了《严格政治纪律、维护党的统一，为企业改革发展提供有力的保证》专题党课，组织新党员宣誓，重温入党誓词。

2002年，制定下发《关于加强省公司机关作风建设的实施意见》，印发相关的宣讲材料，实行民主监督，严格考核评比，机关作风有了较为明显的转变。

2003年，制定下发《关于在党员领导干部中开展坚持"两个务必"主题教育的实施意见》，举办了全系统党委、纪委专题学习辅导班，邀请省委党校教授进行"两个务必"专题授课，将讲课内容制作成光盘下发到各分公司。开展学习郑培民同志先进事迹的活动，开展了观看一场郑培民事迹录像、召开一次专题民主生活会、撰写一篇学习心得、组织一次廉政勤政情况自查整改、举办一次为员工办实事的信息交流等"五个一"活动。

2004年，组织全系统党员学习"两个条例"。组织机关干部职工阅读《没有任何借口》，并开展读书征文、演讲活动，在公司网络上开展了读书心得的交流活动，推动职工群众性的学习和自我教育，引导职工转变观念。

2005年，组织开展保持共产党员先进性教育活动。分2批组织了197个党支部、3548名党员参加了先进性教育活动。

活动中，开展各类党员培训91次，针对职工群众关注的热点问题，征求群众意见建议1476条，落实整改措施335条，先进性教育活动群众总体满意度达到99%。开展以“知企情、达共识”为主题的形势任务教育活动，省、市两级党委班子成员共上形势教育课18次，先后开展了专项调查和综合调查，向在岗员工发放调查问卷1万多份，召开了各类专题座谈会80多场，收到活动征文150多篇。

2007年，开展关于“新一轮发展”、“抓落实”专题研讨会，提出“抓落实也是生产力”的观点。所有中层干部都撰写论文，对围绕中心工作抓落实、促发展的认识体会和措施方法进行讨论，倡导执行文化，促进重点工作的推进到位。

2008年，开展“深入群众促和谐，凝心聚力促发展”主题活动。在活动中，以学习周恩来精神为主线，开展具有江苏特色主题系列活动。组织召开“双促”主题活动推进会，参观周恩来纪念馆，请专家宣讲周恩来精神，组织承诺签名。以“学习周恩来精神，加强党性锻炼与修养”为题进行党课教育，组织观看《你是这样的人》。其间，省、分公司共召开形势任务教育报告会56场次，听众达3619人次。建立处级以上干部基层联系点174个，建立帮扶对子350个。深入基层调研1650次，解决问题820个。走访慰问困难家庭631户，慰问金56.6万元。帮助失待业人员实现再就业395人。选树先进集体8个，个人典型21个。

2008年3月，组织召开“双促”主题活动推进会

2009年，开展学习实践科学发展观活动。坚持“突出解决问题、解决突出问题”和“以过程保证结果，以结果检验过程”的特色，开展学习调研、分析检查和整改落实三个阶段工作。活动中，3287名党员参加学习实践活动，省、分公司两级领导班子专题民主生活会发言66篇并汇编成册，处级以上干部撰写各类调研报告89篇并摘优汇编成册。342人参加群众测评，综合满意度达到100%。共编发活动简报50期，《江苏石油》刊登活动信息约60篇。制定了《学习实践科学发展观活动整改落实方案》，对学习实践活动中职工群众提出的涉及市场营销、网络建设等5大类66个突出问题，进行整改落实。

2010年，开展“创建先进党组织、争当优秀共产党员”主题活动。按照“贯穿一条主线、确保两个到位、突出三个主题、服务四个目标，强化五个坚持”的工作思路，开展创先争优活动。贯穿一条主线：以党组织的创先争优带动公司的全面创先争优，推动公司的全面发展。确保两个到位：制定工作方案，确保组织到位；加强宣传引导，确保认识到位。成立创先争优活动领导小组和办公室，召开全系统创先争优动员会和推进会，安排部署工作。共编发简报27期，宣传引导全系统创先争优工作。突出三个主题：突出油品销售和加油站建设两个“生命工程”，突出“强三基、除四害”，突出“四好班子”和“四强四优”创建工作。服务四个目标：

2009年6月，召开学习实践科学发展观总结大会

推动科学发展，促进企业和谐，服务职工群众，加强基层组织。强化“五个坚持”：坚持将创先争优活动作为巩固扩大学习实践活动成果的政治任务，坚持将创先争优活动作为密切党群干群关系的重要举措，坚持将创先争优活动作为改进工作作风的重要抓手，坚持将“比学赶帮超”作为创先争优活动的有效载体，坚持“两手抓、两不误、两促进”，推动公司全面发展。在开展创先争优活动过程中，向集团公司推荐上报1个先进集体和3位先进个人典型。江苏石油分公司获“江苏省2007—2009年精神文明建设先进单位”称号。

2011年，开展“为民服务创先争优”活动。调整、充实了公司创先争优活动领导小组和办公室，明确了办公室日常工作机构。召开全系统为民服务创先争优活动视频动员会，制定《江苏石油分公司为民服务创先争优活动实施方案》，确定以“为客户加油、为党旗争辉”为活动主题，坚持和突出“客户、职工两个满意”要求，按照“突出解决问题、解决突出问题”的思路来落实具体措施。制定了为民服务创先争优活动内容及责任表，确定了83个具体项目，明确了时间进度、责任部门和协办部门，落实到条线、部门、岗位、员工，推动加油站、便利店、IC卡销售中心、润滑油门店、油库等窗口单位开展为民服务创先争优活动。开展“争创客户满意加油站”活动、“争创客户满意便利店”活动、“商客条线争创优质服务团队、优秀营业室、优秀服务标兵”活动和“润滑油营销全流程服务”活动。省公司提出了对社会公众和广大客户的12项承诺对员工的6项承诺。组织为民服务创先争优活动宣传标语征集活动，在服务窗口悬挂招贴画和活动标语，利用站内宣传栏等现场载体，刊登服务承诺，营造活动氛围。省公司党委获集团公司创先争优活动先进基层党组织，省公司获销售企业为民服务创先争优活动先进集体称号，并获得销售企业为民服务创先争优活动年度红旗。

2012年，组织开展“一转双创”和基层组织建设年活动。省公司党委深入领会集团公司党组党建思想政治工作“五个作用、六个转化”要求精神，坚持紧密结合企业实际，采取多种有效措施和手段，扎实推进“优势转化工程”。按照“基层组织建设年”工作部署，不断加强党支部建设，着力解决基层党组织建设中的突出问题。组织开展“争当一流员工、创建一流岗位、打造一流企业”工作，明确了开展这项工作的重要意义、总体目标、工作内容、工作分工、保障措施和工作要求。

二、群众工作

2012年3月，召开“为民服务创先争优”活动现场会

2001年以来，省公司党委坚持按照“依靠群众、组织群众、宣传群众、教育群众、发动群众”的思路开展群众工作，形成了困难职工帮扶的“八助进基层”工作法、解决职工群众来信来访不稳定事件的“问题工作法”、离退休老同志“零距离”服务工作法等一系列群众工作好做法。

2002年，制定下发《江苏石油分公司扶贫帮困基金管理办法》，下发了省公司系统扶贫济困基金的倡议书，成立职工扶贫济困基金管理委员会。通过筹集扶贫济困基金，重点解决系统职工的重大疾病医疗补贴和系统特困家庭、最低生活保障对象、特困下岗职工等贫困群体的基本生活问题。

2005年，制定下发《公司机关职工困难补助和有关职工福利的补助标准》，为科学做好帮扶救助工作提供了标准。

2006年，建立省、分公司两级扶贫帮困基金，进一步扩大了基金规模，全系统实行一日捐，职工每年一月份捐献一日工资，党员实行一月党费捐，每年多交一个月党费。为了帮助分公司解决筹集资金的困难，弥补扶贫帮困资金的不足，省公司从公司福利费中一次性划拨出了100万元作为扶贫帮困资金，其中70%的资金直接充实到了市级分公司的扶贫帮困基金中，对生活上确有困难的特困户实施真帮扶。

2007年，修订了《江苏石油公司扶贫济困互助基金管理使用办法》，做好困难职工的扶助工作和特困户、特困生的扶贫工作。公司继续向分公司划拨扶贫帮困资金，加大了帮扶力度。共帮扶275人次，帮扶资金达40.15万元。

2008年，结合帮扶救助，深入开展“送温暖、献爱心”活动。通过了解困难职工群体的情况，准确掌握困难职工家庭生活状况，建立以困难职工档案为基础的帮扶工作信息台账，发挥企业“帮困救助金”的作用，按照“真困难、真帮助”的原则，全省帮扶救助1000余人次，发放帮扶救助金110.6万元。为解决加油站员工冬天上夜班困难，发放了7000条毛毯、9100条棉被、13864件驼绒背心、7100件棉大衣。

2009年，解决员工最现实的利益问题，做好凝聚人心、稳定队伍、激发热情，推出“八助进基层”（思想帮助、政策扶助、困难补助、大病救助、特困资助、爱心捐助、就业援助、结对互助）工作法，被江苏省委组织部评选为“十大创新工作”。按照“干群同心、美化环境、自己动手、改善生活”的理念，从2007年公司集中力量为加油站和油库等基层一线员工办好事、办实事。连续4年投入较大资金建设“小食堂、小浴室、小活动室、小药箱、小园地”等“五小”工程。其中，小食堂配备电磁炉、电冰箱等设备，小浴室配备热水器、小活动室配备投影仪、桌椅和报刊，小药箱配备常用药品，小园地统一制作板报上墙。2009年，建设“五小”工程被江苏省委组织部授予“服务党员群众十件实事”荣誉。

2010年，坚持关爱员工，落实“真困难、真帮助”，对困难职工实施帮扶救助。全年共帮扶职工1428人次，支出扶贫基金156.2万元。印发了《江苏石油分公司职工文体活动指导意见》，对开展职工文化体育活动提出了明确的指导思想和具体要求，按照在岗职工100元/人标准，列入预算188万元，支持省公司系统职工文体活动的开展。

2011年，共发放帮扶救助基金180余万元，帮扶各类困难职工2039人次。各部门、各分公司工会对“特困人员”、“困难人员”以及其他各类困难人员进行一次调查摸底。建立了困难职工档案。

2012年，春节前慰问救助困难人员859人，发送慰问金47.55万元、慰问品14.75万元。调高了离退休人员节日费标准和协解退休人员生活资助标准。

三、宣传工作

在宣传工作中坚持以人为本，贴近实际、贴近生活、贴近群众的工作理念，通过深入一线生活，挖掘生动事实，宣传报道广大职工群众在工作中表现出来的良好精神风貌，大力倡导艰苦奋斗、无私奉献、团结拼搏的精神和作风，激发干部职工爱岗敬业、奉献石化的热情，营造积极向上、和谐融洽、共同奋斗的良好氛围。

一是坚持抓好队伍建设，每年坚持举办骨干通讯员培训班。二是加强宣传引导，每年围绕中国石化报社和省公司年度工作会议，印发省公司内部宣传重点提纲。围绕各个时期重要活动、重要工作，定期、不定期开展各类主题宣传活动。三是加强激励机制建设。坚持办好内部刊物《江苏石油》杂志，每月出版一期，坚持每月都有主题策划，办刊质量不断提高。2001—2010年，江苏石油记者站连续10年被中国石化报社评为年度先进记者站，2011年被评为优秀记者站。

2003年，中国石化报创办《车友报》，南京地区列为首批发行单位。2005年扩大到南京、无锡、苏州地区。

2006年制定了《宣传报道奖励办法》。

2007年，在《中国石化报》、《中国石化》杂志上稿200篇左右，其中各版头条10多篇。同时，充分利用《车友报》进行营销宣传，提升了江苏石油分公司在客户心中的形象。《江苏石油》杂志共编辑发表各类稿件700余篇，办刊质量进一步提高，成为公司交流党建思想政治工作信息、打造企业文化的重要阵地。

2008年，围绕省公司新闻宣传工作会议上提出的宣传重点，坚持“三贴近”原则，做好宣传报道工作。在《中国石化报》、《中国石化》杂志累计上稿160余篇。抓好《江苏石油》的采编组稿，编辑发表各类稿件600余篇。编发了50期《工作动态》，对双促活动、“三夏”保供等公司重点工作进行报道。汶川大地震后，公司及时编发《江苏石油》特刊，对全系统抗震救灾以及“抗灾保供应、捐款献爱心”情况进行集中报道。设计印发了5万张“爱心传递卡”，通过加油站员工向客户散发，在社会上传递和弘扬“一方有难，八方相助”等抗震救灾精神。

2009年，在《中国石化报》和《中国石化》杂志刊登稿件150余篇。以《江苏石油》杂志改版为契机，进一步发挥《江苏石油》杂志服务中心工作、传递声音、推广经验的作用。做好中国石化报江苏记者站及通联队伍建设，采取送出去培训、自我培训等途径，努力培养了一批小作者、小记者、小摄影家。结合重点工作、重点工程、重要活动，探索和尝试反映企业职工精神风貌的电视DV短片的摄制、编辑工作。

2010年，召开新闻宣传工作会议暨新闻宣传专题培训班，对通联工作进行布置，表彰通联工作先进单位和先进个人，对骨干通讯员进行业务知识培训。在《中国石化报》上稿306篇，其中《中国好人王文清》刊登中国石化报头版头条，继续办好《江苏石油》杂志，办刊质量进一步提高。注重典型人物、典型事件的发掘与宣传报道工作，树立榜样、

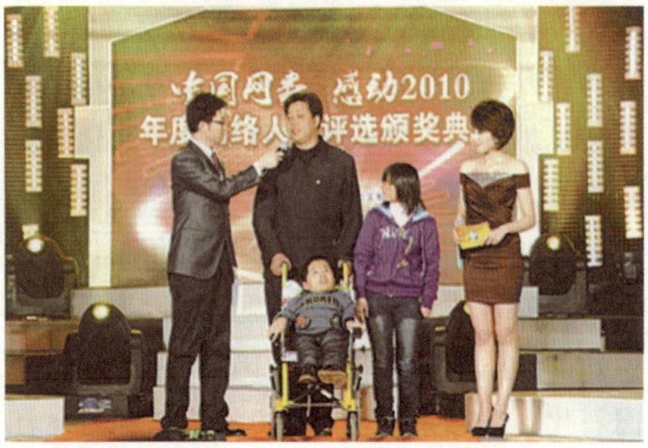

2010年1月，王文清被评为"中国网事·感动2010"年度十大网络人物

塑造典型，对“比学赶帮超”活动先进集体和个人进行了采访宣传。组织了中国石化江苏石油杯“2010•我眼中的‘三夏’”摄影大赛。

2011年，继续宣传王文清，王文清被新华社评为“中国网事•感动2010”年度十大网络人物，被授予人民网第六届人民社会责任贡献奖，同年获中华全国总工会“五一劳动奖章”，由中央电视台电影频道拍摄的电影《血源》在全国公映。组织新华社、人民日报社、中央电视台、中国青年报、中央人民广播电台、工人日报和江苏电视台等12家中央和地方媒体赴扬州集中采访王文清。拍摄了电视专题片《好人王文清》，并创作了主题歌《你是一个好人》。以杂志、橱窗为阵地，积极宣传《机关文明礼仪手册》和《宣传企业文化建设纲要》。积极开展《加油站的故事》创作素材征集工作，在公司内部和中国石化销售系统收到各类创作素材1000多篇。积极做好“三夏”新闻宣传工作。

2012年，以市场营销、全员目标成本管理、庆祝江苏石油分公司60周年等工作为重点，抓好新闻宣传工作。举办新闻摄影培训班，抓好骨干通讯员对外送培工作，进一步努力打造品牌通讯员，提高宣传队伍业务水平。修改下发了《通讯报道奖励办法》。

第三节 企业文化

江苏石油分公司在长期的经营管理实践中，培育出了以建设优秀石油流通企业为愿景、以具有共性特质的中国石化企业文化与具有个性特点的江苏石油企业文化相融合的文化体系。

一、发展目标愿景

2007年，省公司印发了《优秀石油流通企业建设纲要》，明确提出“建设优秀石油流通企业”的愿景，进一步培育和升华企业文化，使建设优秀石油流通企业的目标有了更加深刻的内涵，为企业加快发展提供动力。

二、企业文化的基本特征

2008年，省公司党委提出公司企业文化的基本特征应体现四个方面：一是注重科学发展。突出发展这个第一要务，为客户创造价值，为员工创造价值，为企业创造价值，为社会创造价值。二是富有团队精神，使人的积极性、创造性和主观能动性得到有效发挥。三是坚持以人为本。爱护人、体贴人、尊重人，激发员工的潜力，发挥人力资源效益最大化。四是积极鼓励创新。用新思维、新办法创造新业绩，推动江苏石油企业文化发展和繁荣。

三、企业文化活动

省公司坚持寓教于乐，用先进文化占领职工思想阵地，坚持开展“五个一”工程，形成了文体活动以企业组织为主、以职工业余为辅的格局。

2002年，以司庆五十周年为契机，大力推进企业文化建设。一是开通了企业文化网站，为各单位交流工作、职工展现才华提供平台。二是举办了司庆五十周年书法、摄影、美术、征文评比展览活动，丰富活跃了职工业余生活。三是邀请省委党校教授在公司举行企业文化座谈会，对企业文化建设进行了有益的探索。开展“读一本书”活动，给处以上干部发放《韦尔奇自传》、《经理法则全书》、《一分钟经理》，并对学习心得进行交流评比，倡导培养学习型企业、争当学习型干部氛围。

2003 年，举办了司庆五十周年大型文艺晚会。在全体职工中组织学习《把信送给加西亚》，开展了“迎国庆·争做苏石送信人”的征文演讲比赛。

2004 年，组织了《没有任何借口》读书征文、演讲活动，在公司内网上开展了读书心得交流活动，提高党员职工的自我教育、自我约束和执行能力。

2005 年，组织参加第十届全国运动会“我们万众一心”中国石化杯火炬传递活动，获得“十运会唯一油品供应商”资格，获得乒乓球、花样滑冰、艺术体操、男排等单项赛事冠名权。

2007 年，开展学习《阳光心态》、《卓有成效管理者》的读书活动，组织读书征文，《江苏石油》刊登地市公司主要领导读书体会文章 10 余篇。从 2007 年起，每年举办一次新春联欢会。

2008 年，宣贯《员工守则》，制定贯彻落实方案，通过专题会、集中培训、组织生活、班组学习等多种形式，使员工熟知《员工守则》。以《我们的企业》为主要教材，开展形势任务教育。组织参加北京奥运圣火在江苏传递活动，苏州、南通、泰州、扬州、南京分公司参加了供油及安保工作。邀请部分客户代表、分批次组织优秀员工赴北京观看奥运会部分赛事。制作电视专题片《四季歌》。创作了苏州评弹《卖油姑娘》，参加了中国石化销售公司在广州举行的中国石化廉洁文艺汇演活动。

2009 年，承办销售企业职业技能竞赛和技术比武总结表彰大会及闭幕式文艺晚会演出，创作演出海安花鼓《迎宾鼓舞》。开展“为祖国放歌”活动。创作的《科学发展指航向》、《加油员之歌》节目参加中国石化庆祝建国 60 周年暨第二届职工文艺汇演天津赛区（销售板块）汇演，《科学发展指航向》获演出金奖，《加油员之歌》获优秀创作奖，《科学发展指航向》参加了 2010 年中国石化春节团拜会演出。开展“我要安全”演讲比赛，获一金奖一银奖，并参加中国石化销售公司在天津举办的“我要安全”演讲比赛活动。围绕建国 60 周年开展读书、征文活动。省公司机关组织了“拥抱大自然，相聚珍珠泉”党史知识竞赛活动。制作了电视专题片《感动 2008》。

2009年12月，销售企业职业技能竞赛和技术比武总结表彰大会在南京举行

2010年1月，《科学发展指航向》参加中石化春季团拜会演出

2010年，编印《奉献2009》、《员工眼中的中国石化》、《看世博、爱石化、比贡献》等企业文化建设系列丛书。参加第十一届全国运动会火炬传递活动。邀请部分客户代表、分批次组织优秀员工赴上海参观世博会，制作了VIP客户看世博手册。组织开展了看世博征文活动。省公司机关组织开展了唱红歌卡拉OK、篮球、足球、乒乓球、扑克牌等比赛，恢复了工间操，开展了纪念“三八”国际劳动妇女节一百周年系列活动。制作了电视专题片《走过2009》。

2011年，开展庆祝建党90周年“永远跟党走”红歌演唱活动，举办了“庆祝中国共产党成立90周年红色经典诗歌音乐朗诵会”。组织了纪念中国共产党成立90周年征文活动，共征集征文327篇，编印了获奖征文集。编印《朝阳情》、《安全和责任》等企业文化建设系列丛书。开展“打造高度负责任、高度受尊敬企业”员工大讨论工作，结合公司实际，组织开展“争做一名员工尊敬，企业信任的加油站站长”活动，并举行了“我要安全”暨争当“员工尊敬、企业信任”好站长演讲比赛和巡回演讲。制作了电视专题片《阔步2010》。

2012年，为庆祝江苏石油成立60周年，组织开展了一系列庆祝活动：开展主题征文活动，举办职工书法、绘画、摄影大赛和展览，拍摄江苏石油六十周年电视专题片，编印出版集中反映江苏石油企业文化建设工作成果的书籍《基石》，编印出版《加油站的故事》，开展老照片征集活动并编印出版，组织编写江苏石油60年口述历史并编辑出版，发布江苏石油60年60事，编印江苏石油六十年特刊，发布60周年纪念广告等。制作了电视专题片《见证2011》。编印了企业文化建设系列丛书《榜样》。

第四节 群团工作

工会、共青团组织开展民主管理、维护职工合法权益、组织劳动竞赛、丰富职工文化体育生活，促进了和谐企业建设。

一、工会工作

2011年7月，省公司机关举行庆祝建党90周年红色经典音乐朗诵会

1. 职工代表大会

2005年11月25日，省公司召开机关工会四届二次职工代表大会，审议通过了公司工作报告和工会工作报告，通过了机关职代会代表调整和增补情况的说明，审查并通过了机关工会经费使用情况报告、公司业务招待费使用情况报告。职代会闭会期间，由工会委员会委员，各工会小组长和工会会员代表召开联席会议52次，先后审议通过了涉及帮扶救助工作、机关文体活动、职工福利以及其他涉及职工群众利益的文件和制度。

2. 劳动竞赛和系统评先

2001—2008年，在省公司系统开展覆盖所有基层一线的劳动竞赛活动，把安全、绩效、质量、稳定等指标作为考核内容，扩大竞赛的覆盖面。从2009年开始，通过以系统评先为主要抓手，带动省公司机关和各地市公司认真抓“三基”建设，推进系统劳动竞赛上台阶。2010年开始开展“比学赶帮超”竞赛活动，鼓励各单位结合自身情况创造性地开展各种形式的竞赛活动。

3. 竞赛比武工作

江苏石油分公司把职业技能竞赛和技术比武活动作为企业党建和思想政治工作服务服从于企业中心工作的一个切入点，利用各种形式积极开展宣传发动和教育引导工作，形成了“一把手”经理全面领导，党委书记亲自抓组织协调，相关分管领导具体抓落实，形成组织健全、人员到位、职责明确，职能部门各负其责的工作格局，推进竞赛比武的各项工作。

2006年，共举办各类培训班12期，培训2400人，参加初赛人员2400人，参加复赛人员1200人。在中国石化销售公司组织的6个条线的决赛中，江苏石油分公司夺得了2项团体第二名，2项团体第五名；在个人成绩方面，有2人获得金牌，4人获得银牌，9人获得铜牌，还有2人获得优秀选手称号。

2007年，按照“组织机构到位、宣传发动到位、练兵培训到位、指导检查到位”的工作思路，各地市公司及专业竞赛组全面履行了学习培训、岗位练兵、初赛复赛、集训提高等阶段的组织实施工作，各级领导主动协调，加强督导。在竞赛比武活动过程中，利用OA网络系统，累计刊发《活动简报》25期，同时在《江苏石油》开设专栏，交流活动开展情况、特色和亮点，营造活动氛围，推动竞赛比武活动健康有序开展。在中国石化销售公司组织的决赛中，获得了团体公平竞赛奖和普法优秀奖。有1人获得金牌，3人获得银牌，5人获得铜牌，2人获得优秀选手称号。

2008年，根据竞赛比武活动的特点，调整完善了组织机构，下发了《关于2008年开展职业技能竞赛和技术比武活动的通知》，成立了审计、润滑油、财务、信息和企管5个项目以及集团公司组织的计量技能竞赛等专业竞赛组，明确了竞赛项目（岗位）和内容、参赛范围、竞赛比武活动时间安排以及有关要求，并将加油站长和ME的培训比武作为该年的自选项目。积极组织各项培训，共有406人参加集中培训，3人获得铜牌。

2009年，在总结前三年技能竞赛和竞赛比武活动的经验上，按照“重过程、更重结果”的指导思想，强化对竞赛比武工作的组织与领导，调整、优化考核激励机制，做到竞赛比武工作与全员培训、全面提升素质相结合，调动员工参赛积极性，改善和优化员工队伍素质结构。在组织参加的营销、零售管理、非油品、投资和项目管理、劳资管理、审计6个条线的竞赛比武活动中，取得了较好的成绩。省公司获得最佳进步奖，团体获得1项第二名、1项优秀组织奖。1人获得银牌，6人获得铜牌，1人获优秀论文奖。

2010年，按照“重过程，更重结果”的“出成果”要求，强化竞赛比武的目的。通过加强竞赛比武工作的组织领导，提高竞赛比武奖励标准等，竞赛比武活动学习培训率和初赛参赛率均达到100%。在中国石化销售公司组织的竞赛比武决赛中，获得1项团体第三名，1人获得金牌，1人获得银牌，3人获得铜牌。省公司获得2006—2010竞赛比武先进企业。在集团公司竞赛比武活动中，获得2项团体三等奖，2人获得银牌、3人获得铜牌。

2011年，印发了零售人员、财会人员经济法律、油品计量工和计量管理人员、润滑油客户经理等4个项目技能竞赛和技术比武实施方案。各个条线组织下发题库、优选和培训师资、组织参赛人员培训、初赛和复赛工作。在中国石化集团公司竞赛比武活动中，获团体第三名1项、优秀奖1项。1人获得银牌，1人获得铜牌。

2012年，组织参加了零售、非油品、信息、企业管理、油品分析工暨质量管理、商客直分销6个专业条线的竞赛。明确了相关牵头部门和职能部门日常工作职责，3次专题召开竞赛比武工作协调会和推进会，要求各条线按照“培训提素质、竞赛出成绩、选手成骨干”的思路开展竞赛比武工作，取得了较好的成绩。在中国石化集团公司组织的2012年竞赛比武决赛中获得团体第三名1项，团体最佳组织奖和公平竞赛奖各1项，个人金奖1名、铜奖4名，优秀选手奖2名；同时获技术能手称号1名，优胜选手称号2名。在中国石化集团公司组织的ERP应用竞赛活动中获得团体第二名，个人金奖1名、银奖2名、铜奖1名。

4.“五一”劳动奖状和“工人先锋号”

2009年，连云港公司海连路加油站被授予江苏省“五一”劳动奖状。南京公司中山南路加油站被授予江苏省省部属企业“工人先锋号”。2010年，苏南成品油管道工程部被授予江苏省省部属企业“工人先锋号”称号。2011年，苏南成品油管道工程部被授予江苏省“工人先锋号”称号。

二、共青团工作

1. 团组织建设

2001年，省公司机关组织了团总支换届，调整了团支部建制，成立了5个团支部，做到团的工作组织落实、人员落实。2007年，经省公司党委批准，并报共青团江苏省委同意，成立了共青团中国石化江苏石油分公司机关委员会。2007年2月15日召开了团员大会，选举机关团委书记、机关团委副书记。

2. 青年文明号和青年岗位能手

2006年，制定了《江苏石油分公司省级“青年文明号”考核标准（试行）》。完善申报、创建、考核、命名、表彰等工作程序。2001年以来，南京分公司汉中门加油站、中山南路加油站；徐州分公司矿山路加油站；南通分公司越江路加油站；宿迁分公司第一

2010年3月，南京中山南路加油站获得共青团中央“青年文明号”和省部属企业“工人先锋号”称号

加油站等5个加油站被命名为国家级青年文明号。另获得省级青年文明号16个，地市级青年文明号35个。20名员工被团中央和中国石化集团公司联合授予"青年岗位能手"称号。2名员工被授予"江苏省青年安全示范岗"，常州分公司加油站站长姚海燕被授予2007年度江苏省青年"五四"奖章。

3. 青年活动

2001年，组织召开了以"立足本职为企业改革发展作贡献"为主题的青年职工座谈会。

2003年，在团员青年中开展争做"青年文明号"和争当"青年岗位能手"的"双争"活动。与团省委联合下发了"双争"活动的指导意见，在全系统加油站、油库、配送中心等经营一线选定了"双争"重点。

2004年以来，每年组织选拔员工参加中国石化集团公司青年英语风采大赛。

2006年，举办了青年讲坛，邀请在机关工作成绩突出的青年员工讲授工作经验。

2007年以来，坚持在"五四"青年节开展主题教育活动；坚持每年开展"学雷锋、树新风、讲奉献、促和谐"主题活动，开展擦亮城市窗口——加油站服务活动；坚持开展青年读书活动，共有10人被共青团江苏省委授予"青年读书之家"。

2010年5月，省公司召开"五四"青年座谈会

2008年，围绕"我心目中的优秀石油流通企业"，机关团委组织召开了青年座谈会。结合"深入群众促和谐，凝心聚力促发展"主题活动，举办了"学习十七大、创造新业绩"征文比赛。"五四"青年节前，机关团委组织团员青年赴梅园新村、南京大屠杀纪念馆进行凭吊参观学习。省公司机关团委和南京分公司团委联合组织42名团员青年先后开展2次拓展训练活动。由省公司青年志愿者和南京公司团员青年开展的加油站便民服务活动受到了"直播南京"、"南京零距离"和江苏教育频道的采访和宣传。

2009年，由机关团委发起并组织实施了"图书在加油站漂流"活动。

2010年，举行了第一届省部属企业、科研院所青年员工联谊活动。2010年开始编发《江苏石油团之声》，共发8期。

2011年，开展"高举团旗跟党走，创先争优促发展"读书活动。

2012年，认真组织学习贯彻胡锦涛总书记在纪念建团90周年上的讲话，组织学习了集团公司成立青年工作委员会相关文件和领导讲话。

三、民主管理

工会坚持把职代会、职代会工会联席会议作为民主管理、厂务公开的主渠道，不断完善机关、地市公司两级民主管理方式方法。各单位按照民主管理原则，对各自范围内重大问题进行讨论、审议、决策和监督。

2001年，制定下发了《省公司系统实行企务公开民主监督制度的实施意见》，推进企务公开工作。

2002年，根据中央办公厅、国务院办公室《关于在国有企业、集体企业及其控股企业深入实行厂务公开制度的通知》要求，制定了《江苏石油分公司企务公开实施办法》，从企业重大决策、生产经营管理、职工切身利益、领导班子建设和党风廉政建设等4个方面规定要求进行公开。同时明确企务公开的基本形式是职工代表大会。

2003年，制定了《关于深入开展加油站站务公开工作的实施意见》。召开了企务公开座谈会，促进企务公开的开展。

2004年转发了中央纪委等五部委《关于做好2004年厂务公开民主管理工作意见》。

2005年以来，与企业生产、经营、管理密切相关和直接涉及职工群众切身利益的事项，除国家规定的保密事项和企业商业秘密外，都在一定范围内采取适当方式，征求职工意见，并予以公开。重大问题及时通报，一般问题及日常性工作利用内部网站、办公OA系统、内部刊物公开。在职代会上公布生产经营、改革发展的重大事项，公开业务招待费使用情况、公司领导干部廉洁自律等情况。一线油库加油站等基层单位做到工作任务公开、考核公开、奖金公开，增强民主管理的透明度。省公司机关召开职代会审议通过了《江苏石油分公司安全禁令（试行）》、《住房分配货币化实施方案》和《企业年金实施办法》等制度和办法。实行职工“合理化建议”征集和职工参与企业重大事项讨论制度。

四、文体活动

2008—2009年，分别组织了“秋登栖霞山”、“畅游珍珠泉”等拥抱大自然系列活动。

2009年，组队参加了省部属企业纪念建国60周年歌咏会。

2009年以来，省公司机关先后成立了朝阳足球队、朝阳职工篮球队、朝阳职工羽毛球队。

2009年和2011年先后组织开展了两次物流条线篮球比赛。

2011年5月，省公司首届乒乓球比赛在盐城举行

2010年，参加江苏省总工会省部属企业第3届职工乒乓球比赛，获男子团体第六名。

2011年，参加江苏省总工会省部属企业第4届职工乒乓球比赛，获男子团体第五名。在盐城举办了江苏石油分公司首届职工乒乓球比赛。

2012年，参加集团公司第5届职工乒乓球比赛，常州分公司孙丹获女子青年组单打第三名，集体获体育道德风尚奖。参加江苏省总工会省部属企业第六届职工乒乓球比赛，获团体第七名。在徐州举办了江苏石油分公司2012年职工羽毛球比赛。

第五节 信访工作

一、体制机制

2005年9月，省公司成立信访工作领导小组，由党委书记任组长，党委副书记、办公室分管领导任副组长，负责领导协调全系统信访工作；信访工作领导小组下设信访工作小组，由经理办公室、法律事务处、人力资源处、纪检监察处、综合管理处等部门组成，经理办公室为信访工作牵头管理部门。同时，制定《〈信访条例〉实施暂行办法》。由此，信访工作被列为企业群众工作的重要组成部分。

2006—2007 年，省公司充实并强化对信访工作的日常管理，从分公司抽调 1 名员工，充实到省公司信访办专职岗位。制定《关于建立健全排查化解矛盾纠纷长效工作机制的实施办法》，把信访工作重点从事后处理转移到事前排查化解上来。2007 年 12 月，围绕协解人员的信访稳定问题，省公司与省信访局联合给各市信访局、各市石油分公司下发《关于做好中国石化江苏石油公司协解人员信访稳定工作的会商意见》，建立省级层面的企地联动工作机制。2011 年 6 月，各分公司均与地方信访或公安部门建立企地联动工作机制。

2009 年 8 月，制定了《维护企业稳定总体工作方案（试行）》，提出了开展信访稳定工作必须遵循的指导思想、主要原则，要解决的认识问题和着力做好的重点工作。 9 月，编印《维稳网络通讯录》，建立维稳工作网络。10 月，编印《群体性上访事件应急预案示意图》，规定发生群体性上访事件的分级响应程序和现场应对处置方法。

2010 年，制定《关于进一步加强信访稳定工作的实施意见》、《信访稳定工作专项考评细则（暂行）》、《重大事项稳定风险评估化解制度（试行）》和《关于定期组织干部下访的实施办法（试行）》，首次建立并实施稳定风险评估机制和领导干部下访制度。

2011 年 5 月，分公司信访稳定机构实行“一个部门、两块牌子”，将分公司“信访稳定办”的牌子及职责并列明确到某一职能部门，部门负责人兼任信访稳定办主任，部门内实行信访稳定工作 AB 岗。8 月，省公司制定《信访信息工作管理实施细则》，推进信访信息工作的规范化、制度化和科学化管理。

二、工作方法

在 2005 年前，省公司以宣传贯彻《信访条例》和中石化集团公司《信访工作规定》为抓手，强化领导，畅通渠道，完善布局，努力维护企业稳定。

2007 年，省公司提出“逐步由控访向息访转变”的工作思路，要求按“三到”做好信访工作，即：对员工群众可能产生的思想疑虑和实际问题要想到；对合理诉求，要抓紧办到，包括协调地方有关部门尽力去办到；一时办不到的，要说到，耐心细致地作说明、作解释，做好思想疏导工作。

2008 年，针对平安奥运的要求，省公司提出“防在前、控得住、逐步息访”的工作思路。以超前做好工作，把矛盾和问题化解在初始和萌芽状态为工作重点；以严防发生集体进京上访和进京非正常上访为刚性要求；以大力化解信访突出问题为抓手，促进上访老户息诉息访，维护企业大局稳定。

2009 年，为确保国庆 60 周年期间企业和社会大局稳定，采取“运用问题工作法，化解信访突出问题”的工作思路。在排查问题、研究问题的基础上，依据问题属性，采取“一案一策”，加强对信访积案和上访老户的治理，逐步夯实企业稳定的基础。

2011 年 9 月，提出“维护稳定是企业经营管理者共同责任”的思路，要求各级经营管理者把维护稳定当作自己份内的事，把管人与管事结合起来；对维稳工作，经理、书记要齐抓共管，要用群众工作统揽信访工作；机关各处室都有维护企业稳定的责任，都有服务群众、做群众工作的基本职责，要多关心、了解基层员工的思想动态，知民情、解民忧、暖民心。

2012 年，“运用运用问题工作法，化解信访突出问题”在销售系统中得到全面推广。

三、信访处理

2006 年 7 月—2012 年 12 月，省公司信访机构办理信访件 174 件次，其中联名信 33 件次，接待来访 428 人次，出具复查、复核意见书 25 份，下达《维稳工作建议书》5 份。

2004 年 8 月，协调解决退休和协解军转干部解困政策的落实问题。

2006 年 10 月，指导和协调南通分公司解决如东片区协解返聘人员劳动关系的规范问题。

2006 年 4 月至 2007 年底，妥善解决系统内协解“买后”人员的遗留问题，使协解“买后”的突出矛盾得到有效化解。

2006 年 12 月，省公司组织维稳专项工作组赴盐城，指导和协助盐城分公司开展维稳工作。

2007 年 8 月 29 日，经省公司协调，省信访局人民来访接待中心召集省劳动保障厅、江苏石油分公司、相关地市县信访局人员召开会办会，对个别人员持续的信访诉求进行会办，首次形成对个访人员的《会办纪要》。

2007 年 11—12 月，指导镇江分公司依法规范协解返聘人员的劳动关系。

2008 年 5 月，省公司总结推广盐城分公司“八助进基层”，密切联系群众、团结教育大多数的工作经验。“八助进基层”工作法被江苏省委组织部评为全省党建工作十大创新工作法之一。

2009 年 11 月，企地联动、上下联动，分头化解、重点突破，有效处置化解了苏北四家分公司原县级公司的协解未返聘人员上访事件。

从 2008 年始，省公司运用“问题工作法”，一案一策，化解信访突出问题，逐步消除企业不稳定隐患，使信访积案和上访老户问题得到妥善解决。

2011 年 10 月，省公司协调省、市、县信访、人社部门召开会办会，依法解决个别单位应退未退人员长期重访缠访的问题。

第二章 人力资源管理

2001—2012年期间，随着企业的快速发展和改革的不断深化，企业人力资源管理从传统的职能操作层面的管理向战略规划管理方向转变，以人为本的管理理念深入到人力资源管理的各个环节，人力资源管理工作紧紧围绕公司发展目标，切实加强领导班子和干部队伍建设，努力构建适应企业不同发展阶段的薪酬体系，积极拓宽人才成长通道，严格管控用工总量，强化人工成本管理，充分发挥考核的激励导向作用，加强员工培训和技能提升，为企业发展提供组织保障和人才支撑，人力资源管理对企业发展的战略基础作用日益凸显。

第一节 人事管理

一、干部管理

1. 组织建设

江苏石油分公司干部工作坚持“德才兼备、以德为先、群众公认、业绩突出”的选人用人导向。2001—2012年，采取定期考核与不定期考核相结合的方式，考察分公司领导班子和机关部门中层干部履职情况。考核方式由组织考察一种模式逐步发展到组织考察、竞争性选拔两种方式，组织考察方法和程序进一步规范。

2001年，对无锡、常州、苏州、南通、淮安、扬州、泰州、镇江、江阴公9个分公司领导班子进行调整充实。

2003年，对南京、南通、泰州分公司的领导班子进行全面考察，对南京、南通、泰州、苏州、徐州、淮安、无锡、常州、镇江、江阴共10个分公司的领导班子进行调整充实，调整后14家分公司领导班子成员共92人，平均年龄45.3岁，具有大专以上学历的85人，占92.4%。

2005年，实施中层管理人员精简分流。中层管理人员由170人减少到93人，减幅45.3%。

2006年，对14家分公司进行任期考核，根据考察情况对中层管理人员进行了调整和充实，中层管理人员平均年龄从精简分流前的48.4岁下降到44.6岁，45岁以下中层人员比重从精简分流前的35.2%提高到54.6%，大学以上中层人员的比重由精简分流前的41.2%提高到62%。

2007年，对培训中心主任、信息管理处副处长两个副处级岗位实行公开竞聘；全年共调整28名中层管理人员，调整幅度24%，中层管理人员平均年龄从48.6岁下降至45岁，大学本科以上学历人员比重从41.2%提高至65%。

2008年，对部分机关处室和分公司领导

班子进行了调整，共涉及37人职务变动，提拔14人；5月初开始，面向全系统开展了14个副处级岗位的公开竞聘工作，10人走上副处级岗位。

2011年，对12家分公司（不含盐城、江阴）进行全面考察。调整处级干部114人，其中副处提正处18人，新晋副处27人，由于年龄原因退出16人，平级调整53人；实现新老交替，推进分公司党政主要领导双向进入、交叉任职，中层干部平均年龄由调整前的48周岁下降到46周岁，70后处级干部由15人增加到26人，大学及以上学历比重由69%上升至73%，女干部人数达12人；基层领导力量得到充实，分公司班子人数由调整前的55人增加到64人；2011年选人用人满意度为96.4%。

2012年，对常州、连云港、宿迁、盐城等分公司和政工处、信息管理处、数质量科技处、综合管理处、物资装备处等机关部门进行组织调整；对数质量科技处、无锡分公司、宿迁分公司4个副处级职位进行公开招聘，2012年从副处提拔到正处8人，新晋副处6人、平调4人。

2. 制度建设

2001年，针对流程规范实施后分公司管理人员变化较大的实际，为加强后备领导人员的培养选拔，改革领导干部聘任办法，制定《关于做好有关领导职务备案工作的通知》、《江苏石油公司系统领导干部任前公示制暂行办法》，对健全领导人员选拔任用监督约束机制、减少用人失察失误起到积极作用。

2005年，根据中国石化总部中层精简指导意见，省公司制定下发《中层管理人员精简分流实施办法》，推进中层精简分流工作平稳操作。

2007年，根据经营管理体制改革和中层干部队伍长远建设需要，省公司制定下发《关于设立调研员职务等若干事项的通知》、《规范人员流动配套管理办法》，明确了流动人员户口、社保、劳动关系、工资及薪酬、住房等问题。

2008年，制定下发《关于领导干部报送述学述职述廉报告的通知》，进一步加强中层干部思想政治建设。

2009年，制定下发《处级交流干部工作调动补充规定》。

2010年，根据总部“1+7+1”干部选拔任用文件规定，结合江苏公司实际，制定下发《中层管理人员退出现职管理办法》、《处级人员管理暂行办法》、《科级人员管理暂行办法》等制度，明确干部选拔任用的原则、管理体制、基本条件、选拔方式、程序，以及干部退出、后备干部管理等。

2012年，制定下发《江苏石油分公司提任领导人员征求纪检监察部门意见规范》，逐步建立健全干部管理方面的规章制度。

3. “四好”创建

2005年起，省公司将创建“四好”领导班子活动列为两级党委的工作要点，明确分公司将创建“四好”领导班子活动与完成企业的发展目标和开展公司党委中心工作有效结合起来，把创建活动取得的成效、积累的经验转化为加强领导班子建设的长效机制。

2006年，省公司制定下发了《关于2006年开展区域分公司“四好”领导班子创建活动的实施意见》，明确了创建活动的目标、主要措施和具体考评办法，进一步推动分公司领导班子建设。

2007年，根据中国石化销售公司下发的《开展创建地市公司“四好”领导班子活动实施方案》以及《开展创建“四好”处室活动实施方案》，省公司制定“四好”处室创建活动方案和考评办法，明确创建目标、创建方法，建立了“四好”处室创建活动的责任体系，提出了创建“四好”处室的具体要求、措施和程序。

2008年，结合“四好班子”、“四好处室”创建活动，省公司制定了《领导干部联系基层、服务基层制度》，各分公司也相应制定了建立机关干部基层联系点制度；当年，徐州、扬州分公司被中国石化销售公司评为“四好”班子，经理办公室被评为“四好”处室。

2011年，省公司编制深化“四好”创建工作方案，苏州分公司被中国石化销售公司评为“四好”班子，零售中心被评为“四好”处室。

2012年4月，中国石化销售公司“四好”创建工作年度总结会在南京召开，江苏石油分公司“四好”创建工作名列销售系统第一名，人力资源处获得中国石化销售公司“四好”创建工作优秀组织奖，苏州分公司被中国石化销售公司评为“四好”班子，审计处被中国石化销售公司评为“四好”处室。

4. 民主生活会

省公司将民主生活会作为加强班子建设、增进沟通协作的重要措施，坚持会前学习、征集意见、自我剖析、交流谈心等关键环节、注重查找突出问题，解决难点问题，推动企业发展。同时，省公司领导班子成员根据联系点参加分公司领导班子民主生活会，进行现场督查与指导。

2001年8月，召开了以“学习江泽民总书记‘七一’重要讲话，按照‘三个代表’要求，加强和改进领导班子和班子成员的作风建设”为主题的民主生活会。

2002年12月，召开了以“进一步增强改革发展意识，增强领导班子团结，增强领导干部思想作风建设，为尽最大努力完成今年的目标任务和做好明年开局工作打好基础”为主题的民主生活会。

2003年12月，召开了以“围绕领导班子和领导成员作风建设问题、如何进一步提高领导素质、实事求是地解决好企业改革发展稳定中的各类问题”为主题的民主生活会。

2004年11月，召开了以“以‘三个代表’重要思想为指导，认真学习胡锦涛总书记在中纪委三次全会上的重要讲话，进一步确立科学的发展观和正确的政绩观，弘扬实事求是、真抓实干的优良作风，合理定位，履行职责，努力贯彻中国石化集团的战略部署，狠抓‘治散’的主要矛盾，当好改革的推进者和实践者”为主题的民主生活会。

2005年，召开了以“按照实践‘三个代表’重要思想、保持党员先进性的要求，紧密结合企业改革发展和领导班子建设实际，深入查找领导班子和班子成员个人存在的突出问题，剖析思想根源，增进领导班子团结，加强领导班子建设，努力把领导班子建设成为‘政治素质好、经营业绩好、团结协作好、作风形象好’的坚强领导集体”为主题的民主生活会。

2006年11月，召开了以“认真学习领会党中央、国务院关于国有企业改革的方针、政策，回顾总结江苏石油公司自重组以来改革的历程、基本经验，进一步坚定继续深化改革的决心；针对企业改革发展和领导班子建设实际以及存在的突出问题，从个人的党性修养、政策观念、大局意识、领导责任等方面查找问题，剖析思想根源，增进领导班子团结，加强领导班子建设”为主题的民主生活会。

2007年2月，省公司召开以“深入学习党的十七大精神，落实集团公司年度工作会议要求，进一步树立科学发展观，弘扬求真务实、真抓实干的优良作风，推进‘四好’班子建设，完成集团公司党组赋予的各项任务”为主题的党员领导干部民主生活会。2007年3月，召开作风建设专题民主生活会，查找领导干部自身在思想作风、学风、工作作风、领导作风、生活作风方面的情况，深入查找存在的不足和问题，制定和落实整改措施。

2008年10月，召开以“学习和实践科学发展观”为主题的民主生活会。

2009年5月，召开以“扎实推进优秀石油流通企业建设，促进江苏石油分公司平稳较快发展，为集团公司建设具有较强国际竞争力的跨国能源化工公司作出更大贡献”为主题的民主生活会。

2010年11月，召开以“深入开展创先争优活动，努力争创四强四优党组织，围绕努力创建优秀石油流通企业的目标，为中国石化建设具有较强国际竞争力的跨国能源化工公司作贡献”为主题的民主生活会。

2010年11月，省公司召开党员领导干部民主生活会

2011年11月，召开了以“发扬密切联系群众优良作风，凝心聚力建设优秀石油流通企业，为中国石化创建世界一流能源化工公司作贡献”为主题的民主生活会。

2012年12月，召开了以“学习贯彻十八大会议精神，深入开展‘一转双创’活动，加强和改进新形势下领导班子思想政治建设”为主题的民主生活会。

二、人才队伍建设

1. 经营管理队伍

2001年以来，省、分公司通过内部培养和外部招聘方式不断加强经营管理队伍建设，2005年制定下发《关于ME和客户经理等级划分的指导意见》，2007年、2009年分别理顺成品油直分销和润滑油经营管理体制，对客户经理薪酬分配予以改革。2011年1月，制定下发了《关于进一步加强零售片区经理、加油站长和客户经理队伍建设的指导意见》，推进营销骨干人才职业化建设，组织了具有江苏石油分公司特色的“零售片区经理、加油站长、客户经理队伍”的内部岗位任职资格考试。截至2012年，累计1985人通过了内部职业资格认证。

2. 专业技术队伍

(1) 发展历程及现状

2006年，根据经营管理体制改革方案，江苏石油分公司设置20个科级专业技术岗位。2008年9月，江苏石油分公司实际选聘科级专业技术岗位7人。2012年，根据集团公司《关于加强人才成长通道建设的实施意见》和销售公司《关于销售企业人才成长通道建设有关问题的说明》，结合企业实际，制定《江苏石油分公司人才成长通道建设实施方案》，构建了专业技术人员的职业发展通道。参照《中国石化专业技术及技能操作职位指引》要求，结合实际，原则上在公司营销工程、储运工程、安全环保、计量管理、质量管理、设备管理、信息工程、基建发展、财务审计、法律事务、经营计划、企业文化、人力资源等13个专业领域设置专业技术职位。根据现有专业技术人员配置情况，以实际工作需要和专业技术职称评定为依据，拟选聘5位省公司专家、25位主任师和60个副主任师。同时制定专业技术职位任职条件、选拔程序，规范专业技术人员的选拔任用。

(2) 职称评审工作

2009年1月，根据销售公司《关于江苏石油分公司组建第一届中级专业技术职务任职资格评审委员会的批复》，同意江苏石油分公司成立“第一届中级专业技术职务任职资格评审委员会”。首届中评委由21人组织。标志着江苏石油分公司的职称评审工作在中断了8年以后得到恢复。江苏石油分公司中评委具有各专业系列的初评和工程、政工系列中级任职资格的评审，以及各系列教授级、高级任职资格初审和推荐职能。

2011年7月，根据销售公司《关于江苏石油分公司中级专业技术职务任职资格评审委员会换届的批复》，同意江苏石油分公司中评委进行换届。江苏石油分公司第二届中评委由22人组成，其中主任委员、副主任委员各1人，委员20人。中评委专家组由31人组成。

2012年4月，为进一步规范省公司系统职称评审工作，制定下发了《专业技术职务任职资格评审工作管理办法》，并同步修订了《员工学历学位认定管理办法》。2012年9月，初聘助理经济师等专业技术职务294人，对近10年初级职称的认定进行了追溯。截至2012年底，在江苏石油分公司在册人员中，具有中级职称的有639人，高级职称53人，教授级职称5人。

3. 技能操作队伍

2006年4月，在销售公司的统一安排下，江苏石油分公司制定并下发了《江苏石油分公司2006年度职业技能鉴定（考评）工作实施方案》，在加油站和油库员工中，全面开展职业技能鉴定工作。2006年7月，根据《中国石化集团公司职业技能鉴定实施办法》，江苏石油分公司首次实施了加油站操作员和油品储运调和工2个工种的职业技能鉴定工作。当年有4448人接受中级职业技能的鉴定，有2204人取得“合格”成绩，合格率近50%。2006年8月，集团公司根据劳动和社会保障部《关于同意建立石油石化行业特有工程职业技能鉴定站的函》，批准江苏石油分公司设立“职业技能鉴定工作站”。2006年12月，根据销售公司《关于做好职业技能竞赛高级职业资格奖励工作的通知》精神，江苏石油分公司对在参加技能竞赛比武中取得优异成绩的287名员工（其中加油站操作员209名，油品储运调和操作工78名）的职业技能等级进行了直接认定，授予其“高级职业资格”。

2010年10月，经人力资源和社会保障部职业能力建设司核准，正式授予江苏石油分公司加油站操作员和石油产品精制工（即原“油品储运调和操作工”和油品分析工）的初、中、高三个职业技能等级的“国家职业技能鉴定许可证”。

2011年，根据销售公司《关于油品销售

2012年9月，省公司组织技师职业技能鉴定综合评审

企业2011年度技师考评实施方案》，江苏石油分公司全面开展了技师鉴定工作，当年有49人报名参加“加油站操作员技师”职业技能鉴定，其中48人取得合格成绩。同时，还有18人直接参加了油品销售事业部组织的考评技师，有17人取得合格成绩。2006—2012年职业技能鉴定情况见表4—2—1。

表4—2—1　2006—2012年职业技能鉴定统计

年 份	参加人数	合格人数	合格率(%)
2006	4448	2204	49.6
2007	2400	1369	57.0
2008	2163	1575	72.8
2009	1583	1047	66.1
2010	1770	1232	69.6
2011	10129	9514	93.9
2012	4220	2908	68.8

三、人员调配

1. 毕业生引进工作

2001—2003年，省分公司根据实际工作需要招聘毕业生，分公司有自主招聘权。

2004年，因公司经营战略发生重大变化，毕业生引进工作也随之作了调整，将原由各分公司执行的招聘权改由省公司统一招聘。在充分调查分析各分公司和各部门人才需求的基础上，全局把握，总体平衡，统一配置。

2007年5月，省公司为了进一步充实基层力量，加强基层队伍建设，下发了《关于做好大学毕业生培养锻炼工作的通知》，从2007年起，新引进的应届大学毕业生全部充实到基层一线，定向作为站长、片区经理和油库主任的后备力量进行培养。

2009年，省公司首次从清华、北大、浙大招聘13名硕士研究生，充实到省公司机关各处室工作。

表4—2—2　2001—2012年应届毕业生引进统计表　人

年份	省公司	南京	无锡	徐州	常州	苏州	南通	连云港	淮安	宿迁	盐城	扬州	泰州	镇江	江阴	合计
2001	12		2		1	1				3	1	2	5			27
2002	11	1	4		4	6	5	4	5	8	4	1	2	3	2	60
2003	6	9	3	7	3	9	2	13	6	7		2	8		9	84
2004		1	3	1	2	5		9		3			5		2	31
2005	1	11	3	1	4	9	2	3		2		3	1			40
2006	4	3	1	2	3	3	3	1	1		5	2	1	1	3	33
2007		5	4	1	4	2	3	1	1	2		2	3	1	5	34
2008		10	2	2	2	6	4	2	2	2	5	2	2	3	1	45
2009	13	10	7	3	5	5	2	4	2	2	3	2	4	2	5	69
2010	3	16	4	3	7	7	8	6	5	3	4	8	4	5	2	85
2011		13	7	6	5	7	6	3	1	2	3	3	2	3	4	65
2012		13	9	5	5	9	5	7	5	5	4	8	2	4	6	87
合计	50	92	49	31	45	69	40	53	28	39	29	35	39	22	39	660

2011年8月，省公司印发了《江苏石油分公司毕业生引进管理工作实施细则》，进一步规范毕业生的引进工作，不断提升毕业生引进质量。2001—2012年应届毕业生引进统计情况见表4—2—2。

2. 社会人才引进

根据企业发展需要，逐步加大社会成熟型人才引进力度。

2006年，引进管道专业人才1名。

2007年，引进管道专业人才1名。

2008年，引进管道专业人才1名，非油品业务专业人才2名。

2010年，择优录取8名非油品专业人才。

2011年，引进社会成熟型人才4名，从社会引进非油品专业1人，从金陵、扬子等系统内引进安全数质量专业3人；招聘质检员4人。

第二节 工资管理

一、2001—2003年工资制度

1999年，根据《中国石油化工集团公司1999年调整改革工资制度方案》，江苏石油分公司遵循集团公司“外部市场化、内部紧密化”的经营管理方针，按照“分级管理、分类指导”的原则，结合自身特点，坚持“效率优先、兼顾公平”的原则，优化收入结构，增加岗位工资和按绩效分配的收入比重，简化工资项目，引入市场机制，对原有工资制度进行调整，主要内容是：实行岗位等级工资制（10类岗位，每类岗位6个等级）；取消普遍固定发放的津补贴；工龄工资由1元/年调整为2元/年；试行特殊工资和劳动力市场价位工资。通过调整改革工资制度，促进企业基础管理工作和相关配套改革，为企业实施主业与辅业分离和人员分流创造条件。此制度延续至2003年工资制度改革。

二、2003年岗位等级工资制

2003年，根据中国石化集团公司、股份公司《基层单位内部分配制度改革指导意见》和销售公司《销售企业内部分配制度改革实施意见》精神，江苏石油分公司在美世咨询（上海）有限公司的指导下，完成了以职位分析和评估为基础的岗位等级工资制度设计。2003年12月印发《江苏石油分公司分配制度改革实施方案》，以“面向市场、逐步接轨”、“突出责任、注重绩效”、“总额控制、分类指导”、“定编定员，精简效能”、“配套改革，相互促进”和“存续和股份同步实施”为主要原则，改革的主要内容包括：一是参照劳动力市场价位调整员工收入关系。二是调整完善以岗位工资为主的工资制度。进一步归并和简化收入结构，取消工龄工资；通过职位评估确定岗位等级范围为40—59级；每个等级设有1—3档，本次转换时原则上均实行1档；设低、中低、中、中高和高5个值（高值未执行），每个单位依据实际分别取值。三是能够实行联量联利联费计酬的单位或员工，均实行“三联”计酬。四是对少数急需、紧缺的特殊人才实行特薪制度。进一步调整完善系统员工工资收入分配制度和分配形式。

三、2005年深化内部分配制度改革

2005年，根据中国石化集团公司、股份公司《关于进一步深化内部分配制度改革的指导意见》和销售公司《贯彻落实集团公司和股份公司进一步深化内部分配制度有关问题的意见》，制定了《江苏石油分公司进一步审核完善分配制度改革实施方案》，并报经集团公司和销售公司审批同意，以参照市场价位、坚持配套改革、总额控制、激励与约束并举和积极

稳妥为原则，完善了岗位序列设置和岗位等级安排：根据集团公司、股份公司关于加强“三支队伍”建设的总体要求和销售公司完善岗位设置的具体意见，结合实际，将省公司、分公司的岗位设置为管理岗位、营销岗位、专业技术岗位、技能操作岗位和其他后勤服务岗位五大序列；调整了各类人员收入关系：重点处理好中层管理人员与其他员工之间的收入关系，管理人员与营销人员、专业技术人员、技能操作人员之间的收入关系，不同地区或不同工作性质的各单位人员之间的收入关系，取消计算机人员特殊工资制度，调整月度岗位等级工资标准。结合劳动特点，继续采用多样化分配形式：根据不同岗位员工的劳动特点，建立不同的收入结构，采用不同的分配形式。难以直接量化考核的岗位继续实行以岗位工资为主的基本工资制度；可以实行量化考核的岗位继续实行以联量联利联费计酬为主的工资制度。逐步建立和完善经营管理队伍、专业技术队伍、技能操作队伍三个序列的分配制度。

四、2007年规范加油站、油库分配制度，推进商业客户条线薪酬配套改革

2007年，为解决加油站、油库一线岗位劳务用工占比大、各分公司薪酬计发办法不统一的实际问题，分别制定了《规范加油站员工薪酬分配实施方案》和《规范油库员工薪酬分配实施方案》，坚持“以岗位贡献为基础，市场价位为参考”、“绩效挂钩，充分体现激励”等原则，探索“打破身份界限，逐步实现劳务工和正式工同工同酬”。改革的主要内容包括：一是设置各类岗位等级标准：明确加油站全部岗位均为技能操作岗位，将加油站、油库的岗位分别划分为10个等级。二是制定各等级各值区各档位年度总收入指导线：全省各地市分低值、中低值、中值3个值区，每个值区细分5个档位，不同市县执行不同档位，方案确定各等级各值区各档位全口径年收入指导线；连云港、淮安、宿迁、盐城区域分公司执行低值，扬州、泰州、镇江区域分公司执行中低值，南京、徐州、常州、南通区域分公司执行中值。三是确定月薪发放项目及标准，如：基础工资、业绩奖金、服务年限津贴、技能津贴、站长、副站长、领班津贴等岗位。四是统一防暑降温、健康体检和过节费等项目标准。根据江苏各地市地方主管部门和总部相关文件，并结合企业实际，确定了员工防暑降温、健康体检和过节费等项目发放标准。进一步规范全省加油站、油库一线员工薪酬体系，更好地调动了加油站、油库一线员工的积极性。6月，为完善商业客户部职能定位，建立客户经理等级动态管理制度，制定了《理顺成品油直分销管理体制实施方案》和《直分销客户经理管理办法》，调整商业客户岗位设置与编制、确定客户经理等级划分标准、建立以业绩论薪酬的分配制度和以能力定等级的动态管理制度，加强了客户经理队伍建设。

五、2008年调润滑油经营体制改革调整

2008年，为进一步提高润滑油的经营管理水平，完善润滑油经营管理激励约束机制，省公司制定了《江苏石油分公司整顿润滑油经营管理体制实施方案》和《客户经理改革实施细则》等改革文件，薪酬管理的主要内容为：一是从紧控制县级市场门市部，优化经营管理部经营管理。二是完善了薪酬管理机制，明确客户经理的薪酬从分公司的工效挂钩中分离，由省公司制定单独的挂钩办法按月考核。三是建立以绩效论薪酬的分配制度。客户经理薪酬分岗位工资和绩效工资。其中岗位工资为客户经理的基础工资，初级经理按照当地的最低工资标准制定，中级、高级、特级分别在初级的

基础上增加200元、500元和1000元。绩效工资为客户经理的动态工资，与基础管理、长城包装油销售量、终端销售量等指标挂钩。

六、2008年调整群体利益

根据集团公司增加职工工资收入和调整劳务工劳动报酬的统一部署，2008年1月，制定下发《江苏石油分公司调整增加职工工资收入实施方案》，并下发了《关于适当调整劳务工劳动报酬的通知》，按照整体提高、完善制度和分层管理的原则，确定增加员工基本工资：正式职工岗位等级49级及以下的增加350元／月，岗位等级49级以上的正式职工增加300元／月，劳务工人均增加200元／月，增强了员工队伍凝聚力、调动了广大职工的积极性。

七、2009年调整商业客户条线骨干人员薪酬标准

为适应成品油市场竞争形势的需要，调整了分公司商业客户条线骨干岗位的岗位工资标准：一是特级、高级客户经理的岗位工资在原基础上分别增加550元／月、500元／月；二是将商业客户部经理岗位等级由52级调整为53级，调动了分公司商客骨干人员的积极性。

八、2011年调整员工薪酬结构

2011年，根据销售公司要求，为进一步调整优化薪酬分配结构，调动全体员工积极性，制定下发《关于印发员工薪酬结构调整的通知》，对部分员工的薪酬分配结构进行适当调整，主要内容为：一是加油站员工由规范化服务考核奖和原加油站联量薪酬各转入月度基础工资100元／人。二是油库员工由达标创优考核奖和原月度绩效薪酬各转入月度基础工资100元／人。三是非站非库员工：执行石化股份1241号文件的正式工，从各岗位月度绩效奖金基数中转入月度岗位基础工资200元／人。四是非站非库劳务工，原则上从各岗位月度绩效奖金基数中转入月度基础工资200元／人，月度绩效奖金基数不足的可适当调整年月奖金发放进度。五是成品油、润滑油客户经理，从月度绩效工资基数中转入月度岗位工资200元／人。通过调整员工薪酬结构，提高了员工基本薪酬标准，落实了总部提出的一线员工薪酬水平不低于当地最低工资标准1.2倍的规定。

九、2012年完善薪酬分配制度改革

2011年，根据集团公司《中国石化完善薪酬分配制度方案》，以总部完善薪酬分配制度精神为指导，优化薪酬收入结构、健全工资正常增长机制，加强人才队伍成长通道建设工作，建立完善统一的薪酬分配制度。以“坚持建立基本薪酬正常增长机制与人才队伍建设相结合；统一规范薪酬制度与持续优化收入结构相结合；系统推进配套改革与平稳实施相结合”为原则，制定下发《江苏石油分公司完善薪酬分配制度实施方案》，薪酬体制改革内容包括统一基本薪酬制度、规范津贴补贴、完善奖金分配三部分。统一基本薪酬包括：一是统一基本薪酬标准。根据集团公司基本薪酬标准，确定全省分省公司机关和分公司领导班子以及区域分公司两个基本薪酬标准。二是确定各类岗位与基本薪酬等级对照。三是确定初次套考方法。根据岗位对照表确定对应的基本薪酬等级和套考区间，工龄10年以上的高靠1档。规范津贴补贴包括：对原有的服务年限津贴、技能津贴、站长／副站长／领班长津贴等项目进行清理，按其性质并入基本薪酬，同时增加总部统一设置的高技术（技能）津贴（集团公司高级专家每月2000元；江苏石油分公司首席专家（首席技师）每月1000元），保留中夜班、交流补贴等津贴补贴。薪酬改革的第三个内容

强化业绩考核激励，各单位在年度工资总额控制数内，重新确定各类人员收入比例关系和收入标准。基本薪酬是职工付出正常劳动的所得，职工完成规定的基本工作量，取得相应的基本薪酬。规范各岗位业绩奖金标准，强化业绩奖金的激励和导向作用，使激励与约束相配套，责、权、利相统一。初次套靠后，员工薪酬固定部分占总收入比重提高，由套靠前 43.5% 调整为 55.4%，奖金由 52.3% 调整为 43.3%。随着薪酬制度正常运行调整，建立员工工资固定增长机制。根据集团公司布置，省公司于 2011 年 12 月印发《完善劳务派遣工薪酬管理的指导意见》，参照职工完善基本薪酬制度工作要求，制定统一的基本薪酬标准，确定基本薪酬等级并明确运行管理办法，规范劳务派遣工薪酬分配和绩效考核管理，完善劳务工报酬增长机制。

十、领导班子成员薪酬管理

2001—2005 年，省公司领导班子成员薪酬发放水平依据集团公司经济责任制考核由省公司发放，2006 年起至今由集团公司统一发放。分公司领导班子成员薪酬从 2003 年起业绩奖金由省公司统一考核发放，2004 年起实行年薪制，基本薪酬（固定工资）及业绩奖金由省公司直接考核发放。

第三节 劳动用工

一、用工方式

1. 主要用工形式

(1) 直接用工

劳动合同工。指与江苏石油分公司签订劳动合同的员工，含财务并表单位、单列管理单位和财务非并表单位与公司保留劳动关系的正式职工。根据《劳动法》和《劳动合同法》以及集团公司用工管理相关规定，与编制内正式工直接签订劳动合同，按照工作时间、休息休假、劳动保护和最低工资标准等相关规定保障职工合法权益，根据实际情况，变更、解除和终止劳动合同以及支付补偿金、终止社会保险管理和移交档案等工作。截至 2012 年底，共有劳动合同工 3400 人。

(2) 派遣用工

人才派遣。2009 年为适应企业生产经营需要，省公司统一面向社会公开招聘管道、基建、非油品、客户经理、中央仓特殊专业岗位的社会成熟型人才，经各地人才交流中心向企业办理输出手续的人才管理方式。派遣人员与人才交流中心签订劳动合同，与公司签订上岗协议。地方人事和劳动政策发生变化，人才市场和劳动力市场逐渐合并，2010 年取消了人才派遣的方式，省公司根据派遣人员的基本情况和工作业绩等，将派遣人员转变为劳动合同工或者劳务派遣工。

劳务派遣。指通过签订劳务派遣协议，由劳务派遣单位派遣到公司工作并以劳务费形式对我公司结算的人员。从 2001 年起，加油站和油库操作岗位使用劳务工，劳务用工数量占到用工总量 80% 左右。省公司 2002 年 3 月印发《规范劳务性用工管理的暂行意见》的通知，2003 年 12 月印发《关于进一步加强劳务用工和劳务费用管理的意见》，2004 年印发《关于进一步明确劳务用工管理相关问题的通知》，加强劳务用工管理并持续改进。至 2005 年劳务代理达 94%，85% 完善养老工伤生育失业保险，73% 参加医疗保险。2007 年根据集团公司《关于抓紧清理其他用工依法规范用工行为的通知》精神，完善劳务派遣和劳务工五项保险。截至 2012 年底，共有劳务派遣工 19250 人。

(3)其他用工

其他长期合同工。指从事全日制工作并与单位签订一年及以上固定期限劳动合同或无固定期限劳动合同，未纳入正式职工管理和统计的人员。即工资总额管理单位直接使用的全日制其他长期合同工（含财务并表单位、单列管理单位使用的不与公司保留劳动关系的正式职工）。截至 2012 年 12 月底，共有其他长期合同工 184 人。

非全日制用工。指采用非全日制工作形式直接使用，并以小时计酬为主的人员。按照《劳动合同法》规定，结合公司用工管理和业务实际，省公司对使用非全日制用工的招收条件、流程、薪酬待遇、费用列支渠道等进行了规范，并统一下发了非全日制用工告知书的格式，各分公司根据实际情况，在保洁、看站看库、门卫等后勤岗位使用非全日制用工。截至 2012 年底，全省共有非全日制用工 92 人。

2. 用工方式调整

(1) 协议解除劳动合同

2001 年，省公司根据中国石化股份公司《“十五”期间减员增效工作指导意见》、《开展协议解除劳动合同工作实施办法》，制定了《开展协议解除劳动合同工作实施办法》。2001 年，全省深化劳动用工制度改革，全年全系统以协议解除劳动合同为主要形式共减员分流 5697 人，其中股份公司 4252 人、存续公司 1445 人。通过定岗定编，精简科室管理人员；通过零售管理体制改革，转变加油站员工身份；通过仓储管理体制改革，显现富余人员；通过竞争上岗，让职工自愿选择去留。2000—2001 年协议解除劳动合同后，系统正式职工人数从 1.6 万人减少到 6488 人，其中股份公司 5485 人，存续公司 1003 人。

(2)“公司拥有、承包商经营”(Company Own contRactor Operated, 简称 CORO 模式)

为配套零售体制改革实施，省公司自 2001 年下半年起选择部分分公司开展零售管理体制改革，加油站全面推广应用国际通用的 CORO 管理模式。加油站员工与公司解除劳动关系，与 CORO 公司建立劳务用工关系。2005 年之后随着 CORO 模式的调整，加油站员工全部规范为公司的劳务派遣员工。

(3) 改制转移劳动关系

1998 年起省存续公司根据企业实际，按照政府相关政策，改制转移职工劳动关系，至 2002 年全系统共成立油品运输、设备维修、后勤服务等改制企业 28 个，有 364 名员工与改制企业新建劳动合同。2003 年，中国石化集团公司统一布置改制分流工作。2006 年印发《关于清理整顿对外投资和多种经营工作中人员分流安置的若干规定》，省公司系统 78 名员工参与改制转移劳动关系，与改制企业签订劳动合同。

(4) 用工结构调整

根据集团公司《关于进一步调整用工结构的有关意见》，以及销售公司《关于区内油品销售企业进一步调整用工结构工作的补充意见》等文件精神，结合企业实际，省公司制定并完善了《江苏石油分公司调整用工结构工作方案》，明确了业务范围（包括管理机关、专业中心、零售片区、油库和 3000 吨及以上且不属于小站改革范围的加油加气站等）和岗位范围（其中加油站为站长、油库为主任、副主任、党支部书记和班（组）长）、基本条件（如：年龄条件：男 50 岁以下，女 40 岁以下；工作年限：被派遣至本单位工作满 5 年的）和分类条件（如：油站站长和油库班（组）长要求本职业高级工及以上职业技能等级，大专及以上学历，本岗位工作满3年且考核合格）、操作流程和工作要求。按照以上条件，2011年共批准办理49人转为劳动合同工。

(5) 小站委托管理

根据销售公司《规范推进小型加油站委托管理指导意见》相关文件精神和关于小站委托管理工作要求，2009年下半年，以淮安分公司为试点推行小站委托管理工作，2010年先后分两批进行推广。委托管理以加油站站长成立的委托管理公司为法律主体，与加油站员工签订劳动合同。截至2012年12月底，共委托加油站433座1850人。

(6) 后勤业务外包

根据总部有关后勤业务外包相关精神和工作要求，2005年起，各分公司结合自身实际对上门收款、警消、门卫、保洁、食堂等后勤岗位开展业务外包，优化用工和人工成本结构，提高后勤服务的水平和质量。

二、用工管理

1. 劳动合同管理

2001年，根据集团公司文件要求，省公司印发《规范劳动合同管理暂行办法》，股份公司、存续公司职工重新签订劳动合同。2005年，根据江苏石油分公司进入中石化壳牌（江苏）石油销售有限公司劳动关系处理实际，省公司印发《关于江苏石油分公司进入合营公司人员劳动关系处理等若干问题的规定》，理顺劳动关系。2007年，集团公司印发《规范员工劳动关系工作指导意见》，省公司结合政府劳动部门的相关法规遵照执行。2011年7月，省公司印发《江苏石油分公司劳动争议预防及协调处理规定（试行）》，促进和谐劳动关系。

随着总部和公司经营体制改革，发生人员划转和转入，2004年化工公司经营业务划转至中石化国际事业公司150人；2005年划转中石化壳牌（江苏）石油销售有限公司68人；2006年锡山公司划入正式工25人；2010年燃料油经营体制改革划转正式工86人；2012年8月划转润滑油公司326人。

2. 用工总量管控

2001年，根据重组上市用工总量控制目标，省股份公司、存续公司同步进行机构设置部门定编竞争上岗。

2003年，根据集团公司《关于控制用工总量、规范用工管理的暂行规定》，省公司印发《关于下达在岗正式职工编制的通知》，《关于进一步加强劳务用工和劳务费用管理的意见》，从严格控制用工人数。

2004年，根据销售公司制定的《销售系统加油站、油库、管理机关劳动定员标准》，省公司按照定员标准推进加油站、油库的定员定编工作，控制用工总量。

2005年，根据销售企业经营体制改革要求，省公司组织实施精简机构精简编制。省公司机关部门由34个精简到19个，全系统中层管理人员从170人精简到93人。分公司共裁撤合并机构143个，管理人员由1287人减到736人，科级干部由587人减到329人。

2009年，根据销售公司印发的《油品销售企业劳动定员》文件精神，省公司印发《江苏石油分公司劳动定员贯标实施方案》，并按照新的定员标准组织了劳动定员贯标工作，实现用工管理的标准化、规范化、精细化；推进自助加油、非全日制用工、优化工时等举措，合理控制用工总量；适度精简非站非库用工，推进用工结构调整。截至2012年底，全系统中层管理人员116人，科级干部586人，一般管理人员2058人。

3. 工时管理

2008年，为贯彻落实《劳动合同法》，防范用工法律风险，提高劳动效率，根据销售公司印发的《改进和完善工时管理指导意见》，结合实际，省公司制定了《江苏石油分公司改进和完善加油站工时管理实施方案》。坚持依法合规、强化经营管理、统筹兼顾、因地制宜和效率优先，注重公平的原则，在调查分析加油站的加油频率、主要客户群体、加油站地理位置、加油站布局情况、周边竞争对手情况、加油站销量规模等影响营业时间各参数的基础上，提出24小时、18小时、13—16小时、12小时和12小时以下等5种营业时间模式的确定原则，按照加油频率和人均服务次数标准，细化每个时段的用工人数，确定每种营业时间的排班模式、适用情况并列出排班模式图。规定对非加油工岗位人员和水上加油站可根据具体工作情况，统筹安排作息时间，可增加部分非全日制用工解决非营业时间的值班问题，并做好合理安排员工年休假、完善绩效考核办法、加强考勤制度管理等配套工作，工时管理得到进一步优化。

4. 内部退养

2001年3月，省公司转发了中国石化集团公司《规范职工内部退养的有关规定》，规范了内退人员条件、内退人员待遇、内退程序等内退管理相关工作。2010年，根据集团公司下发《集团公司关于进一步完善职工内部退养的意见》，印发了《关于进一步完善职工内部退养制度的通知》，规范了内部退养的程序，同时考虑到职工内退初期按照低于职工正常退养待遇发放基本生活费，明确以内退前收入为基数扣缴社会保险和住房公积金导致员工实得收入下降可按一定标准给予补足实得收入。2001年自集团公司下发内退文件起，全省按照文件规定程序办理内退手续和发放内退待遇。

2001—2012年用工总量变化情况见表4—2—3。

表4—2—3 2001—2012年用工总量变化情况 人

年份	从业人员总人数	在岗正式职工	其他长期合同工	离岗本岗位仍保留劳动关系人员	劳务派遣工	其他从业人员
2001	13789	4981	—	1713		7095
2002	20158	4302	—	1730	11578	2548
2003	20380	4389	—	1563	12309	2119
2004	21241	4068	—	1271	14645	1257
2005	18969	3795	494	669	13292	719
2006	18793	3722	265	637	13689	480
2007	21381	3668	221	548	16934	10
2008	22645	3627	215	448	18270	85
2009	22848	3576	181	382	18625	84
2010	22276	3416	204	360	18204	92
2011	22917	3265	199	345	19020	88
2012	22926	3090	184	310	19250	92

第四节 人工成本管理

2001年起，省公司正式职工工资总额由销售公司依据经营目标考核下达，省公司予以分解至各分公司并进行工效挂钩考核。2003年，中国石化集团公司印发《关于改进和完善工资总额及有关费用管理的暂行办法》，省公司遵照执行。2003年起，省公司根据销售公司下达人工费计划，下达各单位工资总额和劳务费考核计提额度，劳务费用超支严重。2005年起，省公司将考核职能从企业管理处调整到人事处，理顺关系加强管理。省公司认真学习研究集团公司及销售公司考核要求，按年下发分公司绩效考核办法，并根据经营体制改革需要，建立条线考核，不断调整完善绩效考核办法。2005年6月，印发《关于对区域分公司在册正式员工工资及相关人工费用实行统一审核、拨付的通知》（省存续公司2003年3月接发放系统员工工资）。2011年7月，印发《江苏石油分公司人工成本管理办法》，对工资总额、社会保险费、福利费用、教育经费、工会经费、住房费用、劳务费用、离退休人员费用、非货币性福利、辞退福利、劳动保护费等细化管理。其中2010年起集团公司规定劳动保护费划归安环局管理，江苏石油分公司由安全数质量处管理。

一、人工成本的口径范围

人工成本的管理范围包括人员范围、单位范围和项目范围。人员范围包括正式职工、其他长期合同工、劳务派遣工和直接使用的非全日制用工，其中其他长期合同工是指由财务并表单位、单列管理单位自聘的正式职工。单位范围与财务决算合并报表范围一致。包含上市和非上市部分，对财务并表单位和单列管理单位人工费实行集中统一管理。项目范围依据国家有关规定和企业会计准则有关“职工薪酬”组成项目确定，主要包括工资、社会保险费、其他保险费、福利费用、教育经费、工会经费、住房费用、劳务费用、离退休人员费用、非货币性福利、辞退福利、劳动保护费、其他。自2011年起，劳动保护费由安全数质量部门扎口管理。

二、管理职责划分

依据人工成本费用的性质和特点，以人力资源部门和财务部门为主分类管理，相关部门配合。人力资源部门为人工成本归口管理部门，研究制定人工成本管理制度和调控办法，统筹和协调人工成本管理工作。负责组织年度人工成本预算的编制和分解下达，以及执行情况的分析和考核。各单位实际发放给员工的所有工资性收入均由人力资源部门统一规范管理，其他业务部门如需设立专项奖励，由人力资源部门统一安排。财务部门配合人力资源部门编制年度预算，对预算执行情况进行审核监督；负责人工成本费用的规范列支和会计核算。安全部门负责研究制定不同类型和不同岗位类别人员的劳动保护费用开支项目、控制标准和规范管理办法；配合人力资源部门编制年度预算，对预算执行情况进行审核监督。审计部门负责对工资内外收入情况，以及人工成本列支范围和标准进行审计监督。

三、人工成本管理内容

根据集团公司和销售公司要求，省公司经历了从管理正式工工资总额到各类用工薪酬；从母公司口径到财务并表单位；从工资总额、劳务费到工资、社会保险费、其他保险费、福利费用、教育经费、工会经费、住房费用、劳务费用、离退休人员费用、非货币性福利、辞退福利、劳动保护费等的集中统一管理过程。

2001—2012 年人工成本变化情况见表 4—2—4。

表4—2—4　2001—2012年人工成本变化情况　万元

年 份	人工成本总额	其中劳务费
2001	30681	8479
2002	34660	11703
2003	39785	15759
2004	47507	20040
2005	54246	24788
2006	59518	28697
2007	68679	35473
2008	83874	46298
2009	87839	48716
2010	97885	54410
2011	118083	70031
2012	132470	81011

第五节　员工福利

一、伙食补贴

2007 年，省公司推进加油站“五小”工程建设。按照“干群同心、美化环境、自己动手、改善生活”的要求，对加油站、油库一线员工安排每人每月 50 元的伙食补贴，建成小食堂 1859 个。结合物价水平，2008 年、2011 年、2012 年分别提高每月标准为 70 元 / 人、150 元 / 人和 200 元 / 人，改善了基层一线员工工作生活条件，营造了企业和谐稳定的氛围。

二、住房公积金

1. 正式工住房公积金

江苏石油分公司按照属地原则管理正式职工的住房公积金，各地根据地方公积金管理部门文件规定确定缴纳基数、缴纳比例和缴纳方式，并定期申报调整缴费基数。截至 2012 年底，以南京为例，住房公积金基数的上下限分别为 1320 元 / 月和 13700 元 / 月，员工和个人缴纳比例均为 12%，每年以住房公积金管理部门的文件规定申报调整缴纳基数。

2. 劳务工住房公积金

2010 年，销售公司下达劳务派遣工缴纳住房公积金人工成本预算，省公司印发《关于落实劳务工住房公积金缴存事宜的通知》，按照各地最低工资标准为基数，8% 为缴纳比例，从 2010 年 7 月 1 日起为全省劳务派遣工缴纳住房公积金，提高了劳务派遣工的福利待遇水平。

三、离退休人员企业补贴

2004 年 12 月，集团公司印发《规范离退休人员企业补贴》，省公司制定《江苏石油公司规范离退休人员企业补贴实施意见》报经集团公司批准后实施，每月离休人员 600 元 / 人，退休人员 500/300 元 / 人。2007 年 12 月，根据集团公司印发《进一步规范离退休人员企业补贴的意见》，省公司根据文件精神调整标准（1994 年底前退休的增加 180 元，1995 年 1 月 1 日以后退休的增加 150 元）。2009 年 1 月，集团公司印发《关于离休人员有关待遇的通知》，报经集团公司审核，离休人员的津贴补贴统一归并为离休人员补贴，参行参统地标准，不再执行集团公司企业补贴政策。

四、企业年金

2010 年，根据集团公司《企业年金实施办法》、《实施企业年金有关规定》和《企业年金账户管理办法》等文件，省公司报批并印发了《江苏石油分公司企业年金实施方案》，明确了参加条件（与江苏石油公司签订 1 年以上劳动合同且系统内工作满 1 年，距法定退休年龄 5 年以内已内退员工不参加）、资金筹集、账户管理、待遇支付、基金管理、组织管理和监督等内容。并就实施过程中存在的问题印发了《江苏石油分公司实施企业年金有关规定》。自 2009 年起实施企业年金制度，截至 2010 年 12 月，共有 3259 人参加企业年金计划，共有 28 人自愿不参加企业年金计划，2009—2010 年共移交资金 2112 万元。

2011 年 1 月起，集团公司统一布置启用中国工商银行开发的集企业信息维护、个人信息管理、缴费信息管理、特殊业务处理、账户管理、待遇支付和查询统计等功能于一体的年金管理系统进行企业年金日常管理。

2012 年，为规范企业年金日常管理，省公司印发了《江苏石油分公司企业年金日常管理办法》，进一步规范了企业年金缴费和待遇支付等日常管理工作，保障员工享受正常企业年金待遇。截至 2012 年 12 月，公司共有 3154 人参加企业年金，支付账户 89 个，保留账户 54 个。

五、住房补贴

根据集团公司发放住房补贴相关工作要求，结合公司实际，在住房普查的基础上，对符合条件的员工计发住房补贴，截至 2012 年底，全省发放老职工住房补贴 12698 人，发放补贴资金 24574.25 万元，发放新职工 666 人、住房补贴 1587.37 万元。

六、休假福利

2012 年，根据集团公司《关于完善在岗员工休假疗养制度的通知》，本着以人为本的原则，制定了《江苏石油分公司职工休假疗养补贴管理办法》和《江苏石油分公司劳务派遣员工休假疗养补贴指导意见》，明确了享受休假补贴的人员范围、补贴标准和发放程序等内容，其中补贴标准根据员工的工作年限和休假天数确定，鼓励员工按照国家休假规定休假，提高员工福利待遇水平。

七、健康体检

为保障员工身体健康，提高员工福利水平，每年由各分公司统一组织员工健康体检，并结合加油站、油库一线员工职业病相关防范要求，自 2010 年起由安全数质量处组织开展专项职业病危害专项体检。

八、特殊群体帮扶

2007 年，按照集团公司要求以每年 3200 元 / 人的标准帮扶协解退休人员，原集体人员按照 80% 的标准（2600 元 / 人）享受帮扶政策。

2011 年，根据集团公司规定，帮扶标准调增为每年 4400 元 / 人，集体人员相应调整为每年 3560 元 / 人。

2012 年，根据集团公司规定，帮扶协解未退休人员缴纳社会保险，帮扶标准上限为 850 元 / 月，帮扶协解退休人员缴纳办理退休手续时需缴纳的一次性医疗保险费用。

第六节 绩效管理

一、绩效管理体系建设与考核运行

1. 职责分工

2001—2005 年，省公司由企业管理处统一扎口全系统的考核工作，成立由企管、人事、财务、调度中心、商业客户部、零售、内审等部门组成的考核工作小组，对每月考核结果、存在的问题、改进措施等进行讨论和研究，并形成建议报经理室研究决定。考核涉及的大部分数据直接从 SAP 系统搜集，按照考核办法计算结果，经内审部对数据进行审计确认后，报考核工作小组审查。

2005年，为加强人工成本管理以及实现绩效考核与人力资源管理其他模块的有效连接，将绩效考核职能从企业管理处划转到人力资源处。

2. 考核运行

(1) 考核通报

从2003年1月开始，逐月发布考核通报，通报内容包含分公司工资劳务费挂钩及经营者考核指标通报表，同时对本月绩效运行情况进行简要分析。

(2) 绩效分析会

从2004年开始，按季召开绩效工作分析会，通报季度绩效指标完成情况，对绩效管理工作中普遍存在的问题进行讨论和研究，为各单位之间进行绩效管理的交流提供一个平台。从2012年6月开始，按月召开绩效分析会，省公司各专业部门对当月分公司的绩效表现进行点面分析、优差分析，总结出改进绩效的措施。每月从当月绩效排名前3位的分公司指定1家参会，介绍经验做法，从排名后3位的分公司中邀请1家参会，由省公司专业部门帮助其查找原因，制定改进措施。

二、区域分公司考核办法沿革

2001年，为进一步调动广大职工的积极性，提高市场占有率和经济效益，省公司下发了《江苏石油区域分公司2001年工效挂钩办法》，对区域分公司工资总额与实现利润、成品油销售量、吨油费用复合挂钩考核。同时，为适应重组上市后的新形势，建立健全企业经营者激励约束机制，省公司下发了《区域性分公司经营者年薪收入考核分配办法》，规定经营者年薪收入由完成率收入（完成目标基数收入）、贡献率收入（超额完成目标收入）和专项考核收入三部分构成。经营者年薪收入的75%以现金兑现，25%以期权方式奖励。

2002年，为落实集团公司经营战略，全面推进专业化经营，提高竞争力和市场控制力，省公司在修订完善工效挂钩办法和经营者年薪收入考核分配办法的基础上，对各个分公司下达了《江苏石油区域分公司2002年资产经营目标》。

2003年，为建立有效的激励和约束机制，强化经济责任，实现经济效益的最大化，促进各项管理工作实施到位，调动各级经营者的积极性，促进分公司和省公司经营条线（零售、配送、物流）完成2003年各项资产经营目标，根据ERP设计的组织结构、KPI确定的主要绩效指标和分条线管理的要求，省公司下发了《江苏石油区域分公司经营者考核奖励办法》，实行经营者年薪直接与财务类指标、运营类指标、成长类指标挂钩，专项工作实行倒扣年薪的考核指标体系。4月，对《2003年区域分公司工资、劳务费与经营量和毛利挂钩考核办法》进行了修改，明确了月度考核对经营量实行排名等7个问题。7月，为引导分公司扩大零售纯油枪量，正确处理好零售非油枪和直销的关系，提高公司加油站竞争力和盈利能力，省公司对《江苏石油区域分公司2003年资产经营目标和工资、劳务费挂钩考核及经营者考核奖励办法》进行了第二次修改，一是将零售纯油枪和非油枪工资、劳务费挂钩含量分开计算考核，提高零售纯油枪增量的工资劳务费挂钩含量。二是增加难度系数的考核，适当提高经营量连续几年增幅居前的分公司经营者年薪。

2004年2月，省公司下发了《江苏石油区域分公司2004年工效挂钩及经营者考核办法》，突出变化是将工资、劳务费分成两块：

一部分用于工资、劳务费直接与量、利挂钩，实行统一的挂钩含量；另一部分，考虑到一些单位人均劳动生产率偏低和历史形成的人员包袱较重的实际情况，保留一部分工资、劳务费不直接参与挂钩，按当月考核指标计划完成率提取列支；对这部分保留的工资、劳务费，通过增量增效或减员分流逐年缩小，在3年内最终取消保留工资、劳务费。4月，省公司下发了《江苏石油区域分公司2004年工效挂钩及经营者考核办法修改意见》，一是首次对网络发展实施奖罚。二是将月度考核经营者的“利润”指标调整为考核“累计利润完成率”。三是对燃料油和润滑油的经营不再另行制定对经营者年度考核办法，仍然实行倒扣年薪的办法。四是根据当月经营规模和难度系数（按毛利总额和经营总量各占50%比例），将分公司经营者月度奖金兑现基数分成五档，领导班子其他成员也相应分成五档；排前3名的为五档，排4—6名的为四档，排7—8名的为三档，排9—11名的为二档，排后3名的为一档。

2005年，在对分公司考核办法中引入了年薪制理念，即依据责任、贡献大小、各分公司经营规模和地区劳动力市场价位，确定各分公司领导班子成员年薪标准。领导班子成员年薪收入由基薪、绩效奖金（考核收入）两部分组成。基薪（约占年薪的30%）按月固定发放，体现基本保障性；绩效奖金（约占年薪的70%）与领导班子成员的经营管理绩效挂钩，充分体现激励和约束作用。

2006年，省公司根据条块结合的管理模式，对条线实施专项考核。下发了《江苏石油分公司2006年度物流中心考核办法》、《江苏石油分公司2006年度信息、审计条线考核办法》、《江苏石油分公司2006年度燃料油中心考核办法》等4项专项管理办法。

2007年，为完善分公司工效挂钩考核办法，规范企业人工费用管理，省公司下发了《江苏石油分公司2007年度区域分公司工效挂钩考核办法》。在以往考核办法的基础上，突出了人工费用总额控制、适度挂钩考核的原则。工效挂钩考核以人工费用预算为基础，强化总额控制，企业经营管理绩效与全员收入水平适度挂钩。同时，下发了《2007年江苏石油区域分公司领导班子年薪考核兑现办法》，坚持合理划分年薪结构，绩效奖金和考核结果全额挂钩，体现激励性的原则。根据所在区域和经营规模不同，确定领导班子年薪标准，经营者考核收入分为月度绩效奖金、季度管理指标考核增减数、年度绩效奖金三部分。

2008年，省公司下发了《2008年区域分公司考核办法》，对部分考核指标进行了调整，月度主要挂钩考核经营、管理指标，年度依据人均效率及专项指标完成情况进行排名考核。同时，为使考核工作能适应市场环境变化，更好地发挥导向作用，提出了在市场环境发生较大变化时，可调整考核指标和考核方法，适时停用或启用部分考核指标，调整相关指标挂钩考核权重。下发了《2008年江苏石油区域分公司领导班子年薪考核办法》，明确了分公司领导班子的基薪、月度绩效奖金和年度绩效奖金比例关系原则上分别为年薪的30%、50%和20%。

2009年，为适应市场变化，落实集团公司“两保三不降”工作要求，提高各分公司扩量增效的积极性，省公司下发了《2009年江苏石油区域分公司绩效考核暂行办法》，突出月度考核，实施季度评价，兼顾年终总评，月度侧重主要经营指标的考核，基地侧重对管理指标的评价，年度对照全年指标完成情况和季度评价结果进行总评。同时，对分公司领导班子成员继续实行年薪制，基薪按月发放，月度绩效奖金和年底绩效奖金的比重为7∶3。

2010年，省公司下发了《2010年江苏石油区域分公司绩效考核办法》，考核办法主要体现两个方面的变化：一是实行超量奖励，欠量扣减薪酬。按照完成当年必成经营指标对应当年预算薪酬总额，对“陆上零售量”（剔除灌桶量，下同）和终端直销量超必成指标部分奖励兑现薪酬，对欠量部分扣减兑现薪酬。二是对全面完成全年必成经营目标任务，且吨油毛利完成率达到全省平均完成率以上的分公司，有下述业绩的给予领导班子成员年度重大贡献奖：成品油经营总量同比增幅10%以上（含10%）或同比净增8万吨以上（含8万吨）；“陆上零售量”同比增幅达10%以上（含10%）或同比净增6万吨以上（含6万吨）。

2011年，省公司下发了《2011年江苏石油区域分公司绩效考核办法》，为鼓励分公司创先争优，结合总部对直属单位的考核要求，省公司对分公司的考核在以往基础上，提出了年度考核标准依据分公司自选的保底、基本、提升、奋斗四类指标值进行考核，难度系数分别为0.8、1.0、1.3、1.8，分公司领导的年终奖金根据完成率和难度系数的乘积计算。4月，省公司根据油品市场发生的变化，下发了《关于调整〈2011年江苏石油区域分公司绩效考核办法〉的通知》，一是取消陆上零售量、终端直销量超（欠）计划月度奖（罚）兑现；二是取消成品油经营总量计划完成率考核指标，同时将吨油毛利计划完成率权重由10%调整为16.5%，将毛利总额计划完成率权重由20%调整为30%；三是按照《关于加强加油站润滑油销售的通知》调整对加油站润滑油销售奖励办法。

2012年，考核办法仍然按月度、季度和年度考核为周期，月度突出主要经营指标的完成，季度突出经营能力、成本控制能力、盈利能力和综合发展能力的评价。依据月度和季度考核结果，将分公司分为A、B、C三类企业。

三、省公司机关考核办法沿革

2005年，省公司制定下发了《江苏石油公司本部绩效考评暂行办法》，一是紧密围绕关键绩效指标进行考核，根据省公司年度绩效目标、重点工作和本部门职能分工，确定部门年度关键绩效指标和工作目标，经经理办公会审定后作为部门考核的主要依据。二是部门及中层人员考核由人力资源处组织，采取绩效考评领导小组、区域分公司、部门之间多维度评价的方式；中层以下人员考核由各部门自行组织，由部门负责人统一进行考评。三是中层人员年度考核结果由部门年度绩效考评结果（60%）和中层人员年度综合素质考评结果（40%）构成；中层以下人员的考核分为工作态度（20%）、工作能力（20%）、工作实绩（60%）三个部分。四是按照考核得分，分别将员工归入优秀、良好、合格、基本合格、不合格。五是考核结果除了用于兑现绩效奖金之外，还用于对连续2年被评为先进的员工，可晋升一档工资。

2008年，为推进“四好”活动的开展，以及促进创建优秀石油流通企业，省公司制定下发了《江苏石油分公司2008年度省公司机关考核办法》：一是突出了业绩指标和“四好”指标相配套的指标设计原则，主要业绩指标和“四好”创建指标考核权重分别为70%、30%，其中"四好"指标的权重分配是："学习好"5%、"创新好"5%、"服务好"15%、"廉洁好"5%。对员工主要考核个人工作履职和绩效完成情况以及"四好"指标，考核权重分别为70%、30%。二是年底考核增加中层述职环节，由中层管理人员围绕本部门重点工作和自身履行岗位职责情况，对自己一年来取得的主要工作成绩、存在问题和明年的工作打算，以及自身廉洁自律、学习等情况进行汇报。

2009年，为落实集团公司"两保三不降"工作要求，提高机关服务基层的积极性，省公司下发了《江苏石油分公司2009年度省公司机关考核办法》，突出月度考核，实施上下联动。即经营管理部门人员月度绩效奖金与相关经营指标挂钩；职能管理部门人员月度绩效奖金与分公司经营指标平均完成率和省公司经营管理部门指标完成率挂钩。同年7月，省公司根据上半年度的实际运行情况，下发《关于调整〈江苏石油分公司2009年度省公司机关考核办法〉的通知》，对原考核办法中的部分内容进行了优化调整：调整了机关部门绩效奖金兑现方式，调整非油品处月度考核指标和指标修正方式。

2011年，省公司下发了《2011年度省公司机关考核办法》，除了继续实行上下联动、省公司各部门人员月度绩效奖金与分公司综合指标平均完成率挂钩之外，还开展了对标评价，结果挂钩兑现。每月将经营管理部门主要指标完成情况和浙江分公司进行累计对比，按对比结果进行考核兑现。

2012年，按照集团公司全员绩效考核的要求，省公司下发了《江苏石油分公司省公司机关绩效考核办法》，以《省公司机关部门绩效成绩单》为考核的主要依据，成绩单包括关键绩效指标40%、重点工作40%、四好创建20%以及HSE（约束性指标）四部分构成。根据考核结果将部门和员工分为A、B、C三档。

四、专项考核办法

2007年，根据总部统一部署和年度工作会议精神，为促进各项重点工作的落实，省公司制定了《2007年度网络发展工作考核奖励办法》、《加油站形象改造项目工程评价办法》、《2007年度区域分公司水电节约工作考核办法》、《省公司机关清理整顿考核办法》、《2007年度江苏石油分公司成品油基础管理考核办法》等5个专项考核办法。

2008年，省公司制定下发了《加油站改造工作专项考核办法》、《2008年区域分公司非油品业务考核办法》、《江苏成品油管道工程及配套油库项目绩效考核办法》、《2008年度节能工作考核办法》、《应收款项管理实施细则》等6个专项考核办法。

2009年，省公司制定下发了《2009年网络发展和加油站改造工作考核奖励办法》《2009年节能达标工作考核办法》、《润滑油经营管理考核办法》、《深化职工住房改革工作考核奖惩办法》等4项专项考核办法。

2010年，省公司制定下发了《2010年网络发展和加油站改造工作考核奖励办法》、《地市分公司非油品效益薪酬考核兑现办法》、《江苏石油区域分公司资产经营管理专项考核办法》等专项考核办法。

2011年，省公司制定了《江苏石油分公司"比学赶帮超"工作奖励暂行办法》、《关于实施2011年度管理星级加油站计划的通知》、《土地房产权证规范工作考核办法》、《江苏石油区域分公司资产经营管理专项考核办法》。

2012年，省公司印发了《地市分公司

2012年非油品效益薪酬考核兑现办法》、《2012年网络发展和加油站改造工作考核奖励办法》2个专项奖励办法。

第七节 培训管理

一、培训管理体制

2006年7月，正式设立“江苏石油分公司培训中心”。主要负责实施省公司下达的培训计划，负责学员在培训期间的学习管理和食宿安排、培训基地的日常管理和维护，为企业内部培训提供保障和服务。

2007年2月，明确培训中心为副处级建制，隶属人力资源处，编制4人。其中培训中心主任1人，主管（副主管）1人，并进一步细化了培训中心的职责：负责省公司系统培训体系设计，建立健全培训工作流程、工作规范及各项规章制度并监督执行；负责培训资源的开发利用、整合提升；组织设计培训课程，组织培训大纲及教材的编写和修订工作；组织培训需求调研，制定阶段性教育培训工作计划及各个专项培训工作计划，督导、协助有关部门组织实施，并组织实施培训效果评估工作；管理教育培训经费和培训中心的运营费用；负责师资队伍的组织管理及教学、教务和后勤管理工作；指导全省做好培训学员及培训资料的档案管理工作。

2007年10月，提出江苏石油分公司培训工作三年规划见图4—2—1。

2009年3月，省公司制定并下发了《员工教育培训管理办法》，明确江苏石油分公司实行“人力资源部门扎口管理，相关部门（条线）和区域分公司分工负责”的教育培训管理体制。省公司人力资源处是全系统员工教育培训工作的主管部门。省公司机关各部门（条线）协助人力资源处实施重点人才培训，承担相关业务的培训工作。明确各分公司要在人力资源

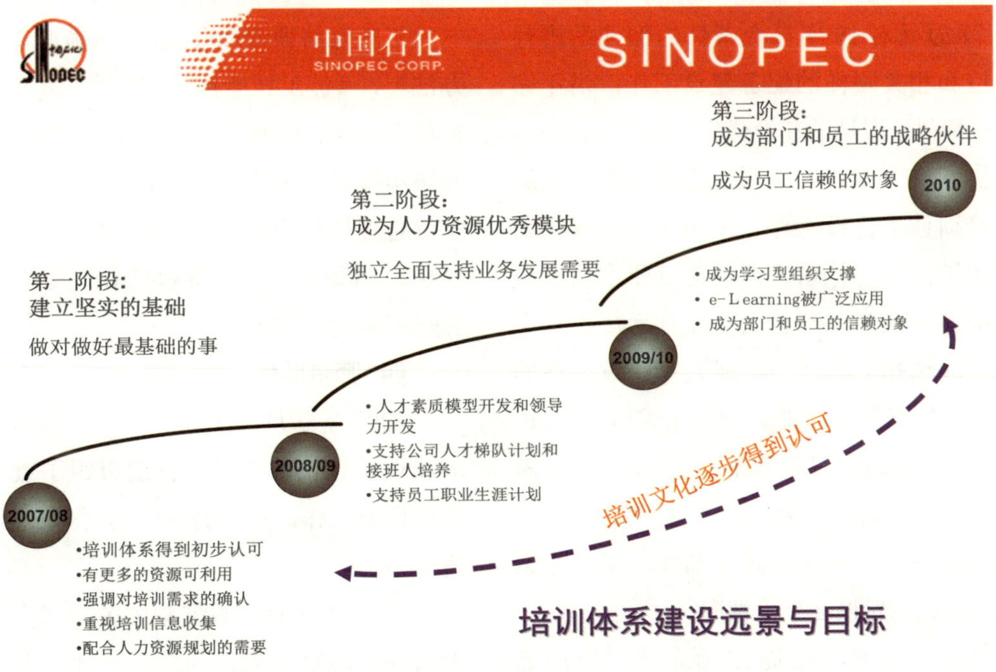

图4—2—1 江苏石油分公司2008—2010年培训工作规划

科配备专职培训管理人员，省公司机关各部门（条线）应配备兼职培训管理员，分别负责本单位、本部门的教育培训管理工作。

二、基地建设

1. 省公司培训基地

2005—2006年，省公司投资250多万元在南京江北浦珠路浦珠加油站内建设1座培训基地。培训基地的建筑面积约3400平方米，拥有学员宿舍61个床位，教室2个，电教室1个，电脑45台，讨论室2个，图书资料室1个，音乐室1个，学员食堂1个，可同时容纳100名学员的培训与生活，基本满足了企业内部培训的需要。

2. 培训站(库)建设

2007年5月，根据销售公司《关于做好加油站站内培训体系建设试点单位培训站选址及硬件设施配套工作的通知》精神，江苏石油分公司被列为销售企业站内培训体系建设的第一批试点单位。6月，选择常州石油分公司和扬州石油分公司同步进行试点，先后投资77万元对18座符合条件的加油站进行了改造和相关硬件的配备建设工作，当年完成试点单位培训站的建设任务，并投入试用。

2008年8月，在全系统范围内推广实施站内培训体系建设工作。按照《中国石化销售企业站内培训体系培训站选点要求及设备设施配备标准》，共投资345万元，在每个零售片区选择1座具备培训教室建设条件的加油站进行培训站改造。当年完成76座培训站的装修、改造和设备配备工作。7月，为满足油库员工培训的需要，投资近47万元，在扬州头道桥油库和南通姚港油库，率先在销售企业中改造建设2座培训库。

2011年8月，投资12万余元，利用老办公楼会议室，在省公司机关改造建设“远程教育直播室”。截至2012年底，江苏石油分公司已基本形成了“1个中心、2个库、94个站和1个远程直播室”的培训硬件网络。

3. 外部资源

2011年5月，江苏石油分公司与常州大学正式签订了校企全面合作协议，标志着江苏石油分公司培训资源利用走上了更加广泛的道路。

2011年5月，省公司与常州大学签订校企全面合作协议

三、培训制度

为使培训管理和经费使用规范、高效，省公司先后制定下发了《江职工教育经费管理办法》、《员工业余学习费用管理办法》、《员工教育培训管理办法》、《兼职讲师管理办法》、《员工技能提升奖励办法》、《教育培训工作考核暂行办法》、《关于规范培训班开班申报等有关问题的通知》、《员工学历、学位管理暂行规定》、《物流中心培训库管理办法》、《职业技能竞赛和技术比武奖励办法》等管理制度。

四、师资队伍

2007年9月，江苏石油分公司结合站内培训体系建设的要求，首次组织了兼职讲师资格认证工作，当期有52人获得兼职讲师资格证书。

2009年4月，根据集团公司“大教育、大培训”战略要求，为加强培训资源的开发和加强兼职讲师的管理，按照省公司系统培

2011年7月，省公司在常州大学举办中青年骨干培训班

训工作的需要，设立培训“专业教研组”。经过专业部门的申报和人力资源处的审核，全系统设立22个教研组共52个专业小组。

2010年4—8月，江苏石油分公司组织了“首届兼职讲师技能汇展”。在集中汇展中，全省14个分公司和2个专业条线的29名选手参加了此次活动。

2011年6月，省公司再次组织兼职讲师的认证工作，并首次将省公司机关部门副职和地市公司领导班子成员纳入兼职讲师认证范围。截至2012年底，全系统经认证的兼职讲师总数已达350人，其中，核心讲师120人，基础讲师230人。

五、培训实施

2001年5月，委托河海大学国际工商管理学院，组织了首期企业管理专业研究生课程进修班。6月，按照集团公司人教部的统一部署，结合实际情况，公司组织师资力量对有关人员进行了管理干部岗位资格培训与考核，先后有350多人参加了3次公共课程考试，均取得了较好的成绩。

2005年6月，省公司与前程无忧培训机构合作，分2期组织中层管理人员参加“以绩效为导向的管理”培训，全系统40人参加培训。这是省公司首次引进外部专业培训机构，参与企业培训工作。11月，省公司首次对80多名片区经理进行了岗位技能培训。通过对ME应具备的基础知识和基本技能的培训，强化片区经理的监管、分析、指导、沟通等各方面技能，提高岗位胜任能力，并使片区经理进一步加深对销售企业经营管理体制改革的理解，转变思想观念，明确岗位职责，改进工作态度，提高工作成效。

2003—2006年，省公司先后选送了24人参加总部组织的各类硕士培训。

2007年10月，提出“以绩效为导向的培训实施体系”。

2007年9月，销售公司举办销售企业质检员大专班，江苏石油分公司有4人参加了学习。

2008年3月，制定并下发了《2008—2009年度江苏石油分公司培训工作要点》，首次提出“‘百千万’培训工程”：围绕“创建优秀石油流通企业”，实施“百名”领导人员培训工程、“千名”经营管理人员培养工程、“万名”一线员工技能提升工程等。

2009年7月，为了提高全系统油库主任的学历层次和专业能力，省公司与常州大学合作组织1期“油库主任本科班”，全系统有职64位油库主任参加了学习。

2010年，按照中国石化总部“强三基”的要求，全系统分层分类深入开展了大规模的员工培训工作。一是加强班组长培训，强化班组建设，按照《中国石化班组长培训大纲》要求，全年共组织班组长培训3703人次。二是以《内控制度》学习为重点，结合防范经营管理风险，组织经营骨干人员学习内控制度，熟悉相关业务流程。三是强化新版《员工守则》宣讲培训，全年共组织8398人次进行培训。

2011年6月，为提高全系统中青年骨干

2010年8月，省公司举办首届兼职讲师技能汇展

人员的领导力和经营决策能力，省公司与常州大学共同组织了1期“中青年骨干培训班”。经过推荐、考核，全系统45名优秀中青年骨干接受了为期22天的培训。

2011年9月，为提高全系统骨干人才和专业技术人才的学历层次与综合素质，帮助他们掌握油气储运、工程建设等领域的专业知识，适应公司发展的要求，省公司与常州大学合作举办1期工程硕士培训班，有32名骨干人才参加了这次硕士班学习。

2012年，按照省公司“开拓创新，科学发展，加快优秀石油流通企业建设”的总体目标，坚持服务基层、支撑经营、突出重点、超前谋划的指导思想，有计划、分层次地开展各类培训活动，重点突出建设基本市场、LNG、L-CNG等新业务的培训、加油站“五项技能”培训与考核等工作。3—5月举办了4期加气站业务培训班，参培人员76名。4月，在省委党校举办了共40人参加的新晋处级干部培训班。6—12月，完成了加油站五项技能培训与考核工作。省公司统一编制、印刷、下发了加油站五项技能培训教材、培训课件、24门课件在集团公司远程育网发布；培训、认证了299名“五项技能”兼职讲师。统一组织了加油站五项技能在线考试，完成了对站长、领班长和加油工的“五项技能”的资质认定。

2006—2012年培训量统计见表4—2—5。

表4—2—5　2006-2012年培训量统计表

年份	培训总量（万人次）	其中基层培训量（万人次）
2006	1.8	
2007	2.5	2.1
2008	4.1	3.8
2009	7.3	6.3
2010	8.7	6.5
2011	9.4	8.4
2012	13.1	12.2

第八节　人事基础工作

一、人事信息系统

1. eHR系统

eHR系统是集团公司统一开发推广使用的人力资源管理信息系统。2003年9月，集团公司正式部署系统建设工作，2004年6月，全省完成组织机构和职工信息数据采集，之后根据集团公司统一布置，分别于2004年12月和2005年5月补充采集职工信息和薪酬数据。2008年11月，采集劳务派遣工基本信息。eHR系统用于人员管理和人事劳资报表统计，提高用工总量和人员信息管理以及报表提报水平。

2. K3系统

鉴于中国石化eHR系统功能定位为正式职工的管理和报表统计，2005年8月，建立金蝶K3人力资源系统。2005年10月，采集并导入全员基本信息。2005年11月，制定全员薪酬模式并导入全员薪酬。2006年1月，正式采用金蝶K3人力资源系统进行全员管理和薪酬发放。

3. SAP—HR系统

2010年7月，集团公司SAP-HR项目组下发了《关于SAP-HR系统第一批推广单位名单及有关事项的通知》，将省公司纳入第一批推广单位名单。2010年10月12日，省公司制定下发《关于成立江苏石油分公司SAP-HR项目领导小组及办公室的通知》，成立了以主要领导为组长、分管领导为副组长、人事为主、多部门相互配合的领导小组和实施小组。2011年3月，集团公司召开SAP-HR系统建设推进会，标志着SAP-HR系统建设正式启动。

SAP-HR系统采用服务器总部集中部署的架构，由业务处理和综合应用两个平台构成。业务处理平台是各层级各类用户的统一应用平台，实现各类人力资源管理业务的在线处理、信息维护和管理控制，设有机构编制、劳动用工、干部管理、人才管理、薪酬保险、人工成本管理、培训管理等13个一级菜单。综合应用平台是满足各级领导和管理人员的浏览查询和综合分析需要，实现统计报表的填报汇总，设有管理图表、浏览查询、灵活查询、定期报表等4个一级菜单。

2011年4月，召开系统SAP-HR视频布置会。2011年7月，按期完成组织、人事和薪酬数据采集，在线计发正式工、劳务工和离退休人员薪酬，SAP-HR系统经总部项目组批准转入试运行。试运行期间，根据实际业务开展组织、人事和薪酬的在线操作，深化调整用户权限配置，补充调整和完善组织、岗位和人事信息数据和报表提报。12月，经集团公司HR项目组批准系统转入正式运行。正式运行后，将托管站和独立核算站纳入系统管理。

2012年9月，实现了公司正式工和劳务工等人工成本与SAP系统财务过账，10月停止使用eHR系统，实现了HR系统单轨运行。SAP-HR系统上线实现了人力资源管理主要业务的在线管控，进一步规范了业务流程和管理，与财务、信息等系统的集成，可有效防范经营管理风险，提升管理信息化水平。

4. TS系统

2009年2月，销售企业培训管理系统（TS）正式上线运行，并于2011年完成系统功能提升。2012年2月，为了保证该系统的正常运行，切实提升全系统培训管理水平，省公司下发了《关于深入推进培训管理系统（TS2.0）应用与管理工作的通知》，从2012年开始各分公司和省公司机关，包括培训计划的申请、审批、发布、实施、总结和归档等工作，全部在线操作。

5. 远程教育培训系统

2011年6月，集团公司远程教育培训系统（e-learning）正式开通。为加快推广和广泛使用这一系统，省公司下发了《关于做好远程教育系统用户注册工作的通知》。2012年4月，下发了《关于正确使用中国石化远程培训系统和销售企业培训管理信息系统的通知》。截至2012年12月底，省公司系统注册人数已达12420人，在销售企业名列前茅。

6. 企业年金系统

企业年金系统是中国工商银行开发的企业年金管理系统，设置了企业信息、人员信息、缴费管理、待遇支付和统计查询等功能。各分公司申报人员信息变更、人员增减变动和待遇支付等信息，省公司负责在系统中统一维护，经集团公司企业年金理事会办公室人事和财务组审核后生成缴费明细和缴费筹集单，由财务部门筹集上划资金。

7. 劳动定员系统

2009 年 7 月，油品销售事业部发布《油品销售企业劳动定员》企业标准（Q/SH0256-2009），同期启用劳动定员测算平台系统，按公布的劳动系统标准，建立数学模型，在信息系统中对销售企业的自营自管加油加气站、委托管理站、合资站、统管站的劳动定员进行计算。

系统运行方式：加油加气站定员系统是通过在系统中录入各定员点（加油加气站、独立发卡网点）的 SAP 编码、加油卡系统编码、便利店系统编码等定员数据，由系统通过后台接口自动从相关系统（零管系统、加油卡系统、便利店系统等）取数，并按相应的定员标准自动计算加油站环节用工编制。

定员系统管理方式：定员系统采用分级管理的方式，省公司负责该系统的全面管理工作，指导分公司系统维护，建立分级负责制，对数据完整性和真实性进行审核等。分公司人力资源科负责具体数据的日常维护工作，并对系统数据的整体完整性、真实性负责。

系统日常维护：对定员系统采取集中维护与日常维护相结合的方式。每年进行 2 次的集中维护工作，各分公司根据油站网点增减情况及时进行日常的维护。

二、人事档案管理

按照集团公司《关于开展人事档案审核工作的通知》要求，2008 年，省公司制定下发《关于开展人事档案检查验收工作的通知》、《江苏石油分公司人事档案管理实施细则的通知》，组织分公司人事档案业务知识培训，集中开展人事档案的审核整理工作，对在职人员的人事档案进行了材料补充和整理。2009 年，组织人事档案检查验收工作，下发《关于人事档案检查验收情况的通报》和《关于表彰 2008 年度人事档案管理先进单位和先进个人的决定》，对人事档案管理先进单位和个人进行了表彰，进一步提高人事档案工作规范化、制度化、信息化水平。

三、人事队伍建设

2008 年，根据中组部和集团公司有关部署，制定下发《江苏石油公司系统组织人事部门开展讲党性、重品行、做表率活动的实施意见》，明确组织人事部门强化四种意识：一是强化发展意识，牢固树立科学发展观和“人才是企业发展的第一资源”的理念；将个人发展与企业发展紧密联系起来，认真学习、思考和实践，超前谋划并创造性地开展工作。二是强化责任意识，想问题、办事情以公司改革发展稳定的大局为出发点和落脚点，强化系统意识，提高执行力，对企业负责，对员工负责，对自己负责。三是强化服务意识，不断提升能力，提高工作主动性、针对性和有效性，为创建优秀石油流通企业提供坚强保障，使组织人事部门成为党员之家、干部之家、职工之家。四是强化表率意识，加强党性修养，坚持公道正派，严守组织纪律，认真贯彻党风廉政建设各项要求，树立良好形象。为确保活动取得实效，制定了六项具体措施：加强思想政治学习，提高党性修养。加强业务学习，提高服务本领。接受革命教育，提高思想境界和争做表率的自觉性。注重言行，发挥表率作用。开辟人事条线工作简报。开展组织人事干部下基层活动。活动开展四年来，人事条线的政治素质、职业素养和专业技能不断提高，全系统人力资源管理师的持证率达到 52%，人事工作整体质量得到稳步提升。

第三章　纪检监察

2001—2012年，江苏石油分公司各级纪检监察部门深入贯彻落实科学发展观，坚持标本兼治、综合治理、惩防并举、注重预防的方针，认真落实党风廉政建设责任制，深入开展党风建设和反腐败工作，扎实推进惩治和预防腐败体系建设，为公司持续稳定和谐发展提供有力保障。

第一节　廉政教育

一、反腐倡廉教育

2001年，开展以《前覆后鉴——中国石油化工集团公司违法违纪案例选编（续）》和《石化反腐警示录》为主要内容的警示教育活动。1500多名党员领导干部参加，收到100多篇学习体会。开展以《中国共产党党员领导干部廉政从政若干准则（试行）》、《关于实行党风廉政建设责任制》为主要内容的党纪政纪条规知识书面测试，参加人员达500多人次。结合系统两年来发生的经济案件，开展“以案说纪、以案讲法”的廉政课，从反面典型中吸取教训，引起警醒。

2002年，开展“读好一本书、看好一组片、写好一篇心得、敲响一次警钟”的警示教育活动。转发了集团公司关于深圳“3·15”案件的通报，印发犯罪分子悔罪书等，进行守法经营、合法经营的警示教育。

2003年，开展了“牢固树立正确的权力观”和坚持“两个务必”党风廉政主题教育活动。组织开展向郑培民学习的活动，观看郑培民先进事迹报告录像，召开专题民主生活会。

2004年，组织开展“增强纪律观念、自觉接受监督”主题教育活动。组织开展以《中国共产党纪律处分条例》、《中国共产党党内监督条例》为主要内容的党内法规知识竞赛考试活动，1530人参加了知识竞赛。组织开展向中石化廉洁勤政领导干部学习活动。在公司局域网上设立廉政建设专栏进行廉政教育宣传。

2005年，以保持共产党员先进性教育活动为主线，组织党员干部学习《党员干部反腐倡廉教育学习材料》。组织参加《建立健全教育、制度监督并重的惩治和预防腐败体系实施纲要》、《“三个代表”重要思想反腐倡廉理论》与《国有企业廉洁从业若干规定（试行）》知识竞答活动，764名党员干部参加了竞答。组织观看当代共产党员楷模牛玉儒先进事迹报告会和电影《任长霞》等活动。

2006年，以辅导讲座、座谈研讨等方式，开展学习贯彻党章活动。组织开展以观看《石化反腐警示录（第二部）》为主要内容的反腐倡廉警示教育活动月，2051名党员干部和关键岗位人员分层分级观看了警示教育片。

组织665人参观了"江苏省反腐倡廉成果展"。组织开展评选勤政廉洁优秀领导人员活动，发挥典型示范作用。

2007年，开展向中国石化集团公司15名廉洁勤政优秀领导人员先进典型学习活动，组织听取集团公司廉洁勤政优秀领导人员先进事迹报告会和观看先进事迹电视片。组织处级以上干部和家属观看影片《公仆》。组织观看参赌警示教育片《赌之害》。

2008年，开展"抓源头、促清廉"主题活动，以学习周恩来精神为主线，开展举办一次学习周恩来精神报告会、组织一次瞻仰周恩来故居、开展一次专题党课等教育活动。邀请了南京市预防职务犯罪宣讲团进行国企领导人员和工程建设专场预防职务犯罪宣讲活动。

2008年6月，省公司开展预防职务犯罪宣讲活动

2009年，坚持党委中心组反腐倡廉专题学习，组织学习《国有企业领导人员廉洁从业若干规定》等3项法规和《关于开展工程领域突出问题专项治理的工作意见》。组织党员领导干部和关键岗位人员1560人次观看《石化反腐警示录（第三部）》。开展廉政教育半日行活动，组织参观金陵廉政文化教育馆。加强对重点岗位人员的反腐倡廉教育，深入重点油库开展上廉政课，观看警示教育片、签订廉洁从业承诺书等系列活动；在管道工程人员中组织廉政学习培训16次，签订廉洁从业承诺书85份，签订管道工程建设廉政责任书27份，发放廉政监督卡117张。

2010年，以"五个一"活动为载体，开展了多层面、多形式的反腐倡廉教育。一是开展党委中心组理论专题学习。组织学习《中国共产党党员领导干部廉洁从政若干准则》、《关于严格禁止领导干部利用中国石化资源和平台谋取私利的十条规定》等规定，共组织学习《廉洁从政若干准则》、《廉洁从业若干规定》32次，共有968人次参加了学习。二是开展警示教育活动。组织参观江苏金陵监狱，听取职务犯罪人员现身说法，召开警示教育大会。三是组织学习《镜鉴——国有企业廉洁从业教育读本》，在处级以上领导人员开展"读镜鉴、思廉政"读书征文活动。四是组织签订廉洁从业承诺书。五是开展家庭助廉活动。召开干部家属座谈会、发放家庭助廉倡议书、签订家庭助廉承诺书。开展禁止党员干部违规收送礼金礼券的节前廉洁教育活动。

2011年，组织开展"七个一"党风廉政教育活动月。一是讲一堂廉政党课。各单位党政主要领导为本单位党员、干部廉政党课或反腐倡廉专题报告17次，1538人参加了学习。二是开展一次警示教育活动。省公司组织机关主管以上人员参观扬州预防腐败警示教育基地，开展"以案说纪、以案说法"

2010年5月，省公司组织参观金陵监狱

2010年3月，省公司举行党委中心组学习会和廉洁自律承诺书签字仪式

工程专场主题教育，共有1347人接受警示教育。三是组织学习中纪委宣教室编写的《反腐倡廉10个热点问题》和《〈中国共产党党员领导干部廉洁从政若干准则〉实施办法》等。四是按照干部管理权限，进行一次全面的廉政谈话和干部谈心活动，共有778人参加了谈话活动。五是开展一次廉洁承诺，共有1326人签订廉洁自律承诺书。六是完成一套制度汇编。将中央、集团公司和本单位廉洁从业方面的规章制度汇编成册，在广大干部员工中学习贯彻和遵守。七是各单位结合实际，在单位醒目位置办一期党风廉政建设方面的专题宣传展板，营造良好氛围。

2012年，组织开展以"保持党的纯洁性，保障企业科学发展"为主题的党风廉政教育月活动，省、分公司开展了形式多样、扎实有效的教育活动，积极营造风清气正的廉洁氛围。一是认真落实党政主要领导上党课制度。省、分公司主要领导结合"七一"和党风廉政教育月活动，共组织上党课17次，1538人参加了学习，切实加强党性党风党纪教育。二是积极开展警示教育。省、分公司组织预防职务犯罪警示教育大会，观看《廉政中国》警示教育片，参观监狱、警示教育基地等活动26次，1285人次参加警示教育活动，促进党员干部进一步增强法纪观念和自律意识。三是组织开展廉洁承诺活动。下发了《江苏石油分公司廉洁承诺实施办法》，在各级领导班子成员、中层管理人员，涉及人、财、物管理的关键岗位人员3个层级开展廉洁从业承诺活动，1329人签订了《廉洁从业承诺书》，不断增强廉洁从业意识。四是组织学习中国石化集团公司党组成员、纪检组组长徐槟在集团公司廉洁风险防控研讨会上的讲话和《关于开展廉洁风险防控试点工作的指导意见》，使干部职工充分认识实施廉

2011年11月，省公司组织参观扬州警示教育基地

2012年6月，省公司召开预防职务犯罪警示教育大会

洁风险防控的重要性和紧迫性，理解和掌握开展廉洁风险防控工作的基本知识，为廉洁风险防控有效开展营造良好氛围。五是组织一次廉政谈话。按照干部管理权限，进行一次全面廉政谈话和干部谈心活动，共有385人参加了谈话活动。

二、廉洁文化建设

2006年，根据集团公司下发的《关于进一步加强廉洁文化建设的若干意见》，制定下发《关于组织开展廉洁文化进机关活动的通知》，组织学习集团公司廉洁文化建设现场会精神，指导和推动了公司廉洁文化建设工作。

2007年，制定下发《关于进一步推进廉洁文化建设的实施意见》，组织学习集团公司廉洁文化建设工作交流会精神，组织开展反腐倡廉格言警句征集评比活动，共征集到格言警句495条。开展节前廉洁教育活动。

2008年，积极开展廉洁文化“五个一”活动，上报廉洁文化建设“五个一”活动书画美术作品706件、文集作品220篇，被中国石化总部录用书画作品12件，文章15篇，通过OA办公系统制作展示崇廉倡廉书法、美术作品，扩大廉洁文化覆盖面；组织摇滚说唱《送油姑娘》和苏州评弹《庄重的签名》2个节目参加集团公司廉洁文化建设文艺汇演。

2009年，制定下发了廉洁文化“六进”工程推进方案。推行廉洁文化上墙面、上桌面、上机面，制作并发放廉洁文化宣传画2434张，警示桌卡917个，对全省约1500余台办公电脑统一设置电脑廉洁屏保。组织开展“当好‘三大员’，齐心保廉洁”家庭助廉活动，发放廉洁文化进家庭倡议书120余份。开展廉洁文化“六进”工程先进集体和先进个人的评选活动。

2010年，认真贯彻落实中国石化集团公司廉洁文化建设研讨会精神。制作廉政宣传电梯画，在中秋、国庆两节期间，发送《廉政准则》解读漫画，营造“以廉为荣、以贪为耻”的廉洁氛围。

2011年，打造廉政短信平台，在不同时段向公司党员领导干部及重点岗位人员发送不同内容和类别的廉政短信，发送短信累计40余条37500人次。

2012年，继续开展向处级干部赠送廉政台历，共发放台历120余本，制定了电梯宣传画，继续编发普法廉政短信。

张贴廉洁文化宣传画

第二节 廉政制度

一、惩防体系建设

2005年1月，中共中央颁布了《建立健全教育、制度、监督并重的惩治和预防腐败体系实施纲要》，提出坚持标本兼治、综合

治理、惩防并举、注重预防的方针，建立健全与社会主义市场经济社会发展相适应的教育、制度、监督并重的惩治和预防腐败体系。

2006年，以贯彻落实《实施纲要》为重点，建立惩防体系工作领导小组，制定江苏石油分公司贯彻落实《实施纲要》的实施细则。

2007年，制定下发了《贯彻落实〈建立健全教育、制度、监督并重的惩治和预防腐败体系实施纲要〉2007年底前工作要点及任务分解》的通知，明确牵头单位，落实工作任务。按照《实施纲要》的要求，对照有关部门的职责，下发了关于细化《贯彻落实<实施纲要>2007年底前工作要点及任务分解》的通知，对2007年底前工作要点和任务进一步分解和细化。

2008年，贯彻落实中央《建立健全惩治和预防腐败体系2008—2012年工作规划》（以下简称《工作规划》）和集团公司《贯彻落实<工作规划>实施办法》，制定江苏石油贯彻落实《建立健全惩治和预防腐败体系2008—2012年工作规划》实施细则，落实惩防体系建设责任分工。

制定下发了江苏石油分公司惩防体系建设2011年、2012年工作要点和任务分解，对惩防体系建设情况进行梳理，确保各项任务按计划完成。

二、反腐倡廉制度建设

2002年，制定下发了《关于党风廉政建设责任制的实施办法》，明确实施党风廉政建设责任制，坚持“党委统一领导，党政齐抓共管，纪委组织协调，部门各负其责，依靠群众的支持和参与”的领导体制和工作机制。明确了领导干部在党风廉政建设中应负的责任内容、责任考核和责任追究。制定下发《关于领导干部廉政谈话提醒制度的规定》，明确了谈话的主要对象和重点内容。制定下发《债权损失赔偿和处罚暂行办法的通知》，该办法规定了应收账款、预付账款和其他应收款等债权损失的责任界定和经济赔偿和行政处罚，明确追究因工作失误、失职等行为造成企业经济损失当事人的有关责任。

2003年，制定下发《江苏石油分公司纪委负责人同区域公司党政主要负责人谈话制度》，明确了例行谈话、任前廉政谈话和诫勉谈话三种形式、谈话对象和谈话内容。围绕加强党风廉政建设、领导干部廉洁自律等情况，同分公司党政主要负责人开展谈心活动，沟通思想，交换意见，研究问题，共同做好反腐倡廉工作。

2004年，制定下发《领导班子会议议事规则》，明确了领导班子会议议题范围、议题提交和确定的程序。制定下发《违反财经法规责任追究暂行规定》，明确了私设“小金库”、“账外账”，擅自对外借款、对外投资、对外担保和对外签订合同（或协议）以及擅自设立分支机构，违反省公司投资建设和修理费管理规定等责任追究。

2005年，制定下发《纪检监察案件信访管理工作实施办法》，对案件统计报表的填报进行规范。制定下发《纪检监察工作定期报表报送规定》，对纪检监察相关报表的报送进行了明确。

2006年，制定下发《领导人员廉政档案管理办法》，明确廉政档案的内容，规范档案资料的收集和管理。制定下发《效能监察基本流程及工作程序和方法》、《效能监察成果评审暂行办法》，规范效能监察的基本流程和工作程序。

2007年，制定下发《江苏石油公司招标监督管理办法》，明确招标监督组织机构和职责、监督工作方式、工作内容、责任追究等内容。制定下发《关于在省公司机关关键岗位人员中推行廉洁从业承诺的通知》，明确廉洁承诺人员范围、承诺内容、承诺形式、实施和监督考核等内容，机关466人签订了廉洁从业承诺书。转发了集团公司下发的《签订廉洁从业承诺书的规定》，要求在工程建设、物资采购、油品销售、产权交易等过程中签订廉洁从业承诺书。

2008年，按照集团公司下发的11项《监督办法（试行）》，对涉及公司经营管理业务的6项《监督办法》，对照39个重点监督环节和监控点、32条"高压线"进行认真梳理，制定了招投标、成品油零售经营、燃料油经营和燃料油经营管理等监督办法，明确招投标、零售等经营管理的重点监控环节、监督内容及监督控制点。

2009年，制定下发《关于开展廉洁从业风险管理工作实施意见（试行）》，识别工作中各个环节、各个岗位可能构成的风险及程度，建立完善制度，加强监督，预防和减少失误。全系统共有560余人参加了风险查找，共自查潜在廉洁风险484条，具有代表性的潜在风险257条。

2010年，制定下发了《江苏石油分公司纪检监察工作考评办法（试行）》和《纪检监察工作考评细则》，对纪检监察工作进行定性和定量考核。

2011年，制定下发《党风廉政建设联席会议制度》，明确了联席会议的内容和工作程序，进一步健全完善公司党风廉政建设工作机制。制定下发《领导人员廉政谈话实施办法》，对廉政谈话的类型和内容、方式、要求和监督检查等方面进行了明确。制定下发《纪检监察信息工作规范》，规定党风建设和反腐倡廉工作信息收集、报送和交流等内容。制定下发《内部员工监督举报管理暂行办法》，明确相关部门举报管理工作职责、举报范围和内容、举报受理和处理，公布了举报电话和邮箱。修订《纪检监察工作考评办法》、《招标监督办法》、《领导人员廉政档案》等办法。

2012年，制定下发《江苏石油分公司"三重一大"决策制度实施细则》，明确重大决策、重要人事任免、重大项目安排、大额度资金运作事项；规范了议题确定、会议通知、议题讨论、会议决定、决议执行的决策流程；强化纪检、组织人事、审计三级监督机制。制定下发《江苏石油分公司廉洁从业承诺实施办法》，明确廉洁承诺的范围和内容、承诺书的签订和管理等内容。制定下发《提任领导人员征求纪检监察部门意见规范》，明确组织人事部门在拟定干部调整方案时，征求同级纪检监察部门的意见，加强对领导人员提拔任用工作的监督。修订《党风廉政建设责任制实施细则》等制度。

三、领导人员廉洁自律工作

2002年，下发《关于对党员干部开展党风廉政谈话的实施意见》，省公司纪委和职能部门对120名中层以上干部进行廉政谈话。加强领导班子和领导机关的作风建设，制定了领导班子改进作风的《约法六章》，下发了《关于加强省公司机关作风建设的实施意见》，制定了《机关作风建设配套制度》、《机关作风建设考核办法》等9项制度。

2003年，贯彻落实领导干部廉洁自律若干准则和各项规定，重点是国有企业领导人员提出的"新五条"，增强领导干部廉洁自律意识。召集分公司党政"一把手"和机关各部门主要负责人会议，签订党风廉政建设责任书，强调“看好自己的门，管好自己的人”。

2004年，以落实国有企业领导人员“四大纪律八项要求”和廉洁自律“三个不得”为主线，认真执行“三项制度”、个人重大事项报告制度，以及述职述廉制度，开好领导班子民主生活会。开展企业购买商业保险清理活动，对已购买商业保险进行清退和处理工作。

2005年，以落实《国有企业领导人员廉洁从业若干规定（试行）》为主线，开展对领导人员用车以及载人车辆的情况清查统计，对系统处级以上领导人员执行廉洁自律规定的情况进行了检查，尤其是对领导人员私自经商、办企业和兼职取酬情况专门制表进行了核查统计。

2006年，坚持把贯彻执行《国有企业领导人员廉洁从业若干规定（试行）》与党风廉政建设责任制相结合，与“四好班子”建设相结合，要求各级领导人员做到“廉洁勤政、严于律己、品行高尚、为人表率”。为加强对新提拔干部的廉政教育，促进领导干部的廉洁从业行为，与所有新提拔的中层干部签订了《领导干部廉洁承诺书》。

2007年，以贯彻落实《中共中央纪委关于严格禁止利用职务上的便利谋取不正当利益的若干规定》为重点，对照该规定，组织逐项进行自查自纠。开展对分公司有处置权关键岗位权力资源状况的调研，对分公司243名、76类有处置权岗位人员的权力资源状况进行了调研分析。

2008年，组织学习中央纪委二次全会对国有企业领导人员廉洁自律工作提出“七个不准”和集团公司对各级领导干部廉洁自律工作提出的五条具体要求，按照《关于认真贯彻落实十七届中央纪委二次全会对国有企业领导人员廉洁自律七项要求的通知》精神，认真组织实施，两级领导人员共计419人参加了七项要求的学习和自查自纠。开展对润滑油同业经营和职工参股、兼职改制运输企业等专项清查工作。

2009年，贯彻落实党内各项监督制度。坚持纪委负责人同下级党政班子成员廉政谈话制度，对新提拔的领导干部，由党政一把手亲自进行任前和岗前廉政谈话，增强勤政廉政意识；对群众有反映、有一定苗头的干部进行提醒或诫勉谈话，做到早打招呼、及时提醒。

2010年，贯彻执行“三重一大”集体决策制度，省公司领导班子坚持每周召开行政例会，凡属“三重一大”以及需要班子共同研究的事项，都严格按照《领导班子会议议事规则》，提交班子会议集体讨论。认真落实集团公司《关于严格禁止领导干部利用中国石化资源和平台谋取私利的规定》和个人事项报告、诫勉谈话、任职廉政谈话、函询等制度，增强制度的严肃性和有效性。

2011年，开展对《中国共产党党员领导干部廉洁从政若干准则》、《党风廉政建设责任制实施办法》等五项制度贯彻执行情况专项检查。

2012年，开展对贯彻落实“三重一大”决策制度情况的检查，从决策范围、决策程序、执行情况、监督检查和责任追究等方面，组织开展了贯彻落实“三重一大”自查工作。

第三节 监督监察

一、效能监察

效能监察是企业管理中的一种监督活动，

是监察部门和监察人员对被监察对象工作效率、效能及合法合规性的监督检查。自1998年引入并组织开展效能监察以来，公司创新开展效能监察工作，以服务于企业中心任务、提升管理水平、提高经济效益为目标，推动效能监察在全系统广泛、深入地开展。

2001—2012年期间，共开展和进行效能监察立项358项，完成321项，避免经济损失20058万元、节约资金3873万元、挽回经济损失5432万元、增加经济效益24213万元、提出监察建议2754条、建章立制1307项，处理和调整各类违纪违规人员534人次、执行处罚金额33万元，奖励341人次、奖励金额6万元，发现案件线索并立案1起，涉案金额100万元，取得了较好的经济和社会效益。

形成“党政领导齐抓共管，纪检监察组织协调，有关部门紧密配合，职工群众积极参与”的效能监察领导体制和工作机制。省、分两级公司均成立了以党政主要领导为组长，班子副职为副组长，有关部门负责人参与的效能监察工作领导小组，省公司成立了效能监察工作办公室（设在纪检监察处），负责指导效能监察规划和对项目的督促检查，从上至下实施对效能监察工作统一部署、检查、考核和评比。

在效能监察实践中，采取“分级立项、分级管理、分级实施”的方式，促进效能监察规范化、制度化建设。每年在抓好重点立项的同时，组织各单位开展自主立项。省公司制定下发《效能监察工作指导意见》，统一部署开展效能监察工作，做到年初有布置、年中有检查、年末有总结；对效能监察成果，由纪检监察会同财务、审计部门进行逐项评估、认定，基本形成了“规范实施、专业运作、科学评审、合理奖惩”的运行机制。

先后举办9期效能监察培训班，培训936人次；组织观看集团公司拍摄的《探索、创新、实践——中国石化效能监察纪实》和有关效能监察操作规程教学片，编印下发了培训教材《效能监察相关制度汇编》，组织开展对集团公司11项《监督办法》的学习活动。省公司先后15次组织开展专项调研和召开座谈研讨会，分析部署效能监察形势和任务，广泛听取基层工作意见。

2004年，组织对清理不良资产、呆坏账、加油站管理、重点工程建设和物资采购供应等经营管理环节进行立项。按照“账销案存，保留追索权力”原则，对全省不良资产、呆坏账进行全面清理；加大对加油站溢余油、价格调整前后油站销售的监督力度；通过效能监察，防止工程建设资金流失，加强采购监管。省公司还专门设3名纪检专员，分苏南、苏中、苏北片区指导和检查基层开展效能监察情况。

2005年，集团公司及销售公司在江苏石油分公司召开现场会，对效能监察工作进行统一部署；省公司召开效能监察工作会议，并在本部组织效能监察立项，消除省公司机关效能监察的“盲区”。加油站管理和清理“369”不良资产呆坏账效能监察被列为集团公司重点督查项目。省公司成立了4个专业工作组，通过听取汇报、查阅资料、现场抽查、跟踪监督、发放调查表、开展夜查等方式组织对加油站进行效能监察检查，随机抽查73座加油站，召开员工座谈会计120余人次，发放调查表近210份，查找存在问题和薄弱环节，剖析形成原因，督促落实整改，促进提升了油站基础管理水平和零售经营质量。同时，围绕成品油外采管理开展效能监察，制定《外采资源管理办法》，严格外采审批流程及油品检验监督，强化对供应商资质审查和管理，在增量、降本、减费方面取得了一定成效。

2006年，省公司分别在纪检监察条线组建了党风建设、效能监察、信访调查、廉洁文化四个专业组。在工程建设勘察设计、施工、监理和物资采购环节中，推行签订《廉政责任书》制度，统一公布了系统两级纪委的举报电话和信箱，畅通社会监督渠道。重点开展了资产公司统一立项的存量资产处置项目，省公司通过资产处置月报、催办单等形式对资产处置过程进行监督，引入公开拍卖的资产处置形式，对重要资产处置由省公司派员实行现场监督。

2007年，对清理"账销案存"不良资产呆坏账、清理整顿、加油站形象改造三个重点项目实施统一立项，并由省公司组织实施"劳务费使用管理"项目，完善劳务工薪酬发放管理制度。在清理"369"专项效能监察中，采取逐笔"回头看"方式，督查清理处置中是否合规合法，各项管理制度是否健全，责任是否落实；经过调查摸底、落实责任、合理处置、积极追讨，避免和挽回了企业部分经济损失，完善账销案存资产清收办法、处置行为和销案程序。组织对全省加油站形象改造工程实施情况进行效能监察专项检查，通过了解分公司项目建设开展情况、查阅工程资料文件、检查工程现场管理、召开座谈会和进行人员谈话、征求建议和沟通意见，全方位检查各单位在工程质量、进度、施工安全、现场和材料管理等方面的情况，及时发现和纠正管理漏洞和薄弱环节。各分公司在统一立项工作的基础上，通过自主选题立项，组织开展对物资采购、工程建设、营销纪律管理、员工收入分配、企业重组改制、费用管理、资产处置等项目的效能监察。

2008年，对油品直分销、非油品管理、清理整顿、工程建设项目实施统一立项，同时直接组织实施"成品油外采管理"和"成品油管道工程建设"效能监察项目。为落实痕迹管理，制定下发《效能监察工作开展情况记录表》和《招标现场监督报告书》。组织对全系统工程建设和物资采购管理人员集中性警示诫勉谈话。通过效能监察，对成品油外采价格审批、直分销控量及价格执行、招投标、信用审核、已售未提及债权核销等关键点进行重点监控检查。对直分销经营中发生的问题和加油站工程超投资情况分别进行效能监察通报。组织对2007年度效能监察项目集中性的成果评审，在审核台账资料的基础上，从科学性、规范性、创新性、效能性、推广性五个方面分别进行评价打分。

2009年，首次对效能监察项目实施分区

2009年7月，省公司召开企检共建动员大会

域统一立项管理，对苏北、苏中分公司实施成品油直分销、润滑油经营管理、物资采购项目的统一立项，对苏南分公司实施了“成品油管道建设”效能监察统一立项，由省公司负责实施“成品油外采管理”效能监察项目。立项项目实施由省公司进行统筹安排、统一组织、检查和考核。结合苏南成品油管道建设，尝试效能监察派驻和统一立项结合的模式，实施对管道建设过程监督，做到关口前移，及时发现问题。同时以管道建设效能监察为切入点，有序推进全系统“企检共建”工程专项预防活动，组织与检察院签订“企检共建”合作协议书。组织召开系统廉洁从业风险管理——预防职务犯罪“企检共建”视频动员会。组织对248家工程承包商进行不良记录查询，净化工程建设环境。

2010年，组织对苏北管道工程、新建收购加油站、非油品业务经营项目开展效能监察统一立项，并继续对苏南管道工程跨年度项目实施效能监察，分公司分别对油品销售、物资采购、资产处置类项目进行自主立项。通过组织和参加会议、现场跟踪监督、审核会签、信访调查、专项检查等方式，对非油品业务、工程和管道建设、物资采购等项目开展日常监察，对非油品业务供应商引进、信用及价格执行等关键环节进行跟踪监督检查。

2011年，对苏北管道工程、外协清理项目开展统一立项，并结合工程建设领域突出问题专项治理，组织对物流中心油库维修改造工程、省公司大厦装修改造工程项目进行立项。组织对全省外部协作业务现状进行摸底、分析和自评，对履约情况进行评估，经效能监察领导小组审定，对资质不全、信誉不佳、业绩较差、有不良记录等“问题”供应商实施了有清退措施。

2012年，组织对非油品经营统一立项，对苏北管道建设和直分销管理分区域统一立项，对控制积压物资和废旧物资处置进行效能监察立项和清查。参与对重大工作事项的日常监督和检查。

二、业务公开

业务公开是中国石化加强源头治理、防范企业经营风险和廉洁风险的一项重要举措。2009年，按照集团公司部署，省公司开展重点业务公开工作，制定《业务公开工作方案》，成立业务公开领导小组，确定油品直分销、外采、对外租运车船业务等10项业务公开内容、公开方式、操作流程、职责与分工、监督检查等方面内容。

2010年，积极推进业务公开工作，开展业务公开培训，做好业务公开网上巡视工作。组建业务公开信息系统网上巡视组，由14名在职副处级干部担任网上巡视员，发挥网上巡视的监督作用。开展业务公开培训1期，参加人数50余人，印发学习资料50多册。

参与招投标监督

召开了业务公开视频演示培训2场，413人参加了学习。

2011年，深化业务公开工作。制定了《业务公开网上巡视办法（试行）》和《业务公开网上巡视实施细则（试行）》，对巡视人员工作职责、巡视流程等作了具体规定。选聘22名业务熟悉、经验丰富的人员组成网上巡视组，增强巡视人员队伍的覆盖面。通过问题呈报、下达函询、组织调查、反馈备案等方式，发挥巡视监督职能，对相关单位口头询问11次，下达《函询通知书》5份，组织专门调查1次。

2012年，组织开展业务公开"比学赶帮超"活动，制定下发《江苏石油分公司业务公开"比学赶帮超"实施方案》，明确月度和年度考评指标，深化业务公开系统运用。强化业务公开网上巡视。按照集团公司提出的"网上巡视要有实质性成果"的要求，进一步加强网上巡视工作，提报问题112条。对于疑似问题，以电话和书面形式对相关部门进行函询，书面函询34次，电话函询68次。

第四节 信访案件

纪检监察信访举报工作是纪检监察部门通过接受群众来信、接待群众来访、接听举报电话等渠道，受理对党员、党组织及监察对象的检举控告以及申诉。公司高度重视信访举报工作，设立专人处理群众来信、来访和来电。明确信访举报工作要求、调查初核及审批程序。纪检监察部门坚持信访排查制度，对于苗头性、倾向性问题及有轻微违纪行为的领导人员，及时通过诫勉谈话、函询等形式，提醒警示。对构成违规违纪行为的，坚决认真进行处理，做到"事事有回音、件件有着落"。严肃查处违纪违法案件，对重大典型案件进行剖析研究，发挥查办案件的治本功能。

第四章 离退休工作

江苏石油分公司离退休管理体制随着企业改革深化和国家社会保障机制的调整而变化。经历了江苏石油分公司和江苏石油有限公司分开管理、江苏石油分公司委托资产江苏分公司管理、全部由江苏石油分公司统一管理以及退休人员移交社会化管理的变化过程。

截至2012年12月，全系统退休人员4480人，其中移交社会化管理的3982人，退休党员1590人，其中组织关系转入社区的1432人。

第一节 管理体制

一、组织机构设置

2000年，中国石化重组改制上市后，省公司也随同一分为二，整体不上市以及存续公司新增的离退休人员由省存续公司（资产公司）管理，并承担相应的离退休人员费用；其他离退休人员仍由省股份公司管理并承担相应的离退休人员费用。离退休人员的管理服务工作，由人事、政工、工会、经理办公室／企业事务部、财务等部门协同配合，共同完成。

2006年7月，省公司设置离退休管理机构，明确专职管理人员。2006年7月5日，中国石化集团公司下发《关于调整企业离退休内部退养人员管理体制的通知》。省公司制定并实施了《调整企业离退休、内部退养人员管理体制实施方案》。2006年7月31日，江苏石油分公司与江苏石油有限责任公司签订了管理协议。省股份公司全部离退休、内部退养人员委托省存续公司管理（包括以后新增的退休人员），2006年6月末合计 4283人，其中离休211人、退休3476人、内部退养596人。在实施方案和管理协议中明确，“省公司设置离退休管理办公室，与综合管理处合署办公，明确2—3名专职管理人员。区域分公司在综合管理办公室明确1名专职管理人员，个别管理幅度较大、管理人数较多的单位可增加1人。全部管理人员编制20人”。

2008年4月16日，省公司下发《关于设立离退休工作处的通知》，设立中国石化资产公司江苏石油分公司离退休工作处。

2009年10月，撤销中国石化资产公司江苏石油分公司离退休工作处，增设中国石化股份公司江苏石油分公司离退休管理处。统一管理省股份公司和省资产公司离退休人员和内退人员。各分公司管理部承担的离退休人员管理职能调整到股份地市分公司人力资源科，离退休专职管理人员及相应编制分别转到分公司人力资源科，相应的人工成本与股份公司合并管理，并在股份公司支付与核算。

二、企业退休人员社会化管理

2003年6月，中共中央办公厅、国务院下发了《关于转发劳动和社会保障部等部门〈关于积极推进企业退休人员社会化管理服务工作的意见〉的通知》，要求企业退休人员实行社会化管理。江苏省及各市县相继下发了具体的实施意见，推进企业退休人员从企业养老向社会养老过渡。省公司、分公司按地方政府的政策规定，陆续实施退休人员纳入当地社会化管理工作。

2008年12月，省公司机关的退休人员办理了社会化移交，人员到各自居住地的社区报到，党员组织关系一同转到所在社区。截至2012年12月，全系统退休人员4480人，其中移交社会化管理的3982人，退休党员1590人，其中组织关系转入社区的1432人。省公司机关退休人员移交社区管理服务后，按退休人员居住区域设3名联络员，负责本社区和就近退休人员的联系工作，发挥老同志自我管理和相互服务的积极性。

2008年5月16日，省公司制定《离退休管理工作指导意见（试行）》。

2012年3月6日，省公司下发《离退休服务管理工作实施细则》。建立统一领导、分级管理的离退休工作责任体系，完善企业管理与社会化管理过渡时期的离退休人员管理服务工作制度。

第二节 落实两项待遇

一、落实离退休干部政治待遇

坚持各项制度：一是阅读文件。按规定有关文件及时送给老干部传阅，阅后归档。二是情况通报。利用离退休党支部活动、重阳节活动和春节茶话会联欢会等机会，通报企业主要的生产经营情况、改革发展情况等，选派老干部代表参加省委老干部局等单位组织的情况通报会。三是听报告，参加重要会议和公司的重大活动。公司的一些重要会议如党员先进性教育相关会议、年度工作会议、五十周年司庆会、机关年度工作总结表彰会、春节联欢晚会，省、市组织的每年敬老日庆祝大会等请老干部代表参加，听取有关报告。四是就近就地参观学习。每年定期组织离退休老同志就近就地参观工农业生产、历史纪念馆等。

二、落实离退休人员生活待遇

落实党和国家的政策规定，与省委老干部局、省人社厅、省医保中心、卫生厅、民政厅、省老干部活动中心、南京市社保中心、市医保中心、退管中心、老干部局、省市军转办、客运管理处等有关部门保持联系沟通，确保离退休人员养老金按时足额发放到位，及时办理和更换优待证、乘车证、活动证、阅文证等。

2000年12月，中央要求建立和完善离休干部离休费保障机制和离休干部医药费保障机制。2001年全省离退休人员的离休费和退休养老金全部实行了社会化发放，由参保地的社保基金管理机构统一发放。个别分支公司也落实了往年拖欠的补发工作，再无拖欠现象发生。

2003年1月，省公司退休人员与在职职工一起参加南京市城镇职工基本医疗保险。并按国家政策和集团公司的相关规定，同时建立了补充医疗保险。结束了公费医疗制度。

2004年1月，省公司离休干部参加了江苏省医疗保险基金管理中心离休干部医药费统筹。之后南京分公司也参加了省离休干部医药费统筹。结束了企业自我管理的公费医疗制度。

2004年10月，按照集团公司的部署，规范离退休人员的企业补贴。企业补贴标准为：离休人员600元/月，处级退休人员500元/月，其他退休人员300元/月，退职人员150元/月。离休人员规范后的企业补贴，与地方政府规定的补贴标准（由企业承担的），可以择高执行，但不得重复发放。

2007年7月，按照集团公司的部署，进一步规范离退休人员的企业补贴，并提高了企业补贴标准。企业补贴标准调整为：离休人员900元/月，1994年底以前退休的处级人员680元/月，1995年以后退休的处级人员650元/月；1994年底以前退休的其他人员480元/月，1995年以后退休的其他人员450元/月，退职人员270元/月。进一步规范后的企业补贴，与地方政府规定的补贴标准（由企业承担的），可以择高执行，但不得重复发放。在机关事业单位实行规范工资补贴（“阳光工资”）时，国家规定给离休人员发放相应的生活补贴。省公司、地市分公司认真执行各市、县政府落实相关文件的实施意见，离休干部的生活补贴从2007年开始陆续进行调整并按时发放到位。

2007年7月起，给协解后退休人员（首次发放时1000人）发放生活资助，每人每年3200元（分2次发放），2012年1月调整为每人每年4400元。“协退”人员逐年增加，至2012年12月达2770人，累计发放生活资助3680万元。

2009年9月，报经集团公司批准，为省公司系统56名离休人员提高了医疗待遇。每年组织1次离退休人员健康体检。2004年起离休干部每年1次健康体检由省医保中心安排时间，单位组织落实。2009年起，退休人员由市退管中心安排每2年1次健康体检，退休人员自行到社区登记约定时间安排体检。单位组织在职人员健康体检时，退休人员可以自愿参加。

2012年1月，按照集团公司的统一部署，调整离退休人员节日慰问金标准，每人每年增加1200元。执行慰问制度。定期开展节日慰问、生日慰问、生病住院慰问和困难等各项慰问并发放慰问金、慰问品。

第三节 主要开展的活动

江苏石油分公司在确保“安全第一”的前提下，因地制宜，开展适合老年人的有益活动。坚持每年组织召开1次迎新春茶会。2004年起与机关在职人员一同参加春节联欢

2008年9月，组织离退休人员参观自助加油站

会（此后每年春节老同志不再单独召开团拜会、茶话会）。坚持每年一次选派部分离退休老干部代表参加省委老干部局组织的庆祝省敬老日大会。

2010年11月，组织离退休人员参观周恩来读书处

2003年5月，总统府全面对外开放后，组织部分离退休代表参加省人事厅、老干部局组织的参观游览活动。

2004年9月，组织部分离退休代表参加省老干部局组织的莫愁湖游园活动。

2005年，组织离休干部代表参加省老干部局组织的江苏代表队赴青岛参加麻将比赛活动；组织部分离退休代表参加第十届城市运动会开幕式等活动。

2006年9月，组织离退休老同志参观江心洲农业生产；组织部分离退休代表参加省老干部局组织的参观南京博物馆活动。

2007年10月，组织离退休老同志参观游览整治后的秦淮河。

2008年4月，省公司组织离退休人员中国象棋预选赛，选拔出4名参赛队员，首次组成江苏石油公司代表队，于2008年6月参加集团公司南方赛区比赛。在参加集团公司南方赛区的省、市石油公司代表队中，比赛成绩名列第一，并获得集团公司颁发的中国象棋比赛优胜奖。

2008年5月，组织离退休老同志参加为四川汶川大地震灾区捐款，以及缴纳特殊党费等活动；9月，组织离退休老同志参观南京分公司加气站、易捷便利店、小食堂等。

2009年6月，组织离退休老同志参观渡江胜利纪念馆；9月，组织参加省委老干部局组织的庆祝建国六十周年书画作品展，选送并展出老同志创作的书法作品1件；组织部分老同志代表参加庆祝建国六十周年《拥抱大自然，相聚珍珠泉》“我们的祖国，我们的企业”知识竞答活动；10月，组织离退休老同志参观南京分公司自助加油站、水上加油站和联营快餐店等。

2010年10月，组织离退休老同志参观南京长江三桥、过江遂道，游览珍珠泉景区并表演老同志自己的文艺节目；11月，组织部分离退休老干部赴淮安参观苏皖边区政府纪念馆、周恩来读书处等。

2011年3—7月，开展庆祝建党九十周年江苏石油分公司离退休人员第一届书法摄影比赛活动，共收到参赛作品158件，其中书法作品77件获奖18件，摄影作品77件获奖19件，其他作品4件，并将获奖作品汇编成册，分发给老同志和书法摄影爱好者学习欣赏。

2011年8月，组织部分离退休老干部观看电影《杨善洲》。9月，组织离退休老同志参观南京栖霞油库、输油管道、南京南站和南京新地标世界第七高楼紫峰大厦。12月，组织部分离退休老干部赴华西村参观社会主义新农村建设，听取华西村老书记吴仁宝作的精彩报告。

2012年6月，组织参加江苏省老干部局组织的纪念离退休制度建立30周年喜迎“十八大”召开诗书画影作品展，选送老同志创作的书法作品3件、摄影作品2件。10月，组织离退休老同志参观游览南京桂子山石柱林国家地质公园、2014年青奥会水上运动项目比赛地金牛湖。11月，组织部分离退休老同志参观南京白马如意文化艺术中心、江苏省全国民防教育基地南京大金山国防园。17名离退休老同志参加编写公司大事记、“书法、绘画、摄影大赛”（参赛展出书法作品4件）、“征文”、“征集老照片”、“口述历史”等主题活动。

鼓励离退休老同志参加当地各类老年大学学习，按比例给予报销部分学费。目前部分老同志在校学习的专业有：书法、摄影、绘画、京剧表演、声乐、舞蹈、器乐、外语、电脑操作、中医经络、养生保健等。

第五篇　非上市部分

1999 年 10 月 10 日根据中国石化集团公司《关于江苏省石油集团有限公司重组方案的批复》，江苏省石油集团有限公司划分为上市和非上市两部分。进入非上市部分的市级单位 16 家，从主业剥离出来的县级存续公司 37 家，整体不上市的县级存续公司 23 家。主要经营项目和服务范围为：成品油、化肥、化工、液化气的零售经营和仓储中转；成品油运输业务；房地产租赁和开发；承接设备维修、保养和工程安装、调试、劳务输出以及其他三产经营如宾馆、酒店等。1999 年 12 月 31 日的重组模拟财务报表显示：非上市部分账面总资产 18.5 亿元，负债总额 6.9 亿元，亏损 3507 万元；人员总数 6239 人，其中进入存续公司的非上市人员 3024 人，从上市单位中分离出来的人员 3215 人。

2000 年 2 月，江苏省石油集团有限公司上市公司与非市公司实行模拟运作，分立运行。2000 年 4 月 6 日，江苏省石油集团有限公司上市部分，注册设立为中国石油化工股份有限公司江苏石油分公司。2000 年 4 月 21 日，江苏省石油集团有限公司非上市部分，变更注册为中国石化集团江苏石油有限责任公司。

第一章 存续公司（2001—2006 年）

2000 年，中国石化集团整体重组改制上市，剥离后的非上市资产仍由存续公司经营管理。中国石化集团江苏石油有限责任公司（简称省存续公司），设企业事务部、人力资源部、财务资产部和审计监管部 4 个管理部门；所辖 16 家地级存续分公司、60 家具有独立法人资格的县（支）公司，其中：存续县（支）公司 37 家、整体不上市县（支）公司 23 家，实行两级法人和分级核算的管理体制。

2001—2003 年，省存续公司通过重组和再造，建立了“多元投资、控股经营，集中决策、委托管理，核心业务集中和专业化运作”的集中管理体制。

2004—2006 年，根据中国石化集团公司实施战略重组的总体要求，为推进国有企业主辅分离和改革改制，销售企业非上市部分现有的业务及资产实施战略退出。

第一节 集中管理和专业化经营（2001—2003 年）

一、重整机构

重组分立前，省存续公司保留了改制前省、地（市）、县三级多层次组织结构。2001 年 7 月 20 日，省存续公司召开系统工作会议，提出逐步建立完善“多元投资、控股经营，集中决策、委托管理，核心业务集中和专业化运作”的集中管理体制。省存续公司作为决策中心，对重大事务实行集中管理，实现集中决策、集中筹资、集中投资、集中受益、集中分配，集中管理风险。

1. 成立六大专业公司

为给上市公司提供专业化的配套服务、同时积极尽快培育和发展主营业务，省存续公司按专业化原则，将原先分散经营的油品运输、石油物资设备供应业务集中起来，组建成立了油品运输分公司和技术设备有限公司；利用上市公司仓储设施组建了燃料油分公司和化工分公司，拓展燃料油、基础油等经营业务和液体化工产品进口业务；收购了淮阴燃料公司，在此基础上成立了煤炭分公司；托管了相对控股的国联化肥公司。

2001 年 3 月 26 日，省存续公司下发《化工分公司运作管理办法（暂行）》；2001 年 5 月 25 日，下发《苏实油运分公司专业化管理暂行办法》和《技术设备公司专业化管理暂行办法》，着手油品运输和技术设备等核心业务的专业化管理。

2. 改组地级存续分公司

2001 年，六大专业公司成立后，地级存续分公司将原先的油品运输和石油设备供应业务分别交由相关专业公司垂直运作，管理重点转为地级存续分公司和县级存续公司物业等资产管理，为专业公司在当地市场开展经营活动提供配套服务。

3. 关停县级存续公司

在2000年对全省23家整体不上市支公司实行关停和2002年对县级存续公司资产实施“两个置换”（通过资产转让置换企业的国有性质，通过一次性经济补偿置换员工的全民身份）的基础上，2003年2月28日，省存续公司下发《关于对支公司实施清理整顿和集中管理的指导意见》，对37家支公司全面实施清理整顿和集中管理，具体措施：一是对已完成协议解除劳动合同工作，消化了人员包袱，清晰了债权债务，对无历史遗留问题的37家存续县公司中的29家实行关闭停业。对符合省存续公司专业化经营定位的油品运输业务的投资，国有股权出让给省公司；对主营业务不符合省公司专业化经营定位的，国有股权对外转让退出。二是对其余有历史包袱、存在对外负债和或有负债却暂无法关停的8家县公司，在实行业务集中运作、资产及重要权证集中管理的基础上，实行筹资集中、投资集中、资金集中管理和核算集中。

4. 精简管理机构

省存续公司总部职能管理部门压缩为企业事务部、财务资产部、人力资源部三个职能部门和管理部一个辅助决策支持部门。地级服务公司设管理部和财务资产部两个部门，专业公司设管理部一个综合管理部门，财务核算由省存续公司财务资产部统一负责。

二、再造业务流程

1. 将“分进分销”的业务流程再造为“统进分销”的业务流程

2001年3月，省存续公司将化工、燃料油、煤炭、化肥四个专业公司的业务流程按统进分销的经营模式设计：商品的进、销、调、存在专业公司内部进行专业分工，专业公司总部负责统一进货、统一摆布库存、统一调度资源、统一制定经营策略、统一进行市场划分；专业公司各经营网点负责按专业公司总部经营策略完成目标市场的分销任务。

2. 将分散操作的关联交易流程再造为一揽子承包—转包模式下的关联交易流程

2001年4月，为提高关联交易量，扩大市场占有率，省存续公司统一与上市公司签订油品运输代理协议和石油设备及物资供应协议，以合同形式总承包上市公司所有油品运输和设备供应任务，然后将业务交油运公司和技术设备公司具体运作。

3. 建立流程规范

2001年，省存续公司在流程再造的基础上，制定《江苏石油有限责任公司管理系统设计及流程规范》及其配套制度，对经营理念、管理体制、企业组织、内部管理、业务和管理流程进行再造，对部门、岗位权限、过程控制、内部评价体系等方面进行系统设计。2002年1月11日，《江苏石油有限责任公司流程规范与管理系统设计》正式发布；2002年2月8日，正式下发部分专业管理包括人力资源管理、股权管理、财务管理、区域分公司试行收支两条线管理、实物资产管理等实施意见，并进行相关培训和岗位竞聘，保证流程规范的落实。

三、实行集权管理

1. 成立管理部，辅助决策层进行集中决策

2001年5月，省存续公司下发《公司总部管理部实施方案》，由管理部辅助决策层进行集中决策和控制，对公司经营管理活动实施全面监控和全方位总体协调。

2. 人力资源集中配置

省存续公司直接负责所有员工的管理，统一负责人员引进、薪酬发放。根据各管理单元的工作量、经营量核定用工总量，超标部分坚决裁减，不足部分由省存续公司直接配置，所需工资性费用由省存续公司按定员核定后，下拨到各管理单元支出性账户，取消专业公司和地区服务公司独立用工权。省专业公司经理、管理部、经营部门和地区服务公司经理、管理部、财务资产部负责人由省存续公司统一任免。统一职业培训，所有人员经省存续公司职业培训并经考核合格后，方可上岗。

3. 严格财务管理，强化财务控制

2002年，省存续公司实现了财务集中统一管理和控制，具体包括：建立A、B、C三级商品账务体系，监控专业公司商品流转；集中进行资金筹措和投资。各管理单元一律不得自行独立筹措资金，不得对外提供担保，所需资金由省存续公司统贷统还。省存续公司统一规定投资方向、统一制定投资计划、统一实施项目建设，各管理单元一律不得发生资本性支出行为；实行收支两条线管理，集中控制资金。各地区公司在指定银行分别开设收入和支出账户，收入和支出两条线管理，所有的货币收入全部进收入账户，按时划汇省存续公司，所有付现费用支出由省存续公司按核定标准和金额划汇到支出账户。

4. 建立激励约束机制

2002年6月，省存续公司建立了以经营者年薪制为主要内容的激励约束机制，以保证管理活动的连续性、公正性和完整性，形成管理回路，把业务和管理过程从原来的开环设计为闭环，将结果控制重新设计为起点控制、过程控制和结果评价。主要包括明确部门、岗位职责和权限，建立内部评价体系，建立以经营者年薪制为核心的分配体系，严格内部考核等内容。

第二节 有序退出（2004—2006年）

2004年，省存续公司根据中国石化销售公司要求，全面推进“五减”（减人、减机构、减资产、减债、减经营业务）、“四无”（无经营机构、无经营活动、无经营人员、无整体亏损）工作，通过做足减法，实现非上市资产、业务、人员有序退出国有企业经营领域。

一、改制分流总体情况

省存续公司上报国资委改制分流计划16个，其中国有全资项目7个、国有参股项目9个，到2006年16个项目全部完成。16个改制分流项目中，用于改制的净资产账面值2389.5万元，评估值2190万元；改制分流正式职工78人，其他从业人员636人；参加改制分流正式职工中，处级人员4人；职工协解补偿补助金830.12万元；设立经营者岗位激励股的项目5个（江苏和海公司、徐州徐石汽车队、宿迁实华公司、南通苏石公司、镇江同发公司），总金额81.67万元。改制分流工作分为两个阶段。

1. 第一阶段(1998—2001年)

江苏省石油集团有限公司作为省政府改制工作试点单位，按照当地政府的改革改制政策，省存续公司对运输、设备、物业、维修等辅业实行了改革改制。4年间共实施改革项目27个，其中国有股权完全退出项目11个，国有参股项目16个。

2. 第二阶段(2002—2006年)

根据2002年国家八部委联合下发的《关于国有大中型企业主辅分离辅业改制分流安置富余人员的实施办法》，从2003年起，江苏石油分公司（包括上市和非上市）积极推进主辅分离辅业改制工作。2004—2006年，共完成改制项目16个（上市部分1个）：句容石油支公司钢模租赁站，作为中国石化总部第四批改制计划，于2004年完成；其余15个项目作为中国石化总部第五批改制计划，于2006年完成。

二、油运企业退出情况

2004—2006年，油品运输经营以企业改制、资产处置、清算注销、股权转让等四种方式退出。其中改制分流退出 14 家：江苏和海油品运输有限公司、南京金舵运输贸易有限责任公司、宿迁实华运输有限责任公司、江苏石油有限责任公司徐州徐石汽车队、南通苏石危险品运输有限公司、盐城市苏石石油运输有限公司、溧阳市苏石石油运输有限公司、无锡锡安运输有限责任公司、常州市苏石石油运输有限公司、宜兴市兴盛运输有限公司、苏州实华运输有限责任公司、江苏淮安苏石运输有限公司、南京金石油品运输有限责任公司、镇江市同发石油化工运输有限责任公司；资产处置退出 1 家：扬州分公司车队将油运资产公开拍卖出售后退出经营；清算注销退出 3 家：连云港运输公司和姜堰中石运输公司、泰州泰陵公司清算注销后退出；股权转让退出 4 家：江阴石化运输公司、东台苏石运输公司、江都石油运输公司、仪征长江石化物资公司。

三、燃料油、化工、化肥、煤炭、技术设备公司退出情况

1. 燃料油公司

2003 年，根据中国石化总部决定，燃料油分公司退出省存续公司，人财物整体上划上市公司，纳入省股份公司管理序列。

2. 化工公司

2005 年，根据中国石化总部要求，江苏石油化工分公司人员和资产整体划转至中国石化股份有限公司国际事业公司。自 2005 年 8 月 1 日起，102 名划转人员的薪酬、社会保险、住房公积金等有关费用由国际事业公司负责支付；化工资产划转后，苏州白洋湾库、昆山化工库和镇江三龙库由国际事业公司独立管理；南京栖霞化工罐区、镇江谏壁化工库和江阴长山油库化工罐区收发作业，由国际事业公司负责；消防、环保安全等事项由国际事业公司委托江苏石油分公司进行管理。

3. 国联化肥公司

国联化肥公司于 1998 年 5 月 18 日成立，注册资本 850 万元，江苏省石油集团有限公司占股 38%。2005 年 1 月 28 日，国联化肥公司因经营不善，股东大会同意从 2005 年 2 月起歇业，暂停经营活动。2006 年 6 月 22 日，国联化肥公司股东大会决定对公司进行清算。2006 年 10 月 24 日，经省工商局核准，江苏国联化肥公司完成注销登记。

4. 煤炭分公司

煤炭分公司于 2002 年 11 月 29 日成立，实行内部非独立核算。2006 年 7 月 18 日，经省工商局核准，煤炭分公司完成注销登记。

另外，江苏淮阴燃料公司属于非主营资产业务。2004 年 11 月 11 日，省存续公司下发《关于江苏淮阴燃料公司企业清算及人员划转的决定》。2005 年 2 月 1 日，江苏淮阴燃料有限公司股东会同意成立清算组，依法对江苏淮阴燃料有限公司清算注销。2006 年 11 月 24 日，经淮安市工商局核准，江苏淮阴燃料有限公司完成注销登记。

5. 技术设备公司

2000 年 4 月 10 日，江苏省石油集团技术设备有限责任公司经省工商局核准注册成立，注册资本 200 万元，其中：中国石化集团江苏石油有限责任公司出资 120 万元，占注册资本的 60%；其他自然人股东占注册资本的 40%。2006 年 6 月 7 日，中国石化集团公司下发《关于江苏石油公司转让部分投资企业股权的批复》，同意江苏石油有限责任公司持有的技术设备公司股权，在国资委规定的产权交易所挂牌转让。2006 年 11 月 20 日，在上海联合产权交易所，6 位自然人联合摘牌成功，完成了国有股权的转让行为。2007 年 1 月 11 日，江苏省石油集团技术设备有限责任公司完成了相关产权变更登记和工商变更登记手续。

第二章 清理整顿（2006—2009 年）

2006 年 3 月，为进一步深化企业改革，加大结构调整和治“散”力度，突出主业，退出非主业领域，中国石化集团公司决定在全系统开展对外投资和多种经营单位清理整顿工作。2006 年 4 月，江苏石油分公司开始调查摸底，启动清理整顿工作。主要工作分为四个阶段：

一是调查摸底阶段（2006 年）。2006 年 4 月初，各单位开始清理整顿清查摸底，现场审核对接，确立工作方案。

二是启动阶段（2006 年）。2006 年 7 月，省公司制定下发开展对外投资和多种经营单位清理整顿工作方案，并成立清理整顿办公室。召开全系统清理整顿工作会议，部署江苏公司清理整顿工作，全面启动清理整顿工作。

三是全面推进阶段（2007 年）。各分公司陆续完成清理整顿任务。2007 年 11 月，经省工商局核准，中国石油化工集团江苏石油有限责任公司完成工商注销登记手续，标志着省存续公司完成了子公司管理体制向资产公司分公司体制转换。

四是总结扫尾阶段（2008—2009 年）。2008 年 12 月，中国石化总部委托专业机构对江苏石油分公司系统清理整顿档案进行检查验收。2009 年 8 月，省公司召开年中工作会议，对全系统清理整顿工作进行了总结和表彰，历时 3 年的清理整顿工作基本结束。

第一节 清理整顿主要工作

一、建立组织体系

2006 年初，省公司成立了由总经理担任组长的清理整顿工作领导小组，下设省、分公司两级清理整顿工作办公室，并由各单位分管领导担任主任，全系统清理整顿工作人员达到了百余人，专职 40 余人，形成了专兼结合、团结协作的清理整顿工作队伍。同时，明确了清理整顿职责：由清理整顿办公室总牵头，抓好总体工作的计划、协调和落实，各具体责任单位和部门负责具体操作和事务处理；清理整顿工作计划层层分解落实，严格督办，抓好进度和质量；省公司主要负责指导、督办、考核以及与总部的联系，分公司主要负责具体工作的落实以及与地方关系的协调。各单位建立了周例会、月度汇报研究会和专题会议制度，全系统自上而下形成了“横向分工清晰，纵向职责明确”的运行责任体系。

二、开展调查摸底

2006 年 4 月初，省公司部署，分公司开始清理整顿清查摸底工作。其主要内容包括：投资单位主体名称，管理层次、性质或组织形式、产权关系和产权登记情况；投资主体单位向被投资单位投资的初始年月、累计投资余额、计提减值准备和在被投资单位所占股比的情况；2005 年末净资产和全年盈亏、

2006年7月，省公司召开清理整顿对外投资和多种经营工作会议

累计投资的收益或分红、提供担保情况，以及与被投资单位的管理关系及关联交易情况等。同时，清查被投资单位名称、经营地址、设立时间、性质或组织形式、主营业务范围、主营业门类、用工人数及分类情况，被投资单位的资产、负债、净资产和对外担保情况，租用、借用或占用石化系统内资产情况，近3年的收入及盈亏、经营状况及主要问题等。

2006年4月末，省公司组织清查摸底现场审核对接，各分公司的清查结果分拟保留和退出两大类别，在退出中细分为改制、出售（拍卖、转让）、核销、划转、清算等形式，重点确定保留项目的管理要求和退出项目的具体退出方式和主要措施。

三、落实项目责任

省公司确定了“2006年下半年取得重大突破，2007年基本完成，2008年上半年全面完成”的工作目标，并先后3次下达了清理整顿工作任务。江苏石油分公司清理整顿项目合计690项（股份公司159项，存续公司531项），其中：省公司本部62项、南京分公司41项、无锡分公司24项、徐州分公司63项、常州分公司39项、苏州分公司55项、南通分公司42项、连云港分公司60项、淮安分公司18项、宿迁分公司17项、盐城分公司72项、扬州分公司15项、泰州分公司55项、镇江分公司77项、江阴分公司50项。各单位分解任务，责任到人，形成了“千斤重担大家挑、人人肩上有指标”的工作氛围。

四、抓好项目考核

结合实际情况，制定了分公司清理整顿工作考核奖励办法和分公司领导班子专项考核办法。原则上对处级领导干部只罚不奖，对一般工作人员只奖不罚，奖罚分明，结果公开。3年清理整顿期间，省公司先后共安排百余万元奖励300个重点项目的责任人、经办人和协办人。其中重奖第一家完成任务的淮安分公司和第一家实现县级公司破产的宿迁分公司等单位，有效促进了整体工作的进展。

建立及时准确的通报制度，累计编发清理整顿工作月度通报20期、专题通报13期，形成了“比学赶帮超”的工作势头。通过实时督办、反复检查、有效沟通、及时提醒和定期通报，及时解决了工作之初各种可能产生的偏差，提出了“四不”，即坚决不做合并注销，不搞承诺注销，不盲目追求工作进度，不轻视清理工作质量，确保清理整顿工作规范。

五、创新工作方法

1. 区别对待，分层次开展工作

省公司区别不同的工作阶段，针对不同类型的项目，先后制定了“先易后难，抢抓进度”、“难易并举，全面突破”、“突出重点，全力攻坚”的工作策略。

在清理整顿初期的2006年三季度，省公司抓进度注销了一批关停单位和非法人分支机构项目，为清理整顿任务的全面完成奠定基础。

从2006年四季度到2007年三季度，考

2009年2月，省公司召开迎接总部清理整顿档案验收会

题，商讨解决的最佳方案。坚持主动汇报，争取政策支持，对一些短期内无法解决的项目如休眠小股权和涉诉项目，认真摸清存在的困难，请中介机构进行风险评估，根据具体情况提出中止相关项目的清理整顿工作建议，并多次向中石化集团公司汇报，

虑到一些难点项目矛盾多、耗时长，省公司在抓进度的基础上，对难点项目进行重点调查分析，了解情况，集中攻坚解决了大部分的难点项目，在此阶段完成了前期14家运输、设备、物业等改制企业的第二次改制和国有股权退出工作，50家县公司、13家分公司和10余家省外项目的清算注销，以及95%左右的土地房产权证过户。

2007年三季度之后，把全部精力放到最难的10多个项目上，动员人力、物力，创新思路，全力攻坚，完成了无锡锡山公司、江阴宝安天华公司以及沭阳、响水、泰兴等县公司项目的清理。

2. 协同作战，解决难题

面对难点项目，省、分公司同心协力，集思广益，采取多种办法会商解决。对于一些年代久远、资料不全甚至没有、长期无人问津导致清算难度很大的项目，尽一切可能寻找相关资料或当事人了解情况，多次派人到工商、税务、国土等部门调档查询寻求帮助，确保在充分了解项目真实情况的基础上再开展下一步工作。

同时，发挥集体智慧解决问题，省公司除了每周例会外，先后召开30多次专题会议，人事、法律、财务、发规等部门人员共同研究难点问题，分析论证可能存在的风险与问

取得了认同和相关政策支持。

3. 做好项目注销

2006年9月26日，江苏省石油支公司涟水支公司清算工作取得突破。2006年12月1日，完成注销“江苏省泗洪石油支公司”和“江苏省丹徒石油支公司”，县公司破产工作取得突破。

2007年5月19日，淮安分公司完成“淮阴支公司”破产终结，成为全系统第一家完成全部清理整顿项目清退工作的单位。2007年7月，扬州分公司完成“扬州市新技术发展产业公司”清理整顿工作，成为全系统第二家完成全部清理整顿项目清退工作的单位。10月，连云港、常州、宿迁分公司成为全系统第三、四、五家完成全部清理整顿项目清退工作的单位。11月，完成省存续公司下属无锡、徐州、常州、苏州、南通、连云港、淮安、宿迁、盐城、扬州、泰州、镇江、江阴等13家分公司的注销。当月，省公司完成“中国石化江苏石油集团有限公司”的工商注销。同时，无锡、南通分公司成为全系统第六、七家完成全部清理整顿项目清退工作的单位。12月，盐城、苏州分公司成为全系统第八、九家完成全部清理整顿项目清退工作的单位。

2008年6月，泰州分公司完成“泰兴支公司”的工商注销工作，成为全系统第十家

完成全部清理整顿项目清退工作的单位，同时也标志着县公司普通清算工作的完成。10 月，“盐城商业银行”股权转让成功，标志全公司清理整顿股权转让工作的全部完成。同时，江阴分公司完成“宝安天华物资贸易公司”的工商注销工作，成为全系统第十一家完成全部清理整顿项目清退工作的单位。12 月，镇江分公司完成“中国石化销售公司三龙公司”的工商注销工作，成为全系统第十二家完成全部清理整顿项目清退工作的单位。

六、规范项目操作

严格遵循“不留任何法律风险，不增加新的国有资产损失”和“不影响股份公司经营，不影响企业稳定”的基本原则，按照“思想统一、组织到位、加快速度、规范操作、奖惩到位、严格验收”的基本工作思路和“走足程序，留下痕迹，依法注销”的工作规范，强化痕迹管理，把工作质量放在第一位，从严要求，依法推进。制定了《关于做好清理整顿对外投资和多种经营项目档案管理的通知》，规定了改制分流、转让出售、清算注销、内部整合、保留管理等清理退出项目所必需的程序、资料和“人、财、法”终结标准，每一个退出项目都形成了法律、审计和纪检监察等三份意见书。

2006 年 12 月，省公司按照“人、财、法”终结标准，专门制定下发了注销、转让、改制等各种退出方式必须经过的流程、留下的痕迹和具备的文件资料。形成格式统一、内容完整的档案整理标准与流程，确保了整理归集档案资料有章可循。

2007 年始，省公司先后组织专项检查组及专人 685 个项目进行检查，落实整改意见。2009 年 3 月，全省清理整顿项目通过了中国石化总部组织的清理整顿档案检查验收。截至 2012年底，省公司集中保管清理整顿档案668个。

第二节 主要成效

一、清理历史遗留的对外投资和多种经营项目

按照中国石化总部制定的保留退出“三分、三审、四平衡”原则，省公司保留了符合主业发展的优秀项目，最终清理退出了不符合主业发展的 649 个项目，规范保留了符合主业发展的投资加油站经营等 41 个项目。

二、全面完成清理整顿任务

截至 2012 年底，省公司完成清理整顿对外投资和多种经营项目 687 项，占总清退计划的 99.57%，顺利完成清理整顿任务，被中国石化总部评为清理整顿先进单位。

三、解决历史遗留问题，规避法律风险

清理注销了 59 家县级公司（破产 8 家），实现县级公司整体退出历史舞台目标；完成 217 处房产和 527 宗土地权证过户上移工作，权证管理更加规范；以现金 1192 万元和抵押 2 宗土地解除逾期债务本息合计 1.54 亿元，处置资产账面价值 9502 万元，收回资金 7234.71 万元，优化资产资金；改制分流安置正式职工 78 人、其他从业人员 636 人，合理分流人员；注销和变更工商营业执照 545 个，注销税务登记证 434 个、银行账户 291 个，终结法律风险。

四、全面完成非上市部分体制转换任务，实现了一体化管理

2007 年 11 月 30 日，在基本完成清理整顿任务、市县公司注销、土地房产过户上划三项基本任务的前提下，完成了江苏石油有限责任公司的清算注销，成立了中国石化资产经营管理有限公司江苏石油分公司，为实现一企一制和一体化管理打下了基础。清理整顿完成后，省存续公司上交资金 1.96 亿元。

第三章 资产公司（2007—2012年）

2007年，按照中国石化总部资产公司实行一级法人管理的规定，江苏石油有限责任公司完成了由子公司管理体制向总部资产公司分公司体制的转换，资产公司职能定位为存量土地、房产、车辆、设备等资产和相关事务的管理。

2007年11月，体制转换后江苏石油资产分公司拥有总资产8.22亿元、净资产4.12亿元，房产159处18.5万平方米、土地509宗470万平方米，各类车辆99辆、船舶6艘。

2009年，为进一步优化组织结构，理顺管理关系，实行上市与非上市的一体化管理，按照中国石化总部统一部署，中国石化资产经营管理公司江苏石油分公司整体委托中国石化股份公司江苏石油分公司管理，实现上市与非上市一体化管理。

2010—2012年，实施资产公司“资产管理为中心，资产管理以土地管理为中心”的思路，重点规范土地房产权证和盘活闲置土地。

第一节 管理体制

一、体制转换

2006年1月1日起，中国石化集团江苏石油有限责任公司纳入中国石化集团资产经营管理有限公司。2007年2月14日，中国石化集团资产经营管理有限公司下发《关于中国石化集团江苏石油有限责任公司管理体制转换的通知》、《关于江苏石油有限责任公司体制转换实施方案的批复》，2007年7月23日中国石化集团江苏石油有限责任公司下发《中国石化集团江苏石油有限责任公司体制转换实施意见》，实施启动体制转换工作。

1. 职能重新定位

江苏石油资产分公司职能定位为管好资产，实现国有资产有效增值保值；保障后勤，做好与上市公司的配套服务。具体任务包括：做好存量资产的运营和管理，保证房地资产租赁等业务的正常运行，做好闲置资产的盘活处置，不断优化和改善资产结构，实现国有资产有效增值保值；统一做好上市和非上市企业离退休及内退人员的管理工作；做好与上市公司各方面的配套服务；继续处理好历史遗留问题。

2. 机构统一设置

江苏石油资产分公司实行省公司一级管理，实现资产统一运作、会计统一核算、人员统一管理。设综合管理处和财务资产处，撤销江苏石油有限责任公司所属分公司及其下设的综合管理办公室，设立江苏石油资产分公司区域（地市公司）管理部，作为江苏石油资产分公司派出机构。

3. 统一事权划分

核定人员编制。根据工作量大小和管理幅度，江苏石油资产分公司管理人员定编 80 人，其中综合管理处 11 人、财务资产处 9 人、区域管理部 60 人（每个管理部 3—6 人）。

人员管理。按照“人员集中管理和劳动、社保、党团等关系属地”的原则进行管理。

财务管理。按照财务集中管理、会计统一核算、资金统一调度的原则，将全系统财务管理和会计管理核算职能上移。财务资产处在预算、分析、资产、资金、费用、核算、税务、财务信息系统、内部制度建设等方面，实行直接管理。财务管理权限集中省公司，会计核算按一个账套设计，会计报表由江苏石油资产分公司统一编报。财务资产处负责统一调度资金，按照内控制度监督资金的合理使用。资产公司按照资金收支两条线管理原则，开设收入户和支出户，除基本结算户和住房公积金、税储等专用账户外，其余银行账户一律撤销；省公司对管理部实行“资金收支两条线管理”，实行收入上划、支出下拨、预算管理、实时监控。

资产管理。固定资产、在建工程、长期投资、无形资产（土地）、递延资产等非流动资产的实物形态管理，由综合管理处按照上级要求和政策规定制定系统存量资产的管理与运作方案，组织各职能部门实施、检查与考核；财务资产处负责资产的价值形态管理；管理部负责具体实施。

4. 资产公司与股份公司关系

区域分公司机构。撤销中国石化集团江苏石油有限责任公司下属的各分公司及其下设的综合管理办公室。设立江苏石油资产分公司区域（地市公司）管理部后，管理部人员的现场管理以区域股份公司为主。

离退休管理。离退休人员、内退人员管理由股份公司转入资产公司管理。

相关事务管理。资产公司政工、人力资源、安全、审计、法律事务、纪检监察等工作由股份公司托管。

5. 实施过程

2007 年 7 月 23 日，正式下发江苏石油有限责任公司体制转换实施意见。9 月，聘任江苏石油资产分公司处级人员、本部主管以及各管理部副主任。9 月 28 日，江苏石油公司发布清算公告。

截至 2007 年 11 月 20 日，完成清算注销县公司 50 家、破产清算县公司 6 家。完成江苏石油公司下属无锡、徐州、常州、苏州、南通、连云港、淮安、宿迁、盐城、扬州、泰州、镇江、江阴分公司的注销。累计完成 217 处房产、527 宗土地上划过户。

2007 年 11 月 29 日，经省工商局核准，江苏石油有限责任公司完成工商注销登记手续。同日，完成地税注销。2007 年 11 月 30 日，完成国税注销手续，江苏石油有限责任公司完成了子公司管理体制向资产公司分公司体制转换。

二、一体化管理

2009 年 10 月 10 日，根据中国石化总部统一部署，省公司下达《关于中国石化资产经营管理公司江苏石油分公司整体委托管理的通知》，决定从 2009 年 10 月起，将中国石化资产经营管理公司江苏石油分公司（简称资产江苏分公司）整体委托中国石化股份公司江苏石油公司（简称股份江苏分公司）管理。

1. 委托管理的形式和内容

股份江苏分公司受中国石化总部委托，负责资产江苏分公司的日常管理。托管期间，资产江苏分公司对外法律地位和对上资产隶属关系不变。

资产江苏分公司日常的各项权利，包括人事管理权、资金支配权、资产管理权、物资采购权、商品销售权和其他从事企业经营管理等所必需的权利，以及总部授予的相关权限均委托股份江苏分公司负责。

股份江苏分公司在总部委托的权限范围内，负责资产江苏分公司各项经营管理指标的核定、监控和考核，对资产江苏分公司国有资产的保值、增值和安全环保及人员稳定负责。

2. 调整机构设置及职责

股份江苏分公司增设实物资产处。资产江苏分公司综合管理处与股份公司实物资产处合署办公，负责统一管理资产公司土地、房屋、车辆等实物资产出租、处置、清查、盘点、维稳等工作，以及与股份公司安排的相关资产的管理工作。资产江苏分公司财务资产处与股份江苏分公司财务资产处合署办公。

撤销资产江苏分公司离退休工作处，股份江苏分公司增设离退休管理处，统一管理股份公司和资产公司离退休人员和内退人员。

股份公司各分公司增设实物资产科。统一管理资产公司土地、房屋、车辆等实物资产出租、处置、清查盘点、维护等工作和股份公司委托的各项资产的管理工作；原管理部承担的财务会计职能并入各区域财务核算部，原承担的离退休人员管理职能整合到股份地市公司分公司人力资源科。资产江苏分公司各区域管理部与股份公司实物资产科合署办公。

3. 调整资产公司相关管理职能

在人员关系及用工总量管理上，资产江苏分公司正式职工、其他长期合同工、劳务派遣工等各种类型的用工、离退休人员均与股份公司同类人员合并管理，相关劳动关系、内退协议、劳务关系以及社会保险、住房公积金等关系变更到股份公司。在劳动工资管理上资产江苏分公司发生的人工成本与股份江苏公司合并管理，并在股份公司支付与核算，各类人员及人工成本均纳入股份公司统计，报表由股份公司合并填报。

4. 法律事务管理

资产江苏分公司法律事务由股份江苏分公司法律事务部门统一管理。

第二节 资产基础管理

一、建立资产信息库和台账

2008 年，省公司集中力量开展了专项实物资产调查工作。共拍摄实物资产资料照片 6000 余张，摄像 1000 余条，掌握 215 处房产、517 宗土地、111 辆机动车、653 项其他资产状况，建立了完整的资产信息库。

2009 年 1 月 1 日，省公司制定了《资产管理台账》制度。资产管理台账体系，分为资产管理和出租管理两部分共 11 类：资产管理部分，共 7 类，分别是：权证管理台账、实物资产管理目录、实物资产管理台账、实物资产影像管理目录、实物资产现场检查台账、资产变动台账、综合指标月报；出租管理部分，共 4 类，分别是：合同管理台账、资产出租管理台账、资产出租月度检查台账、资产出租问题整改台账。

二、建章立制

2008—2012 年，根据资产运营流程节点，省公司相继出台《资产租赁管理暂行办法》和《固定资产和土地资产运营管理责任追究暂行规定》，建立健全了包括权证管理、合同管理、实物资产管理、出租资产管理、统计报表和资产变动台账等18项管理制度体系。

三、土地房产权证管理

1. 土地房产权证集中管理

2011年2月25日，省公司发布《土地、房屋权证集中管理业务规范》，将土地、房屋权证原件集中到省公司由档案室统一保管，建立了权证流转、借用、检查制度。截至2012年年底，省公司集中保管的规范的土地证1727本（股份公司1212本、资产公司515本）、规范的房产证1339本（股份公司1034本、资产公司305本）。

2. 土地房产权证规范化

2007年和2008年，省公司先后两次分别将原分支公司名下507宗470万平方米土地和159处18.5万平方米房产集中过户到江苏石油资产分公司名下。

省国土厅对公司土地过户上移工作给予了大力支持。2007年3月，江苏石油分公司对国土厅"服务国企，守土尽职"表示感谢。

2011年，开展土地、房产权证规范化工作，对历史上无权证、有证但不规范、权证在他方名下的土地房屋进行办证补证。

截至2012年年底，已办妥并规范了116宗30.4万平方米的土地权证以及124处3.14万平方米的房产权证，土地权证持有率已提高到目前的95.4%。

第三节 实物资产管理

一、资产现场管理

2008年，省公司根据资产质量、所处地理位置、周围商圈发达程度等多种因素，对全部在租和闲置资产进行细化梳理，按A、B、C分析法进行分类管理。对于高效优质的如门面房产、整体关闭办公楼等A类资产，作为挖潜增效的主力军、资源库和市场化运作的计划重点；对于低效的如关闭房产与场地等B类资产，在确保资产安全的基础上通过整合，提升创效能力和水平；对于暂不具备条件出租或对外出租困难的C类资产，择机进行有效盘活。

二、资产租赁管理

1. 市场化管理

2008年5月，省公司印发《资产租赁管理暂行办法》，从出租资产的立项审核、信息发布、价格评估咨询、出租招议标、合同管理包括出租期限、合同签订、履行、变更、终止、资产移交、租金收取、日常监控等方面实施规范化运作。

2007—2012年，累计对外出租收入10039万元，年均增长9.5%，实现"应收则收，应得则得"和资产的保值增值。

2. 合同化管理

2008年，资产租赁全面实行合同化管理，统一使用省公司法律事务处下发的标准范本，建立合同管理台账。2008—2012年，累计签订合同1189份。

三、资产维护管理

2007—2012年，省公司共投入资产维护费用1881万元，对全省关闭油库、加油站、房产及附属设施进行安全隐患整改和维护出新。

四、资产处置管理

2008年6月1日，省公司下发《资产处置暂行规定》，统一规范资产处置行为。2007年资产处置净值1578万元，处置收入2288万元。2008年资产处置净值1459万元，处置收入2484万元。2009年处置资产净值686万元，处置收入1804万元。2010年处置资产净值268万元，处置收入1588万元。2011年处置资产净值411万元，处置收入1125万元。2012年处置资产净值28万元，处置收入13万元。

五、土地资产管理

1. 管理责任

2008年12月30日，省公司发布了《固定资产和土地资产运营管理责任追究暂行规定》，从资产转让、出租、拆迁、盘活、维护、报废等方面规定对可能出现的违法违规和失职行为的惩处。2010年起，省公司建立了土地管理责任承诺制，并在每年年度工作会议上，由省公司与所属14家分公司签订土地管理责任承诺书，落实“守土有责”。承诺书对土地管理制度执行、机构设置、人员安排、资产盘点、信息报表、权证管理、拆迁处置、土地维护等八方面的管理项目提出了具体要求，赋予各具体项目不同的考核权重，将各单位管理的具体土地名称明确在承诺书上。并将土地管理责任落实到部门、县公司、承租人、看管人等责任终端。

2. 盘活存量

从2007年开始，省公司遵循“因地制宜，一地一策”、“适当投入，开发利用”、“资产出租，增值创效”、“联合开发，置换资产”、“以地换指标，按规获补偿”的原则，开启存量闲置土地盘活工作。先后实现了常州湾城油库、新沂第八站空地、姜堰办公楼、溧水物价大楼、徐州孙圩子油库、滨海坎南油库、南京花山油库、大丰刘庄油库、无锡闾江油库、建湖近湖油库、苏州西跨塘油库、泰州河横油库、赣榆金山加油站、睢宁双钩加油站等86宗闲置用地项目盘活创效。

截至2012年末，累计对外出租闲置用地46宗，计21.5万平方米，租赁收入从2007年的193万元，增长到2012年的402万元，年均增长率16%，累计取得土地盘活变现收入13000万元，开发利用（含拆迁置换）闲置土地取得商业房产市值超过30000万元。

第四节 住房货币化工作

2009年10月开始，按照中国石化集团公司和销售公司的统一部署，江苏石油分公司全面展开住房分配货币化工作。2009年12月末，完成职工住房普查和建档工作，全省总普查人数19664人，其中各类在册正式职工19449人；当年纳入无房和住房未达标人员13860人。2011年11月开始实施符合发放条件老职工的住房补贴发放工作。截至2012年12月31日，全省发放老职工住房补贴12698人，发放补贴资金24574.25万元，占应发人数的97.3%、应发资金95.01%。

2012年8月开始，测算发放2011年底前参加工作的新职工住房补贴，涉及新职工666人、住房补贴1587.37万元。2012年9月起，未满发放年限的该类人员住房补贴按月随工资发放。

2012年参加工作的新职工，从2012年11月起，住房补贴按月随工资发放。至此，江苏石油分公司住房分配货币化工作纳入常态化管理。

2011年10月，省公司召开深化住房制度改革实行住房分配货币化会议

一、住房普查

按照集团公司部署，2009年10月制定《职工住房普查工作方案》，全面展开住房普查工作。省、分公司分别成立职工住房普查工作领导小组和办公室，负责领导、组织住房普查工作。2009年12月末，完成职工住房普查和建档工作。

1. 住房情况

江苏石油分公司拥有各类住房11589套。其中，单位公有住房总套数10517套、总建筑面积687710平方米。包括按房改政策售出8160套、建筑面积534572平方米，公有住房出租914套，建筑面积44083平方米，不可售公有住房340套，建筑面积13260平方米；单位利用自用土地集资建房848套，总建筑面积80099平方米；其他公有住房套数224套，总建筑面积13330平方米。

2. 人员情况

普查各类人员总数19664人。其中，各类无房人员8483人；住房未达标人员5377人；住房已达标人员5589人；除名、辞职、辞退、开除、调离等5类人员215人。

二、住房补贴发放

根据集团公司和销售公司文件精神，江苏石油分公司制定了《住房分配货币化实施方案》、《新职工住房货币补贴实施细则》，分别于2011年10月、2012年7月获得集团公司批复。根据集团公司批复，江苏石油分公司住房补贴执行两个标准。老职工和2012年及以后参加工作的新职工，按届时年度基准补贴额标准执行；2011年底前参加工作的新职工，比照江苏各地市政府标准执行。同时，计发住房补贴的累计计算年限设定为10年（120个月）。

1. 老职工

老职工是指，1998年12月31日（含）以前参加工作的职工。2011年11月，江苏石油分公司启动老职工补贴发放工作。全省系统老职工住房基准补贴标准：1999年239元/平方米、2000年198元/平方米、2001年175元/平方米、2002—2009年145元/平方米。驻南京单位（省会城市）老职工住房基准补贴标准1999年842元/平方米、2000年798元/平方米、2001年534元/平方米、2002—2009年297元/平方米。

2. 老新职工

老新职工是指，1999年1月1日（含）—2011年12月31日（含）参加工作的职工。老新职工住房补贴，比照地级市当地标准执行。

3. 新新职工

新新职工是指，2012年1月1日（含）

以后参加工作的职工。新新职工住房基准补贴标准：2010—2011 年全省 319 元 / 平方米、省会城市 468 元 / 平方米，2012 年全省 448 元 / 平方米、省会城市 1245 元 / 平方米。

2012 年 12 月，基本完成了各类老职工的住房分配货币化工作；完成了新职工补贴补发工作，新职工在应发年份以内的按月补贴，全部纳入工资发放，实现了住房分配货币化工作的常态管理。

2001—2012 年非上市部分主要指标完成情况见表 5—3—1。

表5—3—1　　2001—2012年非上市部分主要指标完成情况　　万元

指标 年份	主营业务收入	利润总额	费用总额	资产总额	固定资产	长期股权投资
2001	85332	-4049	20134	199461	51952	18782
2002	152413	2086	16241	212432	55321	23971
2003	115813	3080	14219	149263	45702	12545
2004	111894	1454	13980	126293	46065	14320
2005	13996	-3529	7442	100378	65478	10649
2006	7220	2285	5103	90998	56080	7431
2007	3431	8244	5800	79674	51901	1388
2008	3581	-2307	5222	81566	60101	1603
2009	2368	8	3707	83993	59242	1453
2010	3541	412	2727	85177	59356	1430
2011	3532	8	3198	76502	60201	936
2012	3609	-1424	3147	84330	60877	1180

第六篇
分公司与投控股企业

江苏石油分公司下设南京、徐州等14个地市分公司。它们是所辖区域市场经营管理的执行层，负责贯彻落实省公司各项经营管理决策，抓好成品油和非油品市场营销、安全数质量管理、网络发展、队伍建设、党建维稳、企地关系协调等工作。

按照销售公司2011年印发的《关于进一步加强地市公司建设的指导意见》，江苏石油分公司充分发挥省公司统筹管理的整体优势，妥善处理继承与创新、集中统一与分级管理的关系，持续深化改革，完善体制机制，采取有力措施，激发地市公司“抓经营、强管理、带队伍、搞协调、谋发展、树品牌”的积极性、主动性和创造性，持续提高地市公司整体竞争力和综合实力。到2012年底，百万吨级的分公司有2个（苏州分公司、南京分公司），80万吨级的分公司有4个（无锡分公司、徐州分公司、常州分公司、南通分公司）。

第一章 南京石油分公司

南京石油分公司（简称南京分公司）位于南京市中山东路416号，是中国石化设立在南京地区的成品油销售企业，区域经济优势明显，横跨长江南北，覆盖南京11区2县。

截至2012年底，共有职工2000余人，拥有一级中心油库1座，县级油库1座，在营加油站212座，公司下设零售中心、物流营运中心、商业客户中心等专业性经营机构，以及江宁、六合、浦口、溧水、高淳5个县公司。从事汽、煤、柴等油品销售业务，承担南京市场保供任务，年销售规模100万吨。

南京分公司2001—2012年主要经济指标见表6—1—1，领导人员变动情况见表6—1—2，历年荣誉见表6—1—3。

第一节 经营业务

2001年以来，南京分公司突出零售经营在全局工作中的中心地位，坚持营销创新、体制创新、机制创新、组织结构创新，在提高经营效益和经营质量上下功夫，努力实现利润总额、成品油销售总量、零售总量等经济指标持续稳定增长，有力地保证了南京成品油市场的供应，为南京市的城市建设和发展作出了积极的贡献。

一、零售业务

1.完善零售网络，参与政府采购

2001年，通过新建、收购等方式新增加油站22座。同时，参与政府采购，以公园路为代表的18座加油站通过激烈竞争，成为江苏省党政机关事业单位公务用车定点加油单位，体现了公司整体经营实力。

公园路加油站外景

2. 组建CORO公司，推进零售管理体制改革

2002年，按照区域市场分布，组建47个CORO公司，通过公开投标自行出资注册成立CORO公司，一定程度调动了CORO公司经理和加油站站长增量的积极性。

3.全员动员，努力夯实加油站基础管理

2003年，开展了加油站百日竞赛，获得中石化加油站百日竞赛优胜单位；2009年开展零售技术比武；2010年起开展了“为民服务争先创优，争创客户满意加油站”评比、“比学赶帮超”劳动竞赛和优质服务月等活动。同时，着力做好加油站“五小”建设，关爱一线职工，加强改善员工生活设施，2007年

2010年，南京分公司第四届基层员工炊事技能比赛现场

起连续举办了6届加油站员工炊事技能竞赛。

4.注重超前控制，加强加油站督查

2007年以来，注重加油站督查工作，由零售管理部牵头，联合安全数质量科、经营管理科、非油品经营部等部门，组成了专职督查队伍，从软硬件方面确保督查的频次和督查质量。截至2012年底，共开展督查2000余次，督查加油站8500座次，下发不符合项报告单1300份督促整改，由片区经理对整改情况复核，问题整改率达99.99%。

5.强化加油站管理和网络建设，促进零售增量快速多元

2003年，通过加油站收购和租赁工作，公司加油站保有量得到提高。南京分公司坚持从主城区、开发区、干道、水上市场、重点乡镇五个方面来推进加油站建设，确保新增加油站计划落实到位。2003年11月正式推行IC卡加油，创新金卡消费方案，提高发卡量；加油机全面改为税控加油机，中山南路加油站通过技术改造，成为省内第一座油气自动回收加油站。2005年，“十运会”期间公司保障资源供应，建立了经营部门、油库、调运资源预警机制，定点加油站为重点终端客户提供资源供应和服务。

6.不断总结经验，改善和提高经营质量

2007年，南京分公司将经营工作的重心转移到强化基础管理，调整经营结构，提高经营质量上，零售汽油销售量同比增长7.7%，其中汽油销售高标号比重达到83.4%，同比增长5.8%。2008年，南京地区遭遇了数十年不遇的雨雪冰冻灾害，加之批零严重倒挂，资源空前紧张，市场保供压力大，南京分公司开辟了送油“绿色通道”，争取交警部门为送油车辆保驾护航；多次组织小型油罐车作为流动加油站，顶着大雪为滞留在高速公路上的车辆和武警扫雪车辆上门加油服务。在农业用油高峰期间，与市县区发改委及农机部门沟通协调，逐个明确农用油保供站点，并组织高淳、六合、浦口、栖霞4个区县6个乡镇送油到田头，保证了油料供应。2008年2月2日，省长罗志军视察了南京分公司省级机关加油站，看望和慰问风雪中坚守岗位的加油员，对南京分公司全力保障省内油品市场供应给予了高度赞扬。

2008年，为困在高速公路上的车辆送油

2012年4月25日，集团公司董事长、党组书记傅成玉视察南京上新河加油站

2009年开始，实施大站培育计划，5000吨以上规模的加油站同比增加13座，其中万吨站同比增加7座，大站增长数量在全省位于前列。将油站划分为A、B、C三个保供等级，优先保障农业生产、公交等重要环节的油品供应和资源投放。实施自助加油模式，第一批11座站实现了自助加油。同时，加大加油卡网络建设，推进IC卡业务，目前已建成公园路、虎踞路、现代、兰亭雅苑、瑞金路5家旗舰站卡点和96座加油卡办。

2012年4月25号，集团公司董事长、党组书记傅成玉一行来到上新河绿岛加油站进行调研慰问，称赞“绿岛”加油站有特色，要求不断总结完善推广。来到油站的更衣室内，看到墙上员工的人生格言，他表扬：“销售企业有着很深的文化底蕴，是其他企业无法相比的。”

二、直分销业务

1998年，直分销使用计算机开票系统，开启了成品油批发业务信息技术管理时代，一市五县实现计算机管理和在线开票。2002年，全省开始实行ERP管理，实现经营业务、财务、物流的在线集成管理。

2000年，南京分公司实现市县一体化管理，实现成品油经营业务由分公司统一管理。2004年，省公司成立商业客户中心，南京分公司成立商业客户部，并实行客户经理制，市县批发业务员转换为客户经理，同时实行客户经理等级制，省、市、县直分销业务实行垂直管理。2007年，南京分公司商业客户部与业务科实行合并，2010年业务科分离出来，成立了经营管理科。2011年末，省公司撤销商业客户中心，全省直分销业务划归经营管理处管理，分公司商业客户部继续承担区域市场直分销业务。

三、非油品业务

2008年开始，南京分公司积极推进加油站非油品业务的发展。2008年4月25日，全省首家加油站便利店—南京公园路加油站便利店正式对外营业。为加强非油品业务的管理，促进非油品健康快速发展，南京分公司于2009年3月设立非油品业务部。2009年9

非油品店面图集锦

月1日，江苏首家中国石化—麦当劳“得来速”汽车餐厅在南京示范加油站开业。

在发展非油品业务的过程中，充分利用中国石化品牌优势、网络优势和省会城市的区位优势，坚持一手抓规范发展，一手抓强化管理，在商品引进、服务规范、价格管理、商品陈列、会计核算、商品管理等方面加强管理，努力为消费者提供更加全面细致的服务。2008年实现非油品销售165万元，2009年实现2169万元，2010年实现4662万元，2011年实现6983万元。

四、天然气业务

2007年，南京市政府提出了建设环保型城市的要求，结合省公司开展天然气销售业务的精神，南京分公司开始申报压缩天然气加气站建设。2007年7月和12月，南京市政府公用事业局批准了江宁东山加油站和市区油坊桥加油站改油气合建设站的申请。2008年起，两站开始油气合建改造。2010年1月江宁东山站开始营业，该站成为南京地区第一座压缩天然气加气站；2011年8月油坊桥站也开始营业。到2012年6月，浦口五理桥、现代、江宁建中油气合建设站改造竣工。2011年下半年开始，南京分公司着手建设液化天然气站，截至2012年底，武家嘴、星甸、岳皇、华隆、葛中路等一批液化天然气加气站都处于在建中。

五、润滑油业务

2001年9月，省公司调整南京销售经营部经营管理体制，由省润滑油公司负责南京销售部业务经营考核，结束了2000年以来的省润滑油公司按照“同城重组”的模式对南京分公司润滑油经营实行专业化管理的体制。2002年9月，组织加油站润滑油销售综合竞赛，中石化总部授予南京分公司示范站、公园路站为中国石化百座“长城之星”加油站称号。2005年9月，中石化总部授予南京分公司天瑞站、示范站中国石化“长城之星”加油站称号。

2012年7月，按照中石化总部部署，南京润滑油业务、人员划转至中石化长城润滑油江苏销售分公司。

第二节　储运销网络建设

一、加油站建设

2000—2003年，南京分公司组织加油站收购和租赁工作，共收购租赁加油站170座，使公司加油站总数达227座，市场覆盖率得到有效提高。2004—2012年，新增加油站23座，同时由于租赁合同到期、退租、注销和拆迁等因素，南京分公司加油站总数降为212座，但网络建设的质量明显提升。

此外，南京分公司通过合资控股的方式推进网络建设。2009年12月10日，南京分公司与南京交通产业有限责任公司共同出资，组建了中石化南京交通石油发展有限责任公司，公司下辖8座加油站，双方股东各投资1500万元，各占股份50%，合作年限20年；2010年6月30日正式开始运营。

2010年4月，南京分公司与江苏杰海集团有限公司、南京杰海石油制品有限公司成立“中石化南京中锦石油有限公司”。中石化出资总金额为8670万元，出资比例为51%；江苏杰海集团有限公司出资总金额为3296万元，出资比例为19.39%；南京杰海石油制品有限公司出资总金额为5034万元，出资比例为29.61%。公司下设卡子门广场、杰海、清凉山、新金和新龙锦5座加油站。

二、管道建设

1.栖霞油库改扩建工程和江南管线工程

工程于2007年8月正式启动，先期进行了栖霞油库发货场及罐区联接管线工程的建设。工程总投资额为3476.65万元，管线路由为南京到镇江段、支线南京—扬子联接线，全线长11.8千米。2010年9月，油库与首站工程通过中石化质检站和省公司“三查四定”检查，2010年10月完成中交。栖霞油库改扩建工程和江南管线工程于2010年12月17日正式投油运行。

2.江北成品油管道工程

该项目起点位于南京扬子首站，东线经扬州分输站至泰州末站，其中南京境内长24千米；北线自扬子首站经淮安分输站、宿迁分输站至新沂末站，南京境内长54千米，管径均为355.6毫米，设计压力9.5兆帕。截至2012年底，南京段管线已完成规划选线工作，正在办理规划许可证。

苏南成品油管道南京首站机泵卸车

三、油库建设

1.栖霞油库

该油库位于南京市栖霞区石油新村，主要担负南京市区及五县（区）成品油储存供应任务。成品油进货以管道输送为主，发货以公路、水运为主。始建于1958年8月，1962年12月建成投产，2001年共有轻油油罐12只、燃料油罐2只，总库容6.6万立方米。2001—2002年油库新增2#、8#、3#、4#，4只轻油罐和326#、328#2只重油罐，总容量8.8万立方米。2007年6月，油库划至物流中心。2008—2010年521#、522#、523#油罐调拨至华东首站，拆除老510#罐和消防水池，新建510#汽油罐、516#柴油罐。2011年8月1日，栖霞油库由物流划归南京分公司。2001年吞吐量82万吨，2002年突破100万吨，2004年突破200万吨，2011年264万吨。

2.灵岩油库

该油库位于滁河水道六合区雄州镇马营村骁骑营东岸，始建于1964年，占地3万平方米，经营贮存0#柴油，年吞吐量约为25万吨。

3. 王家庄油库

该油库位于南京市东北角长江二桥旁，是一座以润滑油为主，集铁路、公路为一体的大型润滑油仓库，1994年建设，1995年投产，占地面积58371平方米，拥有铁路专用线287米，管线全长11000米，仓储总容量6900平方米，储油罐33座。油库年吞吐量2.2万吨左右。按照省公司部署，2009年，在油库修建非油品中央仓，占地面积共计4000平方米；2010年，非油品中央仓建成，油库208#、209#油罐改为非油品中央仓库消防水罐。

4. 非油品中央仓

非油品中央仓位于王家庄油库内，2009年建设，2010底建成，2011年9月投产作业。占地面积4000平方米，仓库2000平方米，辅助用房300平方米。商品品种500多种，库存金额达454万元，配送金额300多万。

第三节　企业管理与改革

一、体制调整和改革

为适应企业发展新形势，2001—2012年，根据省公司统一部署，南京分公司对企业管理、体制进行了不断改革、调整和完善。

1. 2001年，积极推进流程再造、劳动用工制度、零售体制、仓储体制等改革

流程规范。在组织人员竞岗的基础上，重新梳理和规范各部门职责，制定了二级流程，并细化了县级管理部的流程规范和考核细则。在人员竞岗、机构重组中，中层竞岗人员中有52人竞岗成功，平均年龄不足40周岁。

零售体制改革。将零售公司设置为营销部、财务信息部、网络发展部、人力资源部，并将176个加油站分片组合，组建成47个加油站管理公司。零售经营职能和管理职能分离，加油站管理公司全面负责加油站的销售作业、安全管理、数质量管理等日常管理工作。

劳动用工制度改革。根据自愿原则，744名职工协议解除劳动合同，其中正式在岗人员协解363人，内退人员协解189名，在册正式职工由1211人减至569人。

2. 2002年，深化零售体制改革，推进CORO模式

按照省公司深化零售体制改革的精神，在区域内47个加油站管理公司全面推进体制改革，制定一系列管理规范、考核标准，建立加油站单站核算体系。统一组织CORO公司经理竞标，并与CORO公司经理签订了委托管理合同，CORO公司经理与员工签订了上岗协议，明确了各自的权利与义务。同时，根据“以点带面，稳妥推进”原则，实施了小站改制工作，在全区域选择了11座小站进行改制试点。

3. 2003年，实施条线化管理，取消县级公司建制

条线化管理。分公司成立三大营运中心，即区域零售中心、区域分销配送中心、区域物流营运中心。三大营运中心分别在各县组建延伸机构。在市区及六县分别设立零售片区，由零售中心实施区域零售一体化直线式经营管理模式；一市五县的配送分销经营业务由区域商业客户中心统一运作，在六县分别设立配送分销片区，负责本辖区的配送分销业务经营；在六县分别设立润滑油片区，负责片区内润滑油经营管理；在区域分公司物流营运中心内建立经营管理、物流调度、仓储业务（吸储）、仓储管理四大部分，同时负责各县属片区油库的调度和仓储管理，实现了物流营运中心经营管理一体化。

取消县级公司建制。所属各县级公司及其中层建制变成分公司各营运中心对所属片区进行协调和管理的管理委员会，其主要职能完全向加油站现场管理、农村网点开拓和地方关系协调方面转变。县区的管理人员重新定编，统一由分公司相关部门派出，分公司相关部门负责其工作任务的布置、检查、考核。

4. 2005年，推进小站改革、小库关闭、深化区域公司一体化管理以及薪酬分配制度等一系列改革

小站改革。将单站年加油量800吨以下的经营规模小、人均销量低、吨油费用高的小型加油站和农村网点列入小站改革的范畴。在所有权、经营权不变的前提下，对加油站服务、相关管理和部分费用实行内部个人或合伙承包，以按量计酬、按量计费的形式取得合理报酬和费用。

深化一体化管理。对内取消县级公司管理机构，撤销县公司管理委员会，对外保留牌子。片区管理人员办公地点逐步迁至具备办公条件的加油站，分公司职能部门负责对全区域的各项经营管理职能统一延伸管理，县片区公共服务、直（分）销、润滑油经营职能由分公司相关经营管理部门直接负责，县片区证照、印章、档案资料等由分公司统一管理。

深化薪酬分配制度改革。将岗位划分为管理岗位、营销岗位、专业技术岗位、技能操作岗位、其他后勤服务岗位等五类，明确了岗位类别和各岗位的具体定编。12月底，组织开展分配制度改革工作，制定了《南京石油分公司分配制度改革实施方案》、《南京石油分公司奖金分配办法》、《南京石油分公司劳务人员岗位工资考核分配办法》。2006年1月起，全体员工执行新的工资等级和标准。

5. 2007年，组织实施规范加油站、油库员工薪酬分配、推进加油站规范化管理以及理顺直分销管理体制等“三项改革”

规范加油站、油库员工薪酬。先后制定《南京石油分公司规范加油站员工薪酬分配实施细则》、《南京石油分公司规范油库员工薪酬分配实施细则》，以省公司岗位薪酬标准为指导线，规范了加油站、油库员工薪酬发放项目及标准。

推进加油站规范化管理。制定《南京石油分公司片区加油站管理经理选聘办法》，共有56人报名参加选聘，有22人被聘为ME；同时在每1个片区选定1座加油站作为本片区示范站；对新上任的ME进行集中培训，按照《加油站客户服务检查表》、《加油站运营管理检查表》和《加油站安全管理检查表》三张表进行加油站督查管理并排名考核。

理顺直分销管理体制。先后制定《客户经理竞岗办法》、《客户招标及客户经理等级评定办法》、《客户经理二级考核办法》、《客户经理交通费管理改革实施方案》、《开票员竞岗实施办法》等一系列改革文件，组织了客户经理竞岗和开票员竞岗。

6. 2010年，小型加油站实施委托管理

根据省公司加油站委托管理统一部署，南京分公司分2批完成加油站委托管理工作，共有46座加油站分别托管给45个管理公司实施委托管理。

7. 2011年，组织实施县片区经营管理体制完善工作

设置了县级分公司机构，明确了人员编制、岗位设置，组建了县公司经营管理团队。

同时，明确了县级分公司与各职能条线的职责，确保事权划分清晰，在此基础上调整了对县级分公司考核办法。

8. 2012年，进一步完善县公司体制

对县公司的职责和管理体制进行了明确，调整县公司机构事权划分，并对县公司岗位和编制进行了调整，县公司班子由经理、书记、副经理组成，各县公司管理团队编制控制在11人以内。

二、安全与设备管理

从2003年以来，南京分公司各油库、加油站、区县片区、各部门全面实施HSE管理体系。每年初，分公司明确年度安全目标，确定以HSE为主要内容的安全系列活动，同时调整安全网络，落实安全生产责任制，与各部门签订“HSE管理现责任状”、“综合治理、治安保卫责任状”、“消防安全管理责任状”，将安全管理任务层层落实；与2000余名职工签订了HSE承诺书；同时对16家承包商重新进行资质审查，发放“安全生产许可证”。坚持开展施工安全专项检查活动，确保施工安全。

加强设备管理工作，做好设备转资和入账管理，强化维修项目的现场监管和台账管理，推进EM系统试点工作。每年组织2次设备安全大检查，并通过集团公司和销售公司的设备安全检查，狠抓隐患整改，促进设备管理工作水平不断提高。同时，不断完善安全视频监控系统。2008年加油站安装了视频监控系统，对现有作业环节进行了实时安全监控。

三、数质量管理

南京分公司加强数量管理制度建设，修订了《南京分公司油品内部移库铅封管理规定》、《南京分公司进一步加强零售损耗管理行动方案》，定期组织计量检查，对在用油罐进行清洗、容积复检工作，不定期跟踪油罐车全过程运输作业，检查加油站接卸油操作流程。同时，全力推进V20系统试点工作，专门组织业务培训，强化了考核力度，分公司油品损溢管理取得一定进展。

南京分公司积极践行“每一滴油都是承诺”，每年接受国家和省质检、工商的季度年度油品质量抽检，全部合格。同时对承运商油罐车重新确定运输品种，严格审核上线资格，并在车身张贴汽柴油标签，进一步强化质量管理。

四、财务条线管理

2003年之前，市县公司均设有财务科。2003年取消县公司后，县公司财务人员由分公司集中管理，改称会计代表。2007年实行省公司条线管理，分公司设财务核算部，财务核算部主任由省公司统一任命，县公司财务人员同样实行条线管理，称会计代表。

五、信息工作

2004年南京信息中心正式成立，2006年实行条线化管理，更名为南京信息工作站。

1. 基础设施方面

2000年建设完成办公大楼和栖霞、灵岩、王家庄3个油库的局域以太网，2001年与省公司连接专线为512K DDN专线，2002年新增中国电信2M SDH透明链路为与省公司连接专线，建设完成县级公司局域以太网。2004年对中心机房进行了改造，增加了门禁系统。2006年安装了机房UPS不间断电源，2008年实施了机房动力监控系统，2011年机房温控引入艾默生精密空调。

2009年10月，到省公司主干链路升级为8M MSPT+2M SDH，加油站全部采用4M光纤MPLS方式通过100M光纤汇聚链路与中心机房

连接；2010 年，栖霞、王家庄和灵岩 3 个油库分别增加移动 2M SDH 链路作为备份链路，2012 年中心机房与省公司的主、备份链路均升级为 10M，实现热备负载均衡，栖霞、王家庄、灵岩 3 个油库实现双机双线热备。

2. 信息系统的建设和推广

2000 年，实施推广了财务浪潮软件以及财务浪潮软件固定资产子模块和进销存业务管理系统。2002 年 12 月，ERP 系统 SD、MM、FI/CO 三大模块上线。2003 年，加油卡系统开始实施，二次物流系统上线，金蝶人事管理 H3 系统启用。2005 年开始进行加油站视频监控建设，江苏石油加油站零售账表系统上线。2006 年，ERP 系统纳入了工程项目管理 PS 模块和设备管理 PM 模块，并在所有加油站推广了零售业务管理系统。2007 年推行 OA 办公自动化系统，2008 年，OA 系统推广至加油站，并开始建设加油站易捷便利店，便利店系统开始正式推广使用。2010 年，加油卡查询系统上线，启用总部零售管理系统。2011 年，设备信息管理系统 EM 试点，人事管理系统 ERP/HR 正式上线，同时推行总部合同管理系统。

第四节 党建工作与队伍建设

一、党群工作

2010 年以前，南京分公司党委名称为“中国共产党江苏省石油集团有限公司南京分公司委员会”，纪委名称为“中国共产党江苏省石油集团有限公司南京分公司纪律检查委员会”。2010 年党委名称更名为“中共中国石化江苏南京石油分公司委员会”，纪委名称更名为“中共中国石化江苏南京石油分公司纪律检查委员会”。

截至 2012 年底，南京分公司共有基层党组织 12 个，其中党总支 6 个，党支部 6 个，28 个党小组，共有党员 340 名，其中在岗 232 名，占党员总数的 68%；离退休 108 名，占党员总数的 32%。

2003 年开展学习“三个代表”重要思想的活动，2005 年组织开展先进性教育活动，2008 年贯彻落实集团公司《关于开展“深入群众促和谐，凝心聚力促发展”主题活动的实施意见》，牢固树立领导为一线员工服务、管理部门为基层服务、职能部门为经营部门服务的思想，切实转变作风。

二、队伍建设

截至 2012 年底，南京分公司共拥有高级专业技术职称 1 人、中级职称 49 人、一级建造师 1 人，二级建造师 3 人，注册安全工程师 5 人、注册企业法律顾问 1 人、高级人力资源管理师 3 人，人力资源管理技师 3 人。

1. 培训工作

南京分公司常年开展各类专业技术培训、岗位培训及持证上岗培训，截至 2012 年底，共有 31 名片区经理、32 名客户经理、79 名站长通过上岗培训，持有岗位任职资格证书。2007 年以来，南京分公司每年组织开展职业技能鉴定培训，拥有中级工 438 人、高级工 150 人、技师 7 人，加油站操作员中级工以上人员占比 32%，油品储运调和操作工中级工以上人员占比 68%。南京分公司共有兼职讲师 33 人，投资建设培训站 10 座。

2. 用工管理

2002—2006 年，先后规范劳务工的使用和管理、深化区域分公司一体化改革、深化市县公司一体化管理改革机构设置调整、实施物流、燃料油、信息、审计垂直一体化体制改革。2007年将劳务用工派遣权限统一上收，确保用工管理的可控性、规范性和有效性。2009年，公司特殊工时工作制获南京市人力资源和社会保障局批准。

3. 薪酬管理

2007年，建立以规范、统一的岗位薪酬为导向的分配体系，规范加油站、油库员工薪酬分配。2012年开始实行薪点工资制，进一步完善薪酬分配结构。

4. 离退休工作

截至2012年底，南京分公司共有离休人员14人，退休人员446人，协解退休255人，供养、精减下发及退职人员45人。

第五节 非上市部分

一、企业沿革

2000年实行体制改革重组，非上市部分名称为南京市石油总公司，设立管理部、财务部、化工经营部及非上市县级支公司等部门。2001年，开展协议解除劳动合同改革工作，共解除劳动合同203人，改制分流34人。2002年开展流程规范，全员竞岗，清理银行账户，完成资金收支两条线管理；重组、协解后，非上市公司实行集中管理，专业化经营，油品销售等业务有序退出，只保留油品运输、餐饮服务和资产租赁等主要业务。2004年，按照省公司非上市系统的“五减四无”改革精神，做好人员分流，部分人员竞争上岗与股份公司合署办公。2005年根据省公司改制精神，深入细致地做好化工划转、投资油运公司股权退出工作。2006年完成存续分支公司17处房产、53宗土地权证的变更，为分支公司清算注销作好准备。2007年体制转换后，成立了中国石化集团资产经营管理有限公司江苏石油分公司南京管理部，负责南京地区非上市部分的财务、资产管理和离退休人员管理，主要以资产租赁业务为主，兼顾非上市部分历史遗留问题的处理工作。2009年成立实物资产科，负责资产租赁及土地管理等工作。非上市部分的人事、财务等均由上市公司相关部门托管。

二、清理整顿

2006—2009年，根据中石化总部清理对外投资的要求，南京分公司共完成了41个清理整顿项目，包括县级支公司工商营业执照注销工作。2009年11月25日完成南京市石油总公司清算注销工作。2008—2009年做好清理整顿项目总结、撰写论文以及档案整理等工作，档案通过省公司验收并上交省公司统一保存。

三、住房改革

2009年底，落实省公司关于住房普查动员会议的精神，成立了职工住房普查领导小组，制定工作方案，共普查1879名职工，其中在职正式工441人，离退休人员591人，协解解除劳动关系及改制822人。在省公司统一部署下，2011年10月成立了住房补贴发放工作领导小组，制定《南京石油分公司住房分配货币化实施方案》及《南京石油分公司职工住房补贴发放工作维稳预案》，履行民主程序并得到省公司批复后实施。发放职工补贴人数1298人，其中离退休、协解等不在职人员981人，在职人员317人。2011年底基本完成离退休、协解等不在岗人员的补贴发放工作，2012年上半年基本完成在职人员补贴的发放工作。

四、资产管理与土地管理

2007年底设立南京管理部，2009年设立股份公司实物资产科与南京管理部合署办公。加强资产管理，摸清家底，建立各类资产台账，梳理有效资产，规范资产出租流程，做好存量资产的保值增值工作。严格执行省公司《江苏石油分公司土地管理规定》，签订土地管理承诺书。2011年3月，开展土地、房产调查，年末集中上交省公司保管股份公司土地权证43本、房产证73本，对历史遗留不规范土地11宗、房产14处进行整改。同时，加强资产安全检查及整改。对部分出租资产、办公楼、关闭油库等进行隐患整改及形象出新。

表6—1—1　　南京石油分公司2001—2012年主要经济指标表

指标 年份	1. 成品油销售量（万吨）	2. 零售量（万吨）	3. 销售收入（万元）	4. 利润（万元）	5. 吨油费用（元）	6. 资产总额（亿元）	7. 非油品营业额（万元）	8. 员工总数（人）
2001	54.2	31.5	178886	188	141.7	5.32	—	2406
2002	59.6	37.1	193869	-47.55	145.2	6.5	—	2391
2003	77.0	50.1	244834	1639	162.9	5.65	—	2379
2004	106.5	80.6	393744	8938	157.4	6.74	—	2610
2005	128.7	101.4	553557	11456	139.2	7.03	—	2485
2006	149.3	123.9	754914	50628	114.5	6.75	—	2214
2007	136.2	113.0	704812	17385	162.3	6.57	—	2232
2008	128.0	106.1	793537	19302	169.6	6.31	165.5	2426
2009	125.6	98.6	729982	32478	190.6	6.55	2169.7	2458
2010	129.2	104.3	882312	33092	193.7	8.26	4662.8	2317
2011	135.2	115.8	1063026	37432	212.5	9.88	6983	2347
2012	136.7	99.0	1109964	38076	213.2	14.31	9200	2329

表6—1—2　　领导人员变动情况

姓　名	职　务	任职时间
朱炳贵	经理、书记	2001—2002
徐　平	副书记 书记	2001—2002 2003—2004
李邦华	副经理 经理 书记	2001—2002 2003—2007 2005—2007
邵建军	经理	2007—2011
毛宁庆	书记	2007—2011
吴保东	经理	2011—
杨南忠	书记	2011—
王继林	副经理 副书记	2001— 2005—2006
张建华	副经理	2001—2003
南达夫	副经理	2001—2003
童广发	副经理	2001—
殷云法	副经理	2001—2006
罗会进	副经理	2001—2006
邹红娣	副经理	2007—
陈　军	副经理	2007—2011
祁鹤飞	副经理	2011—

表6—1—3　　历年荣誉

年份	姓名／项目／集体	荣誉称号	授予单位
2001	南京石油分公司	省级文明单位	江苏省政府
2001	南京石油分公司	南京市有功单位、先进基层党组织	南京市政府
2001—2008、2010	南京石油分公司	南京市安全生产先进单位	南京市政府
2001—2011	南京石油分公司	南京市平安企业	南京市政府
2011	南京石油分公司	和谐劳动关系先进企业	南京市政府
2012	南京石油分公司	江苏省平安企业	江苏省政府
2002	朱炳贵	建设新南京有功个人	南京市政府
2001—2002	朱炳贵	南京市安全生产先进个人	南京市政府
2003—2006	李邦华	南京市安全生产先进个人	南京市政府
2007—2010	邵建军	南京市安全生产先进个人	南京市政府
2011	王继林	南京市安全生产先进个人	南京市政府
2012	吴保东	南京市安全生产先进个人	南京市政府

第二章 无锡石油分公司

无锡位于中国最发达的长江三角洲地区，自古就是中国著名的鱼米之乡。地处太湖之滨，风景秀丽，具有丰富而优美的自然风光和厚重的历史文化。2012年中国城市GDP排名前十。无锡市下设2个县级市、7个区域，总面积4788平方千米，总人口约464.2万，是中国著名的旅游城市，也是中国重要的经济城市。2011年，全市实现地区生产总值突破6000亿元，达到6880.15亿元，同比增长11.6%。

无锡石油分公司（简称无锡分公司）作为隶属于中石化的大型国有能源企业，是无锡成品油市场的主要供应商。2012年销售成品油78.13万吨，市场占有率达到70%，实现销售收入62.87亿元，利润10723万元。无锡分公司下设综合办公室、党群纪监科、人力资源科、安全数质量科、基建管理科、经营管理科、商业客户部、零售管理部、实物资产科等9个部门，以及宜兴县公司和周泾巷油库、梅林油库，另有财务核算部、信息工作站和审计3个专业条线化部门。截至2012年底，公司拥有在岗员工1690人，其中正式工204人，劳务工1486人。无锡分公司固定资产92300万元，拥有在营加油站44座，其中四星级站5座，三星级站6座，拥有在营油库2座，库容8.65立方米。

无锡分公司2001—2012年主要经济指标见表6-2-1，领导人员变动情况见表6-2-2，历年荣誉见表6-2-3。

第一节 经营业务

2001年，无锡分公司经营业务实施多元化经营战略，经营品种涉及成品油批发、成品油零售、液化气、化工、润滑油等五个板块的销售和化工的仓储中转业务。2005年化工专业化经营体制调整后，无锡分公司不再从事化工经营和仓储。2006年陆上加油站进行合资经营，根据总部和省公司要求，无锡分公司对液化气业务实施了退出，成为专业从事成品油经营的企业。2008年起，无锡分公司开展非油品销售业务，完成了由多元化经营向以成品油批零经营为主、依托零售网络兼营非油品销售的转变，主业更加突出。

2001年以来，无锡分公司经营规模划分为两个重要阶段。2001—2006年，为多元化经营阶段，经营量由45.27万吨发展到75.29万吨，其中成品油经营量72.18万吨，完成省公司下达年度指标的100.81%。2007年起，无锡分公司主要从事成品油经营，在网络建设的支撑下，主营业务快速增长，成品油市场占有率由2001年的60%发展到2012年的72%。成品油经营总量由2001年的45.27万吨增长至2012年的78.13万吨，其中2010

年总量达81.73万吨，突破80万吨大关。

一、零售业务

2001年以来，无锡分公司零售历经了快速发展、合资调整以及从零起步再发展三个阶段，呈现了规模不断扩大、管理逐步规范的良好发展态势。

2001—2004年快速发展阶段。加油站在营数量从2001年40多座快速发展到2004年126座。零售销量2001年为12.05万吨，2002年达13.58万吨，2003年达26.17万吨，2004年达38.53万吨，销售规模呈现三级跳。在基础管理上，积极实施体制改革推行CORO管理模式，2004年改革进一步深化，开始构建专业化管理组织构架，逐步形成“零售中心—片区主管—油站站长”三级管理责任体系，实现了由单纯管理向综合管理的转变。

2005—2006年合资调整阶段。在此期间，20座加油站划归合资公司，102座加油站纳入合资公司统一管理，无锡分公司仅剩8条加油船。2005年零售经营达44.44万吨，2006年达48.16万吨，2年增长8.4%。

无锡江南加油站全貌

2007—2012年零售从零开始再发展。2007年，无锡分公司重新组建零售管理部，建立了“零售中心—零售管理部—片区经理—油站站长—员工”专业化管理体系，以8条油船为依托、以零售管理仅剩3位老员工为班底，全力以赴加快自管发展。其中自管加油站零售经营量从2007年4.41万吨快速发展到2008年6.98万吨、2009年11.07万吨、2010年15.99万吨、2011年16.96万吨、2012年64.2万吨（不含独立站），经营量翻了近3番，在营加油站数量从2007年8条水上油船发展到 2012年43座加油站，相当于再造了一个无锡壳牌合资公司。此外，2012年12月30日零时全面推广国IV汽油。

二、直分销业务

2001—2012年，无锡分公司成品油批发经营采用与省公司联销模式，依托省公司资源和价格优势，开展与总部设在无锡的江苏中油的市场竞争。2001年，进一步深化经营体制改革，成立商业客户部，实行统一办公，强化对终端市场的维护和开发，终端市场占有率稳步提升。2009年起开展直分销“双十”行动计划，即不断优化经营结构，确保终端比例和辖区内客户销售比例每年提高10%。至2012年，年直销量达10万吨，直销终端市场占有率将达70%。

2001年起无锡分公司开始推行配送业务，具体形式为客户电话通知调度岗位人员，由调度人员系统调配，根据客户要求数量通过系统配至运油车配送卡上，运输车辆直接送达客户处并结算运费。经省公司调研考察后，无锡模式的配送业务在全省推广。

三、非油品业务

2008年9月，无锡分公司开始涉足加油

站非油品经营业务，当年实现非油品销售额13万元。非油品管理合并在零售管理部，由专职副经理全面主持非油品工作，对口省公司非油品处实行专业化管理，从门店建设、办理烟草证、重点商品销售等几个方面积极拓展非油品业务，非油品业务呈现快速、持续发展势头，经营规模实行了“五连跳”，由2008年的13万元发展到2009年的617.3万元、2010年2881.6万元、2011年的4168.8万元，2012年突破5316万元。加油站易捷门店数突破130座，实现了站站有“易捷”，烟草销售网点115个（含合资站）。目前拥有百万元门店12座。

四、车用天然气业务

2010年以来，无锡分公司将加气站建设列为投资重点，一是积极推进了华清、广石2座CNG加气站的建设，协调与华润公司的供气合作，2012年9月完成地方消防、安监、燃气办等职能部门的组织、验收，两座气站的单机联调和密闭性试验；10月通气调试后投入试运营。二是组织业务人员到LNG市场的发源地贵阳开展市场调研，了解后期运作的第一手资料，为投资决策打下扎实的基础。三是立足网络布局和市场调研，初步完成了无锡区域3—5年内的LNG加气站规划方案。四是基本完成了加气站设计思路和设备选型，建立了加气站经营的安全、操作等管理制度。

滨湖区华清路加油加气站

五、润滑油业务

无锡分公司润滑油经营部前身为全国八家特油部之一的无锡特种油品服务部。2001年前特油部供应的品种有近600个，以“齐”、“特”享誉大江南北。2002年开始注重品牌油品经营，“海牌”、“一坪”、“飞天”为三大创利品牌。2003年中石化润滑油品牌整合，无锡分公司开始集中营销优势对“长城”品牌进行市场拓展与推广，2004年实现长城包装油销量2855吨。2005年开始谋求经营总量与长城包装油销量新的突破，通过终

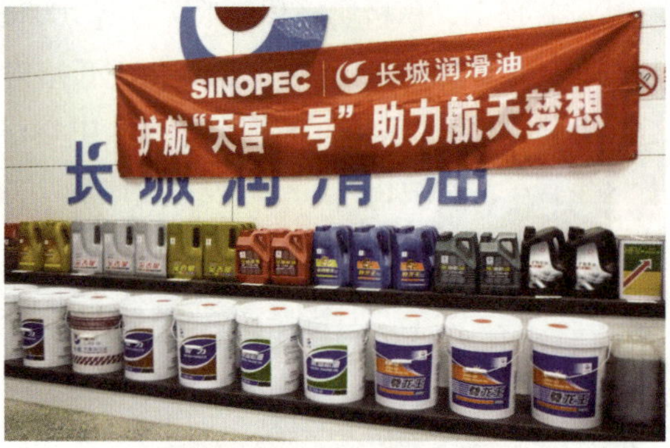

护航“天宫一号”助力航天梦想

端、分销两条腿走路，全方位拓展，共实现润滑油销售总量3.07万吨，长城包装油销量0.39万吨。2006年润滑油销售总量3.10万吨，长城包装油销量0.71万吨。2007年润滑油经营开始实施“散油向包装油转变、地炼油向品牌油转变、非长城油向长城油转变”“三个转变”计划，经营重点开始转向“长城”包装油和终端市场，当年实现长城包装油销量8692吨。2008年确立以机械制造行业及交通运输业作为扩销增量的主战场。2009年将终端市场开发，终端客户维护，客户结构优化作为润滑油经营工作重心，谋求通过终端增户实现终端增量，夯实经营基础改善客户结构。2010年润滑油基本市场打造，确立了“做大总量、做强长包、做实终端、做细服务、

展示易捷精品站

做稳市场”营销战略。2011 年按照“维系稳量、开发增量、竞争扩量”的经营思路，坚持“以量为主、量效兼顾”的导向，以长城包装油营销为重点，围绕市场开拓、客户维护、结构优化、规范经营开展工作，全年实现润滑油销售总量 1.09 万吨，长城包装油销量 0.76 万吨，全年维护客户达到 706 家，市场掌控力得到加强。2012 年 7 月，润滑油销售业务进行划转整合，实现了“区域化与专业化相结合”的润滑油营销管理模式。

第二节　储运销网络建设

一、网络建设

1999 年起，无锡分公司加快了网络发展的步伐，通过新建、收购、租赁、联营等方式抢占市场，加油站保有数由 1999 年底的 42 座增加到 2012 年的 133 座（不含合资站）。按地理位置分：城区站 47%，干道站 22%，农村及水上站 30%。按资产分：全资站 73.7%，租赁站 21.8%。同时，狠抓油库改造、成品油管道建设，为企业发展夯实了物质基础。

2003 年，无锡分公司响应省公司号召，结合市场形势，专门成立了网络发展办公室，主抓投资基建工作。2005 年起，零售网络发展市场竞争日趋白热化，土地资源越来越紧张。2006 年，无锡区域成立合资公司，当时除 8 座水上加油站设为自管站外，其他陆上加油站全部划归合资公司管理，统称为统管站，至 2011 年底，自管站的份额增至 40 座，增幅 471.42%。2008 年，无锡分公司基本实现了投资项目 PS 管理。2010 年开始，因前期合资等历史原因，在老站改造方面投入较少，无锡分公司计划用 3 年时间内完成 84 座加油站的改造。2011 年新建站迁建、改造站共 50 个，为历年项目最多的年份，加之实施油气回收改造项目，任务比较艰巨。

无锡分公司自 2009 年开始谋划太湖新城建设绿岛站，确定在具区路建设 3 座绿岛便民加油点、南湖大道建设 3 座绿岛便民加油点和五湖大道建设 1 座绿岛便民加油点，共计 7 座，土地以租赁的方式取得使用权。目前已建成绿岛站 4 座，分别是具区路上的具

无锡具区路绿岛加油站

区路便利加油点、西萧便利加油点、丰裕便利加油点、桑园便利加油点。

二、油库建设

无锡周泾巷油库位于无锡市新区城南路底，东临沪宁铁路，西靠京杭大运河，北面吴都路。油库占地面积 13.83 万平方米。

周库发货场改造前

周库发货场改造后

2003 年，周泾巷油库进行消防泵房改造，拆除 4 台水泵，更新 2 台电动水泵、2 台柴油引擎式水泵。2008 年进行铁路卸油泵房改造，将半地下式的泵房改造为地面上的泵棚，消除了安全隐患。并对泵房管线进行工艺改造，增加 16 个潜油泵鹤管。同年，将化工泵房改造为敞开式泵棚，并增加 3 台泵机。2009 年油库进行全面改造，新建油罐 10 座，包括 10000 立方米 3 座，5000 立方米 1 座，500 立方米混油罐 2 座，1000 立方米化工罐 4 座，目前总容量达 7.3 万立方米，其中汽油 3.1 万立方米，柴油 3.5 万立方米，其他品种 7000 立方米。油库 500 吨级码头 3 座，铁路专用线 990 米，车位 22 个；陆路发货鹤位从改造前的 18 个增加至 21 个。新建综合办公楼 1490 平方米。变配电间 774 平方米，10 千伏、35 千伏双电源供电。油库发货罩棚 900 立方米。陆路发货能力约为 2000 吨 / 天，主要供应除宜兴市以外的无锡地区。2008—2011 年吞吐量稳定在 130 万吨左右，2011 年再次突破 150 万吨。

梅林油库始建于 2002 年 6 月，于 2003 年 10 月投产使用。位于宜兴市宜城镇东郊沧浦村，距市中心约 7.5 千米，北靠东氿大溪河，南临宜浦公路，水路交通便利。油库总面积 45900 平方米，建筑面积 2600 平方米。油库共有油罐 17 座，其中汽油罐 5 座，柴油罐 4 座，润滑油罐 8 座，总储量 13500 立方米，300 吨级码头 2 座，陆路发货鹤位 12 个，年吞吐量达 42 万吨。用工定编 28 人，实际用工 24 人。油库有一支专职消防队伍，配有综合消防泵房 1 座和消防自动报警灭火系统 1 套，具备承担库区消防扑救的能力。同时采用自动发货系统、HTG 计量系统、电子巡检系统，视频监控装置等自动化信息系统。该油库储存汽油、柴油，主要供应无锡宜兴地区。

三、管道建设

江苏成品油管道无锡段工程包括外管道建设、周泾巷油库改造、新建分输泵站三部分。无锡段管道设计全长49.1千米（线路实长44.246千米、新梅路至周泾巷油库复线10千米），2009年6月23日开工，2010年9月21日正式中交。无锡段从无锡锡澄高速惠山、江阴交界处起，沿锡澄高速走至沪宁高速至梅村服务区，至新梅路到周泾巷油库，再由周泾巷油库返回到沪宁高速往苏州方向，途经无锡市锡山区、惠山区和新区。

周泾巷油库改造工程主要包括拆除4座5000立方米原燃料公司渣油罐和23座200立方米、500立方米润滑油化工罐；2只地下渣油池，改造油罐6座（换浮盘5座），新建发油亭1座，综合办公楼1490平方米，变配电间774平方米，发油管理室79平方米，利用原有消防泵房及消防设施，更新泡沫清水管线，并对库区进行绿化美化。新建无锡周泾巷油库分输站场1座，工程包括计量棚、混油罐区、污油罐、电动阀门、在线密度仪和电气部分。

周泾巷油库改造及分输泵站改造工程于2009年4月1日进场施工，2010年8月28日库区改造通过中交验收，9月15日分输泵站通过中交验收。

苏南成品油管道全线于2010年12月20日投油试生产，12月30日苏南管道全线投油。

第三节 企业管理与改革

一、体制改革

1. 县级公司建制改革

2006年按省公司统一部署，无锡分公司推进市县一体化改革，2011年起着手恢复县级公司建制。按“树牌子，选准人，建团队”的要求，宜兴县公司的人员配备等已经到位，并且已经正常运行，在地方关系、网络发展、市场细化、抢占市场份额、维护重点客户、拓展批发业务等方面开展了卓有成效的工作。

2. 专业化改革

2006年信息工作站与审计、财务进行了条线化改革。全省划分了5个审计室，无锡分公司属审计一室，2008年进一步推进审计体制改革，全省又分为3个审计分处，无锡分公司属苏南审计分处；2007年6月对无锡分公司对相关选聘人员名单、岗位进行签字确认，从而标志着无锡分公司财务、信息人员上收省公司管理。

3. 锡山公司收购情况

根据锡山撤市建区，建设无锡大都市的实际情况，无锡分公司进行了锡锡经营重组，由无锡分公司接管锡山的批发、配送市场，实现了同城统一经营模式。既保留了原锡山公司的客户群体，减少了分支公司同城经营中的各种“损耗”，压缩了应收款规模，减少了经营风险。

4. 中石化壳牌(江苏)石油销售有限公司(简称合资公司)无锡区域情况

2007年初，无锡区域加油站正式移交给合资公司，由于各自的管理模式和责任主体不同，对统管站的量、费、利及员工管理、风险管理等方面经常沟通协商，了解熟悉合资公司的业务流程，做好差异衔接和优势互补工作。合资公司无锡区域目前在册正式工210人，劳务工1483人（含统管不含独立核算），其中统管员工951人。

二、增强片区功能

宜兴县公司作为无锡分公司唯一的县级公司，按照“有利于加强县区营销团队建设、有利于网络发展、有利于地方关系协调、有利于客户资源整合”的原则，将原来部分经营、管理职能和工作下移至宜兴县公司。一是零售、商客、润滑油、实行“以块为主，以条为辅”的管理模式。二是财务核算部其他人员以地市公司管理为主，并按照管人与管分配相统一的原则，做好薪酬分配工作。三是物流配送，负责油库安全、设施设备、商品保管等，并按照省公司物流中心指令，落实二次配送、进行信息反馈、做好对承运商的日常监管。四是建立安全可靠的防范组织领导体系，同时做好风险防控措施适用性和有效性的经常性评估。通过各种有效措施，充分发挥县级公司主观能动性和创造性，推动企业又好又快发展。

三、安全与数质量工作

1. 安全管理

2001 年，无锡分公司步入快速成长期，加油站由原来的 47 座发展到现有的 133 座，员工数量迅速增多，同时员工和承包商的安全意识、安全技能的培养也日渐成为公司安全管理的常态。2003 年建立的 HSE 管理体系进一步提升了安全管理的内涵，其成效就是连续 11 年未发生企内企外责任等级事故事件。2004 年宜兴山门油库迁建新址（梅林油库），用于安全设施的投入达 200 多万元。2005—2011 年，公司连续 7 年通过无锡市人民政府安全目标责任考核，7 年都获得“安全生产目标考核优秀企业”称号。2009 年被省公司评为安全生产先进单位。2007—2011 年，无锡分公司对 40 座加油站的汽油罐安装国家四部委推荐的阻隔防爆材料，对 5 座加油站通过调整汽柴油储罐品种，对 6 座加油站调整布局整体改建，使之符合现行国家建设规范。2010—2012 年，无锡分公司全面开展油气回收改造工程和储罐安装液位仪动态监测工作，同时推广使用双层油罐，提升了健康环境和本质安全的物质条件；2011 年，无锡分公司在危化品经营储存场所进行了“职业危害”检测，凡是接触有害物质的员工全部到无锡市疾病控制中心进行职业病体检。

2. 数量管理

2001 年制定了《无锡分公司油库对系统内加油站发货、油罐车交接验收暂行办法》，加油站开始以升交接，记账、核算及考核均由重量结算改为体积结算。2003 年油库成品油储罐安装液位仪系统，提高计量技术水平。2008 年周泾巷油库开始改建，在用储油罐全部安装液位仪系统，新建发货场安装了东富发货系统，并于 2011 年 1 月投入使用。2008 年起，在加油站逐步安装液位仪。2010 年，全面推进零售保管损溢 V20 考核。2012 年 8 月，无锡分公司开始进行加油站收货地罐交接试点。

3. 质量管理

2001 年全面推行油罐车汽、柴油专车专运。2005 年制定了《无锡石油分公司油罐车铅封管理办法》，实行油品运输铅封管理。2006 年制定了“油品抽样、留样”规定，无锡分公司不断加大质检设施的投入，注重质检队伍的建设，实施源头管理，严格控制进货质量关。同时，注重加油站站长、油管员队伍建设，提高数质量管理技能。2011 年，为保证供应，油品运输多仓车逐步增多，针对性地制定多仓油罐车拼装油品规定，零售自管加油站利用视频系统加强油品验收、接卸作业管理。2011 年开展“每一滴油都是承诺”活动，加强质量管理体系建设，不断提高质量管理水平。

四、信息化建设

2000—2001 年，无锡加油站管理系统及 ERP 系统开始上线。2003 年初办公自动化系统开始推行，下半年起加油 IC 卡系统正式开始使用，开启无锡市区一卡在手的便捷管理模式。2005年4月无锡石油新机房装修完成，开始使用新机房。加油站零售账表系统（江苏自行开发）上线，油站账表电子化时代开始。2006年10月1日ERP系统 TR/PS/PM模块正式上线运行。2008年V20系统上线，将液位仪纳入加油站日常管理。易捷便利店开始全面打造，采用当时较为成熟的海信便利店系统软件进行管理。2009年10月视频监控项目开始应用，并升级加油站 ADSL网络为光缆接入。2010年9月零售管理系统上线，取代原有的加油站零售账表系统。2011年12月，ERP-HR正式上线。总部合同管理系统开始推行，实现所有业务合同在线流转。2012年5月，网络负载均衡以及冗余线路改造升级，线路可靠性进一步提升。7月，无锡分公司成为云终端测试的试点单位。

五、财务管理

2001年，按照省公司“资源统一配送、库存统一运作、费用与销量挂钩、盈亏统一核算”的要求，实行分支公司经营一体化，无锡分公司实施流程规范化工作，规范了业务流程，汇编了部门二级流程，建立了A、B、C三级账务核算体系。2002年11月，ERP管理系统与中国石化财务管理信息系统并轨试运行。2003年1月，分支公司一体化核算，账套合并。2004年4月，ERP管理系统正式单轨运行。2005年1月，根据上级单位要求，开始执行中石化内控管理制度。2006年二季度开始实行了所得税全省统一缴纳。并停止了锡山公司经营业务，将销售收入全部纳入无锡分公司统一核算。根据省公司关于对外投资和多种经营单位清理整顿的要求，对12个投资项目、独立核算加油站及液化气经营项目进行了全面清理。2007年1月，19个合资站和110个统一管理站全部移交合资公司管理。1月19日银企直联上线。2007年6月，无锡分公司财务部正式上划集省公司条线管理，实行财务统一管理，会计集中核算。2007年10月末，锡山公司资产全部并入股份公司。2009年开展非油品业务核算项目。2010年11月—2011年底，无锡本部网点及宜兴网点现金缴款均采取押运缴款方式，彻底规避了资金风险问题。

六、法律事务管理

无锡分公司法律事务职能设在综合办公室，配备岗位专职人员，外部聘请常年法律顾问进行业务指导。2005年实现合同统一管理，2011年合同管理实施线上线下双向运行，2012年起合同全部实施线上操作和管理。另外，无锡分公司大力开展企业商标维权活动，取缔侵害我方权益的社会加油站。2011年开展无锡分公司制度标准化改造，完成11个制度的修订完善，废止5个不适用规章制度和文件。

七、综合管理

2002年，无锡分公司原有32辆公务车（含宜兴、锡山公司），后积极响应并执行省公司对公用车辆改革的政策，拍卖报废公用车23辆，大幅节约了车辆使用费。无锡分公司门卫于2009年5月开展外包服务，由保安公司统管安排。

第四节 党建思想工作

根据中共江苏省委组织部《关于同意成立中国共产党中国石油化工股份有限公司江苏石油无锡分公司委员会的批复》（苏组复〔2009〕19号）文件要求，2009年无锡分公

油站风采

司党委、纪委组织相应变更，由原“中国共产党江苏省石油集团有限公司无锡分公司委员会”更名为“中国共产党中国石油化工股份有限公司江苏无锡石油分公司委员会”。同时，“中国共产党江苏省石油集团有限公司纪律检查委员会”更名为“中国共产党中国石油化工股份有限公司江苏石油无锡分公司纪律检查委员会”。2001年，无锡分公司围绕建党八十周年主题活动，开展了“五个一”活动，被中国石化集团公司评为思想政治工作先进单位。2002年组织党员观看厦门走私案、中石化系统违法违纪案例警示教育录像等警示教育，被评为无锡市文明单位。2004年，无锡分公司组织全体党员开展“全心全意为人民服务”活动，到对口地区开展扶贫。2005年，无锡分公司党委加强理论学习，中层以上人员参加了廉洁从业知识测试。2006年，无锡分公司党委加强党的基层组织建设，开展党员示范岗等各种形式的创优争先活动，推行“三型”党组织创建。2007年，无锡分公司党委以十六届六中全会精神为方针，实施领导干部业务工作和党风廉政一岗双责。实施宣传工程和“阳光工程”及企业文化工程，在OA系统上构建网上宣传、网上政工等。2008年，无锡分公司党委以党的十七大精神为方针，抓好“四好班子”建设，结合开展“精细管理，挖潜增效”、“比差距、找不足”活动，召开专题组织生活。在年初抗雪救灾中，精心组织，员工在抗雪减灾期间主动捐款22925元。汶川地震中，员工累计捐款28565元，交纳“特殊党费”45930元，两名中层党委干部听从组织召唤奔赴灾区，直接参与抗震救灾保供工作。2010年，无锡分公司党委组织党支部书记及部分党员参加市委组织部开展的周末大讲堂，参加市级机关党工委组织的支部书记培训班，规范基层党支部“三会一课”制度建设。2011年，无锡分公司围绕“四个一”党建工作思路，党委自编《班组思想政治文化工作细则》，开展支部党建测评。在“见红旗就扛、有第一就争”的活动中扛回红旗25面，综合排名位居全省第三位。2012年无锡分公司开展支部建设，有7个支部开展了换届改选工作，公开竞选党务干部。并积极吸纳优秀员工到党组织中，共发展党员131名。在党风廉政建设方面，2012年初，签订部门、支部党风廉政建设责任书；开展部门（个人）岗位廉洁风险培训，每个部门、员工对岗位职责权限进行梳理，查找廉洁风险点，并提出相应的防治措施。向每位员工发放了《我的廉洁风险控制卡》，设立廉洁风险预警处置机制，形成了廉洁风险防控管理的长效机制。

第五节 队伍建设

一、领导队伍及中层管理队伍建设

无锡分公司领导队伍的选拔与使用由省公司负责。通过领导队伍不断完善，班子队伍向精干型、年轻型、知识型转变。截至2012年底，无锡分公司党政领导班子成员4

油站生活

人，中层管理人员 24 人，本科以上学历 7 人，占比 29.17%；专科学历 15 人，占比 62.5%。年龄结构，40 岁以下 6 人，占比 25%；40—50 岁 13 人，占比 54.17%；50 岁以上 5 人，占比 20.83%。

二、片区经理和站长队伍建设

截至 2012 年底，无锡分公司共有片区经理 4 名，其中无锡地区 3 名，宜兴地区 1 名。无锡分公司加油站站长 39 名，平均年龄 39 岁，具有大专及以上学历达 54%。同时，通过选拔，形成了一支 8 人的后备站长队伍。自 2012 年开展加气站业务以来，无锡分公司共组织加气站操作证培训 38 人次，充实和壮大了加气队伍。另外，无锡公司拥有专业技术职称人员 69 人，其中初级 49 人，中级 19 人，高级 1 人。

三、客户经理队伍建设

2006 年以来，客户经理根据业绩考核实施等级管理。截至 2012 年底，共有高级客户经理 3 人，中级客户经理总计 18 人。

第六节 非上市部分

中国石化集团江苏石油有限责任公司无锡分公司成立于 1986 年，原名为江苏省石油总公司无锡分公司。2000 年 2 月实行重组改制，非上市部分变更为中国石化江苏省石油集团有限公司无锡分公司。

一、清理整顿

2000—2001 年，根据中国石化集团的统一部署和要求，依据《劳动法》和国家有关政策规定，实施协议解除劳动合同改革工作。按照中国石化集团公司的统一政策规定，以高于国家规定的标准对协解人员给予补偿补助。重组、协解后，非上市公司实行集中管理，油品销售等业务有序退出，只保留油品运输和资产租赁等主要业务。2006 年 7 月，开展清理整顿工作以来，无锡分公司以“理清思路重点突出，全力以赴完成任务”为工作思路，以超常规的思路圆满完成了宜兴支公司、江苏省石油集团锡山有限公司的清算注销项目，无锡市石油联营加工厂、无锡大众燃气汽车发展有限公司的股权转让、无锡沙墩港加油站股权收购、黑龙江省润滑油联营公司的债权核销等共计 25 个项目。

二、体制改革

1. 市县一体化改革

1998 年石油体制改革，无锡分公司改为江苏石油集团有限公司无锡分公司。经过多年的体制机制的沿革，中国石油化工股份有限公司江苏无锡石油分公司正式挂牌，原宜兴支公司的功能逐步削弱。2006 年，宜兴支公司成为无锡分公司的片区，由无锡分公司垂直管理。2012 年，按中石化的要求恢复宜兴公司，锡山股份公司于 2007 年 10 月撤销并入无锡分公司。

2. 专业化改革

将财务、审计、信息、物流划分为条线管理模式。明确各条线中心及区域的机构及职位设置、职责划分、人员编制、权限设定和运作程序，实现技术管理一体化、资源共享化、管理集中化、盈利能力的最佳化。

3. 资产公司转制。

2006 年，成立中国石化集团资产经营管理有限公司江苏石油无锡分公司无锡管理部，属中国石化集团资产经营管理有限公司江苏石油无锡分公司的派出机构，负责无锡地区非上市部分的财务、资产管理和无锡地区的离退休人员管理，主要以资产租赁业务为主，兼顾非上市部分历史遗留问题的处理工作。2009 年 12 月，成立股份无锡分公司实物资产科，与中国石化集团资产经营管理有限公司江苏石油无锡分公司无锡管理部合署办公，统一管理资产公司土地、房屋等实物资产出租处置、清查盘点、维护等工作和股份公司委托的各项资产管理工作。受托管理非上市部分土地和房产的运营与监管，非上市部分的其他如人事、财务、法律等均由上市公司其他部门托管。

三、住房改革

无锡分公司住房改革工作于 2009 年 10 月 29 日启动，2009 年底，全面完成职工住房普查工作，涉及普查的职工 1027 人。2011 年 6 月基本完成职工住房信息的建档归档工作，2011 年 10 月按省公司统一布置，开展职工住房补贴货币化发放工作。截至 2012 年 1 月，共计发放人数 694 人，占应发人数的 98%，基本完成离退休、协解等不在岗人员和在职人员的补贴发放工作。

第七节 联营企业

无锡分公司共有投资单位 4 个，包括无锡市学前佳友租赁服务部、无锡市新光加油服务有限责任公司、无锡市广石加油服务有限公司及无锡市诚城石化有限公司。

一、无锡市学前佳友租赁服务部

原名无锡市学前东路加油站，成立于 1993 年 3 月，与无锡市人力经贸服务部及无锡市建厦发展公司联合经营。于 2006 年 12 月份更名为无锡市学前佳友租赁服务部。注册资本 50 万元，股权结构：中国石油化工股份有限公司江苏无锡石油分公司 20 万元，比例 40%；无锡市人立经贸服务部 15 万元，比例 30%；无锡市建厦发展公司 15 万元，比例 30%。经省公司批准，通过租赁方式将学前和运河加油站经营权移至股份公司名下。

二、无锡市新光加油服务有限责任公司

与无锡市顺泰经济咨询服务有限公司联营，于 2006 年 11 月成立。注册资本 500 万元，股权结构：中国石油化工股份有限公司江苏无锡石油分公司 300 万元，比例 60%；无锡市顺泰经贸公司 200 万元，比例 40%；实际出资 219 万。该加油站实际总投资 548.85 万，并于 2007 年 3 月 12 日正式开业。

三、无锡市广石加油服务有限公司

与无锡市人力经贸服务部联合经营，于 2006 年 8 月成立。注册资本 810 万元，股权结构：中国石油化工股份有限公司江苏无锡石油分公司 486 万元，比例 60%；无锡市人立经贸服务部 324 万元，比例 40%；2006 年已领法人营业执照，公司经营范围：润滑油的零售、自有房屋、加油设备及设施的租赁服务。经省公司批准通过租赁方式将广石路加油站、

北外环加油站、盛岸西路加油站经营权移至股份公司名下。

四、无锡市诚城石化有限公司

与无锡市新区城市发展有限公司联合经营，于2010年2月成立。注册资本2900万元，股权结构：中国石油化工股份有限公司江苏无锡石油分公司1479万元，比例51%；无锡市新区城市投资发展有限公司1421万元，比例49%。2010年全年4个投资单位账面所有者权益4239万元，累计净利润 332.13万元。

表6—2—1　　无锡石油分公司2001—2012年主要经济指标表

指标 年份	1. 成品油销售量（万吨）	2. 零售量（万吨）	3. 销售收入（万元）	4. 利润（万元）	5. 吨油费用（元）	6. 资产总额（万元）	7. 非油品营业额（万元）	8. 员工总数（人）
2001	31.80	12.05	85150.87	799.47	136.16	19917.20	—	914
2002	37.69	13.58	102404.59	5446.68	130.86	22546.68	—	1002
2003	48.10	26.17	146580.27	7687.38	145.41	32452.79	—	1055
2004	65.50	38.54	223000.16	10144.88	109.98	34583.14	—	1054
2005	71.29	46.18	286835.43	6354.18	107.55	42655.49	—	1073
2006	75.63	55.08	371748.74	19438.13	104.35	38243.08	—	1232
2007	68.49	45.52	346788.35	14041.79	144.93	36279.72	—	1338
2008	70.42	49.10	424769.13	16769.14	149.84	50790.89	6.65	1404
2009	72.77	49.76	416091.98	13765.39	161.80	57634.26	617.3	1521
2010	81.73	53.72	539871.29	12169.82	156.19	68590.11	2581.6	1530
2011	79.88	59.42	617028.14	10910.63	197.21	80188.10	3958.5	1612
2012	78.13	62.63	628712.00	10723.00	232.00	92300.00	5316.0	1690

表6—2—2 领导人员变动情况

姓　名	职　务	任职时间
吴松巍	经理 党委书记	2001.03—2007.03 2006.07—2007.03
李嘉清	副经理 副经理（主持行政工作） 经理	2001.01—2007.03 2007.03—2008.04 2008.04—2012.12
裔照和	党委书记、纪委书记	2001.01—2003.02
商玉俊	副经理 党委副书记兼纪委书记 党委书记、纪委书记	2001.01—2003.02 2003.02—2005.01 2007.03—2011.12
纪　球	党委书记、纪委书记	2005.01—2006.07
赵霞敏	党委副书记兼纪委书记 副经理 党委书记兼副经理	2006.07—2007.03 2007.03—2011.12 2012.12—
周铭德	副经理 党委书记、纪委书记 经理兼党委副书记	2001.01—2006.07 2011.12—2012.12 2012.12—
肖虎生	副经理	2001.01—2005.01
俞伟国	副经理	2006.07—2012.12
封昌建	副经理	2012.10—
谢　民	总会计师	2001.01—2005.01

表6—2—3 历年荣誉

年份	姓名／项目／集体	荣誉称号	授予单位
2004	无锡石油分公司	无锡市文明单位	无锡市委市政府
2004	无锡石油分公司	无锡市安全生产工作目标任务考核优秀单位	无锡市政府
2006	无锡石油分公司	无锡市文明单位	无锡市委市政府
2007	无锡石油分公司	无锡市安全生产工作先进单位	无锡市政府
2007	无锡石油分公司	无锡市危险化学安全生产专项整治先进单位	无锡市政府
2008	无锡石油分公司	无锡市文明单位	无锡市委市政府
2008	无锡石油分公司	无锡市安全生产工作先进集体	无锡市政府
2009	无锡石油分公司	生产安全生产先进单位	无锡市政府
2010	无锡石油分公司	安全生产工作优秀单位	无锡市政府
2010	无锡石油分公司	商贸流通先进企业	无锡市政府
2010	无锡石油分公司	全市社会治安综合治理先进单位	无锡市委市政府
2012	无锡石油分公司	无锡市安全生产目标责任考核优秀单位	无锡市政府

第三章　徐州石油分公司

徐州市位于江苏省西北部，地处苏鲁豫皖四省交界，素有“五省通衢”之称，土地总面积11259平方千米，是江苏省北部最大的城市。下辖丰县、沛县、睢宁县三县，邳州市、新沂市二市，以及铜山区、鼓楼区、云龙区、贾汪区、泉山区五区，全市常住人口达858.05万人。2012年徐州GDP突破4000亿元，经济总量位居全省第5位。

徐州石油分公司（简称徐州分公司）是徐州区域内最大的成品油供应商，主要从事汽油、柴油、润滑油等零售和直分销经营业务。2008年，在加油站新增易捷便利店，经营日用百货等非油品业务。截至2012年底，徐州分公司固定资产总额6.3亿元，在营加油站162座、非油品便利店146个，加气站3座，在用油库2座，总库容7.6万立方米，其中周宅子油库是全省5座中心油库之一，可接管输、铁路、水路、陆路等各种方式到货。共有员工1871名，在岗正式工205人，劳务工1666人。

下设综合办公室、督查办公室、党群纪监科、人力资源科、安全数质量科、基建管理科、实物资产科、经营管理科、零售管理部、非油品业务部、商业客户部等经营管理部门，丰县、沛县、睢宁、邳州、新沂、铜山6个县公司。

2001年以来，徐州分公司经营规模不断扩大。2012年实现成品油销量85.53万吨，市场占有率67%，其中零售量73.18万吨；非油品销售额5491.5万元；实现销售总收入684677万元，利润26557万元。

徐州分公司2001—2012年主要经济指标见表6—3—1，领导人员变动情况见表6—3—2，历年荣誉见表6—3—3。

第一节　经营业务

2001—2012年是徐州分公司经营体制改革的十二年，是国家成品油定价机制不断改革并完善的时期，也是竞争日趋激烈、多头竞争格局逐步形成的时期，徐州分公司成品油市场在此期间经历了四个时期：2001—2003年机制调整、经营平稳运行期；2004—2006年深化改革、经营持续发展期；2007—2009年迎难而上、经营力保增长期；2010—2012年争先进位、经营高效发展期。2001年成品油销量突破50万吨，2004年成品油销量突破60万吨，2007年成品油销量突破70万吨，2012年成品油销售突破85万吨。

一是2001—2003年机制调整、经营平稳运行期。

2001年国际政治动荡，国内竞争加剧，年初和年末成品油价格出现两次大幅下滑；

2002年上半年成品油市场出现恶性降价竞争；2003年区内成品油资源充裕，受“非典”疫情影响，市场需求增长乏力。徐州分公司采取目标分解、过程监控、绩效考核、奖惩兑现的措施，按照“实事求是、小步快跑、批零联动、以量定价、量价互动”的定价原则，深入推进分支公司一体化进程，2001年实现销售总量50万吨，较2000年同期增长14.29%；2002年实现成品油销量47.8万吨，较上年同期下降3.6%；2003年实现成品油销量50.11万吨，较上年同期增长4%。

二是2004—2006年深化改革、经营持续发展期。

2004年，徐州市经济总量首次突破千亿元，成品油需求量同比增长16%，徐州分公司当年实现成品油销售量66.5万吨，完成113.23%，实现了销量超60万吨的历史目标，成品油市场占有率达到84%，其中直销市场占有率85%，零售市场占有率75%。

2005年，成品油资源总体偏紧，徐州分公司注重质量合力运营，重组了相邻县的直分销市场，试行轻润互动，客户经理维护双重客户，润滑油经营取得突破，提前两个月完成全年任务。零售部通过服务营销，优化汽油销售结构，高标号比重在全省首家突破了60%大关。物流配送牵头完成乙醇汽油推广置换，尝试多方调配资源。全年实现成品油销售69.84万吨，完成计划的99.34%，较上年增长11.58%。

2006年，资源持续紧张、批零持续倒挂。零售积极采取“送油下乡”等措施，利用推广乙醇汽油的有利时机，贴近市场、客户，制定有效对策。全年实现汽油销售量16.8万吨，同比增长11%，居苏北5家分公司之首。直分销积极拓展市场，开发并掌控了20多项市政重点工程，积极推行合同化销售，累计签约客户131家，履约量6.34万吨。润滑油优化经营结构，终端销量完成110%，长城包装油销量完成142%，长城中高档油销量完成193%，这三项指标均居全省前列。物流配送部全年落实实物调运量105.91万吨，较上年增长61.7%；吞吐量212.09万吨，较上年增长42%；库容周转次数22次，较上年增长1倍。全年实现经营总量68.96万吨，较上年增长4.1%，其中成品油经营量64.44万吨，较上年增长6%。

三是2007—2009年迎难而上、经营力保增长期。

2007年，市场环境复杂多变，四季度成品油市场持续紧张，出现全国性柴油资源偏紧现象，市场保供压力巨大。徐州分公司全年成品油销量跨越70万吨大关，实现成品油销量70.5万吨，较上年增长9.4%。

2008年上半年，资源持续紧张，下半年批零倒挂。分公司采取积极举措，努力保零售、扩直销、增效益，全年实现成品油销售量73.7万吨，较上年增长5.2%，贡献率由2007年度的8.93%提高到9.23%。

2009年，受金融危机的影响，成品油市场持续低迷，无序竞争加剧。徐州分公司准确研判，把握市场大势，跟进经营举措，全年实现成品油销售量71.3万吨，销售规模位列全省第4位。

四是2010—2012年争先进位，经营高效发展期。

2010年，柴油资源前松后紧，竞争多元化态势增强。分公司完善监测体系，零售抓住关键指标，全年零售比重72.8%，较上年增加2.7个百分点，单站加油量3566吨，较上年增长11.93%；直分销突出重点，直分比

4.76，较上年下降 13.24%；润滑油强化销售，非长城油销售取得突破性进展。

2011 年，国内经济增速回落，资源供应总体偏紧，四季度柴油短缺严重，保供压力巨大。徐州分公司加强营销统筹，零售紧抓重点，直销做实经营，非油加长短板，润滑油立足终端。全年实现成品油经营量 79.09 万吨，销售规模位列全省第 4 位，较上年增加 4.18 万吨，增幅 5.6%，全省排名第 2 位。

2012 年，国内经济在持续回落中逐步趋稳。区内成品油市场先扬后抑，徐州分公司强化客户维护，完善考核导向，持续提升盈利能力。全年成品油销售突破 85 万吨。计划完成率达到 104.3%，同比增长 8.1%，全省排名第 1 位。

一、零售业务

1. 零售基础管理

为夯实油站基础管理，2001 年以来，徐州分公司先后通过成立加油站经营管理督查办公室、打造样板站工程、加油站“百日竞赛”活动、实行交叉督查、加油站规范化管理活动等方式，开展加油站达标创星工作。2004 年在中石化组织的加油站“百日竞赛”活动检查验收中，徐州分公司综合得分在全省排名第 2 位，邳州二站单站得分列全省第 1 位。2007 年以来，全面推进加油站规范化管理，实施加油站管理星级计划，特别是 2011 年以来深入开展“比学赶帮超”和“为民服务创先争优”活动，以标准化、看板化、目视化管理为手段，发挥样板站的带动作用，强化了油站现场管理。截至 2012 年底，培育了管理四星级及以上加油站 8 座、管理三星级站 20 座。

2. 拓展零售市场

2001 年以来，徐州分公司始终坚持以客户为中心，强化零售经营分析，建立健全零售经营预警机制，针对市场特点先后实施了“分区域定价、分对象定价、分时间定价”的定价策略、服务差别化策略、多种营销组合方案、点对点竞争策略等，促进零售量持续提升。同时结合资源紧张情况，科学预测需求，优化油站供应方案，较好保障市场供应，特别是农业用油供应工作多次受到上级和地方政府的好评。2006 年以来，利用推广乙醇汽油的有利时机，提高汽油市场占有率。2007 年零售量突破 50 万吨，实现 54.03 万吨，2011 年零售量突破 60 万吨，实现 66.36 万吨，较 2001 年增长 43.86 万吨，增幅 195.5%。

2003 年 7 月起，徐州分公司投入加油卡工程建设。2004 年，建成 44 座卡机联动加油站、54 座 POS 机加油站、12 个售卡（充值）网点，停止加油券的销售和使用，逐步取消记账加油。2010 年，实现加油卡联网站全覆盖。当年，按照省公司要求抓实“农机双优卡”的发放，开通“绿色通道”，适时开展

集充值、购物、加油于一身的综合性充值中心——堤北充值中心

上门办卡充值活动，方便农机手办理业务。截至2012年底，徐州公司在144座加油站，设立了加油卡充值服务业务，另有分公司机关、积翠、矿山路、堤北、邳州公司机关5座加油卡综合销售服务中心。累计发行加油卡35.87万张，当年持卡消费比重33.11%。

3. 高标号汽油销售

2001年以来，一直注重宣传推介高标号汽油，有效开展有奖促销等多种形式营销活动，引导市场消费，扩大高标号汽油销售。特别是2010年7月以来，紧盯“强化97#汽油零售经营”这一目标，走“内涵外延协调发展”之路，认真调研市场，优化网络布局，完善考核激励，加强宣传推介，开展全员营销，不断提升97#汽油运营质量。实现城区站97#站100%、干道站70%以上的目标。在汽油零售总量保持正常增长的基础上，97#汽油销量增长明显，2011年同比增幅164.7%，97#汽油比重20.8%。2012年97#汽油日均量232吨，销售比重达到27.1%，全省排名第1位。

二、非油品业务

1. 部门沿革

2008年4月，根据中石化总部下发的《关于加快发展加油站非油品业务的指导意见》，徐州分公司开始开展非油品业务，由零售部负责，主要经营预包装食品、饮料、酒类、小百货等商品，到2008年底开业便利店30座，非油品销售额45.9万元。2008年10月，经省公司批复同意，设立非油品业务部。非油品业务部与零售部实行一套班子，分工不分家，非油品业务部作为一个部门存在，负责非油品业务进销存等专业业务的开展，在日常督查和营销活动开展上非油和零售共同谋划和操作。

2. 非油品经营

在销售额上，从2008年的45.9万元、2009年的1316万元、2010年的3203万元，发展到2011年的4815万元，3年半时间销售规模增加了104倍，非油品总体销售规模（含合资公司）列全省第4位。同时，非油品经营种类不断增加，从2008年的300种增加到2012年的1500多种。在重点商品燃油宝和茅台系列酒销售上，徐州分公司位居全省前列。2011年燃油宝销售417.5万元，销售规模列全省第2位，2012年，非油品销售规模进一步扩大，至年底销售额达5491.5万元，全省排名第二。其中，销售重点商品燃油宝410万元，销售规模全省第二；茅台系列酒销售427万元，销售规模居全省第一。

茅台酒推介会提升非油业务人业绩

3. 基础管理

一是便利店建设。2009年，对16座便利店进行了形象改造，进一步规范非油品业务。增加烟草销售业务，至年底，开业便利店65个，矿山路站易捷便利店实现销售额108万元，首次迈入百万元店行列。2010年徐州分公司在营便利店总数达到108个，其中改造便利店26个，新形象站达到了42个，实现200万元便利店1个（矿山路站218万元），100万元店6个，50万元便利店13个。2011年在营便利店总数135个，完成便利店改造26个，新形象站达到68个。在省公司“比学赶帮超”活动中，徐州分公司非油品条线获得销售进步红旗3面，实现200万元门店1个（矿山路223万元），100万元门店11个，50万元门店20个。2012年，在营门店146座，完成门店改造8座，新形象店达到76座，实现200万元门店2座；100万元门店15座；50万元门店32座。

二是考核激励。2008年以来，根据省公司考核导向的变化，先后4次修改非油品考核方案，由重销售额到销售额和毛利并重，并针对性地增加重点商品燃油宝和香烟的单项考核。对片区经理实行奖励前三名、处罚后三名的考核办法，极大地促进了非油品业务的发展。

三是理念提升。2008年以来，遵循“以员工为中心、持续推进”的培训理念，本着“缺什么补什么”的原则，采取多重形式，加大培训力度，对片区经理、站长、便利店专职人员和加油员进行非油专业能力和营销技巧的培训。同时借助企业内刊《新视角》这一平台，及时总结和推广基层非油品销售经验，提升员工营销技能。2011年，开展了“燃油宝销售技能专项培训”，开展了向城中片区学习的活动，提高了广大员工的燃油宝销售技能，推动徐州分公司整体燃油宝销售水平的整体提升。2012年，在总结归纳4年来非油品经营管理实践经验的基础上，形成了徐州分公司非油经营管理“四准则”和“八要诀”。“四准则”是：打造专业非油，区域管理统筹，分类差异布局，确保货畅其流。经营“八要诀”是：订货是关键，收货严把关，店面货丰满，库存求简单，规范又在线，店长勤推荐，热情引进店，业绩看重点。

三、直分销业务

2001—2004年，按照总部“四统一”的要求，遵循效益最大化的原则，采取“纵向到底、横向到边”的矩阵式管理模式，徐州分公司设立了销售公司，对全区域的批发业务实行专业化经营和管理，对上市支公司亦按照专业对口的原则，设立了批发业务部，接受分公司专业公司的领导和指导。

2005—2010年，分公司进一步深化经营体制改革，整合了配送和分销业务，成立商业客户部，实行统一办公，建立了客户经理

中石化劳动模范、销售状元李茜（左二）和她的团队在走访客户

队伍，强化对终端市场的维护和开发，终端市场占有率稳步提升。

2011年起，围绕完善县片区体制，做实做优经营，全力打造基本市场、基本客户，开展调研，健全客户档案，实行“一户一档”，将基本市场和基本客户维护开发责任细化到每位客户经理。同时，引导客户转账购油，严控现金销售、分销销售和已售未提，定期发放客户询证函，不定期上门走访核实客户，直分销经营进一步规范和优化，截至2012年底，直分销客户总数701个，其中直销666个，分销35个；钻石客户48个，金卡客户32个，银卡客户223个，普通客户507个。

四、润滑油业务

2001年之前，徐州分公司润滑油业务以经营散装润滑油为主，散装油储油罐18座，

计4600立方米，销售区域以市区及所辖县区和省外接壤地区，年均销售量约400—500吨。2003年，润滑油经营业务实行条线化管理，润滑油经营部负责全区域润滑油的经营管理。2003年6月，中石化整合润滑油品牌，徐州润滑油确立“长城”为中石化润滑油的唯一品牌，逐步向整装油为主、散装油为辅的经营方式转变。2005年起，润滑油经营业务在总量扩张的基础上重点拓展长城包装油终端销售，市场开发突出重点行业重点客户，徐工集团、徐州矿物集团、徐州钢铁集团等重点行业企业成为终端客户，经营量突破2万吨。2009年，徐州分公司润滑油根据上级要求，将徐工集团业务交上海润滑油公司直供并以长包油经营为主，不再经营散装油，销售总量实现0.719万吨，其中长城包装油0.494万吨。2012年8月，按照总部对润滑油业务进行整合要求，徐州润滑油经营部划转并隶属中国石化股份有限公司润滑油江苏销售分公司。

徐州分公司最早的加油站之一矿山路加油站改造前

矿山路加油站改造后

第二节　储运销网络建设

一、网络建设

2001—2012年徐州石油分公司网络建设工作历经了网络扩张（2001—2004年）、网络优化（2005—2007年）、网络提升（2008—2012年）“三个阶段”。

1. 网络扩张阶段

2001—2004年，按照省公司“大力发展零售网络，扩大终端销售”的战略方针，徐州分公司按照“收、租、建并举，城镇与乡村并举，陆路与水路并举”和“立足城区堵口子，控制干道卡口子，消灭盲区开口子，辐射周边疏口子”的工作思路，成立了由党政主要领导分别担任正副组长的“零售发展工作领导小组”，制定发展规划，统揽工作大局；同时，抽调一批业务精干、作风过硬的人员加入零售发展队伍，由9人扩大到18人。

徐州分公司2001年在营加油站138座、零售量22.5万吨，到2004年在营加油站数量增加到189座，零售量攀升至38.79万吨。

2004年零售市场占有率约75%。零售量占销售总量比例达62.33%，零售市场占有率达75%以上，市场主导能力日益显现。

截至2004年底，徐州分公司零售网络情况，按地理位置分：城区站31%；干道站40%；农村及水上站29%。按资产分：全资站70%；租赁站30%。单站年经营量：2052吨。

2. 网络优化阶段

2005—2007年，徐州分公司坚持“市场份额逐步拓展，网络发展进一步优化的工作思路”，发展零售网络坚持既做“加法”又做“减法”，关闭低效站，改造老站，新建、收购及租赁并举。2005年在营加油站190座、零售量43.08吨，到2007年在营加油站 183座、零售量攀升至54.035万吨。城区零售市场控制力明显提升，市场占有率由69.2%提升到93%以上，网络结构得到进一步优化。

截至2007年底，徐州分公司零售网络情况，按地理位置分：城区站33%，干道站42%，农村及水上站25%。按资产分：全资站75%，租赁站25%。单站年经营量：2953吨。

3. 网络质量提升阶段

2008—2012年，徐州分公司坚持“内涵上要注重质量、形象提升；外延上要树立发展和全面观念优化布局，实现网络可持续发展”的原则，实施加油站形象改造，形象站总数约占在营站45%以上。同时，关闭低效站。侧重高速公路出入口、市县城区等存量调优和优选发展网络空白。2008年徐州分公司在营加油站187座、零售量56.934万吨。2012年在营加油站162座、零售量73.18万吨。

截至2012年底，徐州分公司零售网络情况，按地理位置分：城区站38.3%，干道站42.3%，农村及水上站19.4%。按资产分：全资站82.7%，租赁站17.3%。单站年经营量4528吨。

4. 加气站建设情况

徐州分公司加气站建设始于2002年6月，矿山路加油加气站（液化石油气）投入运营，销量1700升／天。2003年10月杨庄加油站加气投入运营(液化石油气)，销量1000升/天。销售对象主要以出租车为主，由于气源供应不稳定，销售断续，没有形成规模。2008年上述两座站因形象站改造按照省公司要求，由油气合建站改造为单纯的加油站。

2011年按照省公司加大替代能源投入的要求，徐州分公司加快加气站（CNG）建设，到2012年分别在徐州城区及丰县城区建设3座CNG加气站，已具备运营条件。2012年继续加强加气站（LNG、L-CNG）建设，截至2012年底，有2座LNG、L-CNG油气合建站投入运营。

二、储运发展

2001年徐州分公司在用油库5座，分别是：徐州周宅子油库、徐州广山油库、沛县胥洼油库、邳州徐塘油库、新沂工农路油库，总库容11.05万立方米。根据省公司的统一部署，2006年关闭新沂工农路油库；2007年关闭徐州广山油库、沛县胥洼油库，保留徐州周宅子和邳州徐塘油库运营。

1. 周宅子油库

周宅子油库是一座集管输收货，铁路、水路、陆路收发为一体的综合性油库。始建于1987年，1990年正式投产，占地面积224亩，主库区150亩，码头16亩，库外道路58亩。

2001—2004年，周宅子油库作为省“四大中心库”之一，人员编制和资产管理隶属徐州石油分公司，业务调配权属省公司。油库年吞吐量平均在180万吨左右，油库建有3000立方米立式拱顶油罐12只、浮顶油罐6只，总

2005年9月，周宅子油库5座高架罐被拆除，告别了由高架罐进行公路发油的历史

容量5.4万立方米；铁路专用线长1323米，铁路栈桥全长434米，双向27个货位，可同时接卸槽车54个。陆路发货采用16货位，长廊式集中控制发油系统。2004年发货系统改造，采用12货位，分散式发油系统。水路建有浮船式趸船码头1座，设计最大停靠油船600吨。

2005—2006年，省公司推行“矩阵式”管理，油库人员和资产隶属徐州分公司，业务调配权限属省公司物流中心，吞吐量年平均190万吨，2005年增加8个500立方米内浮顶油罐，并增设乙醇汽油发货。

2007—2011年，省公司实施物流一体化改革，成立物流中心，周宅子油库作为“五大中心库”之一，人事、资产、财务列入省公司物流中心管理，吞吐量达年平均200万吨。为缓解汽油库容不足，2009年新增3000立方米内浮顶油罐2座，总库容增至6.4万立方米；原码头单一管线发油改为双管线（循环）发油，增加质量流量计1台。2011年下半年因考虑车用柴油经营，增设2个柴油货位，发货货位合计14个，增设1条管输专用下载管道。2011年下半年隐患整改，投资200万元增设铁路栈桥环形消防通道。2012年底周宅子油库扩容改造，改造项目已获总部批准，建成后将增加容量1.8万立方米，总库容达8.2万立方米。

2. 鲁皖输油管道

2003年开始建设，徐州段管辖线路从山东枣庄至安徽宿州70余千米，在周宅子油库内设立中石化销售有限公司华北分公司鲁皖输油管理处徐州站，设计年下载能力为80万吨，于2005年12月26日投产，投产当年下载量即超过80万吨，负责徐州及周边地区的成品油市场供应。

至此，周宅子油库形成了管道为主，水路、陆路、铁路为辅的油品接卸方式。

第三节 企业管理与改革

一、体制调整

2001年，中石化总部推行深化劳动用工

周宅子油库全景图

制度改革工作，605人与徐州分公司协议解除劳动合同，占徐州分公司用工总数的65.9%，其中股份公司421人，实业公司184人。实施人员编制及劳动工资管理暂行办法，确定了新的薪酬标准。同年，省公司在全省推行流程规范和零售管理体制改革，徐州分公司围绕流程规范实施方案，组织中层干部和机关管理人员竞争上岗，聘任中层干部31名，比原来45人减少14人，减幅31%，平均年龄由39.1岁下降至37.8岁。机关管理人员由23人减少至20人，减幅为13%，平均年龄由32.2岁下降到29.3岁。零售管理方式发生改变，组建零售管理公司对加油站日常经营进行管理。

2003年，推行市县公司一体化改革，初步实现整合经营体系、统一管理标准、减少系统内耗、合理压降费用的目标。

2005年，取消县级管理层次，县区域物流、营销专业化垂直管理体系确立。2007年后通过建立责任追究体系、完善绩效考核、完善用人机制、强化“三基”工作等措施，推动各项体制机制不断得以完善。

2011年，推行县级公司管理体制完善工作。2012年在学习广东分公司的基础上，结合实际情况，进一步完善县公司“以块为主”的管理模式。

1. 零售体制改革

2001—2012年，徐州分公司经历了零售CORO公司向零售片区管理，再到县区公司、零售本部经营部管理的3次零售系统体制改革，其间于2009年完成对低效加油站网点的清退工作，于2010年实施加油站委托管理工作。2001年，以“先在本部试点，再向县（区）推进”为推进原则，实施CORO公司体制改革试点推进工作，1—5个站组建1个管理公司，2001年5月完成7个管理公司的竞争上岗，截至8月累计组建32个CORO公司，管理123座加油站，占加油站总数的84%。2002年零售体制改革得到深化，重新成立53个管理公司，管辖111座加油站，占加油站总数的78.72%，13个管理公司进行了注册，同年12月取消本部ME岗位，设置9个零售片区，聘任9名零售片区主管连接石油公司与CORO公司。2003年CORO模式从模拟运作到正规运行，所有具备条件的CORO公司要求全部注册到位，真正承担经营风险。自2003年5月开始，将年销量800吨以下且无发展潜力的站点全部纳入小站改制方式运作，对量、费考核等返还指标重新予以核定。2005年9月，按照“精干、高效”的原则，推进零售管理部体制改革，零售管理服务人员由64人精简到34人；推行片区经理体制，各片区经理全部到加油站办公，压缩了管理层。2007年，根据省公司指导意见，积极稳妥地推进加油站规范化改革，重新划分19个零售片区，实施片区经理管理油站模式。2009年，按照省公司要求，关、退、停31座安全风险较大的低效站点。2010年，坚持“改中求稳、稳中求进、进中求快、快中求好、好中求实”的原则，有序推进加油站委托管理，29座加油站分2批实行了委托管理。

2. 县级公司体制变化

2005年，在经营管理体制改革过程中，取消了县级管理层次，将分公司机构调整为“四部四科一室”。按市场区域派出零售片区经理、直销（润滑油）客户经理。由财务资产科和人力资源科分别派出会计代表和综合管理员，对县片区实行物流、营销专业化垂直管理，实现全区域集中统一纳税，资产资金统一管理，经营成本统一核算。2011年，完善县级公司体制机制改革，逐步形成“以块为主”的县域市场管理模式。

3. 专业部门改革

2003年起，进一步深化市县公司一体化改革。原经营部门整合成立了区域零售中心、区域商业客户中心、区域物流中心；业务经营按零售、直销分销、润滑油、仓储四条线运作。同时考核工作与一体化工作接轨，整体实现由“以块为主”向“以条线为主”的管理模式转变。2006年，按照省公司的统一部署，实现物流、信息、审计三条线专业化运作，顺利交接资产6585万元，交接人员195人。完成油运公司资产、人员改制分流工作。2007年起开展片区经理、客户经理、加油站站长选聘和库站薪酬改革工作。通过公开选拔、竞争上岗，全面营造“竞争、开放”的良性用人机制。通过竞岗，2名现任片区经理落聘，3名片区经理降职，4名片区经理升职，4名一般经营管理人员走上了片区经理岗位；16名现任站长落聘，12名账管员晋升站长。2008年，以增强“管理服务经营”意识、打造员工晋升通道为目的，建立责任追究管理体系，建立管理部门月度绩效沟通机制，公开选拔人才，3名本科学历人员充实到片区经理岗位，通过内培外引，6名大专以上学历人员走上站长、管理员岗位。2010年，徐州分公司成立经营管理科，重新进行商客部和营业室事权划分。实施加油站委托管理工作全年共有29座站实行委托管理，占在营加油站总数的18%。2011年，创新管理模式，设置督查办公室，推行督查周报制度，建立完备的督查评价体系和奖惩制度。

二、安全、设备与数质量管理

2002年，徐州分公司成立HSE管理委员会，各条线成立HSE专业领导小组。以HSE管理体系为核心，按照“三表一图”法，开展风险评估工作。编写作业指导书及应急预案、建立HSE资料库完善资料档案、编写HSE职责定期检查考核、运用程序文件，指导施工作业等一系列活动。

2003年构建分公司安全生产管理体系，明确了“管经营必须管安全”的方针及条线管理模式下的安全责任，HSE管理体系正式确立。

2004—2005年，继续深化HSE管理，推行以实现“安全生产、人身健康、保护环境”为目标的HSE管理考核办法。强化突发事故应急预案演练，下发《徐州分公司突发事故应急预案》等一系列预案细则。

2006—2012年，安全、数质量管理工作从制度建设、专题活动、文化建设、硬件提升、监管体系等方面入手，不断得以规范提升。

1. 制度建设

制定片区经理、站长“十不准”，建立了片区经理、站长退出机制；制定并实施了油罐汽车铅封管理规定，细化加油站卸油作业程序，2008年起推行并完善油品损溢V20考核，强化油品损溢管理及未遂事故管理，出台《班组安全管理规范》，指导基层安全管理做到“互相提醒、互相照顾、互相监督、互相保证”，出台《徐州石油分公司十大安全工作理念》、《设备设施十大类隐患清单及防控措施》、《十大不安全行为清单》、《安全生产倡议书》等，建立“隐患闭环管理卡”制度，开展未遂事故管理，收集未遂事故报告207起，开展设备大检查、加油机防作弊系统铅封检查、HSE自查、夏季安全夜查等专项检查，落实“六必”检查等。

2. 专题活动

2009年起，开展“我要安全”主题活动，征集“我要安全”活动大讨论心得体会380篇、制作DV短片7段、安全小故事41篇；精心组织“我要安全”演讲比赛，在省公司比赛

"我要安全"签名活动

中获优秀组织奖，并将其作为长效机制推行。2011—2012年展以“高度关注安全，突出关心基层，真正关爱员工”为主题的多种形式安全专项活动。

3. 文化建设

2007年起，注重加强“安全文化”建设，编印了《徐州石油分公司安全文化手册》，落实“一切事故都是可以避免的”理念，推行“五查五看”工作法。编制徐州分公司内部期刊《新视角—安全专刊》，2011年起倡导“为生命安全和家庭幸福而工作”的安全文化。徐州分公司形成的安全理念包括：“把安全变成一种习惯，让习惯更加规范”，“把教训变成教材、让事故变成故事”。

“五查五看”工作法：排查思想认识差距，看是否有有令不行、有禁不止的现象；排查员工行为习惯，看是否有“三违”行为、“低老坏”现象；排查管理制度漏洞，看是否有覆盖不全、不切实际的现象；排查设备设施隐患，看是否有规范不符、维保不力的现象；排查外部环境影响，看是否有识别不准、评估不力的现象。

4. 硬件提升

2009年以来，注重加大技防投入，投入安防资金399.5万元，修复、新增65个CK报警器；修复129座站防盗门窗；完成149座站视频监控系统和143座站红外报警安装；在143座站建立警务室或报警点。

5. 监管体系

2010年出台《徐州石油分公司加油站督查管理办法》，建立从片区到职能科室到分公司经理室的三级督查架构，形成以“安全必查、设备必看、数量必测、资金必验、商品必盘、五小必问”为主要内容的加油站督查“六必”检查体系。2011年，创新监管模式，出台加油站“七防”措施，成立安全督查办公室，构建“人防、技防、设施防”三位一体监管体系，要求督查部门在日常督查监管中要做到四个“不断”：不断分析数据，查异常；不断观看视频，找反常；不断深入现场，抓平常；不断抓好文化，促正常。借助分公司内部期刊《新视角—安全专刊》设立未遂事故共享专栏，提高员工分析安全隐患、解决安全问题的能力。

三、企业信息化工作

2001年，徐州分公司广域网初步建成，销售公司业务管理系统、江苏石油进销存业务系统等应用系统全面推广。2002年，ERP系统上线，标志着企业信息化战略主线的确立。2003年，中石化加油卡系统在徐州分公司试点，完成44座卡机联动站和51座POS站建设。信息网络延伸到运营末梢单位—加油站。

2004年，完成加油站ADSL-VPN网络建设，全面提升网络水平和通信质量，为加油站信息化建设进一步提升打好基础。2005年，成功实施二次物流管理系统，规范了物流配送管理流程，加强了油品销售业务各环节精细化管理，提升了企业核心竞争力。2006年，完成ERP优化提升项目、加油站业务管理系统、OA系统等信息项目实施，全面推行信息内控制度，以ERP为主线的信息化体系初步形成。

2007年，完成电子提单系统、非油品项

目和加油站形象改造试点项目实施；全面推行2007新版内控制度，严格规范工作流程。

2008年，完成ERP应用达标保标、总部账表册系统实施、加油站OA系统推广、形象站改造、加油卡卡机联动改造等项目。

2009年，完成V20项目、非油品便利店、加油卡网点扩展、加油站网络更新等工作，重点加强加油卡建设，并在全省率先实现加油卡加油全覆盖。2010年，完成加油站通信网络全光纤改造、OA系统二期提升等项目，完善视频监控系统建设和管理。

第四节 党建思想政治工作

一、机构设置

2010年以前，徐州分公司党委名称为中共江苏省石油集团有限公司徐州石油分公司委员会，纪委名称为中共江苏省石油集团有限公司徐州石油分公司纪律检查委员会；2010年，党委名称更名为中共中国石化江苏徐州石油分公司委员会，纪委名称为中共中国石化江苏徐州石油分公司纪律检查委员会。

截至2012年底，徐州分公司从业人员1871人，党员271人。设有1个党委，15个党支部。

二、党建主题工作

2002年，落实集团公司“鼓劲、顺气、抓实”工作要求，解决2001年协解部分人员因失业保险金、大病保险、住房补贴集访问题。

2003年，组建党群纪监部，作为党建、纪检监察、群团工作的职能部门，配备了专职人员。

2005年5月，召开分公司第五次党员大会，选举产生了新一届党委委员会和纪律检查委员会，调整了下属基层党组织机构。

2007年，实施党建工作“五大工程”和加油站“五小建设”。建成小食堂183个、小浴室166个、小活动室179个、小药箱179个、小园地180个，配置了电冰箱、微波炉、太阳能热水器、浴霸、空调等食堂浴室类电器947台。

2008年，贯彻落实总部“双促”主题活动，开展“领导包县、中层干部包片、管理人员包站”调查研究，开展机关人员每月到加油站“当一天加油工”活动，举办了首届加油站炊事技能竞赛，普及中石化《员工手册》，创办了内部期刊《新视角》。该期刊创刊宗旨：宣传政策法规的阵地、展示库站风采的窗口、拓展知识视野的载体、加强学习交流的园地。

2009年，学习实践科学发展观活动取得阶段性成果。突出解决实际问题，落实整改项目53条。以规范县级公司支部工作为重点，实施县公司书记“加减乘除”工作法，即党的建设和网络发展上要算好加法：加强党组织建设，增添和谐因素、增加

整洁的内部环境让加油站有了“家”的感觉

《新视角》合集

工作激情、增强企业凝聚力；加快网络发展，增加地方协调、增进运营质量、增强竞争能力。队伍建设和资产监管上要算好减法：减少员工违规违纪现象、减少低技能员工、减少不和谐因素，减少闲置土地和资产流失、减少资产所有权纠纷。直销和润滑油经营上要算好乘法：体现经营业绩与个人绩效乘积关系。安全运营和维护稳定上要算好除法：消除不安全因素、解除不安全隐患、排除不安全行为。

2010 年，开展了“争创四强党组织，争做四优共产党员”活动，制定了《企业文化建设计划》。建立了党支部“一册三盒”台账，“一册”是指党支部工作手册，“三盒”是指党支部工作手册等资料盒、党风廉政建设资料盒、图片音像资料盒，专门下发文件进行规范。

2011 年，开展“打造高度负责任、高度受尊敬企业”员工大讨论活动，把“每一滴油都是承诺”的社会责任落到实处。深入开展“为民服务创先争优”活动，通过搭建宣传教育、沟通联谊、公开承诺、形象展示四个平台，开展“八心”服务（窗口规范服务重舒心、现场温馨服务重细心、提高效率服务重贴心、为民解忧服务重省心、安全运营服务重放心、提升素质服务重信心、心系一线服务重关心、困难帮扶服务重爱心），使徐州分公司经营指标、队伍素质、管理水平、企业形象、竞争优势等方面得到了有效的提升。徐州分公司“为民服务创先争优”活动在中石化组织的检查评比中，受到督导组的肯定和好评，在全系统产生了较大影响。

2012 年，紧紧围绕“跨越百万吨”这一主题，提出“四高四标四优”的经营管理目标，“四高”即：主要指标增速高于上年同期、高于苏北整体、高于全省平均、高于目标进度；“四标”即速度指标确保争先、总量指标奋力进位、结构指标有力提升、平均指标实现突破；“四优”即：持续锻造优势竞争、优越管理、优秀队伍、优质网络，确保经营管理再上新台阶。同时，倡导“今天的现场就是明天的市场”的市场观，通过现场管理“标准化管理、目视化管理、看板化管理”三种方式，打造高度负责任的现场。实施“全员品牌管理”，提出了以“热忱、专注、精通”为内容的富有徐州分公司自身特色的岗位精神。

三、文化建设

2010 年起，努力推进企业特色文化建设，并在文化建设过程中注重与“为民服务创先争优”活动紧密结合，创新基层党建工作模式，强化现场管理，提升队伍素质，推进班子建设，提出并践行与时俱进的新型管理理念，打造油站文化，提升服务理念，为企业又好又快发展提供了新的动力和保证。一是打造油站文化。加油站是公司最基本的团队单元，文化落地生根需要传承至油站，上下同欲者胜。定位：打造高度负责、备受尊敬、争先创优的加油站；目标：成为员工希望之家、成长之家、快乐之家；宣言：营造弘扬正气、增进和气、展现灵气团队氛围；倡导："为生命安全和家庭幸福而工作"的安全文化。二是在油站倡导"为民服务创先争优"服务理念，即：每一滴油都是承诺，每一个人都是品牌；每个岗位都是窗口，每项工作都是产品。三是注重以"热忱、专注、精通"为内容的岗位精神的培养，其内容诠释为：对工作热忱、对客户热忱、对同事热忱；专注于经营、专注于管理、专注于安全；精通业务知识，精通岗位技能，精通服务技巧。

第五节 队伍建设

2001—2012年，公司建立完备职业技能培训体系，健全完善"选才、育才、用才、聚才"工作机制，以职业、敬业、专业为导向，拓展培训体系，创新培训模式，多角度、多层次开创人才培养之路。

一、班子建设

强化理论武装，完善党委中心组学习制度，连续5年开设领导干部大讲堂，努力建设学习型班子，做到了雅俗共赏，密切了干群关系，畅通了沟通渠道。加强党政"一把手"的培养锻炼，做好表率，着力打造坚强有力的分公司领导核心，2008年，被中石化股份公司油品销售事业部评为2007年度"四好"班子。

二、 员工队伍建设

1. 完善人才培养理念

开创"4+4"人才培养模式，努力为员工提供成才环境，创造发展空间，激发员工潜能，促进员工实现自我价值。即：员工培养"四角度"：急需人才加快培养、优秀人才重点培养、普通人才广泛培养、全体员工持续培养；员工发展"四层次"：明确发展目标，让员工感受企业舞台；塑造管理特色，让员工融入运营体系；规划发展通道，让员工拥有发展空间；认可员工成长，让员工感受进步喜悦。

2. 加强全员培训

2001年，做好深化劳动用工制度改革工作，制定了《徐州石油分公司系统人员编制及劳动工资管理暂行办法》。在原孙圩子油库建成了职工培训中心。举办干部整训班，共培训417人次。2006年起，强化全员培训工作，制定了徐州分公司员工培训五年规划，形成了油站培训、片区培训、条线培训、公司培训的四级培训体系，实现了培训工作的常态化。自2007年起积极探索在站培训模式。2008年，选取运通加油站等6座培训点，配备了投影仪等培训器材，尝试在站培训模式，全年组织各类培训32次，累计2244人次。推行站长管理办法，逐步优化站长队伍。把中级工作为站长任职的基本条件，建立了后备站长、账管员人才库，招聘了11名大专以上毕业生补充到后备站长队伍中。2009年，6名大专以上学历的年轻员工走上站长、管理员岗位。2010年以来，以职业、敬业、专业为导向，进一步加强人才培养工作。开展加油站长、客户经理轮训工作，推行客户经理季度述职，建立客户经理胜任力模型，让"为客户提供优质的服务是最好的营销"的理念成为客户经理的行动指南，使客户经理自觉成为"客户的知音、顾问、保姆"，着力打造能顺应市场、适应客户的专业化客户经理队伍。实施员工"三段式"培训，即：重复性操作培训，属于简易作业岗前培训，适合于科学的标准化的培训方法，要形成记忆，培训周期一般为21天；调整性操作培训，需要一定的经验和技术，适合于“师傅带徒弟”的培训方式，培训周期一般为90—180天；异常处理培训需要特别的经验和独到的技术，需要通过技能考核和鉴定来实现，培训周期一般为一年以上。同时，推行“师傅带徒弟”培养模式，使重要技术岗位上的老员工拥有的知识和经验得以更好地传承，有效地促进公司新员工的快速成长，从而壮大公司的专业技术人员队伍。

2006年起，参加集团公司职业技能竞赛和技术比武活动，连续多年获得省公司职业技能竞赛和技术比武综合团体奖。截至2012年底，徐州分公司一线员工中中级工348人、高级工494人，中、高级工人数占一线操作员工总数的53.8%，位居全省前列。

第六节 非上市部分

徐州分公司重组改制后，先后实行集中管理、专业化经营、有序退出，自2009年实行资产公司委托管理。

一、对外投资和多种经营清理整顿

2006—2009年，徐州分公司共清理退出项目总数共计63个，其中法人企业16家，改制企业1家，分支机构35家，对外投资4笔，分公司1家及6家县公司。2008年完成沛县、睢宁2个县公司破产。通过清理整顿，徐州分公司累计清理和解除逾期负债3235万元，规范核销不需支付应付款776万元，节约所得税256万元。

二、改制分流

徐州油运公司改制从2005年9月开始启动，先后经历了近一年的时间。2006年8月改制方案获得中石化总部批复后，着手改制方案的具体实施工作。通过多次召开分公司领导班子会、公司职代会、车队改制牵头人（全体改制人员）及分公司车队改制领导小组成员会，研究商讨车队改制操作过程中的具体工作。在改制过程中，由于股份公司的经营不能停止，对有关改制实施日，即2006年8月31日时点的收入、费用的分割界定等难点问题，在及时请示省公司后，均拟定较为详细可行的计划，认真做好与股份公司和改制企业的沟通协商工作，确保了改制工作顺利、稳妥进行。

三、住房改革

2009年底，全面完成了职工住房普查，

师傅带徒弟结对仪式

公示普查结果，公平公正处理反映问题。组织制定了《住房分配货币化实施方案》，履行民主程序后上报实施方案。认真做好职工住房建档工作。至2012年底，完成无房及未达标人员住房补贴公示，补贴发放人数涉及1020人，其中老员工986人，新员工34人。

四、资产管理与土地管理

1. 资产管理

重点是提高出租资产创效能力，盘活低效闲置资产，处置核销报废无效资产，管好关联资产，守住土地资产。2003年新沂办公楼拆迁，2005年邳州办公楼对外出租，2008年孙圩子油库土地对外处置，实现变现收入850万元。现有资产出租项目共有10项，2012年实现资产租赁年收入80.74万元。

2. 土地管理

实行逐级签订土地现场管理责任书制度。2011年，开展土地权证规范化工作，房屋土地权证上收由省公司集中管理，对不规范土地进行梳理，制定项目规范方案，明确项目责任人，实行领导挂牌督办制。至2012年底，共有土地226宗，面积合计96.88万平方米，其中股份公司146宗，44.93万平方米，资产公司80宗，51.95万平方米。

表6—3—1 徐州石油分公司2001—2012年主要经济指标表

指标 年份	1. 成品油销售量（万吨）	2. 零售量（万吨）	3. 销售收入（万元）	4. 利润（万元）	5. 吨油费用（元）	6. 资产总额（万元）	7. 非油品营业额（万元）	8. 员工总数（人）
2001	50.0	22.5	128980	590	110.7	31337	—	1915
2002	47.8	23.2	124060	856	127.3	3400	—	1920
2003	50.1	25.3	148159	5506	155.3	37577	—	1893
2004	66.5	38.8	224103	10681	109.4	42553	—	1896
2005	69.8	43.1	273568	9671	115.3	45491	—	1830
2006	64.4	48.6	323216	23767	133.8	44056	—	1705
2007	70.5	54.0	358745	42183	141.1	41110	—	1795
2008	73.7	56.9	444944	26499	163.2	47868	46	1796
2009	71.3	49.4	398886	11710	164.4	53548	1316	1778
2010	74.9	54.6	495254	16809	168.7	59106	3203	1788
2011	79.1	66.4	617556	32681	193.3	62765	4815	1835
2012	85.5	73.2	684677	26557	184.7	68693	5492	1871

表6—3—2　　领导人员变动情况

姓　名	职　务	任职时间
吴保东	经理	1998.01—2005.01
杨卫东	经理	2005.01—2006.07
徐　光	经理	2006.07—
王忠元	党委书记	2000.04—2005.01
朱　镇	副经理	2000.04—2008.04
	党委副书记	2005.01—2006.07
	党委书记	2006.07—2008.03
江力平	党委书记	2008.04—2011.12
赵亚明	副经理	2003.02—
	党委书记	2011.12—
邱志扬	副经理	1998.03—2005.01
单　建	副经理	2000.04—2005.01
孙东城	副经理	2005.01—2008.02
蒋　平	副经理	2006.07—2007.10
王守军	副经理	2008.08—
韩苏平	副经理	2011.12—
徐清武	副经理	2011.12—

表6—3—3　　历年荣誉

年 份	姓名／项目／集体	荣誉称号	授予单位
2001—2003	徐州石油分公司	徐州市先进集体	徐州市政府
2002—2003	徐州石油分公司	徐州市文明单位	徐州市文明委
2003	徐州第十二加油站 徐州第六加油站 徐州第十六加油站 徐州内港加油站 徐州兴华加油站	徐州市青年文明号	共青团徐州市委
2004	徐州第十六加油站	江苏省青年文明号	共青团江苏省委
2004	王雪芳	江苏省三八红旗手 2001—2003 年度徐州市劳动模范	江苏省妇联 徐州市政府
2004	李　茜	中央企业优秀共产党员、中央企业劳动模范、中石化青年岗位能手、中石化劳动模范	国资委 中石化集团公司
2004	徐州矿山路加油站、徐州第十二加油站、徐州第六加油站、 周宅子油库计量班、广山油库计量室、 新沂工农路油库	徐州市红旗班组	徐州市政府
2006	徐州石油分公司	安全生产先进单位	徐州市政府
2006	徐州第十二加油站	徐州市青年文明号	共青团徐州市委
2007	徐州石油分公司	安全生产先进单位	徐州市政府
2008	徐州石油分公司	安全生产先进单位	徐州市政府
2009	徐州石油分公司	安全生产优秀单位	徐州市政府
2007—2009	徐州石油分公司	徐州市先进集体	徐州市政府
2010	徐州石油分公司	安全生产优秀单位	徐州市政府
2011	徐州石油分公司	安全生产优秀单位	徐州市政府
2011	徐州运通加油站	江苏省工人先锋号	江苏省总工会
2011—2012	徐州石油分公司	农机优先优惠供油服务先进单位	江苏省农业机械管理局 中石化江苏省石油公司
2001—2011	徐州矿山路加油站	全国青年文明号	共青团中央、 中石化集团公司

第四章 常州石油分公司

常州地处江苏省南部、长江三角洲腹地，现辖金坛、溧阳两个县级市和武进、新北、天宁、钟楼、戚墅堰5个行政区。

常州石油分公司（简称常州分公司）是省公司下辖的14个地市分公司之一，是常州地区最大的成品油供应商。常州分公司主营业务包括汽油、柴油、润滑油的零售与批发，以及食品、烟酒、百货等销售。截至2012年末，常州分公司拥有固定资产总额9.42亿元，加油站175座，便利店100家，油库6座，门市部4个，其中在营加油站160座，在营油库2座，总库容量7万立方米。

2012年常州分公司销售成品油达到86.37万吨，市场占有率达到62%，实现销售收入69.56亿元，实现利税4.37亿元。常州分公司下设2个县公司、16个科室，包括金坛县公司、溧阳县公司等2个县级公司，零售管理部、商业客户部、非油品业务部等3个经营部门，综合办公室、人力资源科、党群纪监科、财务核算部、安全数质量科、基建管理科、实物资产科、联营企业管理办公室、信息工作站、管道工程部、经营管理科等11个管理科室，以及钟楼油库、后袁油库等2个基层单位。其中财务核算部、信息工作站为省公司派出机构，实行条线管理。截至2012年底，常州分公司共有人员1719人（其中正式工188人，劳务工1531人）。

常州分公司2001—2012年主要经济指标见表6—4—1，领导人员变动情况见表6—4—2，历年荣誉见表6—4—3。

第一节 经营业务

2001—2012年，常州成品油市场容量由最初的58万吨，增长到目前的138.08万吨，增幅达到138%。成熟、开放、激烈竞争的市场环境是常州成品油市场的特点。截至2012年底，全市共有油站469座，油库7个，中油拥有油站42座、油库1个，中化道达尔拥有油站9座，中海油拥有油站2座，社会民营单位拥有油站137座，拥有油库6座。

2001—2012年，常州分公司成品油年销量由最初的29.28万吨增长至86.37万吨，增幅达195%。常州分公司整体发展经历了三个阶段。第一阶段，2001—2005年是快速发展阶段，经营总量由2002年的30.94万吨发展到2005年的60.73万吨，其中2001年突破30万吨大关，2003年突破40万吨大关，2004年突破50万吨大关，2005年站上60万吨台阶。第二阶段，2006—2009年是成熟成长阶段，经营总量由2006年的62.81万吨发展到2009年的68.59万吨。2010—2012年是内涵提升阶段，其中2010年突破了70万吨大关，2011 年已突破 80 万吨大关。

2001 年常州分公司提出“批发就是配送，得零售者得市场、得效益”的经营理念。2002 年常州分公司在市经贸委指导下，牵头组织成立常州市成品油流通行业协会。2003 年，常州分公司提出要做大做精零售、做大做强直销、做大做优分销。2004 年，常州分公司提出要树立大经营、大零售理念。2005 年，常州分公司进一步提出要优化经营结构，提高经营质量。2006 年，常州分公司明确要进一步加快提高市场占有率，提高市场控制力。2007 年，常州分公司提出不断开拓市场，强化主导地位。2008 年起开展非油品销售业务。2009 年，将省公司提出的打造优秀石油流通企业，建设“百年老店”作为常州分公司的长远发展目标，同年实行轻油、润滑油结合营销模式。2010 年 8 月至今，常州分公司在加油站实行委托管理，将 5 座 2000 吨以下加油站、30 座 1000 吨以下加油站合并成立 28 家管理公司。2011 年，常州分公司提出建设百万吨级分公司的“十二五”奋斗目标，同年开始着手全新的天然气业务。2012 年，全区域所有陆路加油站全部实现卡机联动，同年 6 月与范荣货运合作 LNG 流动加液车正式开业运营。

常州分公司城区加油站年销量超2万吨（且为纯汽油加油站）

一、零售业务

2001 年以来，常州分公司对零售发展始终提出要做大做强，不断提升零售市场占有，提高零售创效能力，夯实零售管理基础，加油站数量、硬件水平、整体形象、内部管理均有了很大提高，零售销量连续增长，单站销量和创利能力不断提升，油站现代化管理水平不断提高，和谐氛围不断增强。截至 2012 年底，常州分公司拥有在营加油站（点）160 座，其中陆上站点 146 座，水上加油点 14 座，便民加油点 5 座，委托管理站 35 座。2001—2012 年，常州分公司零售量由 13.4 万吨增长至 68.1 万吨，增幅 408.2%。

1. 油站建设

常州分公司一直致力于“抓两头、促中间”的油站发展模式，做大万吨站、做强小站、促进主力站。2011 年，常州分公司提出油站“攀登计划”，鼓励加油站销量一年跨上一个新台阶。2012 年，常州分公司对“攀登计划”作了进一步完善，鼓励加油站提高销量增幅。

（1）万吨站发展。2002 年，常州分公司拥有第一座万吨站，至 2012 年，常州分公司拥有万吨站 10 座，其中城区加油站年销量达到 2.4 万吨，万吨站占在营油站比重 6.3%，年销量占零售销量比重 20.5%。

（2）小站发展。2002 年，常州分公司拥有 3000 吨以下小站 104 座。截至 2012 年底，公司拥有小站 72 座，占在营油站的 45%。

（3）主力站发展。2002 年，常州分公司拥有 3000 吨以上主力站 11 座，2012 年，常州分公司拥有 3000 吨以上主力站 88 座，年销量占零售销量的 84.5%。

（4）水上站发展。2002 年，常州分公司确定水陆并举发展模式，当年新增水上网点 13 座，2012 年，水上网点年销量为 1.73 万吨。

（5）加气业务开展。2012 年 6 月，在常州录安洲设立了首个LNG供应站点，开辟了能源供应的新格局。

（6）自助站发展。2010年，常州分公司将星港站打造成自助加油站，开创常州分公司自助站历史，这也是常州分公司第一座全自助加油站，2012年，常州分公司自助站年销量达到3.1万吨。

（7）便民加油点发展。2010年，常州分公司第一座便民加油点星港站投产。截至2012年底，常州分公司拥有便民加油点5个，年销量5115吨。

2. 管理模式转变

2001年，常州分公司实施加油站CORO管理模式，当年成立CORO公司12家，管理油站30座。2003年，根据省公司统一部署，取消CORO公司管理模式，将区域内油站划分为9个片区，并设置片区经理对片区内加油站经营、管理等方面进行全方位管理。2005年，片区数量增加至13个。

3. 油品销售

2002年，常州分公司开始销售高标号油品，油品标号增加93#、97#，当年高标号油品销售占零售汽油销量的25%。2011年5月全部取消90#汽油的对外销售。2010年完成全区域汽油国Ⅲ标准的置换，2011年引入车用柴油在13座城区型站点布局。2012年12月30日零时全面推广国Ⅳ汽油。

加油站全面推进百日竞赛活动

2003年，常州分公司组织客户年度联谊会

4. 加油卡销售

2003年，常州分公司开始销售加油卡，消费模式为POS机刷卡消费。同年，虹桥加油站在常州区域第一个实现卡机联动。2009年，常州分公司陆上加油站全部实现可刷卡加油。2012年，常州分公司年销售加油卡11.6万张，刷卡消费比重38%。

5. 专项活动与重点营销

常州分公司以星级站建设为龙头先后开展了加油站百日竞赛、油站“五小”工程建设和企业文化建设等活动，同时结合“比学赶帮超”和“为民服务创先争优”活动不断营造油站“你追我赶”氛围，截至2012年底，拥有五星级站2座，四星级站4座，三星级站16座。常州分公司围绕十运会和城运会等重大活动、三夏和三秋农用油等重要作业、加油卡和高标号等重点环节开展好各类营销活动，取得了良好效果。

6. 基础管理

2005—2006年，开展油品数质量大排查。2009年，开始为油站配备液位仪。2008年起，开展反盗油斗争。2003年，建立起公司、零售、片区经理三个层次的督查机制，其中零售层面督查自2001年以来累计检查1728次，督查油站5760座次，下发不符合项报告单3600份，整改率达到95%。2009年，加油站管理系统正式上线，重点账表册实现网上填报，数字化、在线化管理。

二、直分销业务

2001 年，常州分公司开通 800 服务热线，同年批发经营由粗放式向集约化转变。2003 年，常州分公司调整分销政策，在不冲击和影响零售、直销经营的前提下，实行做大分销。2005 年，直、分销部门重组后实现直分销资源共享，重组客户经理队伍，人均销量达 8135 吨，全省排名第一。2009 年，实行轻油、润滑油结合营销模式。2011 年在撬装站建设方面取得突破，与常州公交集团公司签订撬装协议，撬装站于 2012 年 2 月正式投入运营。同时调整原有 A、B 类客户分类，将客户按年销量划分为集团客户、钻石客户、黄金客户、高级客户、普通客户。全年实现直销量 17.77 万吨，同比增长 12.8%。2011 年，开始着手全新的天然气业务。2012 年，实行轻油、非油品组合营销模式。

三、非油品业务

2008 年 4 月，常州分公司开始酝酿发展非油品业务，当年实现销售 96.43 万元，毛利 20 万元，至年末开店 35 家，销售品种数 249 个。2008 年 6 月，丽华、永新 2 座加油站“易捷”便利店正式对外营业，标志着常州分公司非油品业务正式对外营业，10 月开始燃油宝销售，11 月增加即开型体彩销售业务。

2009 年，常州分公司正式设立非油品业务部，当年实现销售 1170 万元，实现毛利 177.9 万元。

2010 年，实现销售 2603.2 万元，毛利 368.1 万元，年末在营便利店 65 座。

2011 年初，省公司中央仓投入营运，引进滞销品淘汰机制，累计实现销售 4092.5 万元，毛利 655 万元。

常州劳动路加油站便利店

2012 年，非油品实现销售 6052.89 万元，实现毛利 811.31 万元，完成了第一批便利店内部形象布置和装饰。同年 7 月，明确 7 座加油站成为常州首批电子商务上线营运自提站，非油品业务走向了实体店与电子商务相结合的新时代。截至 2012 年底，拥有精品店 35 家，新增站外店 2 家。

四、润滑油业务

2001 年，常州润滑油经营部是常州分公司下属的一个经营部门，县公司的润滑油经营管理实行进销调存价集中统一管理；润滑油经营实行以条为主、条块结合经营方式，分销、配送由信息业务部垂直管理，省公司条线加强指导经营方式。2003 年润滑油销量达到 1 万吨，同比增长 66.6%。2004 年按中石化润滑油品牌发展战略，把原“海牌”、“南海”等品牌转换为“长城”润滑油。2006 年新增客户 1340 户，客户数位于全省第一，全年新增销量近 800 吨，完成润滑油经营量突破 2 万吨。2010 年开展了润滑油规范经营管理工作，对润滑油销售的整个环节进行了全面梳理。2012 年 4 月召开了中石化润滑油销售业务整合视频会议，拉开了润滑油体制改革的序幕。同年 8 月实现了整体平稳顺利划转。

第二节 储运销网络建设

一、加油站建设

2001—2012 年，常州分公司网络发展经历了快速发展、稳固优化、量质提升的三个阶段。其中 2001—2005 年为网络数量快速增长期，2006—2009 年为已有网络不断巩固和优化阶段，2010—2012 年为网络数量和质量的同步快速提升时期。2001—2012 年共完成 38 宗土地规范化。

1. 网络快速发展时期（2001—2005年）

2001—2005 年，常州分公司紧紧围绕“得零售者得市场、得效益”的经营理念，大力拓展油站网络布点。通过新建、收购、租赁等模式实现了油站网络的快速扩张，油站个数从 2001 年前的不足 60 座到 2005 年的 120 座，油站数量翻了一番，年均增站数量均在 2 位数。常州分公司在常州区域成品油流通行业中的主导优势得到确立。

2001 年，常州分公司成立以经理为组长，相关职能部门参与的网络发展领导小组，抽调 20 余人成立网络发展小组，当年实现油站收购 18 座，特别是 7 月在常州市城区五个油站用地招标中一举中标，结束了近 10 年未在市区新增 1 座油站的历史。

2002 年，常州分公司通过新建、收购、租赁的方式再增油站 21 座，当年开始实施水路零售战略，新增水上站点 13 个。

2003 年，常州分公司提出大力发展加盟

虹桥加油站改造前

虹桥加油站改造后

站的发展思路，当年共新增网点15座。

2004年开始，常州分公司通过强势参与网点竞争，当年新建全资站6座，新建控股联营站7座，全资收购了23座产权清晰的加油站，在营加油站点达到128座，以36%的加油站占有率创造了58%的市场份额。

2005年，常州分公司全年新增网点14座，其中新建站点1座，收购站点5座，租赁站点8座。

2. 网络稳固优化时期（2006—2009年）

2006年起，网络发展随着中油、中化等竞争对手的疯狂抢占，油站建设成本越来越高，竞争越来越激烈，同时随着前几年的快速发展，区域网络布局基本已经成形，可发展的空间越来越小。在此情况下，常州分公司一方面致力于继续做好网络的不断扩张，另一方面做好内部挖潜，通过油站改造、形象出新等办法提升油站的硬件水平，美化外观形象，油站改造出新后平均增量超过20%。

2006年，常州分公司新增油站2座。

2007年，常州分公司提出“又好又快”发展要求，当年新建油站1座，移建油站1座，收购油站4座，租转收油站2座，与此同时，成立了工程推进工作小组，按照“精品站中打造旗舰站、样板站中培育主力站”的思路，完成5座加油站形象改造。

2008年，常州分公司提出以新建、收购为主，租转收、合作为辅，适当租赁的网络发展思路，当年新增油站4座，租转收1座，合作新建3座，6个项目取得合作意向，同时对成本高、前景差的6座租赁站予以退租。受雪灾影响，常州分公司油站隐患较多，借形象改造和灾后重建之际，对形象破损的加油站分情况进行了全部或部分改造，油站面貌焕然一新，油站功能更加丰富和完善，顾客和员工的满意率大幅提高，油站改造前后销量平均提升30%左右，由于施工时间短、样式美观、在省公司油站改造模板基础上进一步提升。

2009年，常州分公司坚持强势参与网点竞争和加快现有站点改造两手抓的做法，全年共新建加油站2座，新建加油点1个，收购加油站3座，完成联营1座，实现租转联4座，租赁加油站1座，特别是在全市率先实现了星港大道便利加油点的布点，当年油站形象改造15座。

3. 网络量质提升时期（2010—2012年）

2010年以来，常州分公司紧抓两个“生命工程”不放松，通过新建、收购为主，鼓励联营、慎重租赁、盘活存量、提升质量的原则，一方面进一步增加网络数量，特别是提高在营站数量，优化区域内网络结构，另一方面，加

常州钟楼油库全景图

快原有站点形象、功能提升，增强油站的单站销售能力，加油站发展得到质的飞跃。

2010年，常州分公司牢固树立“守土有责、寸土必争、失土问责”的网络发展理念，对已有站点实现租转联8座、延长租期3座，通过采取“条块结合、各个击破”的战术，新建油站、便民点9个，达成意向项目12个，正在建设13个，储备项目15个。对油站改造明确采取五个原则，做到完全拆除后可以重建的则整体改造；完全拆除后无法建设的则部分形象出新；细排改造计划，逐批实施改造，确保改造和经营两不误；待改造站提前做好客户分流方案，引导客户到系统内周边地区加油，确保客源不流失；最大限度、最快速度确保工程质量和进度相统一，力求通过工期的科学合理安排实现第一时间开业。

2011年，按照抓好两个“生命工程”打造的要求，新增油站10座，其中通过控股联营方式，在武进城区又建设了4个便利加油点，改造17座，按照省公司和市政府要求完成油气回收70座站。

2012年，常州分公司坚持稳健发展思路，全年新增油站7座，形象改造开业9座，油气回收改造63座，全自助改造8座，便利店改造8座，油气站竣工1座，在建项目4个，储备项目4个。

二、加气站建设

常州分公司加气项目通过采取因地制宜、逐个击破的办法，一方面与已在经营的天然气销售商洽谈合作，另一方面坚持自主建站，开拓CNG、LNG业务，并取得了政府相关部门的支持，目前加气项目前期工作已顺利展开。

2011—2012年，常州分公司将天然气发展作为网络发展的重中之重，一是积极参与土地竞拍，取得了龙江路天然气项目的建设权，二是通过加强与地方政府及职能部门协调，基本落实了LNG项目选点规划，三是对现有在营站主动改为油气混合站或纯气站，对歇业站重新盘活或迁建为加气站，四是与港华、新奥、安顺等专营单位谈判、合作，力求在CNG销售上取得突破，五是积极与金坛市政府就天然气加工进行商讨，借机同步发展金坛天然气一揽子项目。

三、油库建设

常州分公司共有油库6座，其中在营库2座（钟楼油库、后袁油库），关闭库4座（五星桥油库、湾城油库、白龙荡油库、木营里油库）。2000年，根据省公司统一安排，常州分公司关闭了湾城油库、白龙荡油库。2011年6月，随着钟楼油库的启用和市政规划的需要，五星桥油库结束了38年的运营历史。

2012年底，在营油库中，钟楼油库为成品油苏南管道配套工程，为省级中心库，坐落于常州钟楼经济开发区，常州新运河东侧，紫薇路西，松涛路南，始建于2009年6月，2010年12月18日正式投产。油库共占地90.023亩，一期工程罐容为5.7万立方米，二期工程预留4只8000立方米油罐，油库进油全部采用管输，发货采用了全下装，共设9个发货台，发货头22个，最大发货能力为每小时800吨。后袁油库为县级中心库，位于溧城镇马塘村，始建于1991年，油库占地面积3.3万平方米，现有储罐8只，总容量1.2万立方米，350吨级水路码头1座，汽柴油泊位2个，陆路发货车位10个。2007年，根据省公司统一安排，在营的五星桥油库、后袁油库以及后建成的钟楼油库划归省公司物流管理。2011年8月，重新划归常州分公司管理。

四、管道建设

苏南管道常州段管线全长64.2千米，起

2009年6月，举行苏南成品油管道暨配套工程钟楼油库开工仪式

点为镇江丹阳与常州新北区孟河镇交界处，终点为常州新北区龙虎塘镇与江阴交界处，配套新建钟楼油库 1 座。

2008 年，该工程启动，成立常州区域工程部。常州段管道工程于 2009 年 4 月 15 日在 S338 段点火开焊。2009 年 6 月 2 日，苏南成品油管道及配套油库开工典礼在钟楼油库建设现场举行。2010 年 6 月完成全线管道下沟三桩埋设，全线同求测径、进水试压，并与钟楼油库连接，站场与出库管道至江阴段于 2010 年 9 月 17 日通过省公司组织的与华东公司中交验收，2010 年 10 月 20 日常州—镇江段管线中交，2010 年 12 月 16 日省安监局同意管道试生产，2010 年 12 月 18 日常州段管道输送 0# 柴油并以此下载成功，2012 年 6 月底通过省安监局常州段管道安全验收。2012 年末，完成钟楼油库二期扩容建设手续办理，具备开工条件。

第三节 企业管理与改革

一、体制改革

为不断适应新形势，实现新发展，常州分公司按照集团化、专业化、扁平化的要求逐步开展各类体制、机制改革，企业管理得到了进一步完善与提升。

1. 2001年，全面实施流程规范，改革零售管理体制，深化劳动用工制度改革

流程规范。常州分公司成立流程规范编写组，精心设计二级流程，进一步规范机构设计，实施定岗定编、竞争上岗，实施竞岗后，中层管理人员队伍平均年龄从 40 岁下降为 37.9 岁，中专以上学历从 74.4% 上升到 97.6%，管理部门人员从 51 人下降到 32 人。

零售管理体制改革。从 2001 年 8 月起，常州分公司通过公开招标组织成立了 30 家加油站管理公司，油站按 CORO 模式进行管理，公司对各加油站委派了油管员，配置了区域经理。深化劳动用工制度改革。当年底，区域公司协议解除劳动合同人数达 477 人，其中股份公司 381 人，实业公司 48 人，金坛石化 48 人。

2. 2003年，深化市县一体化改革

常州分公司根据省公司统一部署，制定了一体化改革方案，完善各类管理制度 112 项，从经营、财务、人事等各个方面对县公司实行部门化核算、条线化管理。

3. 2004年，完成工资制度改革

通过定岗定编，按岗设级，按级定薪等办法，做好了岗位、薪酬的确定，当年 2 月首家上报实施方案并获省公司批复执行。

4. 2005年，深化市县一体化改革，推进小站改革，实施直分销业务整合

市县一体化改革。县公司取消管理机构，

改为公司派驻人员，办公地点搬移至油站，原办公大楼盘活，印章、合同、档案等统一交由常州分公司保管，并最终实现了公司经营管理职能、人事与劳资管理职能、会计核算、纳税职能、物流调度职能、考核职能的"六统一"。常州分公司共裁撤、合并机构7个，公司管理部门管理人员和公司中层干部分别减少16%和37%，中层干部由36名减至22名。

小站改革。根据战略发展需要，制定和完善了小站改革方案，依据布点情况和竞争态势有序做好了小站的"关、停、并、转"。

直分销业务整合。通过机构重组、人员整合、客户资源共享等措施实现了直分销业务的统一经营。

5. 2006年，完成审计等条线垂直化管理

按照"专业化、扁平化、区域化"的原则和"物流垂直管理，会计一级核算，审计、纪检、信息统一运作，财务和营销两级管理"的模式，顺利推进物流、燃料油、信息、审计垂直专业化管理体制改革。

6. 2007年，推进财务会计体制等改革

顺利完成了财务会计体制改革、完善物流一级管理改革、加油站规范化管理改革、规范加油站员工薪酬分配改革、深化成品油直分销管理体制改革、规范油库员工薪酬分配制度改革和安全数质量配套改革。

7. 2010年，开展县公司管理体制、油站管理体制等改革

县公司管理体制改革。逐步恢复和完善县公司机构、人员配置，提升县公司在当地的政治、经济、市场影响力。

油站委托管理改革。以原油站站长、员工为班底成立加油站委托管理公司，先后分2批将35座油站交由28家管理公司管理。委托站日常运营管理实行"五统一、三确保"，即统一管理标准与业务流程、统一标识名称、统一油品和非油品进货渠道、统一销售价格、统一服务规范。

商客改革。新设立经营管理科，与商业客户部分设，将原属商业客户部的部分职能交由经营管理科负责。

精细化管理改革。在参照扬州模式的基础上结合常州分公司实际，对各部门、各岗位工作流程、工作职责进行了再明确、再补充、再细化。

8. 2011年，加强联营企业管理，油库管理回归分公司

加强联营企业管理。增设联营企业管理办公室，专职负责联营企业管理工作，使联营企业在经营、管理上有了牵头管理部门。

油库回归常州分公司管理。钟楼油库和后袁油库从物流中心划归常州分公司管理，明确了油库的自身定位和相关部门的职责，实现了平稳过渡。

9. 2012年，润滑油体制改革

根据中国石化总部润滑油销售业务重组意见和省公司润滑油业务整合方案，成立润滑油江苏销售分公司，除加油站长城润滑油（中小包装）零售业务外，公司润滑油其他经营管理职能调整到润滑油江苏销售分公司，润滑油从业人员按照"人随业务走，兼顾职工个人意愿"的原则同步划转至润滑油江苏销售分公司，该次体制改革公司共有30人（其中正式工13人，劳务工17人）划转至润滑油江苏销售分公司。

二、安全与设备管理

1. 安全管理

安全管理是企业运营的重中之重。2001年以来，常州分公司从传统的人治安全管理逐步转型为世界危化企业通用的HSE管理模式，并辅以PM、EM模块，基本实现了安全管理的科学化。2003年，开始建立和推行HSE管理体系，每年开展一次“安全生产月”和“百日安全无事故”活动。2004年和2009年常州分公司分别在虹桥站和灵桥站试点安装液位仪。2005年，常州分公司在承包商中推行HSE管理，实行承包商安全准入制，并顺利通过省公司HSE体系建立的验收。2008年，在设备管理方面实现了PM模块的上线运行。2009年，常州分公司完成了加油站视频监控的安装，并逐步实现与公安系统的联网。

2. 设备管理

2007年，常州分公司取消吨位68吨的湾城水上加油点。2012年，常州分公司共有五星、振中、戚墅堰、京杭水上加油船4条，总吨位548吨。2008年开始在加油站安装视频监控。同年12月，常州分公司数量管理实施V20管理和ISO9000质量管理体系及中级核验新标准。依托V20管理平台，开展油罐鉴定、加大对油品运输车辆出库、在途、接卸的全程跟踪和接卸油管理。2011年，常州分公司按省公司要求在涵盖物流、零售、基建等7个专业条线42个岗位71个作业项目上推行岗位标准化操作。同年，设备管理系统EM模块上线运行。2012年下半年，常州分公司通过了EM模块全线运行的验收。

三、财务管理

自2003年1月1日起，根据省公司布置，常州分公司将原运用的浪潮软件调整为SAP，一并实现区域内一市三县增值税和企业所得税合并缴纳，仅土地税和房产税在当地缴纳。2004年实行SAP单轨运行。2005年5月1日开始实行内控管理，7月开始取消地市公司独立核算，全省一个账套，常州分公司出具内部管理报表，增值税全省统一计算，按销售比例分配到各分公司。2006年10月，根据省公司统一布置实行SAP优化提升。2007年6月，财务体制改革划归省公司条线管理，并将4个直分销营业室划归商业客户部管理。

四、信息技术管理

2001年，常州网络技术部更名为常州信息工作站。2003年，常州信息工作站正式实行条线化管理。

1. 机房建设

常州分公司机房从2001年陆续开始投入建设，至2005年，先后在中心机房安装了UPS不间断电源、防静电地板、防雷击等设备设施。2007年省公司统一部署安装了机房环境监测系统。2009年统一安装了门禁系统，同时更新原民用空调为艾默生机房专用精密空调并安装了七氟丙烷气体灭火系统。

2. 网络建设

2000年常州分公司建成了两个县公司的简单局域网络。2002年建成了公司—县公司、公司—油库的光纤专线网络。2005年与常州电信公司合作，将加油站与公司通信方式升级为MPLS VPN。2012年省公司统一部署为加油站汇聚线路增加100M热备线路，为钟楼和后袁油库双线路实现热备和负载均衡。2012年底，常州分公司到省公司、油库、加油站均实现光纤网络双线热备。

3. 系统运用

2001年下半年，常州分公司自主开发的物流管理系统投入使用。2002年开始，总部开始实施SAP系统资源管理系统，涵盖了进销存和财务的包括SD、MM、FI/CO三大模块的上线。随着SAP二次优化提升，2006年常州分公司开始应用工程项目管理PS模块和设备管理PM模块，并在所有加油站推广零售业务管理系统。2008年开始，常州分公司选取部分加油站建立便利店，便利店管理系统正式开始推广使用。2010年零售业务管理系统升级由总部统一推广的零售管理系统代替，推广正式使用，同年V20系统经过试点之后，也开始推广使用。

五、法律事务

1. 法律工作

从2001年开始，常州分公司正式按照招议标方式对企业法律顾问进行选聘，选定江苏常州金牌律师事务所马东方律师作为公司常年外聘法律顾问。

2. 合同管理

2005年正式开始合同管理工作，建立合同登记台账，建成公司合同管理体系，推行标准合同文本。2006年规范合同审批流程，刻制合同专用印章。2011年12月份实现合同在线流转。

第四节 党建思想工作

一、党组织与思想政治工作

2010年以前，常州石油分公司党委名称为中共江苏省石油集团有限公司常州分公司委员会，纪委名称为中共江苏省石油集团有限公司常州分公司纪律检查委员会；2010年，党委名称更改为中共中国石化江苏常州石油分公司委员会，纪委名称更改为中共中国石化江苏常州石油分公司纪律检查委员会。

常州分公司现有党委1个，下辖金坛、溧阳2个县片区，8个党支部（含离退休党支部和运输党支部），党员总数212名。2000年起，编制出版《常州石油》简报月刊。

2004—2006年，获得常州市级机关党工委授予的“精神文明单位”荣誉称号。2008年，

加油站餐厅

面对“5·12”四川汶川大地震，常州分公司全体干部员工共募捐125000余元给受灾地区群众，其中“特殊党费”12000多元。

2011—2012年，开展“为民服务创先争优”、“比学赶帮超”、“一转双创”和“企业文化建设”等主题活动。

二、纪检工作

1. 廉政建设

2003—2006年，常州分公司先后印发《中层干部“九提倡、九反对”的要求》、《领导班子改进作风〈约法六章〉》、《切实加强领导班子建设的决定》、《常州石油分公司经营戒律》等8个管理制度，开展了廉洁文化“六进”活动。2006年，在公司开展“八荣八耻”大讨论活动，组织党员干部赴苏州新区展览馆参观江苏省反腐倡廉成果展览和到江苏监狱参观接受教育；在全公司开展征集以反映廉洁文化建设为主题的书法、绘画、摄影等作品比赛活动；在有党员的重要岗位开展“党

加油站活动室

员先锋岗、党员示范岗”创建活动。2008年，组织开展“抓源头、促清廉”和“深入群众促和谐，凝心聚力促发展”主题活动。

2. 效能监察

2001年以来，常州分公司成立了以公司主要领导为组长、分管领导和职能部门负责人为成员的效能监察领导小组和办公室。2008年，对资产处置等6个项目进行了效能监察立项。2009年，对苏南管道常州段和常州钟楼油库工程建设进行效能监察立项。

三、工会工作

2000年，常州分公司建立工会组织，同时成立了职代会、女工委员会、职工理事会。每年1—2次组织开展乒乓球、羽毛球、篮球、拔河和象棋、围棋等文体比赛活动。2007年常州分公司加油站实施“小宣传栏、小药箱、小浴室、小食堂、小活动室”为主要内容的“五小”建设。2006年3月，经公司职工代表大会主席团联席会议表决通过，在公司内部建立职工医疗互助保障会。

第五节 人力资源管理

一、队伍建设

截至2012年底，常州分公司具有大专以上学历334人，其中硕士研究生7人，本科103人；具有中高级专业技术职称38人，其中高级职称1人，中级职称37人；具有中高级以上加油站操作工331人，其中技师8人，高级工138人，中级工185人，占油站总人数的23%；具有中高级以上油品储运调和工45人，其中技师3人，高级工21人，中级工21人，占油库总人数的64%。

常州分公司在三个层面推进后备队伍建设。一是积极向省公司推荐处级后备干部；二是设立经理助理或科长助理，建立科级后备队伍；三是建立零售片区经理、加油站站长后备队伍。

二、用工管理

2001年，按照自愿原则与部分员工协议解除劳动合同，合计人数477人；2008年组织开展加油站工时优化，调整油站营业时间，优化排班方案，减少劳动超时；2009年，销售公司修订劳动定员标准，公司用工总量从紧控制，人均劳效名列前茅；2011年，常州分公司首批10人实行了用工结构调整；2012年，合同工、劳务工和非全日制工成为公司三大主要用工形式，其中劳务工比例已达87%以上。

三、薪酬管理

2003年3月，作为省公司试点单位，常州分公司积极配合美世咨询工作进行E岗岗位评估和描述，套入相应工资等级，制定了薪酬分配方案；2006年1月，常州分公司进一步深化完善分配制度改革，建立了岗位等级工资制；2007年7月和11月，常州分公司先后制定并实施了加油站、油库规范薪酬分配实施细则，调整了各岗位等级设置；2012年1月，实行薪点工资制，统一基本薪酬标准。

四、绩效考核

公司绩效考核由考评领导小组总负责，

加油站员工军训

人力资源科总扎口。以各岗位基本薪酬作为保底数，其余部分与绩效全额挂钩考核。考核采取月度、季度、年度相结合，其中客户经理考核与部门分离，实行吨油联量考核。考核办法根据公司外部市场环境以及内部经营管理要求适时调整。

五、培训管理

作为销售公司培训建设试点单位之一，常州分公司于2007年建成12个标准化的培训站，先后有34人获得了兼职讲师资格，每年培训在6000人次以上。2008年起，每年组织加油站操作工和油品储运调和工两个工种的职业技能鉴定；2012年2月，TS培训管理系统投入运行，实现了培训工作的在线管理。

六、离退休工作

截至2012年底，常州分公司共有离退休人员250人，其中离休5人，退休245人。常州分公司专设离退休管理岗位，负责人员信息维护，落实两项待遇，做好服务工作。2009年实行离退休人员社会化管理。

第六节 非上市部分

一、存续公司

中国石化集团江苏石油有限责任公司常州分公司成立于1986年，原名为江苏省石油总公司常州分公司。2000年2月实行重组改制，非上市部分变更为中国石化江苏省石油集团有限公司常州分公司，下辖武进、金坛、溧阳3家县公司和2家参股公司。

2000—2001年，共解除劳动合同人员为56人。重组、协解后，非上市公司实行集中管理，油品销售等业务有序退出，只保留油品运输和资产租赁等主要业务。

二、清理整顿

2006年7月—2008年8月，按照“查清并举，点面结合；加快推进，扎实彻底”的原则和“组织到位，任务明确；加快速度，难易并举；吃透政策，规范操作；强化考核，奖惩到位；加强监督，维护稳定；严格验收，不留尾巴”的工作要求，顺利完成了清理整顿任务，清算注销项目39项，其中股份17项，存续22项。

三、体制转换

2001年体制转换后，成立了中国石化集团资产经营管理有限公司江苏石油分公司常州管理部，属中国石化集团资产经营管理有限公司江苏石油分公司的派出机构，负责常州地区非上市部分的财务、资产管理和常州地区的离退休人员管理，主要以资产租赁业务为主，兼顾非上市部分历史遗留问题的处理工作。

四、资产管理

2009年12月，成立股份公司实物资产科，与中国石化集团资产经营管理有限公司江苏石油分公司常州管理部合署办公，受托管理非上市部分土地和房产的运营与监管。

新龙大厦办公楼、湾城油库土地及水运码头、石化汽修厂及场地等存续公司资产对租赁，2009年租金收入191.28万元、关联交易收入26.8万元。非上市部分的人事、财务、法律等事务均由上市公司其他部门托管。

第七节 联营企业

一、常州市高田加油站有限公司

2003年7月，与常州市恒星广告装潢公司共同出资，成立了常州市高田加油站有限公司，双方出资60万元，常州分公司出资额30.60万元，占注册资本的51%，对方出资额29.40万元，占注册资本的49%。该公司于2003 年在新北区建成并投产加油站1座。

二、溧阳顺达加油站有限公司

2004年5月，与溧阳市顺达汽车维修有限公司共同出资，成立了溧阳顺达加油站有限公司，注册资本50万元，双方实际出资380万元，常州分公司出资额193.8万元，股比占51%，对方出资额186.20万元，股比占49%。该公司于2004年在溧阳市建成并投产加油站1座。

三、常州市朝阳加油站有限公司

2008年10月，与常州市五联灯饰制造有限公司共同出资，成立了常州市朝阳加油站有限公司，双方出资373万元，常州分公司出资额213万元，占注册资本的57.10%，对方出资额160万元，占注册资本的42.90%。该公司于2009 年在武进区建成并投产加油站1座。

四、常州市金武加油站有限公司

2009年11月，与常州市金溪商贸有限公司共同出资，成立了常州市朝阳加油站有限公司，双方出资498.80万元，常州分公司出资额254.39万元，占注册资本的51%，对方出资额244.41万元，占注册资本的49%。该公司于2009 年在武进区建成并投产加油站1座。

五、常州市常锡石油有限公司

2010年5月，出资1283.16万元收购常州市常锡石油有限公司51%的股权。与常州市文朗物资有限公司成立合资公司。2010年6月，双方按股比增资350万元用于油站改造，油站于2010年8月开业。

六、常州市沙河石油有限公司

2010年1月，出资852.21万元收购常州市沙河石油有限公司51%的股权。与自然人袁仁芳、杨晓艳成立合资公司。2010年10月正式联营。

七、常州市伟盛加油站有限公司

2010年6月，常州分公司出资额1800万元收购常州市伟盛加油站有限公司51%的股权。与自然人汤锡明、汤小卫、恽银娣成立合资公司。2010年10月正式联营。

八、常州新区百力石油有限公司

2011年3月1日，常州分公司出资额1894.41万元收购常州第二石油有限公司61.11%的股权。与自然人周至恒、王雅芬成立合资公司。2011年5月，股东周至恒、王雅芬将股份转让给新股东常州市第二石油有限公司。2011年3月正式联营。

九、常州市武进石化加油有限公司

2010年6月，常州分公司出资额840.99万元收购常州市武进石化加油有限公司51%的股权。与自然人周国强、张惠琴成立合资公司。2011年出资方按股比增资300万元用于加油站改造，2010年10月正式联营。

十、常州市武进南方加油有限公司

2010年6月，常州分公司出资额1100万元收购常州市武进南方加油有限公司51%的股权。与自然人潘兴良、蒋亚仙成立合资公司。2010年10月正式联营。

十一、常州市武进礼嘉礼新加油有限公司

2011年1月，常州分公司出资额1188万元收购常州市武进礼嘉礼新加油有限公司51%的股权。与自然人尹晓峰、陆惠芬成立合资公司。出资方按股比增资200万元用于加油站改造，改造后于2011年3月正式开业。

十二、常州路能油品有限公司

2010年5月24日，与常州路由投资发展有限公司合资成立常州路能油品有限公司。双方注资1000万元，常州分公司出资额600万元，占注册资本的60%，对方出资额400万元，占注册资本40%。2011年6月投产运行。并下设沟南桥、武进高新区、三勤、淹城4个便利点。

表6—4—1　　常州石油分公司2001—2012年主要经济指标表

指标 年份	1.成品油销售量（万吨）	2.零售量（万吨）	3.销售收入（万元）	4.利润（万元）	5.吨油费用（元）	6.资产总额（万元）	7.非油品营业额（万元）	8.员工总数（人）
2001	30.9	13.4	109604.0	-535.6	159.0	17618.5	—	928
2002	33.9	15.9	115817.9	4834.2	152.0	23698.5	—	1005
2003	40.5	20.0	126748.3	6571.7	142.0	29549.8	—	1012
2004	52.7	30.7	187876.7	7893.5	140.0	30776.0	—	1126
2005	60.7	39.8	255724.2	5042.00	103.9	34214.4	—	1174
2006	62.8	48.1	318623.9	13242.4	104.0	30404.6	—	1227
2007	67.5	49.9	354428.7	13275.6	112.3	30493.4	—	1364
2008	68.5	48.1	425183.4	12876.2	123.9	40022.6	50.5	1455
2009	68.6	44.5	396530.2	12350.9	131.0	46689.0	1105.2	1430
2010	76.1	48.4	514655.5	10265.1	165.9	73220.2	2603.2	1552
2011	80.4	62.1	635077.4	11904.9	214.0	82392.8	4088.7	1682
2012	86.4	68.1	691318.0	12019.0	232.0	94230.0	5210.0	1719

表6—4—2　领导人员变动情况

姓　名	职　务	任职时间
俞　琥	经理	2000.01—2003.04
郭建德	党委书记兼副经理	2000.01—2002.03
蒋　琦	副经理	2001.01—2002.03
	党委书记	2002.03—2003.04
	经理	2003.04—2011.12
	经理兼党委副书记	2011.12—
陈新建	党委书记	2003.04—2008.04
杨南忠	党委书记	2008.04—2011.12
曾亚锦	党委副书记（主持工作）兼副经理	2011.12—2012.07
	党委书记兼副经理	2012.07—
冯华娜	副经理	2001.01—2005.01
陈玉平	副经理	2001.07—
钱　莉	总会计师	2003.02—2005.01
丁扣根	副经理	2003.02—2012.07
赵　骏	副经理	2012.10—
王　清	副经理	2011.12—

表6—4—3　历年荣誉

年份	姓名／项目／集体	荣誉称号	授予单位
2004	常州石油分公司	常州市精神文明单位	常州市政府
2006	常州石油分公司	常州市精神文明单位	常州市政府
2006	常州石油分公司	巾帼文明示范岗	常州市政府
2007	虹桥加油站	市级青年文明号	共青团常州市委
2008	劳动路加油站	市级青年文明号	共青团常州市委
2008	横青加油站	市级青年文明号	共青团常州市委
2012	罗溪加油站	市级青年文明号	共青团常州市委

第五章 苏州石油分公司

苏州市位于长江三角洲中部、江苏省南部，东临上海，南接浙江，西傍无锡，北依长江。现辖姑苏、吴中、相城、吴江、苏州工业园区、苏州高新区等6个区和常熟、张家港、太仓、昆山4个县级市，全市常住人口达1260万。苏州经济发达，2011年地区生产总值达10717亿元，在全国城市排名中位列第六，地级市第一；在《2012年中国最具竞争力百强县（市）排行榜》中，苏州下辖的4个县级市均为全国百强县前十。

苏州石油分公司（简称苏州分公司）是中国石化在苏州区域经营成品油业务的大型骨干专业公司，主要从事汽油、柴油及润滑油、燃料油等产品的储存、零售、配送、分销等经营业务，同时加油站还兼营日用百货销售等。苏州分公司作为销售企业的地市级单位，由5个县公司、18个部门组成（综合办公室、财务核算部、人力资源科、党群纪监科、基建管理科、安全数质量科、联营企业管理办公室、实物资产科、信息工作站、经营管理科、零售管理部、非油品经营部、商业客户部、润滑油经营部、管道工程办公室、通桥油库、平望油库、张家港非油品中央仓）。公司拥有完备的仓储设施和覆盖五县一市的经营网点，截至2012年底，公司共有117座自管加油站、70座合资统一管理站、120个非油品便利店（包括2个站外便利店）、3座加气站，拥有油库2座（通桥油库、平望油库），总库容达15.84万立方米。公司共有人员2362人（其中在岗正式工207人、劳务工2055人），拥有固定资产76656万元。

苏州分公司资源保供能力雄厚，数质量管理体系完善，在中石化系统内率先运用加油IC卡、电子提油卡等先进技术手段，成为服务苏州建设的成品油供应主渠道。2005年，公司零售业务成建制划入中石化壳牌（江苏）石油销售有限公司；2007年，苏州分公司提出“双百”战略；2010年圆满实现“双百”战略，并在团结奋进的过程中，逐步形成“上善若水”的企业文化理念。苏州分公司积极践行国有企业的“政治责任、社会责任、经济责任”，为苏州区域经济的高速发展提供可靠的能源支持，并多次被当地政府和系统上级单位表彰，先后被评为集团公司先进基层党组织、集团公司先进单位、苏州市安全生产先进单位。

苏州分公司2001—2012年主要经济指标见表6—5—1，领导人员变动情况见表6—5—2，历年荣誉见表6—5—3。

第一节 经营业务

2007—2012年苏州成品油市场容量共增

加了370万吨，增长率为6.2%，市场容量大，增速快，成为“兵家必争之地”。成品油市场具有竞争主体多、实力强、投入力度大的特点。截至2012年底，苏州区域共有油库27座、油站630座，其中中石油4座油库、179座油站；中海油1座油库、6座油站；中化2座油站；社会单位20座油库、107座油站（燃料公司、大华、春光、兴昆、金光）。

在苏州分公司加快完善网点布局、改革体制机制、提高市场控制能力的同时，区域内的其他主要竞争对手纷纷采取措施，增强自身实力，市场竞争日趋白热化。2011年3月，中石油“江苏、上海”两个分公司在苏州地区合并；2011年5月，中海油在苏州组建公司。中石油、中海油、中化等竞争对手不惜重金租赁、参股及收购社会油库与加油网点，登陆抢占苏州市场。

一、零售业务

2001—2012年，苏州零售经历了数次结构性的调整，其发展历程大致可划分为三个时期。

1. CORO模式时期（2001—2004年）

2001年，苏州零售在网络布局和经营规模上有了大突破，新增加油站33座（其中收购32座，租赁1座），零售市场占有率从35%上升到50%。当年，苏州分公司按照省公司统一部署并结合自身实际，全面展开零售体制改革工作，开始推行加油站CORO管理模式，将分公司油站分成73个站区，公开、透明地选定CORO公司经理，实现了零售经营权和管理权、用人权和劳动关系、档案工资和薪酬的分离。当年苏州分公司在营加油站169座，实现零售量29.75万吨，比2000年度增长11.15万吨，增幅达59.95%。

2002年，苏州分公司在省公司向零售战略转移的大背景下，强化零售组织建设，通过优化重组CORO公司、加强CORO管理、赋予CORO公司用工分配权等措施来规范CORO公司运作。当年苏州分公司在营加油站173座，实现零售量37.54万吨，比2001年度增长7.79万吨，同比增长26.18%。

2003年，苏州零售网络进一步扩张优化，当年完成新建、重建加油站10座，收购加油站4座，租赁加油站3座，改造加油站7座；关闭浦田、尹山加油站；对桐泾、沁苑、苏常、石湖等8座油站进行发油系统的调整和较大规模的工艺管道改造，使得93#汽油在网络中基本没有盲点，97#汽油布点达21个；接收上海划转站48座，填补了市场盲点，优化整合了零售网络，提升了市场控制力。当年，苏州分公司加大零售体制改革力度，进一步完善CORO模式，加快CORO公司注册步伐，CORO注册公司由2002年的2个增加到48个，占CORO公司总数的68%。同时对区域内32座小站进行改制，实现增量降费减员的目标。当年苏州分公司在营加油站218座，实现零售量52.17万吨，比2002年度增长14.63万吨，增长38.97%。

2004年，苏州零售管理体制改革进一步深化，零售专业化管理组织架构基本到位，形成“区域零售中心—零售片区主管—油站经理”的三级零售责任体系，实现零售管理机构从单纯的管理型向经营管理综合型的根本转变。油站管理方面，巩固“以CORO模式为主，小站为辅，直管站为过渡”的油站管理模式：大力发展加油站管理公司，当年注册加油站管理公司达到86个；充分发挥改制小站经营灵活的优势，通过改制，85%的小站年度销量超过1000吨，销售量总体增幅达21%，费用同口径下降13%，人均加油量从不足11吨提高到16吨左右，用工总量下降

17%。当年苏州分公司在营加油站244座，实现零售量75.87万吨，比2003年度增长23.7万吨，增幅达45.43%。

2. 合资调整时期（2005—2006年）

2005年初，苏州零售成建制划入中石化壳牌（江苏）石油销售有限公司，102座加油站转为合资公司油站，111座加油站纳入合资公司统一管理，苏州分公司自管油站仅剩下31座联营及水上站。苏州分公司立足大局，把确保合资资源供应和合资成功作为首要任务，理顺市场目标，全力保障国内第一家成品油合资企业在苏州运行顺畅，与合资公司建立日常协调协商机制和领导备忘制度，在经营目标、网络发展、资源共享等方面达成共识，相互促进，同步发展，确定了做大、做强苏州市场的共同目标，并在省公司支持下，与合资公司加快统一管理加油站谈判工作进程，避免和减少运营、管理方面存在的分歧与摩擦，推进双方快速、有序、健康合作和同步提高。当年在营加油站144座（不含合资站，下同），实现零售量39.97万吨。

2006年，苏州分公司立足股份、合资公司共同发展，加大两公司的配合与协调，继续把对合资公司资源供应作为合资配合重点工作来抓，优先满足合资公司资源计划，支持合资顺畅运行，同时加快推进统一管理站合同谈判配合及后续工作，并积极参与油站项目改造、隐患整改等。当年苏州分公司在营加油站146座，实现零售量44.82万吨，比上年度增长12.13%。

3. 重返"双百"时期（2007—2012年）

2007年，苏州分公司提出"双百"（经营总量100万吨、自管油站100座）目标。紧密围绕这个目标，苏州分公司重新组建零售管理部，建立"零售中心—零售部—片区经理—油站站长—员工"专业化管理体系；调整完善零售考核体系，制定完善15项规范化管理制度和办法，细化零售三级考核办法，规范油站员工二次分配；打破行政区划进行片区划分，将苏州区域自管和联营站划分为6个片区，选聘5名片区经理；重点抓好7座示范站建设，建立包括分公司领导班子和中层干部参加的加油站督查队伍，制定完善加油站督查办法；加强油站管理人才培养，组织各类培训；强化联营站管理和控制，按照"六个统一"的原则，将联营加油站全部纳入规范化管理范畴；增加区域IC卡加油站，2007年全区域IC卡加油站（含合资）达207座，占总站数的80%；实现机制账表系统上线；全面落实加油站"五小"工程建设。当年分公司在营加油站156座（其中自管站46座），实现零售量48.88万吨，同比增长9.06%；IC卡发卡16.27万张，IC卡消费比重26.5%。

2008年，苏州分公司着力重构苏州零售网络，全力以赴加快自管站、联营站和水上站的发展，同时理顺零售管理模式，完善"零售中心—零售部—片区经理—加油站—员工"专业化管理体系，并根据省公司要求，结合加油站所属地理位置，将加油站进行重新整合、划分，按照经济合理的路线调整划分为6个片区。2008年，苏州分公司先后战胜了五十年一遇的特大雪灾，克服了资源紧张与市场保供的种种困难，稳定了苏州区域市场。2008年，苏州分公司开始大力发展城市便利加油点（又称绿岛站），第一批3座绿岛站（塔韵路、吴中大道、太湖西路）投入运营。当年分公司在营加油站146座（其中自管站57座），实现零售量53.37万吨，同比增长9.19%。

2009年，苏州零售开展了以全员销售竞赛为主线的增量行动，以"真诚服务到永远"

为主题，从提升油站服务入手，优化油站经营支撑服务体系，全力增量。加快油站开业进度，树立“提前一天、一小时都对增量有益”的坚定理念。积极做好经营过程监控，设定月度计划的95%为预警量，出现销量异常时及时与片区、油站沟通分析原因，尽快尽力解决影响油站经营的因素。抓好队伍建设，调整片区划分，重新清晰片区经理工作定位，重视油站督查工作，建立培训体系，着重打造后备站长队伍。推进零售考核，加大经营权重考核和联量挂钩的力度，在做好油站服务管理的同时，发挥考核导向对扩销增量的重要作用。当年苏州分公司在营加油站154座（其中自管站65座），全年完成零售量55.98万吨，同比增长4.89%，其中自管站同比增长51.92%，苏州区域IC卡比重由2008年的30.86%上升到36.81%。

2010年，苏州零售咬住“双百”目标、全力拓市增量。加强大站培育力度，5000吨级以上站达到21座，零售量19.43万吨，占自管零售的60.7%；基本实现所有油站卡机联动；竞争策略上采取主动进攻与区域协调相结合，维护增量保利并保持区域价格秩序基本稳定；加大现金加油开增票转卡力度；统一优化资源调度与运力配置，加强零售调度中心管理、二次调度全流程即时监控和痕迹管理，实现工作流程表单化；加强营销技巧和加油技能培训，开展擦窗服务等增值服务。当年苏州分公司在营加油站176座，其中自管站100座，实现了“双百”中百座加油站的目标；实现零售量71.71万吨，同比增长28.1%。

2011年，苏州零售在分公司实现“双百”目标后进入了新一轮规划发展期。苏州分公司坚持“零售主体发展”方针，进一步落实市场监控责任，采取灵活有效的营销手段，不断强化基础管理，规范经营服务，努力调整转变提升，做大做强零售基本市场。同时积极探索创新模式，突破体制机制障碍。一是试行“大零售”运营组织体系。按照业务流程整合零售管理部、非油品经营部和联营企业管理办公室资源，打破部门隔阂，梳理界定岗位职责，加强运营管理、营销管理、服务保障管理，解决原来岗位设置分散重叠、人员配置效率不高、对油站的服务支撑力不强、非油业务管理力量薄弱等突出问题。二是站在区域整体市场经营的高度，进一步统一优化资源调度与运力配置，实现股份、合资、运输三方集中办公，强化调度工作流程和工作纪律，提高区域调配能力。三是优化区域加油卡网点，合资与股份联合办公，成立专项工作组，专题研究区域加油卡网点优化方案，努力解决网点不适应性问题。这一年车用柴油开始在苏州推广。当年苏州分公司在营加油站188座（其中自管站105座），实现零售量86.40万吨，同比增长20.49%。

2012年，苏州分公司零售各项新业务顺利开展，零售工作取得新进展。97#优级汽油率先在苏州推广，全省第一座LNG供应点园区公交莲花停保场供应点在苏州投运。此外，自2012年12月30日零时起，所有加油站开始销售第四阶段车用汽油。经营上，以全员销售为主线，促进全面完成年度经营目标。当年苏州分公司在营加油站187座（其中自管站117座），完成零售量94.8万吨，同比增长9.69%；新开业LNG加气站3座，累计销售LNG 1816吨；管理上，以微笑行动为主线，推进“站域领先”计划，实现“达标创星”目标，截至2012年底，五星站2座、四星站8座和三星站13座，打造“为民服务”样板站10座。

2012年，新区片区湖山加油站推广优级97#汽油

二、直分销业务

2001—2012年，苏州直分销经营体制经历了数次调整。2001年成立直分销销售公司（配送中心）；2002年成立苏州商业客户中心（配送中心），2005年更名为苏州商业客户部；2007年初实行由省商业客户中心条线化统一管理的体制；2010年商业客户部转由苏州分公司进行管理，同年县公司成立直分销经营团队，由县公司管理。

2001年以来，直分销业务“以客户为中心”，按照专业化、条线化运作模式，成立商业客户中心，建立直销批发经营管理体系，抓住苏州市举办世界遗产大会和经济高速发展的有利时机，积极开展市场调查，建立健全客户档案，细分市场，实行客户等级管理，加大客户维护和开发，实现了直分销量的快速增长。

2004年，苏州最大的直销客户苏州高达电厂有限公司改用天然气发电，直销批发量减少了7万吨/年。商业客户中心按照“以开发补欠量”的要求，加大市场摸查，建立潜在目标客户档案，重点分级开发，实现销量稳定增长。

2007年，苏州分公司按照省公司条线化统一管理要求，成立商业客户部，由省公司商业客户中心统一条线管理，健全绩效考核体系，完善客户经理薪酬和配套服务费用管理，商业客户部人员由60人减少到31人。苏州商业客户部抓住2008年国家加大重点投资计划时机，努力扩销增量，直销批发从2008年的19.59万吨增长到2010年的26.93万吨。

2011年以来，按照省公司提出的“建设基本市场”的原则，苏州商业客户部加大对直销市场的研究，细分市场，优化客户结构，打造重点客户基本市场体系，在资源紧张保供阶段，确保重点客户不流失，并实现“零现金销售”。

三、非油品业务

2008年苏州非油品业务开始启动。2008年非油品销售额为34万元，2012年底达到7869万元；便利店数从2008年的12个增加到2012年的120个；经营商品品种从2008年60种增加至2012年底的969种，实际在营商品数已基本达到规范配置要求。

2008年5月，苏州分公司第一座易捷便利店——苏州灵岩山加油站便利店正式开业；2009年5月，苏州养武加油站办理出第一张烟草零售许可证，苏州非油品业务实现烟草销售；2010年9月，苏州星湖加油站、苏州东方大道加油站、常熟白云加油站等13座油站完成精品店改造。

2011年4月1日，首座自行设计投资建设的配送中心——张家港乘航配送中心建成投产，仓储配送业务覆盖苏州、无锡、常州、南通、

高速片区花倪加油站便利店

江阴5家分公司800个门店。截至2012年底，非油品仓储配送业务进货859.2万件，进价金额3751.2万元，配送商品880.6万件，配送金额4768.1万元。

在非油品经营方面，苏州分公司持续推进“站店合一、油非协同、油卡协调”发展，着力打造以零售为主体的基本市场，努力使加油站转变为综合服务站。持续优化非油品销售结构，提高非油品门店销售比重，着力于门店基础管理、员工非油专业技能提升、进店率提升、客单价提升。扩大非油商品种类，在主打闽货、燃油宝、酒类、烟草等商品的同时，积极引进了苏州特色商品苏绣，深入开展与移动、联通、电信三大公司合作，引进联通电话充值卡。此外，着重培育精品店和旗舰店，提升门店形象，扩大易捷影响。

四、润滑油业务

2001年2月，中国石油化工股份有限公司江苏苏州润滑油经营部成立，至此，润滑油的经营业务由原来分支公司一体化改为条线化管理模式。苏州润滑油经营部负责苏州区域润滑油的经营管理，并直接承担区域内所有润滑油直分销的客户维护，人员关系隶属苏州分公司。2012年7月，中国石化江苏石油分公司对润滑油业务进行整合，并与长城润滑油公司充分协商签订划转协议，划转人员关系将隶属中石化长城润滑油公司，苏州分公司润滑油经营部取消。

2001年，苏州分公司润滑油销售总量1.01万吨。10余年来，苏州分公司在总量保持领先的基础上，重点拓展长城包装油终端销售，提升终端控制能力。市场开发突出重点行业重点客户，一户一策，以点带面，做大做实润滑油经营；强化分销渠道管理，对区域内经销商加强宣传引导，打造有销售规模、有销售特色的特约经销商；与商客部客户资源共享，逐步打造轻润组合一体化采购平台；建立客户经理加油站分区域定点服务机制，指导加油站润滑油销售。2011年，苏州分公司润滑油销售总量实现1.95万吨，其中长城包装油1.14万吨，长城包装油终端销售0.44万吨。2012年7月，润滑油销售业务进行划转整合。

五、燃料油业务

2001年，苏州燃料油经营部成立，从业人员10名，主要经营180#、250#燃料油，业务范围包括苏州市区及所属县市客户，主要服务于玻璃、路桥工程沥青路面、造纸、砂轮、金属冶炼、纺织印染等行业，随着城市化建设进程的加快，地方政府环保标准逐步提高，部分企业改用天然气，经营方向逐步转向轻质燃料油和船用油、保税油业务。

2006年，燃料油业务经营、人员管理由分公司经营管理划转到省公司燃料油中心；

2010年7月，中石化成立了中石化燃料油销售有限公司，自此原燃料油经营部更名为中石化燃料油销售有限公司江苏分公司苏州经营部。

第二节 储运销网络建设

一、油站网络建设

2001年，苏州分公司在营加油站169座。2005年初，油站划转合资后，苏州分公司自管油站仅剩31座联营及水上站。2007年，苏州分公司提出网络发展的三年规划——“双百”战略，确立了网建发展思路：新建新增主导发展、联营合作加快发展、加油加气协同发展、油非站店同步发展、改造移建统筹发展，新增储备滚动发展，快速推进网络发展、完善油站布局。同时，在借鉴国外先进经验的基础上，苏州分公司在全国范围内率先实施城市便利加油点——“绿岛”的发展战略。2010年，苏州分公司实现“双百”发展目标，2011年底，省内第一座LNG加气项目投入运营，截至2012年底，苏州分公司共有加油站187座、加气站3座。

1. 加油站建设

苏州分公司把加油站网络发展当作企业发展的生命工程，“十一五”期间苏州分公司制定“双百”战略目标，密切关注市场发展，充分利用各种资源，以“大力收购、鼓励联营、酌情租赁”的发展思路和原则，通过多种方式实现网络扩展。

加快新建新增。苏州分公司通过租地新建、联营新建、收购新建等方式扩增网络。截至2012年底，苏州分公司联营加油站37座，土地租赁加油站46座。

灵活迁建、盘活非在营站。苏州分公司主动与政府洽谈协商拆迁关闭站和非在营站，获得政府的政策支持，对此类加油站进行迁建，土地通过定向挂牌获得，既实现了油站的扩增，同时又新增了加气站的布点规划。另外，全面清理非在营站，按不同类型梳理并认证恢复营业的可行条件，加快认证和改造，尽快恢复营业。对没有条件恢复营业的油站，利用好关闭站的证照、土地等资源，探索多种方式来恢复经营。

落实储备项目。根据网络发展“四个一”（开业一批、在建一批、报建一批、储备一批）的要求，做好油站的储备工作。利用多种方式，加强与政府部门沟通，落实项目规划与土地指标。经过“十一五”规划发展，苏州分公司市场占有率从2008年的60%提高到2012年底的64.4%。

2. 加油站形象改造

苏州分公司充分发挥现有加油站网络功能，配合地方规划建设、美化环境的要求，加大对现有加油站的形象改造力度，提高现有加油站的服务环境质量，提升加油站的服务能力，在不突破现有建设规模的基础上，通过与地方政府相关职能部门协商，给予快速审批、开具“绿色通道”，加快改造步伐，提升网络硬基础软实力。

3.“绿岛”便利加油点项目

苏州作为长三角经济最发达的城市之一，社会经济和城乡规划建设发展迅猛，土地资源利用和节能减排压力剧增。随着“城市经营”的不断加速，政府秉持大规划建设理念，在中心城区对加油站“优化外迁”，城区加油站数量不断减少，城区车辆加油难成为突出问题，在城区建设新型加油点成为客观需要。

相比传统的加油站，绿岛站项目具有鲜明的特点：一是安全环保起点高。经过专业设计，采用双层油罐、液位仪、自助加油机、油气回收装置等设备，降低污染，提高本质安全。二是综合节省资源多。绿岛站一般占地面积 450—600 平方米，约为传统加油站的五分之一，大大节约了土地资源，有利于城区节能减排。三是加油便利服务优。绿岛站深入居民区、中心商业区，覆盖半径较传统加油站小，营运效率高，并可提供自助加油等差异化服务。同时，有利于合理增设网点，实现中心城区的广泛覆盖，极大方便城区加油。四是站点时尚外观美。绿岛站设计之时，综合考虑周边环境，并根据城市整体风格和区域环境，采用多元化、个性化的设计理念，外观时尚、功能齐全，与城市融为一体，体现了未来城市的发展方向。五是项目效益效果好。“城市便利加油点”项目的推广，现已实现较好的社会效益和经济效益，显示出良好的发展前景。

通过江苏省经贸在苏州试点发展绿岛便利加油点项目，苏州分公司抓住机会，全面推进，在苏州市共计获得省经贸委 34 座绿岛加油点建设批复，2012 年底共计营业 17 座绿岛便利加油点。苏州分公司在加油站建设过程中除了工艺、安全、计质量设计按照规范执行外，充分根据当地规划要求及人文环境，采用具有当地特色与周边环境协调的建筑式样，灵活地进行一站一设计，站点雨棚及管理站房因地制宜，采用仿古建筑、园林式样和具有现代气息的膜结构等，形成建筑小品。

截至2012年底，苏州在营“绿岛”站17座，每个绿岛投资 180 万元左右，运营稳定后，日销量最高站点达 25 吨，最小的 5 吨，总日均 9 吨，销量远远超过预期，经济效益十分明显。此外，“城市便利加油点”完全符合“科学发展观”的发展要求，符合解决苏州当地城区加油难的实际需要，并具有“安全、环保、节省、便捷、美观”诸多特性，实属利国便民的政府实事工程和中石化企业的惠民工程。

4. 加气站项目

从 2009 年开始，苏州分公司结合川气东输天然气资源保障优势和苏州广阔的市场前景，按照“科学发展，择优布点”的思路，利用现有加油站网络优势，科学推进实施，充分挖掘现有闲置站、低效站、占地规模较大站的市场潜力，整合现有加油站布局，改建为纯加

吴中片区觅渡桥绿岛站

苏州园区公交加气站

气站或者油气合建站，同时结合利用规划新建和迁建加油站的机会，建设油气合建站。

苏州分公司主动出击，采用撬装站、移动加液车等多种形式，开展与公交、客运、物流等公司的业务合作，在LNG终端市场打破中石油和其他燃气公司的市场垄断格局。2012年3月苏州分公司利用移动加液车供气的方式，正式为苏州园区公交的LNG公交车供气，实现了省公司系统LNG项目零的突破。2012年4月与吴中公交公司签订了LNG公交车供气协议。此外，苏州分公司与交通局旗下交通投资有限责任公司联营成立交投能源有限责任公司，合作建设加油加气站，截至2012年底，交投能源有限责任公司已经有2座LNG加气站获得了地方发改委和燃气主管部门的项目批复。

二、油库建设

1. 关闭油库

2001年苏州分公司在营油库7座，总库容达12.32万立方米。2001年5月，拥有1.05万立方米库容，投运于1969年的太仓北门油库关闭；2001年12月，拥有1.3万立方米库容、投运于1973年6月的昆山三里桥油库关闭；2004年2月，拥有1.58万立方米库容、投运于1958年6月的常熟杨家桥油库关闭；2007年，拥有2.02万立方米库容、投运于1990年的张家港乘航油库关闭；2009年，投运于70年代、总库容达4.55万立方米的西跨塘油库、杏秀桥油库先后关闭。

2. 在营油库

截至2012年底，苏州分公司在营油库2座，分别为通桥油库与平望油库。

通桥油库位于苏州市吴中区郭巷镇黄潦泾社区，东至车坊镇，南接吴淞江大道，西毗邻东方大道，北靠苏申外港线运河。全库占地面积146.546亩，新建油罐容量为14万立方米，其中5000立方米内浮顶油罐8座，1万立方米内浮顶油罐2座，20000立方米内浮顶油罐4座，设计储存品种为90#、93#、97#汽油、0#、-10#柴油等5个品种，油库工程投资概算为20961.15万元。该油库为利用金嘉湖成品油管道向苏州输送成品油管道工程的末站，也是苏南成品油输送管道的首末站，于2007年8月开工建设，2008年9月中交验收，2008年11月一次投油成功，2009年1月8日正式对外发货。2009年2月，水上码头正式开工，2009年7月底中交，同年8月底至9月初，90#汽油和97#汽油陆续收货，经调试，已全部实现正常对外收发货作业。作为新设备较多的油库，该油库不仅按规范建设了一整套完善的消防设施系统，罐区油罐进出口阀门采用电动阀门可实现远控操作，基本可以实现罐区操作无人化，油罐安装了高液位音叉报警并实现与油罐进油下载阀联动，此外还建设了工业监控、油罐自动计量、周界报警系统。2012年

通桥油库油气回收装置

通桥油库年吞吐量达 457.8 万吨，日最高吞吐量达 1.56 万吨。

平望油库位于苏州城南吴江平望镇平横路联农村太浦河北岸，距吴江城区 20 千米，东临昆山市、南临浙江嘉兴、西临浙江湖州，水陆交通畅通便捷。油库主要分为行政区、储油区、发油区、码头收油区、辅助生产区。油库始建于 1970 年，后经多次改造。油库占地 24500 平方米，储油罐总容量 18400 立方米，储油立式油罐 20 座（其中 2000 立方米汽、柴油罐 8 座，200 立方米润滑油罐 8 座，200 立方米立式罐 4 座停用），属于三级油库。现储存油品主要为 0# 普通柴油、-10# 普通柴油、97# 车用汽油（Ⅳ）、93# 汽油（Ⅲ），还储存 3 个品种散装润滑油及部分整装润滑油。

平望油库提油发货为 IC 卡电子提单人工换票发货，设 6 路发货位，其中 93# 汽油 2 路，0# 普柴 2 路，97# 车用汽油（Ⅳ）1 路，-10# 普柴 1 路。

平望油库发货以陆路为主，2012 年实现吞吐量 23.28 万吨。油库主要服务于吴江区域的系统内加油站及系统直分销量客户。

三、苏南管线苏州段建设

苏南管线苏州段从无锡境内引入，沿沪宁高速转向苏州绕城高速铺设，全长约 53 千米，途经相城区、高新区、太湖服务区、吴中开发区、吴江开发区 5 个区、13 个乡镇、50 多个自然村，全线穿越河流 54 条、各通级公路 57 条，绕过地下障碍物 130 余次。管径 323.9 毫米，设计压力为 10 兆帕，苏州段设有截断阀室 2 座。

2009 年 4 月 15 日，苏南管线苏州段点火开焊，2010 年 2 月 8 全线贯通，2010 年 7 月 22 日完成“三查四定”，2010 年 9 月 16 日实现中交，同年 12 月 20 日全省统一投油，一次成功。

苏州段管线的建成，连通了金嘉湖苏州支线与苏南管线，实现了两路进油及反输功能的预期规划，成为连接上海石化、金陵石化、扬子石化的重要枢纽，为整个苏南地区成品油供应提供了有力的保障。

第三节 企业管理与改革

一、县公司体制调整

2003 年，苏州分公司按照省公司的要求，深化县公司一体化管理体制改革。2005 年 10 月，市县公司一体化管理改革到位，县公司人、财、物统一由市、省公司集中管理，实行组织结构扁平化管理，压缩管理层，取消原县公司领导班子和管理机构；经营、仓储等业务均实行条线化垂直管理，一、二级物流调度均受控于省公司；取消市县公司资源自采权，实行计划配置；费用实行报账制，预先审报，限额开支，无预支权。县公司体制和责权发生根本性变化。

2006年根据中国石油化工集团公司《关于关停并撤销售企业市（地）、县（市）公司和多种经营实体的通知》精神，苏州分公司完成存续（包括分公司及下属5个县公司）资产清算和相关权证的上移转户工作。

2010年苏州分公司率先试点开展新一轮县片区体制调整完善工作。经苏州分公司党委、经理室研究，并经省公司批准，设立张家港、昆山、太仓、常熟、吴江等5个县片区经营管理部，对外以“中石化江苏苏州张家港（昆山、太仓、常熟、吴江）石油分公司”名称统筹协调地方关系。同时苏州分公司制定《关于调整县片区经营体制并完善管理机制的方案》，帮助各县片区做好经营管理团队的试点组建。2010年底试点工作基本完成，省公司在苏州分公司试点的基础上在全省推开县片区体制调整工作。

二、安全与设备管理

苏州石油分公司以确保安全、稳定和提升品牌形象为前提，深入贯彻落实《安全生产禁令》和《纪律》，认真践行“零事故生产、零风险经营、零缺陷管理”的理念，逐年取得新成效，保证了安全生产形势总体平稳。

落实责任，保障安全。针对各条线、部门经营管理特点，分析各条线、部门所辖范围内的管理风险责任，苏州分公司有针对性地明确经营、安全管理中的共性和个性的管理责任指标。坚持层层分解责任落实不动摇，坚持以各级行政一把手为第一安全责任人的安全责任制不动摇，坚持全员、全过程、全方位的安全管理模式不动摇，使安全责任制更具体地得到落实。

强化宣贯，提高认识。苏州分公司为全面提高企业安全生产、安全管理水平，拓展安全管理思路，积极营造“安全生产月”、“百日安全无事故”、“消防119”活动的浓厚气氛。夯实安全管理基础，实现从“要我安全”到“我要安全”的思想转变和工作转变，2001年以来安全生产责任事故为零。

1. 强化培训

2001年以来，苏州分公司贯彻执行有关安全规程、制度，并针对分公司安全生产教育、管理上存在的问题，结合实际不断补充完善安全管理、安全运行、检修等相关的规章制度。

“安全筑心中”知识竞赛

逐年制定培训计划，并定时间、定次数、定内容地开展各类安全活动和安全教育，2012年培训卸油员458余人次，持证率100%；施工安全监督员129余人次，持证率100%；岗位（安全）操作标准化2362余人次，覆盖率100%，逐步将安全管理工作纳入标准化、规范化管理渠道。

2. 常态检查

苏州分公司坚持日常检查，凡是特殊时期、季节进行了专项检查，对检查存在的问题下发《不符合项整改单》，并验证整改情况。坚持一年一次的全面性的“薄弱环节”查找和设备安全大检查，整治设备运行过程中存在的安全隐患，纠正人的不安全行为，改正管理上的缺陷。

3. 应急管理

苏州分公司通过不断完善安全生产应急管理体系，加强应急人员、应急装备和应急救援技术的建设，形成较为完备的安全应急体系。通过细化演练的各个环节，加大防火、防泄漏等应急预案演练频次，多次组织油库、加油站员工进行预案演练。在省公司举行的三届消防灭火技能竞赛中，分别在第一届、第三届取得了团体第二的好名次。

三、数质量管理

1. 视频监控系统

2010年，苏州分公司、苏州和海油品运输公司委托苏州保安公司共同开发了油罐车视频监控。该系统融合最新全球卫星定位技术、视频传输技术、最新通信技术及计算机管理技术为一体，在定制的计算机系统平台中实现对车辆的位置信息、视频信息的实时监控，并根据相关管理规则对车辆行为进行相关管理。

截至2011年底，在营105辆油罐车已全部安装视频监控系统，每辆车分别在驾驶室等部位安装4个探头，并专门设立油罐车视频中心监控室，配置15名工作人员分三班不定时跟踪每辆车行驶轨迹及接卸油安全情况，并与苏州分公司智能调度系统正式对接，提供完整车辆运行信息传输。

2. V20系统

2008年，苏州分公司全面推进加油站V20考核工作的前期准备，完成应用计算机系统自动计算库站交接数据项目的改造验收、加油站硬件设施改造、加油站软件管理等。

2009年，苏州分公司全面实施油品损溢V20考核工作。通过V20考核把加油站损溢管理中存在的漏洞与问题暴露和显现出来，进一步准确、合理地界定加油站损溢责任，及时分析原因，采取措施降低油品损耗，全面提升加油站数量管理水平。

四、联营企业管理

苏州分公司联营企业数量众多，经营管理形式多样。截至2012年底，苏州分公司共有联营企业15家，下辖在营加油站37座，在建加油站1座、加气站1座，具体情况如下：

1. 上海石油集团昆山有限责任公司

成立于1998年，2003年划转苏州分公司经营管理，注册资本2175.59万元，苏州分公司控股94.37%，截至2012年底在营加油站11座。

2. 苏州沪苏石油有限公司

成立于1998年，2003年划转苏州分公司经营管理，注册资本1200万元，苏州分公司控股51%，截至2012年底在营加油站8座。

3. 昆山市通达路桥配套服务有限公司

成立于2002年，注册资本100万元，苏州分公司参股49%，截至2012年底在营加油站2座。

4. 昆山市兴鑫加油站有限公司

成立于2002年，注册资本50万元，苏州分公司参股40%，截至2012年底在营加油站1座。

5. 苏州市马云路加油有限公司

成立于2004年，注册资本3324万元，苏州分公司控股51%，截至2012年底在营加油站4座。

6. 苏州市翠园路加油服务有限责任公司

成立于2004年，注册资本600万元，苏州分公司控股51%，截至2012年底在营加油站1座。

7. 苏州工业园区青丘街加油服务有限责任公司

成立于2007年，注册资本1800万元，苏州分公司控股51%，截至2012年底在营加油站2座。

8. 苏州市相城澄湖石化有限责任公司

成立于2007年，注册资本4200万元，苏州分公司控股70%，截至2012年底再营加油站5座。

9. 苏州工业园区南炼红叶油品销售有限公司

成立于1999年，注册资本300万元，2007年苏州分公司收购该公司55%的股权，截至2012年底在营加油站1座。

10. 苏州市浒墅关新区大桥加油站有限公司

成立于2009年，注册资本1950万元，2010年苏州分公司收购该公司51%的股权，截至2012年底在营加油站1座。

11. 江苏中海石化销售有限公司

成立于2009年，注册资本500万元，2010年苏州分公司收购该公司51%的股权，截至2012年底在营加油站1座。

12. 苏州市吴中石化有限公司

成立于2010年，注册资本6000万元，苏州分公司控股55%，目前一期5座加油站用地规划已经省商务厅批准列入发展规划。

13. 苏州湘江路加油服务有限公司

成立于2010年，注册资本1000万元，苏州分公司控股51%，截至2012年底建成加油站1座。

14. 常熟市兴前物资贸易有限公司

成立于2005年，注册资本909万元，2012年苏州分公司收购该公司70%的股权，截至2012年底在建加气站1座。

15. 苏州交投能源有限责任公司

成立于2012年，注册资本1.3亿元，首期出资2600万元，苏州分公司控股51%，主要发展方向为苏州区域加气站的建设运营。

2010年2月，经省公司批复同意，苏州分公司设立联营企业管理办公室，归口管理联营企业，联营企业的管理步入正轨。各联营企业档案得以建立，法人治理结构得以完善，日常管理趋于规范，历史遗留问题逐步解决。2011年4月，苏州分公司将联营企业管理办公室纳入“大零售”管理体系。联营办公室充分利用“大零售”人、财、物各类资源平台，加强对联营企业的监督管理与对联营油站的服务支撑，促进各联营企业的规范发展。

五、法律事务

苏州分公司法律事务管理部门设在综合办公室，负责分公司合同、诉讼、工商、授权、商标、外聘法律中介机构管理等事务。自2006年起，苏州分公司狠抓法律基础管理，设置专职合同管理员和权证管理员，配备专职法律人员，并从2008年起通过招标形式选聘律师事务所作为分公司常年法律顾问单位，法律事务管理水平与法律风险防范能力大幅提升，为分公司各项业务的顺利展开提供了有力的法律支撑与保障，并多次在集团公司、销售公司组织的各类法律竞赛、评比中获得佳绩。

六、财务管理

2001年，苏州分公司设立财务资产部，5个县公司设有财务科，接受省公司业务指导，属地管理，各自独立核算，独立账套；2003年，县市公司一体化，分公司及县公司在同一账套中核算，财务处加大业务管理力度；2005年，全省财务条线化管理，苏州财务资产部更名为苏州财务核算部，分公司财务定编为13人，下属县公司财务均为2人，属于省司条线委派，受省司财务处直接管理。

1. 预算管理

预算工作从2001年的省公司下发区域分公司预算后，再由市县公司各自编制，分公司下达年度经营目标书，发展到按照省公司下达经营目标，分公司统一编制年度预算和月度滚动预算。苏州分公司严格预算控制，根据月度的实际变化情况和TR模块配置资金，并结合全员成本目标管理，将归口部门与使用部门职责明晰，确保每项支出都有监督和控制。

2. 资金管理

2001年以来，苏州分公司以“资金”管理为重点，强化资金杠杆，降低资金成本，资金实行收支两条线，均做到收入100%上划，加油站及其他网点资金回笼按照“一站（点）一策”明确解决方案，基本解决加油站和其他经营网点资金的安全回笼，75%以上的站点和近90%左右的资金回笼问题得到解决；加强网络专项资金的管理，有效支持了网络发展。

3. 会计核算工作

2001年，苏州分公司财务核算6个独立账套，使用浪潮软件；2003年苏州分公司实现市县公司一套账，同年9月SAP上线，运用ERP系统；2004年4月通过中石化及省司ERP单轨运行的验收，浪潮系统停止运行。2006年10月ERP系统升级，全省一个账套，苏州分公司作为一个利润中心核算。

2003年起苏州分公司从上海划转的4个并表单位，经过规范减少至2个，同时与地方单位成立联营公司，逐步发展，截至2012年底为12个并表单位，另外独立核算非并表单位7个。这些单位均由苏州分公司财务部门集中管理，均已实现ERP集中核算，独立单位使用浪潮网络版软件核算。

七、信息工作

苏州信息条线一体化改革调整工作从2006年2月进行，于5月底前完成。条线化后，苏州信息工作站由省公司信息管理处垂直管理，与分公司管理条块结合。

信息工作站作为信息管理处的派出常设机构，主要承担区域分公司的信息化管理和信息技术支持及信息技术服务工作，确保信息技术支撑区域分公司的经营管理。信息工作站主管由省公司信息管理处考核聘任。信息工作站纵向上向信息管理处负责，横向上负责所在分公司的信息技术支持、管理和服务。

信息技术一体化工作以ERP系统建设为核心，用信息技术全力支撑零售中心、商业客户中心、物流配送中心、财务结算中心、润滑油中心、燃料油中心的业务流程。对各种应用信息系统进行信息整合，消除“信息孤岛”、“信息隔离”弊端，避免低水平重复建设，逐步实现各系统间的无缝集成，提高信息资源的利用率。

从2000年起，苏州分公司分别在基础设施、信息系统的应用和推广方面加快信息化建设的步伐。

1. 视频监控

2009年10月—2012年6月，加油站视频监控全面完成，共覆盖所有在营自管站108座、统管站72座。室外一律采用枪机，覆盖进口、出口、加油区、油罐区；室内采用球机，覆盖财务区保险柜、便利店等。其中所有站出口均采用高清图像，部分大站则在进口也采用高清图像。

2. 机房建设

2005年10月，苏州区域公司中心机房重建，增加了1台Cisco3650交换机作为核心交换，使用VLAN对公司本部、各县公司和油库进行分别管理。

2008年12月，苏州分公司在省公司的统一安排下，在中心机房实施机房动力监控系统，对机房市电供电、UPS输入输出、温度、湿度、烟感、空调供电、门禁等进行监控。

2011年5月，机房温控引入艾默生精密空调、德贝里克普通立式3P空调作为备机使用。

3. ERP系统

2001年ERP项目启动，江苏作为总部ERP实施四家试点单位之一。苏州分公司ERP于2002年12月15日正式上线，实施FI/CO/SD/MM四个模块，公司代码为3074。上线初期与浪潮财务系统、进销存系统并行运行。2004年1月开始，ERP作为生产运营核心系统正式单轨运行，浪潮财务和进销存系统不再作为生产系统使用。2006年5月开始，按照总部安排，江苏公司进行ERP优化提升。除原有的FI/CO/SD/MM四个模块进行流程的优化提升外，新增TR/PS/PM模块。2010年5月，江苏自行开发ERP开票通知单流程正式上线使用，进一步规范开票业务流程。

第四节 党建工作

一、党组织与党员队伍

2001年，苏州分公司党委共有直属党支部7个，拥有党员100人，其中在岗党员72人。2005年，成立中石化壳牌合资公司，共23名党员划转合资；2008年上半年，开展县片区党组织关系上移工作，同年9月，完成5个县公司党组织的上移任务，共上移党总支5个。到2012年底，苏州分公司党委共有党总支5个，党支部7个，拥有党员158名，其中在岗党员125名。

"展巧手 庆三八"女职工手工作品展示赛

二、党员教育

2003年，苏州分公司组织全体党员领导干部开展"三个代表"重要思想学习，强化为民服务的宗旨；2005年，开展党员先进性教育活动，注重提升共产党员的党性修养，发挥党员的先锋模范作用；2008年，开展"深入群众促和谐，凝心聚力促发展"活动，教育党员领导干部要深入基层，依靠群众，为群众办实事，其间开展小食堂、小浴室、小活动室、小药箱、小园地的"五小"工程建设；2009年，组织全体党员开展学习贯彻落实科学发展观活动，结合工作实际，务求科学发展。2010—2012年先后开展"比学赶帮超"、"见红旗就扛，有第一就争"、"为民服务创先争优"等系列活动，激发热情、服务顾客、关爱员工，立足于实现顾客、员工、企业三方面满意。

三、纪检监察工作

2001—2012年，共查处案件17件，涉案人员17人，60%为油站经理，目前全部结案。2006—2012年，开展"廉洁文化进机关"、"廉洁文化六进"工程、"七个一"反腐倡廉主题教育、"抓源头、促清廉"主题活动等一系列主题活动，从领导干部、从制度建设、党员教育等源头抓起，促进企业清风正气氛围形成。

四、工会、共青团工作

2012年底，苏州分公司工会共有会员

241 人，其中女职工 58 人。2012 年进行了工会职代会改选，并选举产生工会委员会、经费审查委员会和妇女工作委员会。

2003 年，苏州分公司成立团总支。2004 年，建立了苏州分公司关心青年工作委员会。2005 年合资后一年时间，由于青年人员划转，团组织结构不健全，活动较少。2006 年，进行团组织重新改选，健全组织机构。2010 年，共青团员孟艳秋被集团公司评为青年岗位能手。

第五节 人力资源管理

一、队伍建设

截至 2012 年底，苏州分公司共拥有中级职称 25 人、安全工程师 8 人、注册企业法律顾问 1 人、人力资源管理师 2 人。2010 年苏州分公司制定《苏州分公司人才队伍建设三年规划》，2011 年组织实施“员工职业生涯规划设计行动”，并先后制定下发了《苏州石油分公司中层后备干部管理办法》和《苏州石油分公司科级人员管理暂行办法》，2012 年 5 月，民主推荐中层后备 11 名，搭建人才成长通道，选拔推荐后备科级干部。

二、用工管理

截至 2012 年底，苏州分公司共有员工 2362 人，其中在岗员工 2345 人，不在岗人员 17 人（内退、离岗休养等人员）。在改革用工形式方面，2001 年苏州分公司深化劳动用工制度改革工作，股份协解 476 人、存续协解 86 人。2002—2006 年，先后规范劳务工的使用和管理，深化区域分公司一体化改革，深化市县公司一体化管理改革机构设置调整，实施物流、燃料油、信息、审计垂直一体化体制改革。2007 年将劳务用工派遣权限统一上收，并制定《苏州石油分公司劳务用工管理暂行办法（试行）》，确保用工管理的可控性、规范性和有效性。2010 年进一步完善县片区经营管理体制，市县两级公司合力显著增强。

三、薪酬管理

2003 年 3 月，苏州分公司明确社会保险费、住房公积金的计提及福利费、工会经费、职工教育经费等的计提和使用的规定。2007 年，苏州分公司建立以规范、统一的岗位薪酬为导向的分配体系，规范加油站、油库员工薪酬分配。2012 年开始实行薪点工资制，进一步完善市县二级薪酬分配办法。

四、工时管理

2007 年 4 月，苏州分公司规范法定节假日加班手续报批及加班工资发放，制定《苏州石油分公司考勤制度》。2008 年对部分岗位实行综合计算工时工作制和不定时工作制；2010 年完善工时管理，合理安排人员班次、值班，优化和减少员工作业时间；2012 年完善法定节假日排班、加班审批手续及加班工资发放。

五、绩效管理

2004 年，苏州分公司制定工效挂钩办法，并于 2006 年进一步修订完善；2007 年，苏州分公司明确物流、信息、审计条线化绩效管理要求；2009 年，确定“总额控制与适度挂钩、月度和年终考核相结合、适应市场变化适时调整、公平考核与严格兑现”四项原则；2012 年，苏州分公司建立健全“以市场为导向，以客户为中心”的绩效考核体系。

第六节 非上市部分

一、存续公司

集中管理和专业化经营。苏州存续公司

成立于1991年6月，成立时公司全称为“江苏省石油总公司苏州分公司”，属于商品流通企业，主要经营石油化工产品、石油制品、石油包装容器销售油品化验；普通搬运装卸；仓储服务等。1998年10月，更名为“江苏省石油集团有限公司苏州分公司”，2001年1月，再次更名为“中国石化集团江苏石油有限责任公司苏州分公司”。

2000年按照中石化集团公司改革需要，将成品油经营业务剥离出去重组上市成立中石化江苏石油分公司苏州分公司，同时保留原江苏石油有限责任公司苏州分公司，为二级法人单位。2005年根据中石化集团公司要求转出化工经营业务，保留资产租赁等业务。

苏州分公司管辖5家支公司，分别是常熟、张家港、太仓、昆山、吴江，另有1家并表单位为苏州石化化工有限公司（苏州存续公司控股75%）。

根据总部要求，对无经营活动的企业予以关停。2006年12月，张家港支公司与吴江支公司首先注销；2007年，昆山存续公司、太仓存续公司和常熟存续公司先后注销，资产及债权债务均上移至苏州存续公司；2007年11月，苏州存续公司也予以注销，所有资产及债权债务上移至中国石化集团江苏石油有限责任公司，至此苏州存续公司全部退出。

二、清理整顿

根据省公司《关于下达全系统清理整顿对外投资和多种经营目标任务》要求，苏州分公司共要完成省公司下达的第一批项目18个（其中中石化总部项目9个），第二批项目16个，保留经营项目13个，自查自纠项目9个，共计56个长期投资清理项目。

三、住房改革

2009年底苏州分公司全面完成职工住房普查工作，并公示普查结果，2011年底根据省公司下发的《住房分配货币化实施方案》通知，苏州分公司补贴发放人数涉及822人。截至2012年6月，发放离退休人员291人，发放协解、改制人员395人，发放在职老职工105人。

四、体制转换

中国石化集团江苏石油有限责任公司于2006年1月纳入中国石化集团资产经营管理有限公司（简称资产公司），转制为中国石化集团资产经营管理有限公司江苏石油分公司（简称江苏石油资产分公司），并实施管理体制转换，将子公司体制转换为资产公司分公司体制。并于2007年11月注销江苏石油有限责任公司，全部资产、负债、权益均纳入江苏石油资产分公司，下设苏州管理部。

2009年，苏州分公司增设实物资产科，与资产公司苏州管理部合署办公，负责苏州区域资产公司土地、房屋等实物资产出租、处置、清查、盘点及维护等工作，以及股份公司安排的相关资产的管理工作。

五、资产管理

1. 资产概况

苏州管理部共管理资产总额8077.79万元，其中固定资产6630万元，无形资产1447.79万元，资产分布在苏州本部及5个县片区。

2. 资产运营

苏州管理部负责管理和运营江苏石油资产分公司名下苏州区域（包括苏州本部及5个县片区）所有对外出租资产及闲置资产的现场管理；负责苏州分公司关闭库站的管理及盘活；负责苏州分公司年度租赁计划的编制；负责出租资产的前期立项、租赁项目的洽谈，以及租赁合同的管理及履行；根据省公司指定的中介评估机构出具的租赁评估价格为底价，确定租赁价格，经省资产分公司授权，与承租方签订资产租赁合同；重大项目配合省资产分公司洽谈。

2007 年实现收入 412.82 万元，2008 年实现租赁收入 629.94 万元，2009 年实现租赁收入 541.87 万元，2010 年实现对外租赁收入指标 502.4 万元，2011 年实现对外租赁收入指标 521.08 万元，2012 年全年对外租赁收入 582.83 万元。

2011 年，共查明土地房产权证 359 宗，其中土地权证共 183 宗，规范并已移交省公司的是 136 宗；房产权证共 176 本，其中规范并已移交省公司的有 126 本。

表6—5—1　苏州石油分公司2001—2012年主要经济指标表

指标 年份	1. 成品油销售量（万吨）	2. 零售量（万吨）	3. 销售收入（万元）	4. 利润（万元）	5. 吨油费用（元）	6. 资产总额（万元）	7. 非油品营业额（万元）（自管+统管）	8. 员工总数（人）
2001	52.6	29.8	147210	-897	179.2	48419	—	2045
2002	59.6	37.5	164257	9335	157.5	50732	—	2070
2003	83.4	52.2	282040	15668	135.3	69499	—	2055
2004	104.8	75.9	406324	19999	107.7	70285	—	2480
2005	66.3	40.0	323443	4153	113.8	45173	—	1283
2006	68.9	44.8	386715	16690	106.2	53716	—	1469
2007	71.0	48.9	386495	14384	153.8	53955	—	1532
2008	75.4	53.4	477479	16989	174.2	84128	—	1585
2009	79.5	56.0	466072	12646	192.2	96908	946	1747
2010	99.8	71.7	676238	13023	173.5	106954	3488	2005
2011	104.5	84.6	821866	13401	216.7	111791	5594	2313
2012	113.5	94.8	904102	12230	234.0	122568	7874	2362

表6—5—2 领导人员变动情况

姓　名	职　务	任职时间
朱建德	经理兼副书记 经理兼书记 经理兼副书记	1999.01—2005.01 2007.03—2011.12 2011.12—
吴保东	经理	2005.01—2007.03
陈留华	书记兼副经理	2001.01—2005.01
赵霞敏	书记兼副经理	2011.12—2012.12
王建华	副书记兼副经理	2001.01—2011.12 （2005.01—2007.03 副书记主持工作）
汪　海	副经理 副书记兼副经理（副书记主持工作）	2001.07—2012.12 2012.12—
施剑明	副经理	2001.01—2005.01 2009.09—2011.08
王治琮	副经理	2001.01—2005.01
叶　震	副经理	2003.02—2006.07
周　进	副经理	2006.07—2009.09
赵文操	副经理	2008.04—2009.04
陈玉林	副经理	2011.12—
沈晓晖	副经理	2011.12—

表6—5—3 历年荣誉

年份	姓名／项目／集体	荣誉称号	授予单位
2009	朱建德	中央企业劳动模范	人力资源社会保障部、国务院国资委
2010	苏州石油分公司	苏州市 2009 年度平安企业	苏州市委市政府
2011	苏州石油分公司	苏州市 2010 年度平安企业	苏州市委市政府
2012	常熟县公司党总支	苏州市先进基层党组织	苏州市委市政府

第六章 南通石油分公司

南通市位于长江入海口北翼，是中国十大港口城市之一，是中国“综合实力50强”和“投资环境40优”城市。南通市现辖海安、如皋、如东、海门、启东五县（市）及崇川、港闸、通州三区和南通经济技术开发区(其中，通州区由原通州市于2009年3月划转)，面积8001平方千米，户籍人口800万人。2011年南通全市经济生产总值达4080亿元。

南通石油分公司（简称南通分公司）为南通地区最大的成品油供应商，2011年，销售规模在南通市商贸流通领域排名第三。2012年销售成品油83.35万吨，市场供应比例达62.3%。销售收入683088万元，利润14918万元。

下设综合办公室、人力资源科、党群纪监科、经营管理科、基建管理科、安全数质量科、财务核算部、实物资产科、信息工作站、零售管理部、商业客户部、非油品经营部等部门，以及海安、如皋、如东、通州、海门、启东6个县公司。

截至2012年底，在岗员工1594人，其中正式工272人，劳务用工1322人（不含托管站256人）。分公司固定资产58464万元。在用油库2座，分别为姚港油库和金沙油库，其中姚港油库库容10万立方米，是连续多年全省唯一的“四星级”先进油库，并连续多年被评为“中石化销售公司优秀油库”。在营加油站212座，其中：四星级及以上加油站8座，三星级加油站22座。非油品便利店178个。

南通分公司2001—2012年主要经济指标表见表6—6—1，领导人员变动情况见表6—6—2，历年荣誉见表6—6—3。

第一节 经营业务

南通滨江临海是华东地区重要的成品油、燃料油和化工产品集散地，成品油库区多，库容大，尤其如皋港和江海库区密集，且呈继续扩大之势。在南通，2008年中化道达尔的进入、2009年中海油低价进入，完全打破原来以“两大集团”竞争为主，燃料、川东、九州等民营企业为辅的竞争格局。

2000年中石化实行专业化重组和一体化管理的新体制后，利润中心上移至省公司，分支公司只是销售中心。从2001年开始，南通分公司的经营业务范围主要包括成品油、润滑油、化工的销售和仓储。成品油经营量从2001年的56.1万吨到2012年的83.35万吨，增长48.6%，其中零售量72.76万吨，直销量10.587万吨。2001年开始，利用南通分公司姚港油库和江海中心库两大油库一流的仓储设施和得天独厚的区位优势，开展“三代”

业务—代收、代发、代保管，年创效600余万元；2005年以后，随着如皋港库区的建设运营，南通分公司的仓储业务逐渐减少，同时省公司也逐步取消下属分公司仓储业务职能；到2010年，南通分公司对社会的仓储业务完全取消。另外，2007年起，南通分公司停止成品油外进外销业务。2012年南通分公司开始发展天然气业务。

一、零售业务

2001年起，南通分公司零售业务始终做到有目标、有制度、有责任、有考核、有整改，加油站的软硬件建设均有大幅度提高，加油站管理日趋规范化、标准化、精细化。截至2012年底，在营加油站212座，自助加油站13座，加气站6座，委托管理站66座。

1. 基础管理

南通分公司先后开展加油站百日竞赛、零售技术比武、“为民服务争先创优，争创客户满意加油站”、“比学赶帮超”劳动竞赛和每年4月优质服务月活动。同时，着力做好加油站“五小”建设，关爱一线职工，加强改善员工生活设施，2007年起每年举办加油站员工炊事技能竞赛。

加油站员工将精心烹饪的菜肴摆放上桌

2. 营销活动

在十运会期间，南通分公司陆续开展“迎十运、迎国庆满意在中石化”、“油中感谢”积分增值服务活动、“中国石化倾情回报大用户”等一系列营销活动，同时结合点对点竞争，积极培育大站、万吨站。每年“三夏”和“三秋”农忙期间，南通分公司利用农业用油高峰的有利时机，提供优质服务和后勤保障为主题的人性化服务吸引大批农机手到加油站加油。

3. 加油卡销售

2004年10月，南通分公司加油卡充值网点开始正式运行，先后开展了“办卡充值送好礼”、“加油卡双重积分返还”、“办卡充值免卡费”等活动，截至2012年12月，

2011年11月，中国石化南通石油分公司与中国移动南通石油分公司签订战略合作协议

共实现发卡量505458张。2011年11月8日，率先在全省开展与南通移动公司的战略合作，凭借南通移动“手机红包”3万多用户和每月数百万元“手机红包”的有利优势，2012年又与移动公司拓展手机红包向加油卡充值方面的合作，截至2012年12月，持卡消费比例已达到41.9%。

4. 数质量管理

2003年起，通过认真开展加油机计量精度检查，拓展加油站零售管理系统的运用，在各环节上进行监控，狠抓数质量管理工作，除定期开展加油机计量精度检查外，注重加强液位仪取数监控，截至2012年底，67座加油站安装了液位仪。

5. 加油站督查

南通分公司注重日常加油站督查工作。组织由零售管理部牵头，安全数质量科、经营管理科、非油品经营部等部门人员参与的专职督查队伍定期进行加油站督查，并配备督查专用车辆、照相机、摄像机、笔记本电脑等专用器材，从软硬件方面都确保督查的频次和督查质量。2001—2012年，共开展督查305次，督查加油站6810座次，下发不符合项报告单6810份督促整改，由片区经理对整改情况复核，问题整改率达99.99%。

二、直分销业务

2001年—2005年10月期间，南通分公司直分销业务实行一体化经营管理，分、支公司统一账表。分公司设立销售公司，指导全区域直分销经营工作；支公司经营由支公司业务科牵头，下设各区物资供应站，并配备1—2名业务员负责本区的销售和客户维护，由支公司对业务员进行日常管理和绩效考核。

2005年10月—2010年期间，南通分公司直分销业务实行条线化管理，取消了县公司设置，同时成立商业客户部，由商业客户部负责直分销客户经理的日常管理、等级评定、绩效考核等，每个县区配备2—4名客户经理，负责本区域市场开发、经营和客户维护。其间，2005年10月，零售小配送车业务并入直分销业务。2006年4月取消小配送车业务。2005年，县公司关闭油库以后销售量不断下降，由于海安县离姚港油库较远，海安客户去就近的姜堰中油购买，海安市场基本丢失。2007年6月海安县取消配备直分销客户经理。

2011—2012年完善县片区体制，南通分公司直分销业务实行条线指导直分销经营工作，对客户经理进行等级评定和绩效考核，县公司团队对客户经理进行现场日常管理。

三、非油品业务

2008年，南通非油品业务开始启动，全年非油品销售额为72.02万元，至2012年达到6298.87万元；经营商品品种从2008年的306种增加至2012年底的1300余种，实际在营商品数已基本达到规范配置要求；截至2012年底，非油品便利店已发展到178个，约占在营加油站总数的84%。

1. 网络发展

2008年按照省公司统一部署，开始非油品业务前期准备工作，共开设34个便利店上线运行。之后，以年递增50%速度增加门店，各县片区均建有符合高级便利店硬件要求的门店，截至2012年底，南通分公司共有符合精品店硬件要求的门店近50个。

2. 基础管理

南通分公司不断强化非油品业务和便利店的规范化、标准化管理，制定下发《南通石油分公司关于进一步加强便利店商品质量管理的通知》。非油品业务数据的信息化管理是启用以海信系统为主导包括BW系统在内的非油品业务和便利店管理系统，商品多、管理难的问题得到较好解决。

3. 市场开拓

2008 年 5 月，从市区桥北、城北二站试运行开始，从简单的商品配置到如今 7 大类 20 多个中类商品配置齐备，从便利店烟草业务的逐步拓展和升级，到彩票、手机充值业务的开展。南通石油分公司紧抓机遇，适时开展组合营销，先后开展“油非互动”、“宁夏枸杞系列商品销售竞赛活动”、“春之舞”、“夏之梦”、“秋之歌”、“燃油宝买一赠一”、地堆商品促销以及重点品牌水类销售竞赛等多项活动。另外，以燃油宝销售为契机，突出重点商品销售，快速拓展烟草销售为代表的其他多个重点商品，有效提高了经营质量。南通分公司的燃油宝销售一直在全省系统居领先地位，5 个重点商品销售额居全省分公司前 5 位，尤其是茅台酒销售额高居全省之首。

新春佳节加油站开展非油品促销活动

四、润滑油业务

2001 年 2 月，润滑油的经营业务由原来分支公司一体化改为条线化管理模式。南通润滑油经营部负责南通六县一区润滑油的经营管理，并直接承担区域内所有润滑油直分销的客户维护。条线化管理以后，南通润滑油经营部始终强化“服务客户、开拓终端、扩大市场”的经营理念，全区润滑油（脂）及溶剂油经营总量每年都在 11000 吨以上，终端销量约占总量的 75%。2012 年 7 月，省公司对润滑油业务进行整合，并与长城润滑油公司充分协商签订划转协议，划转人员关系将隶属中石化长城润滑油公司。

2001 年 5 月 29 日，南通润滑油所有油品进货权均由省公司润滑油中心统一管理。2003 年 6 月，中石化整合润滑油品牌，南通润滑油确立“长城”为中石化润滑油的唯一品牌。2004 年，江苏润滑油 ERP 管理系统正式上线，标志着南通润滑油经营部销售业务全面采用电子化系统。2007 年初，SAP 电子提单系统运行，润滑油客户提油单由纸质单正式改为电子提油卡。2008 年，南通分公司将轻油客户信息与润滑油客户信息组合在一起，实现了客户资源的共享。2008 年 2 月 19 日，随着江苏润滑油销售价格管理办法的出台，南通润滑油经营部在所有网点统一公布对外直销价、零售价、分销价格。2010 年 2 月，润滑油开票通知单系统上线，润滑油取消纸质开票通知单。2012 年 7 月，润滑油销售业务进行划转整合。

第二节 网络建设

2001—2012 年，企业经历多次改革，特别是县公司职能经历几次调整，南通分公司始终紧紧抓住县级网络发展这一基本市场，积极发挥县级公司网络发展的主动性，确保零售网络的平衡和快速发展。

一、加油站建设

2000—2001 年，随着中石化在四地陆续上市，加油站网络发展进入快车道。南通分公司经历三个网络发展时期：网络扩张阶段

（2001—2003 年）、网络优化阶段（2004—2007 年）、网络质量提升（2008—2012 年）。

1. 网络扩张阶段

2001—2003 年，为快速提高成品油零售市场占有率，提升成品油零售市场竞争力，南通分公司针对南通地区加油站现状特点，采取了“新建为主、收购为辅、租赁为补”的网络发展方式，同时加大对现有加油站的改造出新力度。

截至 2000 年底，南通分公司加油站保有量为 183 座，到 2003 年加油站保有量增加到 203 座，零售量为 29.66 万吨。

至 2003 年底，南通分公司零售网络情况按地理位置分：城区站 29%，干道站 36%，农村及水上站 35%。按资产分：全资站 82%，租赁站 18%。单站年经营量：1461 吨。

2. 网络优化阶段

2004—2007 年，随着成品油市场价格继续走高，南通分公司在采取以自主新建的网络发展方针的前提下，有针对性地对系统外加油站采取收购与租赁并举的网络发展措施，同时对内根据减站增效原则，对部分低效站进行有序整理。加油站改造方面，南通分公司根据“大改造侧重于扩大加油场地增加服务功能，小改造着眼于增设加油设备”的原则，注重主力站、潜力站的形象改造提升，重点是加强全资站改造，通过改造提高车辆瞬间通过能力，提升站容站貌形象，提高零售增量。

2004 年加油站保有量为 220 座、零售量 38.21 万吨，到 2007 年加油站保有量为 216 座，零售量攀升至 49.38 万吨。

至 2007 年底，南通分公司零售网络情况按地理位置分：城区站 29%，干道站 39%，农村及水上站 32%。按资产分：全资站 81%，租赁站 19%。单站年经营量：2286 吨。

3. 网络质量提升阶段

2008—2012 年，南通分公司抓住国家扩大内需、加快基础设施建设、新农村建设等发展战略机遇，坚持以新建为主、改造为辅、突出重点、加快发展、优化结构、发展城区、提升干道的原则，将网络优化、网络

加油站改造前

加油站改造后

发展放在战略高度来推进，并在网络发展过程中努力控制土地储备成本，2009—2012年，南通分公司每年新增项目储备均达7个以上，平均每平方米土地成本分别为1281.5元、667.1元、1178.29元和1612.4元。

2008年，南通分公司加油站保有量为208座、零售量54.19万吨。2012年加油站保有量为222座、零售量72.76万吨。在南通区域市场控制力处绝对主导地位，加油站资产结构发生质的变化。

至2012年底，南通分公司零售网络情况按地理位置分：城区站33%，干道站37%，农村及水上站30%。按资产分：全资站83%，租赁站17%。单站年经营量：3279吨。

二、天然气业务发展情况

2010年起，南通分公司开始推进加气站建设。当年，完成新建加油加气站（CNG）2座，油气合建站改造2座（CNG）；2011年完成油气合建站改造1座（CNG），新建独立加气站1座（CNG）；2012年完成油气合建站改造5座，其中3座为CNG混合站，1座为L-CNG混合站，新建LNG独立加气站1座。

截至2012年底，南通分公司取得省商务厅及地方立项、核准24座，已投产5座CNG加油加气站，竣工未投产加气站7座。

三、油库建设

根据省公司安排，2005年南通分公司除保留姚港油库和金沙油库继续运营外，海安三里闸油库、如皋十里墩油库、如东掘港中心油库、启东汇龙油库被先后关闭，关闭总库容3.57万立方米。

2007年5月，姚港油库、金沙油库一并上划省公司物流中心统一管理。2011年8月，省公司物流体制优化，姚港油库、金沙油库重新划归南通分公司管理。

姚港油库地处长江下游北岸，距长江入海口183海里，濒江临海，区位优势明显。油库占地总面积105424.7平方米，仓储总容量10.3万立方米，2010年，首次突破吞吐量200万吨。作为省公司中心油库，姚港油库主要开展成品油仓储中转、区域配送业务。现拥有各类储罐59座，陆路发货车位47个，2.5万吨级专用泊位1座，千吨级泊位2座，姚港油库码头为对外开放码头，按照国家一类口岸标准管理。

金沙油库位于南通市通州区金通大道1765号。占地面积20700平方米，库容1.12万立方米，500吨级码头2座，陆路发货鹤位2个。该油库主要储存柴油、润滑油，主要供应南通通州、如东、海门和启东地区。

第三节 企业管理与改革

一、体制改革

为适应企业发展新形势，特别是2000年分支公司实施一体化管理后，资源得到进一步整合，管理亟待进一步规范。2001—2012年，根据省公司统一部署，南通分公司对企业管理、体制进行了不断改革、调整和完善。

1. 2001年，全面推进流程再造、劳动用工制度改革、零售体制改革、仓储体制改革等五项改革

姚港油库中石化徽标绿化草坪

流程规范。在组织人员竞岗的基础上，重新梳理和规范对部门职责，制定了二级流程，并细化了县级管理部的流程规范和考核细则。在3月底人员竞岗、机构重组中，在76名中层竞岗人员中，有40人竞岗成功，平均年龄不足40周岁。

零售体制改革。将零售公司设置为营销部、财务信息部、网络发展部、人力资源部、非油品经营部，并将177个加油站分片组合，组建成81个加油站管理公司。零售经营职能和管理职能分离，加油站管理公司全面负责加油站的销售作业、安全管理、计质量管理等日常管理工作。

深化劳动用工制度改革。根据自愿原则，截至6月30日，552名职工（其中分公司186人，支公司366人；股份公司471人，实业公司81人）协议解除劳动合同书，其中正式在岗人员协解363人，内退人员协解189名，在册正式职工由1211人减至569人，超额完成了省公司下达的三年减员目标。

2. 2002年，深化零售体制改革，推进CORO模式

按照省公司进一步深化零售体制改革的精神，在南通分公司的80个加油站管理公司全面推进体制改革，制定一系列管理规范、考核标准，建立加油站单站核算体系。统一组织CORO公司经理的竞标，并与CORO公司经理签订了委托管理合同，CORO公司经理与员工签订了上岗协议，明确了各自的权利与义务。同时，按照省公司要求，根据“以点带面，稳妥推进”原则，实施了小站改制工作，在全区域选择了11座小站进行改制试点。

3. 2003年，实施条线化管理，取消县级公司建制

条线化管理。南通分公司成立三大营运中心，即区域零售中心、区域分销配送中心、区域物流营运中心。三大营运中心分别在各县组建延伸机构。在市区及六县分别设立零售片区，由零售中心实施区域零售一体化直线式经营管理模式；一市六县的配送分销经营业务由区域商业客户中心统一运作，在六县分别设立配送分销片区，负责本辖区的配送分销业务经营；在六县分别设立润滑油片区，负责片区内润滑油经营管理；在区域分公司物流营运中心内建立经营管理、物流调度、仓储业务（吸储）、仓储管理四大部分，同时负责各县属片区油库的调度和仓储管理，实现了物流营运中心经营管理一体化。

取消县级公司建制。所属各县级公司及其中层建制变成分公司各营运中心对所属片区进行协调和管理的管理委员会，其主要职能完全向加油站现场管理、农村网点开拓和

姚港油库码头船舶作业全景图

地方关系协调方面转变。县公司经理不再是原来意义上的经理，而是分公司派出的在县属区域的协调人和监管人。县片区的管理人员重新定编，统一由分公司相关部门派出，劳动纪律和现场管理委托县属区域管委会考核，由分公司相关部门负责其工作任务的布置、检查、考核。

4. 2005年，推进小站改革、小库关闭、深化区域公司一体化管理以及薪酬分配制度等一系列改革

小站改革。将单站年加油量800吨以下的经营规模小、人均销量低、吨油费用高的小型加油站和农村网点列入小站改革的范畴。在所有权、经营权不变的前提下，对加油站服务、相关管理和部分费用实行内部个人或合伙承包，以按量计酬、按量计费的形式取得合理报酬和费用。

关闭油库。根据省公司关闭油库方案的要求，海安三里闸油库、如皋十里墩油库、如东掘港中心油库、启东汇龙油库先后关闭，剩余油品全部移至临近加油站。

深化一体化管理。对内取消县级公司管理机构，撤销县公司管理委员会，对外保留牌子。片区管理人员办公地点逐步迁至具备办公条件的加油站，现有办公楼或部分层次逐步进行资产处置盘活或对外出租。分公司职能部门负责对全区域的各项经营管理职能统一延伸管理，县片区公共服务、直（分）销、润滑油经营职能由分公司相关经营管理部门直接负责，县片区证照、印章、档案资料等由分公司统一管理。分公司统一向各片区派出2名管理人员，其中1名综合管理员，1名会计代表。另设1名开票员和1名收款员，零售条线各县片区设IC卡及报表岗2名，加油站设备设施维修员1名，并兼片区安全数质量管理。

深化薪酬分配制度改革。将岗位划分为管理岗位、营销岗位、专业技术岗位、技能操作岗位、其他后勤服务岗位等5类，明确了岗位类别和各岗位的具体定编。12月底，组织开展分配制度改革工作，制定了《南通石油分公司分配制度改革实施方案》、《南通石油分公司奖金分配办法》、《南通石油分公司劳务人员岗位工资考核分配办法》。2006年1月起，全体员工执行新的工资等级和标准。

5. 2007年，组织实施规范加油站、油库员工薪酬分配、推进加油站规范化管理以及理顺直分销管理体制等“三项改革”

规范加油站、油库员工薪酬。先后制定《南通石油分公司规范加油站员工薪酬分配实施细则》、《南通石油分公司规范油库员工薪酬分配实施细则》，以省公司岗位薪酬标准为指导线，规范了加油站、油库员工薪酬发放项目及标准。

推进加油站规范化管理。制定《南通石油分公司片区加油站管理经理选聘办法》，共有56人报名参加选聘，有21人被聘为片区经理；确定海安长江加油站、海门第二加油站等5座加油站为规范化管理改革试点站，同时在每一个片区选定1座加油站作为本片区示范站；对新上任的片区经理进行集中培训，按照《加油站客户服务检查表》、《加油站运营管理检查表》和《加油站安全管理检查表》3张表进行加油站督查管理并排名考核。

理顺直分销管理体制。先后制定《客户经理竞岗办法》、《客户招标及客户经理等级评定办法》、《客户经理二级考核办法》、《客户经理交通费管理改革实施方案》、《开票员竞岗实施办法》等一系列改革文件，组织了客户经理竞岗，33 人报名，25 人上岗；同时组织了开票员竞岗，23 人报名，14 人上岗。

6. 2010年，小型加油站实施委托管理

根据省公司加油站委托管理的总体要求和统一部署，南通分公司分 2 批完成加油站委托管理工作，共有 66 座加油站分别托管给 59 个管理公司实施委托管理。

7. 2011年，组织实施县片区经营管理体制完善工作

设置了县公司机构，明确了人员编制、岗位设置，组建了县公司经营管理团队。同时，明确了县公司与各职能条线的职责，确保事权划分清晰，在此基础上调整了对县公司考核办法。

8. 2012年，进一步完善县公司体制

对县公司的职责和管理体制进一步进行了明确，调整县公司机构事权划分，并对县公司岗位和编制进行了调整，县公司班子由经理、书记、副经理组成，各县公司管理团队编制控制在 11 人以内。同时，对分公司考核办法进行了调整，并将原条线考核的交通补贴划转到县公司团队统筹使用。

二、安全管理

2001 年起，南通分公司不断加强安全管理体制、机制建设，员工大安全意识普遍提高，安全管理水平得到提升。2004 年一体化管理实施后，南通分公司坚持条块结合、以块为主的管理原则，明确各部门、各单位负责人是本部门、本单位安全生产的第一责任人，对本部门、本单位的安全工作负总责，各级分管安全的领导是安全管理的直接责任人和第一监督人。2005 年，南通分公司在全系统推行“全员安全承诺”制度，形成横向到边、纵向到底的 HSE 管理网络体系。2008 年 5 月，奥运火炬传递到南通，南通分公司特别在火炬将要经过的 5 座加油站（市区紫琅加油站、虹桥加油站、桥北加油站、城北加油站、通州城南加油站）安装了视频监控系统，安全生产责任制得到进一步落实。2009 年至今，南通分公司持续开展“我要安全”主题活动，开设培训 21 批次，培训人员达 9800 多人次，启动各类预案演练 2427 次，修订和完善了 215 座加油站应急预案，开展全员危害识别 7592 条。2010 年，南通分公司的世博安保工作获得市政府相关部门的好评与肯定。

加油站委托管理签字仪式

三、数质量管理

1. 技能培训

2004 年开始，加油站计量员培训改由分公司自行组织开展，省公司考核发证。截至 2012 年底，共培训计量员 560 名。

2. 损溢考核

2009 年零售损耗 V20 模块上线。2010 年开始零售损耗 V20 实行全省排名考核，南通分公司从全省第 7 名逐年上升为第 2 名。

3. 反盗油

南通分公司加大数质量管理力度，制定《数质量、铅封管理办法》、《反盗油管理办法》，对承运商从业人员开展“反盗油”

的专题教育，并成立了反盗油联合监控小组和反盗油联合检查组，有重点地对油罐车进行有轨迹的暗访检查，把违规行为列入考核。

四、法律事务

南通分公司的法律事务职能部门设在综合办公室，负责分公司工商、授权、商标、合同、诉讼、外聘法律机构等事务。

1. 法律权证

2006年，法律权证基础信息系统正式上线，实现了经营性权证的线上录入、查询及台账汇总。截至2012年底，南通分公司共办理授权事项128个。

2. 商标维权

南通分公司一直坚持“守土有责”的原则，建立企业商标维护的长效机制，开展全员商标打假维权工作，被总部授予“2009年度中国石化销售企业商标打假维权先锋卫士”称号。

3. 合同管理

2001年起，南通分公司严格按照《合同管理制度》有关规定，形成综合办公室专职合同管理员为主、各部门兼职合同管理员为辅的合同管理审核审查工作网络，审查率高达100%。2011年12月1日，合同管理信息系统正式上线，实行双轨运行。2012年1月1日起，合同管理信息系统正式开始单轨运行。2011年开展制度标准化改造工作，至2012年底，共完成43个制度的修订完善。

五、财务工作

2001年，南通分公司改革核算方式，推行精细核算，并在全省作经验推广。2003年实行统一核算，取消6个支公司独立核算功能，10月通过中石化会计达标检查组的一级达标复查验收。2006年参加省公司财会人员技术比武复赛，南通石油分公司取得个人第一、团体第四名的佳绩，且1人在总部决赛中荣获“销售企业财会岗位能手”称号。

2007年6月，南通分公司财务体制划归省公司条线管理。2010年3月，根据省公司统一部署，南通直分销营业室由商业客户部划归财务资产科管理，同时撤销部分县片区开票点，并自行开发了开票通知单辅助程序。2011年10月，南通分公司7个分账户全面启用运行。

六、信息工作

2001年，南通信息中心更名为南通信息工作站。2003年，南通信息工作站正式实行条线化管理。

1. 机房建设

南通分公司机房从2001年陆续开始投入建设，至2005年，先后为分公司中心机房安装了七氟丙烷气体灭火系统、UPS不间断电源、防静电地板、防雷击等设备设施。2007年省公司统一部署安装机房环境监测系统。2009年统一安装门禁系统，同时更新原民用空调为艾默生机房专用精密空调。

2. 网络建设

2000年，南通分公司建成6个县公司的简单局域网络。2002年建成分公司—支公司、分公司—油库的光纤专线网络。2005年与南通电信公司合作，将加油站与分公司通信方式升级为MPLS VPN。2012年，省公司统一部署为加油站汇聚线路增加100M热备线路，为姚港油库和金沙油库双线路实现热备和负载均衡。截至2012年底，南通分公司到省公司、县公司、油库、加油站均实现光纤网络双线热备，县公司IC卡充值服务中心为移动公司光纤专线。

3. 系统运用

2002年开始，中石化总部开始实施SAP

系统资源管理系统，涵盖了进销存和财务的包括 SD、MM、FI/CO 三大模块的上线。随着 SAP 二次优化提升，2006 年南通石油分公司纳入工程项目管理 PS 模块和设备管理 PM 模块，并在所有加油站推广了零售业务管理系统。2008 年开始，南通分公司选取部分加油站设立了便利店，便利店管理系统正式开始推广使用。2010 年，零售业务管理系统升级为中石化总部统一推广的零售管理系统，推广正式使用，V20 系统经过试点之后，也开始推广使用。

第四节　党群工作

一、党组织与党员队伍

2009 年 6 月，南通分公司党委名称由“中国共产党南通石油分公司委员会”更名为“中国共产党中国石油化工股份有限公司江苏南通石油分公司委员会”，纪委名称由“中国共产党南通石油分公司纪委检查委员会”更名为“中国共产党中国石油化工股份有限公司江苏南通石油分公司纪律检查委员会”。

南通分公司党委下辖 10 个党支部，分别为公司机关党支部，市区零售党支部，姚港油库党支部，海安、如皋、如东、通州、海门、启东 6 个县公司党支部，离退休党支部，组织健全。南通分公司共有中共党员 302 人，其中在岗党员 274 人。

2008 年 6 月 28 日，南通市委组织部同意将中共南通石油分公司委员会调整由中共南通市委新经济新社会组织工作委员会领导。当年，集中外移地方管理党员 120 人，其中海安、如皋、通州、海门和启东 5 个县级公司（如东县公司除外）在岗党员组织关系上移到南通分公司党委管理。

2011 年 2 月 22 日，撤销中共南通石油分公司零售党总支部，原下属市区、海安、如皋、如东、通州、海门、启东党支部不再隶属中共南通石油分公司零售党（总）支部，除市区零售党支部保留外，其余各片区零售党支部一并撤销，成立中共海安石油分公司党支部等 6 个县公司党支部。12 月 29 日，市委组织部同意将南通石油分公司党组织从中共南通市委“两新”工委调整由中共南通市委领导。

二、纪检工作

2001—2012 年，受理职工来信和接待职工来访共约 269 起，设立效能监察项目 46 项。

三、工会

南通分公司有 1 个一级工会、6 个二级工会，实行属地化管理。

四、共青团

南通分公司团委下辖 9 个团支部，分别为公司机关团支部、市区片区、海安县公司、如皋县公司、如东县公司、通州县公司、海门县公司、启东县公司、姚港油库，团组织基本健全。公司 35 岁以下青年职工 596 人，28 周岁以下青年职工 248 人，团员 100 人，青年职工人数占职工总数的 25%。

五、宣传教育与企业文化

1. 形势教育

2001—2012 年的政治理论教育先后进行过“三个代表”、十六、十七大精神、“两个务必”、保持共产党员先进性、“八荣八耻”、“四强四优”等政治学习活动。

2003 年，开展向新时期优秀领导干部代表郑培民学习活动；2004 年，开展《没有任何借口》读书、教育系列活动；2005 年，开展向李进龙学习活动，开展共产党员先进性大讨论活动；2007年，开展阅读《阳光心态》、《卓有成效管理者》读书活动；2008年，深入开展“双促”、“深入群众促和谐，凝心聚力促发展”主题活动。

2001—2005年，召开五届思想政治工作研究会，将多篇具有较高参考价值的政研论文汇编成册，并从中评选出优秀政研论文。

2. 企业文化

2001年，为庆祝中国共产党建党80周年，南通分公司举办“纪念中国共产党成立80周年知识竞赛”；召开庆祝建党80周年大会暨文艺汇演。2002年，纪念省公司司庆50周年之际，南通分公司组织开展了书画、论文、摄影、好新闻征集活动。2004年，举办“迎国庆、职工看企业和家乡新貌”摄影比赛。2008年，开展“我与竞赛比武”征文、摄影征集活动、开展“我与2008”摄影，DV片征集评选活动；2009年，开展“为祖国放歌”等群众性歌咏活动；2011年，开展纪念建党90周年系列活动。

2001—2006年，工会每年组织广大职工开展义务献血、“慈爱孤儿工程”、“献爱心一日捐”等献爱心活动；2008年，全体干部员工1679人为四川汶川地震灾区慷慨解囊、积极捐款73130元，共产党员捐赠“特殊党费”30740元，团员捐赠“特殊团费”2190元；工会建立扶贫帮困长效机制，2009—2012年共帮扶救助各类困难职工328人次，发放帮扶救助资金21.21万元。

2003—2012年，每年坚持开展职业技能竞赛和技术比武活动。

2004—2012年，连续开展8届职工趣味文体活动。

2007—2012年，连续开展7年江海志愿者学雷锋服务活动。

2002年，在系统内开展“为零售、配送献一策”广告语征集和合理化建议活动，共征集到广告语上万条，收到各类建议共1690条，其中150多条合理化建议被公司采纳；2005年开始连续5年组织开展全员合理化建议征集活动。2009年南通分公司作为试点单位起，截至2012年底，已连续4年组织开展“改善经营管理建议”活动。

2009年，南通石油分公司举办庆祝建党90周年红歌会

第五节　人力资源管理

一、队伍建设

南通分公司共拥有高级专业技术职称3人、中级职称64人、注册安全工程师11人、注册企业法律顾问2人、人力资源管理技师4人。2011年11月，出台《南通石油分公司科级人员管理暂行办法》，搭建人才成长通道，选拔推荐后备处级

干部。

二、培训工作

南通分公司常年开展各类专业技术培训、岗位培训及持证上岗培训，截至2012年底，共有33名片区经理、18名客户经理、83名站长通过上岗培训，持有岗位任职资格证书。2007年以来，南通分公司每年组织开展职业技能鉴定培训，拥有中级工419人、高级工209人、技师2人，加油站操作员中级工以上人员占比37.4%，油品储运调和操作工中级工以上人员占比59.5%。南通分公司共有兼职讲师17人，投资建设培训站7座、培训库1个。

三、用工管理

2002—2006年，先后规范劳务工的使用和管理、深化区域分公司一体化改革、深化市县公司一体化管理改革机构设置调整、实施物流、燃料油、信息、审计垂直一体化体制改革。2007年将劳务用工派遣权限统一上收，确保用工管理的可控性、规范性和有效性。

四、薪酬管理

2007年，南通分公司建立以规范、统一的岗位薪酬为导向的分配体系，规范加油站、油库员工薪酬分配。2012年开始实行薪点工资制，进一步完善薪酬分配结构。

五、离退休工作

南通分公司共有离休人员17人，退休人员477人，协解退休274人，原集体企业退休2人，供养、精简下发及退职人员32人。

第六节 对外投资

一、海安雅周加油站

1994年10月，原海安支公司与海安县雅周供销社共同投资建造了海安雅周联营加油站，南通分公司出资25万元，双方各占50%股权。2012年4月18日，海安县雅周联营加油站由原独立核算站纳入南通分公司全资站管理。

二、通州兴东加油站

1992年4月，原南通支公司与南通县兴东农机服务管理站共同投资建造通州兴东加油站，南通支公司占40%股权。2000年公司重组时，该站划入股份公司并实行租赁经营。2012年5月24日，南通石油分公司将收购对方的股权迁建为全资站。

三、海门树勋加油站

1992年，原海门支公司与海门县树勋镇新河村经济合作社共同投资建设联营加油站，原总投资20万元，海门支公司初期投资10.49万元，双方各占50%股权。2004年12月31日，经中石化批准，树勋加油站股权由存续公司置换到股份公司，置换价为37.25万元。

四、东台市海丰加油站

2011年，该站被南通分公司收购股权，后将加油站整体划转给盐城分公司经营，并于2011年10月21日完成加油站交接工作。

五、南通市九圩港加油站有限公司

1993年10月，南通市石油有限公司与南通东海石化公司共同投资建造，原始注册资本为178万元，东海公司占30%的股权。企业性质为有限责任公司。2007年12月，原东海石化公司股权转入南通分公司。

六、如皋新天恒油品贸易有限公司（长青沙加油站）

2010年12月9日，南通分公司与南通诚业建筑安装工程有限公司共同投资建设该公司，注册资本为800万元，双方各占50%。企业性质为有限责任公司。2012年8月起领取相关经营性证照，同时按照《江苏公司合资企业管理实施细则》和内控制度的有关要求，对该站进行操作和管理。

第七节 非上市部分

一、体制改革

2000年，按照中石化重组上市的要求，中国石化集团江苏石油有限责任公司南通石油分公司作为存续企业保留下来，下属海安、如皋、如东、通州、海门、启东共6家支公司。其中，如东、启东2家支公司因债务重、经营情况差，被列入整体不上市支公司。重组后的存续公司在岗、非在岗人员达164多人。下属单位除6家县公司外，投控股企业还有南通苏宁技术设备公司、南通苏石危险品运输公司，本部下设化工经营部、燃料油经营部，综合管理办公室、财务资产部共4个部门。

改制初期，南通分公司存续公司完成协解和改制分流人员共113人，完成南通苏宁设备公司和如皋液化气公司的改制，组建南通苏石危险品运输有限公司，整合一市六县的油品运输业务，共向总部申请核销资产1670.55万元。2004年，南通分公司存续公司所属化工经营部划转为中化国际事业部，油品运输业务进行改制分流，对外投资进行集中清理整顿，县级公司依法清算注销，其间减员分流人员21人，2007年10月，中国石化集团江苏石油有限责任公司南通石油分公司注销，清算资产3817.02万元纳入中国石化集团经营管理有限公司江苏石油分公司，在岗、不在岗人员30余人全部划转上市公司。

二、清产核资

2003年，经过清产核资，向总部核销资产1670.55万元。2004年，成立账销案存资产管理工作小组，盘活账销案存资产8项，挽回损失51.37万元。

三、清理整顿

建立公司经理为总负责，分管领导具体负责，清理整顿办公室具体落实的工作责任体系。2006—2007年，根据总部清理对外投资的要求完成清理整顿项目19个，涉及法人企业注销12个，改制分流1个，土地权证两次变更73宗，房产权证2次变更65处。股份公司清理整顿对外投资项目共22个。

四、住房改革

2009年开始，对新老职工住房进行全面普查，参加普查的职工共计1931人。并对职工住房信息开展建档、归档工作。截至2012年，共对1193名老职工发放住房补贴。另外，对47名新职工也逐月发放了补贴。

五、资产管理与土地管理

2007年，体制转换后，股份公司设立南通管理部，受托管理资产公司的存量资产。2009年，成立实物资产科与南通管理部合署办公，负责股份公司土地资产和关闭库、站的管理，截至2012年底，完成土地权证整改34宗，土地权证持有率由72%升至94.5%。

表6—6—1　　南通石油分公司2001—2012年主要经济指标表

指标 年份	1. 成品油销售量（万吨）	2. 零售量（万吨）	3. 销售收入（万元）	4. 利润（万元）	5. 吨油费用（元）	6. 资产总额（万元）	7. 非油品营业额（万元）	8. 员工总数（人）
2001	56. 1	27. 4	146085	706	128. 1	31364	—	1659
2002	47. 1	27. 0	125559	670	160. 2	34139	—	1723
2003	55. 9	29. 4	172620	8467	124. 6	34596	—	1685
2004	66. 1	38. 2	234140	14816	100. 1	40090	—	1768
2005	72. 1	42. 2	297131	38190	107. 8	43262	—	1592
2006	66. 8	47. 0	325373	27212	121. 1	48749	—	1545
2007	69. 6	49. 5	357643	22090	150. 4	37410	—	1533
2008	71. 5	54. 2	437422	15558	161. 7	44749	72	1598
2009	69. 6	50. 5	408368	22626	172. 1	48855	1443	1658
2010	74. 9	55. 8	504533	10053	189. 1	61621	3447	1514
2011	76. 9	64. 9	612565	12800	223. 0	65402	4927	1561
2012	83. 4	72. 8	683088	14918	202. 0	69602	6299	1624

表6—6—2　领导人员变动情况

姓 名	职 务	任职时间
陈宝生	副经理	2000.08—2001.01
	经理	2001.01—2005.01
	副经理（主持工作）	2005.01—2006.07
	经理	2006.07—
	党委副书记	2011.12—
王跃兵	副经理	2003.02—2005.01
	党委副书记（主持党委工作）、纪委书记	2005.01—2008.04
	党委书记、纪委书记	2008.04—
包 胜	副经理	2011.12—
卑 锐	副经理	2011.12—
吴和林	副经理	2012.09—
刘志明	党委书记、纪委书记	1996.02—2003.02
黄 英	副经理	1999.03—2005.02
季剑兵	副经理	1999.03—2002.06
朱建超	副经理	1999.03—2003.02
	党委副书记（主持党委工作）、纪委书记	2003.02—2005.02
许松茂	总经济师	2001.01—2003.02
邵建军	副经理	2001.07—2008.04
孙世斌	副经理	2003.02—2006.07
张 弘	副经理	2003.02—2006.07
周彦山	副经理	2005.04—2008.04
刘照江	副经理	2008.04—2011.12
赵 骏	副经理	2008.08—2012.10

表6—6—3 历年荣誉

年份	姓名／项目／集体	荣誉称号	授予单位
2003	南通石油分公司	流通业贸易销售十强企业（2002 年度）	南通市政府
2004	南通石油分公司	南通市商贸流通十二强企业	南通市政府
2005	南通石油分公司	2004 年度南通市商贸流通十二强	南通市政府
2005	顾忠辉	南通市劳动模范	南通市政府
2006	南通石油分公司	2005 年度安全生产目标管理先进单位	南通市政府
2006	南通石油分公司	南通市现代流通明星企业（2005 年度）	南通市政府
2006	南通石油分公司	十六届运动会先进集体	南通市委市政府
2006	顾忠辉	江苏省劳动模范	江苏省政府
2007	南通石油分公司	2006 年度南通市现代流通明星企业	南通市政府
2008	南通石油分公司团委	江苏省五四红旗团委	共青团省委
2009	南通石油分公司	2008 年度全市商品销售十强企业	南通市政府
2010	南通石油分公司	2009 年度南通市商贸流通保增长明星企业	南通市政府
2011	南通石油分公司	南通市 2010 年度安全生产目标管理先进集体	南通市政府
2011	南通石油分公司	2010 年度应急管理单项考评先进单位	南通市政府
2011	南通石油分公司党委	先进基层党组织	南通市委
2011	李鑫龙	南通市劳动模范	南通市政府
2012	南通石油分公司	南通市 2011 年度安全生产目标管理先进集体	南通市政府
2012	南通石油分公司	南通市 2011 年度商贸流通 50 强企业	南通市政府

第七章 连云港石油分公司

连云港市位于江苏省东北部，毗邻山东省，是我国14个沿海开放城市之一。全市总面积7446平方千米，现辖新浦、海州、连云3个区和赣榆、东海、灌云、灌南4个县，全市常住人口达439万，2011年地区生产总值1410.52亿元。

连云港石油分公司(简称连云港分公司)是中国石化在连云港区域经营成品油业务的大型骨干专业公司，是连云港地区最大的成品油供应商，主要从事汽油、柴油、煤油及润滑油等产品的储存、零售、直销、分销等经营业务。连云港分公司下设综合办公室、人力资源科、党群纪检科、经营管理科、基建管理科、安全数质量科、财务核算部、实物资产科、信息工作站、零售管理部、商业客户部、非油品经营部等部门，以及赣榆、东海、灌云、灌南4个县公司。

截至2012年底，公司固定资产24036万元，共有在营加油站108座、油库2座，库容41700立方米，非油品便利店100座；2012年销售成品油44.1万吨，市场供应比例达61%，销售收入349209万元，利润9115万元。共有人员1122人(其中在岗正式工140人、劳务工982人)。

公司以先进的科技手段，不断提高企业的管理水平。2002年底，ERP成功上线，实现物流、资金流和信息流的三流合一；2003年，HSE管理体系全面推进，构建了企业本质安全的运行网络；2004年，IC卡全部联网成功，实现“一卡在手、全市加油”。

2001年，深化零售体制改革，实现了经营工作重心转移，2003年，连云港分公司在大力发展网络、提升品牌形象的支撑下，零售规模逐年扩大，年销售总量由2001年12.8万吨，提高到2012年的37.33万吨。

连云港分公司2001—2012年主要经济指标见表6—7—1，领导人员变动情况见表6—7—2，历年荣誉见表6—7—3。

第一节 经营工作

一、整体情况

连云港市是江苏成品油销售的北大门，区域内成品油市场特点具体表现为竞争主体多元化。连云港区域共有成品油经营单位5家：中石化连云港分公司、万联能源集团、中石油连云港分公司、江苏新海石化有限公司和中国船舶燃料总公司连云港公司；区外对本区域形成辐射较强的经营单位主要有盐城中油和山东地炼等。江苏新海石化有限公司自2008年投产以来，对连云港乃至苏北成品油市场竞争格局及成品油销售格局产生了重大影响。公司直分销经营面对四大经营单位和地方炼厂的全面夹击，使连云港直分销价格一度成为全省的洼地。

长期以来，针对不同的市场环境，连云港分公司以市场为导向，以客户为中心，做大、做强、做优经营，成品油经营量从2001年的24万吨增加到2012年的44.1万吨，增长83.75%，年均增幅6.98%，其中零售量37.33万吨，直销量6.7万吨。经营总量分别在2004年、2010年突破30万吨和40万吨。利润从2001年亏损1998万元到2012年实现盈利9115万元。在营加油站从2001年的81座发展到2012年的108座。

2003年连云港分公司坚持理性经营，优化物流调度，全面增强市场调控能力，进一步理顺管理体系，推进油站整治，增强了零售整体竞争能力。

2004年连云港分公司以建设具有核心竞争能力的强势企业为目标，以经营创效为核心，紧扣市场，突出零售、强化配送，统一运作，经营水平显著提升。2004年，销售量突破30万吨。

2005年在理顺经营指挥体系、增强资源保障能力的同时，连云港分公司加强与竞争对手的合作，竞争合作战略初显成效，在资源紧张时，成功收购了中油、中船燃气柴油资源，实现了资源的互补。

2006年，连云港分公司销售规模取得较大突破，实现销售量38.37万吨，同比增长7.5%，完成省公司年度计划的106.7%。销售结构得到优化，经营质量进一步提高，零售比重大幅提升，零售比重高达73%，同比提高5个百分点。2006年，公司盈利能力不断提升，吨油毛利增长较快。实现销售收入18亿元，毛利10891万元，同比增幅53%；利润5468.6万元，完成序时进度的637.41%，与2005年同期相比增加3080万元，增幅129%。

2007年，细化经营方案，规范市场运作，市场保供能力进一步增强。连云港分公司制定周密的保供预案，在现场管理上实行一站一策，分类保供，开设柴油专用通道，并在20个主力加油站实行公开承诺，增设临时投诉电话，接受客户监督，树立中石化品牌形象。

2008年，强化“创优进取、争先进位”的意识，深入开展“比差距、找问题、精细管理”活动。保供期间，坚持“稳零售、增直销、多创效”的经营策略，停止规定以外的一切加油站灌桶行为，实现零售客户转直销，增效106万元。在全力保供的过程中，彰显中国石化“有实力、靠得住、负责任、信得过”的品牌形象。在下半年市场需求急剧回落的逆境中，连云港分公司及时开展零售和直销两个“百日行动”，积极应对市场巨变，营造“大局为零售、零售保大局”氛围，全年实现经营总量39.6万吨，其中成品油销量39.2万吨，同比增长6.7%，增幅排名全省第一。

2009年，在成品油消费需求萎缩、价格频繁调整、市场竞争激烈的情况下，连云港分公司承载着“内忧外患”的挤压和苏北价格“屏障”的双重重负。零售适时开展“点对点”竞争，做活小额配送和灌桶业务，销量由一季度负增长26.8%至四季度正增长6.8%；直销瞄准港口，紧盯工程，建立大客户联谊机制，同时抓县片区开发。全年直分销销售12.97万吨，计划完成率110%，全省排名第一；同比增长27.4%，全省排名第三。

2010年，成品油市场经历了从残酷竞争到柴油资源保供的剧烈变化，面对复杂多变的市场形势，连云港分公司加强市场调研，强化资源保障，捍卫市场份额。2010年经营规模实现历史性突破，销售量达41.48万吨。

2011年，连云港分公司加强基本市场建设，把零售作为培育基本市场、稳定经营规模、转变经营方式的重中之重；直销业务围绕构建基本市场主题，在销售政策发生重大调整和社会经营单位恶性竞争环境下，强化行动管理和客户维护开发。2011年，零售量提前实现30万吨历史性突破，终端市场比重99.3%，提高2.8个百分点。成品油销售量达41.07万吨。实现利润5573万元，同口径完成年度计划327.8%。

2012年，连云港分公司精心打造基本市场，做实经营，做强终端，量价兼顾主导市场，终端市场控制力和盈利能力稳步提升。零售占比由2011年的78.5%上升到2012年的83.7%；直销稳定基本市场，小配送业务累计客户总数25家，月均配送量达150吨；下半年积极组织开展东部港口地区市场调研，进军海上市场，成功开发月需求量450吨以上客户1家；非油突出主业地位，根据季节开展营销活动，同时开展重点商品销售劳动竞赛和专项营销，全年实现燃油宝销售193.99万元，同比增长23.69%；实现烟草销售2346.3万元，同比增长40.5%，实现毛利177.2万元。

二、零售工作

1. 加油站管理体制变革

2001年11月，根据省公司统一部署，对加油站的管理体制实施变革，零售实行CORO管理模式。公司经过招标、投标、竞标等程序后，产生了32个管理公司，负责分公司加油站的经营、管理。2003年，根据新形势、新要求，调整了加油站管理体制，取消CORO模式，按照加油站的地理位置、加油规模等，实行零售片区经理管理模式，加油站由零售片区属地管理。

2010年，在零售片区管理加油站的同时，连云港分公司对35座2000吨以下小站实行委托管理，其余的加油站仍由零售片区管理。

2. 加油站的整治活动

2003年起，连云港分公司先后开展加油站整治、百日竞赛、规范化管理等活动，并大力在加油站推行“加油八步法”和“卸油十步法”。通过这些活动的开展，规范加油站的安全、卫生、账表册、服务等各项基础管理工作。

2007年起，连云港分公司下达星级站建设方案和推进计划，截至2012年，拥有星级站20座，其中四星级及以上站7座，三星级站13座。

3. 零售经营的多种措施

2004年，连云港分公司全面实施加油站“文明形象、加油IC卡、全员培训”三大工程，加快零售专业化经营管理步伐，提高经营管理水平。

2005年，“十运会”4个项目在连云港市举行，连云港分公司开展以“规范服务、服务十运”为主题的“为十运添光彩，争做优秀石化人”竞赛活动。

2007年，在油品供应短缺时期，连云港分公司适时建立零售市场保供机制，重点突出保供和维护加油站安全供应秩序。经过分类保供，客户分流，强化现场，落实监督，使加油站现场秩序井然，加油通畅，客户满意。

2008年，开展零售市场调研，利用客户档案，开发现实或潜在客户、加大大站培育力度、做好系统营销策划工作，并重点加强听装润滑油销售，加强对市场的预测和分析工作。

2009年，各零售片区针对零售价远高于批发价，销量萎缩的现状，适时开展“点对点”竞争，做活小额配送和灌桶业务；优化小站运营模式，实现了万吨站零的突破；开展“持卡加好油”，IC 卡进社区、进单位、进厂商的“三进”专项营销活动。

2010 年，连云港分公司加强对竞争对手情况的调研分析，对接目标市场，确定开发重点。同时，贴近市场，灵活应对，积极实施点对点竞争、油非互动、小额零售配送和大站培育措施；实施“百人访百户、百人拓百户、百人盯千户”“三百”方案，与移动和汽车 4S 店建立战略合作；加大支农惠农力度，上门服务发放农机“双优卡”1883 张。

4. 优化经营结构与经营成绩

2004 年，连云港分公司加快高标号汽油布点速度，在高速增加 $97^{\#}$ 汽油，取消 $90^{\#}$ 汽油的销售；在赣榆、东海的城区站及其他的一些农网点尝试提供 $93^{\#}$ 单一品种，增加高标号汽油的销售，同时在广播电台等媒体加大高标号宣传和推介力度，加强对员工高标号汽油知识的培训。

2006 年，连云港分公司零售比重大幅提升，零售比重高达 73%，同比提高 5 个百分点。

2009 年以来，各零售片区通过创新营销，做优结构，培育基本市场、稳定经营规模、转变经营方式，相继充实了零售大客户经理队伍，对区域内售卡充值网点进行规划布局，整合服务功能，建立多功能服务厅。

2011 年，连云港分公司继续实施“百人访百户、百人拓百户、百人盯千户”的经营方案，围绕“325”工程实施加油站进档升级计划，实现万吨站 3 座，5000 吨级以上加油站由 14 座增加到 20 座。持卡消费比重 33.8%；2011 年发放“农机双优卡”1414 张，并荣获省公司“农机双优卡”推广先进单位。

2001 年，连云港分公司零售年销售量为 12.8 吨，到 2012 年，实现年销售 37.33 万吨，实现销售量增长 186.7%。

三、直分销经营

1. 经营体制变革

2001—2012 年，直分销经营管理体制经历了三个发展阶段：2001 年至 2006 年实行分片区经营，即在各片区设置片区主管，实行片区主管负责制；2006 年实行一体化管理，撤销县公司经营部，将计划业务科与配送部合并成立商业客户部实行一级管理；2010 年

送油下乡

重新设立县公司延伸管理职能，进一步强化市县一体化管理。

2. 直分销市场的变化

从2001年开始，直分销业务已从单纯面对山东岚山童海油库为代表的非标油冲击，转变为区域内中石油、万联能源、中船燃、新海石化等4家成品油经营单位和区域外山东地方炼厂及个体运销户、个人网点的多重冲击、多家竞争的局面。

3. 客户经理队伍建设

2001年以来，连云港分公司按照打造专业化营销队伍的原则，强化客户经理队伍建设。一方面实行动态考核制，客户经理人数从2001年的36人精简到2012年的14人。同时，完善经营激励措施，发挥动态考核的综合评价和激励作用；另一方面，定期开展专项培训，提高客户经理专业技能和业务水平，同时选拔、储备优秀后备客户经理。

2011年，重新界定客户经理职能，实现单条线客户经理向“轻润非”客户经理的转变，直分销客户经理润滑油销量同比增长20%。

4. 经营理念转变与经营成绩

2002年以来，连云港分公司适时调整经营理念，实现由单纯做大直分销规模，向规模、效益齐增长转变；从单纯做销售向主动服务转变；从抓客户数量，向抓客户质量转变。通过经营理念和措施的转变，在2006年以来的各保供时期，按照“必保、保证、一般”三个级别对基本客户进行分类，使有限的资源发挥最大的客户维护效应，客户购油率始终稳定在90%以上。

2011年，直销围绕构建基本市场主题，强化行动管理和客户维护开发，134家核心客户购油稳定率达95%，五大农场在分公司购油率达百分之百，并积极开拓小配送客户18家，月销售量达200吨。

2001年市场销售量10.78万吨，由于销售政策及竞争环境的改变，到2012年，市场销售量为6.7万吨。

四、非油品业务

1. 非油品业务的开展

2008年6月，连云港分公司正式开展非油品业务。在零售管理部增设非油品业务小组，非油品业务纳入零售日常管理。

2. 非油品业务的经营

2008年以后，非油品供货方式，采取供应商直送到门店的进货方式，商品销售定价由零售管理部制订下发，加油站按照规定价格销售，连云港分公司暂定损耗率为非油品销售额的0.5%，根据省公司下发的《非油品业务薪酬挂钩办法的通知》对加油站进行考核。

2008年9月，海信系统正式上线运行（手工账表同时运行）。2009年1月，海信系统单轨运行，对所有数据初始化录入系统，并对2008年签署的供应商数据维护到系统，对服务较差的供应商进行淘汰。

2011年1月，下发了《连云港石油分公司加快非油品发展实施意见的通知》，同时制定《内部员工易捷便利店消费实施办法》。

3. 非油品业务的管理

2009年6月，连云港分公司成立了非油品经营管理部，制定了《2009年连云港分公司非油品业务薪酬考核实施细则》，推动全员营销，鼓励多劳多得，全面、有效推进非油品业务发展。2009年实现便利店销售额694.6万元。

2010年1月，对供应商进行评价、续签合同并签署了《江苏石油分公司非油品业务人员廉洁从业规定》，并实现烟草分站分级管理。

2010年10月，非油品部制定下发了《非油品效益薪酬考核兑现实施细则》，鼓励扩量增效。

4. 非油品业务的经营成绩

目前，非油品在营便利店101座，其中旗舰店4座，精品店30座，标准店35座，简易店32座。

2010年实现便利店销售1805.75万元，2011年，实现便利店销售2618.08万元，综合排名位居全省二名。

截至2012年底，实现便利店销售2907万元，毛利466.5万元。

五、润滑油经营

1. 润滑油经营管理体制沿革

2002年之前，润滑油业务由连云港分公司直属管理；2002年以后，所有油品由省公司统一采购和配送；2007年后，又归口省滑润油公司统一管理；2012年7月，润滑油销售业务进行划转整合，业务划转至中石化长城润滑油江苏销售分公司，人员关系隶属中石化长城润滑油公司。

2. 滑润油市场情况

2004—2007年，润滑油处于市场无序竞争的状态，为此，制定了品牌与市场开发并进的经营政策，经营措施主要以拓展终端客户、整合客户群为主。

2008年开始，连云港分公司以销售长城润滑油为主，市场态势以品牌竞争为主，各项经营措施以围绕拓展终端客户、打造黄金客户而制定。

3. 润滑油经营设施

润滑油经营部在赣榆、东海、灌云三县均设立门市部，在市区连海路、解放路拥有2个门市部，有9只200立方米散装润滑油立罐。2007年又建立集公路、铁路收发货于一体、多功能的400平方米钢制大棚仓库。

4. 滑润油经营成绩

2001年的滑润油销量为2800吨，2010年、2011年两年的销量均稳定在3600吨。

第二节 网络建设

一、网络发展现状

2001—2012年，根据自身实际能力和城市布局，连云港分公司在市内和县内城区、道路主干线和高速、乡镇和水上，齐头并进，大力开展网络建设。2012年底，共实现在册加油站114座（其中有证无地的12座，关停的4座），在营加油站108 座。在营加油站占全市在营加油站总数的61%；按市场布局占有划分，市区及港区占68%、县级城区占67%、交通主干线占66%、农村乡镇占77%。

在营108座加油站中，其中2001年前建设发展的有41座，2001—2012年间建设发展有71座（其中全资新建32座，收购29座，租赁10座）。

二、加油站改造更新

2005年以来，连云港分公司在加油站的改造上，按标准站和精品站的要求，进行形象出新，先后对101座加油站进行改造，增加非油品便利店；对所属全部的加油站安装视频监控，实现电话与公安系统联网的CK报警，提升加油站的安全和报警功效；对21座汽油罐安装抑爆器材，减少油品损耗，增强储油罐的安全系数；对所属全部的加油站加油机安装IC卡加油设施，能与全中石化系统任一加油站实现联网加油和自助加油；对所属23座加油站的储油罐安装液位仪，提高加油站计量管理水平。

2012 年初，连云港分公司又陆续分批、分期对加油站实施油气回收改造工程，至年底，完成油气回收改造加油站 23 座。

三、实践网络扩张

2001 年 4 月和 8 月，省公司黄彪书记和周立和总经理分别率队会见了时任连云港市市长陈震宁和副市长周保法，与连云港市人民政府就与壳牌公司合资事宜、市政规划和市政府搬迁的资助事宜以及在市区新建加油站等问题进行磋商。通过两次洽谈，市政府同意今后几年连云港分公司在市区规划建设 14 座加油站，并为以后加油站建设得以分期实施提供保证。

在 2001—2004 年的 3 年多时间内，在市政府以及相关部门的大力支持下，连云港分公司共全资新建、收购和租赁社会加油站点62座。

2002—2005 年，连云港分公司通过参股、租赁、联营等方式，使海边和水上网点由 2 座扩展到 8 座，扩大了柴油销售量。

2007 年，连云港分公司由于完成全资新建和迁建加油站 11 座、改造精品和样板加油站 9 座、维修改造加油站 3 座、完成土地储备 3 宗，专项成绩优异，获得省公司基建工作先进单位称号。

2010 年，连云港分公司响应国家能源调整战略，积极推进天然气发展，制定建设加气站和城市便利点的 5 年规划。同年，在灌

新建灌南东郊加气站

新建的板桥加油站

南县城区建成加气站 1 座。2010—2012 年，在市区、港口和东海县区域内获得市政府批复的加气站建设权 5 座，2011 年秋在市区内建成城市便利点 1 座。

四、调整网络结构

2005—2007 年，根据基础设施建设和市政规划、市场环境和量利考核等因素，在网络状况评估的基础上，连云港分公司分别对部分加油站进行结构优化，关停加油量和盈利能力较低，即次要乡镇、非主要交通干线和水上的加油站点 3 座，退租加油站点 16 座。

2005 年，通过各种渠道，办理已收购的 12 座加油站的土地用地手续，即从原单位名下变更到连云港分公司名下。同时，将已在营、土地属出租性质及租赁经营的 3 座加油站，通过关系协调，收购办理到连云港分公司名下。

五、应对投资环境变化

2001 年以来，连云港分公司投资管理领导小组始终坚持对网络发展规划、年度工作计划、投资项目、基建进度和网络发展考核等，坚持月例会制度，分析基建形势，布置和下达基建工作任务，保持投资基建项目和考核的决策透明。

2007 年后，在网络扩张和发展过程中，正确应对建设环境和城市布局规划的变化，规避网络建设风险。同时，在对待拆迁站问题上，做到主动积极与政府部门沟通与协调，

减少因拆迁带来的网络损失。

2008年，实现平山加油站拆一补二的目的，既达到在原地重建1座加油站的目的，又将另1座加油站建在徐圩新区的空白点。2009—2011年，保证市区的华侨站、灌南的环城路站和赣榆的城西站在城区改造中不被拆迁，实现在原地进行改造的初衷。2010年，在东海县城区的改造中，经过努力，保证城北加油站不影响经营、不被拆迁。

六、紧跟城市建设发展步伐

2008年以来，在国家和省政府的支持下，连云港市城市发展规划已经形成，连云港市处于沿海大开发、大发展时期。针对新规划的临港产业区、徐圩新区、滨海新城区、南翼的灌河工业区和北翼的柘汪海头重工业区等，连云港分公司相继制定了网络跟进的发展规划。

在中石化总部与连云港市政府2011年签订的《关于共同合作发展连云港原油码头、储备及炼化一体化项目框架协议》的推动下，2010—2012年，连云港分公司与市徐圩新区多次商谈在徐圩新区226云湖服务中心建设加油及加气的项目合作协议。

第三节 储运设施

一、仓储体制变革

2001年7月，省公司对仓储体制进行改革，成立区域仓储分公司，同年9月，按《江苏石油仓储分公司组建方案》的要求，连云港石油仓储分公司正式运营，6座油库被划入区域分销配送库。

2007年5月，省公司决定进一步完善物流一级管理体制，制定实施《完善物流一级管理改革方案》，在营2座油库上划省物流中心管理。

2011年7月，根据《江苏石油分公司物流管理体制优化方案》和《关于调整物流体制优化工作流程的通知》精神，油库调整为连云港分公司属地管理。自2011年8月起，在营2座油库又重归连云港分公司管理。

二、油库数量的变化

2001年初，公司有6座在营油库：临洪油库、联顺油库、锦屏油库、东海牛山油库、灌云东方红油库和灌南新安油库；1座关闭油库：赣榆城南油库。目前，赣榆城南油库的土地已经移交县政府。

2001年6月，锦屏油库关闭，2007年拆除专用线和车站泵房；2001年12月，赣榆城南油库被拆除；2003年，灌云东方红油库关闭，2007年拆除；2003年，灌南新安油库关闭，2008年拆除；2005年，东海牛山油库关闭。对已关闭油库，公司均安排专人看库。

三、临洪油库

临洪油库是一座近60年的老库，2003年4月，临洪油库作为销售公司标准化油库改造试点单位，正式启动改造工程。

该次标准化油库改造，重点完善收、发油、消防、信息系统等相关工艺设施的建设。改造后油库以收、发、储存汽、柴、润滑油业务为主，进货采用铁路接卸，一次可卸收48节铁路槽车；拥有31个陆路发油货位，采用微机发货。2004年，又进行发油自动化改造，增加了油罐自动计量和计算机控制发油。

2005年，按省政府要求，在苏北五市推广乙醇汽油消费，临洪油库进行苏北乙醇调配中心建设和配套工程改造，新建2座500

立方米的燃料乙醇储油罐，同时，拆除12座散装润滑油储油罐。

临洪油库以收、发、储存汽、柴油业务为主，拥有储油罐17座，总容量2.57万立方米，其中汽油1.15万立方米、柴油1.2万立方米、燃料乙醇0.1万立方米。

2001—2007年，临洪油库被省公司分别评为二星和三星级油库；2008—2012年，连续被评为省公司先进油库。

2003年改造前，油库年吞吐量为16.3万吨。改造后，吞吐量逐年增加，到2012年，全年吞吐量为54.04万吨。

四、联顺（合资）油库

联顺油库位于连云港港口集团公司危险品库区，占地11800立方米平方米，总容量16000立方米。油库依托港口，充分发挥水路、公路运输之便利，以收发柴油为主。

2001年投产之初，全年吞吐柴油为3万余吨，到2012年，全年吞吐柴油58.4万吨。

自2005年以来，联顺油库连续7年被评为达标油库。

改造后的临洪油库铁路卸油栈桥

第四节 企业管理

一、管理体制调整

1. 市、县公司一体化运作

2003年，连云港分公司实行一体化运作，以零售公司为主体，组建区域零售中心；以县公司零售经营部为基础，组建县级零售片区，隶属于区域零售中心；以配送公司、润滑油公司为主体，组建区域商业客户中心；以信息、分销等岗位和2个油库为主体，组建区域物流中心。

一体化运作后，灌云分公司和东海、赣榆、灌南经营部的名称对外仍保留，只设经理1人，由相应的零售片区主管兼任。

2. 完善县级公司管理体制

2010年底，按省公司要求，完善县级公司管理体制，规定县级公司是分公司市场和管理范围的重要组成部分，县级公司是分公司职能延伸的机构，人员为分公司委派人员。

县级公司根据工作需要，按照“宜专则专、宜兼则兼”的原则进行了人员定编。县级公司主要承担统筹协调地方公共关系、负责县级市场业务的开展、负责县公司人员管理和区域安全、维稳等工作。

二、安全管理

2001—2012年，连云港分公司建立HSE管理体系，积极开展“我要安全”主题活动，重点开展危害识别、风险评估和隐患排查、治理工作。强化HSE委员会职责，增强全员安全意识，企业实现了安全运营，并在2008年奥运安保、建国60周年安保、世博安保等安全保卫工作中成绩显著，获得省平安企业称号，2011年又荣获连云港市安全先进单位称号。

1. 安全管理机构

2002年，成立连云港区域HSE委员会，公司经理任安委会主任，书记和副经理任安委会副主任，各部门主要负责人和分管零售安全的负责人任成员的HSE委员会，指导、开展公司年度HSE工作，并每月定期召开一次HSE工作专题会议。

2. HSE体系建设

2004年3月起，连云港分公司HSE体系开始正式运行，每年逐级签订HSE暨数质量责任书及全员签订HSE承诺书等措施，开展“我要安全”主题活动，建立“各级一把手负总责，分管领导负专责，班组人人负其责”的安全工作责任体系。确立了领导干部要害（重点）部位定点带班制度、“两特”（特殊作业、特殊时期）领导干部的联系制度、2座油库、部分重点加油站及A类不符合项整改与公司领导干部定点挂钩的联系制度等。

3. 安全检查与安全教育

2001—2012年，连云港分公司始终坚持“四级”的安全检查与专项安全检查相结合的办法，对发现的事故苗头和事故隐患及时上报处理，如一时处理不了，及时挂牌警告，限期整改。

2001年以来，连云港分公司始终坚持重大活动和各重大节日前进行安全教育；坚持对各重大项目进行危害识别和风险评估，在各施工单位的施工人员进场前，对其进行安全审核和安全教育，现场进行考核；坚持对新进员工进行安全培训，做好“三级”教育。同时，定期对所有员工进行未遂事故教育和“八小时外”的专题安全教育等。

4. 应急预案与消防基本功演练

2001年以来，特别是在2003年HSE体系运行后，连云港分公司每年进行各种应急预案的修订和完善。油库、加油站每月进行预案演练，公司机关大楼每隔半年也进行一次应急预案演练。

2001年以来，连云港分公司认真组织消防基本功训练，每隔2年开展1届消防运动会，现已经开展5届。自2007年起，在省公司举办的历届石油系统消防运动会上均取得了较好的成绩：2007年获得石棉毯模拟灭油罐车罐口火灾第二名；2009年获得团体总分第三名；2011年获得团体组织奖等。

员工消防实战演练

三、计量管理

1. 计量管理制度

2007年8月，省公司出台10个计量管理制度，2008年9月，省公司出台《加油站油品V20口径下油品损溢管理考核办法（试行）》，对以上几个计量管理制度，连云港分公司认真贯彻执行，并按月组织考核。

2007年11月，连云港分公司出台《连云港石油分公司封签实施细则》，加大对加油站和拉运油油罐车的损耗管理力度。

2001—2012年，连云港分公司积极配合计量执法部门对加油机精确度定期进行校验，逐年定期对各加油站加油机铅封进行专项检查。通过检查，至今未发现违规现象。

2. 计量人员培训与校正储油罐容积

2004—2012年，为保证加油站计量人员合格，做好油品计量管理工作，连云港分公司分4期组织所属加油站的站长、油管员和领班，进行计量专门培训，共有253人参加，培训合格242人。同时，为临洪和连顺两油库培训通槽计量员12名。

2006年10月，为维护加油站计量数据的准确性，连云港分公司购进1台油罐容积校正设备，对加油站油罐容积表进行编制工作。截至2012年底，共完成95座加油站、375只油罐容积的检定和修编，共节约油罐检定费近100万元。

3. 油品损溢管理

2001—2012年，连云港分公司采取多项措施，加大对油库、加油站油品损溢的管理力度，使油品损耗幅度排名一直保持在全省前列。

2003年起，连云港分公司下发一系列油品损耗管理制度，强化对油品超损耗的处理力度，要求实现“零”损耗：一是超损耗部分由站长负担80%、油管员承担20%，在片区经理的监督下买单，将油品回罐；二是定期通报各站的损耗情况，分析不同站点和不同油品的损耗特点，找出存在问题，以利纠正。

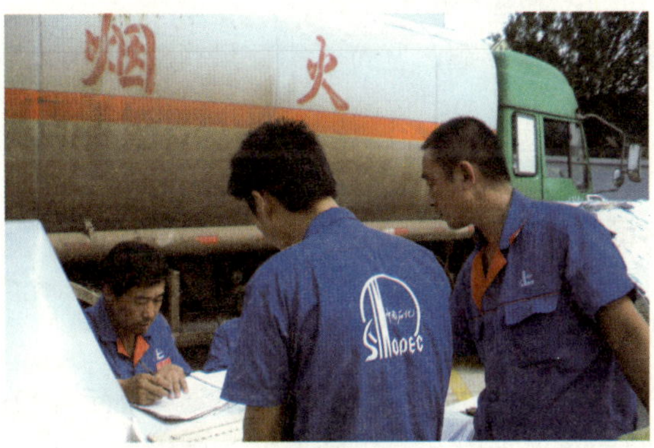

加油站计量员与罐车驾驶员进行单据确认

经过努力，2006—2012年，各加油站的保管损耗逐年下降。

四、油品质量和设备管理

1. 油品质量

2001—2012年，根据实际工作情况，连云港分公司逐年层层签订油品质量工作目标责任书，严格把握油品进出关，定期组织开展对加油站和油库的油品质量进行抽检，确保抽检油品、出库油品质量100%合格。对各个时期的油品升级换代工作，按照相关的数质量管理要求，严格把关，确保有问题的油不入库，有问题的油不出站。

2006年，制定下发了《油品质量抽检暂行规定》，严肃内部和外部油品抽检的操作程序，实现被抽检油品质量100%合格。

2007年，制定下发《自采油品质量管理暂行规定》，规定所有自采和外采油品必须进行A级化验，外采油品不得直接拉到加油站进行零售。

2. 设备管理

2001—2006年，设备管理采用台账管理模式，按部门、按站形成设备管理台账，并在设备使用过程中形成设备的运行维护台账。

2006年后，连云港分公司实现设备管理PM模块上线运行，实现设备在系统中的统一管理，通过收集各部门、各库、各站的设备信息整理维护进入系统，在系统中形成全公司的设备台账，并通过新增、更改等操作将设备运行过程中相应的新增、调拨等情况同步维护到系统中，实现设备的在线管理。

2011年，连云港分公司EM设备管理信息系统上线运行。EM系统在应用PM系统的设备主数据管理的同时，又增加维修管理、台账管理、专业管理等模块。

五、信息工程

1. 加油卡系统建设

2003年，连云港分公司开始发行和推广加油IC卡，年底首批6座油站开始发行和推广加油IC卡，有1个发卡充值网点。截至2012年底，已实现卡机联动站102座，待上线站4座，建成加油卡发卡充值网点98个。

2. 便利店系统建设

2009年，加油站便利店海信管理系统开始上线使用。截至2012年底，建成100座门店。

3. 加油站信息化建设

2005年，加油站开始使用省公司统一推广的机制报表管理系统，初步实现加油站经营数据的系统化管理，2010年，开始统一推广中石化的加油站零售管理系统，实现加油站人、财、物在线统一管理。

2005年1月，新光、人民西路站安装液位仪，加油站库存首次进入液位仪管理，实现油罐数据的自动采集。截至2012年底，共拥有液位仪加油站23座。同时，实现液位仪系统与零售管理系统的接口，使零售管理系统能够直接从液位仪系统进行直接取数，保证数据的及时性和一致性。

2006年起，通过信息化应用，连云港分公司实现所有加油站油品二次物流的主动配送。

六、财务管理

1. 财务管理体制

连云港分公司财务管理随着核算体系的改进，经历三次较大的管理体系改革：2002年取消县公司核算机构，实现分公司一级核算；2005年营业室功能划转纳入财务体系管理；2010年初财务全省统一账套和取消县片区营业室，形成“会计集中核算、税款按收分配、资金集中管理、商品统进分销、预算集中控制、人员条线管理”的财务管理体制。

2. 资金管理

2001年以来，特别是2009年后，通过分账户资金管理方式的实施，对资金实行“统一账户、适时汇兑”账户管理模式；落实“上门收款为主、护卫自缴为辅”的安全管理模式。

3. 资产管理

2002年实行SAP试运行，2004年4月实现单轨运行，2010年实行全省统一账套下分利润中心核算。2011年完成三个合资企业SAP系统上线，对四个独立核算站的资金收支、税价控制、成本控制和获利能力分析实行集中管理。

2012年，通过SAP、TR模块、PS模块、EM系统、零售管控资金确认功能、拓展运用IC卡管系统等先进的信息系统，定期组织资产清查工作，提高营运资产贡献率。对低、无效资产的处置，坚持中介评估和公开出售，确保残值回收最大，减少效益流失，保证商品进销存账实一致。

4. 税务与发票管理

2001年起，税务管理主要抓税务风险防控和税务成本控制两个重点，实现直分销和IC卡增值税发票管理系统运用，解决换开增值税发票手工核对容易出现管理漏洞的问题。同时，做到严格审核发票报销，实现发票自查日常化，杜绝非法票据入账。

5. 预算和费用管理

2001年起，坚持“实行预算刚性执行、科学降本控费”原则，合理分解预算和费用指标。通过SAP基金中心的预算控制，实现各种费用的严格控制。

七、综合管理

1. 法律事务与合同管理

2001—2012年，连云港分公司逐年开展和完善普法宣传、纠纷诉讼、打假维权及工商事务等法律基础工作，并下发一系列文件，细化各项工作流程，以制度的形式对“事前预防”、“事中控制”和“事后补救”作出明确规定。

2001 起，所有应用的合同和协议，都按规定程序经过审核、审查和审批，重大合同与事项由聘用的常年法律顾问进行审核。2011 年后，合同审批程序进行上线管理。

2. 档案管理

2001 年起，连云港分公司利用原有的档案室，陆续将原 4 个县公司的档案集中管理。2011 年，将档案室按新标准进行扩建，并通过市档案局的检查验收。

3. 公务车管理

连云港分公司一直坚持对公务用车实行集中管理，2007 年和 2009 年分别下达《连云港分公司公务车管理规定》，做到公务车使用有计划安排、费用有指标、完成任务后按时回库。

第五节 党群工作

一、党的基层组织建设

2010 年以前，连云港分公司党委名称为中共江苏省石油集团有限公司连云港石油分公司委员会，纪委名称为中共江苏省石油集团有限公司连云港石油分公司纪律检查委员会；2010 年，党委名称更名为中共中国石化江苏连云港石油分公司委员会，纪委名称为中共中国石化江苏连云港石油分公司纪律检查委员会。

连云港分公司党委下设机关、物流、零售、老干部和 4 个县公司等 9 个基层党支部，目前共有党员 176 人，其中包括预备党员 19 人。

2003 年，在学习实践“三个代表”的活动中，连云港分公司党委中心组成员学习集团公司关于《学习贯彻“三个代表”重要思想，继续推进中国石化改革发展》的重要讲话精神，结合经营形势和工作实际，提出连云港分公司生存发展中所面临的“十五个怎么办”。

2005 年 7 月，连云港分公司党委开展先进性教育活动，同时，开展“六查六反思”主题活动，党委向所属支部、客户发放了征求意见表 76 份，牵头召开各类座谈会 11 次，对查找出来的 15 个问题全部整改到位，群众满意率达到了 97.5%。同时，开展机关作风建设活动，提高机关的工作效率。

2008 年，开展“双促”活动，通过公开向员工征求意见、机关为基层服务、帮扶救助、干群连心卡等措施的实施，促进企业内外和谐发展。并组织党员开展向南方受灾地区和四川汶川地震灾区“送温暖献爱心”捐款活动。

2001—2012 年期间，连云港分公司党委和各支部坚持“三会一课”制度，党委每年都开展民主评议党员活动，定期召开领导班子述职、述学和述廉大会，中层干部和职工代表均参加评议。

二、宣传和思想政治工作

2002 年 12 月，连云港分公司举办《“向我看齐”是新世纪党员应有的声音》专题党课，并邀请市十六大代表到公司开展一场十六大精神宣讲报告会。

2004 年，举办以“加强执行文化、大兴真抓实干之风”及“学习贯彻十六届四中全会精神，提高党员干部能力建设”为主题的党课。

2005 年以来，连云港分公司各党支部，陆续设立党员活动室，各基层单位设有宣传栏，及时传达分公司重要工作指示，真实反映经营管理工作成效，适时开展事务公开。同时，搞好外宣工作，利用“3·15”、质量活动月等各种活动宣传企业，并积极组织向《江苏石油》、《中国石化报》及地方的电台、电视台投稿，提高企业的知名度。

2011 年，连云港分公司主办省公司党建思想政治工作研讨会。

三、企业文化

2002 年 1 月日，连云港分公司下发《企业文化建设实施大纲》，对企业文化建设进行总体性规划。2008 年，出台《连云港分公司企业文化建设实施方案》。

2002 年 9 月起，连云港分公司先后举办“论企业文化建设兼论共产党员在企业文化建设中的作用”、“实施流程规范”、“安全在我心中”、“弘扬五四精神，岗位建功立业”、“做企业信任、员工尊敬的好站长”等主题演讲会。

建党90周年文艺演出

2010 年开始，连云港分公司自拍以企业内部先进典型和专题安全教育为主的 DV 短片 16 集，创新企业文化发展形式，并积极参与企业以外的各类文体活动。

四、工会工作

连云港分公司组成工会委员会，并成立女职工委员会。2001—2012 年共召开 25 次职工代表大会。职代会上，职工代表讨论通过《2002 年资产经营目标考核实施办法》、《2006 年经营管理目标考核方案》、《分公司职工互助互济基金管理使用办法》、《连云港分公司 2009 年度经营管理目标考核暂行办法》、《江苏石油分公司非油品业务人员廉洁从业规定》等多项规章制度。

五、共青团工作

连云港分公司团委下属 6 个团支部，目前有团员 59 人。

连云港分公司团委以“青年文明号”创建活动为抓手，围绕公司中心工作，组织开展各类集体活动。2004 年 4 月，组织部分青年团员赴徐州淮海战役纪念塔接受了爱国主义教育。2005 年到 2012 年中，每年都组织青年骨干到青岛海尔集团参观学习和进行拓展训练。2005 年 3 月，朝阳西路加油站被授予中国石油化工集团公司“巾帼文明岗”，团委被授予“五四红旗团委”称号。

六、关爱员工情况

2007 年 2 月，连云港分公司设立“连云港分公司职工互助互济基金”，在岗员工每人每月自愿缴纳 5 元钱用于对困难职工的帮扶。同时，成立扶贫基金管理委员会，管理、运用省公司下拨的扶贫基金、互助基金等。还积极开展“双促”、“四个一”、“四助”、“五必谈”、“五必访”等活动，每年为员工办十件实事，定期组织职工体检，建立职工健康档案。

2011 年，连云港分公司共帮扶 353 人次，发放救助金 16.9 万元；党员个人 78 人参与

“一帮一”、“多帮一”活动，共结对帮扶67人次，钱物合计2.27万元。

2006年以来，各加油站陆续建立小食堂，解决员工就餐困难，同时，每年开展厨艺比赛活动。2011年后，各县级公司也陆续建起小食堂。

七、纪检监察工作

2001年起，连云港分公司党委、经理室每年初与各部门负责人签订《党风廉政建设责任书》。制定《连云港分公司三重一大集体决策实施细则》，制定《领导人员重大事项报告制度》。

2003年3月，在连云港分公司党委召开的年度纪检监察会议上，分别与零售等3个经营中心、网络开发办和存续公司签订了党风廉政建设目标责任书。

2009年，连云港分公司下发《连云港分公司廉洁文化“六进”实施方案》，党委分别与各支部签订了党风廉政建设目标责任书，经营条线负责人与客户经理签订了《廉洁从业承诺书》。

八、效能监察工作

2001年，连云港分公司成立效能监察活动领导小组，经理任组长、负总责。并分别对直分销业务、基建工程、物资采购、非油品经营等项目进行立项，开展效能监察活动。

九、信访与维稳工作

2005年12月，连云港分公司成立信访工作领导小组，下发《连云港分公司成立信访工作领导小组的通知》，同年12月，召开了第一次信访工作会议，会议研究了共性和个性问题的政策解释和宣传口径，并密切关注一些重点人物的动向和预案。

2006年2月，下发《连云港信访维稳工作办法》和《连云港分公司预防和处置群体性事件工作预案》等，明确责任，制定措施。每年排查信访突出问题，制定化解方案，采取“一案一策”方法，逐案化解信访突出问题。

第六节 员工队伍建设

一、用工制度的改革

2000—2001年，连云港分公司根据省公司统一部署和要求，开展协议解除劳动合同改革工作。遵循职工个人自愿、协商一致、依法解除劳动合同的原则，共有816人解除劳动合同。实现股份在岗、劳务派遣多种用工形式并存。

针对劳务用工不断增加的情况，2002年8月，连云港分公司下发《劳务用工管理办法》，规定劳务用工的使用和管理办法，明确劳务人员的合法权益。

二、干部与员工队伍建设

2001年起，连云港分公司党委以“四好”班子建设为目标，开展党建工作。同时积极做好后备干部队伍选拔，推进后备梯队建设。通过层层推荐、筛选，对已确定的后备中层管理人员、后备片区经理、后备站长，分别按照培养方案，进行集中培训和持续培养。

2008年，连云港分公司制定下发《提高员工文化、技能素质的意见》，员工文化、技能素质不断提升，队伍结构得到进一步优化。

截至2012年底，共有在岗员工1122人，其中大学本科以上88人，中级职称35人，高级职称1人。

三、绩效考核

2005年，连云港分公司绩效考核在以经营为主的基础上，相继增加管理指标的比重，考核周期也在月度的基础上增加季度考核和年度考核。

2009年，出台《基建投资专项考核办法》，加大对网络发展的奖励力度；2011年出台《比学赶帮超考核办法》，按月进行考核评比，并进行通报；2012年，调整非油品考核思路。

四、员工培训

1. 培训基地与师资力量

2002年9月，连云港分公司培训基地在原油运公司正式落成。同月“零售后备管理人员”培训班正式开课，17名大专生参加培训。

2008年，连云港分公司在市区朝阳西路、港口金球、赣榆纬三路、东海海陵、灌南东郊等加油站和灌云县公司建立片区培训教室，配备计算机、投影仪等教学用具。

截至2012年底，拥有兼职讲师17人，其中销售公司培训认证兼职讲师2人。公司领导、各部门负责人和经营管理骨干人员担任兼职讲师，为员工培训。

2010年组织兼职讲师技能汇展，在省公司举办的兼职讲师技能汇展活动中，翟海平获三等奖和PPT 制作单项奖。

2. 员工自学与相应的培训

2010年起，公司与淮海工学院商学院共同举办工商管理专业（市场营销方向）大专班，首期共有33名员工报名参加，有14名员工通过考试参加学习，另有21名员工自己报名参加各种学历教育。

后备站长在进行封闭化军事训练

2009年起，分公司对通过自学，提升文化和技能素质的员工进行奖励，共奖励员工256人次，奖励金额共计7万余元。

2009年，根据省公司部署，中国石化销售企业培训管理信息系统（TS）开始投入使用。

2011年6月，中国石化远程培训系统正式开通，截至2012年底，已有216名员工注册登录系统，进行相应的科目学习。

2009年起，连云港分公司和连云港警备区合作，组织开展军事化训练，至2012年底，已组织7期，168名员工进行培训。

3. 职业技能鉴定

2006年起，连云港分公司组织开展员工职业技能鉴定工作。截至2012年底，有技师9人，高级工175人，中级工195人，初级工460人。

李作室在2009年中国石化销售企业投资和项目管理人员技术比武决赛中获得银奖，并被授予“2009年中国石化销售企业技术能手”称号。桂建军荣获“集团公司2010年职业技能竞赛油品储运调和工铜奖”。孙存楼荣获“集团公司2011年职业技能竞赛油品计量工银奖”。

第七节 合资企业

一、连云港联顺石化有限责任公司

1998年5月，江苏省石油集团有限公司和中石油辽宁抚顺石油化工公司共同出资，成立了连云港联顺石化有限责任公司。2001年6月联顺公司（即联顺油库）投产运营。2006年，经该公司董事会决议同意：连云港联顺石化有限责任公司由连云港分公司实行全面托管。

二、连云港羽山油品销售公司

2005年3月，与江苏钟山宾馆集团有限公司合资成立连云港羽山油品销售公司，双方注资300万元，连云港分公司出资额153万元，占注册资本的51%，对方出资额147万元，占注册资本的49%。该公司于2006年在东海县建成加油站1座。在对外经营2年后，于2008年被连云港分公司收购。

三、连云港市华福石化有限公司

2010年8月，与江苏福如东海发展集团有限公司合资成立连云港市华福石化有限公司。合资公司注册资本1000万元，出资方式为现金，连云港分公司出资900万元，江苏福如东海发展集团有限公司出资100万元，合资公司经营期限为40年。

四、连云港市华建石化有限公司

2011年1月，与连云港市城市建设投资有限责任公司合资成立连云港市华建石化有限公司，合资公司注册资本5000万元，连云港分公司出资3250万元，连云港市城市建设投资有限责任公司出资1750万元，合资公司经营期限40年。

第八节 存续工作

一、清理整顿

2001年，企业重组与员工协解后，非上市公司实行集中管理、专业化经营，建筑、油品销售等业务有序退出，只保留油品运输、餐饮服务和资产租赁等主要业务。

2006年9月起，连云港分公司认真贯彻落实省公司关于土地、房产总体工作计划，按照要求规范操作，加强沟通和协调，提前完成21宗土地、4处房产的2次变更上移工作和2宗不能上移土地的备案工作。

2006年7月，连云港分公司成立清理整顿工作小组，清算注销58个多种经营项目，顺利完成清理整顿任务。

二、体制转换

2007年10月，中国石化集团江苏石油有限责任公司连云港石油分公司进行工商注销登记，成立中国石化集团资产经营管理有限公司江苏石油分公司连云港管理部，属中国石化集团资产经营管理有限公司江苏石油分公司的派出机构，负责连云港地区非上市部分的财务、资产管理和连云港地区的离退休人员管理，主要以资产租赁业务为主，兼顾非上市部分历史遗留问题的处理工作。

2009年底，成立实物资产科，与中国石化集团资产经营管理有限公司江苏石油分公司连云港管理部合署办公，受托管理非上市部分24宗土地和6处房产的运营与监管，年对外租金收入78万元、关联交易收入15万元。非上市部分人事、财务、法律等事务均由上市公司其他部门托管。

三、员工住房普查

2009年10月，根据省公司安排，对符合规定条件的1064名在职和离岗员工进行住房普查，并实施归档管理。

2011年10月，根据省公司房补政策，确定连云港地区应享受住房补贴实际为738人，于同年11月开始发放补贴，截至2012年底，累计为675名老职工发放住房补贴。

表6—7—1　　连云港石油分公司2001—2012年主要经济指标表

指标 年份	1. 成品油销售量（万吨）	2. 零售量（万吨）	3. 销售收入（万元）	4. 利润（万元）	5. 吨油费用（元）	6. 资产总额（万元）	7. 非油品营业额（万元）	8. 员工总数（人）
2001	23. 7	12. 8	59993	-1998	148. 4	29536	—	914
2002	24. 2	14. 5	61218	-1494	189. 5	28345	—	927
2003	26. 2	14. 9	77510	1254	176. 6	28818	—	862
2004	31. 8	19. 8	110579	2569	155. 6	29711	—	902
2005	35. 7	24. 0	141191	3285	130. 1	30918	—	920
2006	36. 4	26. 7	180833	10083	127. 8	31420	—	970
2007	36. 8	27. 0	188998	10958	149. 5	29900	—	989
2008	39. 2	29. 1	233639	9469	173. 8	35637	89	1048
2009	36. 8	23. 8	200598	3550	196. 4	35237	764	1069
2010	41. 2	27. 1	266706	6705	210. 8	39155	1807	952
2011	41. 1	32. 2	315938	8450	241. 0	39439	2618	953
2012	44. 1	37. 3	343137	9115	237. 8	44868	2907	1122

表6—7—2　领导人员变动情况

姓　名	职　务	任职时间
杨卫东	经理	2001.01—2002.04
	书记	2002.04—2002.06
桂善球	副书记	2001.01—2002.04
徐　光	经理	2002.04—2005.01
杨南忠	副书记	2002.06—2005.01
张济超	副经理	2005.01—2008.04
	经理	2006.07—2008.04
蒋必森	经理	2008.04—2012.07
丁扣根	经理	2012.07—
许克留	副经理	2001.01—2005.01
	副书记	2005.01—2008.04
	书记	2008.04—
吴建斌	副经理	2001.06—
纪　彬	副经理	2008.08—
王　新	副经理	2011.12—
范　海	副经理	2000.08—2008.02
段广民	副经理	2002.04—2006.07
卢大伟	副经理	2006.07—2009.06
聂金洪	副经理	2000.08—2002.04

表6-7-3 历年荣誉

年份	姓名／项目／集体	荣誉称号	授予单位
2001	连云港石油分公司	市文明单位称号	连云港市委市政府
2004	连云港石油分公司	青年文明号称号	共青团江苏省委
2004	连云港石油分公司	消防工作先进集体	连云港市政府
2005	连云港石油分公司	连云港市文明单位称号	连云港市委市政府
2005	连云港石油分公司	江苏省文明单位称号	江苏省精神文明建
2005	连云港石油分公司	消防工作先进集体	连云港市政府
2006	连云港石油分公司	青年文明号称号	共青团江苏省委
2007	连云港石油分公司	经济建设和社会发展嘉奖	连云港市委市政府
2008	连云港石油分公司	优化发展投资软环境建设进位单位	连云港市委市政府
2010	连云港石油分公司	十佳商贸流通企业	连云港市政府
2011	连云港石油分公司	安全生产先进单位	连云港市政府
2011	连云港石油分公司	优化发展投资软环境建设进位单位	连云港市委市政府
2011	连云港石油分公司	江苏省档案工作三星级单位	江苏省档案局
2011	连云港石油分公司	2011 年度全国企业文化建设优秀单位	中国企业文化研究会
2011	连云港石油分公司	平安企业	江苏省平安企业创建活动领导小组
2007	张济超	优秀企业家称号	连云港市政府
2011	蒋必森	优秀党务工作者	连云港市委

第八章 淮安石油分公司

淮安市地处苏北平原腹地，境跨古淮河两岸，北接连云港市，东毗盐城市，南连扬州市和安徽省滁州市，西邻宿迁市。全市总面积1.01万平方千米，总人口540余万人，辖清河、清浦、开发区、淮安区、淮阴区等5个区和金湖、洪泽、涟水、盱眙4个县，属于典型的农业大市。2011年淮安市“加快苏北重要中心城市建设”正式上升为省级战略，年内实现GDP 1690亿元，已连续3年增速在13%以上，后发优势逐步显现。

淮安石油分公司（简称淮安分公司）是淮安地区最大的成品油供应商，主要从事汽油、柴油、润滑油、车用天然气及易捷便利店非油品等销售业务。2012年销售成品油44.53万吨，市场供应比例达61%；实现销售收入35.28亿元，利润3860万元。

下设综合办公室、财务核算部、人力资源科、党群纪监科、基建管理科、安全数质量科、信息工作站、实物资产科、经营管理科、零售管理部、非油品业务部、商业客户部、非油品淮安中央仓、区域管道工程部等14个经营管理部门，楚州、金湖、洪泽、涟水、盱眙、淮阴等6个县公司。

截至2012年底，淮安分公司共有员工1243人（其中在岗正式工239人、劳务工970人）；公司固定资产3.42亿元；在营加油站144座、加气站3座；油库3座，总库容26950立方米；非油品便利店135个。

淮安分公司2001—2012年主要经济指标见表6—8—1，领导人员变动情况见表6—8—2，历年荣誉见表6—8—3。

第一节 经营业务

2001—2004年，淮安区域成油品资源相对宽松，供需基本平衡；2005年起成品油资源不断趋紧，同时根据江苏省政府在苏北五市率先推广乙醇汽油的决定，淮安分公司负责建设石桥油库车用乙醇汽油调配中心，承担淮安市车用乙醇汽油的调配和市场供应职能，2006年1月正式对外销售乙醇汽油。2007年资源进一步抽紧，到2008年演变为全国范围内的“柴油荒”。2009年起，资源紧张局面消失，淮安区域竞争战全面打响，主要竞争对手以资源、价格等手段抢夺客户。2011年7月起，淮安分公司进行车用柴油改造，2012年2月起首批在25座加油站挂牌销售车用柴油；2012年9月起开展车用天然气销售业务。

针对不同的市场、资源与竞争环境，淮安分公司紧紧围绕“两保三不降”、打造基本市场、打造黄金终端的经营指导思想，实施了“三大战略”，即2001—2007年全力“做大做强”经营战略，成品油销量由2001年首次突破30万吨上升到2007年的44.54万吨；2008年起实施“做强做优”经营战略，进一步做实经营、规范经营、防控风险，至2010年成品油终端销售比重提升至96.79%；2011年开始提出了“争创50万吨级分公司”的目标，量效稳步提升，经营结构持续优化，2011年在停止分销和现金销售的情况下（影响经营量近10万吨），销售成品油44.65万吨，较2001年增长44.08%；利润5985万元，较2001年增加7002万元；柴汽比2.17，较2001年下降2.05。

2012年11月，在淮安分公司的积极沟通协调下，本着“政企联手真诚合作，优势互补共谋发展”的原则，省公司与淮安市人民政府签署战略合作协议，就进一步加强合作、发展清洁能源、建设油气网络等达成共识，以促进中石化驻淮企业和地方经济的共同发展、合作双赢，这也是中石化销售板块省级公司第一家与地市级人民政府签署战略合作协议。

中石化江苏公司总经理吕建华与淮安市人民政府市长曲福田在“2012央企恳谈会”上签署战略合作协议。

一、零售业务

1. 零售经营

2001年起，淮安分公司围绕“得零售者得市场、得效益”的经营理念，针对日益加剧的零售市场竞争，建立了零售经营预警机制，实施分油站类型、分竞争地带、分竞争对手油站密集区、分销售时段的差异化定价和“点对点”竞争策略，并紧扣不同客户心理和市场消费特点，开展“好油加在中国石化，合家欢聚幸福人家”、“节日礼包大赠送”、“平安一路行”、“相约加油站”、“城区轿的中大奖，免费加油”、“迎春耕，送温情”、“牵手中石化，保险送到家”、“争做环保模范司机”、“营造放心消费环境”、“动力之夏”、“中秋、国庆、淮扬美食节”联动营销等活动，零售量持续提升。2012年实现零售量36.81万吨，较2001年增长138.87%；销售高标号汽油15.39万吨，较2001年增长1226.72%；高标号比重由2001年19.63%提升至100%，其中97#汽油比重提升至19.07%。

2. 零售管理

2001年，在零售部门下设达标创星考核办公室，全区配备22名片区经理，强化星级站管理培育和达标创星工作检查考核。2003年，实施零售一体化运作，对区域所属加油站实行一级直线管理。2004年，全面开展加油站“百日竞赛”活动。2005年起，建立零售督查队伍，推行油站员工星级制管理；片区经理全部移至所属片区加油站办公，实行靠前指挥、靠前管理。2007年起，全面推进加油站规范化管理，建立办公会成员、管理科室、零售部门、片区四级检查督查和帮扶指导制度，打造示范站和样板站，开展

“五倡导、五杜绝”活动，区分星级形象组、城区公路组和农网组进行优化考核排名，截至2012年底，实现管理四星级及以上站6座、三星级站17座。

3. 加油卡推广应用

2004年开始停用纸质加油券，8月开始推广中国石化加油卡，年内建立加油卡发卡充值网点7个，发行加油卡7025张。

2008年起，淮安分公司开展与电台联姻“相约中石化”、与移动公司联手积分兑换加油卡、“平安农机通”以及“油中感谢”、“持卡加好油、中奖中石化”、“加油卡充值刮奖”、“电子抽奖”、“办卡充值送保险”、“中奖中石化，格力送空调”等活动，同时拓展客户充值渠道，推出加油卡电话、短信、自助终端及网络充值等业务。截至2012年底，IC卡发卡充值网点扩大到133个；累计发行加油卡16.87万张，IC卡消费比重达37.61%。

2012年6月6日，中共江苏省委副书记石泰峰视察金湖城东加油站“三夏”双优供应工作

2010年，根据省公司与江苏省农机局的要求，淮安分公司开始推广中国石化江苏农机“双优”卡，对农机手提供优先加油、优惠充值的双优供应服务，截至2012年底，共发放农机“双优”卡6665张。2010—2011年连续2年被省公司和江苏省农机局联合评为“江苏农机双优卡”推广服务先进单位一等奖。

二、直分销业务

2001年，淮安分公司按照“批发就是配送”的经营理念，积极拓展配送业务，开始推行客户经理制，在全区配备26名配送客户经理，分片、分市场、分客户对象进行维护和差别化经营，年内实现配送量4.35万吨，同时拓展农村配送市场，全区发展农村特约经销户130家。

2002年起，围绕做大做强直销终端，实施“巩固提升本部市场，收复挖潜县级市场，有效辐射省际市场”的经营策略，积极推进客户满意战略，推行客户经理竞标客户、客户分级管理维护、社会化销售、全员营销及构筑客商感情营销活动，2010年销售直销量14.11 万吨，较2001年增长225.11%。

2010年6月13日，国家农业部副部长张桃林视察金湖城东加油站“三夏”农忙供应、农机作业油料保障等情况

2010年起，围绕做实做优直销经营，全力打造基本市场、基本客户，开展调研，健全客户档案，实行“一户一档”，将基本市场和基本客户维护开发责任细化到每位客户经理。特别是2011年起，引导客户支票购油，严控现金销售和分销销售（影响经营量近10万吨），控制已售未提，定期

发放客户询证函，不定期上门走访核实客户，直分销经营进一步规范和优化，截至 2012 年底，直分销客户总数 424 个，其中直销 394 个，分销 30 个；直销钻石客户 7 个，金卡客户 26 个，银卡客户 63 个，普通客户 239 个。

三、非油品业务

1. 非油品运营

2008 年 6 月，淮安分公司启动非油品业务，7 月在全省第一家办理 3 座便利店烟草证，年内开设便利店 34 座，销售非油品 109 万元。

2009 年 4 月成立非油品业务部，将非油品业务管理职能从零售管理部划出，同时加快便利店建设和非油品发展，不断拓展销售范围，开展油非润组合营销和全员销售活动，加大重点商品销售与考核激励，制定完善非油品业务管理、便利店商品在线销售等制度，规范非油品运营，非油品销售实现逐年大幅增长的良好发展势头。2012 年销售非油品 3506 万元，较 2008 年增长 32 倍；实现百万元门店 2 个。

截至 2012 年底，淮安分公司在营便利店 135 个，占在营站 93.75%。其中，POS 店 71 座，占在营站 52.59%；WEB 店 64 座。办理烟草证 103 个，占在营便利店 76.3%。

2. 非油品淮安中央仓

非油品淮安中央仓（淮安配送中心）于 2010 年 4 月在全省率先建立，库房面积 4000 平方米，办公用房 500 平方米，为省公司租赁江苏淮安石油设备公司厂房。2012 年在编人员 8 人，负责中央仓的日常事务管理。该中央仓主要承担徐州、连云港、淮安、宿迁、盐城区域所有 599 个门店（截至 2012 年底）大宗非油品商品的配送业务，业务量居全省 3 个中央仓之首。

四、润滑油业务

淮安分公司润滑油业务始于 20 世纪 80 年代，主要经营以地方小型炼油厂生产的散装润滑油。90 年代末，开始经营壳牌、海牌、美孚、长城等品牌包装润滑油，但所占市场比例较小。

2001 年起，根据省公司部署，淮安分公司组建润滑油经营部，在市区东、西区域分别设置海口路和西安路 2 个润滑油门市部，在县片区设置楚州、金湖、洪泽、涟水、盱眙、淮阴等 6 个润滑油门市部，各门市部配备客户经理 1 人、保管员 1 人，以经营各型号的长城包装润滑油和省定点生产厂的散装润滑油为主。起初长城包装润滑油和散装润滑油销售比例为 1:4，经过各项政策的实施和经营人员的努力，2011 年长城包装润滑油和散装润滑油销售比例达到了 9:1。淮安地区润滑油市场容量约为 1 万吨，2011 年淮安分公司实现润滑油销售 3243 吨，市场占有率为 32%。

淮安分公司打造的首座百万元门店——市区淮海南站便利店

2012 年 7 月，根据《江

苏石油分公司润滑油业务整合工作实施方案》，淮安分公司对润滑油销售业务进行整合，取消润滑油经营部机构设置，并按“人随业务走，兼顾职工意愿”的原则，15人划转至中国石化总部成立的润滑油江苏销售分公司。

第二节 网络建设

一、加油加气站网络建设

1. 加油站建设

2001年起，围绕提升区域零售网络市场占有率、控制力和竞争力，淮安分公司加油站网络发展大致经历网络扩张、网络优化和网络质量提升“三个阶段”。

(1)网络扩张阶段（2001—2003年）

2001—2003年是淮安分公司网络大发展的三年。2001年，淮安分公司通过快收抢建，全区新增加油站45座，其中新建32座，收购10座，租赁3座，加油站开业率100%。

2002年，淮安分公司针对当地农业大市、农村网点少、市场潜力大、投资成本低、见效快的特点，在全省率先实施向农村市场扩张战略，在重点乡镇和销售盲区抢滩布点，年内发展农村网点39座，其中新建25座、租赁14座。

2003年，淮安分公司把网建的重点放在城区和城郊结合部，快收抢建6座加油站，同时对公路、农村、水系网络进行整合。

经过3年的网络扩张，截至2003年底，淮安分公司零售网络扩大到168座，其中城区46座、公路33座、农村69座、水系20座。依托网络优势，成品油零售量由2000年的7.86万吨跃升至2001年的15.38万吨、2002年的17.8万吨、2003年的18.64万吨。

(2)网络结构优化阶段（2004—2007年）

2004年起，本着“科学发展、理性投资、优化网络、提升零售竞争力”的网络发展工作思路，淮安分公司由前几年的网络扩张向注重结构优化转移。发展方式上，以新建城区、高速公路进出口、中心城市及城市新区加油站建设为主，以租赁和收购为辅；形象提升上，加大精品站、样板站改造，区域网络不断优化。2004—2007年，共新建站17座、收购站10座（其中租赁转收购4座），改造站18座。截至2007年底，全资站比例达到89.47%。

(3)网络质量提升阶段（2008—2012年）

2008年起，淮安分公司围绕捍卫网络“生命工程”，重抓网络质量提升，成立专项小组，加大加油站历史权属证照梳理规范、副营清理和低效无效站退租，至2012年底规范补办证照24个，退租低效无效站10个；同时坚持“外延拓展与内涵提升”并举，一手抓优质部位及盲区网络布点，一手抓形象站、自助站改造，完善加油、加气、发卡充值、便利店等综合性零售服务网络，靓形象、扩销量、增功能、保油站，至2012年底新建站20座、收购站3座、形象站及自助站等改造59座，全资站比例达到95.4%，区域网络形象和竞争力进一步提升。

淮安分公司打造的首座星级管理样板站

2.加气站建设

2012年淮安分公司建成的全省首座LNG加气站

2010年起，为适应激烈市场竞争和消费需求的变化，积极抢占加气市场，淮安分公司全面启动加气站建设。2011年首批完成洪泽东风东路、千禧2座CNG加气站建设；2012年进一步调整优化天然气网络发展思路，由CNG向LNG、L-CNG拓展，与淮安市淮汽集团、洪泽、金湖、盱眙等客运公司签订了5个LNG加气站合作建设协议，8月底完成全省首座洪泽客运站LNG加气站建设。截至2012年底，加气站投入运营3座，销售天然气133吨。

二、油库建设与管理

2001年，根据省公司的安排，淮安分公司关闭了市区西安桥、洪泽砚台、金湖黎城、金湖刘圩、盱眙宝积山、盱眙观音寺、淮阴杨庄、淮阴小营8座油库；2004年关闭涟水西门油库。累计关闭油库9座，关闭总库容4.77万立方米。

2007年6月，在营的市区石桥、楚州运河、盱眙下草湾3座油库，总库容26950立方米，上划省公司物流中心统一管理；2011年8月重新划归淮安分公司管理。

三、成品油管道建设

苏北成品油管道淮安段路由总长183千米。配套新建齐湖油库1座，土地面积6.97万平方米，一期工程油罐17只，单罐最大容积5000立方米，总容量5.6万立方米，办公楼2740平方米、管道泵房及配套设施；二期工程增加油罐6只，罐容3万立方米。

2010年7月，该工程启动，成立淮安区域工程部。2012年3月19日，苏北成品油管道及配套油库工程开工典礼在淮安举行。通过抢时间、抓进度、严管理，截至2012年底，淮安分公司取得地方土地、规划、环境、安全、

2012年3月，省公司在淮安举行苏北成品油管道及配套油库工程开工典礼

消防、图审、防雷、地质灾害、水土保持、施工许可等10大评价与批复，成为苏北成品油管道建设第一家取得所有报建手续和管道油库如期开工的分公司。

第三节 企业管理与改革

一、体制改革

1. 企业改革改制

2000—2001年，根据省公司“深化劳动用工制度改革”、“存续公司改革改制”、“零售管理体制改革”等文件精神，淮安股份公司协议解除劳动合同331人，淮安存续公司协议解除劳动合同707人，合并进来的淮阴燃料公司协议解除劳动合同84人。

2001年6月，淮安分公司参加改制分流48人，其中本部37人、淮安支公司8人、金湖支公司2人、洪泽支公司1人。2006年10月，根据省公司的部署，淮安分公司国有股权退出改制企业，分公司本部参加改制分流4人。

2. 淮阴燃料公司业务整合与人员划转

2000年，根据战略发展的需要，省公司整体收购淮阴燃料公司。同年底，淮安分公司与淮阴燃料公司加油站等业务进行整合，淮阴燃料公司7座加油站、1座西安桥油库、95名正式工划转到淮安分公司。另2座位于沭阳县的加油站和1名正式工划转到宿迁分公司；液化气经营资产（包括1个液化气库和近30个零售网点）划出给中石化清江石化总厂。

2004年11月，根据省公司安排，淮阴燃料公司煤炭销售业务停止，全体人员再次整体划转到淮安分公司，其中52名正式工和19名劳务工划转到淮安股份公司，11名离休人员和15名内退人员转入淮安存续公司管理；59名退休人员转入社区管理。

经2次业务整合，淮阴燃料公司2批共划转到淮安分公司人员192名，其中在岗166人。

3. 市县公司一体化改革

2001年，淮安分公司组建淮阴办事处，实施有效资产置换，实现了分支公司矩阵式管理。同时，实施流程规范，进行人员重组，进一步理顺体制，界定各县级公司、经营部与各专业公司的职责。

2003年，按照专业化、规范化和精简效能的原则，组建区域零售、商业客户、物流营运、公共服务四大中心，理顺各营运中心内部及相互之间的关系，做到区域经营、管理一杆到底，实现市县经营管理一体化、服务保障共享化和管理层次扁平化。

2005年，根据省公司部署，淮安分公司推进一体化管理改革，裁撤、合并部门15个，管理部门由原来16个减至5个，经营部门由原来8个减至4个；中层经营管理人员由竞岗前39人降至21人；建立人事劳资、财务核算、经营工作、绩效考核、安全数质量及资产、资金、费用统一管理的“六统一”经营管理体制。

2011年，根据省公司完善县片区经营管理体制指导意见的精神，淮安分公司在坚持市县公司“六统一”的基础上，按照“三个有利于”的原则，调整县级片区经营管理体制，县公司人员、组织机构、政府序列恢复到位，县域直分销、润滑油经营管理为县公司负责。淮安分公司专门制定了《县公司运行管理办法》，明确了县公司经理的责权利、经营业务管理流程及各岗位人员的职责。

2012年，根据淮安分公司《“优化资源整合、提高劳动效率”工作推进实施细则》

和《进一步完善县公司经营管理体制实施方案》，按照省公司的批复精神，进一步调整优化县公司经营管理体制，配齐配好县公司团队人员，县公司团队建设和县级市场竞争力得到增强。

4. 其他经营管理体制改革

2006年，按照省公司垂直一体化管理实施方案的要求，完成物流、审计、信息条线化管理改革的交接工作。

2007年，根据省公司部署，实施加油站规范化管理改革、直分销管理体制改革，零售优化调整加油站管理片区划分，设置19个加油站管理经理，负责所在片区加油站经营管理；县域直分销业务和客户经理由分公司商业客户部直接管理。同年，规范库站员工薪酬分配，基层一线收入普遍提高。同时，配合省公司完成财务一级核算、物流一级管理和安全数质量管理改革工作。

2008年，撤销物流部，完成相关职能调整和人员整合。对开票点营业室进行整合。

2010年，按照省公司关于部门机构调整设置及事权划分等文件精神，撤销业务科机构，设立经营管理科，并将营业室划归财务核算部管理。

5. 加油站管理改革

CORO管理模式。2001年，淮安分公司引入“自有他管”加油站管理模式，采取竞标与议标相结合，成立50个CORO公司，管辖加油站90座。2003年，为搞活小站经营，转换小站经营管理模式，成立5个CORO公司，把61座小站因地制宜调整为“夫妻老婆店”。

小站委托管理。2009—2010年，为创新小型加油站管理，按照销售公司的要求和省公司的部署，淮安分公司作为全省试点单位，按照“一座加油站成立一个委托管理公司”的模式，分3批对53座小站实施委托管理，并在委托管理站试行量价费互动激励机制。在中石化总部组织的加油站委托管理检查中，实现“零扣分”。

二、安全数质量管理

1. 安全管理

2001年起，淮安分公司围绕“安全是第一责任”的指导思想，不断完善和强化安全生产责任制，建立“纵向到底、横向到边、责任到人、权责明晰”的安全责任体系，推行“安全逐级承诺制”、“十大安全隐患黄牌警示”、四级安全检查、“四必”督查、领导干部挂钩承包联系点、重大节假日及特殊时段领导干部值班带班制度，加油站安装了CK报警装置、红外线报警装置和视频监控等技防设施，采取保安公司上门收款、POS机刷卡、就近解款、邮政储蓄等多渠道回笼货款措施，农忙和重大节假日落实片区经理及财务、人事人员协助解缴营业款。

2002年11月，淮安分公司开始HSE体系的建立工作；2003年完成体系建立，并深化推进HSE体系运行。2004年起推行“大安全”管理理念，2007年起贯彻集团公司“安全生产十大禁令”；2009年起开展三年的“我要安全”活动；2010年起开展职业卫生工作，

淮安分公司开展“3·15”为民服务宣传咨询活动

2011年完成128座站、1座油库工作场所职业病危害因素的检测及一线员工职业病体检工作；同时建立HSE月度分析会和“安全检查日”制度，开展平安工地建设、落实“七想七不干”，健全“条线自查、经管科月查、财务及纪监不定期抽查”的风险防控体系。2012年，进一步强化安全责任制的落实，首次推行主要领导与分管领导签订HSE责任书；探索建立与南京分公司挂钩互查机制；编印《施工现场安全监控管理要领》、《新改扩建加油加气站验收及开业管理规范》，严格推行《项目工程验收合格证》和《准予营业通知单》制度，进一步规范加油加气站验收及开业流程，多年来实现企业“安全等级责任事故为零”。

2. 数质量管理

2001年起，淮安分公司严格实行专车专用、专船专用、专罐专用，严把油品出入库和销售关，严格制度管理和作业环节的过程控制，实施库站双铅封管理、油品定期检测、计量精度突击抽检、油罐车运油跟踪等制度。

2008年起，建立第三方物流月度联席例会制度；坚持每月对不低于20%比例的在营站及所有油库的安全数质量进行检查和油品抽样；对所有加油机脉冲发生器和电脑板实施铅封和加盖铅封，开展加油机防作弊升级，对油罐车防伪铅封进行多次更换；利用神秘侦探、GPS定位系统管理、随机抽查油罐车、联合承运商主动请公安部门打击油罐车偷盗油等手段，强化对油品运输过程监管。

2008年11月，根据省公司《V20考核推进实施方案》，淮安分公司开始V20推广培训试运行，一直坚持每日在内网公布“V20监控日报”；2009年2月通过省公司验收正式运行至今；2012年7月试运行加油站进油V20地罐交接验收。

淮安分公司油库质检员正在认真化验油品

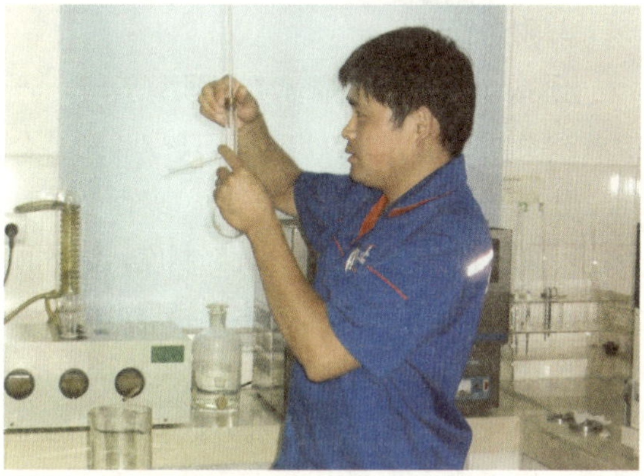

淮安分公司油库计量员对油罐车空高进行检测

三、财务管理

1. 财务管理体制

2003年ERP正式上线后，取消6个县公司财务独立核算功能，实行分公司“统一核算、合并抵扣、税金分缴”的会计核算新体制。同时，经淮安市国税局批准，淮安分公司在全省第一家实现了发票跨区使用，即由市公司统一印制（或购买）发票，各县公司均可使用的发票管理新模式。

2005年7月起，取消分公司独立核算，实现全省一级核算。2007年起，执行省公司推行的“会计集中核算、财务集中管理”的财务会计管理体制改革新模式，以及“单一会计主体、商品统进分销、资金统一调度、资产统一调配、税金逐级缴纳”的财务核算管理模式，经过不断完善并沿用至今。2007年7月起实行财务条线化管理。

2. 财务及内控制度建设

2001年以来，淮安分公司不断加强基础管理，制定完善九项费用、资金、发票、资产、会计凭证、账簿、档案管理、内部稽核、营业室管理、全员成本目标管理等制度，2005年起正式实施《内部控制手册》，每年进行修订，2008年起连续4年被省公司评为“内控管理先进单位”。

3. 财务管理

预算管理。全面推行费用预算管理，严控各项费用支出。2001年预算只分解到县公司、分公司各部门。2003年起，实行“预算控制，集中管理，一支笔签批”制度，财务预算分解到每一个成本中心和客户经理，做到责任到人。2011年起启用OA系统费用报销审批。

资金管理。2002年以前，因县公司独立核算，银行账户也以县公司名称开设。2003年1月起，取消以县公司名称开设的公司账户，全部更名为分公司名称；同年5月与银联公司协商签订《业务合作协议书》，在全区七个开票点安装POS机，方便客户购油。2004年启用SAP系统信用控制功能，强化债权过程控制。2005年，在全省第一家实行保安公司上门收款，确保资金安全。2011年6月起，全面启用财务公司分账户，加快资金周转。

税务管理。2007年10月起，在各经营网点启用电脑卷筒普通发票系统，结束了手工发票开具的历史。2010年淮安分公司被淮安市税务局评为“A级纳税信用等级”企业。

四、信息技术管理

2006年，实施信息条线一体化改革，淮安信息技术部更名为淮安信息工作站。一体化后，淮安信息工作站正式实行条线化管理。

1. 系统建设应用

2002年，淮安分公司作为ERP项目试点单位，实施FI/CO/SD/MM四个模块，同年12月实现ERP成功上线，被评为全省ERP上线先进单位。上线初期与浪潮财务系统、进销存系统并行运行，2004年开始ERP系统单轨运行，同年6月实施加油卡系统。

2005年起，使用省公司开发的加油站零售账表系统；2006年5月实施ERP系统优化提升，新增TR/PS/PM模块。2007年初开始推行OA办公自动化系统；同年8月3座油库陆路发货启用电子提单系统。2008年3月起，实施V20系统，初步将液位仪纳入加油站日常管理，7月推广使用便利店海信系统，12月OA办公自动化系统推广到所有加油站。2010年5月，正式上线使用省公司开发的ERP开票通知单流程；10月启用总部零售管理系统，取代原有的加油站零售账表系统。2011年EM模块、ERP/HR模块相继上线，年底正式推行总部合同管理系统。

2. 网络建设应用

2000年建成分公司到省公司、到石桥油库的2M DDN数字电路。2001年，完成分公司到6个县公司的2M DDN专线线路改造。2004年采用VPDN技术，建设所有加油站与分公司的通信。

2008年，淮安分公司在全省率先利用加油站OA系统实施之机，在133座加油站和本部办公楼安装具备远程传输及夜间使用的红外视频监控录像系统。2009年，根据省公司安排，升级加油站视频监控系统，年底完成石桥、运河、下草湾3座油库视频监控系统安装；同年分公司到省公司主干链路增加1条8M MSPT线路作为热备份；加油站全部采用4M光纤MPLS方式汇聚至电信，并增加1条

10M因特网链路，作为视频监控外部访问链路。2010年，3座油库分别增加移动2M SDH链路作为备份链路。2012年进行网络升级，形成分公司到省公司、到油库双机双链路热备均衡链路，极大提高了网络性能和可靠性。

3. 机房建设

2002年，淮安分公司建成新办公楼中心机房，将办公区域与机房隔离。2008年在中心机房实施机房动力监控系统。2010年12月，按照规范的机房设计要求，在全省率先对中心机房进行升级改造，包括更新设备、完善防雷系统、优化网络路由系统等，机房温控率先引入艾默生精密空调。

第四节 党建工作与队伍建设

一、党群工作

2001年起，淮安分公司党委按照“围绕中心抓党建、抓好党建促发展”的指导思想，不断创新和加强企业党建工作，完善基层党支部、“三会一课”等制度建设，大力推进“四好”创建、“四强四优”争创、实践科学发展观、“创先争优”、“一转双创”等活动，凝心聚力促发展增和谐。公司党委荣获中国石化集团公司党组授予的“抓源头、促清廉”先进集体称号。截至2012年底，共下设16个党支部，共有党员306人。

1. 名称沿革

2010年以前，淮安分公司党委名称为“中国共产党江苏省石油集团有限公司淮安分公司委员会”，纪委名称为“中国共产党江苏省石油集团有限公司淮安分公司纪律检查委员会”；2010年党委名称更名为“中共中国石化江苏淮安石油分公司委员会”，纪委名称更名为“中共中国石化江苏淮安石油分公司纪律检查委员会”。

2. 党建工作

2001—2007年企业党建工作实行属地化管理，县公司党建工作由地方机关工委领导，接受淮安分公司党委指导；分公司党建工作接受市级机关党委、企业工委的指导。2008年根据省公司党委的部署，各县公司在职及离休党员的党组织关系全部划转至分公司党委统一管理，同年底淮安分公司在全省第一家完成县级片区党员党组织关系上划工作。2009年，在全省第一家实现“10人以上、3000吨以上的站站站有党员”的目标。2010年起提出向“2000吨以上的站站站有党员”的目标发展，至2012年底比例达到70.77%。

2008年2月，淮安分公司在周恩来纪念馆举行了“学习周恩来精神，加强廉洁文化建设”宣誓仪式和签名

根据省公司和淮安市委的部署，2003年淮安分公司开展学习“三个代表”重要思想，2005年开展党员先进性教育活动，同时

在全省创新学习型党组织建设，建立全员“周五学习”制度。

2006年开展“四好班子”、“四好科室”、“四好片区”创建活动；2008年结合“双促”、“抓促”活动，举行“学习周恩来精神，加强廉洁文化建设”宣誓仪式和签名；在抗战雪灾和抗震救灾过程中，广大党员干部员工累计捐款和交纳特殊党费16.42万元。

2009年开展“学习实践科学发展观”和廉洁文化“六进”工程，举办庆祝新中国成立60周年“红歌”演唱活动；所有党员参加淮安市手机党校学习。2010年起，开展“创先争优”、“比学赶帮超”、“改善经营管理建议”等活动，营造“见红旗就扛、有第一就争”的良好氛围。

2012年起，大力开展“一转双创”活动，持续推进“比学赶帮超，建功创一流”劳动竞赛和“和谐企业创建”，扎实开展以“整合优化资源，提高劳动效率”为主的学习广东公司工作，实施《完善薪酬分配制度实施细则》，开展节日帮扶慰问和职工义务献血；围绕庆祝江苏公司成立60周年，开展主题征文、书法绘画、摄影作品、《江苏石油志》续志、请老领导口述历史等工作，为企业发展和党的“十八大”召开营造了积极向上、和谐稳定的良好局面。

3. 纪检监察工作

2001年以来，淮安分公司突出重点领域、重点环节和关键控制点，对资产处置、物资采购、油品直分销经营管理、非油品经营、工程建设、成品油管道建设等项目进行了效能监察，同时拓展监察手段，充分利用ERP系统功能提升效能监察的效果。2010年，淮安分公司“ERP在直分销环节效能监察工作中的应用”被中国石化集团公司评为“第十九届管理现代化创新三等成果”。

2012年7月，为探索有效的职务犯罪预防机制，淮安分公司与淮安市清河区人民检察院合作成立了“预防职务犯罪检企共建活动室”，双方签署了《检企共建协议》。

2012年7月，淮安分公司与淮安市清河区人民检察院签署《检企共建协议》

二、人力资源管理

1. 培训管理

2001年以来，按照“确属必要，讲求实效”、“学用一致、按需施教”的原则，不断健全分级分类培训机制，丰富培训形式，提升培训效果。2008年，在全省率先完成全区8个站内培训室建设，单站辐射加油站18座，员工120人，经省公司培训认证的师资16人，其中核心讲师2人，为基层员工搭建良好的学习成长平台。

2012年起，为适应教育培训信息化管理的需要，正式运行销售公司开发的TS2.0培训管理系统，淮安分公司所有培训全部实行提前在线申报、归口管理审批、培训效果跟踪考核。同时实施学历提升奖励制度，积极鼓励全员自学，截至2012年底，有本科及以上学历88人、大中专374人，分别较2001年增加54人、245人。

2. 队伍建设

科级队伍。2001年起，全面推行中层管理人员和片区经理竞争上岗、干部交流及轮岗制度，实施中层管理人员诫免谈话、引咎辞职、管理人员责任追究、经营人员末位淘汰“四项”制度。2009—2012年，共有40名中层管理人员和片区经理进行了任职交流，一部分年轻干部得到培养锻炼。

营销骨干队伍。2009年，根据省公司部署，开展片区经理、站长、客户经理职业资格认证工作，提高营销骨干人员经营管理水平。截至2012年底，已有92人取得职业认证资格。

专业技术队伍。为优化专业技术人员队伍结构，提升员工专业技术水平，积极鼓励和引导符合条件的人员参加专业技术职称考评，截至2012年底，取得高级职称3人、中级职称39人、初级职称74人。

技能操作队伍。2006年起，持续开展职业技能竞赛与技术比武、库站一线员工职业技能鉴定工作。截至2012年底，取得技师12人、高级工158人、中级工185人、初级工583人。2012年，配套学习广东公司工作，全面开展了“五项技能”培训考试，组织培训70余班次，参培员工3363人次，技能一、二考试通过率达100%，进一步提升员工的操作技能。

第五节 非上市部分

一、存续公司

1. 集中管理和专业化经营

2000年，根据中国石化《关于集团公司分账、股份公司建账的通知》的文件精神，淮安分公司实施主辅分离，股份与存续公司分账，实行分别核算。存续公司包括淮阴、涟水、盱眙3个整体非上市支公司，以及金湖、洪泽、淮安支公司及分公司主辅分离的辅业部分。

2002年存续公司实施流程规范，整合存量资产，规范关联交易；2003年按照“压缩管理层、缩短管理链、控制管理风险、集中有效资源”的原则，对金湖、洪泽、楚州3个存续支公司的管理责任进行上移，实现对区域存续人员及有效资产的集中统一管理和专业化运营。

2. 有序退出

2001年，存续公司对车、船队及安装公司业务进行改制，按照“人随资产走”的原则，成立改制企业“江苏淮安苏石运输有限公司”和“江苏淮安石油设备安装有限公司”，参加改制员工32人。

2004年，根据中石化对非上市企业“五减四无”的改革要求，对金湖支公司2名员工实行带资分流，对洪泽支公司1名员工改制到江苏淮安苏石运输公司。

2006年起开展清理整顿，清算注销存续分支公司、退出江苏淮安苏石运输有限公司的国有股权，存续资产上划“中国石化集团资产经营管理有限公司江苏石油分公司”，实现了存续公司的有序退出。

2009年10月，根据《关于中国石化资产经营管理公司江苏石油分公司整体委托管理的通知》精神，资产公司（管理部）委托股份公司管理。

二、清理整顿工作

2006年起，根据中国石化《关于关停并撤销售企业市（地）、县（市）公司和多种经营实体的通知》精神，淮安分公司全面开展清理整顿对外投资和多种经营工作，共清理项目20个（其中改制分流1个、转让出售1个、内部整合1个、清算及破产清算项目17个）。2007年，在全省第一家完成清理整顿工作任务，被省公司评为清理整顿工作先进单位、档案管理工作优秀单位，淮阴支公司破产项目被评为清理整顿优秀项目。

三、住房改革

根据总部和省公司的部署，2009年底全面完成职工住房普查，公示普查结果；2011年制定《职工住房分配货币化实施方案》，履行民主程序后报批。住房补贴发放人数共涉及1152人，其中2011年12月底完成离退休人员、协解人员和改制人员的住房补贴发放；2012年完成在职职工住房补贴发放工作。

四、资产与土地管理

1. 资产管理

根据省公司的相关规定，淮安分公司规范开展资产管理工作，先后两次变更土地房产权证，2006年将"江苏省石油集团有限公司"土地房产变更至"中国石化集团江苏石油有限责任公司"名下；2007年又将"中国石化集团江苏石油有限责任公司"土地房产变更至"中国石化集团资产经营管理有限公司江苏石油分公司"名下，同年解决了杨庄油库40年没有土地权证问题。

同时，严格按内控制度要求，加强资产基础管理，健全资产运营管理台账体系，坚持现场巡查、抽查制度；规范出租资产事前申报、审批、评估、公开招议标制度，及时足额收缴租金，保障资产安全高效运营。截至2012年底，土地32宗，30.69万平方米；房屋31处，1.93万平方米。

2. 土地管理

2008年6月，上交资产公司土地证32宗（含股份公司涟水挂资产公司名下5宗）、房产证31处（含股份公司涟水挂资产公司名下9处）；2011年3月，上交股份公司土地证96宗、房产证87处。

2011年以来，根据《江苏石油分公司不规范土地房产权证处理方案》的要求，淮安分公司成立工作小组，按照"先易后难、循序渐进、逐步解决"的原则，对不规范及无证的土地、房产权证进行规范。截至2012年底，完成土地权证规范4宗、房产权证规范6处。

第六节 合资企业

2011年以来，淮安分公司以政企互利双赢、增加地方税收为突破，与洪泽县、金湖县政府部门谈妥组建合资公司事宜，先后成立洪泽县腾达石化有限责任公司、金湖淮金石化有限责任公司，同时两个县政府以文件的形式明确："今后所属县域范围内所有新建、收购、租赁加油（气、电）站均纳入合资公司"，为淮安分公司牢牢掌握区域网络发展权奠定了较好基础。

一、洪泽县腾达石化有限责任公司

2012年5月，淮安分公司与洪泽县资产经营有限公司签订《合资经营企业合同》，成立洪泽县腾达石化有限责任公司，合资公司注册资本1000万元，淮安分公司出资998.5万元，洪泽县资产经营有限公司出资1.5万元，合资公司经营期限40年。截至2012年底，已完成法人营业执照、组织机构代码证、税务登记证的办理，正式投入运营。

二、金湖淮金石化有限责任公司

2012年，淮安分公司与淮安市金湖交通投资有限公司签订《合资经营企业合同》，成立金湖淮金石化有限责任公司，合资公司注册资本1000万元，淮安分公司出资998.5万元，淮安市金湖交通投资有限公司出资1.5万元，合资公司经营期限40年。截至2012年底，已完成法人营业执照、组织机构代码证、税务登记证的办理，正式投入运营。

表6—8—1 淮安石油分公司2001—2012年主要经济指标表

指标 年份	1. 成品油销售量（万吨）	2. 零售量（万吨）	3. 销售收入（万元）	4. 利润（万元）	5. 吨油费用（元）	6. 资产总额（万元）	7. 非油品营业额（万元）	8. 员工总数（人）
2001	31.0	15.4	79673	-1017	69.4	22010	—	1739
2002	30.9	17.8	80073	3201	88.4	25994	—	1527
2003	33.6	18.6	104345	3058	138.4	28696	—	1472
2004	42.4	25.8	149541	4387	127.8	29032	—	1454
2005	43.8	29.4	180510	2898	108.1	31588	—	1349
2006	43.2	31.3	212726	7665	128.2	31393	—	1303
2007	44.5	32.3	220965	5495	138.4	30658	—	1327
2008	42.4	30.0	252550	9726	163.4	34483	110	1388
2009	41.2	27.2	225849	2712	184.5	34534	818	1322
2010	46.3	30.7	299604	3996	176.5	44372	1621	1247
2011	44.7	34.9	342440	5985	235.6	44372	2443	1248
2012	44.5	36.8	352764	3860	257.7	52315	3027	1243

表6-8-2 领导人员变动情况

姓 名	职 务	任职时间
陈 伟	经 理	2001.01—2005.01
黄在祥	副经理	2001.01—2005.01
	副经理（主持）	2005.01—2006.09
	经 理	2006.09—2008.04
朱 镇	经 理	2008.04—
	经理兼党委副书记	2011.12—
刘全礼	党委书记	1996.11—2005.01
周守荣	党委副书记	1998.06—2005.01
叶宝华	副经理	2001.01—2005.01
	党委副书记（主持）	2005.01—2008.04
	党委书记	2008.04—
	党委书记兼副经理	2009.08—
殷国珍	副经理	1998.06—2011.12
胡 彬	副经理	1998.06—2005.01
陈春政	副经理	2003.03—2010.01
王世军	副经理	2012.01—
张雷武	副经理	2012.01—

表6-8-3 历年荣誉

年份	姓名／项目／集体	荣誉称号	授予单位
2002	陈　伟	淮安市劳动模范	淮安市政府
2002—2011	淮安石油分公司	重合同守信用企业	淮安市政府
2003	淮安石油分公司	2002 年淮安市五一劳动奖状	淮安市政府
2004	陈　伟	江苏省五一劳动奖章	江苏省总工会
2004	陈　伟	淮安市第八届十大杰出青年	淮安市委 淮安市政府
2004	淮安石油分公司	首届江苏省用户满意服务明星企业	江苏省质量管理协会、江苏省总工会、共青团江苏省委
2004	淮安石油分公司	2002—2005 年度淮安市文明单位	淮安市委 淮安市政府
2004	淮安石油分公司	全国双拥模范城先进单位	淮安市委 淮安市政府淮安军分区
2005	叶宝华	淮安市劳动模范	淮安市政府
2008	黄在祥	淮安市劳动模范	淮安市政府
2008—2009	淮安石油分公司	和谐劳动关系履行社会责任三星级企业	淮安市政府
2010	淮安石油分公司	2009 年度和谐劳动关系履行社会责任四星级企业	淮安市政府
2010	淮安石油分公司	2010 年淮安市五一劳动奖状	淮安市政府
2011	淮安石油分公司	2010 年度江苏农机优先优惠加油服务先进单位一等奖	江苏省农机局 省公司
2011	朱　镇	淮安市劳动模范	淮安市政府
2011	淮安石油分公司	2010—2011 年度江苏省价格诚信单位	江苏省物价局
2012	淮安石油分公司	2011 年度安全生产先进集体	淮安市政府
2012	淮安石油分公司	2011 年度中心城市建设工作先进单位	淮安市委 淮安市政府
2012	淮安石油分公司	2011 年度江苏省价格监测定点单位	江苏省物价局
2012	延安东路加油站	江苏省工人先锋号	江苏省总工会

第九章 宿迁石油分公司

宿迁市位于江苏北部、淮水之阳。北与徐州市接壤，东毗临连云港市，南连接淮安市，西与安徽省为邻。全市总面积8555平方千米，人口555万人。现辖宿豫、宿城、市湖滨新城、洋河新城、经济开发区、苏州宿迁工业园区、市软件产业园等7个区和沭阳县、泗阳县、泗洪县3个县，为典型的农业大市。宿迁自1996年成立地级市以来，经济建设和社会发展实现新跨越。2011年实现GDP 1125亿元，连续13年实现GDP增速突破15%，保持全省领先，彰显出强劲的快速发展优势。

宿迁石油分公司（简称宿迁分公司）成立于1997年2月28日，是宿迁地区最大的成品油供应商，主要从事汽油、柴油、润滑油、车用天然气以及易捷便利店非油品等主营业务。2012年销售成品油42万吨，市场供应比例达60%；实现销售收入33.34亿元，利润7112.48万元。

下设综合办公室、财务核算部、人力资源科、党群纪监科、基建管理科、安全数质量科、实物资产科、经营管理科、零售管理部、非油品业务部、商业客户部、区域管道工程部等15个经营管理部门，沭阳、泗阳、泗洪等3个县公司。

截至2012年底，宿迁分公司共有员工1061人（其中在岗正式工120人，劳务工941人）；在营加油站95座；油库2座（黑鱼汪油库、南关荡油库），总库容2.35万立方米；非油品便利店91座；公司固定资产总值2.506亿元。

宿迁分公司2001—2012年主要经济指标见表6—9—1，领导人员变动情况见表6—9—2，历年荣誉见表6—9—3。

第一节　经营业务

2001年以来，随着宿迁经济社会的快速发展，成品油市场需求增长年均10%以上。稳定的社会需求和不断扩大的市场容量，使宿迁成为“兵家必争之地”，市场竞争主体呈现多元化特点。面对竞争激烈的市场环境，宿迁分公司不断创新经营机制，经营规模不断拓展，大体经历了四个发展阶段：

2001—2004年，市场多变，竞争加剧。2001年国际风云突变，国内市场跌宕起伏，年内成品油价格出现两次大幅下调，经营压力加大；2002年随着中石油宿迁分公司成立，宿迁市场由此呈现以降价为手段的恶性竞争态势；2003年国内突发“非典”疫情。受此影响，社会需求增长乏力，扩销增量难度加大。2004年宿迁经济强劲反弹，社会需求猛增。宿迁分公司抓住机遇，调整思路，按照“批零联动、量价互动、以量定价”的阶梯式定价原则，努力扩销增量，销量由2001年21万吨攀升至2004年的26万吨，年均增长5.5%。

2005—2007年，保障需求，策应发展。宿迁经济持续保持高速增长态势，年均增幅15.3%以上。为策应发展，保障需求，宿迁分公司在加快网络建设布局的同时，进一步深化经营体制改革，不断增强综合竞争力和市场控制力，年销量由2004年26万吨提升至2007年30.2万吨，年均增长6.7%。

2008—2010年，化危为机，实现跨越。2008年上半年市场资源紧张，下半年批零倒挂。宿迁分公司积极采取“保零售、扩直销、增效益”等灵活举措，完成年销量31.43万吨。2009年，受金融危机冲击影响，市场需求低迷。宿迁分公司适时调整策略、化危为机，完成销量33.58万吨（为全省完成年度指标的两家分公司之一）。2010年按照省公司提出“甩三破四”目标要求，宿迁分公司面对柴油资源前松后紧，竞争加剧的严峻态势，进一步完善绩效考核机制，激发竞争活力，全年完成销量40.09万吨，同比增幅21.98%。其间年均增长11.15%。

2011—2012年，统筹谋划，稳步发展。2011年国内经济增速回落，资源总体偏紧，尤其四季度柴油资源严重短缺。宿迁分公司加强营销统筹，聚力零售、做实分直销，实现年销量39.32万吨，其中零售量增幅全省第一。2012年市场总体呈现先扬后抑的多变态势，宿迁分公司以打造基本市场、稳定基本客户、培育终端大户为抓手，以完善绩效考核为导向，充分激发内在活力，实现年销量42万吨。

2011年，宿迁分公司开展送油到田头的活动

一、零售业务

1.改革零售体制

按照省公司决策部署，2001年宿迁分公司全面开展零售管理体制改革，本着“强强联合”、“相邻市场关联”、“便于管理”、“利于经营，扩大零售”的原则，稳步推行CORO管理模式，即承包商营运模式。对区内60座在营加油站实施CORO模式，以公开竞标方式组建26个CORO公司，并与CORO公司经理签订委托管理合同，CORO公司经理与员工签订上岗协议，建立单站核算体系。2002年按照“抓大放小”、“有所为有所不为”的原则，对区域非托管的34座年加油量不足800吨的油站进行小站改制，油站量效再攀新高。2004年零售条线开始实行专业化运作，公司根据油站情况分别采取了CORO模式、直管及小站改制三种管理模式。2005年，零售条线设立片区经理，划分为10个片区，全面实施对口经营管理，在条线一体化运作的基础上，加

油站经历了由过去CORO等模式到直管站模式的平稳过渡。2010年，为提升小站创效能力，对区域18座年销量低于1000吨的小站实行委托管理模式。2012年，按照完善县公司体制改革方案的要求，为充分发挥县公司地缘优势和团队协作能力，再次将加油站现场管理权下移至各县公司，分公司零售条线具体负责业务指导。

2. 拓展零售规模

2001年以来，面对日益加剧的市场竞争，宿迁分公司坚持以市场为导向，以客户满意为目标，建立零售经营预警机制，积极实施“差异化营销”策略，聚力零售，培育大站。精心组织开展“好油加在中国石化”、“平安一路行”、“相约加油站”、“迎春耕，送温情”、“动力之夏”、“为三夏加油”等一系列极富特色的营销活动，截至2012年底，成功打造万吨级加油站7座，5000吨以上大站24座，为零售销量持续提升奠定了基础。2011年实现零售量32.59万吨，较2001年增加21.66万吨，增长199%；销售高标号汽油12.56万吨，较2001年增长956.6%；高标号汽油比重也由2001年的11.53%提升至2011年的100%，其中97#比重提升至15.42%。2012年完成零售总量36.48万吨，实现零售比重86,86%。2012年12月30日零时全面推广国IV汽油。

3. 规范零售管理

2001年，宿迁分公司在零售管理中心增设“达标创星”考核办公室，进一步强化星级站管理培育和达标创星工作检查考核。2003年，实施零售一体化运作，对区域所属加油站实行一级直线管理。2004年，按照省公司部署，强势推进加油站“百日竞赛”活动。2005年起，建立零售督查机制，全面实行加油站员工星级制管理；片区经理全部移至所属片区加油站办公，靠前指挥、靠前管理。2007年以来，全面推进加油站规范化管理，建立机关管理科室、零售条线、县公司、片区等四级检查督查和帮扶指导制度，着力打造“示范站”、“样板站”，截至2012年底，成功打造“样板站”13座，创建管理五星级站0座、四星级站4座、三星级站11座，达标站80座，品牌形象显著提升。

4. 推广加油卡应用

根据省公司的部署，统一从2004年8月停止使用纸质加油券，开始推广中国石化加油卡。宿迁分公司以优化加油卡充值网点建设布局为抓手，积极引领客户消费习惯，当年完成新建改造加油卡发卡充值网点6座，发行加油卡4522张。

宿迁分公司沭阳片区大华加油站

宿迁分公司在加油站外设置充值网点

2008年以来，为培育扩大IC卡客户群，实现以卡锁定客户目标，宿迁分公司积极与媒体联姻、与中国移动公司联手、与农机部门合作，相继开展了“积分兑换加油卡”、“平安农机通”、农机“双优卡”等推卡促销活动;坚持以节为媒，深入开展“油中感谢”、“持卡加好油、中奖中石化”、“加油卡充值刮奖”、“电子抽奖”、“办卡充值送保险”、“油卡互动”、“卡非互动”等系列活动。同时大力推进加油卡充值网点建设布局和积极拓展站外发卡充值业务。截至2012年底，共建立IC卡发卡充值网点95个（发卡网点55个，充值网点40个）；加油卡“站外落户”充值网点2座。累计发行加油卡174735张，零售刷卡比率由2004年8.1%，提升至2012年34.54%。

二、直分销业务

2001—2012年，宿迁分公司直分销经营体制经历多次调整。2001年成立直分销公司（配送中心）；2002年成立分公司商客中心（配送中心），2005年更名为商业客户部;2007年初，开始实行省公司商业客户中心条线化管理体制;2010年商业客户部又转由分公司进行管理，同年县公司成立直分销经营站，由县公司管理。

2001年以来，宿迁分公司直分销始终按照专业化、条线化运作模式，成立商业客户中心，建立直分销批发经营管理体系。抓住宿迁经济高速发展机遇，积极开展市场需求调研，建立完善客户档案，实行客户等级管理，不断加大客户维护和终端市场开发力度。同时依托省公司资源和价格优势，努力提升销量，2001年完成直分销量10.84万吨，2004年完成直分销量11.71万吨。从2005年起，宿迁市场竞争加剧，宿迁分公司直销批发业务受到严重冲击，当年直销批发减量达3万吨。按照省公司“以开发补欠量”的要求，2005年7月设立成品油配送中心，瞄准区内工程、机械、船舶等基础性涉油项目，组织客户经理上门走访维护并确保成交率100%，基本客户稳定率达80%以上。当年实现配送量2.5万吨，2006年达3.45万吨。2007年，按照省公司条线化管理要求，宿迁分公司进一步整合配送和分销业务，成立商业客户部，人员由40人减少到20人，完善客户经理绩效考核和薪酬配套管理机制，激发内在活力。2009年直销量攀升到11.50万吨，2010年为13.59万吨。2011年，受竞争对手低价竞销影响，宿迁分公司直分销业务面临前所未有的冲击，当年完成直销量仅为6.73万吨，同比下降50%。2011—2012年，按照省公司“打造基本市场”的要求，宿迁分公司加大市场需求调研，大力实施“流失老客户夺回”战略，采取差异化营销策略，重新赢得流失客户的信任。

宿迁分公司为宿迁翻水站送油

截至2012年底，累计实现成交量近8500吨。

三、非油品业务

根据中石化总部下发的《关于加快发展加油站非油品业务的指导意见》的要求，2008年6月宿迁分公司第一、第八两座加油站易捷便利店对外营业，这也标志着宿迁分公司非油品业务正式起步。

为积极拓展非油品业务，2009年宿迁分公司设立非油品业务部，非油品业务开始从零售部分离。2011年7月，零售管理部和非油品业务部进行整合，非油品部作为一个独立部门负责经营谋划，营销策划，以及日常进销存业务的组织开展与专业指导等。与此同时，易捷门店建设全面提速，非油品销售业务快速发展，截至2012年底，打造百万元易捷门店5座，“样板店”12座；非油品经营规模实现“五连跳”：2008年151万元、2009年674万元、2010年1535万元、2011年2226万元，2012年2884万元。

2008年以来，宿迁分公司共完成便利店建设改造98座，实现站站有易捷；增设烟草销售点95个，基本做到烟草销售全覆盖。其中2009年增设烟草销售点25个，完成销售额24万元；2010年烟草销售点增至49个，完成销售额175万元；2011年烟草销售点增至84个，完成销售额807万元；2012年烟草销售点增至92个，完成销售额突破1300万元。

古城加油站易捷精品店

四、润滑油业务

2001年以前，宿迁分公司润滑油业务主要以散装油批零销售为主，当年完成润滑油销量1400吨。2002年开始成立润滑油经营部并由分公司直属管理，润滑油业务则归口省公司统一管理，油品由省公司统一采购和配送。2002—2005年，宿迁润滑油市场处于无序竞争状态。宿迁分公司以拓展终端销售为重点，经过三年的努力，逐步打开海牌润滑油在宿迁市场的销路，并确立主导地位。润滑油销量由2002年2200吨，提升至2003年2300吨、2004年3300吨、2005年4200吨。2006年以来，宿迁分公司积极转变润滑油经营方式，不断加大终端市场开发力度，咬定地区铝塑、热电、板材、机械等信誉好、需求量大的厂矿企业不放松，不断扩大终端销量，终端销售比重达85%。2008年起，宿迁分公司在所辖沭阳、泗阳、泗洪3个县公司分别增设润滑油经营部，以差异化营销唱响“长城”品牌。2008年完成销量3100吨，2009年完成销量3400吨。根据中石化总部润滑油体制改革的精神，自2012年7月起，润滑油业务正式从宿迁分公司划出。

第二节 储运销网络建设

2001年以来，宿迁地区一直上演着一场激烈的网络争夺战。宿迁分公司历届领导班子始终坚持“油气并重、攻守并举、借势发展、妥善解难”的发展原则，把加快加油站建设布局作为企业的“生命工程”。网络建设大体经历三个发展阶段，即：网络扩张阶段（2001—2004年）、网络优化阶段（2005—

2007年）、网络提升阶段（2008—2012年）。在营加油（气）站数量由2000年的34座增至2012年的98座，增幅188.23%。同时全力抓好苏北宿迁段成品油输油管道及配套油库建设改造，为企业发展进一步夯实物质基础。

宿迁第一座水上站—运河水上服务加油站

一、网络建设情况

1. 网络扩张阶段

2001—2004年，按照省公司“发展零售网络，扩大终端销售”的要求，宿迁分公司采取“收、租、建并举，城乡并举，水陆并举”策略，坚持立足城区“堵口子”，控制干道“卡口子”，消灭盲区“开口子”，辐射周边“疏口子”的网建思路，超前谋划，精心实施，快速推进。加油站数量由2001年34座增至2004年的70座，市场占有份额达60%左右，主导地位日益显现。

2. 网络优化阶段

2005—2007年，宿迁分公司在网络建设上坚持既做“加法”又做“减法”，采取关闭低效站，改造老站，加快新建站和有计划收购、租赁社会站等多措并举，至2007年底，在营加油站数量迅速增至81座（城区站43%，干道站22%，农村及水上站35%），市场控制率由2004年的60%提升到75%左右，网络布局进一步优化。

3. 网络质量提升阶段

2008—2012年，宿迁分公司在网络建设上坚持“内涵上注重质量，外延上优化布局”的原则，一方面积极实施加油站形象改造，提升和完善整体功能。一方面注重高速路出入口、干道、市县城区等主力站存量调优和优先发展网络布局盲区站点建设，其间共完成新建加油站10座。截至2012年底，共有在营加油站95座（不含在建加油、加气站），其中城区站34座、干道站27座、农村站29座、水上站5座（在流经宿迁境内113千米运河上，筑起一道“石化保障线”），基本形成覆盖宿迁城乡、干道、水域的销售网络，为零售持续发展提供有力支撑。

二、油库建设

2007年7月，宿迁分公司按照省公司的部署，关闭原泗阳县公司闸塘油库，2009年8月关闭原泗洪县公司江庄油库，共关闭油库库容总量1.45万立方米。

按照省公司物流改革方案，宿迁分公司黑鱼汪、南关荡2座在营油库（总库容2.35万立方米）于2007年6月上划省物流中心管理。2011年8月，2座油库重新划归宿迁分公司自行管理。

1. 黑鱼汪油库

黑鱼汪油库位于宿迁市区运河岸边，1970年3月建成投产，占地面积2.9万平方米。2003—2004年间，对油库码头、中心泵房、发货栈台、综合办公楼实施全面改造，建有储油罐10座，总库容1.25万立方米；2005年，省公司决定在苏北五市推广乙醇汽油，黑鱼

黑鱼汪油库全景图

汪油库新建2座容量为500立方米的乙醇汽油罐；截至2012年底，黑鱼汪油库共建有立式储油罐12只，库容总量为1.65万立方米。

按照省公司建设苏北成品油输油管道项目规划，2012年8月宿迁分公司已超前做好黑鱼汪配套油库扩容改造项目前期各项筹备工作，并进入实施阶段，工程竣工后库容总量将增至8.2万立方米。

2. 南关荡油库

南关荡油库位于宿迁市沭阳县城区，1998年2月建成投产。2001年以来，对该库进行了两次改造扩建，并增建车用柴油收发油工艺设施，可以满足车柴收发储条件。截至2012年底，南关荡油库共有储油罐6只，库容总量0.7万立方米。

管道施工现场

三、成品油管道建设

苏北成品油管道宿迁段工程项目，包括外管道建设、黑鱼汪配套油库改扩建、新建分输泵站等3个部分。外管道总长113.3千米，途经17个乡镇，108个乡村。管输路由共分三段，其中泗阳段长约30.5千米，宿迁一段长约57.9千米，宿迁二段长约24.9千米。2011年以来，经过紧张筹备，苏北成品油宿迁段管输项目，整体管输路由已通过勘察、设计和政府部门确认。截至2012年底，成品油输油管线及配套油库建设项目正在抓紧建设中。

第三节 企业管理与改革

一、体制机制改革

2001—2012年，根据省公司的决策部署，宿迁分公司不断深化体制机制改革和创新规范企业经营管理。

1. 2001年推行流程再造、劳动用工制度等改革

流程规范管理。2001年1月，宿迁分公司按照省公司部署，率先推进流程规范再造管理试行。重新梳理、规范部门职责，并严格按照流程规范的要求设置部门、岗位和人员，在试行中总结经验，完善流程，规范文本，全面推行竞争上岗、机构重组。

改革劳动用工制度。按照自愿原则，宿迁分公司于2000年8月开始推行劳动用工制度改革，至2001年7月底共有551名员工（分公司168人，县公司383人；股份公司493人，实业公司81人）办理了协议解除劳动合同手续，其中正式在岗人员协解396人，内退人员协解155人。在册正式职工由682人减至189人。

2. 2003年推进市县公司一体化改革，实行条线化管理

推行条线化管理。根据省公司改革方案，宿迁分公司设立三大营运中心，即零售中心、分销配送中心、物流营运中心。三大营运中心分别在县片区设立延伸机构，设立零售片区，由零售中心实施区域零售一体化直线运营管理；设立配送分销经营部，负责县区配送分销业务；设立润滑油经营部，负责县片区润滑油经营管理。此外，在分公司物流营运中心设立经营、调度、仓储等岗位，负责县区油库的储运调度管理，实现物流营运管理一体化。

取消县级公司建制。根据省公司部署，宿迁分公司积极推进市县公司一体化管理体制改革，撤销原泗阳、泗洪、沭阳3家县公司(其中泗洪和沭阳2家县公司为整体不上市公司)，将县级公司改为管理委员会，其主要职能是负责加油站现场管理、农村网点开拓和地方关系协调等。县公司经理是分公司派出在县片区的协调、监管人。县区的管理机构重新设置，管理人员统一由分公司相关部门派出。

3. 2005年推进区域公司一体化、薪酬分配制度等改革

推行市县公司一体化管理。根据省公司一体化改革方案，宿迁分公司对内取消所辖沭阳、泗阳、泗洪3家县级公司的管理机构，撤销县公司管理委员会。对外保留牌子。片区管理人员的办公地点逐步迁至具备办公条件的加油站。对原县级公司的办公楼进行资产处置盘活或对外出租。由分公司向县片区派出综合管理员1名、会计代表1名，负责县片区证照、印章、档案资料管理，同时增设开票员1名、收款员1名、IC卡和报表岗2名、设备维修1名（兼县片区数质量管理）。

深化薪酬分配制度改革。对照省公司薪酬分配改革方案，宿迁分公司着眼行业特点，统一划分为管理岗位、营销岗位、专业技术岗位、技能操作岗位和后勤服务岗位等五类，2005年12月完成薪酬分配制度改革，执行新的工资等级和标准。

4. 2007年推进员工薪酬机制、规范加油站管理等改革

推行加油站、油库员工薪酬改革。按照省公司薪酬改革方案要求，宿迁分公司制定了《规范加油站员工薪酬分配实施细则》和《规范油库员工薪酬分配实施细则》，以省公司岗位薪酬标准为指导，全面规范加油站、油库员工薪酬发放项目及标准。

推进加油站规范化管理。宿迁分公司制定了《加油站长任聘管理办法》，共有118人报名竞聘，其中98人被聘为站长。同时确定宿迁一站、八站、沭阳风帆站、泗阳一站、泗洪八站为规范化管理改革试点站。并在11个零售片区各选1座加油站为规范管理示范站，对照《加油站客户服务检查表》、《加油站运营管理检查表》和《加油站安全管理检查表》3张表进行考核排名。

深化直分销管理体制改革。分别制定了《客户经理竞岗办法》、《客户经理等级评定办法》、《客户经理二级考核办法》、《客户经理交通费管理改革实施方案》、《开票员竞岗实施办法》等，定期组织开展客户经理公开竞聘，2012年共有28人报名，9人被聘为客户经理。

5. 深化县公司体制改革

2011年，宿迁分公司组织实施了县公司经营管理体制改革。建立完善了县级公司机构，明确了人员编制、岗位设置，组建了县公司经营管理团队，并明确相关职责，确保事权划分清晰，进一步调整细化对县级公司的考核办法。

6. 深化物流体制改革

2001—2012年，市县物流管理体制先后经历了三次调整。2005年9月，根据省公司市县公司一体化管理体制改革要求，将原县公司油库的资产、人员和业务上划，由宿迁分公司物流部门统一管理；2007年6月，按照省公司《完善物流一级管理改革方案》，由省物流中心直接管理物流部和油库。2011年8月，根据《江苏石油分公司物流管理体制优化方案》，油库重新划归分公司管理。

二、安全数质量管理

1. 安全管理

2001年以来，宿迁分公司把安全生产视为企业的“生命线”。牢固树立“发展是第一要务，安全是第一责任”意识，咬定“四零”目标（安全生产零违章、企业员工零伤害、监督管理零宽容、工作质量零事故），建立纵向到底、横向到边、责任到人、权责明晰的安全责任体系。大力推行“安全承诺制”、“隐患黄牌警示制”、“四级安全督查制”、重大节假日及特殊时段领导干部值班带班制等，对加油站统一安装了CK报警装置、红外线报警装置和视频监控等技防设施，并采取保安公司上门收款、POS机刷卡、就近解款、邮政储蓄等多渠道回笼货款，确保资金和员工人身安全。

2002年以来，宿迁分公司不断强化HSE管理体系建设，完善HSE运行机制；认真学习贯彻集团公司“安全生产十大禁令”，深入开展“我要安全”、“平安工地”创建活动；坚持推行未遂事故管理、落实“七想七不干”管理措施，全方位构筑安全防控体系，连续8年实现“安全等级责任事故为零”。

2. 数质量管理

2001年以来，宿迁分公司牢固树立“每一滴油都是承诺”的经营理念，严格实行专船专用、专车专用、专罐专用，切实加强收发存作业全程监管。强力推行油库、加油站双铅封管理，油品定期检测，对油罐车运油过程实施GPS跟踪监控，持续开展反盗油斗争。严格加油站计量管理，定期开展逐站逐机逐枪计量精度检测校验，狠抓源头治理，确保质优量足。

2008年起，宿迁分公司认真执行省公司《V20考核推进实施方案》，积极开展V20推广培训和试运行，坚持每日在内网公布“V20

宿迁分公司邀请市质检人员上船抽样

宿迁分公司邀请市工商管理人员走进易捷门店

监控日报”。2012 年，部分加油站正式实行 V20 地罐交接验收。

三、财务管理

1. 财务管理体制改革

2001 年起，宿迁分公司对各县公司财务人员统一实行委派制。于 2002 年 1 月取消县公司财务账套，合并为分公司财务一个账套。2003 年 1 月，ERP 正式上线后，取消县公司独立核算功能，实行分公司“统一核算、合并抵扣、税金分缴”的会计核算新体制。2004 年 ERP 系统单轨运行，正式停用浪潮系统财务软件。2005 年 7 月起，取消分公司独立核算，实现全省一级核算。经江苏省国家税务局批准，实施增值税“统一计算应纳税额，按销售额进行分配，由省公司汇总办理纳税申报”和其他税种就地缴纳的新办法。2007 年，为实现“管理层次扁平、业务专业垂直、岗位职权明晰、市场反应灵敏”的经营管理目标，省公司推行“会计集中核算、财务集中管理”的财务会计管理体制改革新模式，宿迁分公司建立了“单一会计主体、商品统进分销、资金统一调度、资产统一调配、税金逐级缴纳”的财务核算管理模式，并沿用至今。

2. 财务内控制度建设

2001 年以来，宿迁分公司从企业实际出发，相继制定实施了费用、资金、发票等管理制度。2005 年正式实施《内部控制手册》，并逐年进行修订完善。2011 年 6 月开始启用 OA 系统费用报销审批。

3. 财务核算控制管理

预算管理。2001 年，当时预算只分解至县公司、各职能部门。2003 年开始实行“预算控制，集中管理，一支笔签批”制度，预算分解到每一个成本中心，做到责任到人。2012 年按照总部“经营一元钱、节约一分钱”的要求，宿迁分公司以提高效率为目标，加强专项费用管理，特别是对业务招待、办公、会务等公务性费用支出，严格执行限额标准。大力推行单站量、价、利、费、劳动生产率等模拟核算，引导基层单元扩销增量、降本增效，努力打造成本竞争优势。

资金管理。2002 年以前，因县公司独立核算，银行账户大都以县公司的名称开设。宿迁分公司从 2003 年起全部取消以县公司名称开设的公司账户，统一更名为分公司名称。并与银联公司协商签订《业务合作协议书》，在市区 4 个开票点安装 POS 机，保证资金安全，方便客户购油。2004 年开始启用 SAP 系统信用控制功能，强化债权过程控制。2005 年起，实行保安公司上门收款，有效规避了资金管理风险。

税务管理。从 2007 年 6 月起，宿迁分公司在所属经营网点开始启用电脑卷筒普通发票系统，结束了长期实行的手工发票开具的历史。2009—2011 年，宿迁分公司连续 3 年被宿迁市税务局评为“4A 级纳税信用等级”企业。

四、法律事务

宿迁分公司在综合办公室设法律事务岗。通过岗位设置、专职人员配备、外部聘请常年法律顾问等，有效规避了企业法律风险。2006—2011 年，通过法律途径，妥善处理了 3 起土地、经济纠纷案件，有效捍卫了企业的合法权益，挽回了经济损失，保障了加油站及公司的资产安全。同时积极开展企业商标维权活动，先后取缔 3 例侵权商标。

五、车辆管理

2003 年，宿迁分公司着手开展公务车辆改革，报停低效车辆，公开拍卖 12 辆油罐车、5 辆公务性轿车。

六、信息技术管理

自2006年推行信息条线一体化改革起，宿迁分公司信息技术部更名为宿迁信息工作站。一体化后，宿迁信息工作站正式实行条线化管理。

1. 系统建设应用

2002年，宿迁分公司作为ERP项目试行单位，实施FI/CO/SD/MM四个模块，同年12月实现ERP成功上线。上线初期与浪潮财务系统、进销存系统并行运行，2004年开始ERP系统单轨运行，同年6月实施加油卡系统。

2005年起，使用省公司开发的加油站零售账表系统；2006年5月实施ERP系统优化提升，新增TR/PS/PM模块。2007年初开始推行OA办公自动化系统；同年8月3座油库陆路发货启用电子提单系统。2008年3月起，实施V20系统，初步将液位仪纳入加油站日常管理，7月推广使用便利店海信系统，12月OA办公自动化系统推广到所有加油站。2010年5月正式上线使用江苏公司开发的ERP开票通知单流程；10月启用总部零售管理系统，取代原有的加油站零售账表系统。2011年EM模块、ERP/HR模块相继上线，年底正式推行总部合同管理系统。

2. 加油卡系统

2004年7月，宿迁分公司开始推行加油卡系统，主要分为加油卡管理子系统和零售管理子系统。加油卡系统主要用于卡机联动站，非卡机联动站使用POS刷卡，进行离线加油卡交易。至2011年底，宿迁分公司已实现所有站点卡机联动。

3. 零售管理系统

2005年，宿迁分公司开始使用省公司开发的加油站零售账表系统，与省公司信息中心进行数据交换。2008年开始实施V20系统，并在43座加油站安装应用液位仪系统，将液位仪纳入加油站日常管理。2010年开始启用总部零售管理系统，取代原有的加油站零售账表系统。并与ERP、管控、液位仪、二次物流等系统进行数据交换，把加油站日常管理由手工操作转为系统自动处理。

4. 零售督查和隐患管理模块

2012年6月，宿迁分公司自主开发了“零售督查管理”和“安全隐患管理”两大模块，其中零售督查管理模块，实现了加油站督查工作全覆盖，从检查发现问题到整改、验收，实现闭环管理；安全隐患管理模块，集中包含隐患信息填报、隐患汇总查询、隐患统计分析三大功能，范围涵盖公司所属加油站。两大“管理模块”的推广应用，使加油站督查管理、隐患管理实现统一、集中、透明和痕迹化、科学化。

5. 信息基础设施建设

网络方面。2001年，建成宿迁分公司到省公司、油库到分公司的2M DDN数字电路，并完成分公司到3个县级公司的2M DDN专线线路改造。2009年6月，宿迁分公司至省公司主干链路增加1条8M MSPT线路；加油站全部采用4M光纤MPLS方式汇聚至电信，通过100M光纤汇聚链路与区域中心机房连接，网络性能和可靠性大幅提高。同时增加1条10M因特网链路，为视频监控外部访问链路。2010年，黑鱼汪、南关荡2座油库分别增加移动2M SDH链路作为备份链路。2012年进行网络升级，形成省公司到市公司、市公司到油库双机双链路热备均衡链路，进一步提高了区域公司网络性能和可靠性。

视频监控。2008年，宿迁分公司在36座加油站和本部办公楼安装了具备远程传输及夜间使用的红外视频监控录像系统。2009年升级加油站视频监控系统，室外一律采用枪机，覆盖进口、出口、加油区、油罐区；室内采用球机，覆盖财务区保险柜、便利店等。同时完成了黑鱼汪、南关荡2座油库视频监控系统安装。

机房建设。2001年以来，因分公司原办公楼被拆除，宿迁分公司机房建设几经反复。2006年起，按照规范机房设计的要求，开始筹建中心机房动力监控系统，对机房供电、UPS输入输出、温度、供电、门禁等进行监控。2010年对中心机房进行升级，进一步优化网络路由系统。

第四节 党群工作

一、党组织与党员队伍

宿迁分公司党委下辖7个党支部，分别为公司机关党支部、零售党支部、物流党支部及泗阳、泗洪2个县公司党支部和商业客户党支部，各级党组织健全，组织活动正常。2001年以来，宿迁分公司党委坚持围绕“建班子、育队伍、促和谐”的基本任务，开展活力党建，充分发挥党建工作的独特政治优势。2008年8月，经宿迁市委组织部同意，宿迁分公司共外移地方管理党员116人，其中沭阳、泗阳、泗洪3个县级公司在岗党员的组织关系统一上移由市公司党委管理。截至2012年底，宿迁分公司共有党员134人（其中在岗120人，不在岗14人）。

二、纪检工作

2001年以来，宿迁分公司始终瞄准重点领域、重点环节和关键控制点，对资产处置、物资采购、油品直分销经营管理、非油品经营、工程建设、成品油管道建设等项目进行了效能监察，同时充分利用ERP系统功能提

2011年6月，宿迁分公司组织党员干部、站长走进市看守所接受警示教育

升效能监察的效果。2008年以来，为探索有效的职务犯罪预防机制，宿迁分公司坚持与宿迁市宿城区人民检察院合作成立了“预防职务犯罪检企共建活动室”，双方签署了《检企共建协议》；与宿迁市看守所联手，共建“预防小人物大腐败”教育基地，每年“七一”都要组织党员干部、片区经理、加油站长走进看守所接受警示教育。

三、工会工作

宿迁分公司下设一级工会1个，二级工会3个（沭阳、泗阳、泗洪3个县公司），统一实行属地化管理办法，各级工会认真履行职能，有序开展工作，并建立扶贫帮困长效机制。10多年来共帮扶救助各类困难职工280余人次，发放帮扶救助资金34余万元。2008年“5·12”汶川大地震发生后，全体干部员工慷慨解囊，累计捐款6.52万元；党员积极交纳特殊党费4.68万元；团员踊跃捐赠特殊团费1.09万元。

四、共青团工作

宿迁分公司团委下辖6个团支部，分别为公司机关团支部、零售团支部、物流商客团支部及沭阳县公司、泗阳县公司、泗洪县公司团支部，团组织基本健全，团组织活动正常开展。截至2012年底，共有35岁以下青年职工468人，28周岁以下青年职工311

人，团员 142 人，青年职工人数占职工总数的 36%。

五、宣传教育与企业文化

1. 形势教育

2001 年以来，宿迁分公司先后组织开展“三个代表”，十六大、十七大精神，“两个务必”，保持共产党员先进性、“八荣八耻”，“四强四优”等政治理论学习教育活动。2003 年开展向新时期优秀领导干部代表郑培民学习活动；2004 年开展《没有任何借口》读书教育系列活动；2005 年开展党员先进性教育活动；2006 年开展 “四好班子”、“四好科室”、“四好片区”创建活动；2007 年开展《阳光心态》、《卓有成效管理者》读书活动；2008 年开展“强责任、比业绩、促发展”和深入开展“双促”（深入群众促和谐，凝心聚力促发展）主题活动；2009 年开展“青年文明号”创建活动；2010 年至今，坚持开展“比学赶帮超”、“争先创优为服务”主题活动。

2. 企业文化建设

2001 年以来，宿迁分公司牢固树立以人为本理念，坚持以企业稳定、安定、和谐为根本，着力营造企业内部和谐、融洽、协调向上的良好氛围。以岗位为平台，有序推进企业文化建设。利用各种平台宣传企业优秀文化，增强干部员工对建设统一企业文化必要性的认识；以宣传为阵地，积极宣讲优秀企业文化。通过制作企业文化宣传橱窗、发放企业文化宣传手册等，向干部员工全方位、全覆盖宣讲中国石化优秀企业文化，用行之有效的手段全面落实企业文化建设“五统一”工作要求；以活动为载体，夯实企业文化建设基础。通过组织广大干部员工开展企业文化知识竞赛，以赛促学，不断夯实企业文化建设基础。

六、队伍建设

1. 中层队伍建设

截至 2012 年底，宿迁分公司中层管理人员 32 人，其中本科以上学历 7 人；专科学历 25 人；40 岁以下 10 人，40—50 岁 20 人，50 岁以上 2 人。

2. 片区经理和站长队伍建设

2007—2010 年，宿迁分公司设立 10 个零售片区，聘任片区经理 10 名。随着加油站数量快速增加，2011 年设立零售片区 11 个，任聘片区经理 11 名；任聘加油站站长 98 名。同时经过层层选拔，形成一支 30 人的后备站长队伍。

第五节 非上市部分

一、存续公司

1. 集中管理和专业化经营

2000 年 2 月，根据中国石化《关于集团公司分账、股份公司建账的通知》的文件精神，宿迁分公司实施主辅分离，股份公司与存续公司分账，实行分别核算。存续公司包括泗洪、沭阳 2 个整体非上市支公司及泗阳、分公司主辅分离的辅业部分。2002 年，存续公司实施流程规范，整合存量资产，规范关联交易。2003 年，按照“压缩管理层、缩短管理链、控制管理风险、集中有效资源”的原则，对泗阳存续支公司的管理责任进行上移，对存续人员及有效资产实行集中统一管理和专业化运营。

2.有序退出

2001 年，存续公司对所涉业务进行改制，按照“人随资产走”的原则，对宿迁石油商场进行改制，由员工每人出资3000元选举产生首届董事会，实行自主经营、自负盈亏。参加改制职工31人。2004年，根据中石化对非上市企业“五减四无”的改革要求，对泗阳支公司4名员工、分公司3名员工实行带资分流。2006年开展清理整顿，清算注销了存续分支公司，存续资产上划“中国石化集团资产经营管理有限公司江苏石油分公司”，实现存续公司有序退出。

3. 清理整顿工作

2006—2007年，根据中国石化《关于关停并撤销售企业市（地）、县（市）公司和多种经营实体的通知》精神，宿迁分公司对宿迁区域投控股企业和项目进行清理，共完成清理整顿项目17个，其中江苏省泗洪石油支公司于2006年11月30日完成破产清算注销，为全省第一个破产清算的支公司。

4. 住房改革

2009年底，宿迁分公司全面完成职工住房普查，公示普查结果。2011年制定《职工住房分配货币化实施方案》。住房补贴发放人数687人。

表6—9—1　宿迁石油分公司2001—2012年主要经济指标表

年份＼指标	1. 成品油销售量（万吨）	2. 零售量（万吨）	3. 销售收入（万元）	4. 利润（万元）	5. 吨油费用（元）	6. 资产总额（万元）	7. 非油品营业额（万元）	8. 员工总数（人）
2001	21.28	10.39	56300	218	117.2	10682	—	678
2002	21.53	9.75	54400	2422	111.2	12559	—	691
2003	20.81	10.56	61700	2222	123.2	12350	—	702
2004	26.18	14.47	90400	3401	104.2	16534	—	730
2005	29.7	17.19	104800	2289	98.8	17547	—	783
2006	27.29	19.82	131300	5472	102.5	18403	—	823
2007	30.02	21.82	149600	5208	118.4	19286	—	861
2008	31.43	23.09	188500	7963	138.4	24874	109.63	847
2009	33.58	22.08	185700	3747	151.9	25808	817.83	823
2010	40.49	27.35	264500	4765	143.5	31809	1620.5	909
2011	39.32	32.59	302700	7258	185.1	32005	2442.6	1046
2012	42.00	36.48	333417	7112	198.5	25060	2877.0	941

表6—9—2 领导人员变动情况

姓 名	职 务	任职时间
徐 光	副经理	1998.12—2001.11
	经理	2001.11—2002.04
陆敬玉	副经理（主持工作）	2002.05—2005.01
邵建军	副经理（主持工作）	2005.02—2006.07
	经理、书记	2006.08—2007.05
江 宁	经理、书记	2007.06—2008.02
徐乃新	副经理（主持工作）	2008.02—2011.07
王 剑	经理、副书记	2011.08—
尹启敬	副书记（主持工作）	1997.08—2001.11
叶文荣	副书记	2001.12—2005.01
沈宏伟	副经理	1997.02—2005.01
	副书记（主持工作）	2005.01—2006.07
程 毅	副经理	2001.12—2006.07
	副书记（主持工作）	2006.07—2011.08
郑之强	副经理	2006.07—2011.08
	副书记（主持工作）	2011.08—2012.07
	书记	2012.08—
英庆春	副经理	2001.12—2005.01
陈 军	副经理	2006.07—2007.10
蒋 平	副经理	2007.10—2009.06
卢大伟	副经理	2009.06—
王维政	副经理	2012.09—
石 磊	副经理	2012.09—

表6—8—3 历年荣誉

年份	姓名／项目／集体	荣誉称号	授予单位
2001—2011	宿迁石油分公司	宿迁市重合同守信用企业	宿迁市政府
2008	宿迁石油分公司	宿迁市抗洪救灾先进单位	宿迁市政府
2009—2011	宿迁石油分公司	宿迁市质量信得过企业	宿迁市政府
2009—2011	宿迁石油分公司	宿迁市安全生产先进单位	宿迁市政府
2009	第八加油站	青年文明号	共青团江苏省委
2010—2011	宿迁石油分公司	2010—2011 年度江苏省价格诚信单位	江苏省物价局

第十章　盐城石油分公司

盐城地处江苏沿海中部，东临黄海，南与南通接壤，西南与扬州、泰州为邻，西与淮安相连，北隔灌河和连云港相望。面积1.46万平方千米，人口820万，是江苏面积第一、人口第二的省辖市。盐城积极抢抓沿海大开发的有利时机，加快发展，2011年全市实现地区生产总值2760亿元，同比增长13%；财政总收入706亿元，同比增长42.8%；地方一般预算收入269亿元，同比增长40.6%。

盐城石油分公司（简称盐城分公司）为中石化在盐城地区最大的成品油供应商，主要从事汽油、柴油、润滑油的仓储、零售和直分销等经营业务。2008年拓展经营项目，推行加油站易捷便利店非油品业务。截至2012年底，盐城分公司在营加油站111座，在营便利店92座，全年实现成品油经营量51.23万吨，市场占有率达60.2%；实现销售收入409243.3万元，利润16735万元。

下设综合办公室、财务核算部、人力资源科、党群纪监科、基建管理科、安全数质量科、实物资产科、信息工作站、经营管理科、零售管理部、非油品业务部、商业客户部、区域管道工程部等13个经营管理部门，现有新兴、周家舍、灌河等3个在营油库，下辖东台、大丰、建湖、射阳、阜宁、滨海、响水7个县公司。截至2012年底，公司共有职工1414人，其中在岗正式职工300人，劳务用工1114人。

盐城分公司2001—2012年主要经济指标见表6—10—1，领导人员变动情况见表6—10—2，历年荣誉见表6—10—3。

第一节 经营业务

2001—2012年，国家相继开放成品油零售、批发市场，深化国内成品油市场油价税费改革，国际油价跌宕起伏，国内供求关系复杂多变。社会经营单位的低价运营，竞争

2007年10月资源紧张期间，盐城青年路站全力为客户加油

对手不断渗透，成品油市场竞争日趋激烈。面对复杂的市场和经营环境，盐城分公司紧紧围绕“两保三不降”的目标，紧盯“监控、分析、协调、改进”四个环节，着力强化管理，拓市扩效。2005年起，盐城分公司提出了“经营规模学淮安，经营质量学扬泰”的口号，积极开展对标，量效稳步提升，2011年经营量首次突破50万吨大关。同时，在世博、奥运等特殊时期，积极组织资源，保障市场供应，较好地履行了国企的政治、经济和社会“三大”责任。

一、零售业务

1. 零售经营管理体制改革

2001年，按照省公司的统一部署，盐城分公司全面开展零售管理体制改革，推行CORO管理模式，即承包商营运模式。本着“强强联合”、“相邻市场关联”、“便于管理”、“放手经营，扩大零售”的原则，组建了44个加油站管理公司。所有托管加油站实行超量吨油费用返还，员工积极性提高，经营质量稳步提升，全年实现零售量13.69万吨，同比增长36.8%，吨油费用同比下降22.58元。

2002年，按照“抓大放小”、“有所为有所不为”的原则，对区域非托管的27座年加油量不足800吨的小站进行改制，零售量效再攀新高，全年实现零售量15.9万吨，同比增长16%；实现考核利润2291万元，切实扭转了前几年亏损的局面。

2004年，零售条线开始实行专业化运作，盐城分公司根据加油站实际情况，分别采取了CORO模式、直管站模式和小站改制“三种”管理模式，实现了日纯枪量超600吨的目标。2005年零售条线设立片区经理，全面实施对口经营管理，在条线一体化运作的基础上，加油站经历了由过去CORO等模式到直管站模式的平稳过渡。2010年，为提升小站创效能力，分2批对34座年销量低于1000吨的小站实行了委托管理。2012年，县公司进一步完善经营管理体制，将加油站现场管理权下移至各县公司，零售条线主要负责业务指导，充分发挥县公司团队的整体战斗力和地方沟通协调优势。

2. 零售基本市场建设

(1) 市场拓展。2001年起，盐城分公司按照“得零售者得天下，得零售者得效益”的营销理念，将网络外延扩张与内涵提升并举，大力抢占终端市场；建立周工作例会制度，及时解决零售经营中出现的问题；加强价格监控与协调，适时开展“点与点”竞争，推行大站培育计划，采取多种营销策略，巩固提升市场份额。

2001年，新增加油站29座，并成功打造了苏北第一座万吨级加油站——盐城建设路加油站，至年底在营站达109座，城区站比例达80%以上。2002年开始积极倡导绿色消费，强势推行高标号汽油；成功推出“一卡在手，走遍城区”有奖销售活动，出租车市场占有率达92%。2005年5月起，在全区推行乙醇汽油销售，同时抢抓高端客户，强化高标号汽油营销，加快大站培育，建立大站培育领导定点联系制度，截至2012年底，97#

农机双优卡上门充值服务

汽油消费比重达 19.33%，万吨站 5 座。

2004 年起，盐城分公司根据省公司的部署，推行中国石化加油卡，从此结束了油票结算的时代。7 月下旬开始建设加油卡网点，年内新增 18 个加油卡网点，发行加油卡 3.4 万张，实现充值额 5.4 万元。持续开展了“油中感谢”、“持卡加好油，中奖中石化”、“加油卡充值刮奖”、节假日专项营销等活动，提供短信、自助终端等增值服务，努力培育忠诚客户，提升加油卡刷卡比重。2010 年，加快加油卡充值服务中心建设，盐城青年路加油卡充值服务中心于 2011 年 7 月正式运营，为客户提供了更为便利、快捷的“银行式”服务。为更好地支农惠农，发行了农机“双优卡”，实行上门充值服务，给农机手提供优质优惠服务，得到社会一致好评。设立大客户经理，强化了客户关系管理，多年来与移动、银行、电信等单位建立了良好的合作关系，政府采购签约率达 100%。

2012 年，盐城分公司实现零售量 40.25 万吨，较 2001 年增长 194%；在营充值网点 45 个。截至 2012 年底，累计发卡 23 万张，加油卡刷卡比重达 38.9%。

(2) 规范管理。2001年盐城分公司开展达标创星活动，并聘请行风监督员，参与管理。2004年深入开展加油站“百日竞赛”，通过环境专项整治和内部整顿，加油站站容站貌明显改观，加油站账、表、册进一步规范，员工规范化服务意识和服务水平进一步提高。2005年从创造“优质服务”和“优美环境”为切入点，开展了以“迎国庆、迎十运”满意在石化为主题的加油站劳动竞赛活动，充分展示了中国石化良好的对外窗口形象。2007年开始，深入推进《加油站规范化管理星级计划实施方案》，明确每年创建计

盐城分公司开展送油到油田活动

划及标准，综合省、分公司督查及神秘顾客检查得分，确定油站最终等级。2009年在加油站安装视频监控系统，在部分油站安装液位仪，完善了管理平台；聘请神秘客户参与管理，促进基础管理提升。2012年，强化零售基础管理，推行“站域领先”计划，加油站管理水平稳步提升，截至2012年底，共有星级管理站21座，其中五星级站2座，四星级站4座，三星级站15座，较2001年增加18座；达标站90座。

(3) 资源保供。针对盐城农业大市的特点，盐城分公司每年制定保供预案，完善保供措施，设立农业用油供应绿色通道，2010年起又推出了农机“双优卡”，给予2%的价格优惠，享受优先优质服务，较好地保证了当地“三夏”、“三秋”农业用油及资源紧缺、自然灾害、世博、奥运等特殊时期的市场有序供应。

二、直分销业务

1. 部门职能演变

2001 年，盐城分公司根据省公司要求，成立专业化销售部门——配送公司（配送部）和分销公司（分销部），实行了“以配送促销售、以销售带配送”的互动运行机制。2002 年，配送公司和分销公司分别改名为直销中心（公司）和分销中心（公司）。2005 年在条线专业化运作的基础上，设立客户经理，负责客

户的开发和维护。2006年直销中心（公司）和分销中心（公司）合并，成立商业客户部（含业务科管理职能）。2010年4月，商业客户部内原业务科管理职能划出，单独成立经营管理科，商业客户部调整为专业化直、分销业务功能。

2. 直分销市场建设

2001年，盐城分公司制定“抓政府采购、攻用油大户、带中小散户”的营销方案，确定了“走出去开拓市场，用真情建立关系，靠服务巩固用户”的营销思路，至年底，批发量达8.78万吨，8—12月实现配送4.18万吨。2004年起，盐城分公司对各县片区的分销与直销市场进行整合，落实分级维护责任制，采取了“差异化营销”、“一户一策”、“一户一价”等营销策略，积极拓展区外市场，终端市场份额稳步提升。2005年，推行客户经理行销十步法，强化客户维护与专业化培训，提升了区域营销管理水平。2011年，进一步强化风险防范，严控现金销售和已售未提比例，相关做法得到省公司的肯定，并在全省作了经验介绍。定期发放客户询证函，不定期开展风险防范自查，促使直分销业务日趋规范。2012年7月9日，中油江苏盐城库正式开业，为维护市场份额，盐城分公司多措并举，借助“中国石化质量日”活动，加强油品质量知识宣传；调整完善客户经理考核办法，实行级别动态管理，鼓励其促销量、增等级；加强价格协调，确保有序竞争；严格落实分别维护责任，力争不发生大客户流失事件等。7月6日，盐城分公司邀请区域141家直分销客户代表召开了以“诚信、合作、共赢”为主题的座谈会，并提出了“我们的薪水是顾客给的，用户的难题就是我们的课题”的经营理念，得到了客户的认可，与40家分销用户达成了合作意向。2012年，盐城分公司实现年直分销量10.98万吨。

三、非油品业务

2008年初，盐城分公司首先抽选了本部青年路站、建设路站和开发区站作为试点，开设易捷便利店；同年7月在全省率先办理了3张烟草专卖证，将烟草成功引进便利店，提升了便利店的销售额；至2008年底开设易捷便利店16座，实现非油品年销售收入31万元。2009年，着手样板站建设，成功打造了第一座百万元门店——青年路加油站，年末便利店达42座，全年实现销售801万元。2010年，打造了2座旗舰店——青年路店和建设路店，各片区参照旗舰店标准分别打造了1座样板店，提升了“易捷”品牌形象。2011年，参照旗舰店及样板站标准，改造门店20座，全年在营门店数79座，年销售额达2682万元，实现百万元门店3座。2012年改造升级门店

便利店温馨一角

非油品营销

4座，在营便利店扩大到92座，其中精品店21座，每店证照齐全，全年营业额达到3810万元，毛利额为505万元，百万元门店增加到8座。

建湖片区首座形象站秀夫路站

四、润滑油业务

2001年盐城分公司着重抓好长城、海牌、飞天、锡炼四大品牌销售，同时强化散油销售，基本垄断了盐城小包装润滑油销售市场，销量增加至300吨左右。

在润滑油销售方面，一抓客户开发维护，确保市场份额，二抓品牌油销售，采取保量保效和保本扩量相结合的方法，扩大了销售。2005年，强化润滑油客户经理行动管理，实施“客户、客户经理”双星培育工程，设立专职客户经理开拓市场，实施客户分级维护，确保市场份额稳中提升。2008年，积极开展轻润组合销售，所有门市部实行在线操作，市场份额提升。至2008年底，拥有长城包装终端客户145家，同比增长67%。2009年，盐城分公司在船舶企业和汽油行业润滑油营销取得突破，全年实现船用油销售156吨，车辆制造行业用油60吨，船用油开发经验得到省公司的认可和推广。2010—2011年，着重优化润滑油结构，强化长城包装油销售。2011年实现润滑油销量3141吨，其中长城包装油2989吨，长城包装润滑油销售比重达95.1%，在全省排名靠前。

2012年7月，润滑油条线体制改革，盐城分公司取消润滑油经营部机构，按照“人随业务走，兼顾职工意愿”的原则，原经营部14人划转中石化润滑油销售公司江苏分公司。

第二节　储运销网络建设

一、加油站建设

根据中石化集团公司和省公司“跑步抢占制高点，迅速扩大零售市场占有率”的战略决策，盐城分公司着力强化网络发展责任，提高网络发展能力，努力扭转区域零售网点偏少、市场控制力较弱的局面。

1. 加快网点扩增

2001年，盐城分公司成立了网络发展办公室，采取分工负责，全面出击，分解目标任务，责任落实到人等方法，形成了人人有指标、担子众人挑的工作格局。按照“抢占城市要道，巩固国道省道，大力发展农村和水上网点”的网点扩张战略，明确提出了“只争朝夕，坚韧不拔，志在必得”的工作方针，抢占有利地形，夺取收购重点。在新建站方面，大丰公司首先开创了在城区建站的先河。2009年盐城被列为沿海开发战略的重点城市，为积极做好“参与、服务、支持”沿海大开发工作，抢占有利时机，省、分公司多次与地方政府洽谈、沟通，成品油管输、大丰港加油、加气等项目得到了进一步支持和落实。至2012年，区域共新增加油站64座。

2. 强化网点质量

2002年始，盐城分公司将网建工作重点放在新建站的开业和老站的规模改造上，逐步实现由“数量型”向“质量型”的转变，着力打造一批星级站。注重施工单位的资质及安全管理，严格施工验收，强化工程质量。

大丰第九加油站改造前

大丰第九加油站改造后

3.盘活闲置资产

加强与政府联系，利用现有关闭、歇业、已拆除以及经营前景不好的加油站实施迁建，坚持“拆一还一、先建后拆”的政策底线，调整优化网络布局并抢占了市场控制点。2006年，盐城分公司首次在大丰市区实现“拆一还二”补偿方案的突破，有效控制了市场占有率，实现了低成本扩张。

盐城分公司加油站网点从2001年初71座发展到2012年135座。在拓展网络的同时，注重结构优化，调整发展方式。强调项目发展以产权为纽带和永久控制，发展方式转向自我发展新建、对社会重点产权清晰加油站的全资收购和合资控股。2001—2012年，收购加油站59座，新建加油站24座，迁建加油站6座，改造加油站97座，整体租赁加油站3座。截至2012年底，按性质划分，盐城分公司拥有全资站113座，租赁站3座，土地租赁站18座，联营站1座，按地理位置划分，城区站58座，干道站43座，中心镇站27座。

二、加气站建设

2010年，盐城分公司第一座油气合建站——建湖胜利站开工，2012年12月正式对外营业。2012年2月，滨海交通加油加气站动工；2012年底阜宁204国道服务区LNG加气站开工；与东台、大丰盐阜集团签订了加气业务合作协议，于2012年12月20日正式提供加气服务，实现了盐城市场加气业务“零突破”。

三、油库建设

2001年，盐城分公司共有油库9座。为加快库存周转、流向合理、成本节约，根据省公司批准，2001—2005先后关闭6座油库（大丰刘庄、射阳兴桥、建湖近湖、阜宁阜城、滨海坎南、盐城鞍湖油库），保留3座油库，即盐城新兴油库、响水灌河油库、东台周家舍油库，其中盐城新兴油库为盐城分公司中心库。

2002年1月，实施仓储管理体制改革，在营油库划归省公司仓储公司统一管理，盐城分公司成立仓储分公司，管理区域内的在营油库，隶属于中国石油化工股份有限公司；2011年7月划归盐城分公司直管。

新兴油库为盐城分公司分销二级配送中心库。经过2001年发货平台等硬件改造和2007年的设备设施完善，截至2012年底，该库占地面积44129平方米；储罐12只，其中拱顶罐4只、内浮顶罐6只，500立方米的乙醇内浮顶罐 2 只，总储量达 1.9 万立方米，经营品种有 93# 乙醇汽油、97# 高清洁汽油、0# 普通柴油、0# 车用柴油。吞吐量由 2001 年 20 万吨上涨至 2012 年 96 万吨。2001 年被评为省级先进油库，2002 年升为省级一星级油库，2004 年升为省级二星级油库，2011 年 10 月根据中石化集团公司新的评定标准被评为先进油库。

东台周家舍油库为达标库，截至 2012 年底，有 1000 立方米油罐 6 只，总储量达 6000 立方米，主要经营品种为柴油，2012 年吞吐量为 12 万吨，主要负责东台、大丰区域的柴油供应，守护着盐城分公司成品油市场的南大门。

响水灌河油库为达标库，截至 2012 年底有 1000 立方米油罐 4 只，总储量达 6000 立方米，主要经营品种为柴油，2012 年吞吐量为 9.6 万吨。与响水中油油库一墙之隔，主要职责是守护盐城分公司成品油市场的北大门。

在软件配备看，三座油库设备科技含量较高，已具备管道泵和微机发货系统，储罐自动计量及液位监控系统、视频安全监控和油气测报系统、油品质量检测配套系统、局域网及 ERP 系统。截至 2012 年底，油库有安全注册工程师 4 人，高级工 36 人，中级工 10 人。

四、管道建设

盐城段成品油管道是江北成品油管道淮盐支线的终端，总长约 60 千米，管径 273.1 毫米，设计压力 9.5 兆帕。配套库规划库容为 10.4 万立方米。工程总投资约 2.5 亿元。

2007 年，盐城市政府同意盐城段成品油管输及配套中心库按新兴的方案选址，管输路由方案通过规划部门审批。2008 年取得新兴油库改扩建用地规划选址红线。2010 年 4 月成立盐城管道工程部，盐城管道及配套中心库工程正式开工，先后完成了管道路由带状测量工作，取得了路由平面图电子文档和规划报审图，建湖段 40 多千米报县规划与城市管道局审查原则同意并完成了详勘工作。收集了省市县政府及电力、交通、公路、航道、水利等补偿文件，并积极兑现了农用地转征赔偿款。2012 年，因安全距离和拆迁红线标准等问题，改扩建工程方案未能实施，截至 2012 年末，经多方努力，省公司和地方政府同意在建湖上冈镇建设管道配套油库。管道路由带状图已经规划部门审查通过，全线贯通并完成了详勘工作；建湖段平面图和施工图已取得规划部门书面意见，并作好开工准备。

第三节 企业管理与改革

一、体制改革

1999 年盐城分公司分为上市公司和非上市公司，上市公司名称为中石化江苏盐城石油分公司，非上市部分为中石化江苏石油有限责任公司盐城石油分公司。2001 年实施分支公司一体化，地市公司将经营管理权延伸到县公司，改变了过去“各自为政”的经营格局。2003 年，深化经营体制改革，将各县级公司的经营管理分别划归到分公司相应条线进行管理运作，撤销了原县级公司的管理部门，对外保留县公司名称，设立县属区域管理委员会。2005 年，对内取消县级经营机构，撤销县级管理委员会，对外保留县公司牌子，分公司派出片区经理、客户经理和会计代表代表公司实行归口管理。2012 年，盐城分公司进一步完善县公司体制，对县公司职能进行重新定位，将分公司部分权限下移，特别强化县公司的现场管理权，取消片区经理，恢复县公司团队建设，实行“以块为主、条块结合”的管理原则。

二、安全与设备管理

2001—2012年，盐城分公司建立健全HSE管理体系，重点开展了危害识别、风险评估、隐患排查治理工作及“我要安全”活动，强化未遂事故管理，认真贯彻“大安全”理念，员工安全意识提升，对各种突发事件和未遂事故的辨识能力和警惕性明显增强。

一是构筑体系，完善组织，明确责任。2003年，盐城分公司开始建立HSE管理体系，并成立了HSE办公室、危害/环境因素识别、法律法规识别专业小组。2004年起，全面实施了HSE管理体系，人人签订《HSE承诺书》，建立安全责任压力传导机制；实行了领导定点联系制度和夜间巡查制度，强化各级管理责任。

二是强化教育，注重演练，务求实效。强化新进员工三级安全教育和岗位标准化培训，注重换季安全教育，提升员工安全意识；积极开展消防灭火技能和应急预案演练，强化员工的行为教育，2011年在全省消防比赛中取得了团体第三名；积极开展“百日安全无事故竞赛”，广泛开展了“我要安全”活动，

日常员工消防技能训练

促进广大员工从“要我安全”到“我要安全”、“我能安全”的思想转变。

三是自查自纠，注重整改，防患于未然。注重日常检查及特殊节日的安全检查，发现问题及时整改；开展“十大薄弱环节”排查，

现场开展设备知识培训

分级制定控制和整改措施，纠正人的不安全行为，弥补管理上的缺陷，防范物的不安全状态。以设备大检查为契机，自查自纠，提升了设备管理水平；积极开展了打非治违、OSHA统计工作、未遂事故管理等专项工作，坚持安全“闭环管理”原则。

四是强化风险防范，严格风险控制。2009年盐城分公司狠抓危害识别风险控制，采取了“六个到位”（领导重视到位、宣传培训到位、检查考核到位、危害识别到位、薄弱环节推进到位、风险清单到位）措施，促使区域风险控制能力提升；2010年将企业经营管理的全部风险因素纳入“大安全”工作范畴，构筑“横向到边、纵向到底”的管理责任体系，将安全要求延伸到8小时以外；强化施工现场的安全管理；推进环保和职业卫生工作；积极强化风险管理，下发风险排查模板，组织加油站对设备设施、安全、数质量、资金与票据、加油卡、便利店、媒体采访等7个风险环节进行自查，提升了风险管理能力；积极开展了“我的风险控制卡”的填写和保管工作，组织员工学习了危害识别、安全禁令、岗位HSE标准、HSE承诺及“七想七不干”等内容，员工危害识别和风险控制能力进一步提升。

五是严格未遂事故管理。2007年3月，

盐城分公司在全省率先推行未遂事故管理，全年收集未遂事故报告书达900余份。为指导好全员性的未遂事故管理工作，专题开展了学术研究，撰写了《重视未遂事件管理、持续改进HSE工作》，在中石化集团公司《安全健康环境》杂志上发表。2008年省公司将盐城分公司确定为未遂事故管理试点单位，严格执行《未遂事故管理办法》运行控制文件，进一步推动和完善了未遂事故管理工作，提升了未遂事故管理工作质量。2009—2012年，盐城分公司共推荐优秀未遂事故报告书393份。

三、数质量管理

为更好地展现石化“质优量足”的品牌形象，践行“每一滴油都是承诺”的社会责任，多年来，盐城分公司一直在“四关”上下功夫，力争为客户加注“放心油”。

1. 把好进货关

2001年，盐城分公司组建了油品质量监督检验中心，建立企业内部油品质量监督抽样检验制度，实行两级质量管理负责制和责任追究制，保证了进货油品质量。严格执行国家油品质量标准，按质量标准和操作规范进行入库油品质量检验。2011年，盐城分公司顺利通过ISO 9000质量管理体系认证。

2. 把好出库关

每天按要求及时、准确提供发货密度，确保发货数量准确；定期对发货流量计进行检定，确保流量计的计量精度；油品质量有异议的，一律不安排发货。严格执行油车双铅封制度。油车出库前由库方施封。

3. 把好配送关

加强对二次配送过程的监控，确保专车专用；设立举报箱和举报奖，积极开展反盗油斗争；协调油运部门对油罐车油罐部件进行拆除和整改，进一步堵塞了数量管理漏洞；加大对车辆运行过程中的明察暗访，通过技防、人防和群防相结合，确保油品在运输过程中的数质量安全。2012年，盐城分公司修订了油罐车管理办法，通过现场抽查、视频监控远程检查、委托社会中介监督油车运输等措施，使得偷盗油行为得到一定遏制。

4. 把好销售关

严格执行加油站接卸作业安全管理规定，严格按照油品卸油“十步法”操作，规范验收；严格按照加油“八步法”流程执行，事前必须与顾客确认加油品种和数量并回零，避免不必要的纠纷。

同时，严格油品损溢管理，2008年推行V20管理，修改完善了损溢管理办法，推行赔付制，一度改变了损溢管理水平在全省落后的局面。为100多座油站安装了防爆灯、接卸口安装了防盗装置，在多个站安装视频监控系统，每月不定期盘点，从细节入手，强化加油站数质量管理。截至2012年底，盐城分公司15个安装液位仪的加油站试运行地罐交接，所有计量数据通过液位仪自动取数。

四、财务管理

1. 财务体制改革

2003年，随着一体化体制改革的深入，取消7个县级公司的独立核算管理模式，实行财务统一核算，统一纳税。撤销了县公司全部账户，分公司开设总收入账户，各县公司开设分公司收入户下的子账户，实行收支两条线管理模式。2005年7月起，全省财务实行条线化管理，取消分公司财务独立核算，实行全省一级核算，原盐城财务资产科改名为盐城财务核算部，业务上接受省公司财务处管理，人员实行省市双重管理考核，财务条线费用由省公司统一核准报销。分公司向各县公司派驻财务代表，负责日常财务事宜。

2. 财务管理实施

一是强化预算管理。2001 年，盐城分公司全面推行以成本费用控制为中心的预算管理体系，细化各项定额，实行了费用定额登记卡制度，规范了业务招待费、通讯费等行政费用的管理，全年本部行政办公费用同比下降 26.28 万元。

二是规范账户管理。2001 年，先后修订完善了《商品流通管理办法实施细则》、《债权管理办法实施细则》、《资金管理办法及操作规程》，强化资产经营责任考核，规范了费用、债权管理和资金运作，全年清理银行账户 20 多个，实行了资金集中统一管理和合理调度，保证了资金的安全和高效运作；2008 年，办理了江苏石油有限责任公司盐城石油分公司的税务注销。撤销各县公司税务账户，统一用分公司账户缴纳税款。2012 年，盐城分公司推进分账户和财务清账管理，加强资金风险控制，目前已有 7 个分账户正常运行，银行入账数据直接与 ERP 接口，有效控制了风险。

三是强化资金票据管理。2007 年 1 月，为强化油站资金安全，防范风险，加强与银行的沟通，实现本部 13 座站点由保安公司上门收款工作。截至 2012 年底，盐城分公司 90% 加油站实现了保安公司上门收款。推行使用卷筒式发票，规范发票使用行为。采用电子提油卡系统，规范了客户信用额度和销售折扣管理，防止效益流失。2011 年实施零管系统日资金审核制度，控制资金风险。2012 年起实施增值税发票在线直接开票、加油站管控系统挂枪开票工作。

四是严控公务性支出规模。2012 年出台了《办公用品管理办法》、《公务车管理办法》等制度，推行八小时以外小车挂匙制度，严格压缩小车费用。实行物资集中采购，车辆维修的比价管理、印刷费、配送车辆保险的统一办理等，降低日常公务性支出。

五、审计管理

盐城分公司紧紧围绕公司每年中心工作确定审计项目。整个审计项目贯穿日常经营管理、工程招投标、施工合同签订、职工质量监督和工程验收等环节，查找风险点，健全完善防控措施，筑牢前期预防、中期监控和后期处置三道防线。强化工程决算审核，采取内审和委托社会中介结构审计相结合的方法，有效降低了经营成本。

六、法律事务管理

开展普法宣传教育，加强合同管理信息系统应用，实现合同闭环管理，从源头防控法律风险，建立各类业务流程的法律风险提示机制。开展商标维权，坚决打击假冒、仿冒中国石化品牌的加油站、门店和商品，维护企业合法权益。

七、信息技术管理

1. 信息管理体制改革

2005 年，信息中心实行条线化管理后，改名为盐城信息工作站，由省公司信息管理处垂直管理，人员实行省市双重管理考核，主要承担盐城分公司信息化工作管理、信息技术支持及信息技术服务工作，确保信息技术支撑盐城经营管理。

2. 信息技术推广和使用

油库发货系统。2002 年新兴、周家舍、灌河 3 座油库成功实现微机自动发货系统运行。

浪潮系统。2002 年开展了浪潮软件的初始化和系统升级工作，顺利实现了业务进销存系统与“浪潮”财务软件系统成功接口运行，成为省公司系统中唯一使用接口成功的分公司。

ERP 系统。2002 年 12 月 18 日 ERP 成功上线运行。2004 年注重发挥 ERP 辅助经营作用，制定并实施了零售、润滑油、仓储、财务等 8 个单轨运行的业务规范，做到了系统在线操作，日清日结，操作规范。特别是 SAP 的锁价功能和库存管理功能的使用，使得经营违规行为、低价放量等行为得到有效控制。2006 年、2008 年 ERP 系统经历了两次升级改造，功能更加全面。2008 年电子提单系统在盐城新兴、周家舍、灌河 3 座油库成功上线运行。

加油卡系统。2004 年实施加油站加油卡系统建设，保证了金卡工程的顺利开通。

零售管理系统。2005 年零售条线账表系统试运行。2006 年，零售账表系统全面运行，并实现与 SAP 系统数据连接，从此结束了手工输入的历史。

办公自动化系统。2006 年 12 月，OA 办公自动化系统上线，促进了无纸化办公，也加快了公文流转速度，提升了办公效率。

海信系统。2009 年非油品“海信”系统全面上线。

2009 年中石化统一邮件开始上线使用。

2011 年 12 月合同管理系统开始试运行。2012 年 1 月全部实行单轨运行。

2011 年 11 月 EM 系统上线使用。2012 年底，实现在系统中进行故障提报、工单创建、维修费操作及凭证生成，通过该系统实现对设备全生命周期的全过程管理。

第四节 党建工作与队伍建设

2009 年 8 月，经盐城市委组织部批复，中共盐城石油分公司委员会更名为中共中国石化江苏盐城石油分公司委员会；中共盐城石油分公司纪律检查委员会更名为中共中国石化江苏盐城石油分公司纪律检查委员会，隶属关系保持不变。

截至 2012 年底，盐城分公司党委下设 17 个党支部，共有党员 339 人，其中正式党员 332 人，预备党员 7 人。按学历结构分，大专以上占 35%，中专占 35%，高中占 45%，初中占 5%。

一、党群工作

盐城分公司党委坚持以“围绕经营抓党建，抓好党建促发展”为指导思想，落实“建班子、育队伍、促和谐、维稳定、强自身、保中心”六项基本任务，大力开展党建工作，凝聚干群智慧，促进和谐发展。

2003 年组织全体党员学习了“三个代表”重要思想，强化为民服务意识。

2005 年开展了保持共产党员先进性教育活动，注重提升党员的党性修养，发挥党员的先锋模范作用。

2008 年县公司党组织关系由原来县委管理转为由地市公司党委管理。公司上下开展了“抓源头、促和谐”、“深入群众促和谐，凝心聚力促发展”的教育实践活动。开展了“比差距、找问题”及“提合理化建议”活动，共查找出问题 60 条，收集合理化建议 46 条。开展“八助”活动，即思想互助、政策扶助，困难补助、大病资助、特困补助、爱心捐助、就业援助、结对帮助，进一步拓展了“真困难真帮助”的工作内涵，受到了集团公司和省公司的好评。为南方雪灾、四川地震灾区捐款近 30 万元，信访总人次同比下降 72.4%。2008 年 5 月，大丰第一加油站站长徐安芳被中石化集团公司评为劳动模范。

2009 年开展廉洁文化“六进”活动，工作场所张贴廉洁宣传品，重点岗位配置警示卡，办公电脑下载廉洁屏保，让廉洁提醒上墙面、上桌面、上机面。

2011—2012 年，围绕“为客户加油、为党旗争辉”的主题，深入开展“比学赶帮超”活动，将“比学赶帮超”、“强三基、除四害”作为“创先争优”活动的主要内容。所有党团员全部佩戴党徽团徽上岗，对外“亮标准、亮身份、亮承诺”，主动接受社会公众和内部员工的监督。建党 90 周年之际，开展红歌演唱、征文演讲等多种活动，强化党员党性教育。深入开展“迎接十八大、保持党的纯洁性和先进性”主题教育实践活动，着力增强基层党组织的创造力、凝聚力、战斗力。

二、反腐倡廉

盐城分公司党委定期对党员干部进行世界观、人生观、价值观和反腐倡廉教育，重点突出思想道德、岗位职责、制度机制三项重点，紧紧抓住查、防、控、评四个关键环节，强化监督约束机制，严格执行领导干部述职述廉、重大事项报告、民主生活会制度，加强对重点部门和关键岗位的监督，促进广大干部员工廉洁自律。通过反腐授课，使党员干部从中吸取教训、引以为戒；促进源头防腐及企业经营管理水平的提高，保障企业又好又快发展。2003 年，全体中层干部签订廉政自律责任状，建立廉政档案和廉政谈话制度。2004年对党员干部的监督延伸到八小时之外，构筑社会、单位、家庭三位一体的防范网络体系。2007 年开展廉洁文化“五个一”活动。全面推进廉洁文化“进班子、进机关、进库站、进合同、进家庭”等“五进”工程。2012 年，与苏北管道工程部相关人员签订廉洁从业承诺书、下发廉洁警示牌，扎实推进预防腐败体系建设。2001—2012 年分别协助地方纪委和政法机关，先后查处违法违纪案件 2 件，共涉及科级党员干部 3 人。截至 2012 年底，有 1 人受到刑事处分，2 人受到开除党籍处分。

三、员工队伍建设

1. 用工制度改革

2001 年，按照省公司的部署，盐城分公司深化用工制度改革，加油站用工全部协议解除劳动合同关系。

2004—2012 年，制定完善了《盐城石油分公司用工管理办法》，对计划的编制、合同工招聘、劳务工输入、岗位设置、待岗、辞退等用工各环节进行明确；规范中层干部、片区经理的选拔、聘用、交流标准和程序，落实诫勉谈话制度、述职报告制度、责任追究制度和末尾淘汰制度，管理团队执行能力、责任感、事业心和敬业精神明显增强。强化“三支队伍”建设，突出后备人才培养，鼓励员工立足岗位自学成才。2009 年，储备后备客户经理 5 人、后备片区经理 5 人、后备站长 20 人。2011 年，实施用工结构调整，加油站 2 名优秀员工身份由劳务派遣用工调整为合同制用工。

2. 员工培训

2007 年落实帮教责任制，在省公司技术比武比赛活动中，盐城分公司信息条线和商客条线均取得团体第三的好成绩。2008 年，完善基层培训体系，建成 10 座站内培训教室，培养 10 名兼职教师，制定培训管理制度和培训规划。广泛开展技能鉴定工作。2009 年开始，鼓励员工自学，全年有 14 名员工通过了注册安全工程师的考试。2010 年贯彻省公司“大教育、大培训”战略，突出专业技术队伍建设和员工技能培训，鼓励职工参加业余学习、参加技能鉴定，启动讲师团送教到基层活动。鼓励员工进行学历提升教育，2011 年组织了 55 名零售管理经理、加油站长、客户经理参加了电大盐都学院的学历提升教育，促进了员工队伍素质的提升。2012年广泛开展了五项技能培训，全面提升了员工综合素质。

3. 关爱员工

2008年，为加油站配备微波炉、电饭煲、值班用床、防寒棉衣手套等，改善员工的工作和生活环境，盐城分公司被盐城市劳动和社会保障局授予“劳动保障和谐企业”称号。2009年开始全面推行“五小”工程建设，截至2012年底共有小食堂111个，小浴室81个，配备小药箱111个，开设23个小活动室，每站均设置了小园地。每月公司发放伙食补贴。同时，每年开展炊事技能竞赛，丰富员工生活，提高员工厨艺水平。2012年在全省炊事技能竞赛中，盐城分公司获得二等奖。

油库小菜地

第五节 联营企业

一、盐城市便仓加油站

1992年，盐城分公司与亭湖区便仓镇企管站共同投资建设便仓加油站，双方各占50%的股份，总投资66万元。该站为一级法人独立核算单位，注册资本60.6万元，有加油机4台，加油枪4支，油罐容量60立方米。2000年以前，该站由便仓镇企管站内部租赁承包经营，2001年后由盐城分公司负责内部租赁承包经营。

二、盐城市中服成品油销售有限公司

2011年10月28日，盐城分公司与盐城市级机关服务中心共同出资组建了盐城市中服成品油销售有限公司，注册资本800万元，双方各占50%股份。盐城分公司以现金出资400万元，盐城市级机关服务中心以4788平方米土地出资作为投入。该公司下设盐城市中服成品油销售有限公司万胜加油站。截至2012年底，该合资公司下属的万胜加油站正处于新建立项申报阶段。

第六节 非上市部分

一、体制转换

2001年，存续公司通过“两个置换”对4家整体不上市支公司实现了“三无一保”，并成功实施了油品运输公司深化多元股权改制和物资供应公司改制，使实业公司人员、资产结构、收益管理状况发生根本改变，步入了由改制向整体发展的过渡。

2006年3月经股东会决定上报省公司批准，同意运输公司改制分流方案，国有股全部退出。并于10月27日在盐城市工商局依法办理了股权变更登记。

2007年，按法律程序注销中国石化集团江苏石油有限责任公司盐城石油分公司，建立江苏资产分公司盐城管理部。

二、清理整顿

2002年，存续公司深化流程规范改革，加强存量资产处置和变现工作。通过向改制企业苏石石化有限责任公司转让门面房、向社会公开转让射阳支公司综合楼和车库等措施，收回现金100多万元，有效盘活了存量资产。下属企业苏石运输公司调整经营模式，

由原来承包制改为部门目标责任制。

2004 年，完成关停机构、改制分流、资产处置为主要内容的存续公司改革改制计划。通过改制，减员分流 3 人，盘活闲置资产 71.66 万元，通过法律途径收回不良债权 28.98 万元。

2006—2008 年资产管理部共清理了 72 个项目，其中股份 8 项、存续 64 项。

三、住房改革

2009 年底全面完成职工住房普查，并分别在公司及 8 个县公司公示普查结果，接受群众意见反馈，公平公正处理反映问题。组织制定并上报职工住房普查工作实施方案，经省公司同意后，履行民主程序组织实施。同时做好职工住房建档工作。补贴发放人数涉及 1948 人。2011 年 11 月完成离退休人员的补贴发放工作；2011 年 12 月完成协解、改制及在职人员的补贴发放工作；2012 年完成正式在册新职工的住房补贴发放。

四、资产管理和土地管理

做好资产出租、处置工作，做到依法办事、按规操作，做好关闭闲置资产的看守责任落实与盘活，加强资产日常维护，定期对资产进行安全检查，发现问题及时落实整改和防范措施。2011 年在对证照全面梳理的基础上，将原由分公司管理的房产、土地权证集中移交到省公司统一管理。

表6—10—1　　盐城石油分公司2001—2012年主要经济指标表

指标 年份	1. 成品油销售量（万吨）	2. 零售量（万吨）	3. 销售收入（万元）	4. 利润（万元）	5. 吨油费用（元）	6. 资产总额（万元）	7. 非油品营业额（万元）	8. 员工总数（人）
2001	26.7	13.7	63668.9	-1352	144.2	19500	—	1201
2002	27.1	15.8	70724.6	-1180	179.0	23000	—	1217
2003	30.0	18.0	91633.6	3681	157.2	24600	—	1218
2004	35.4	23.5	124528.1	2928	136.8	27200	—	1220
2005	40.2	27.9	165898.6	4778	121.0	30600	—	1250
2006	42.5	30.9	208897.9	14848	126.1	31100	—	1249
2007	42.2	30.5	212617.6	13912	163.5	28300	—	1230
2008	42.5	31.6	252951.4	7426	168.3	30900	38.95	1255
2009	44.1	28.7	243904.4	7200	197.0	32800	574.92	1305
2010	48.7	32.0	317160.4	8924	186.9	36400	1386.58	1350
2011	50.2	37.7	387179.3	15814	192.1	41300	2084.74	1436
2012	51.2	40.3	409243.3	16735	228.0	44567	3809.86	1414

表6—10—2 领导人员变动情况

姓　名	职　务	任职时间
赵龙军	经理	2000.01—2005.01
蔡云康	经理	2005.01—2011.08
	书记兼副经理	2011.08—2012.07
毛忠泉	经理兼副书记	2011.08—
陆正琪	副书记	1995.04—2005.01
	副经理	2005.01—2006.07
张振华	副经理	1999.05—2000.12
	常务副经理	2000.12—2005.01
	副书记	2005.01—2006.07
	书记	2006.07—2011.08
曾正西	副经理	1997.04—2005.01
	副经理兼副书记	2011.08—2012.07
	副经理	2012.08—
徐立东	副经理	1999.05—2012.07
	书记	2012.08—
陈建中	副经理	2001.07—2006.10
张　弘	副经理	2006.07—2011.08
	经理助理	2012.07—2012.10
	副经理	2012.11—

表6—10—3 历年荣誉

年份	姓名／项目／集体	荣誉称号	授予单位
2003	盐城石油分公司	盐城市文明单位	盐城市政府
2003	盐城石油分公司	盐城市安全生产先进单位	盐城市政府
2004	盐城石油分公司	盐城市政府重合同守信用企业	盐城市政府
2005	盐城石油分公司	盐城市政府安全生产工作先进单位	盐城市政府
2007	盐城石油分公司	盐城市委、市政府年度安全生产工作先进单位	盐城市政府
2008	盐城石油分公司	2007-2008 年度江苏省价格诚信单位	江苏省物价局
2008	盐城石油分公司	江苏省“五一”巾帼标兵岗	江苏省总工会
2009	盐城石油分公司	盐城为农服务提升工程先进单位	盐城市政府
2009	盐城石油分公司	先进基层党组织、平安企业、工会工作先进单位	盐城市政府
2010	盐城石油分公司	2009-2010 年度江苏价格诚信单位	江苏省物价局
2010	盐城石油分公司	盐城为农服务先进集体	盐城市政府
2010	盐城石油分公司	盐城安全生产“打非治患”工作先进集体	盐城市政府
2010	盐城石油分公司	中国企业文化建设优秀单位	中国文化管理学会常务理事会
2010	张振华	中国企业文化建设突出贡献人物	中国文化管理学会常务理事会

第十一章　扬州石油分公司

扬州地处江苏省中部，位于长江北岸，江淮平原南端，处于长江与京杭大运河交汇处。南部濒临长江，北与淮安、盐城接壤，东和盐城、泰州毗联，西与天长（安徽省）、南京、淮安交界。现辖广陵、邗江、江都3个区，高邮、仪征2个市和宝应县。

扬州石油分公司（简称扬州分公司）为扬州地区最大的成品油供应企业。2012年销售成品油53.19万吨，市场供应比例达67.13%。销售收入43亿元，利润7932万元。下设零售及非油品管理部、商业客户部、基建管理科、经营管理科、安全数质量科、综合资产管理办公室、人力资源科、财务核算部、党群纪检科、信息工作站、管道区域工程部11个部门，头道桥、八里松、长江3座油库，江都、仪征、宝应3个县公司及高邮经营部。截至2012年底，分公司共有人员1144（其中在岗正式工214人、劳务工930人）。扬州分公司固定资产3.9亿元，共有在营加油站123座、加气站4座，油库2座，库容4.34万立方米，非油品便利店123个。

扬州分公司2001—2012年主要经济指标见表6—11—1，领导人员变动情况见表6—11—2，历年荣誉见表6—11—3。

第一节　经营业务

2001—2012年期间，扬州分公司经营规模明显扩大，经营质量快速提升。2001年成品油销量25.49万吨，主要开展成品油零售、批发、配送以及润滑油的经营，拥有加油站90座，油库5座，库容6.101万立方米，员工1224人。发展至2010年，扬州分公司成品油销量达50.53万吨，成功跨越50万吨大关。2012年成品油销量达53.19万吨，除成品油零售、批发、配送、润滑油经营外增加了非油品销售、CNG及LNG业务。

一、零售及非油品业务

1.部门沿革

2001年，扬州分公司设零售公司，直接管理扬州城区加油站，2002—2003年随着县市一体化改革的深入，县公司所有加油站均纳入其管理范围，改名为零售管理部，2004年开始设立零售片区。2008年，扬州分公司设立非油品业务部，2010年对零售、非油业务进行整合，将非油品业务部纳入零售管理，成立零售非油管理部。

2.业务发展

2001年，扬州分公司共有加油站 90座，零售量10.66万吨。当年7月开展劳动用工制度改革，加油站员工全部实现身份置换，紧接着开展零售体制改革，88座油站尝试按CORO模式模拟运作，成立了31个CORO公司。

2002年，扬州分公司成立淮江干道公司，统筹经营淮江线20座加油站，日均零售量从原45吨上升并稳定在70吨，增幅达56%。2003年中石油在扬州地区正式挂牌，两大集团均加大了对社会加油站的收购力度，由于新增站点较多，站点管理水平参差不齐，全省统一开展了加油站整顿，在整顿活动中投入65万元，对72座油站进行硬件改造，完成改造项目216个。9月，杨庄、邗城、曲江、城西四站接受并通过了总部的检查验收。2004年开始进行IC卡系统建设，从推广至实际发卡7个月的时间内，建成数据中心1个，发卡充值网点13个，卡机联动站56座，当年发卡7740张，充值765万元。至2004年底，纸制加油券退出市场。续加油站整顿之后，2004年开展了为期140天的加油站百日竞赛，扬州分公司共完成96座加油站硬件项目改造，累计投资349万元，整改厕所59座，组织培训1475人次，奖励212人次，处罚195人次，辞退站长12人。统一完善账表33种，扬州分公司级加油站检查280站次，中石化、省公司明查暗访52站次。百日竞赛使加油站面貌发生了较大变化，软硬件水平得到大幅提升。

2005年，零售经营重心开始向提高单站销售量上转移，并对小站进行改革。一是成功租赁扬汽公司3座加油站，当年新增销售15750吨。二是组织开展大站培育工作，以

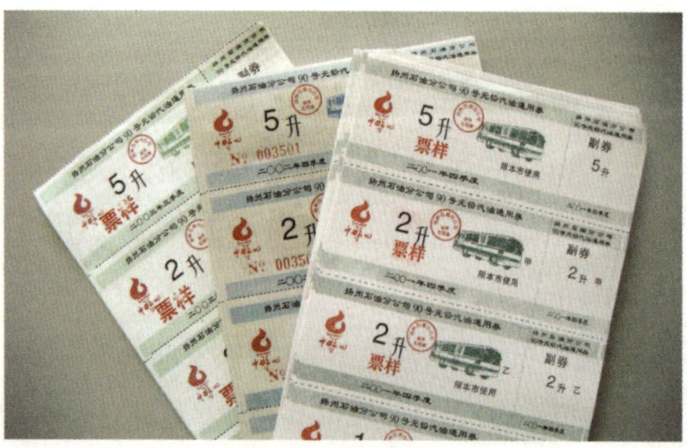

2004年以前使用的金额式及数量式加油券

2008年副省长黄莉新到加油站视察

25座大站为重点，将大站的培育绩效与各责任人的考核分配挂钩，经过一年的努力，25座大站实现纯枪加油量约12万吨，约占全年零售纯枪加油量的45%；三是组织小站改革。全年先后对20多座小站试行费用承包制改革，在改革中不断探索，当年与16座小站签订了加油站承包合同，试行联量、联管理、联服务返费的承包制。经过努力，小站经营管理水平有了较大幅度的提高，加油量同比提高11%以上。

2006年，为提高经营质量，扬州分公司零售重点开展了大站培育计划。将30座加油站列为大站培育目标，通过明确责任，强化措施，加强跟踪考核与排名，人站销量与经营质量不断提高。大站销售总量达到15万吨左右，约占零售总量的45%，同比增长15%。除了因资源控制导致个别水上加油站销售指标未能完成外，有7座加油站提前2个月超额完成了年度指标任务。全年万吨站3座，5000吨以上站18座（2005年5000吨以上站仅有9座）。全年发卡约2.1万张，零售刷卡比重达到15%，比2005年末增长76%；持卡消费比重比上年末提高53%。完成了定点内加的全部转卡工作。

2008年1月26—28日，扬州地区连续降下大到暴雪，扬州市区、高邮、江都的积雪深度都达到25厘米，仪征则达到30厘米，

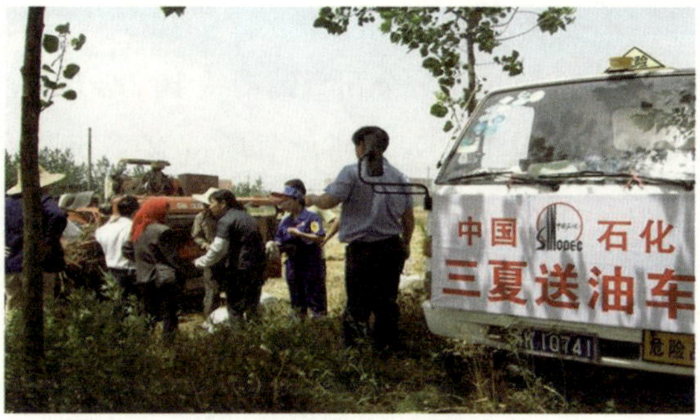

2008年开展送油下乡活动

为 50 年来罕见。扬州分公司发动全员铲冰除雪，防滑防冻，未出现一起安全事件，较好地保证 -10# 柴油的供应。进入“三夏”期间，油品保供形势愈发严峻，成品油资源持续紧张的形势给经营、现场管理以及安全管理带来了严峻考验，但扬州分公司克服困难，顶住压力，保供工作得到省委领导的肯定，6 月 7 日，江苏省副省长黄莉新到扬州分公司金桥加油站了解“三夏”用油供应情况，充分肯定扬州分公司设立“三夏”用油专供油站，专为农业机具加油的做法。

2008 年，扬州分公司开始开展非油品业务，成立非油品科，当年开业 27 座门店（全部完成了 POS 机安装和上线工作），完成省公司计划的 135%，累计实现非油品销售额 122 万元。由于顾客对油站经营非油业务知之甚少，最初的销售是依靠一线员工逐一推荐，送货上车实现的。同年开始开展自助加油站建设及加油站星级计划，共有 11 座半自助加油站投营。加油站对照经营、安全、管理三张表进行整改。

2009 年，扬州分公司非油品经营快速发展。门店总数达 52 座，全年实现非油品（不含润滑油）销售 915.9 万元，月销售额从年初的 30 万元左右上升到下半年的 100 万元左右。邗城站年销售额 120 万元，成为扬州分公司第一座百万门店。

2010 年扬州分公司推进零售、非油品整合，对零售管理部和非油品科的职能进行整合界定，将非油品经营纳入大零售，实现零售经营和非油经营一盘棋，同谋划、同安排，形成零售经营和非油经营的合力。全年实现新开店 48 座、新增烟草证 35 张、新增彩票销售许可证 44 张，使得在营门店、烟草销售门店、彩票销售门店分别达到 103 座、60 座和 99 座，打造 22 座精品店；根据省公司统一要求，扬州分公司制定小站委托管理实施方案并经省公司批复修改完善后，迅速展开工作成立 42 座委托管理公司。

2011 年扬州分公司零售实现万吨站 9 座，同比增加 2 座；非油品新增门店 13 座，门店总数达到 116 座，烟草销售点 77 座，同比增加 15 座。发卡 4.8 万张，持卡消费比重 33.85%，2011 年开展全自助加油站建设，当年有 9 座全自助站投营，2012 年有 13 座全自助加油站。

3.规范化管理试点

2007 年，扬州分公司开展了规范化管理试点工作，强化加油站规范化管理，提升加

员工送货上车

油站管理水平，牢固树立“实施加油站规范化管理就是最好的营销”的理念。坚持“制度的实用性和必须性”原则，整合油站现有管理制度、规范及办法，最终制定了“一个微笑、两声问候、三个提示、四个提醒”以

及“加一看二照顾三”、“三三信条”、“四个一样”等工作要领，并在加油站全面推广执行。重新划分零售片区，打破传统的行政区划的局限，重新整合并划分区域零售片区，零售片区由原来的15个整合为14个。制定了《油站运营管理考核流程》，通过建立规范、严谨的考核体系，推进油站规范化管理工作的到位。全面开展“五小”建设。所有在营加油站建立小食堂、配备小药箱；有条件的加油站都建成小浴室、小活动室和小学习园地。建立神秘访客制度，促进和提高加油站现场服务管理水平。

二、直分销业务

1. 部门沿革

2000年，扬州分公司成立销售公司，下设直销部、分销部、三营（头道桥）开票点、小配送部。2003年省公司建立直销中心，分销部，实行客户经理制度。扬州相应设立直销中心、分销部。2005年县市一体化改革，取消了县级经营管理机构。同年9月实行客户经理委派制度。

2. 业务发展

2003年扬州分公司直销销量10.92万吨，2004年销量12.37万吨，市场占有率56%。2005年销量10.42万吨，市场占有率61%，中油占27%，地方炼厂和社会单位占12%。2006年两大集团对社会加油站的收购，批零同价或倒挂，导致非零售市场格局发生较大变化，批发用油量下降明显。当年扬州批发市场，中石化销量7.14万吨，市场占有率65%，中油占24%，地方炼厂和社会单位占11%。针对分直销市场的明显变化，2007年6月实施《理顺成品油直分销管理体制实施方案》，进一步理顺商业客户条线内部管理体制，使客户经理树立以客户需求为导向的经营理念，将客户经理划分为见习、初级、中级、高级、特级共5个等级。

2010年3月，扬州分公司将轻油、直分销、润滑油、燃料油、非油品、IC卡等销售业务进行融合，共享资源，聚合力量，集中优势，实行“五个统一”。即：统一人员管理、统一指标下达、统一客户维护、统一市场开发、

2012年4月，集团公司董事长傅成玉视察文昌西路加油加气站

统一考核分配。通过整合取得了一定成绩。一是轻、润销售取得了同步增长。4—12月，轻油销售同比增长16.4%，润滑油销售同比增长38%；在全省月度排名靠前。二是客户经理综合销售能力和人均销量明显提高。4—12月，客户经理累月人均轻油同比提高了1497吨，同比增长26%；客户经理累月人均润滑油提高了170吨，同比增长38%。三是完成IC卡销售138.9万元，非油品销售19.1万元。业务整合以后，商客、润滑油部门共同进行了客户档案的整理，重新对轻油820户，润滑油138户，建立了统一的客户档案。

3. 内部管理

2005年9月，实行客户经理委派制度，商业客户部/业务科对聘用的24名客户经理进行了等级划分。分为三级、二级、一级和见习。2007年8月6日电子提单系统在扬州分公司开始上线。扬州分公司作为电子提单系统江苏省首批试点单位，从7月开始运作。甩掉了企业沿用数十年的纸质提单，IC卡为介质，作为客户购油与油库发货的凭证。

三、天然气业务

1. 业务突破

自2008年起，扬州城区出租车、公交车开始逐步批量油改汽，扬州市3座加气站均为扬州中燃公司所有。扬州分公司坚持向政府相关部门积极争取，加上2008年“雪灾”及“三夏”油品保供中的优秀表现，扬州市政府终于同意逐步放开，扬州分公司得以开展加气站建设与经营。

2. 业务拓展

2009年9月8日，省公司系统第一座加油加气站—文昌西路加油加气站投入运营，填补了扬州分公司也是省公司系统内天然气经营空白，为全省加气业务的拓展起到了引领作用，也为全省加气站员工培训提供了实践基地。2012年，集团公司傅成玉董事长参观扬州文昌西路加油加气站，提出“创造客户最满意的金牌加油站”的期望。2011年10月、2012年5月、2012年8月，仪征立交桥、扬州红旗、扬州石塔加油加气站陆续投入运营，2012年9月扬州分公司也是扬州地区第一辆LNG加液车正式加液，标志着扬州LNG业务全面启动。2012年底，江都扬帆、华峰，宝应二桥、通宝，仪征浦东站正在进行CNG建设。扬州扬汽东站、江苏油田撬装站正在进行LNG的建设。

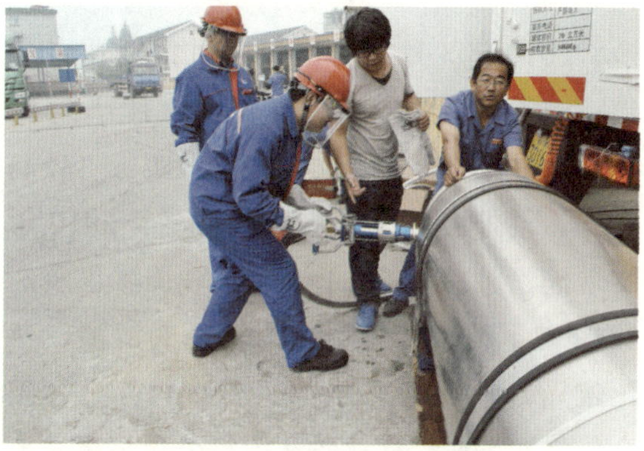

2012年9月，扬州分公司首辆加液车投营前测试

2012年9月，加液车正式加液

四、润滑油业务

扬州分公司润滑油公司成立于1993年，当年经营量2000吨。进入2000年后，润滑油业务逐步向包装油、品牌油扩展，主要经

营品牌为海牌、火炬等。2005 年 9 月全省润滑油条线实行两级经营管理模式，取消县级经营管理机构，实现“县市一体化”。2006 年中石化进行品牌整合，海牌与长城整合，统称为“长城”润滑油，当年品牌油销量 4300 吨。2008 年为夯实两级经营管理基础，开展润滑油经营体制整顿活动，进一步完善现有客户经理管理体制，设立初级客户经理、中级客户经理、高级客户经理、特级客户经理。完善经营人员薪酬考核管理办法并配套实施客户经理交通费用改革，2008 年实现总量 6313 吨，其中长城包装油 5304 吨。

2010 年 3 月，扬州分公司将轻油直分销、润滑油、燃料油、非油品、IC 卡等销售业务进行整合，设立业务部。实行“轻润互补、油非互补、油卡互补”等。2010 年实现润滑油总量 7064 吨，其中长城包装油 5612 吨。2012 年 4 月，为实现润滑油专业化经营，中石化总部对润滑油业务进行整合。将润滑油经营业务从销售公司划出，按照“人随业务走”的原则，并入中石化润滑油分公司。销售公司仅保留销售长城润滑油中小包装业务，作为非油品一个进货品种对待。2012 年 8 月底实现了全部业务、人员、资产的交接。

五、燃料油业务

扬州分公司从 2003 年开始销售燃料油，2005 年 10 月成立燃料油经营部，2006 年 2 月整体上划省公司，2006 年由于抓住了仪征化纤公司改用燃料油的契机，在全省第一家分公司中实现年销售燃料油 10 万吨的规模。2009 年全省第一家实现对船用燃料油的销售。2010 年 6 月因体制改革扬州分公司停止销售燃料油。

第二节 储运销网络建设

2001—2012 年，扬州分公司储运销网络建设发展可以分为三个阶段，一是竞争性收购以抢占市场，二是优化网络质量，强化产权收购，不断提高单站经营质量，三是突出新能源，大力开展加气站网络建设。通过网络建设，无论是单站销售量还是单站盈利水平均有极大提高。在营油站从 2001 年的 90 座发展至 2012 年底的 123 座，新增易捷便利店 123 座，新增在营加气站 4 座，移动加液车 2 辆。成品油经营总量由 2001 年的 25.48 万吨增长至 2012 年的 53.19 万吨，单站销量从 2001 年的 1201 吨增长至 2012 年的 3622 吨。同时通过开展油库改造、推进成品油管道建设，为企业经营发展奠定了坚实的基础。

一、加油站建设

2001 年以来，扬州分公司加油站网络发展基本可以分为抢占市场竞争性收购、强化产权收购优化网络质量、突出新能源网络建设三大阶段。

1. 抢占市场竞争性收购阶段

2001—2005 年，扬州分公司以抢占市场为目的，通过竞争性收购与大力发展特许经营的方式实现网络快速扩张。2002 年，发展特许经营站 94 座。对江都、宝应区域水上市

崭新的邗城站

场进行了整合，先后租赁了江都区域邵伯14条社会加油船、芒稻5条社会加油船、浦江2条社会加油船，以及宝应区域6条社会加油船。租赁社会加油船后，水上环节年销量近2万吨，销量迅速增长。2003年中石油在扬州地区正式挂牌，两大集团均加大了社会加油站收购力度，当年扬州分公司新增网点26座，2005年在营站达150座。

2. 强化产权收购优化网络质量阶段

2006—2008年，以优化网络质量为目的，强化产权收购、开展加油站整顿、百日竞赛、达标创星以及大站培育及星级站计划等，网络经营质量明显提高。2006年下半年开始，对经营质量不高的租赁网点陆续进行清理，至2007年底完成对江都、宝应等27条租赁加油船的退租。2006年新增加油站4座，新建结转并已验收加油站3座；2007年新增8座站，其中新建3座，租赁5座；建设样板站10座，其中仪征立交桥、扬州兰庄以及扬州运西等3站为翻建改造。2008年完成新（迁）建3座，改造站10座。

3. 突出新能源网络建设阶段

自2009年起，扬州分公司积极向新能源网络倾斜，以提高持续盈利能力。自2009年9月8日，全省系统内第一座加油加气站——文昌西路加油加气站投入运营起，截至2012年底，2座加气站建成开业，3座加气站竣工（其中LNG站1座），1座LNG加气站在建，2座LNG加气站、1座加油站即将开工。同时，多途径努力，多方式转换，不断提高全资站比重。2009年扬州施桥站由土地租赁变为全资站，高邮淮扬站通过土地置换迁建，取得了规划许可；实现原土地租赁转收购加油站1座，续租加油站5座，退租2座加油站。改造加油站7座。至2010年新（迁）建开业2座；落实土地计划2座；改造营业站6座；改造在建站3座；租赁转收购站1座；续租站4座。2011年新（迁）建开业2座；落实土地计划3座；改造营业站3座；便利店改造竣工营业站3座；续租站2座；至2012年扬州分公司在营加油站123座（其中加油加气站4座），移动加液车2辆，单站加油量增长约110%，新增非油品营业额3762万元/年，CNG销量0.263万吨。

二、油库建设

2001年，扬州分公司共有5座油库（扬州头道桥油库、江都邓庄油库、仪征长江油库、宝应清水口油库和宝应三团油库），总库容量6.101万立方米，年吞吐量约为36万吨。2001年投入150万元资金，用于头道桥油库消防系统的改造。2003年投入190万元，取消高架罐发货，调整收发油工艺。2004年4月，扬州分公司收购并关闭库容量为0.3万立方米的江都红叶油库。2004年9月，分别关闭江都邓庄油库、宝应清水口油库。2004年8月，完成对高邮八里松油库的改造，并于2004年9月正式投入运营，启用库容量为0.8万立方米的高邮八里松油库。2005年，对宝应三团油库进行库改站体制变更，以水上加油站的管理模式进行运营。2007年6月，省公司进行物流体制改革，将扬州区域的扬州头道桥油库、高邮八里松油库和仪征长江油库等3座油库上划省公司统一进行条线化专业管理。截至2012年底，扬州分公司共有2座在用油库（扬州头道桥油库、高邮八里松油库），总库容量4.34万立方米，总用工人数为73人，年吞吐量达到120万吨以上。

三、管道建设

扬州段管道工程包括108.6千米的管道建设和扬州头道桥油库迁建工程，投资约4亿元。

1. 管道部分

从扬子石化公司沿宁通高速进入仪征境内，穿越宁通高速及宁启铁路后，依序沿江六高速南侧、宁启铁路北侧、扬溧高速由南向东敷设至金湾河，后转向南进入扬州新建油库。由新建油库出站管线与进站管线同沟敷设至扬溧高速后，向东沿江都境内江海高速北侧敷设至泰州境内。2010 年 12 月，获得扬州规划局选址意见；2011 年 3 月，获得省住建厅选址意见；2011 年 7 月，获得省发改委立项批复；2011 年 7 月，完成管线全程测量详勘。

2. 迁建头道桥油库

规划新建库容量为 6×10 万立方米，消防水罐 0.2×10 万立方米，公路发油亭 9 个车位，新建综合楼 1800 平方米、附属房 925 平方米、桶装棚 1080 平方米、500 立方米/时油气回收装置等配套设施。

2012 年 11 月 29 日，苏北成品油管道扬州段开工仪式在扬州市丁沟镇麾村隆重举行。

第三节 企业管理与改革

一、体制调整

1. 市县公司一体化改革

2000—2001 年，扬州分公司加快市县公司一体化改革的步伐。市县一体化改革分为三步。第一步收支两条线；第二步压扁管理层，减少管理层次；第三步实行专业化条线管理，取消县公司建制。此外，积极推行分支公司间的人员交流。2001 年完成高邮支公司的破产终结工作，完成人员移交及资产变更。高邮石油支公司作为中国石化系统内第一例按照《破产法》程序，由地方政府和人民法院执行破产的县级公司，开创了县级石油公司资产改制的先河。

2. 完善县公司管理体制

2002 年撤销原县级分公司，设立了 3 个县级片区管理委员会和 1 个县级经营部，管委会主任由零售片区主管兼任。2003 年深化市县一体化改革，全面推进条线专业化管理。从一体化管理组织体系的建立入手，对区域组织机构进行大幅度调整，对各经营条线和各片区公共服务人员实行人员统一委派、统一考核管理、统一制度管理，强化实施过程监控，取得了阶段性成效。设立并运作三大营运中心和一个区域公共服务中心。按 ERP 的设计要求，完成了业务机构的调整，按条线下达零售、分销、直销、润滑油年度任务指标，进一步突出专业公司的领导、指挥、决策作用，加重专业公司条线量费利任务指标的责任，加大各片区执行经营措施的压力，促进各条线、各片区销售量的增长。

3. 专业化条线化管理

2005 年撤销县级片区管理委员会，以零售专业化垂直管理为重点，全区统一设加油站管理辖区，由零售经营管理部垂直管理，仅保留原县级片区牌子，以便地方行政事务的协调。同时，原县级片区及高邮经营部的直分销、润滑油等经营业务以及财务和人事工作全部划归条线管理，由分公司商业客户部、润滑油经营部、中心油库垂直管理到所分管辖区相关业务，财务、人事分别下派财务会计、综合管理员管理相关工作。2006 年在一体化的基础上，分公司配合省公司推动物流、燃料油、信息、审计专业化改革到位，理顺相关配套制度及业务流程，确保了改革过程中人、财、物的顺利交接，一体化控制能力大幅提高。2010 年按照省公司《关于完善县片区经营管理体制的指导意见》要求，将原县级片区分别设置为分公司和经营部，县片区的安全责任明确为县级公司经理为第一责任人，拓展县级片区的网建工作是其主要职责，并就事权划分、人员配置、岗位职责进行了明确。

4. 县公司体制优化

2012年初，针对部分县公司市场份额下降、创效能力不强的问题，扬州分公司着手对县公司进行优化。至2012年底，扬州完成了江都、仪征、宝应3个县公司及高邮经营部部分县公司领导职位的选拔，重新组建县公司。

二、安全与设备管理

2002年起，扬州分公司每年开展全国安全生产月活动。2003年5月开始了HSEMS试运行工作；2004年7月扬州分公司通过省公司组织的HSE预审，并以此为契机，组织对全体员工进行HSE意识再教育和再培训，增强作业危害识别能力和自我保护意识。2007年、2009年、2011年组织专职和义务消防人员，参加了省公司组织的三届消防运动会，其中第一届和第三届取得团体第一的好成绩。2009年起，在全系统开展了为期3年的“我要安全”活动。活动期间，扬州分公司组织开展了“我要安全”主题活动演讲比赛和签名活动。2011年，扬州分公司在全系统开展了标准化学习培训工作。组织对加油站24个应急救援预案拍摄了《加油站应急预案演练教学片》。根据配音截图，形成形象直观的书本PPT教学资料，供分公司加油站员工、站长、片区经理等基层管理人员学习、培训使用。

2012年7月20日20时11分，扬州高邮宝应交界处发生里氏4.9级地震，震中位于高邮周巷镇，震源深度仅有5千米。震后数小时内，扬州移动通信中断。扬州分公司高邮、宝应4个零售片区约42座油站震感更为明显。震后扬州分公司表现出了较高的应急处置能力，未发生人身伤害和次生灾害，同时坚持保障抢险救灾车辆的油料供应。

三、数质量管理

1. V20试点工作

2007年12月起，扬州分公司分三步组织实施V20损溢考核试点工作：第一步，选择10座重点站首先试点，其中装置有液位仪的站3座，自动测温站3座，手工测温站4座，从2007年12月1日开始试行；第二步，选择加油站硬件条件较好、人员素质相对较高的57座卡机联动站进行局部推广，从2008年1月21日开始试行；第三步，在局部试行的基础上，从2008年3月1日起，对公司所有在营加油站进行全面推广试行。在前期试点中，对装有液位仪、自动测温的油站，采取人工、自动并举的方式，经过几个月的数据比对，确认装有液位仪、自动测温装置的加油站所检测的油高、油温达到精度要求，油高误差1毫米，油温误差0.2℃左右。实施V20口径损溢考核后，扬州分公司及时组织人员研究、制定《V20损溢考核办法》、《计量管理办法》、《计量操作规程》。2008年9月开始，按V20口径对加油站实行损溢考核和管理考核。省公司于2009年3月对扬州分

V20试点工作

公司 V20 考核项目进行了验收。

2. 质量管理

2005 年，扬州分公司在零售环节实现了体积交接，水路运输全面实行包量运输，在承运合同中明确损耗责任，超定额部分按批发价全额赔偿，从运费中扣减，实施包量运输后，水运输损耗大幅度降低，与 2000 年相比下降 24.8%。2006 年 3 月，分公司组织实施了油罐车铅封管理制度，加强了对运油车辆的监管。2011 年 4 月，组织开展了加油机防作弊专项检查，对在营站加油机铅封情况逐站、逐机、逐板、逐器进行检查。

2010 年 3 月 1 日起，扬州分公司完成了国Ⅲ和国Ⅱ汽油的升级置换工作，所有加油站全面销售国Ⅲ汽油。2012 年 2 月 1 日，完成了车用柴油的置换工作。2012 年 12 月 30 日零时全面推广国 Ⅳ 汽油。

四、综合管理

2006 年推进行政公务用车改革。县级行政用车全部收回，由分公司统一进行处置。对全区 ME 实行购车补贴和交通补贴，鼓励片区经理自购车辆并作公务用车使用。2006 年，还进行了后勤社会化改革。在进一步规范警消人员社会化管理的基础上，将公司本部办公楼门卫、勤杂人员等移交地方物业管理公司，签订协议，明确工作的范围、责任及要求，为全面推进后勤服务工作社会化打下了基础。

五、精细化管理工作

2010 年，扬州分公司开展精细化管理试点工作，以“精”为目标，以“细”为手段，立足企业实际，把精细化理念贯彻到经营与管理的整个过程，重点突出经营和安全两大主题。通过整合经营体制，梳理制度流程，精炼部门及岗位关键控制点和风险控制点，明确各岗位必须执行的禁令，在经营上做到“精耕细作”；在安全上做到“严抓细管”；在管理上做到“精打细算”；在服务上做到“精雕细琢”；在具体工作上做到“精益求精”，提高工作效率和工作效益，提高管理能力和创新能力。共梳理归集各类制度 491 个，梳理岗位职责 159 个，梳理工作流程 121 个；梳理归集风险控制点 100 个，关键控制点 912 个。2010 年 9 月 10 日，省公司精细化管理工作推进会在扬州召开，决定在全省范围内全面推广应用扬州分公司精细化管理经验做法。

六、财务和审计管理

1. 账务管理

2001 年 1 月—2002 年 12 月，扬州分公司运用浪潮信息管理系统进行会计核算，分公司和县公司分别建立账套，独立核算分别出表，月末分子公司汇总合并抵消后上报分公司会计报表。2003 年 1 月起，正式启用 ERP 系统，实行 ERP 系统和浪潮系统双轨制，取消 4 个县公司和 1 个经营部独立核算职能。2004 年 1 月起实行 ERP 系统单轨运行。2003 年 1 月起，实行分公司“统一核算、合并抵扣、税金分缴”的会计核算体制，取消县公司独立核算功能。2003 年 5 月，扬州分公司本部实行由建行统一对市区经营网点上门收款；2005 年 7 月起，取消分公司独立核算，实行全省一级核算，经江苏省国家税务局批准，实现了增值税“统一计算应纳税额，按销售额进行分配，由省辖市级分支公司按收入级次分别预缴申报入库，省公司汇总办理纳税申报”，其他税种就地缴纳的税务管理体制。2007 年 1 月，为适应“管理层次扁平、业务专业垂直，岗位职权明晰、市场反应灵敏”的经营管理体制要求，省公司实行了“会计集中核算、财务集中管理”的财务管理模式，全省建立了“单一会计主体、商品统进分销、资金统一调度、资产统一调配、税金逐级缴纳”的财务核算管理体系。财务实行专业条线化管理，财务人员全部上收由省公司财务资产处统一管理，财务发生的费用到省公司统一审批报销。原县级公司财务机构撤销，由分公司财务核算部下派会计代表负责各片区的会计核算、地方税务协调、资金票证的检查等工作。2011 年 7 月，开始启用财务公司分账户，加快资金上划周转速度。

2. 资金及发票管理

2007 年 7 月，宝应县公司与农行和保安公司签署三方合作协议，开始实行保安公司武装押运上门收款方式，保障网点资金解缴安全。2007 年 10 月开始，加油站采用卷式发票开具，全部取消了手工开具发票。2009 年 5 月，省公司与省邮政银行签署银企合作协议，对重点经营网点安装了银联 POS 机，方便客户购油，解决了资金安全问题。

七、信息管理

2002 年，扬州分公司投资 60 多万元组建分公司局域网，开通区域 IP 电话，引进 SAP 软件，于 12 月 16 日试点上线。2006 年通过 ERP 优化升级、加油站业务管理系统、零售管理系统的开发与推广、实施客户分析评价系统、人力资源管理系统、加油卡系统、整合二次物流系统、启用新 OA 系统等，企业信息化应用水平大幅度提高。

第四节 党建工作与队伍建设

一、党建工作

2010 年以前，扬州分公司党委名称为中共江苏省石油集团有限公司扬州分公司委员会，纪委名称为中共江苏省石油集团有限公司扬州分公司纪律检查委员会；2010 年，党委名称更改为中共中国石化江苏扬州石油分公司委员会；纪委名称更改为中共中国石化江苏扬州石油分公司纪律检查委员会。

扬州分公司党委下设科室、油库、零售、经营、离退休以及江都、仪征、宝应、高邮等 9 个基层党支部，目前共有党员 147 人。

二、纪检监察工作

2005 年，扬州分公司组织开展效能监察工作，成立了专业小组，制定了详细的加油站管理效能监察检查考核表，组织对加油站进行检查，除对加油站规范化管理进行效能监察外，对劳务用工等方面均开展了效能监察工作，在每个加油站成立组织、制定方案，跟踪检查、全程监察、定期总结，全面有效地开展效能监察工作。

2008 年开始，扬州分公司加强信访工作，制定了《信访维稳应急事件工作预案》、《信访工作制度》。调整完善信访网络结构，建立信访维稳地企联动机制，信访办结率和案件结办率都达到了 100%。积极开展帮扶济困工作，努力推动“双促”活动落到实处。经过对 170 位干部职工进行了双促满意度抽样调查，职工对“双促”活动覆盖面以及实际效果的满意率为 81.77%，基本满意率为 18.23%，不满意率为零。2009 年开展领导班子、中层干部、党员“三下三联三交”活动，提高公司领导、中层管理人员的责任意识和服务意识，企业维稳工作得到加强。

三、企业文化建设

2001 年以来，扬州分公司组织开展了先进性教育、比学赶帮超、创先争优等专题活动，组织“我要安全”、“员工信任好站长”等主题演讲比赛 6 场，组织“比理想、比贡献”、纪念省公司成立 60 周年等征文活动 8 次。

2010年，扬州正谊加油站站长王文清先后被评选为“扬州好人”、“中国好人”后，扬州分公司组织员工开展学习王文清系列活动，中央电视台以王文清为人物原型拍摄了电影《血缘》。

四、队伍建设

1. 领导班子队伍建设

2007年，扬州分公司开展创建“四好班子”和“四好科室”活动，认真落实党委中心组学习制度，加强领导班子的思想建设，加强政治理论和时事政治的学习，狠抓党风廉政建设责任制的落实，狠抓作风建设，加强团结协作，坚持“分工不分家、全局一盘棋”的原则，开展了科室基层调研活动，要求每个部门、科室与加油站员工结对子。2007年，扬州分公司获得中国石化销售公司颁发的“四好班子”荣誉，扬州分公司经理方顺利荣获中石化总部“劳动模范”称号。

2. 中层管理人员队伍

扬州分公司制定了中层管理人员选聘办法，形成干部能上能下、择优录用的机制，并注重后备干部队伍的培养，中层管理人员队伍不断得到优化，形成了“以老带新、老中轻合理配置”的良好局面。截至2012年底，扬州分公司中层管理人员34名，片区经理4名，其中本科以上13人，平均年龄46岁。

3. 员工队伍

2001年以来，扬州分公司开展业务操作技能、在岗业务轮训工作。从2006年起，全面开展技能鉴定及技术比武活动，当年有零售、油品储运、计质量、财务开票、财务会计以及文秘等6个项目，全员参与率、培训率均达到100%。在参加省公司复赛中取得了计量团体总分第一、油品储运团体总分第二、二次物流优化团体总分第三、化验团体总分第五和计量个人第一的好成绩。截至2012年底，扬州分公司拥有高级技师1人，技师4人，高级工119人，中级工209人。

第五节 非上市部分

一、存续公司工作

2001年存续公司改制后，绝大部分员工自愿申请解除劳动合同，存续公司出现有资无人的状况，扬州分公司对资产进行盘活，车船实行净利承包。

2002年存续公司与股份公司签订了关联交易协议，加大不良债权清收力度，全年清收不良债权近24万，盘活资产增加收入8.4万元。解决了江都支公司下属代销公司的历史遗留问题，实施了“资产内部竞标拍卖转让，职工整体买断”。

2003年油运公司继续实行油运车辆单车硬性承包，对经营收入、支出进行单车核算，逐月考核，考核结果与工资直接挂钩，实现成品油运输总量8.8万吨，同比增加1.5万吨。2004年实现成品油运输总量12.6万吨，同比增长113%，全年盘活不良资产256.93万元，收回现金25.17万元。

2006年经过省公司批准，委托拍卖行向社会公开拍卖存续公司油运资产及股份公司汽槽车、卡车资产；又通过社会化租赁形式操作二次物流运输，加强承运商的HSE监管，较好地转移了安全运输风险。

二、清理整顿

2006年7月—2007年10月，扬州分公司共完成清理整顿项目17项，其中对外投资项目9项、国有股权退出2项、油运资产改制1项、县级公司清算注销4项、分公司清算注销1项。

三、住房改革

2009年底，扬州分公司全面完成了职工住房普查，公示普查结果，公平公正处理反映问题，并认真做好职工住房建档工作。2011年11月，组织制定《职工住房补贴发放工作实施方案》和《职工住房普查维稳工作预案》，履行民主程序后上报省公司审批。扬州分公司职工住房补贴发放人数涉及1210人。

第六节 联营企业

一、扬州邗江朝阳石化投资有限责任公司

2010年5月4日，扬州分公司与邗江城建集团公司合资成立扬州市邗江朝阳石化投资有限责任公司，注册资金500万元，扬州分公司出资400万元，持股80%；邗江城建集团公司出资100万元，持股20%。

表6—11—1　　扬州石油分公司2001—2012年主要经济指标表

指标 年份	1.成品油销售量（万吨）	2.零售量（万吨）	3.销售收入（万元）	4.利润（万元）	5.吨油费用（元）	6.资产总额（万元）	7.非油品营业额（万元）	8.员工总数（人）
2001	25.5	10.8	68790	-3853	164.8	18394	—	1224
2002	25.2	13.1	68517	-9.76	105.8	20533	—	1230
2003	27.7	16.8	87922	3430	168.4	20661	—	1244
2004	34.6	22.3	127404	4543	147.8	27609	—	1286
2005	39.1	26.9	163325	1706	139.1	28879	—	1292
2006	39.7	32.5	230860	6977.22	107.2	27183	—	1396
2007	42.8	34.6	255549	16825	158.1	25820	—	1308
2008	45.1	36.4	308821	11871	153.3	30140	122	1338
2009	45.0	34.0	277421	9247	169.9	30659	916	1327
2010	50.5	37.6	347376	5141	175.6	40860	2038	1200
2011	52.8	43.2	416108	12113	207.5	42534	3026	1185
2012	53.19	44.6	430000	7932	231.0	46392	3762	1144

表6—11—2 领导人员变动情况

姓 名	职 务	任职时间
方顺利	经理	1999. 07—2011. 12
何继龙	经理	2011. 12—
罗统华	书记	1999. 07—2001. 01
林道发	副书记	2001. 01—2006. 08
	书记	2006. 08—2012. 10
张济超	书记	2012. 10—
黄玉成	副经理	1994. 01—2005. 01
王治淙	副经理	1994. 01—2001. 01
魏林富	副经理	1997. 04—2005. 01
俞桂林	副经理	1999. 06—2008. 04
金尊海	副经理	2001. 01—2011. 12
罗会进	副经理	2007. 10—2011. 12
周彦山	副经理	2008. 04—2011. 12
王 成	副经理	2011. 12—
戚风力	副经理	2011. 12—

表6—11—3 历年荣誉

年份	姓名／项目／集体	荣誉称号	授予单位
2005	扬州石油分公司	2004 年度安全生产目标管理先进单位	扬州市委市政府
2006	扬州石油分公司	2005 年度安全生产目标管理先进单位	扬州市委市政府
2007	扬州石油分公司	2006 年度安全生产目标管理先进单位	扬州市委市政府
2008	扬州石油分公司	全市农村扶贫工作先进单位	扬州市委市政府
2008	扬州石油分公司	2007 年度江苏省安康杯竞赛优胜企业	省总工会、省安全生产监督管理局
2009	扬州石油分公司	2008 年度安全生产目标管理先进单位	扬州市委市政府
2010	扬州石油分公司	2009 年度安全生产目标管理先进单位	扬州市委市政府
2011	扬州石油分公司	2010 年度安全生产目标管理先进单位	扬州市委市政府
2011	扬州石油分公司	2010 年市卫生模范单位	扬州市委市政府
2012	扬州石油分公司	2011 年度安全生产目标管理先进单位	扬州市委市政府

第十二章 泰州石油分公司

泰州地处江苏省中部，南部隔江与镇江、常州、无锡、苏州四市相望，东临南通，西接扬州，北部与盐城毗邻，是苏中入江达海5条航道的交汇处，是沿海与长江"T"型产业带的结合部。全市面积5793平方千米，现辖泰兴、姜堰、靖江、兴化4个县级市和海陵、高港、新区3个区，全市常住人口505万。

泰州石油分公司（简称泰州分公司）为泰州区域成品油供应与保障的主渠道企业，下设泰兴、兴化、姜堰、靖江4个县公司，下辖零售管理部、商业客户部、非油品业务部、综合办公室、人力资源科、经营管理科、安全数质量科、基建管理科、财务核算部、党群纪监科、信息工作站、实物资产科、区域管道工程部等13个部门，拥有中心油库1座、在建溱湖油库1座，经营范围涉及成品油、天然气、润滑油和非油品销售。

截至2012年底，泰州分公司共有在营加油站132座、非油品便利店126座、加气站4座，拥有在营油库1座、在建油库1座。泰州分公司共有人员1244（其中在岗正式工190人、劳务工1014人），拥有固定资产56463万元。

泰州分公司2001—2012年主要经济指标见表6—12—1，领导人员变动情况见表6—12—2，历年荣誉见表6—12—3。

第一节 经营业务

一、总体情况

2001—2012年是泰州分公司经营规模快速跃升、经营质量持续改善的十二年。十二年来，泰州分公司紧紧围绕做大经营总量，以提升市场占有、提高经营质量为目标，不断完善终端网络布局，内强管理、外拓市场，销售总量由2001年的24.5万吨攀升至2012年的54.12万吨。主要经历了以下发展阶段：

1. 快速发展期（2001—2005年）

泰州分公司将提高经济效益作为经营管理工作的第一要务，抓住国内经济持续快速发展、成品油需求强劲增长的契机，不断扩展终端，优化结构，努力提高终端市场占有率和经营质量，销售总量由24.5万吨增长至40.82万吨。

2. 稳步增长期（2006—2007年）

面对国内油价长期高位运行、资源供应总体偏紧、市场保供压力增大的严峻挑战，泰州分公司积极推进各项改革，强化管理、开拓经营，保持了经营总量平稳增长。2007年末，经营总量达43.85万吨。

3. 攻坚克难期（2008—2009年）

2008年，泰州分公司克服了年初雨雪冰冻自然灾害、资源供应前紧后松、国际金融危机等不利因素的影响，实现了经营总量完成率、零售量完成率、纯枪销售量三项指标全省第一；2009年，面对市场供求从卖方向买方根本逆转、低迷的市场消费需求等情况，泰州分公司以积极的姿态开展销售，以市场为导向，以效益为中心，开拓经营，全年实现经营总量45.91万吨。

4. 全面竞争期（2010—2012年）

2010年以来，面对加剧的市场竞争，泰州分公司坚持以两个“生命工程”建设为统领，以实现“两保三不降”为目标，深入开展“强化基础管理年”、“创先争优”、“比学赶帮超”活动，扎实开展全员销售、强化终端开发、实施“站域领先”计划，做实“非油”经营管理、夯实持续领先基础。成品油经营总量于2010年突破50万吨，达到50.64万吨。2011年成品油经营总量为52.58万吨。2012年末，成品油经营总量达54.12万吨；非油品销售额5086.8万元，同比增长31.9%，位列全省第一 。

二、零售业务

1. 体制变革

2001年，泰州分公司组建了33个CORO管理公司对陆上站进行统一管理；对于没有纳入CORO公司管理的边远小站，实行“夫妻老婆店”的单站承包和承包返租经营的管理模式；对所有水上加油站，组建水上加油站管理公司，实行统一经营管理。2003年，按照省公司部署，调整零售CORO公司管理模式，成立泰州分公司区域零售中心，并设立零售运营、市场拓展、油站服务主管和海陵区、高港区片区主管，零售管理向条线、专业化方向发展。2005年底，根据市县公司一体化改革的管理要求，泰州分公司结合油站位置、管理幅度等因素，按8—10座油站划分为1个零售片区的总体原则，将县公司、本部油站划分为14个零售片区，实行责权利相结合的片区经理管理机制，初步建立起“以条为主、以块为辅”的管理模式，即零售管理部对各零售片区经营业务垂直管理、片区经理对所辖片区加油站经营管理负责的运营模式。

2. 现场管理

泰州分公司紧紧抓住油站现场管理这一重点环节，扎实推进油站形象提升工作。2003年以来，泰州分公司先后在加油站开展了“百日竞赛”、油站规范化管理专项活动。2007年，以星级站建设与培育为重点，制定下发了星级站建设方案和推进计划，按季做好考核、督查、推进工作。截至2012年，泰州分公司拥有星级站25座，其中四星级及以上站9座，三星级站16座。2012年，作为省公司技术提升试点单位之一，泰州分公司开

送油下乡，彰显支农惠农国企形象

开展“为民服务创先争优”活动，打造顾客满意加油站

展了“夯实油站管理基础，提升油站管理技术”专项活动，明确从站域领先、“6S”现场管理、地罐交接、视频监控、油气回收、自助加油设备的应用以及油站管理信息系统的整合、安全设备设施的运营维护等方面深入推进零售现场管理、环境优化和服务提升工作。深入开展专项活动，进一步提升了油站基础管理水平和技术应用水平。

3. 市场拓展

2004年，泰州分公司开始推广使用加油IC卡，取代原先的数量式加油券。2005年，泰州分公司开展IC卡进社区、进单位、进厂商的“三进”专项营销活动，有力促进了加油IC卡的推广使用。 2009年以来，成品油零售市场发生根本性变化，市场供求从卖方向买方转变，竞争激烈，泰州分公司积极开展“点对点”竞争，做活小额配送和灌桶业务；开展“持卡加好油”，不断提高刷卡消费比重。在“油站增量行动”大讨论的基础上开展“全员销售竞赛”活动，以进攻的姿态抓销售，当年实现零售总量34.15万吨，完成率全省排名第二，较好地实现了“两保三不降”目标。2010年，泰州分公司深入开展大站培育活动，充分挖掘单站的增量潜力，35座培育站实现轻油销量20.66万吨，同比上升17.4%。同时，配合农机部门做好“农机双优卡”的发放和充值，农忙送油下乡，拓展“展形象、增销量”途径，当年发放农机双优卡1423张，充值1065.9万元，充值率71.32%，全省排名第一。2011年以来，泰州分公司扎实开展“比学赶帮超”活动，围绕“建标、对标、追标、创标”，开展柴油销售、配送业务等专项竞赛活动，强化考核激励，营造创先争优的销售氛围。

4. 关爱员工

2001年起，泰州分公司坚持实施“高温送清凉、严寒送温暖”暖心工程，建立“领导干部定点挂钩油站”机制，及时解决一线职工遇到的问题和难题；2007年以来，泰州分公司根据省公司要求，积极开展“五小工程”建设，加大“五小工程”资金投入，不断完善“五小”设施。截至2012年末，所有在营加油站“五小”设施基本配备到位，并开展了6届加油站员工炊事技能竞赛，为员工营造良好的工作和生活环境。

坚持不懈开展炊事技能比武，实现“最好一餐在食堂”

三、直分销业务

1. 部门沿革

2001—2005年，为强化油品直分销业务，泰州分公司先后设立销售公司、直销公司、分销公司，从事成品油和小品种溶剂油的批发业务。2005年6月，泰州分公司对直分销及配送业务进行整合，成立商业客户部，统一成品油直分销及配送业务的进、销、存和价格管理。2010年，将油品销售与监管职能相分离，原商业客户部划分为商业客户部和经营管理科，油品直分销及配送业务由商业客户部负责，资源调配和价格、监控等管理职能由经营管理科承担。2011年4月，商业客户部与润滑油经营部进行业务合并，成立业务部，统一实行轻油、润滑油组合销售。2012年6月，因润滑油业务整体划转，恢复商业客户部设置，统一负责轻油的直分销业务。

2. 市场开拓

泰州分公司始终坚持“以客户为中心，以市场为导向”的经营理念，拓展直销终端市场。2005 年之前以经营品种齐全为目标，强调做大规模总量，积极开展外销业务。2006 年开始逐步停止外销业务，立足本地市场，做强直销。2010 年以来，为了应对市场竞争与资源短缺的局面，采取团队营销模式，加强了对基本市场客户的维护，2001—2012 年实现直销销量 121.25 万吨。

3. 基础管理

泰州分公司在加强直分销经营的同时，先后制定了一系列的规章制度，从资金流、票据流、货物流三方面强化直分销业务的内部管理和风险控制。

（1）根据不同时期的市场形势，对资金流实行不同的管理规定。2001—2006 年，基于做大经营规模的需要，实行“先开票后结算”、“信用评级销售”等办法，允许发生赊销行为；2007 年起，实行全部款到开票；2011 年起，停止使用现金结算业务，全部使用转账结算。

（2）利用信息技术支持平台，加强发票管理。2001 年，启用进销存系统，取消手工开票；2006 年启用 ERP 系统，将销售与增值税防伪接口进行绑定；2007 年，客户开票需要提供现金支付证明；2012 年，作为全省增值税发票上线首家试点单位，将发票类型与客户进行系统绑定。

（3）采取不同办法加强货物流向跟踪管理。2001—2007 年，利用 SAP 系统实行会员卡制度，一个客户对应一个客户代码；2009 年起，采取对客户现场走访、发放告客户书及回执确认等形式，一户一档，建立客户档案；2011 年启用短信平台与 SAP 系统进行绑定，对客户的销售和提货情况，即时发送短信告知客户；2011 年底调整函证的发放形式，将函证交由第三方邮政系统进行定期邮寄函证，对重客户安排专人走访和回执确认，确保函证的真实、有效。

四、非油品业务

1. 部门沿革

2008 年 6 月，泰州东加油站和泰东加油站 2 座易捷便利店正式对外营业，标志着泰州分公司非油品业务正式起步，非油品业务的拓展由零售管理部负责纳入零售管理；2009 年 2 月，泰州分公司正式设立非油品业务部；2011 年 7 月，零售管理部和非油品业务部的管理职责进行整合，非油品业务部与零售管理部按“一盘棋”原则，共同负责经营思路的谋划、进销存等业务的开展，日常督查。

2. 业务拓展

2008 年下半年，泰州分公司非油品业务开始起步，当年建设非油门店 22 座，实现销售额 21.21 万元、毛利额 8.67 万元。2009 年，泰州分公司非油品经营快速发展，拥有在营门店 61 座，实现销售额 879.85 万元、毛利额 23.56 万元，年销售额超 40 万元的门店 3 个。2010 年，泰州分公司非油品经营进入高

城南站让人赏心悦目的便利店

速发展期，拥有在营门店88座，实现销售额2243万元、毛利额371.38万元，年销售额超50万元的门店13个，靖江一站成为泰州分公司第一个百万元门店。2011年，拥有在营门店124座，实现销售额3856.61万元、毛利额705万元，年销售额超百万元的门店2个、50万元门店19个，扛得红旗14面，同年7月，省公司非油品现场观摩会在泰州召开。2012年，泰州分公司非油品业务实现销售额5086.8万元、毛利额642万元，全年扛得专项红旗7面。

3. 基础管理

门店建设。非油起步初期，泰州分公司按照“能放办公桌就能放货架，全力为非油开店让路”的原则，一站一策，实现所有陆上站百分百有非油门店。2010年以来，积极开展大站培育工作，对35座大站逐站明确非油必成和期成培育目标，确定培育责任人，并从人员配备、硬件投入和基建改造方面向大站倾斜。2008年起，泰州分公司开始对非油品便利店进行改造，其中2009年完成88座，2010年完成9座，2011年完成了8座，2012年完成14座；旗舰店改造8座，标准店29座，简易店82座。

考核激励。2008年以来，泰州分公司先后4次调整非油品业务考核分配办法，打破薪酬返还，对完成好的加大奖励力度，对完成差的降低返还标准。为鼓励先进，设立贡献率排名奖；为激发培育非油重点商品，设立烟草等6个单项奖，增加了毛利率、燃油宝销售等奖励；为增强站长和片区经理争先进位的意识，按照月度完成情况，对其进行专项等级奖励。

技能培训。2008年以来，泰州分公司遵循“以员工为中心、持续推进”的培训理念，本着“缺什么补什么”的原则，加大培训力度，丰富培训方式，对片区经理、站长、便利店专职人员和加油员进行非油专业能力和营销技巧的培训。同时借助《零售简报》这一平台，及时总结和推广基层非油品销售经验，提升员工营销技能。2012年，在开展“顾庄式燃油宝销售样板站”创建活动的基础上，举办泰州分公司首届燃油宝现场销售运动会，通过学顾庄、创样板、销售能手现场“传帮带”，不断提高燃油宝销售技能，推动泰州分公司整体燃油宝销售水平的提升。

商品管理。按照“过期商品等同于安全

开展燃油宝现场销售竞赛，提高销售积极性

以油站班组为单位，开展特色商品特色培训

事故”的理念，强化日常督查，狠抓临期商品管理。2012年制定了《商品质量管理及事故（事件）责任追究办法》，建立起覆盖汽车用品、燃油宝、烟草等十大类商品的三级（非油部、片区、油站）监控预警机制，为非油安全经营提供了制度保障。

五、天然气业务

为积极拓展新业务领域，抢占天然气市场份额，泰州分公司从2011年开始按照省公司要求，规划CNG加气站建设，推进LNG业务拓展。2012年5月22日，泰州靖江人民南路加油（气）站和西环加油（气）站进行了CNG试运营，填补了中石化在江苏泰州加气业务的市场空白。截至2012年底，泰州分公司改造油气合建站4座，在建油气合建站2座，投入运营站2座，完成靖江越江站等6座加气站的地方报建工作。

六、润滑油业务

1. 部门沿革

2003年，根据一体化管理要求，以原有县公司的润滑油业务为基础，组建泰兴、姜堰、靖江、兴化四大润滑油县区机构，成立润滑油公司。2005年9月，取消县级润滑油经营管理机构，成立润滑油经营部，实现了润滑油业务“市县一体化”管理。2011年4月，润滑油经营部与商业客户部合并成立业务部。2012年7月，根据集团公司对润滑油销售业务整合要求，润滑油经营业务整体划转省润滑油公司。

2. 市场开拓

2001年，泰州分公司润滑油销售总量为3500吨，销售额2000万元。2003年底，林海集团使用长城摩油，标志着长城润滑油走进了泰州市场。2007年，泰州分公司润滑油实现跨越式发展，年销售量突破1万吨，销售额近亿元，长城包装油达到年销售5000吨的规模。2008年，业务整顿后，建立了以销售长城包装油为主、地炼散油为辅的经营模式，同时确定了抢占高档润滑油市场，当年长城高档油经营规模达到了100吨，长城包装油500吨。2011以来，按照省公司要求打造润滑油基本市场，泰州分公司确定了4800吨/年的基本目标。

七、燃料油业务

2002年，泰州分公司撤销成立于2000年1月1日的燃料经营部，原有客户和市场营销由省公司燃料油中心接管，燃料油销售退出泰州分公司销售领域。

第二节 储运销网络建设

一、加油站建设

2001年以来，泰州分公司零售网络布局紧扣政府发展规划与城市发展方向，采取“调查好、规划好、敲定好、收编好、建设好”的工作方针，成功实现网络布点与扩张。

1. 网点建设

2002年以来，泰州分公司紧扣政府部门制订的加油站发展规划，瞄准网络“盲点”，编制泰州分公司中长期网络发展规划，抢先实施网络规划布点，对重点、热点区域争取规划、落实土地，加快建设、加紧收编，掌握主动。通过土地储备的方法，增强了网点发展后劲，发展了一批优质的新建站点。做到每年储备一批、建设一批、竣工一批、开业一批，实现了网点滚动发展的良性循环。2002—2012年，增加网点103座，其中新建38座、收购31座、租赁34座，城区占有率达到87%。

2. 网络结构

2007年5月，随着省商务厅颁布的《江苏省成品油市场管理办法实施细则》出台，加油站土地实行公开拍卖，市场化程度越来越高，发展成本越来越大，政府行政审批手续也越来越繁琐，对成品油市场监管力度不断强化。同时泰州区域中油公司全面介入竞争，中化油与中海油也跃跃欲试，这些因素使得网络“维稳”迫在眉睫，泰州分公司将结构优化作为网建工作的重要部分。一是全面提升全资站比例。2002年来，采取“坚决发展全资站、坚决退租低效站、坚决收购有发展前景的租赁站”的方式，进一步提升了全资站的比重，10年间共退租、关闭低效站17座，使租赁站占比降至17.6%，县级以上城区全资站比重达到了68%，其中靖江、姜堰城区全资站比重几乎达到100%；328国道、高兴东公路、大兴金公路、江平线等重点干道地区全资站比重达到了100%；二是加快老站形象出新改造。2002年以来，泰州分公司对重点站进行形象改造，突出了视觉形象、提升了软硬件水平，网络结构进一步优化，整体优势更加突出。10年间累计共完成27座站的形象改造，在重点区域实现了“中国石化”企业形象的提升。

3. 优质网点收购

2001年前，泰州市共有加油站207座，其中社会加油站154座，占74.4%，社会零售总量为13.5万吨，占62.79%。2001年以来泰州分公司高度重视优质社会站的收编工作，多次对辖区内重点社会加油站进行梳理，从中锁定收购和租赁目标，“提前接触、提前介入，提前操作”，做到每一次都快对手一步，10年间收编社会站65座。截至2012年底，全市共有加油站248座，其中中石化139座，市场占有率为73%。

二、油库建设

1. 发展历程

2003年以前，泰州分公司共有泰州中心油库、高港区口岸油库等大小油库7座。2004年8月，泰州口岸油库进行库改站，姜堰河横油库全部拆除、泰兴南门油库拆除油库立式油罐、泵房、消防系统，作为润滑油桶装发货点存在。同年泰州油库对照“达标创优”细则，经省公司考核，晋升为三星级油库。2005年9月，姜堰油库、泰兴黄桥油库、靖江油库关闭清罐。2006年6月，按照省公司“专业化、市场化、规范化、现代化”改革要求，优化物流条线垂直管理，泰州油库、兴化五里油库统一由省物流中心管理。2009年5月，为继续落实省公司、泰州分公司三级分销库安全管理的规定，经省公司研究决定，关闭兴化五里油库，泰州区域保留泰州中心油库1座。2011年7月，按照省公司物流管理体制优化改革，泰州油库重新划归泰州分公司管理。随着油罐HTG自动计量和液位仪监测系统及微机发货系统的应用，油品吞吐量由2001的18万吨提高到2012年的100万吨，年周转次数提高到32次。

2. 员工队伍

自2006年6月以来，油库职工参加省、泰州分公司开展的各项职业技能培训，共有44名员工通过油品调和操作工考试，分别取得中级工和高级工资格证书；3名油库主任通过在职培训，取得了注册工程师的职称；13名特殊工种员工全部实现持证上岗。

3. 溱湖油库

随着泰州地方经济的不断发展，根据城市建设的需要，泰州油库已被列入搬迁范围，新库溱湖油库已通过地方政府职能部门的安全评价和环境评估，步入兴建施工阶段。新建的泰州溱湖油库位于姜堰市经济开发区内，北邻新通扬运河，征地面积为7.31公顷，规划总容量为7.4万立方米，为二级油库，划分储油罐区、公路发油区、水运作业区、辅助生产—行政管理区及管道站场五个功能区。

三、管道建设

泰州管道区域工程部成立于2010年5月，受泰州分公司和省公司管道建设管理办公室双重领导，负责苏北成品油管道及配套油库工程泰州段的建设工作。苏北管道泰州段在泰州境内全长约30千米，规划从江都郭村方向经罡杨沿江海高速公路向东穿越靖盐高速公路后，沿高速公路东侧向南穿越新通扬运河至姜堰开发区溱湖油库。2012年12月24日，在完成现场勘探、取得工程规划许可证基础上，苏北成品油管道泰州段正式开工，进入施工阶段。

第三节 企业管理与改革

一、体制调整

1. 县公司体制调整

市、县公司一体化运作。2003年，为实现经营管理一体化、服务保障共享化、管理层次扁平化的目标，在2000年分、支公司一体化运作的基础上，调整并整合区域内的经营和管理资源，深化市、县公司一体化运作。以本部零售公司为主体，组建区域零售中心；以县公司零售经营部为基础，组建县级零售片区，隶属于区域零售中心；以本部配送公司、润滑油公司为主体，组建区域商业客户中心；以本部信息业务部、分销公司、仓储公司（泰州油库）为主体，组建区域物流中心。县公司名称对外仍保留牌子，但不设领导班子，不设管理部门。

完善县公司经营管理体制。2010年底，泰州分公司对县片区经营管理体制进行完善和定位：县片区是泰州分公司市场和管理范围的重要组成部分，县片区机构是泰州分公司职能延伸的机构，县片区人员为泰州分公司委派人员。根据工作需要及泰州分公司实际，设置县公司经理和经营管理岗等7个岗位。县公司经理直接对泰州分公司经理室负责，主要承担的职责为：统筹协调地方公共关系，负责县公司经营业务的开展、监督县公司财务管理、负责县公司人员管理、县公司安全和维稳工作。2012年，根据省公司《关于进一步完善县公司体制的指导意见》和《县公司体制完善方案会审会议纪要》精神，泰州分公司对县公司职责划分、定岗定编、团队管理等内容进行了重新明确，成立县公司管理团队，调整事权划分，进一步加强县公司建设，为做大做强县区市场提供体制和机制保证。

2. 靖江支公司重组

为彻底改变中石化在靖江成品油批发与零售业务分别由泰州分公司下属靖江市煤炭石油总公司（与江苏省石油集团靖江市石油总公司实行“两块牌子、一套班子”管理模式，简称靖江支公司）、股份靖江经营部经营的格局，提升市场竞争力和占有率，泰州分公司遵循“妥善处理遗留问题、人员统一划转股份、市场份额明显提升”的总体原则，着手实施靖江支公司与股份靖江经营部的经营管理业务重组工作。2006年3月，泰州分公司选派工作组进驻靖江支公司启动重组工作。通过动员会、专题座谈会及“一对一”的交心会等形式，克服了靖江支公司员工心理上的改革抵触情绪，澄清了思想上的模糊认识，化解了对“协解”等历次改革积累的怨气，经营管理业务重组工作于2006年3月底基本结束。靖江支公司原先从事的成品油批发（直、分销）业务、润滑油销售、油品运输业务及相关人员统一整合交由股份靖江经营部经营；同年6月，靖江油库亦根据省公司物流体制改革的要求关闭，油库从业人员统一由股份靖江经营部分流安排至加油站工作。原靖江支公司25名在岗正式合同制工人、11名内退职工、29名离退休人员一并划转股份公司。靖江支公司仅留守19人，专职自身历史遗留问题的处理、协助泰州分公司协调地方关系及网络发展工作、非主营液化气业务销售等工作。

2006年12月，靖江支公司办公大楼公开出售变现、处理遗留问题。2007年，靖江支公司液化气经营业务通过经营权与资产捆绑出售的形式退出。2008年10月，靖江油库资产整体公开出售。2009年底及2010年初，靖江支公司国地税登记分别办理注销，靖江支公司清算注销工作迈出重要步伐。目前，靖江支公司留守人员5人，主要从事清算注销后续工作及协助泰州分公司协调地方关系及网络发展工作。

3. 小站委托管理

2010年4月9日，泰州分公司启动第一批36座小站的委托管理工作，2010年6月1日，36座小站的委托管理经营合同正式签订。在此基础上，第二批6座加油站的委托管理合同于2010年8月11日顺利签订。截至2012年末，42座委托管理小站运行平稳，销量逐年提升，2011年零售量同比上升30.27%。

二、安全与设备管理

1. 机构沿革

2001年，泰州分公司设仓储安全部，全面负责区域安全管理工作。2005年，为适应深化市县公司一体化管理要求，设基建安全数质量科，负责区域安全、数质量和网络建设工作。2007年3月，为适应企业发展需要，将基建安全数质量科分设为基建管理科和安全数质量科，安全数质量科负责安全、设备和数质量管理工作。2007年6月，组建泰州区域安委会，作为泰州区域安全工作的统筹管理机构，负责公司及省公司各专业条线派出机构安全工作的统一协调和监督。

2. 主题活动

2003年，建立泰州分公司HSE管理体系。

2005年，推行“全员安全承诺”制度，每年组织全员签订HSE承诺书。

2007年以来，每2年组织开展1次消防灭火技能竞赛活动，强化全员安全教育培训。持续开展“安全生产月”、“百日安全无事

如何正确使用消防器材是新进员工岗前培训重要内容之一

强化消防灭火演习，提升员工应急反应能力

故竞赛”活动。围绕活动主题，重点落实夏季安全工作。

2008年，认真落实奥运会及残奥会期间的防恐安全工作，认真开展应急预案的制定及演练，落实奥运火炬传递沿途重点加油站安全防范工作，切实做好奥运期间安全值班工作。

2009年，开展“我要安全”主题活动。

2010年，围绕“大安全”的管理理念，深入开展“我要安全，我们在行动，大家都安全”主题活动。

2011年，在作业现场推行“七想七不干”工作要求，在直接作业和重大作业环节现场，全面推行“七想七不干”提示卡。

2012年，开展全员查找“十大薄弱环节”活动，强调落实整改，防范风险。

三、数质量管理

1. 精细化管理

2001年，泰州分公司陆上和内河水上加油站改变了以吨交接方式，实行以升交接，油品出库由原来的“重量优先”改为“体积优先”；2007年8月，随着《泰州分公司油品计量管理办法（试行）》等10项计量管理制度的下发，全方位的数质量管理体系建成；2008年12月起，泰州分公司零售环节全面实施油品损溢V20考核工作，强化油品损溢管理；2011年8月份起全面推行ISO9000质量管理体系；2012年5月，作为省公司试点单位，在黄桥西郊等12个站开展地罐交接试点工作。

2. 数质量管理

2010年8月，集团公司提出“质优量足、客户满意”的质量目标“质量永远领先一步”的质量方针，践行“每一滴油都是承诺”的社会责任。为将“每一滴油都是承诺”的数质量管理理念落实到实处，泰州分公司将强化质量抽检的力度，加大油品、非油品以及基建工程质量的现场检查，2011年制定《泰州分公司计量突发事件应急预案》，加强演练，提高突发事件应急处置能力。同时强化损溢管理，加强油品损溢分析，加大铅封管理力度，坚决开展“反盗油”斗争，严格加油站接卸油环节的管理，严格加油站的班班计量交接和加油机的精度管理，强化油品库存管理，完善损溢考核办法，确保“每一滴油都是承诺”得到落实。

四、法务工作

2001年以来，泰州分公司法务工作作为一项日常事务性工作由综合办公室统一扎口管理。

1. 制度建设

先后制定和完善合同、纠纷、授权、商标、证照及法律事务管理制度，细化工作流程，对法务工作的关键环节落实重点控制制度，以制度的形式对“事前预防”、“事中控制”和“事后补救”作出明确规定。

2. 管理体系

合同管理上，泰州分公司设置主办部门、财务部门、法律部门、分管领导和一把手领导的合同审核审批流程，形成综合办公室专职合同管理员为主、各部门兼职合同管理员为辅的合同管理审核审查工作网络。工商权证管理上遵循“谁主管，谁负责；谁使用，谁负责”的原则，分层次、分部门落实各类证照的申领、换证、年检、保管责任。普法宣传上，成立党政“一把手”任组长、综合办公室牵头、各部门分工负责的普法工作小组，保证普法工作的开展。

3. 信息化管理

2006年权证信息系统上线，实现了经营

性权证的线上录入、查询和台账汇总。2011年11月，合同信息系统的正式运行，实现了合同签订到履行的线上闭环管理和台账报表的电子化生成。

4. 风险防范

泰州分公司一直坚持贴近企业发展需求的原则，开展普法培训，2005年以来累计举办专题讲座12场，内容涉及《合同法》、《食品安全法》等14部法律法规，参与人数超2000人。高度重视商标维权，“零容忍”对待不法侵权现象，坚持内外联合，上下同步，发挥合力，借政府之力，严打侵权油站，2009—2012年共清理仿冒、假冒中国石化标志的社会加油站12座，维护了中石化品牌形象。在案件处理应对中，注重案例的总结分析，力求办一案、长一智、进一步，使得泰州分公司诉讼案件发生率逐年减少，胜诉率逐年上升。

五、财务、审计、信息条线化管理

1. 财务管理

2001年，泰州分公司成立财务资产科，负责泰州财务管理工作。2007年，财务会计管理体制改革实施后，更名为泰州财务核算部，成为省公司财务资产处和会计核算中心的派出机构。

财务核算。2001年，各县公司和泰州分公司本部单独设立账套，独立核算；2003年市县公司一体化之后，县泰州分公司实行一套账核算；2006年10月，SAP系统优化提升后，各泰州分公司不再单独设立账套；2011年10月联营控股单位并表。

资金管理。2001年，营业网点资金实行自行缴款方式缴存银行； 2007年，对部分中高风险站根据实际情况由自行缴款改为上门收款；2011年7月启用银行分账户，实行资金实时归集；2011年11月关联交易平台上线，内部单位由外部结算转为内部结算。

发票管理。2001年，实行手工开具发票；2002年，取消手工增值税发票，实行税控机打开票；2007年4月，取消手工普通发票，启用机打卷式发票；2010年，使用航信税控开票机；2012年1月，启用挂枪出票功能，同时增值税发票管理系统正式上线。

2. 信息工作

2001年，泰州分公司设立信息中心，归属于综合办公室。2005年，信息工作从综合办公室划出，单独设置为信息技术部。2006年，信息条线化管理全面实施，更名为泰州信息工作站，成为省公司信息管理处派出机构。

网络建设。2000年，建成了4个县公司、2个片区的简单局域网络，2002年，建成了泰州分公司—支公司、泰州分公司—油库的光纤专线网络。

系统运用实施。2002年，总部开始实施SAP系统资源管理系统，涵盖了进销存和财务的包括SD、MM、FI/CO三大模块的上线；2003年，在加油站推广使用加油IC卡系统；2006年SAP二次优化提升，纳入了工程项目管理PS模块和设备管理PM模块；2006年，加油站推广使用零售业务管理系统；2007年，OA办公自动化系统正式启用；2008非油管理系统正式推广使用；2010年零售业务管理系统全线升级。

3. 审计工作

2001年，泰州分公司成立审计监管部，负责泰州区域审计和考核工作。2005年，审计条线化管理全面实施，审计业务从泰州分公司划转至省公司苏中审计分处，考核工作划转至人力资源科，审计监管部撤销。

第四节 党建工作与队伍建设

一、名称沿革

2010年之前，泰州分公司党委名称为中共江苏省石油集团有限公司泰州分公司委员会，纪委名称为中共江苏省石油集团有限公司泰州分公司纪律检查委员会。2010年，党委名称更改为中共中国石化江苏泰州分公司委员会，纪委名称更改为中共中国石化江苏泰州分公司纪律检查委员会。

泰州分公司党委下设机关、零售、商客、油库和4个县公司等10个党（总）支部，共有196名党员，其中预备党员10名。

二、换届选举

2008年10月，泰州分公司完成系统党员组织关系"上转下移"工作（县级公司党员组织关系上转到泰州分公司，离退休职工党员组织关系转到居住地社区），泰州分公司所属的4个县级公司123名党员的组织关系全部上转到泰州分公司。2008年12月18日，中国共产党泰州分公司第一次代表大会召开，出席会议的正式代表52名，特邀代表5名。会上党委书记孙剑作了两委工作报告，选举产生新一届泰州分公司党委和纪委。

三、工会建设

2012年2月，泰州分公司工会委员会由原来的"江苏省石油集团有限公司泰州分公司工会委员会"更名为"中国石化江苏泰州分公司工会委员会"。截至2012年底，工会共有会员240名，设有工会委员会、女职工工作委员会、经费审查委员会和劳动争议协调委员会。

四、共青团工作

泰州分公司团总支下属6个团支部。2007年7月26日，共青团泰州分公司第八届总支部委员会进行换届选举，选举产生团书记1名、副书记1名、支委委员6名，负责泰州分公司共青团工作。

截至2012年底，泰州分公司共有团员青年529人，泰兴城南加油站和泰州许庄加油站2个市级青年文明号。

五、企业文化

2001年以来，共组织《责任胜于能力》、《我要安全》等主题演讲比赛6场；《比理想、比贡献》、《纪念江苏石油成立60周年》等征文活动8次；"红色游"、"红歌赛"6次；羽毛球、乒乓球比赛4场；义务献血5次。

2012年，泰州分公司提炼并归纳出了具有泰州特色的企业文化和核心价值。特色企业文化就是：不扯皮不推诿的责任意识、不甘人后的积极进取、配合默契的团队合作、求真务实的工作作风、永不满足的勤奋好学、健康向上的道德品质；核心价值就是：本质安全、团队协作、坚定信仰、主动竞争、服务意识。通过企业文化和核心价值的打造，在全司上学营造了积极向上、团结紧张、严肃活泼的工作氛围。

六、队伍建设

1. 中层管理人员队伍

2001年4月，泰州分公司制定了《泰州分公司中层管理人员竞争上岗实施意见》，逐步形成"干部能上能下"的机制。经过多年探索，泰州分公司干部选拔、考核机制不断完善，中层管理人员队伍不断得到优化，素质不断提高，年龄结构也逐步年轻化。截至2012年6月，泰州分公司共有中层管理人员31人，其中本科以上19人，平均年龄41岁。

2. 零售片区经理、站长、客户经理队伍

从2007年起，泰州分公司不断强化零售

片区经理、站长和客户经理的选拔、考核工作，在2009年对片区经理进行任职资格考试的基础上，推行零售片区经理、站长和客户经理持证上岗制度。2011年底，对片区经理、站长、客户经理全面开展岗位任职资格考试，163人参加考试并且全部合格，获得相应任职资格。

3. 员工队伍

2001年以来，泰州分公司一直注重员工队伍建设，出台员工业余学习奖励办法，鼓励员工利用业余时间参加学习。2006年起在油库、加油站员工中开展职业技能鉴定。2009年，建立站内培训体系和库内培训体系，设立7个站内培训教室和1个油库培训点，培养10多名兼职讲师。2011年，组织全体员工进行岗位（安全）标准化操作考核培训取证，合格率达100%。截至2012年，泰州分公司拥有技师6人、高级工225人、中级工289人。初级工550人。2012年8月，泰州分公司全面启动“学广东”五项技能培训工作，通过强化讲师队伍的建设，采取集中培训、轮训以及“结对帮扶”、“学习小组”等多种授课形式，扩大了培训覆盖面，确保了培训实效，提升了员工操作技能，确保了考试通过率。

第五节 资产管理

一、资产公司委托管理

2009年10月26日，按照“一体化管理、全面托管、权责统一、规范操作”的原则，设置实物资产科与资产泰州分公司泰州管理部合署办公，负责统一管理资产公司的土地、房屋、车辆等实物资产出租、处置、清查盘点、维护等工作和股份公司委托的各项资产管理工作。资产公司和股份公司的管理职能做相应调整：

人事劳资管理。原隶属于资产公司管理的员工与股份公司同类人员合并管理，相关劳动关系变更到股份公司。资产公司管理不发生的人工成本与股份公司合并管理，并在股份公司支付与核算。

财务管理。原由管理部承担的财务会计职能并入股份公司财务核算部。资产公司日常公务性费用和其他支出转入股份公司的预算指标范围，由股份公司统筹管理与使用；对外出租资产的运营费用，仍然在资产公司账套内支付与核算，股份公司承租的关联交易资产运营费用由股份公司支付与核算；与股份公司关联租赁资产相关的往来款项划转股份公司统一管理与核算；资产性费用、对外租赁资产的日常操作性费用，以资产公司为支付主体的税费，资产公司保留管理与核算。

二、清理整顿

2003年3月7日，泰州分公司实施了姜堰石油支公司清理整顿，将原姜堰支公司、油运公司49名经营人员随经营业务划转到股份公司，实现了集中管理。

2007年，解决兴化支公司逾期债务和对外经济担保等历史遗留问题，完成兴化支公司工商清算注销工作。

2008年6月24日，完成泰兴支公司工商清算注销工作。

2008年，完成沪江加油站全面接管工作，将全资加油站资产过户股份名下，采取联营形式对外经营。

2009年完成自2006年启动的全部清理整顿项目55个，其中姜堰市中干河联营加油站等股份公司项目8项，泰州泰陵石化产品运输有限责任公司等存续公司项目47项。土地变更登记39宗。

三、住房制度改革

泰州分公司住房改革工作于2009年10月29日启动，共涉及补贴发放人数1285人，截至2012年底，累计发放住房补贴735人。

四、资产管理与土地管理

泰州分公司共有自有土地资产126宗，其中股份公司自有土地81宗，资产公司自有土地45宗。截至2012年6月30日，泰州分公司共有闲置土地11宗，均为关闭油库站；对外出租资产共有7项。

自2008年存续公司体制成功转换成资产泰州分公司运营以来，泰州分公司执行总部及省公司关于资产管理“六统一”，按照属地管理、责任管理的要求，实行资产部门归口管理，职能部门条线进行业务管理，履行了国有资产保值增值的责任，保证存量资产和新增资产的安全、完整，资产运营收益最大化。

2011年8月，根据省公司规范土地房产权证工作要求，泰州分公司扎实抓好落实，截至2012年6月，共规范土地权证5宗，房产权证1处。

第六节 联营企业

一、靖江市沪江加油有限公司（沪江加油站）

1998年10月5日，上海石油集团崇明石油公司与江苏省靖江市燃料油石油公司签订合资协议，在靖江市设立“上海石油集团崇明石油公司靖江沪江加油站”，其中上海石油集团崇明石油公司投资290万元，占股90%，靖江市燃料油公司承包经营和管理，上海公司每年收取分红。根据《关于印发“江、浙、沪两省一市跨省市加油站划转工作协调会会议纪要”》（石化股份销财〔2003〕95号）的通知精神，各省市公司将本省市之外的加油站无偿划拨给当地石油公司经营管理，2003年4月，沪江加油站原上海石油崇明公司90%股权变更为泰州分公司。2005年1月，靖江市燃料石油公司改制为靖江润源石油有限公司，沪江加油站10%的股权由靖江市燃料油石油公司变更为靖江润源石油有限公司。2007年6月，泰州分公司与润源公司签订承包经营协议，沪江加油站交由泰州分公司承包经营，润源公司每年享有22万元分红。

二、泰州分公司南门联营综合经营部

1998年6月，泰州分公司与海陵区东郊乡高桥村移址新建泰州分公司南门联营加油站，1998年10月建成开业，泰州分公司投资78.9万元用于设施建设，东郊乡高桥村以土地出资35.46万元，合计注册资本114.36万元。南门联营加油站的日常经营管理归泰州分公司负责，东郊乡高桥村按股权比例进行利润分配。2009年8月，因经营需要，在南门联营加油站基础上新设中石化江苏泰州高桥加油站，开展成品油零售业务，南门联营加油站变更为南门联营综合经营部，从事非油品业务。

三、靖江市江海石油有限公司（含东郊、第三、新丰三座加油站）

1998年9月，靖江市煤炭石油总公司（实物出资90万元）与上海欣瀛实业有限责任公司（货币出资30万元）和上海欣瀛加油站（货币出资30万元）合作成立靖江市江海石油有限责任公司，三方占股分别为60%、20%、20%。2008年2月，上海欣瀛加油站变更为上海市环境油品发展有限公司，上海欣瀛实业有限责任公司将持有的20%的股权转让给

上海市环境油品发展有限公司，靖江市煤炭石油总公司将所持有的60%的股权转让给中国石油化工股份有限公司江苏泰州分公司。2008年12月，上海市环境油品发展有限公司与泰州分公司签订委托联营协议，将其所属的靖江市东郊加油站、第三加油站、新丰加油站委托泰州分公司经营管理。2009年12月，靖江市江海石油有限公司将这三个站租赁给泰州分公司经营。

四、泰州市鑫通能源有限公司

为充分发挥交通系统道路资源优势，2011年9月，与泰州交通局下属泰州市交通产业集团公司合资成立了泰州市鑫通能源有限公司，注册资本1920万元，泰州分公司出资940万元，占股49%，经营期限20年。

表6—12—1　　泰州石油分公司2001—2012年主要经济指标表

年份＼指标	1.成品油销售量（万吨）	2.零售量（万吨）	3.销售收入（万元）	4.利润（万元）	5.吨油费用（元）	6.资产总额（万元）	7.非油品营业额（万元）	8.员工总数（人）
2001	24.5	12.8	59516	(1741)	137.6	17095	—	964
2002	25.8	13.8	59460	(322)	177.4	19195	—	1036
2003	29.8	16.9	85019	3682	150.0	22670	—	1130
2004	33.4	22.5	111302	4014	149.5	29340	—	1164
2005	40.8	26.5	147927	4925	132.8	34549	—	1127
2006	42.6	30.8	198690	7604	144.3	32369	—	1159
2007	43.9	32.7	220262	11672	177.0	32611	—	1154
2008	44.7	34.9	277393	4615	179.2	40609	21	1238
2009	45.9	34.2	269556	11154	208.7	43686	880	1336
2010	50.6	38.3	348945	8183	207.4	44944	2243	1247
2011	52.6	44.3	417486	14082	230.8	46921	3857	1256
2012	54.1	46.6	447265	14905	254.3	56463	5087	1244

表6—12—2 领导人员变动情况

姓　名	职　务	任职时间
张双贵	经理	2001.01—2004.12
付建军	经理	2005.01—2011.12
俞桂林	副经理 经理兼副书记	2008.04—2011.11 2011.12—
谢同骏	书记	2001.01—2004.12
孙　剑	书记	2005.01—2011.12
刘照江	副经理 书记兼副经理	2003.11—2008.04 2011.12—
高杰礼	副经理	1998.08—
薛　卫	副经理	1999.08—
王有年	副经理	2000.05—2005.02
陆余生	副经理	2003.08—2005.02
张献明	副经理	2011.12—

表6—12—3 历年荣誉

年份	姓名／项目／集体	荣誉称号	授予单位
2001	昝胜勇	1998—2000 年安全生产先进个人	泰州市政府
2004	许　杰	优秀共产党员	泰州市委
2010	中国石化江苏泰州石油分公司团总支	2010 年度泰州市五四红旗团支部	共青团泰州市委
2011	中石化江苏泰州石油分公司	2010 年度泰州市安全生产十佳企业	泰州市政府

第十三章 镇江石油分公司

镇江市土地总面积3847平方千米，占全省3.7%。现辖丹阳、句容、扬中3个县级市和京口、润州、镇江新区、丹徒新区4个区。

镇江石油分公司（简称镇江分公司）是中国石化在镇江区域经营成品油业务的大型骨干专业公司，主要从事汽油、柴油及润滑油、燃料油等产品的储存、零售、配送、分销等经营业务，加油站还兼营日用百货销售等。镇江分公司由3个县公司、13个部门组成，拥有完备的仓储设施和覆盖“三县一市”的经营网点。

2001年镇江区域有镇江分公司、谏壁油库、中石化销售公司镇江三龙公司、谏壁分公司等4家从事油品、化工仓储和经营业务的单位。2002年2月，根据省公司对镇江区域经营机构重组的通知要求，按照“一个党委领导、两个公司运营”的原则，重新设立组织架构，取消了谏壁石油分公司、谏壁油库、中国石化销售公司镇江三龙公司的单位设置（对外仍然暂时保留三家单位的牌子），重组成立了中国石油化工股份有限公司江苏镇江石油分公司。2005年8月，三龙公司中的31人随经营业务和仓储资产划转中石化国际事业公司江苏镇江经营部；2007年3月，镇江分公司水上业务的30人随资产划转省系统内的江阴石油分公司组建的长江水上专业化公司。

截至2012年底，镇江分公司销售成品油40.03万吨，市场供应比例达62.46%。销售收入331603万元，利润5053.79万元；共有员工1071人（其中在岗正式工215人、劳务工856人）。共有在营加油站81座、加气站2座（含加油站中的油气合一站），油库2座、库容为8.4万立方米；非油品便利店56座。

镇江分公司2001—2012年主要经济指标见表6—13—1，领导人员变动情况见表6—13—2，历年荣誉见表6—13—3。

第一节 经营业务

2000年中石化实行专业化重组和一体化管理的新体制后，利润中心上移至省公司，分支公司只是销售中心。从2001年开始，镇江分公司的经营业务范围主要包括成品油零售、批发和润滑油销售。

镇江地市具有成品油批发经营资质的单位8家，以中石化、中石油和中海油为主，市场份额分别为62%、27%、6%，中化道达尔2012年起涉足镇江零售市场（现有加油站4座），社会经营单位竞争销售规模较小。其中，中石油批零业务均有，中海油只有批发业务，两家在镇江无自有库，租赁当地的京惠石化9811库使用。2011年以来，中石油批发、零售与中海油（2009年7月开始）批发经营依托良好的资源，市场发展的广度和深度逐渐加大，市场份额逐渐上升，形成了镇江成品油市场较强的竞争环境。

一、零售业务

镇江分公司的零售量从2001年重组前的8.53万吨，上升到2011年末的30.95万吨。

2001年，镇江分公司成立10个CORO公司，对陆上加油站实行经营承包管理；对偏远小站实行“夫妻老婆店”的单站承包和承包返租经营的管理模式；对水上加油站由组建的水上加油站管理公司进行统一管理。

2003年结束CORO公司管理模式。按照省公司部署，镇江分公司成立区域零售中心，下设零售运营、市场拓展、油站服务三大职能主管和国道片区主管，结束了CORO管理模式。

2004年开始“百日竞赛”活动。针对加油站站容站貌、服务水平、统一账表册等问题，开展专项整顿工作。同年，加油站停用纸制加油券，开始使用加油卡。

2005年“十运会”定点加油站。2005年7月15日，省公司下属300座“十运会指定加油站”全部挂牌为十运会服务，镇江分公司有8座加油站入围。

2007年实施规范化管理和星级油站管理。镇江分公司一手抓零售经营和服务，一手抓安全和内部管理，并把加油站规范化管理示范站和加油站的达标创星工作有机结合起来，在确定5座规范化管理示范站基础上，又申报7座星级站（其中四星3座、三星4座），通过持续地检查、整改和培育，创星目标实现。截至2012年底，共有星级加油站13座，其中五星1座，四星3座，三星9座。

2009年，做好市场保供工作。随着零售市场发生根本性变化，2009年以来市场供求从卖方向买方转变，竞争激烈。分公司开展“点对点”竞争，做活小额配送和灌桶业务；开展“持卡加好油”，提高刷卡消费比重，做好市场保供，实现“两保三不降”目标。

2011年，镇江分公司扎实开展“比学赶帮超”活动，围绕“建标、对标、追标、创标”，开展柴油销售、配送业务等专项竞赛活动，强化考核激励，营造创先争优的销售范围。10月份，根据省公司统一部署，在地级城区加油站推广车用柴油（Ⅲ）销售。

2012年，镇江分公司实现零售量32.38万吨，较2001年增长280%；其中高标号汽油18.2万吨，较2001年增长1944.94%。卡机联动站达100%，有独立的发卡充值中心5座，有发卡充值功能的油站46座，近98%的油站具备加油卡圈存功能。截至2012年底，累计发卡72387张，刷卡比重达43.6%，累计销售农机双优卡约880张。

2012年5月28日，中央电视台第七频道摄制组在市、县农机监管部门的陪同下，专程赶赴镇江分公司“三农”服务现场进行采访和拍摄，对镇江分公司“三夏”农业用油绿色通道、农机双优卡充值优惠、农机灌桶等多项惠农便民措施给予肯定和赞赏。

二、直分销业务

2002年2月镇江分公司重组后，成品油

2003年7月，镇江分公司携手镇江交通广播电台举办高标号汽油推介活动

市场批发业务由直销中心和分销中心负责，油品进货调运由信息业务部负责（包括外进外销业务）；2005年，直销中心和分销中心合并为直分销中心，负责市场销售，物流部负责油品调运，以发展终端市场为重点，大力开发直销配送，当年实现直分销量9.16万吨；2006年成品油市场批发业务由商业客户部负责，强化对终端市场的维护和开发，全面停止外进外销业务，终端市场占有率稳步提升；2010年开展全员销售和“比学赶帮超”活动，营造了“见红旗就扛，有第一就争”的经营氛围，并针对市场情况，调整考核办法，当年实现直分销销售9.5万吨；2011年为应对市场竞争与资源短缺的局面，经营策略调整为保基本市场和基本客户，销量下降，只有7.86万吨；2011年10月，根据省公司部署，开始对终端大户（公交客运）推广车用柴油（Ⅲ）销售和进行LNG合作项目的谈判；2012年，继续“打造基本市场”，加大对客户的维护和开发，进一步稳定了镇江市公交、客运、金东纸业等“钻石”级客户，提高了对基本市场客户的资源保障能力。

三、非油品业务

2008年5月，镇江分公司非油品部成立，当年开设便利店19座，实现销售额66.1万元。经营项目涉及饮料、烟酒、食品、汽车用品、百货五大类的商品，2009年，扩展便利店服务中的彩票业务，2012年3月开展便利店服务的电话充值卡代售业务，2012年实现销售额3647万元。

截至2012年底，镇江分公司进行非油品销售的加油站80个，便利店专职人员17名，其中精品店达标精品店18座。年度销售额80万元以上的门店12个。非油品经营商品品种从2008年的76种增加至2012年底的1200余种，实际在营商品数已基本达到规范配置要求。

四、润滑油业务

镇江润滑油经营部于1994年成立。2012年7月，整体划转至中国石化润滑油公司。

五、燃料油业务

2003年7月—2010年7月，镇江分公司开展了燃料油业务。2010年8月，燃料油经营部3人划转中国石化燃料油公司江苏分公司。

第二节 储运销网络建设

一、加油站建设

1. 新建、收购加油站

从2005年开始，镇江分公司将网络发展作为决定公司未来发展、解决镇江区域历史遗留问题的第一要务来抓。结合镇江加油站发展规划，制定了镇江分公司网点发展目标。制定网点发展计划，重新明确县公司经理网络发展的责任，充实得力的中层干部到本部和丹阳片区强化网点发展，加快网络发展速度；调整网络发展思路，以新建、收购为主，租赁为辅，加快改造油站形象建设；出台网络发展专项考核办法，加大网点发展进度考核，实行重奖重罚，建立领导班子分片区包干联系制度，合力推进网络建设，并鼓励全员参与发展零售网点等方法来加快网络建设，7年来，新建加油站3座、收购加油站10座、租赁社会站4座，同时增加储备项目6个。

新建省公司系统首座撬装站。2010年7月，通过市场调研，与镇江市港和新型建材公司合作运营省公司系统内首座撬装式加油站（撬装加油站也叫撬装式加油站，是集储

江苏省石油系统内首座撬装加油站背侧面图

油罐、加油机、视频监控为一体的地面可移动加油站），从得知信息后的商谈到撬装站建成后的交付使用，仅用40天时间。撬装站以新型建材公司现有的场地及全额稳定的内部加油量为合作基础，由镇江分公司提供撬装站设备，用于服务其内部车辆加油，所有内部加油车辆全部实行IC卡加油，合作时间10年。

水上市场。镇江作为长江与京杭大运河的水上交通要塞，水上成品油市场需求很大，先后建造4条加油趸船下水营运，提高了长江水上市场控制力。实现年水上销售量近3万吨。2007年3月，水上业务划转江阴分公司经营。

2. 加气站建设

根据政府特定政策，镇江市场的燃气经营由华润公司独家垄断经营多年，为打破垄断壁垒，镇江分公司利用主渠道的优势，积极主动与地方政府和职能部门沟通、协调，新增了戴家门、高家门2座CNG加气站，分别于2010年投入运营，2011年销售天然气337.53万立方米，市场份额占45%。2012年1座LNG油气合一站竣工、1座LNG/L-CNG加气站开工建设，1座LNG联营加气站开始运营。

3. 加油站改造

2001—2007年，共改造50余座加油站。2008年后，按照新形象站要求，加大改造力度，新形象站42座，占在营站比重达52%，使中石化标准形象在镇江有了一批标杆式的展现，增强了市场竞争力。

2012年3—9月，根据省公司关于油气回收治理工作的部署和《镇江市实施蓝天工程改善大气环境行动计划》的要求，开始对84座在营加油站进行油气回收改造，截至2012年底，全部通过验收。

二、油库建设

1. 谏壁油库

谏壁油库始建于1969年，为原省公司直属油库，原占地面积44万平方米，分为雩山罐区和粮山罐区两个部分，均为覆土隐蔽油罐，共有覆土拱顶油罐17只，总罐容8.4万立方米。2002年镇江区域重组划归镇江分公司管理，2005年经省公司批准关闭停用雩山罐区，2007年6月15日油库划归省公司物流中心统一管理，2009—2010年，结合苏南管道工程配套改造，油库新建陆路发货场、综合办公楼、管输泵站、输油泵房、两路10千伏高低压配电房和警卫开票用房，库容库貌有较大改善。截至2012年底，在用储罐9只，总罐容6万立方米；码头2座，大码头2.5万吨级、趸船码头1万吨级；进货方式为水路运输和管输进货，发货方式为陆路油罐车发货和水路移库发货，现有陆路发货台位17个，其中上装台位3个、下装台位14个。2011年8月，油库重新划归镇江分公司管理，当年吞吐量达到120万吨；2012年实现吞吐量153.6万吨，同比增长28%。

2. 高家门油库

高家门油库地处镇江市区南约2千米，始建于1962年，占地约43.7亩。根据镇江市政府市政建设的需要，1999年，停止了轻油的收发储业务，只保留润滑油的存储业务；2003年3月列为关闭油库。2007年因沪宁高铁建设需要，停止了铁路专用线的使用。2007年6月，根据省公司专业化管理需要，油库被划给省公司物流中心，实行条线化管理。2011年8月，省公司调整了物流中心的管理职能，油库又回归镇江分公司管理。油库主要存储桶装及小包装润滑油，库存量600吨左右，100余个品种。年收发量在6500—7000吨。2012年7月，高家门油库的资产划入新成立的江苏润滑油中心。

三、成品油管道

1. 管道建设情况

苏南成品油管道工程是省公司组建以来一次投入最大的建设工程，并被列入江苏省重点工程。镇江段是苏南成品油管道线路最长（占苏南管线总长的27%），地质、地貌复杂，施工难度较大的线路。

镇江段管道线路总长101千米，东至丹阳市新桥镇古巷村（与常州连接），西至句容市宝华镇（与南京连接），工程贯穿句容、丹徒、京口、镇江新区、丹阳5个县市区，途经13个乡镇、48个村，涉及水利、公路、高速、铁路等部门，穿跨越多。配套谏壁油库进行工艺、土建、电气、自控等改造，新建管道站场。

镇江管道建设从2006年5月开始作前期工作筹备，到2009年初基本确定镇江段的管道路由，完成地质勘探、工程报建、施工补偿标准等开工前的所有准备工作。管道于2009年6月22日正式开焊，到2010年9月基本完成镇江段的主体施工。工程完成定向钻91条，顶管17条，其中穿越高速公路2条，穿越铁路4条，穿越航道河流8条，穿越公路36条。在管道位于S338省道谏壁镇东京村北吕村至谏壁油库站场全长5千米，采取双管敷设。焊接是整个管道工程质量的关键，工程部督促监理单位严格审查焊工资格，参与焊工上岗现场焊接考试，整个工程组焊10126道口，一次合格率达到99%。

2. 油库改造情况

谏壁油库改造作为管道建设的配套工程，于2009年6月4日开工建设，2010年7月进行两次“三查四定”工作，工期14个月，改造工程完成的主要建设项目：综合楼1座1667平方米、变配电房1座580平方米、陆路发货棚1座1027平方米，分输站场1座、开票室1座80平方米、新建和改造围墙改造约600米、拆除旧管线约9500米、改造储油罐10座、各区域场地制作混凝土路面约10000平方米等。工程于2010年9月顺利通过中交验收，2010年12月27日开始投油。

第三节 企业管理与改革

一、体制调整

1. 同城重组

2002年2月2日，省公司下发《镇江石油区域分公司区域重组方案》，将原镇江地区的镇江石油分公司（股份、存续）、谏壁油库、谏壁分公司、三龙公司重组为镇江区域股份公司和镇江区域存续公司，下设丹阳、句容、扬中3个支公司。

2. 县公司体制调整

2005年10月，根据省公司《关于深化市县公司一体化改革的通知》和《关于对镇江石油分公司深化化市县公司一体化改革实施方案批复》的精神，取消丹阳、句容、扬中3个支公司，设立丹阳、句容、扬中3个片区管委会，原支公司经理称谓改为“高级片区经理”，其他副经理根据管理加油站座数的多少，分别称为“中级片区经理”、“初级片区经理”，办公地点由原来的支公司办公大楼全部搬至加油站。

2011年1月，根据省公司《关于完善县片区经营管理体制的指导意见》精神和《镇江石油分公司关于完善县片区经营管理体制实施方案的批复》要求，重新恢复了县公司在地方政府的行政序列，对外将丹阳、句容、扬中3个县片区统一称为“中国石化股份公司江苏镇江丹阳、句容、扬中石油分公司”。3个县分公司分别设立了经理一职，对所在县片区的经营管理负全责。原按管理加油站座数设立“片区经理”。

3. 小站委托管理

2010年4月和7月，根据省公司《加油站委托管理实施工作意见》的精神和《关于对镇江石油分公司加油站委托管理实施方案的批复》要求，对在2009年度正常销量2000吨、3000吨以下的小型加油站共15座进行委托管理。

二、安全与设备管理

1. 安全管理

2002年镇江分公司重组以来，按照“一把手负总责，谁主管、谁负责，谁操作、谁负责，管生产必须管安全”的要求，加强安全管理制度建设，持续开展“安全生产月”、“百日安全无事故竞赛”活动，员工大安全意识普遍提高，安全管理水平得到提升。2003年建立并推进HSE管理体系。2005年推行“全员安全承诺”制度以来，每年组织全员签订HSE承诺书，与部门签订“安全生产责任状”。2007年以来，每年组织开展一次消防灭火技能竞赛活动，强化全员安全教育培训。2008年，全面执行集团公司“十大禁令”和销售企业“八项纪律”，开展未遂事故管理，开展奥运防恐活动，确保了特殊时期的安全稳定。2009年开展“我要安全”主题活动和全员危害识别与风险评估工作。2010围绕“大安全”的管理理念，深入开展“我要安全，我们在行动，大家都安全”主题活动。2011年在作业现场推行“七想七不干”工作要求，在直接作业和重大作业环节现场，全面推行“七想七不干”提示卡和“平安工地建设”；实行加油站、油库重点班组“手机集中管理”，确保员工和入库、站人员的手机不带入危险生产作业场所。 2012年，开展全员查找“十大薄弱环节”活动和强调“四个让位于”的安全要求，全员填写“我的风险控制卡”，强化安全管理，防范风险。

2. 数质量管理

2008年，省公司在扬州试点V20的基础上，增加镇江、江阴、南京3家试点单位。在试点过程中，镇江分公司对零售管理人员、片区经理、加油站站长及员工进行了培训，同时在南门、东门两站油罐增设液位仪；句容城南、句茅，丹阳新世纪，扬中新城区，镇江三山、丁卯、大港等加油站安装了自动测温仪。

2009年镇江分公司下发了《加油站油品V20口径损溢考核办法（试行）》，对加油站全面开展V20考核，同时对V20操作进行考核。2012年对原V20考核办法再次进行修订，2012年1—6月零售保管损耗位于省公司前列。

2009年底至2010年2月，根据江苏省政府的要求，完成了国Ⅲ汽油的置换，镇江市汽油全部从国Ⅱ升级至国Ⅲ标准。

2012年，根据省公司下发的车用柴油置换的文件要求，镇江分公司及时根据实际情况，按罐建立车用柴油升级置换质量跟踪档案，全面掌握油库、加油站油罐置换轮次和罐内油品比例，对符合置换比例要求且B级检验合格的油库及加油站，及时填报《车用柴油置换质量消项审批表》，共分3个批次对谏壁油库11#油罐及20座加油站29只油罐完成了置换审批手续，从2月起20座加油站全面供应车用柴油。

2012年3月，根据省公司关于油气回收治理工作的部署和《镇江市实施蓝天工程改善大气环境行动计划》的要求，稳步推进油气回收改造工作。改造工作中，从施工队伍的确定、油站改造时间的安排、安全管理责任制的落实、工程质量的把关等方面制定详细的计划和方案及考核办法。镇江市环保局、商务局等部门为此项工作开通“绿色通道”，简化手续办理。2012年3月28日，由镇江市环保局牵头，召开镇江市油气污染治理工程环保验收推进会，主要对镇江分公司油气回收样板站进行环保验收，并把镇江分公司油气回收改造方案、建设要求、工艺流程、技术参数等作为验收的标准进行应用。大港新区加油站通过环保验收，获江苏省内首张“油气回收治理合格证”。

三、法律事务

2001年继续聘请镇江市中坚汇师事务所为镇江分公司的法律顾问，负责处理法律纠纷。2007年由省公司统一聘请法律顾问到分公司处理法律纠纷。2009年起，按照每年对法律顾问重新进行考核聘用的办法，聘请企业法律顾问，镇江市中坚汇律师事务所连续4年为镇江分公司的法律顾问。2005年10月按照省公司“深化市县公司一体化改革”的要求，在综合办公室设立法律诉讼岗，至此法律事务工作有部门和专人负责处理。

四、综合管理

2002年2月，镇江4家公司重组后，按照省公司的编制和岗位设置，成立了企业事务部，负责公司的行政管理工作。2005年10月，根据省公司“深化市县公司一体化改革”的要求，设立综合办公室，负责公司的企管和法律工作。综合办公室下设车队，负责公司的公务用车保障。从2002年9月开始，本着市场化运作的原则，对车辆的定点维修、保险向社会进行公开招标，每年招标一次。当年通过招标，使车辆保险费下降了40%，维修费用降低了8%。

五、财务管理

2001年县公司财务人员实行分公司财务部门与县公司条、块共同管理。

2002年底，取消县公司财务账套，全区合并为镇江分公司财务一个账套。

2003年ERP系统模拟上线试运行，双轨并行。

2004年ERP系统单轨运行，正式甩掉浪潮系统财务软件。

2006年10月ERP系统进行升级。

2007年7月，全省财务实行会计统一核算、财务集中管理，分公司财务核算部作为省公司财务资产处的派出机构。

六、审计管理

2000年成立，名称设立为审计监察科；

2003年，省公司推行流程规范，更名为审计监管部；

2005年，与常州分公司审计室合并，成立审计处第五审计室；

2008年，与审计处第一审计室合并，成立审计处苏南分处。

七、信息管理

2000年4—7月，建设镇江分公司和谏

壁油库局域网 2012 年 4 月，按照省公司统一部署，对镇江分公司网络进行升级，在视频监控、防病毒和信息安全、机房建设、系统信息的建设和推广（OA 办公、合同、设备，以及财务审批、ERP）、加油卡、海信便利店、总部合同管理系统、金蝶人事管理 H_3 系统等涉及所有日常工作实行了计算机管理，形成了省公司到地市公司、地市公司到油库双机双链路热备均衡链路，极大提高了区域公司网络性能和可靠性。2012 年 6 月，镇江信息工作站与镇江电信通过谈判，在保持原有资费的情况下，将原有到扬中县公司和句容县公司 2M SDH 链路升级为 4M SDH 链路。

第四节 党建工作与队伍建设

2010 年以前，镇江分公司党委名称为中共江苏省石油集团有限公司镇江分公司委员会，纪委名称为中共江苏省石油集团有限公司镇江分公司纪律检查委员会；2010 年，党委名称更名为中共中国石化江苏镇江石油分公司委员会，纪委名称为中共中国石化江苏镇江石油分公司纪律检查委员会。截至 2012 年底，镇江分公司党委下辖党总支 1 个，党支部 10 个，党员 265 人。

一、党群工作

1. 领导干部和党员队伍建设

2002 年 2 月，镇江公司重组，镇江分公司党委一班人坚持做到“四句话”、“四不”和“四个共同”。“四句话”即“严律己、办事公、能吃亏、敢碰硬”；“四不”即“不计个人得失、不争个人高低、不谋个人私利、不计个人恩怨”；“四个共同”即：共同树立全心全意为人民服务的意识，共同坚持党的四项基本原则，共同遵守党风廉政建设责任制，共同实现企业现代化管理目标。要求广大党员坚持做到“六个一点”，即：马列主义、毛泽东思想、邓小平理论、“三个代表”、十五届六中全会的精神、科学的知识多学一点，是非观念明确一点，苦脏累活多干一点，荣誉好处靠后一点，群众疾苦多关心一点，份外的事情多干一点。

2003 年 7 月，镇江分公司党委根据省公司的统一部署，开展学习《“三个代表”重要思想学习纲要》活动，做到“五个一”，即：读好“一本书”——《“三个代表”重要思想学习纲要》读本；组织“一次讲座”——邀请市委党校的校长作一次专题报告，讲解要点、把握重点、剖析难点、找准落点；突出“一个重点”—深刻领会和全面掌握“三个代表”重要思想，锐意创新，与时俱进；写好“一篇心得”—每位参加学习的人员结合工作的实际写出一篇学习心得，组织一次学习交流会；完成“一次飞跃”—党委成员、班子成员在学习中要把理论学习转化为对工作的指导。

2005 年 1 月，根据地方党组织的安排，镇江分公司参加市第二批先进性教育活动，丹阳、句容、扬中三个县公司参加所在县市第一批教育活动。同时，在全体党员中开展了“党员进万家”活动，帮扶贫困职工家庭

2003年1月，镇江分公司举办“迎新春展新姿文艺汇演”活动

2012年第一季度起开展的季度"四个一"读书活动

共捐款3600元，走访12户困难家庭。

2012年开展了季度“四个一”读书活动。即：每季度制定一个学习计划，向员工推荐一本好书，撰写一篇学习心得，通过《镇江石油》开展一次交流。

2. 关爱员工

2005年1月，新一届领导班子紧密联系基层一线开展关爱员工活动。给一线员工送年夜饭、为城区油站配备微波炉解决吃饭问题、为偏远油站配置热水器解决夏天洗澡问题、为每一座油站配置冰箱以便存放食物、为油罐车安装空调以及机关科室人员在高温季节到加油站加一天油和保供期间到油站现场维持秩序并协助解决矛盾。

3. “双促”活动

按照集团公司“深入群众促和谐，凝心聚力促发展”的“双促”活动部署，开展“比差距、找问题”合理化建议活动，对收集的38条意见和建议党委召开扩大会议，逐条梳理解决。2008年5月，组织920名党员向四川地震灾区捐款献爱心活动，干部职工共捐款5.56万元，139名党员交纳特殊党费2.19万元。2008年初雪灾期间，积极组织人员安排好坍塌站和重大隐患站员工的生活问题。《劳动合同法》实施后，率先在全省实行了年休假制度，保障了员工的合法权益。

4. 老党员管理和新党员发展工作

与地方党组织及相关部门沟通协调，将所属片区28名退休和不在岗党员组织关系全部移交地方，同时完成丹阳、句容、扬中3个县片区73名在岗党员组织关系上移镇江分公司党委管理。始终把发展党员工作作为一项重要任务常抓不懈，在制定年度党员发展计划的基础上，重点抓好一线优秀劳务工党员的发展工作，大站党员的比例逐年提高。

二、纪检工作

贯彻落实集团公司、省公司一系列党风建设和反腐倡廉工作部署，深入开展实践科学发展观和“抓源头、促清廉”主题活动，紧紧围绕企业经营管理改革各项重点工作，着力构建教育、制度、监督并重的惩治和预防腐败工作体系。

2011年6月29日，镇江分公司举办了"七一"表彰暨纪念建党90周年红歌会

落实反腐倡廉基本制度，与各部门签订党风廉政建设责任书，突出“一岗双责”，严格执行“三重一大”制度和中国石化11项监督办法（试行），建立重要岗位人员定期走访工作制度。

在公司内部形成以纪检监察部门为主导，审计、人事、工会、政工、办公室等职能部门参与的民主管理监督网络。围绕工程建设、物资采购、资产处置等开展效能监察、专项督查，参与工程立项、招投标、工程验收等过程监督。推进重点领域关键环节的业务公开工作，确保公司的信息及时准确地在业务公开系统中上线公开。

三、人力资源管理

1. 队伍建设

创建“四好”班子。镇江分公司党委紧紧围绕“政治素质好、经营业绩好、团结协作好、作风形象好”的“四好”班子建设目标，开展创建工作。

通过层层推荐、选拔，确定后备中层管理人员、后备片区经理、后备站长，分别按照培养方案进行培训和持续培养，推行“师带徒”、“一帮一”培养模式，建立公司核心后备梯队。从2006年开始，开展职业技能鉴定、考评工作，现有初级工526人，中级工160人，高级工131人，技师5人。

2. 改革用工形式

2000—2001年，镇江分公司根据中石化总部的统一部署和要求，开展协议解除劳动合同改革工作。改革中遵循职工“个人自愿、协商一致、依法解除”劳动合同的原则。镇江区域公司共协议解除劳动合同人员为406人，其中本部88人，谏壁油库61人，谏壁分公司44人，丹阳支公司100人，丹徒支公司49人，句容支公司26人，扬中支公司38人。员工人数由2002年2月重组时的1220人下降到2012年底的1071人。

3. 工资管理

2003年，省公司实施了岗位等级工资制；2007年，省公司统一制定了《加油站员工薪酬标准》及《油库员工薪酬标准》，新的薪酬制度中，新增了服务年限津贴、技能津贴、岗位津贴等项目；2011年，建立统一的薪酬分配制度—薪点工资制，提高薪酬固定发放比例。

4. 人工成本管理体系

实行省、分公司人工成本两级管理，省公司负责全省人工成本的预算、分解、考核及统筹平衡工作；分公司负责对本单位人工成本预算的统筹、考核、使用。

5. 绩效管理

2005年以前，镇江分公司绩效考核工作职能设在审计监管部门；2005年之后，绩效考核职能调整至人事部门。分公司绩效考核体系主要分为三级：人事部门负责一级考核，考核到各部门；各部门负责在一次考核的额度内进行本部门的二级考核；加油站等基层单位负责在本单位考核工资范围内进行细化分解。公司员工人人都与公司、所在部门的绩效考核结果进行挂钩。其中管理人员收入的50%与部门业绩挂钩，客户经理等经营岗位挂钩比例达到70%以上。

6. 培训管理

2008年起，镇江分公司陆续在零售本部天桥、南门、西郊站、句容城区站、丹阳新世纪站、扬中新城区站建立了片区培训教室、配备计算机、投影仪等教学用具。2009年，根据省公司部署，中国石化销售企业培训管理信息系统（TS）开始投入使用。分公司制定培训管理实施细则，每年根据经营管理工作和人才建设需要制定年度培训计划，组织开展各类培训。

根据省公司的文件要求，鼓励符合条件的员工积极参加职称评审，对取得中高级职称的人员按政策进行奖励。

第五节 非上市部分

一、有序退出

1999年10月10日，根据中石化总部《关于江苏省石油集团有限公司重组方案的批复》，江苏省石油集团有限公司分为上市部分和非上市部分。2004—2006年，根据中国石化集团公司实施战略重组的总体要求，为推进国有企业主辅分离和改革改制，销售非上市企业现有的业务及资产实施战略退出。

1. 存续公司体制转换

2001年，存续公司通过“两个置换”对丹阳、丹徒两家整体不上市支公司实现了“三无一保”，并成功实施了油品运输公司深化多元股权的改制和物资供应公司的改制，使实业公司的人员、资产结构、收益管理状况发生根本改变，步入了由改制向整体发展的过渡。2007年，根据集团公司和省资产经营有限公司〔2007〕29号文件精神，按法律程序注销中国石化集团江苏石油有限责任公司镇江公司，建立江苏资产分公司镇江管理部。

2. 镇江分公司改制企业情况

镇江句容石油支公司钢模租赁站。2004年9月，根据中石化总部《关于句容公司钢模租赁站改制分流实施方案的批复》要求，句容钢模租赁站完成改制，参加改制分流人员10人，改制资产为160.1万元。

镇江市同发石油化工运输有限责任公司。2006年9月根据集团公司《关于镇江石油分公司镇江市同发石油化工运输有限责任公司改制分流实施方案的批复》要求，镇江市同发石油化工运输有限责任公司完成改制，改制资产为208.59万元，参加改制分流人员为4人。改制基准日为2006年4月30日。

3. 镇江分公司企业资产重组情况

中国石化销售公司镇江三龙公司成立于1994年6月24日，由中国石化集团系统内5家单位共同投资兴办，投资总额4030万元，为法人单位。2003年6月30日，京津实业公司所持镇江三龙公司780万元的股权无偿划给中国石化集团江苏省石油集团有限公司。2006年3月，三龙公司列入镇江分公司清理整顿项目，2007年3月，对三龙公司进行清算；2008年，三龙公司进行了工商注销；2012年2月，三龙公司银行销户。

二、清理整顿

2006年3月，省公司根据中石化总部要求，成立清理整顿办公室。镇江分公司原系4家单位重组，涉及清理整顿的项目77个。截至2012年底，全面完成77个清理整顿项目，其中，法人项目41个，非法人项目36个。

三、住房改革

2009年底全面完成了职工住房普查，公示普查结果，公正公平处理反映问题。组织制定了《住房分配货币化实施方案》，履行民主程序后上报《实施方案》。认真做好职工住房建档工作。补贴发放涉及人数为612人。截至2012年底，镇江分公司完成发放人数为581人，其中离退休人员142人，协解人员277人，在职职工162人，完成率95%。

四、资产管理与土地管理

2007年9月28日，镇江管理部成立。2012年末，资产公司镇江管理部拥有2.28亿元总资产、拥有26处房产12108.46平方米，53宗土地57524.7平方米，各类车辆8辆。2008年至2012年末，镇江管理部共盘活闲置房屋6处，资产对外出租收入累计4284891.8元，2011年收入较2008年增长124%。存量资产运营效益大幅提升，较好地履行了国有资产保值增值责任。

2010年起，镇江分公司按土地在用、待用进行分类，遵循“属地、谁使用、谁管理”的原则，与各相关部门签订了现场管理责任书，明确了现场责任管理人。2011年2月25日，省公司发布《江苏石油分公司土地、房屋权证集中管理业务规范》，将土地、房屋权证原件集中到省公司由经理办公室统一保管，镇江分公司共上交省公司76本规范土地权证、50本房屋权证。

表6—13—1 镇江石油分公司2001—2012年主要经济指标表

指标 年份	1.成品油销售量（万吨）	2.零售量（万吨）	3.销售收入（万元）	4.利润（万元）	5.吨油费用（元）	6.资产总额（万元）	7.非油品营业额（万元）	8.员工总数（人）
2001	25.3	8.5	52427	1133	130.1	17806	—	812
2002	24.3	8.4	45010	52	322.3	24795	—	901
2003	21.9	12.2	69405	1012	280.3	24757	—	1008
2004	27.3	18.2	100257	1517	205.6	24834	—	1129
2005	31.1	22.0	137813	1277	166.6	23592	—	1071
2006	33.6	26.3	177169	5051	125.5	21248	—	965
2007	32.8	26.4	181786	4938	164.0	19785	—	990
2008	34.5	26.8	223941	6114	178.2	25423	66	1016
2009	34.7	23.6	211266	3160	174.3	27038	699	989
2010	36.7	26.9	256287	1261	186.4	32759	1686	1007
2011	39.0	31.0	313040	5387	234.9	33952	2480	1017
2012	40.0	32.4	331603	5054	245.9	39578	3647	1071

表6—13—2 领导人员变动情况

姓　名	职　务	任职时间
韦元根	经理	1998.11—2002.02
	书记	2002.02—2005.01
郭建德	经理	2002.02—2003.04
周　勇	经理	2003.04—2005.01
张双贵	经理	2005.01—2011.12
	书记	2005.01—2011.12
叶　震	经理	2011.12—
	副书记	2011.12—
刘淞烈	书记	1998.11—2002.02
贾国民	书记	2011.12—
	副经理	1998.01—
王　森	副经理	2002.02—2005.01
吴春鸣	副经理	2001.01—
徐洪辉	副经理	2001.01—2003.08
岳郁麒	副经理	2003.08—2005.01
孙世斌	副经理	2008.03—2011.12
杨德顺	副经理	2011.12—
张　迎	副经理	2011.12—
史舜松	副书记	2002.02—2005.01
杨南忠	副书记	2005.01—2008.03

表6—13—3 历年荣誉

年份	姓名／项目／集体	荣誉称号	授予单位
2002	镇江石油分公司	“安康杯”优胜企业	江苏省总工会
2006	倪林宏	优秀党务工作者	镇江市委市政府
2009	镇江石油分公司	脱贫攻坚两消除先进集体	镇江市委市政府
2009	张双贵　刘　进	脱贫攻坚两消除先进个人	镇江市委市政府

第十四章 江阴石油分公司

江阴石油分公司（简称江阴分公司）是中石化江苏石油分公司下辖的14个地市分公司之一，是江阴地区最大的成品油供应商。公司地处全国县域经济最发达的江苏省江阴市，主要从事汽油、柴油、润滑油的零售及批发，以及非油品和车用天然气的经营。成品油市场占有率72%，车用天然气市场占有率100%。

江阴分公司下设15个经营管理部门，分别为综合办公室、人力资源科、财务核算部、安全数质量科、基建管理科、党群纪监科、实物资产科、经营管理科、信息工作站、管道工程部、长山油库11个管理科室和零售管理部、非油品经营部、商业客户部、润滑油经营部4个经营部门。截至2012年底，共有员工863人。

江阴分公司2001—2012年主要经济指标见表6—14—1，领导人员变动情况见表6—14—2，历年荣誉见表6—14—3。

第一节 经营业务

2001—2005年期间，江阴分公司实施多元化经营战略，涉及成品油批发与零售、液化气、燃料油、化工、润滑油5个板块的经营，以及液体化工、燃料油的仓储中转业务。2005年，化工实施专业化管理体制调整后，江阴分公司不再从事化工经营和仓储业务。同时根据中石化总部和省公司的要求，退出了液化气经营业务。2006年，燃料油业务垂直上划省公司管理，江阴分公司又停止了燃料油经营和仓储业务。2006年，零售业务实施改革，江阴陆上14座加油站作为出资站划转至中石化（壳牌）江苏公司，其余31座加油站委托合资公司统一管理。2007年，省公司将长江江苏段的16座长江水上加油站从南京、镇江、扬州、常州、泰州、南通6个分公司划出，交由江阴分公司集中管理。江阴分公司经营业务越来越集中，从多元化经营逐渐转变为以成品油零售和直销为重点的专业化经营企业。2008年起，江阴分公司开始从事非油品销售业务。2010年起，开发了车用天然气（CNG）销售业务。

一、经营规模

2001—2012年期间，江阴分公司经营规模的变化可划分为两个重要阶段。2001—2006年，这一阶段为多元化经营时期。经营总量由2001年的28.66万吨发展到2006年的47.63万吨，其中，成品油经营量30万吨。从2007年至今，江阴分公司主要从事成品油经营。在加油站网络开发建设的支撑下，主营业务快速增长，成品油市场占有率由2001年的60%发展到2012年的72%。

二、零售业务

2012年底，江阴分公司现有加油站59座。其中，陆上自营加油站21座（含2座油气混合站、2座独立加气站），另有24座陆上加油站委托合资公司实施统一管理，长江水上加油站通过优化整合，保留了14座。零售量2001年为6.6万吨，2006年达到23.51万吨。2007年以来，通过加油站网络的拓展、客户开发，零售经营量连年攀升，2008年为26.35万吨，2011年突破27万吨。IC卡刷卡比重不断提升，2001年为13.96%，至2012年底，刷卡比重为43.82%。车用天然气业务不断壮大，2010年开始经营CNG业务，至2012年5月，单月销售量突破100万立方米，2012年天然气销售规模占江苏石油分公司全系统天然气销售总量的41%以上。

三、长江水上业务

2007年4月，省公司对江苏段长江水上零售业务管理实施体制改革，把分布在江苏长江360千米航道上、由沿江6个区域分公司管理的16座水上加油站25条趸船及人员全部划归江阴分公司实施集中管理。通过组织动员、周密部署，实现了体制改革的平稳过渡和稳步推进，顺利完成了长江水上集中管理体制改革。

1. 规范管理

2007—2012年，在集中管理5年来，江阴分公司以经营总量的规模化、服务形象的品牌化、安全生产的标准化为目标，提出了“规范经营，完善制度，理顺关系，确保安全”的16字工作方针，以“统一规范”为原则，全面推进水上站的制度化建设，建立了运行管理、行为准则、考核标准一系列规章制度；以隐患整治为重点，先后投入1000多万元，整改趸船锚链、行梯、防护栏杆以及消防、救生、防污染等设备设施；停用5艘不规范的交通艇，清退3艘临时租赁的“三无”船只，组织5艘自备交通艇修理年检，租赁投运6艘外包交通艇，强化交通艇运行安全管理，使得长期以来存在的重大隐患得到了彻底根治；建立“一站一策”的应急救援预案、资金解缴方案，编制员工应急卡片，规范自用油管理，优化员工民主排班，规范请休假制度，建立设备维保体系，深化应用零管系统，重新标定全油舱容积表，完善了岗位标准化操作制度，长江水上加油站的基础管理水平得到了明显提升。

新打造的水上交通艇在试水，方便员工上下班

2. 提升形象

长江水上集中管理以后，江阴分公司先后完成了八卦洲站宁石趸4#趸船置换以及样板站建设任务。加大投入，对22艘趸船进行油漆保养和形象出新，有效提升了水上加油站的安全保障能力和中石化的品牌形象。同时，江阴分公司根据“系统联网、数据共享、实时监控、管理高效”的要求，大力开展长

江水上加油站信息化建设。所有水上站配置了红外线报警器，安装了视频监控系统，江阴分公司充分利用视频实时录像效果，实施长江水上油站全天候、全方位安全动态管理。八卦洲水上站微波通信技术应用试点取得成功，油站通过微波网络完善业务管理系统、银联刷卡消费、企业OA工作平台、油站销售数据上报等工作。九圩港、录安洲、扬州港、八卦洲4座长江水上站已实现了以液位仪为准的内部计量管理。

2011年，启动长江水上信息化试点，2012年6月，完成靖江水上加油站泰油趸6#船信息系统改造试点、泰油趸7#船信息系统改造，同年，启动九圩港和仪征水上站信息化建设。通过信息化试点，对发货系统实现了卡机联动功能；解决了一泵多出口的发货隐患，避免误出油及偷盗油的风险；实现了风柴互补功能；完善了视频监控系统和防雷系统。

3. 促进经营

2008年3月，在泰州靖江水上加油站首次销售船用燃料油DMC，后逐步在其他水上站推广，实现年销售1万吨以上，实现长江水上站从单一品种向“双品种”经营的转变，为开拓船用燃料油市场迈出第一步。2011年4月，江苏公司调整长江水上加油站物流配送体制，由原来的“一次物流”调整为“一次物流与二次物流相结合”资源配送管理机制，长江水上资源配送由江阴分公司负责管理调度，提高了长江水上资源配送的工作效率，保障了长江水上资源供应。2010年3月份起，在长江水上加油站开展“刮刮卡”营销，年销售量达到近10万吨，长江江苏段成品油零售市场占有率达10%。2012年开展“加油抽大奖、龙年赢ipad”等大型营销活动，有效稳定了固定客户群体，为创建长江水上基本市场奠定了基础。

四、直分销业务

2001—2002年，江阴分公司成品油批发经营业务，采用与省公司联销的模式，依托省公司的资源和价格优势，开展与中石化总部设在江阴的江苏中油的市场竞争。成品油批发业务辐射至江阴及区域周边的苏、锡、常、泰和上海地区，年成品油批发量达17万吨。

2003年，联销模式取消，江阴分公司设立成品油配送与分销两个中心，以发展终端市场为重点，大力开发直销配送业务。直销业务当年实现直销规模3.41万吨，2004年达到5.45万吨。2005年，江阴分公司进一步深化经营体制改革，整合了配送和分销业务，成立商业客户部，实行统一办公，强化了对终端市场的维护和开发，终端市场占有率稳步提升，当年实现直销量7.77万吨。2009年起，江阴分公司开展直分销“双十”行动计划，即：不断优化经营结构，确保终端比例和辖区内客户销售比例每年提高10%。至2012年，分公司年直销规模达8.5万吨，直销终端市场占有率达70%。

五、非油品业务

2008年4月，中石化总部下发《关于加快发展加油站非油品业务的指导意见》，江阴分公司开始涉足加油站非油品经营业务，当年实现非油品销售额30万元。为促进非油品业务的发展，2010年，江阴分公司成立了非油品经营部，将非油业务管理职能从零售管理部中划出，实行专业化管理。同时，加快非油品门店建设和改造，非油品业务呈现了快速、持续发展势头，经营规模实现了“五连跳”，由2008年的30万元发展到2009年的593万元、2010年的1540万元、2011年的2280万元，2012年突破2500万元。加油站易捷门店数量突破60座，实现了站站有易捷，烟草销售网点65个（含合资站），做到了陆上在营站烟草销售全覆盖。截至2012年底，拥有百万元门店4 座。

六、车用天然气业务

2009年，江阴分公司抓住江阴市政府在全省县级市率先发展车用天然气的有利时机，通过积极争取，获得了独家建设和经营江阴区域车用天然气的资格，并成为江阴市政府车用清洁能源发展领导小组成员单位。2010年5月8日，江阴首座车用天然气（CNG）加气站—公交总站油气混合站正式投入运营，当年实现CNG销售量0.12万吨。2011年，实现加气量0.35万吨。2012年，江阴分公司协调政府积极推动公用车辆“油改气”工程，实现了对出租车、市内驾校驾培车的加气全覆盖。同时，为提高加气业务的盈利能力，多次与江阴市物价局沟通，结合成品油零售价以及周边区域价格情况，及时上调CNG零售价格。2011年1月底零售价由3.7元/立方米上调为4.0元/立方米，2012年3月1日开始上调为4.30元/立方米，大大提高了加气业务盈利能力。

2012年，江阴市政府批准了江阴分公司新建7座CNG和LNG-CNG加气站的建设规划，其中首座聚谊路LNG站已于2012年7月开工建设，2012年底具备运营条件。

七、润滑油业务

2001年以前，江阴分公司润滑油业务，以散装基础油跨省、市批发销售为主，2012年，开始转向在本地区销售成品润滑油，并努力尝试在包装油上求发展、找突破。通过2年的努力，逐步打开了海牌润滑油在江阴市场的销路，确立了江阴分公司海牌润滑油在地方市场的主导地位。2003年，润滑油销售3000吨，其中包装油2913吨，江阴地区市场占有率达50%。2005年以来，江阴分公司转变润滑油增长方式，主抓本地工业终端市场的开发，有重点地开发钢铁、铝塑、热电、机械和化纤等信誉较好的大中型厂矿企业。2008年，润滑油销售规模突破4193吨，经营结构得到了改善，终端销售比重60%以上。2009年开始，江阴分公司抓住江阴区域沿江造（修）船企业、船务公司较为密集的特点，开拓长城船用润滑油市场。江阴区域内的所

2009年投产的江阴分公司首座加气站—公交总站

有造（修）船企业、船务公司都与江阴分公司建立了业务往来，实现了江阴船用油市场的全覆盖。2012年7月，根据中石化总部润滑油体制改革，润滑油业务正式划转出江阴分公司。

八、燃料油业务

中国石化实施重组上市后，江阴分公司燃料油业务划入江阴存续公司管理，设立燃料油经营部，开展燃料油经营与原油代储业务。2001年，销售燃料油0.3万吨，代储燃料油（原油）42万吨。2002年，实现燃料油销量3.2万吨。2003年，燃料油业务从存续转入股份公司，加强了客户开发，开展了针对公路建设、纺织、制造加工等行业客户的业务拓展，全年实现销售量7.5万吨。2004年，围绕“扩大总量，做强终端”的经营思路，全年实现销量9.44万吨，同比增长25.87%，终端市场占有率达到37%。2005年，实现销量13.15万吨，销售量达到历史最高水平。2006年，燃料油上划江苏石油实施条线化管理后，江阴分公司停止了燃料油经营业务。

第二节 储运销网络建设

2000年以来，江阴分公司始终将网络发展作为生命工程来抓。2000—2005年间，以“全力收购、发展租赁、抢占市场”为目标，2006—2009年间，以“全力新建、发展联营、稳定网络”为指导思想，网络发展突飞猛进，加油站保有站数由1999年底的18座增加到2011年的61座（含14座合资公司出资站），增幅238.89%。成品油经营总量也由2001年的23.49万吨增长2012年的36.86万吨，单站销量从2001年的2756吨增长至2012年的4740吨。

一、加油站建设

2001年以来，江阴分公司网络发展经历了两次大的飞跃。2004—2007年间，利用国内成品油价格批零倒挂的有利时机，租赁加油站10座，联营加油站4座，联营转全资3座，迁建3座，新建4座，租赁转收购2座，土地规范化4座。2008年以来，江阴分公司紧紧抓住地方政府“大力推行城市便利加油点建设”和“推广清洁车用能源”这两个契机，取得3座城市便利加油点（又称绿岛加油点）的建设权，2009年完成了2座城市便利加油点的建设投产，以低投入取得较高的回报；2010年完成4座CNG加气站的建设，独家从事江阴车用天然气的经营。在拓展和完善加油站网络的同时，加强加油站形象建设，先后对36座加油站进行形象改造，在41座加油站建成易捷商品便利店。2007年4月，接管长江水上站后，先后对16座水上站进行了便利店建设，完成了6座站的移位整合，对销量最大的水上加油站八卦洲加油站进行岸电改造，对所有的水上发货系统进行信息化建设，水上加油站硬件建设取得实质性进展。2012年又开工建设6座油气混合站，网络更趋完善。

二、加气站建设

2009年下半年，在捕捉到江阴市政府启动城市清洁汽车推广发展的重大信息后，江阴分公司第一时间作出反应，迅速与第一批实行车辆“油改气”的江阴市公交总公司达成合作意向，陈述中国石化的资源优势、网络优势、服务优势和管理优势，回顾近年来在保障能源供应、维护市场稳定方面作出的重要贡献，使政府改变了招标入围的初衷，作出了由中国石化江阴分公司独家建设江阴市区4座加气站的决定，同时以政府名义正式发文，将江阴分公司纳入江阴市城市清洁汽车推广领导小组和加气站建设规划编制工作小组，为江阴分公司独家垄断江阴车用天然气业务夯实了基础。在江阴市发改委、交通局等部门支持下，2009年8月江阴分公司与江阴市公共交通公司签订了《加气站建设合作协议》，公交总站油气合建站和公交城西加气站纳入第一批合作建设项目，10月开工建设，通过“绿色通道”顺利完成各项审批，当年完成建设任务。通过政府部门的推动，于2010年5月，江阴第一座CNG站公交总站完善各项验收手续和证照，正式对外营业。在开展对外合作的同时，2010年，选择了三元和交运两座加油站进行加气改造，以最快的速度完成立项报建手续，当年建成投产。与此同时，加快布局，江阴分公司利用资源优势与江阴市发改委一起编制了《江阴市车用燃气发展布点规划》，并在2012年上半年取得了祝塘、聚谊路、申达、延陵东路、黄台、夏东、唐家村全部加气站的建设正式立项手续，其中聚谊路和申达LNG/L-CNG油气合建站已开工建设。截至2012年底，江阴分公司累计已建成、在建和待建的加气站共计11座，以城市中心区域4个加气站为主导、城郊结合部及主干道的7个加气站为补充的江阴加气站网络格局已初步显现。

全新的长山油库

三、油库建设

江阴分公司长山油库位于江阴高新技术开发区长江南岸，始建于20世纪70年代。油库设有20万立方米储罐、2个2.5万吨级和1个0.5万吨级石化专用码头，地理位置优越，港口条件得天独厚。2001年，新增2000立方米氯乙烯球罐及配套工艺建设工程，提高氯乙烯的仓储能力。2002年，新增2号码头引桥建设工程，解决2、3号码头之间的管线互通，提高了码头的使用效率。2004年，实施了滨江库燃料油3万立方米储罐及配套工艺及泵房设施改造，完善燃料油的收发油设施条件。2006—2007年间，实施长山油库发货场、综合楼建设工程，彻底改变老发货场、老办公楼破旧落后的面貌，消除了安全隐患，陆路发货能力达5000吨/天，物流半径覆盖苏、锡、常、泰等地区。2008年，重建油库石油大桥，提高了通车能力。2009—2010年，完成了苏南成品油江阴段管道建设和配套库改造工程。2011年实施了油库山坡储罐防火隐患综合治理，增加车用柴油收发油工艺设施，满足车用柴油收、发、储条件。2012年，实施了油库油气回收改造工程，2号码头由2.5万吨升等为3万吨级的加固改造和滨江库区10万立方米成品油扩容项目进入实施阶段。

四、管道建设

江苏成品油管道江阴段工程包括外管道建设、长山油库改造、新建分输泵站三部分。外管道总长89.2千米，2009年6月28日开工，2010年9月17日正式中交，从常州龙虎塘镇单线进入江阴璜土镇，经由利港镇、申港镇、夏港镇、南闸镇，进入云亭镇后，双线铺设，经开发区进入长山油库，再出长山油库，沿霞客镇锡澄高速公路进入无锡，途经7个镇及1个开发区。长山油库改造工程主要包括拆除库区6座老建筑、润滑油罐区，新建消防综合楼841.23平方米以及更新库区消防系统，新建门卫和中央消防大道，对罐区环形消防道路进行修整，配置库区太阳能路灯，对18台计7.2万立方米储油罐及相应管线工艺的改造，新建2台发货泵及相应工艺管线，完善库区自控系统，对库区进行绿化美化。新建江阴分输泵站工程，包括新建10千伏变配电室1座，新增双回路高压供电线路1条，新建站场高压开关室、计量区、阀组区、收发球区、泵组区、混油罐区。长山油库改造及分输泵站工程于2009年4月25日进场施工，2010年8月27日，库区改造通过中交验收，10月20日分输泵站通过中交验收。苏南成品油管道全线于2010年12月20日完成投油试生产工作，2010年12月30日，省公司在江阴长山油库举行“中国石化苏南成品油管道工程投油成功庆典仪式”，苏南管道全线投油。

第三节 企业管理与改革

一、体制改革

2005年，化工业务划入国际事业公司，顺利完成化工经营与仓储的交接。2006年，油库、燃料油、信息、审计统一上划省公司管理垂直管理。2006年1月，根据省公司统一安排，完成与英荷壳牌公司正式启动的锡澄地区加油站合资合作项目，14座加油站与英荷壳牌合资，其他31座陆上加油站委托合资公司统一管理。2007年4月，进行长江水上业务整合，实现了长江水上业务的统一集中管理。同年，根据省公司统一部署，理顺直分销管理体制，液化气业务成功清退，实现物流、财务垂直上划。2010年，滨江油库和3号码头资产划至江苏省燃料油公司。2011年7月，长山油库从省公司物流中心一级管理恢复为江阴分公司管理。

二、重大改革

1. 零售管理体制改革

2001年，江阴分公司对31座加油站实施了“我有他营”的CORO管理模式。2003年恢复公司自行管理。2006 年1月，分公司将14个独资加油站划出，作为出资站，参与江苏公司与壳牌公司的合资经营，并将其他的31个油站交由合资公司，实施委托管理。同年4月，分公司14名零售管理人员、290名加油站员工整体划入合资公司。

2. 化工经营体制改革

2005年，省公司对化工经营实施体制改革，江阴分公司化工经营部划转至中国石化国际事业公司江苏化工分公司统一管理，并实行了“人随业务走”的员工分流。江阴分公司停止了化工经营和仓储业务。

3. 燃料油经营体制改革

2006年，省公司对燃料油经营业务实施了专业化改革，江阴分公司燃料油经营部整体划转江苏燃料油条线统一管理。2010年7月，省公司成立燃料油分公司后，江阴分公司又将长山油库滨江库区10万立方米储罐和3号码头的资产统一划转至燃料油江苏分公司。江阴分公司停止了燃料油的经营和仓储业务。

4. 长江水上零售经营体制改革

2007年4月，省公司将长江江苏段水上零售业务集中到江阴分公司，实施专业化管理，共有16个水上加油站分别从南京、镇江、扬州、常州、泰州、南通6个分公司划出，形成江阴分公司水陆并举、油气共销的成品油零售网络格局。

5. 润滑油经营体制改革

2012年6月，中国石化对润滑油经营实施专业化集中管理改革，江阴分公司润滑油经营部划转至润滑油公司江苏分公司，江阴分公司保留加油站长城润滑油的零售业务，停止润滑油的批发经营。

三、安全与数质量管理

1. 安全管理

2001年重组以来，江阴分公司加强了安全管理的体质、机制建设，员工大安全意识普遍提高，安全管理水平得到提升。2002年，对滨江油库进行改造，投资200余万元，建设油库污水处理系统，减少污水排放，降低环境风险。2005年，成功拆除南闸、北国报废油库资产。2006年建立并推进HSE管理体系。2007年，根据江阴分公司涉及合资公司、水上经营和区域内兼有中国石化所辖的化工、燃料油经营单位的特点，实行安全属地化管理的原则，江阴分公司成立了江阴区域安委会，全面协调中国石化在江阴的各单位安全管理工作。2008年，全面执行集团公司“十大禁令”和销售企业“八项纪律”，开展未遂事故管理，开展奥运防恐活动，确保了特殊时期的安全稳定。2010年，随着天然气业务的拓展，江阴分公司研究制定了加气站安全管理规范，开展加气站设备设施和现场安全管理，实行加油站、油库重点班组“手机集中管理”，确保员工和入库、入站人员的手机不带入危险生产作业场所。2012年，实施“我的风险控制卡”管理，全员排查风险点，落实防范措施，明确各岗位“安全禁令”和HSE职责。

2. 数量管理

2001年，安装油库成品油储罐液位仪系统，提高计量技术水平。2007年，江阴分公司率先在长山油库使用质量流量计发货，发货精度提高至万分之五。2008年，在部分加油站安装液位仪。2009年，全面推进零售保管损溢V20考核，在长江水上加油站推广应用液位仪。2012年，江阴分公司在全省率先推行加油站收货地罐交接新模式。

3. 质量管理

江阴分公司不断加大质检设施的投入，注重质检队伍的建设，实施源头管理，严格控制进货质量关。2010年，开展“每一滴油都是承诺”活动，建立起油品数质量纠纷应急响应预案。

四、加油站管理技术提升试点

2012年4月，省公司选择江阴分公司开展加油站管理技术提升建设试点工作。在液位仪使用上，提高液位仪进油报告与加油站油罐容积表的准确度，优化零管系统的进货验收取数，完善卸油“十步法”与油品质量检测，在陆上自管加油站全面实现了地罐交接。在提升零管系统应用上，深化零管系统应用，推进加油站的无纸化办公和现代化办公。在精简优化账表册上，精简无效、低效报表，陆上站减55项，水上站减39项，加气站减38项，发卡充值类减25项，大大减轻了一线员工工作量，节约了办公费用，实现“零管系统充分应用、油站员工强度减轻”的目标。在全自助推广上，组织全自助加油站改造，全自站改造站增加至6座，开展客户自助式加油，节约用工总量。在规范化管理上，完善了油站服务设施，在陆上自管站全面实现IC卡售卡、充值，提升IC卡消费、积分查询以及银联POS等服务功能，开展油站“为民服务”、“6S”管理、“五小工程”建设，规范油站广告系统建设，全面推进LED户外广告系统。完成4座加气站机卡机联系改造，减少加气员工工作量，节约客户等待时间。

五、信息化建设

2001年以来，江阴分公司设立信息工作站，专门从事企业信息化建设工作。2003年1月，推行OA办公自动化系统，2007年1月，实现江阴分公司与省公司之间公文流转通过系统自动完成。2008年12月，OA办公自动化系统推广至加油站，实现OA办公系统全面覆盖。2010年9月，OA系统新增资金、销售、费用、采购、信息、内控等多个工作事项审批，覆盖多个部门日常单据审批流转环节。2011年，新增改善经营管理建议、费用报销审批等功能。2012年新增OA系统与合同系统、设备管理系统间的单点登录接口。2003年8月，江苏加油卡系统开始实施，2012年7月，江阴加油（气）站全部实现卡机联动。2004年1月开始，ERP系统作为生产运营核心系统正式单轨运行，浪潮财务和进销存系统不再作为生产系统使用。ERP优化提升，新增TR/PS/PM模块，2006年10月1日正式上线运行。2011年12月，ERP-HR正式上线。2011年10月，EM正式上线。2005年开始，江阴分公司开始使用省公司自行开发加油站零售账表系统。2010年9月，江阴分公司正式启用中石化总部零售管理系统，取代原有的加油站零售账表系统。2007年长江水上集中管理后，开展在长江水上推行使用加油站业务管理系统。2008年，实现长江水上加油站业务管理数据无线传输。2009年1月，长江水上站微波试点站在八卦洲成功应用。2009年10月，长江水上站通过3G无线VPN与省中心连接，网络性能和可靠性大幅提高，开始在加油站安装视频监控。2011年完成靖江6号船的信息化改造试点，实现风柴互补发电，2012年完成靖江7号船和九圩站的信息化改造。2008年，江阴分公司在江苏公司统一部署下实施V20系统，开始将液位仪纳入加油站日常管理。同年9月，江阴建设易捷便利店，采用当时市场较为成熟的海信便利店系统软件。2011年12月，江阴正式推行中国石化总部合同管理系统，实现所有业务合同在线流转。2012年6月，视频监控设施覆盖至所有在营加油站、油库。

六、财务管理

2001年，实施流程规范化工作，规范了业务流程，汇编了部门二级流程，建立A、B、C三级账务核算体系，推行了内部绩效考核。

2002年11月开始ERP管理系统与中国石化财务管理信息系统并轨试运行，2004年4月开始ERP管理系统正式单轨运行。2005年1月根据上级单位要求，开始执行中石化内控管理制度。2006年12月18日，江阴分公司经中石化销售公司授权，以人民币5150万元的价格收购日本三井朱式会社拥有的江阴长江石化储运有限公司40%股权，于2007年3月终结该公司合资企业性质变更为中石化全资子公司。2008年12月完成对江阴长江石化储运有限公司的吸收合并，并分别与地方财、税部门沟通协调，减免了全部土地和房产过户的全部契税、营业税和土地增值税。2007年6月，江阴分公司财务部正式上划至省公司条线管理，实行财务统一管理、会计集中核算。2010年4月，江阴分公司开票室从商业客户部划转由财务管理，实现营业室收款员、开票员工作职责的分离。2011年1月，对所有陆上加油站实施委托武装押运上

2012年1月，接卸江苏石油分公司历史上最大吨位的油轮"东方日出"号

门收款，并委托江阴市农行集中清点现金入账，大大降低了加油站员工送存资金的风险，减轻了加油站员工的工作量。

七、油库管理

江阴分公司所属长山油库地处江尾海头的长江江阴东部南岸，该段岸线素有“黄金水道”的“黄金岸线”之称。油库拥有2.5万吨级石化专用码头2个、0.5万吨级石化专用码头1个。库区75个储罐、20.26万立方米总罐容。2005年10月1日，化工库区2万立方米储罐、1号码头及17名员工划转至国际事业公司江阴化工经营部管理。2010年9月20日，滨江油库库区10万立方米储罐、3号码头及69名职工划转燃料油销售江苏分公司管理。截至2012年底，长山油库成品油库容为18个罐7.2万立方米。2012年，中石化总部批准利用滨江库区空闲土地，实施成品油库区扩容改造，将新增10万立方米柴油储容。2001年油库吞吐量240.41万吨，2007年增长至275.08万吨，2009年突破297.59万吨。随着化工业务的划转、液化气业务的退出、原油代储业务的停止，长山油库吞吐量逐渐以成品油为主，2009—2011年间吞吐量稳定在150万吨左右，2012年再次突破216万吨。

八、法律事务

江阴分公司的法律事务职能设在综合办公室，通过内部岗位专职人员配备、外部聘请常年法律顾问指导，有效规避了企业法律风险。2005年实现了合同的统一管理，2011年，合同管理系统投入使用，实现所有合同管理在线操作。2008年，完成长江水上加油站集中管理后的权证清理。江阴分公司大力开展企业商标维权活动，先后取缔5例侵权商标。2011年开展了公司制度标准化改造，完成41个制度的修订完善，废止了14个不适用规章制度和文件。2006—2011年，通过法律途径，妥善处理了“华源蕾迪丝燃料油欠款纠纷案”、“长投加油站土地租赁纠纷案”、“滨江西路站土地纠纷案”，捍卫了企业的合法权益，保障了加油站资产的安全运营。

九、车辆管理

2003年，江阴分公司开展了公务车辆改革，关停、出售低效车辆，公开拍卖6辆油罐车和6辆公务性车辆，公务车辆费用进一步下降。2011年起，江阴分公司对门卫、清洁等工作已实施服务外包。2012年，根据省公司统一要求，实施对食堂、物业等后勤业务与人员的外包管理。

第四节 党建思想工作

截至2012年底，江阴分公司从业人员872人，117名党员。设有1个党委，5个党支部。2001—2012年，江阴分公司党委紧紧围绕“建班子、育队伍、促和谐”的基本任务，始终贯彻“围绕经营抓党建，抓好党建促发展”的要求，大力开展活力党建，凝聚干群智慧，促进和谐发展。江阴分公司党委先后获得中国石化集团公司党组授予的“先进基层党组织”、“深入基层促和谐，凝心聚力促发展”先进集体、廉洁文化“六进”工程先进单位等荣誉称号。

2005年，按照江阴市委和省公司党委的要求和部署，开展党的先进性教育活动，全体党员参与了活动。企业开展了“知企情、达共识、强责任、守规范”为主题的全员思想教育活动，干群思想得到了高度统一。2007年，开展“四好”班子争创活动。组织党、团员开展“走近长江、服务水上”活动。开展首届以“喜迎十七大，转型谋发展”为主题的“金秋文化月”活动，自此形成江阴分公司每年一届金秋文化月的传统。

2008年，与媒体联合开展“责任高于一切”电视访谈、开展“强责任、比业绩、促发展”等主题活动。开展“四好”领导班子、“五好”党支部、“六好”科室争创活动。在年初抗雪救灾中，江阴分公司精心组织、全力以赴，取得了抗雪救灾的全面胜利，被江阴市委评为“抗雪救灾工作先进集体”。“5·12”汶川地震中，全司上下累计捐款39350元，交纳特殊党费36630元。

2009年，开展“为祖国放歌”广场歌咏会。开展“青年文明号”的创建工作，长山油库化验室被评为无锡市青年文明号，长山油库计量室和业务科开票中心被评为江阴市青年文明号。

2010年，组织开展了改善经营管理建议工作，累计收集员工建议86份，采纳并组织实施17项。开展实施了“争先创优”、“比学赶帮超”主题活动。

2011年，在省公司“比学赶帮超”竞赛活动中获得各类红旗20面，2012年获得各类红旗预计42余面，列系统前列。

第五节 队伍建设

一、中层管理队伍建设

截至2012年底，江阴分公司中层管理人员23人，本科以上学历14人，占比60.87%；专科学历9人，占比39.13%。年龄结构，40岁以下11人，占比47.82%；40—50岁9人，占比39.13%；50岁以上3人，占比13.04%。2012年，通过笔试、面试考核，选拔出中层后备管理人员10人，充实中层管理队伍储备库，其中5人按主管待遇进行轮岗锻炼培养，2人提拔为科长助理。

2011年，江阴分公司建党九十周年广场歌咏会

二、零售片区经理和站长队伍建设

2007年，陆上加油

站交由合资管理、水上集中江阴管理后，江阴分公司择优选拔长江水上4名片区经理。通过陆上加油站网络的不断开发，2010年选拔陆上片区经理1人。随着加气业务的扩大，2011年，增设1名全省系统内唯一的加气站片区经理。2012年，江阴分公司率先学习广东公司先进经验做法，撤销陆上加油片区经理设置，截至2012年底，江阴分公司共有片区经理4名，其中陆上1名，长江水上3名。江阴分公司加油站站长58名，平均年龄47岁，具有大专及以上学历达60%。同时，通过选拔，形成了一支15人的后备站长队伍。

三、客户经理队伍建设

2006年以来，商业客户部、润滑油经营部客户经理根据业绩考核实施等级管理。2007年，选聘商业客户部高级客户经理2名，中级客户经理3名。2008年，选聘润滑油经营部中级客户经理2名。2009年，选聘商业客户部特级客户经理1名。

四、基层骨干建设

2008年，聘请外单位设备管理专家，指导长江水上设备设施的管理。2011—2012年，组织加气站操作证培训58人次，充实和壮大了加气队伍。2012年，公司选拔2名人员前往四川自贡通达机械厂培训，提升加气站设备管理水平和加气站设备故障处理能力。截至2012年底，江阴分公司拥有专业技术职称人员101人，其中初级70人，中级29人，高级2人。

五、专业技能人才建设

通过技能培训、比武技能竞赛等多种形式提升员工职业技能水平，截至2012年底，正式工职业技能鉴定取证人数58人，其中初级工18人、中级工13人、高级工25人、技师2人；劳务工职业技能鉴定取证人数340人，其中初级工209人、中级工86人、高级工39人、技师6人。

第六节 非上市部分

一、存续资产公司的委托管理、改制分流情况

1. 委托管理

股份公司2000年重组上市后，江阴存续资产公司交由股份江阴分公司委托管理。江阴存续资产公司下设资产管理部、财务资产部2个管理部门和化工经营部、燃料油经营部2个经营部门，并管理“美富石油化工厂”、“江阴市石化运输有限公司”、“江阴市滨江管道燃气有限公司”等3个投控股企业。2002年底，根据省公司统一要求，江阴燃料油经营部业务终止。2005年5月根据集团公司外贸体制改革精神，江阴化工经营部的人员、化工业务和资产划拨中石化国际事业有限公司管理。2007年9月，存续公司体制转换，中国石化集团资产经营管理有限公司江苏石油分公司更名后，重新设立江阴管理部。

2. 改制分流

2001年，成立存续公司改制领导小组，组织存续公司改革改制工作。成立了江阴市天成物业管理公司，召开股东大会，租赁银河宾馆、黄山度假村资产，开始改制后企业的运作，分流接收省编正式职工5名，分流接收江阴分公司下属“天华公司”编制正式职工30名。对运输有限公司进行了扩股，江阴分公司参股38%，成立了改制企业“江阴市石化运输有限公司”，把适合改制企业使用的油罐车等固定资产，以评估重置价格转让给改制企业使用，职工参股改制，运输公司

挂牌运营。2001年存续公司6名职工参与企业改制，32人协解，江阴市编制天华公司23名职工参与企业改制，30人一次性协商解除劳动关系，多年来企业历史遗留问题一并得到妥善彻底解决，实现累计减员分流9人，存续公司整合改革改制工作完成。2006年12月份，根据省公司对外投资及多种经营清理整顿工作要求，江阴分公司所持“江阴市石化运输有限公司”38%股权，在南京省产权交易中心挂牌转让。

二、对外投资和多种经营清理整顿

2006年7月，江阴分公司成立清理整顿办公室，开展江阴分公司对外投资和多种经营项目的清理整顿工作。历时3年，共完成清理整顿项目51个，其中清算注销项目41个，转让出售项目4个，规范保留项目6个。完成11宗土地、2宗房产上划资产公司工作。

三、住房改革

根据中石化总部和省公司统一安排，江阴分公司2009年开始实施职工住房补贴改革工作。当年底全面完成了职工住房普查，制定了《住房分配货币化实施方案》，履行民主程序，上报《实施方案》，做好职工住房建档工作。第一批住房补贴集中发放人数涉及402人。2011年12月，完成离退休人员的补贴发放，2012年1月完成协解、改制人员，以及在职老员工（1999年1月1日前参加工作员工）补贴的发放工作。2012年，完成32名新职工住房补贴发放工作。

四、资产管理与土地管理

1. 资产管理

2002年，联营企业江阴市美富润滑油厂资产整体租赁，银河宾馆资产整体出售，资产盘活取得突破。2005年，处置南闸油库、北国油库低效资产，2006年，完成了南闸油库土地的对外转让。截至2012年底，资产管理项目有海南置地花园、黄山度假村、滨江中路219号营业楼、滨江油库发油亭后宗地、周庄加油站辅房、机关办公楼后楼部分房屋的对外出租，2012年实现资产租赁年收入181万元。

2. 土地管理

截至2012年底，江阴分公司股份公司自有土地41宗、承租土地36宗，资产公司自有土地11宗。每年逐级签订土地现场管理责任书，落实现场监管责任。2011年起，开展土地权证规范化工作，对西石桥站、金湾站、青阳站、新华站等加油站土地开展规范化工作，制定项目规范方案，明确项目责任人，实行领导挂牌督办制。

表6—14—1　　江阴石油分公司2001—2012年主要经济指标表

指标 年份	1. 成品油销售量（万吨）	2. 零售量（万吨）	3. 销售收入（万元）	4. 利润（万元）	5. 吨油费用（元）	6. 资产总额（万元）	7. 非油品营业额（万元）	8. 员工总数（人）
2001	23.5	6.6	71500	591	142.8	30700	—	707
2002	19.8	8.2	58700	2609	199.9	36400	—	652
2003	20.9	10.5	91600	2554	165.1	36700	—	794
2004	25.5	16.2	122200	3893	133.0	37000	—	786
2005	29.1	19.9	162500	2228	116.5	35600	—	747
2006	32.8	23.5	202500	5632	84.4	26500	—	750
2007	31.6	22.3	131800	6855	100.6	28200	—	771
2008	35.4	26.4	233000	8217	133.7	38800	30	821
2009	36.4	25.8	162900	1270	169.1	42700	593	860
2010	40.5	27.9	260300	1372	185.4	43400	1540	844
2011	35.8	27.2	279200	3574	269.4	54300	2280	857
2012	36.9	28.0	244603	4948	287.6	53826	2542	863

表6—14—2　　领导人员变动情况

姓　名	职　务	任职时间
沈　作	经理	2001.01—2011.08
	书记	2005.01—2006.07
顾亚平	经理	2011.08—
	书记	2006.07—2011.08
	副书记	2005.01—2006.07
	副经理	2001.01—2005.01
陈留华	书记	1998.12—2001.01
梅加良	书记	2001.01—2005.01
施剑明	书记	2011.12—
	副书记	2011.08—2011.12
沈协中	副经理	1991.01—2005.01
郭建德	副经理	1991.01—2000.01
王为虎	副经理	2000.01—2002.01
施川兴	副经理	2000.01—2001.01
沈振炜	副经理	2000.01—2005.01
徐乃新	副经理	2001.01—2002.07
张庭安	副经理	2002.07—2005.09
王光明	副经理	2003.04—2005.01
郁岳麒	副经理	2005.01—2006.12
平旭春	副经理	2008.08—
殷云法	副经理	2007.05—2008.09
		2011.12—

表6—14—3

历年荣誉

年份	姓名／项目／集体	荣誉称号	授予单位
2001	江阴石油分公司	江阴市明星企业	江阴市委市政府
2002	江阴石油分公司	江阴市明星企业	江阴市委市政府
2003	江阴石油分公司	江阴市明星企业	江阴市委市政府
2004	江阴石油分公司	江阴市明星企业	江阴市委市政府
2005	江阴石油分公司	江阴市明星企业	江阴市委市政府
2006	江阴石油分公司	江阴市明星企业	江阴市委市政府
2007	江阴石油分公司	江阴市明星企业	江阴市委市政府
2008	江阴石油分公司	江阴市明星企业	江阴市委市政府
2008	江阴石油分公司	安全管理先进单位	无锡市政府
2008	江阴石油分公司	抗雪救灾工作先进集体	江阴市委
2009	江阴石油分公司	江阴市明星企业	江阴市委市政府
2010	江阴石油分公司	江阴市明星企业	江阴市委市政府
2011	江阴石油分公司	江阴市明星企业	江阴市委市政府
2012	江阴石油分公司	江阴市明星企业	江阴市委市政府

第十五章 中石化壳牌（江苏）石油销售有限公司

中石化壳牌(江苏)石油销售有限公司(简称为合资公司)是国内首家经国务院批准的从事成品油零售业务的中外合资企业，其成立是在中国加入WTO和中国石化海外上市的背景下，国内成品油零售市场开放的重要标志之一。

合资公司成立于2004年8月13日，投资三方包括中国石油化工股份有限公司、壳牌中国控股私有有限公司（注册在荷兰的外国公司）、壳牌（中国）有限公司（注册在北京的外商独资公司），经营期限为40年。合资公司投资总额15.52亿元人民币，注册资本8.3亿元人民币（按当时汇率折合为1亿美元）。其中中国石油化工股份有限公司以实物出资的方式持有60%的股权（全部为江苏石油分公司在苏州、无锡两市的加油站），壳牌中国控股私有有限公司以现金出资的方式持30%的股权，壳牌（中国）有限公司以现金出资的方式持10%的股权。

合资公司注册地址为南京经济技术开发区新港大道100号，实际总部办公地址设在江苏省苏州市，经营区域涵盖苏州、无锡两个地级市及其下属各县市，为苏州、无锡区域的主要成品油供应商之一，经营范围包括成品油零售及润滑油、便利店、汽车服务等配套业务。

公司所销成品油全部由中国石油化工股份有限公司江苏石油分公司独家供应。截至2012年12月31日，公司共有在营加油站390座（含在建站），其中合资站195座，统一管理站195座；按区域划分，苏州217座，无锡165座，溧阳8座。固定资产总额40610万元。公司共有管理人员190人，其中委派人员17人，正式工90人，劳务工83人。网点人员（油站及IC卡，均为劳务工）4562人，其中合资用工2580人，统管站用工1982人。

合资公司2005—2012年主要经济指标见表6—15—1，领导任职情况见表6—15—2。

第一节 基本情况

一、油站类型

公司运营的油站可以分为以下几种类型：

出资站，即中石化以实物出资的形式进入合资公司的油站。

转让站，即壳牌以现金出资后，合资公司将之作为自有资金，向中石化购买的油站。

租赁中石化站，即合资公司向中石化支付租金租赁经营的油站，油站所有权仍属于中石化。

自行发展站，即合资公司成立后，通过自身的网络发展工作新增的油站。

统一管理站，即资产和业务都属于中石

化，但委托合资公司以合资公司标准进行统一管理的油站。

上述前4类油站，统称为合资站，经营情况在合资公司的财务报表中体现。统一管理站的经营情况在中石化的财务报表中体现。

二、企业文化

企业文化：客户至上、团队合作、高效专业、追求卓越。

核心价值观：诚实正直、互信合作、民主开放、多元包容。

愿景：致力使我们的油站成为公众生活的一部分，这意味着我们的产品与服务是质量一流的；我们的股东投资回报是最优秀的；我们的工作环境是人人向往的；我们关注HSSE，坚持可持续发展。

使命：通过先进的经营管理，不断满足客户需求，并致力于回馈社会，实现可持续发展。

第二节 公司成立历程

合资公司成立可以分为以下几个阶段：

一、战略结盟阶段

2000年5月—2000年9月，中石化与壳牌签署了《谅解备忘录》和《战略联盟协议》，构建了中石化与壳牌江苏成品油零售合资项目的基本框架。

二、资产评估及联合开展可研阶段

从2000年9月—2001年12月，中外双方联合完成了《资产评估报告》（评估采取收益现值法）及《可研报告》的编制上报工作。

三、合资合同谈判阶段

从2002年1月起，中外双方围绕合资合同进行谈判。2002年7月18日，双方在北京草签了合营合同。2003年8月29日，商务部正式转发国务院关于同意合资项目可行性研究报告的批复。2004年2月26日，双方草签了修改后的合营合同及《出资协议》等附属合同，并上报商务部审批。2004年5月11日，中国石化与英荷壳牌集团在英国伦敦正式签署了中石化壳牌江苏成品油零售合资项目合营合同。

四、组建阶段

从2004年5月起，中外双方主要围绕合同催批、工商登记、前期筹备等开展工作。2004年7月13日，商务部下发了《关于同意设立中石化壳牌（江苏）石油销售有限公司的批复》（商资批〔2004〕0140号）；7月23日，商务部核发《中华人民共和国外商投资企业批准证书》；8月13日，南京市工商局核发了《企业法人营业执照》。至此，公司成立的所有政府审批程序全部完成。8月28日，在南京金陵饭店举办了成立庆典。

双品牌贯标的合资公司加油站

五、正式运营阶段

成立庆典后，中外双方即围绕资产、人员、业务的交接展开工作。2005年1月1日起，中国石化江苏苏州石油分公司的零售业务（包括加油站资产及人员）成建制划转进入合资公司，正式开展苏州区域的运营，共计划转加油站213座（含统一管理站）、管理人员103人，油站人员2627人。2006年6月29日，中外双方签署了《关于中石化壳牌（江苏）石油销售有限公司注资等有关问题的补充协议》。2006年9月19日，中石化在无锡（含江阴）、常州溧阳的出资油站及壳牌的第二期现金出资到位。自2007年1月1日起，中国石化江苏无锡石油分公司、江阴石油分公司的零售业务成建制划转，合资公司正式开展无锡区域的运营，共计划转加油站169座（含统一管理站）、管理人员46人，油站人员1693人。至此，中石化共有139座油站（苏州98座、无锡19座、江阴14座、常州溧阳8座）以出资、转让的方式，成为合资公司的自有油站，苏州另有14座油站租赁给合资公司经营。但是，常州溧阳的8座出资油站，由合资公司反租赁给中石化经营，合资公司尚未在常州区域开展业务。

第三节 公司的组织架构

一、董事会

合资公司实行董事会领导下的总经理负责制。董事会为公司的最高权力机构，共有成员9人（中方5人，外方4人），包括正副董事长各1人，董事7人。正副董事长的任职人员每5年在中外方间轮换。第一任董事长由中方担任，副董事长由外方担任。第一届董事会于2004年8月30日在南京金陵饭店召开。

董事会下设薪酬委员会、品牌委员会、薪酬委员会3个专业机构。

二、管理层

公司管理层由9人组成，设正副总经理各1人，党委书记兼工会主席1人，部门经理6人。公司成立时另设有苏州区域经理和无锡区域经理各1人，后于2009年9月1日取消。其中，正副总经理及财务经理的任职人员每5年在中外方间轮换，第一任总经理由外方担任，副总经理和财务经理由中方担任。党委书记兼工会主席固定由中方人员担任。6名部门经理遵循中外方各3人的对等原则。

管理层成员均由股东方委派，劳动关系保留在股东方。

公司管理层向董事会汇报工作

三、机构设置

公司成立时，设人力资源部、财务部、销售运营部、网络发展部、市场营销部、客户服务部6个部门，苏州本部、常熟、张家港、吴江、昆山、太仓6个片区。每个部门设部门经理1名，三级经理若干名（协助部门经理分管部门一方面工作），每个片区设主任ME 1名，ME若干名。2007年1月1日起无锡区域进入后，增设无锡本部、锡山、宜兴、江阴4个片区。2009年9月1日起，原苏州本部片区拆分为苏州东、苏州西2个片区，片区总数达到11个。

2012年7月1日起，经董事会批准，公司实施组织结构优化工作，取消客户服务部，新设HSSE数质量管理部。主任ME改称区域经理，ME改称片区经理。部门及岗位职责均进行了优化整合。依照“大稳定，小调整”的原则，组织员工竞争上岗。

2008年，合资公司员工为抗震救灾的车辆保供

第四节 主要经营工作

合资公司处于江苏省经济最发达的区域，成品油市场潜力巨大，同时竞争也异常激烈。合资公司作为当地的成品油供应主渠道之一，利用自身依托于原有中石化市场资源的良好基础，结合壳牌的一些经营理念和思路，开展经营工作。

一、成品油业务

1. 经营策略

合资公司坚持“日跟踪、周点评、月分析”的经营监控体系，实现销售预警机制。通过实地勘察，建立“竞争对手档案”和“间距—客户—价差”三维空间模型，建立销售和价格敏感度分析，不断提升合理定价、追求量价平衡的能力。实行差别化营销，针对竞争对手的降价，采取“点对点降价”或者推行不同时间段“时点价”竞争的模式，把握量、价、利的平衡。积极协调合资区域中石化分公司，对配送瓶颈进行分析，合理调度资源，通过优化车辆配置、跨库提货、延长配送时间等措施，保障油站供应持续稳定。

针对市场形势，制定完善保供预案，对油站进行A、B、C保供等级分类，并随时滚动调整，同时大力严肃经营纪律。每年，会同农业部门完善农忙时节的用油专项方案，确保农机用油。2008年受资源紧张、雪灾、抗震救灾、奥运等多重因素共同影响，市场保供压力异常严峻。公司采取多种措施，保障市场供应。在2009年、2010年出现的柴油资源紧张的时期，市场供应情况也保持相对稳定，没有出现大面积断供的情况。

2. 重点业务

大力推进卡机联动改造，所有的油站都具备了IC卡加油的能力。2006年2月起，包括苏州市政府在内的原有180家赊销/记账客户全部转为IC卡客户，自此取消记账销售，公司应收账款常年为0。近年来以“有便利店的油站就能充值、所有自助站都能办卡”为目标，不断新增IC卡网点，提升硬件及服务质量，积极拓展IC卡服务的新渠道，与第三方（如银行、市民卡等）合作，开展组合营销，扩大IC卡的影响力。从2005年到2012年，IC卡消费比重从15.6%提升到44.96%，新增IC卡中心网点21座，油站IC卡网点81个（合资站）。

从2009年起逐步加大97#营销力度，97#消费比重逐步提升，到2012年底达到20.7%。2012年2月1日起，在苏州、无锡两个地级城区开始推广车用柴油，取代原有普通柴油。合资公司共有71座油站纳入车用柴油置换范围。2012年12月30日零时全面推广国IV汽油。

积极推进新型自助加油站。2008年9月

1日，苏州华池街站和榭雨街站成为首批2座全自助式加油站，开始自助加油试点。2010年10月18日，常熟一站成为首家同时具有普通加油机和自助加油机的半自助式加油站，常熟片区拟成为首个全区域自助的片区。截至2012年底，公司共有全自助加油站47座，半自助加油站1座。

2005年，沁苑站成为中石化系统首家便利店

二、便利店业务

合资公司借鉴壳牌在国外的实践经验，率先制定了自有的便利店形象手册和便利店业务制度，在自有油站开展便利店业务。2005年7月，苏州沁苑、苏常2座加油站完成便利店改造，成功开业，当年实现营业额37万元。2008年9月，苏州石湖加油站成为中石化系统内首家月营业额突破10万元的便利店。2012年10月，在苏州工业园区工商大厦的首家站外便利店开业。2010年是增长最为迅猛的一年，当年营业额突破1亿元，比上一年增长150%。至2012年末，便利店数已经达到264家，年营业额2.31亿元。便利店品类包括饮料、预包装食品、香烟、酒、彩票、电话充值卡、汽车用品、燃油添加剂及当地特色产品等，截至2012年底在营单品（SKU）已经达到983种。

公司根据油站不同的硬件条件设置不同级别的便利店门店：一级店位于高密度居民区/商业区，二级店位于主要干道，三级店为收银台旁设置货架；同时，无论油站是否设置了便利店门店，所有的油站都进行了地堆销售。

2008年，根据中国石化大力推进加油站便利店的工作需要，先后召开了公司内部的便利店发展研讨会及中石化－壳牌便利店研讨会，并邀请壳牌总部的便利店管理专家前来授课，学习讨论便利店的管理和销售技巧，研究新形势下便利店业务发展的思路。公司内部每年开展多样的非油业务培训，积极引导业务发展；定期与油站层面交流，积极支持和帮助油站提升便利店业务水平，激发员工的便利店销售积极性。

从2008年起，合资公司开始试行统一的中央仓物流配送模式，由第三方物流公司提供服务外包。

三、润滑油及机车服务

合资公司的润滑油业务全部在加油站销售，有时片区、油站人员联系到客户也会采取送货上门的销售方式，没有设立单独的润滑油经营部。销售的品牌包括中石化长城润滑油和壳牌润滑油两种，其中小包装润滑油的比重正在逐步提升。2012年，受中石化润滑油销售体制改革的影响，长城润滑油的进货有所不足，进而影响了销售量。2005—2012年共销售润滑油23076吨。

公司对原有加油站存在的第三方租赁洗

提供换机油服务

车、汽修等业务规模进行严格控制，对于影响油站运营或安全的，坚决予以清退。为了促进润滑油销售，提升油站服务水平，2011年，在吴江和无锡本部各完成1座油站换油点的建设，开展试点自有的机车换油服务，引导客户认知公司油站服务的专业性。

四、品牌宣传与客户服务

1. 商标使用权

合资公司没有自有的商标，而是使用股东方中国石化“Sinopec”和壳牌“Shell”联合商标，在油站标志及所有的宣传材料上，都需要同时出现上述两类商标，不得仅出现一方商标。2005—2006年，公司按照每年销售净值的0.3%提取商标使用费，再按股东方的股权比例，分别向股东方支付商标使用费，2007—2008年，上述比例调整为0.6%，从2009年起，按照0.024元/升的固定数值提取。

2. 宣传营销

合资公司成立后，制定了《合资公司形象标识手册》和《加油站形象标识手册》(RVI)。以此为标准，对所有合资站及部分统管站按照联合品牌的标准进行重新贯标。通过对市场研究和分析，了解客户对联合品牌含义的理解和印象，了解消费者对加油过程的期望和对油站服务的要求，确定公司的经营目标是：（1）成为客户的第一选择；（2）在提供高质量的油品和服务方面始终处于领先地位；（3）为

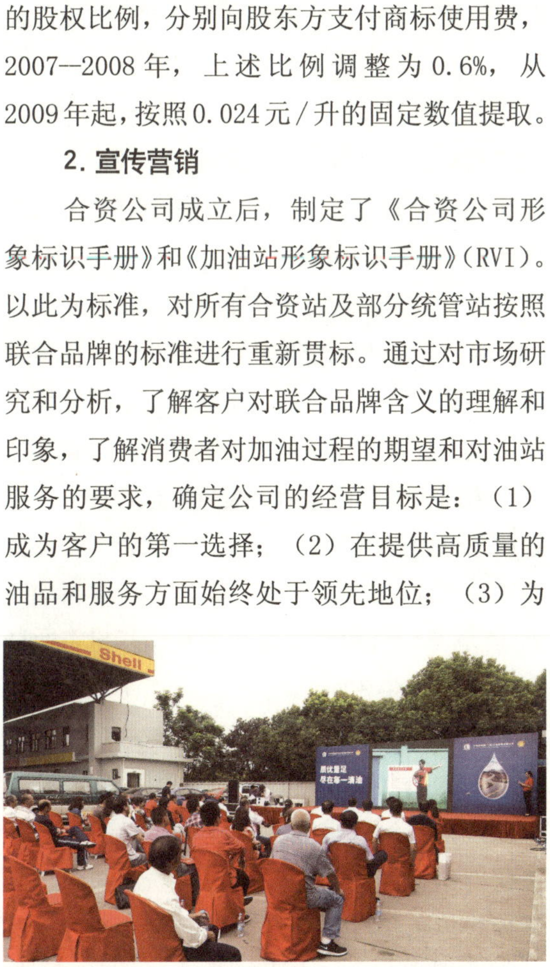

SEEQQ宣传活动

合资公司的特色宣传

持续满足客户需求提供增值服务和便利。并据此形成了以“客户价值取向”（RCVP）为核心的品牌战略，充分展示公司基本的SEEQQ（服务、环境、设备、质量、数量）五要素，以期对市场形成最大的影响。每年年初召开一次RCVP主题年会，同时也是公司的年会。

合资公司以“品质处处领先”为主题，与中石化的其他销售企业相比，较早地通过电台、网络、报纸等各种媒体开展广告宣传，多次参与车展之类的与汽车相关的社会商业活动，并组织“油非互动”、“持卡加好油、中奖中石化”、“油中感谢”、“法拉力万里行”等一系列专题营销活动，以及结合节日、世博会等时段开展针对性的促销，来展示合资公司的品牌形象，提升对客户的吸引力。

3. 客户维护

在客户管理方面，公司区分大客户和中小客户，分别落实公司层面、片区层面和油

站层面的客户维护责任。进一步完善客户档案，强化客户沟通和消费的跟踪，坚持月度客户维护与拓展的考核通报，并邀请大客户参加年会、组织专项活动、问卷调查回访等。客户服务体现“为民服务创先争优”的精神。推行“三代”(代客开票、代客发卡和代客发货)等客户基础服务，在油站现场提供擦窗，春节、五一、端午、中秋等节日送水饺汤圆等增值服务。公司设置400—887—1818客户服务电话，并针对提出投诉的客户作重点跟踪回访，通过分析电话内容，为工作的进一步改进做参考。建立整体客户回访制度，锁定重点大客户进行重点跟踪分析。

4. 媒体沟通

2005年1月，合资公司设立了新闻发言人，对外接受采访统一由新闻发言人应对，或者由其指导油站正确应对，不允许油站擅自向新闻媒体发表言论。主动和媒体单位开展沟通交流，发生事件时积极与媒体单位协调，通过撤除报道或者转移报道视角等方式，最大程度消除负面影响。制定了应对客户赔偿诉求的指导意见和工作流程，使得油站现场客户纠纷的处理有章可循。

5. 品牌调查数据

根据品牌调查，2005年末，社会公众对合资公司的品牌认知度已经从当年5月的7%提升到28%；到2012年，合资公司的品牌认知度已经达到76.3%，品牌满意度达到97.8%。

五、全员销售竞赛

为促进员工销售积极主动性，公司持续开展“多说一句话、多加一升油”的全员销售竞赛活动。制作《群星璀璨》双月专刊，反映销售竞赛的互动、互学、互帮、相互赶超的过程与成效，展现“见红旗就扛、有第一就争”的一线风采和竞赛氛围。以“争第一，割尾巴”为导向，加强“业务周辅导”，重点对非油品、润滑油和IC卡销售进行辅导。对口片区相互学习，加油站设立销售带头人，开展现场销售技能竞赛，让优秀员工演示销售技巧，激发员工销售信心和动力，倡导“我为自己加工资”的工作理念。优化万吨站培育方案，管理层成员挂钩万吨站培养目标和任务，以点带面扩骨干站。截至2012年末，万吨站已经达到59座。

六、网络建设

1. 网点发展

合资公司网络计划的制定遵循“六步法”。第一步，收集当地地理位置、人口、道路规划、交通、经济增长、油站状况， 城乡规划影响等相关信息。第二步，制作地图，划分市场、区域及站点。第三步，对目标区域及站点进行具体调查，包括确定油站分类、网络分块分析、调查油站设施设备状况、调查潜在销量／非油品计划等。第四步，分析并确定更好的区域市场(PMA)。第五步，形成初稿与其他部门及同行交流，取得一致意见。第六步，确定网络计划并最终形成书面报告。评价零售网点优劣有四个关键因素：能见度、车流量、购买区域、周边地区经济高增长和道路交汇处。合资公司从上述四个关键因素对发展目标进行打分，并据此划分网点的等级。2005—2012年，合资公司通过新建、收购、租赁三种方式，共新增油站44座（含公司成立时从中石化苏州石油分公司转入的网络发展项目）。

2. 网络内涵提升

2009年以来，合资公司的网络趋于基本稳定，网络建设工作重点转向内涵提升，优化网络质量。从合资公司成立之初起，开始逐步对设施陈旧、形象老旧的油站进行改造，2011年起，又重点对大跨度雨棚、20年以上油罐管线等高风险隐患项目进行排查并予以整改。2005—2012年共投入重建/改造资金26116.5万元，重建/改造油站62座。从2010年起，借鉴壳牌的经验，对部分布局不尽合理、车辆通过困难的油站实施通过能力专项改造，有效挖掘了油站销售潜力，仅2010年就实现日均增量43.8吨。根据政府部门要求，2011—2012年集中实施了加油站油气回收改造工作，到2012年底，共完成油气回收改造102座。同时，通过建立加油站在营率管理模型，统筹管理年度加油站重建改造、维修、便利店改造及油气回收改造项目，减少加油站停业时间，提高了油站在营率。

从2008年起，推动实行加油机维修总包模式，有效提高了油站维修的响应速度和维修效率。2011年起进一步强化加油站的固定资产管理，实行加油站设备三级维护体系；编制了加油站油机故障检查及自修维护操作指南，便于片区、油站自行维修，提高工作效率。

2012年下半年，启动了标准化制定工作，拟从设计、布局、用料、款式、表单、管理细节等方面，全面实现网络建设工作的标准化。

3. 承包商管理

在承包商管理方面，实施工程控制体系文件建设—制定了“文明施工标准”、“加油站施工安全管理台账”，强化施工条件确认。推动承包商自我安全培训和安全例行检查工作。推行《中石化壳牌加油站新建/重建/便利店改造工程评估表》，在工程结束后对承包商的“安全表现、公司管理、质量、费用、进度、合作性”等方面进行综合评估。2011年，合资公司提出了“建立样板工地”的承包商自我管理提升计划，不断增强施工工期管理，强调“时间就是效益”。

第五节 主要管理工作

合资公司自身作为中外合资企业的性质，以及扁平化的组织架构和加之相对单一的油站业务，使得公司的管理风格与方式与中石化的全资下属单位有较大的区别，集中石化和壳牌两家之长，形成了自身特有的管理体系。另一方面，合资公司虽然有合资站与统一管理站两种油站类型，但坚持统一的制度、标准和措施，并不断加强与合资区域中石化分公司的沟通协调。

一、安全管理

1. 概述

合资公司的安全管理称为HSSE，比中石化的HSE多了一个“治安”（security）。合资公司的HSSE目标是：（1）零伤害；（2）安全是每个人的职责；（3）主动性的安全文化。要塑造“人人主动关心安全，主动参与安全”的工作氛围，将“要我安全”转变为“我要安全”和“我要大家安全”，强调事前预防。在公司的考核体系内，HSSE关键绩效指标是管理考核的重要内容。

公司着重关注安全应急预案的制定与执行，以及“未遂事故”和“事故隐患”（PI/NM）的上报，制定了相应的管理办法和流程，不断提高员工识别身边危害和防范处置的能力，尽可能将事故消除在萌芽状态。

2008年初的雪灾期间，公司在雪灾初期即对所有蒙古包和雨棚面积超过1000平方米的油站进行排查，分3批关闭油站175座，未发生任何人员伤亡事故。历年夏秋之交的台风期间也未发生重大安全事故。

2. HSSE文化建设及培训

合资公司着重对HSSE文化和理念进行培

育。从2007年起，每年会根据当期的工作形势和工作重点，结合股东方尤其是省公司的安全工作要求，确定一个安全活动主题，不断丰富安全活动的内涵和外延。每年的6月定为安全活动月。2007年主题是“遵守法律法规和安全规章制度”，2008年是“安全第一，预防为主；全员参与，综合治理”，2009—2010年是“我要安全，我在行动”。从2011年开始“使安全成为习惯，以零事故为己任”的三年安全文化建设路线图：2011年是“把安全带回家”，2012年是“把家中安全习惯带回工作并形成个人习惯”，排查“身边十大安全隐患”。当期的HSSE工作计划和政策要遵循这些主题，各部门、片区、油站要围绕主题开展头脑风暴式的讨论，公司也会组织系列宣贯活动指引、帮助员工理解和掌握。

合资公司的HSSE培训演练的内容主要分为规章制度、应急预案和现场技能，涵盖全体员工至各承包商，以及前庭安全、设施设备安全、施工安全、交通安全等各个方面。2011年制定了人手一册的《员工HSSE手册》，并完成了全员的集中培训及测试，弥补了大部分员工缺少专项及全面的HSSE知识培训的不足。制定了火灾、抢劫、漏油、雨棚坍塌等一系列的应急预案，并反复操练，关注员工的技能培养，强调“临危不乱，学以致用”。合资公司搭建了多种HSSE交流分享的平台。通过每两月编辑出版1期《安全零距离》，组织“安全随手拍”的活动，以培养员工的主动意识和关注细节的意识。公司各会议前都要进行HSSE指引，并鼓励与会者通过“安全我分享”的形式，交流最近自身经历的安全小故事。

安全日活动

消防演练

3. 工程及承包商安全管理

合资公司对施工安全管理主要是通过承包商的资格审核、合同约束、施工方案审核、现场监督、安全教育和考核评估等方面来落实HSSE要求。为了加强对承包商的约束，2011年合同附件专门增加了《合资公司承包商施工安全要求和规定》、《施工承包商自我安全管理体系要求》、《加油站工程奖惩办法及停工政策、保证金制度》3个专项文件，进一步细化了标准和具体措施，强调了执行力。进入合资公司油站的施工项目都必须实行严格的工作许可证制度；涉及特殊危险作业（例如清罐），开始前需要进行充分的风险分析。在承包商管理职责中强调了派工部门“谁主管，谁负责”的管理理念，建立了承包商安全委员会，定期召开会议，分享施工安全工作经验，讨论施工安全问题。

二、油站管理

合资公司成立时，继承了原来中石化苏州石油分公司实行的加油站委托管理（CORO）模式。但是，该模式在实行中逐渐体现出各种弊端，公司于2007年起开始取消CORO模式，

合资公司的激情团队，打造微笑服务的理念

至2008年，全部油站均恢复为直管模式。

1. 样板计划

合资公司油站管理的核心是“样板计划”。样板计划旨在提升服务，促进经营，内部发展目标为“你追我赶，平衡发展，巩固提高，全面达标”。样板计划包括考核体系、激励体系、检查体系、能力责任体系、培训体系、文化建设六个方面，推行“六步法”、贯彻“SEEQQ”理念、“样板之歌”广泛传唱、“三三信条”等，使员工树立新的观点和理念，主动服务的意识逐步形成。2006年，以SEEQQ为基础，苏州区域80座油站作为首批样板站开始起步，并引入神秘访客对样板站检查（神秘访客这一检查工具后被省公司借鉴，在全省推广）。2012年的样板计划将股东方的体系有机融合，确定为“达标创新样板星级计划及PMtDR主题活动”。

2. 参加壳牌PMtDR平台

从2010年起，经董事会批准，开始加入壳牌PMtDR这一全球统一的油站管理平台。壳牌PMtDR以“突破平凡，由我创造”为核心，突出“人”的重要性，建团队、练技能、比业绩、庆成功四个模块紧紧围绕“人”这个油站业务的核心，执行全球统一的运营工具和全球统一的排名考核体系，并不断的进行系统优化。合资公司从当年7月1日起正式参与考核排名，TMSR、导航器、CPC任务单、前庭观察、PI/NM汇报及关闭等一系列管理工作和手段部署到片区、油站，树立起“辅导”、“交流不打勾”等新的管理文化。2010年，合资公司即有2名ME、7名油站经理获得参加在罗马举行的壳牌2010年度PMtDR“微笑之星”全球盛典的资格。其中，昆山片区宋家港加油站经理齐红东获得2010年度壳牌东区最佳油站经理（单站）大奖，并获得2010年度壳牌全球最佳油站经理大奖提名，这是壳牌中国在历年PMtDR活动中所获得的最好成绩。2012年，针对参加PMtDR活动以来出现部分指标和方法与合资公司油站管理的实际要求有偏差的情况，合资公司内部开始调整考核导向，要求PMtDR的先进片区经理和油站经理应同时在公司自

齐红东获2010年度壳牌东区大奖

身的考核体系处于前列。

3. 其他管理考核措施

合资公司制定统一的《油站运营手册》，全面指导油站运营，使得油站各个环节、各个方面的工作开展均能在《油站运营手册》中找到标准和依据。每年对运营手册持续的进行回顾、优化，纠正以往的不足，符合公司的管理要求，保障其内容与时俱进。

对油站的检查分为管理层检查、部门检查和ME检查三个层次，检查包括日间和夜间检查。管理层检查、部门检查实行定期巡查和不定期的突查。对于ME的检查，公司规定了严格的检查频次和详细的检查要求。油站内部日常检查包括班组、岗位员工进行交接班检查和班中巡回检查。从2011年末起，设置专职的油站督查岗位，加大对油站基础管理和合规经营的检查力度。

每年年末均进行油站的“双选”工作，即油站经理申报选择拟管理的油站，公司根据实际情况选择合适的油站经理。2011年末，经管理层决定，当期“双选”中，凡在1座油站连续工作满5年的油站经理，所管理的油站必须进行更换，这一原则得到了充分贯彻执行。

三、数质量管理

合资公司制定有系统的数质量管理制度和体系，严格油站的接卸油环节管理，不定期对油库、油站进行质量抽查。历年油品质量和损溢水平均保持稳定，未出现重大数质量事故或在政府检查中发现明显问题。

虽然合资公司成品油供应实行的是供货制，与运输车队不直接建立合同关系，但依然持续的会同合资区域的中石化分公司不断加大对运输车队工作的监督检查力度，并持续的开展打击车队驾驶员偷盗油的工作。

每年，公司在苏州、无锡两地分别召开QQ（数量和质量）宣传活动，邀请政府计量部门及客户代表、新闻媒体参加，宣传公司重视数质量管理的理念和措施。2012年5月初中石油太仓地区加油站出现严重油品质量事故并引发群体性事件，公司密切关注事态发展，从中吸取教训，制定应急预案，树立自身重质量的形象。

2010年起建立公司油站液位仪管理平台，首批对84座重要油站进行液位仪与供应配送系统相连接。开始试行V20损溢考核办法，并于2011年全面施行。

四、绩效与薪酬管理

合资公司实行“目标管理、绩效管理、风险管理”三位一体的综合管理体系。其中，建立了以预算管理为导向的目标任务责任管理体系，引入“成绩单、里程碑”形式，作为全年工作计划和任务的核心与基础。构建了以目标管理为导向的绩效管理体系，针对目标管理的计划、执行、检查和反馈（PDCA），进行绩效管理的计划、指导、考评和激励，形成绩效考评与目标管理的闭环运行。绩效考核分季度考查、半年度沟通和年终考核排名。

合资公司成立初期，管理人员的薪酬结构采取“12+1+3”的模式，即12个月的固定薪酬，12月当月发放双薪，加上相当于3个月的薪酬乘以公司业绩系数和个人业绩系数作为年终绩效奖金。为了更好地体现薪酬水平的公平性，2007年改为“12+1+2”的模式。

2012年起，管理人员的薪酬结构中增加季度绩效奖的部分，特别是经营部门的管理人员，绩效奖直接与经营业绩相挂钩。在油站层面，参照省公司薪酬改革的要求，下发了《关于对加油站部分岗位人员确认及基本薪酬调整的通知》，重新调整了岗位等级和岗位工资水平，加油站原有的初级工、中级工和高级工，也参照省公司的标准，重新予以考核评定。2012年下半年结合组织优化工作，开展了管理人员薪酬体制改革。

合资公司参照中石化的企业年金制度，经董事会批准，从2012年1月1日起，正式实行企业年金制度，生效时间并追溯到2009年1月1日。企业年金参加的范围为公司正式工。

五、风险管理

合资公司综合管理体系的一个主要核心是风险管理，其结合了中石化的内控制度与壳牌的风险控制。合资公司风险管理的目的是增加公司的决策价值，并不只是一味地降低或消除风险。公司按照“了解业务—明确目标—识别风险—评估风险—应对风险”五个步骤，建立了风险管理框架。通过SWOT的分析方法，即分析公司自身的优势（S）、劣势（W）、机会（O）、威胁（T），整理归纳存在风险的环节，利用“风险控制矩阵”工具，按民主集中制的原则对识别出来的风险进行评估，对其发生可能性大小及影响力高低进行分析判断。风险经过评估后，根据其发生可能性的大小及一旦发生所造成的影响力的高低，分别采取“承担”、“处理”、“转移”、“终止”四种应对方式。内控制度作为风险管理框架的一个组成部分，由经董事会批准通过的财务权限手册（MOA）、合同／采购管理政策与程序手册（CPPM）、品牌管理及操作准则、商业合同与采购原则、业务控制及授权原则、保险原则、会计原则和政策、融资计划、税务处理谅解备忘录等构成。在此基础上，依照各流程的需要制定一系列的管理制度。内部控制手册及管理制度汇编一般每年更新、补充一次。

整个风险管理框架建设于2006年5月基本完成。公司按照“计划—执行—评估—改进—计划……”的闭环动态管理形式，实现对风险管理框架的维护。责任落实给公司管理层，确保风险控制工作不出现偏差。公司建立风险管理档案，进行风险监控。每季风险内控测试，出具内控测试报告；每半年进行一次风险重新评估、更新，包括移除风险和新增风险。经理室每年向董事会递交“保障声明书”，声明在“公司治理、道德规范及遵循”、“健康、安全、环保”及“公司财务”等方面符合股东各方的需求。

六、队伍与文化建设

1. 员工职业能力提升

公司以“三级经理、ME、油站经理”三支队伍为重点，不断加强队伍建设。近年来着重从应届大学生中招聘选拔后备油站经理，并组织实施油站经理能力提升计划；培训、考察、考评、交流多措并举，不断提升ME管理能力和业务技能；按照专业分工，内训与外训结合，有计划提升三级经理的管理技能。

在招聘和晋升方面，打破员工的身份局限性，有相当数量的油站劳务工走上了公司或片区管理岗位，或者升任油站经理。持续加强编制管理、用工总量控制和工时管理；做实做细加油工工时排班优化，除传统的四班三运、四班两运等排班方式外，创新提出调休排班和滚动排班法，在有限的资源范围内最大限度地降低超时用工的风险。

公司组织制定了合资公司领导力框架模型和各部门专业能力框架模型。从油站一线员工到公司管理人员，建立了较为完善的培训体系。如培训站、选拔招聘以油站经理为主的兼职培训师、拓展训练以及各类培训教材的开发等等，并建立了E-learning培训平台。在培训工作中不局限于业务知识的培训，更注重员工素质、团队协作方面的培养，提升了员工的素质、技能和凝聚力，为公司持续发展奠定了坚实基础。

2010年，以开展PMtDR活动为背景，对所有油站经理组织油站经理人员管理手册（RPP）培训和交流。同时，还结合公司实际，引进壳牌教练培训课程，营造公司教练文化。2012年，结合中石化的要求，首次组织国家认证的加油站员工职业能力鉴定的培训考核。每年夏季组织管理人员到油站“加油体验一日行”活动。截至2012年底，合资公司共有培训站13座，兼职培训讲师33名。

2. 员工职业道德教育

合资公司坚持“严格管理是最大的以人为本”的理念，严肃经营纪律。坚持对违规行为和人员保持高压态势，不断加强检查和惩处力度，重点打击IC卡套现、虚开发票、挪用资金等违法违纪行为，推动营造合规经营的良好氛围。对违规事项本着“四不放过”的原则，落实跟踪处理。以宣贯“经营宗旨”、“利益冲突声明”为核心，组织开展各类职业道德教育活动。2011年组织开展管理人员职业行为建设活动，突出客户、纪律、责任、高效四种行为和意识建设，95%的管理人员完成了《职业行为改进计划承诺书》。2011年下半年至2012年上半年还专项组织了“合规”活动，以提升员工遵纪守法的意识。

3. 油站文化建设

公司在油站大力开展“六小”（小食堂、小浴室、小活动室、小药箱、小园地、小车棚）改造工作，截至2012年底，小食堂、小药箱覆盖率已经达到100%。设立油站文化展板，建立油站文化建设平台，主要内容包括团队精神、公司通告、站务管理、员工心声等内容。为样板油站统一配备学习资料和书籍，积极营造员工学习氛围。组织油站经理户外拓展训练，强化团队合作精神。拨发样板站创建费用和奖金，油站组织员工进行郊游和聚会等团队建设活动，使每位员工充分分享创建样板站的成果和喜悦。

PMtDR主题活动

4. 成建制人员过渡

按照合资协议规定，原有从中石化成建制进入合资公司的正式工，在合资公司工作的前3年为保护期，公司不得因工作不胜任为由予以辞退。苏州和无锡人员的保护期届满后，均实现了平稳过渡，队伍保持了稳定。

七、其他管理工作

1. 财务管理

针对油站的资金风险，落实“一站一策”制度，完成资金风险管理的分站分析，目前，实行上门收款的油站数量已经达到314座，占84.6%，其余油站均实现公司专车缴款。

大力控制压缩各项费用。特别是在2012年，制定了专项的降本减费实施方案，把办公费用、低值易耗品管理、油站运营费用等作为控制的重点。成立了由财务部牵头，全体部门参加的工作小组，制定了具体的降本减费指标、措施及激励办法，以及里程碑工作计划，确保降本减费工作得以顺利实施。

2011年，在原材料、人工等成本大幅度上涨，供应商纷纷提出涨价的情况下，通过增加新的供应商、直接向生产商采购等措施，保持了采购价格基本稳定。2012年，将原来由市场营销部直接采购的重点便利店商品纳入公司统一采购的体系。

2. 行政支撑

公司建立了以HSSE管理、驾驶员管理、车辆管理和行程管理为四大支柱的乘用车管理体系。2012年，对个人挂靠车辆予以清退，并重新规定了公司公务用车的具体管理要求。制定了《交通事故责任界定暂行办法》，对一旦发生交通事故如何分别界定公司与员工的责任进行了明确的规定。针对全体员工开展了防御性驾驶的安全培训。

2012年，制定了档案管理办法并建立了专门的档案室，对公司成立以来的所有档案进行了全面系统的整理，实现了公司重要档案的集中归口管理。

3. 信息建设

2012年四季度起，合资公司开始着手ERP系统上线的各项准备工作，将在2013年实现ERP系统上线。

八、党建、工会工作

2005年3月3日，省公司党委发文同意设立"中国共产党中石化壳牌（江苏）石油销售有限公司委员会"，明确其党的组织关系隶属于省公司党委领导。2008年来，随着中方委派人员的持续努力，党委、工会工作的成效不断得到体现，党委会、党员发展、科学发展观学习、先进性教育、创先争优、"七一"活动等工作能正常定期的开展。员工参加党委、工会活动，可以利用工作时间，并使用行政办公场所，公司在经费上也给予了一定的支持。公司在每个部门、片区都设立了党员示范岗，部分优秀的党员油站经理所在油站设为党员示范站。截至2012年底，合资公司有党委委员7人，3个总支，13个支部，党员人数从2005年初的125人增加到171人，并有20余名入党积极分子。有2名壳牌委派的员工的党员组织关系也转移入合资公司。另一方面，共青团组织的建立也已进入筹备阶段。

合资公司中外方领导出席职代会

合资公司的工会主席由党委书记兼任，并经职工代表大会投票批准。初期，合资公司的工会组织不够健全，活动也非常有限。2008年5月，合资公司召开了第二届工会会员代表大会暨职工代表大会，选举产生了新一届的工会委员会委员。至此，合资公司的工会组织基本健全，每年都能定期召开工会会员代表大会暨职工代表大会，对涉及员工重大利益的事项，如制定《员工手册》、实施年金等，履行民主程序。工会开展的其他工作包括为员工联系公司附近的青少年活动中心作为定点体育运动的地点；针对中外合资企业根据法律所提取的"职工福利与奖励基金"制定专门的管理使用制度，重点用于扶贫帮困；协助行政工作做好协解人员的稳定工作；节日组织员工活动等。截至2012年底，公司共有工会委员7人，工会小组13个，工会代表暨职工代表52人。

第六节 合资后续谈判情况

合资公司成立以来，股东方之间的谈判磋商主要围绕以下几个方面：

一、出资方式

按照《合营合同》及《资产出资协议》的约定，中石化的实物资产（即加油站）出资方式采取地面资产出资，油站所属国有土地使用权租赁给合资公司(免收租金)的模式。但随着2007年《物权法》的实施，房产登记必须严格遵循“房地合一”的原则，仅房屋所有权转移但国有土地使用权不转移的模式是不允许的，因此合资公司的出资站和转让站已经无法在法律上完成所有权的过户登记手续。目前，股东方正在谈判变更出资方式。

二、供油价格

按照《成品油供应合同》，中石化江苏石油分公司供应给合资公司的成品油价格，为“零售参照价”折扣10.5%。但是随着成品油价格的不断上涨，10.5%的折扣率导致批零差价过高，严重偏离了市场正常水平。经过股东方谈判，在2006年6月29日签署的《关于中石化壳牌(江苏）石油销售有限公司注资等有关问题的补充协议》中，约定供应价格为“零售参照价”扣减0.27元/升，为期两年。但两年期满后迄今，股东方尚未就新的供应价格达成一致。

三、不竞争

《合营合同》中约定，合资区域的成品油零售业务全部由合资公司经营，中石化与壳牌均不在合资区域经营成品油零售业务。但是按照《合营合同》及商务部的批复，合资公司的油站数量最大为481座，而随着成品油市场的迅猛发展，合资区域的实际油站需求和建设数量已远不止上述数量，而且由于合资公司自身的外资企业属性，在争取网络新增项目时，不如中石化这类纯国有企业更有优势。因此，《合营合同》约定的不竞争原则实际上已无法操作。为了防止市场份额被其他竞争对手占据，中石化苏州、无锡、江阴石油分公司在合资区域也新发展和运营油站。而壳牌方面希望能够增加合资公司油站数量的上限。

上述事宜，股东方尚未达成一致，仍在谈判磋商中。

表6—15—1　　合资公司2005—2012年主要经济指标表

指标 年份	1.成品油销售量(万吨)	2.零售量(万吨)	3.销售收入(万元)	4.利润(万元)	5.吨油费用(元)	6.资产总额(万元)	7.非油品营业额(万元)	8.员工总数(人)
2005	49	49	204939	7605	213.5	73527.4	37	1295
2006	60	60	295926	9157	225.7	127061.5	240	1498
2007	95	95	488019	10294	232.4	150611.8	398	1851
2008	106	106	643221	10859	252.3	143350.3	1,005	2485
2009	94	94	568776	6942	271.9	141943.6	2,822	2586
2010	108	108	745652	8231	263.1	142071.9	6,960	2719
2011	123	123	966466	9132	254.2	144373.1	8,756	2766
2012	130	130	1046492	8629	256.9	152956.5	13,997	2761

注：1.仅合资站；　2.非油品营业额含烟草。

表6—15—2　领导人员变动情况

姓　名	职　务	任职时间
徐　莉	董事长	2004.08—2007.05
吕建华	董事长	2007.05—2009.08
吴永亮	总经理	2004.08—2009.08
	董事长	2009.09—2012.05
于　畅	副董事长	2007.03—2009.03
	董事长	2012.05—2012.12
黄永桦	副董事长	2004.08—2005.01
白泰瑞	副董事长	2005.02—2007.02
张有根	副董事长	2009.09—
吴松巍	副总经理	2007.03—2009.08
	总经理	2009.09—2011.07
	党委书记／工会主席	2011.07—2011.12
邵建军	总经理	2011.07—
朱建德	副总经理	2004.08—2007.03
李志康	副总经理	2009.09—2011.12
程　昕	副总经理	2012.01—2012.12
商玉俊	党委书记／工会主席	2004.08—2007.03
吴保东	党委书记／工会主席	2007.03—2011.07
谭建国	党委副书记（主持工作）／工会主席	2011.12—

第十六章　江苏高速公路石油发展有限公司

江苏高速公路石油发展有限公司（简称高速石油公司）原名江苏科茵格油品供应有限公司，成立于2002年2月，注册地南京，注册资金5780万元，是中石化江苏石油分公司的参股企业。

公司经历两次重组，现有三方股东，分别为：江苏交通控股有限公司、中石化江苏石油公司和中石油江苏销售公司。公司主营高速公路服务区加油站成品油零售业务，为江苏境内高速公路最大的成品油零售供应商。

高速石油公司2002—2012年主要经济指标见表6—16—1，领导任职情况见表6—16—2，历年荣誉见表6—16—3。

第一节 成立背景

一、江苏高速公路现状与网络发展

1996年沪宁高速公路的建成通车，实现了江苏高速公路零的突破。江苏高速公路的发展经历了"八五"起步、"九五"展开和"十五"初步形成网络的三个阶段。截至2012年底，首轮规划的"四纵四横四联"高速公路网主骨架已全面建成，全省通车总里程达3725千米，居全国第四位，密度居全国各省之首。根据新一轮江苏高速公路网规划，到2015年左右，全省将形成"五纵九横四联"高速公路网，通车总里程将达5200千米。

二、合作优势

1. 市场准入优势

2001年，国务院办公厅下发了《关于进一步整顿和规范成品油市场秩序的意见》，对成品油经营市场准入作出了明确的规定：自2001年9月开始，新建加油站必须统一由中石化集团或中石油集团全资或控股建设及经营。作为江苏石油市场整顿以来唯一经省经贸委特批的成品油零售企业，高速石油公司的组建在市场准入上占得先机。

2. 资产规模优势

作为股东之一的江苏交通控股公司，负责江苏省内干线高速公路、过江桥梁、铁路等交通基础设施的投资建设和运营管理，下辖17家路桥企业，路桥资产1776亿元，总里程达3774千米，员工3万余人，2012年营业收入419亿元，服务区85个，为高速公路加油站网络的发展提供了保障。

3. 经营管理优势

高速石油公司的成立，吸收了高速公路的管理规范和中石化江苏石油分公司的专业化业务经营与管理经验，对高速公路加油站成品油零售业务进行了整合。高速石油公司从六个方面确立了强强联合的优势，一是品牌保障：交通与中石化两大强势品牌；二是网络保障：发达的高速公路网络与迅捷高效的成品油供应网络；三是资源保障：中石化行业经营主渠道以及专业化油品供应和物流运输；四是信息化：高速公路信息网络和中石化加油 IC 卡等工程；五是集约化：加油站统一形象、统一价格、统一核算、统一配送；六是规范化：高速公路的管理规范以及中石化江苏石油分公司专业化的油站管理规范。

第二节 基本情况

一、公司成立与资产重组

1. 公司成立

高速石油公司前身为江苏科茵格油品供应有限公司，于 2002 年 1 月 28 日获江苏省经济贸易委员会授予成品油零售经营权。1 月 29 日，江苏京沪高速公路有限公司、中国石化集团江苏有限责任公司、江苏宁宿徐高速公路有限公司和江苏连徐高速公路有限公司四方签署合作协议。2 月 25 日，江苏科茵格油品供应有限公司在江苏省工商行政管理局注册成立，同年 4 月 1 日对外正式营业。

高速石油公司成立初期注册资本为 5780 万元，其中江苏交通产业集团有限公司的控股子公司均以加油站实物资产出资（江苏京沪高速公路有限公司 2024 万元，占注册资本的 35%；江苏宁宿徐高速公路有限公司 1279 万元，占注册资本的 22%；江苏连徐高速公路有限公司 742 万元，占注册资本的 13%）；中石化江苏石油有限责任公司以现金出资 1735 万元，占注册资本的 30%。

2002 年 6 月 28 日，高速石油公司召开第一次股东会暨首届一次董事会、监事会会议，通过了公司章程，选举产生了公司高层领导机构成员审议通过了年度工作计划、目标以及年度财务预算。

2. 第一次资产重组

2004 年 4 月，公司通过股东会决议，决定实施资产重组。高速公路实物资产全部退出，注册资本保持不变，江苏京沪高速公路有限公司将其 2024 万元出资全部转让给江苏交通产业集团有限公司、中石化江苏石油分公司和中石油江苏公司。其中，向江苏交通产业集团有限公司转让 869 万元，向中国石化江苏石油分公司转让 577 万元，向中石油江苏销售公司转让 578 万元。

江苏宁宿徐高速公路有限公司将其 1279 万元出资全部转让给江苏交通产业集团有限公司。

江苏连徐高速公路有限公司将其 742 万元出资全部转让给江苏交通产业集团有限公司。

重组后出资结构调整为：江苏交通产业集团有限公司以现金出资 2890 万元，拥有油品公司 50% 的股权；中石化江苏石油分公司以现金出资 2312 万元，拥有油品公司 40% 的股权；中石油江苏销售公司以现金出资 578 万元，拥有油品公司 10% 的股权。

3. 第二次资产重组

2004 年 9 月，根据江苏省委省政府的要求，交通控股公司与原江苏交通产业集团有限公司实施合并重组。2005 年 6 月，公司股东原江苏交通产业集团有限公司变更为交通控股公司。

2004 年 12 月 17 日，根据公司在南京召开的临时股东会和董事会会议，审议通过公司更名议案，江苏科茵格油品供应有限公司更名为江苏高速公路石油发展有限公司并于 2005 年 1 月完成工商注册登记变更。

2006 年 4 月，中石油江苏销售公司对其所持股份进行了缩股，将原有10%股份中的1.17%股份转让给交通控股公司。

2007年4月9日，经公司股东会决议，中国石化集团江苏石油有限公司将全部40%的股权作价2312万元转让给中石化江苏石油公司。

二、组织架构

1. 股份构成

经历两次重组，公司注册资本5780万元，股东、出资额、股权比例分别为：交通控股公司出资2958万元，占注册资本的51.17%；中石化江苏石油分公司出资2312万元，占注册资本的40%；中石油江苏销售公司出资510万元，占注册资本的8.83%。

2. 董事会

高速石油公司设8名董事，其中交通控股公司4名，中石化江苏石油分公司3名，中石油江苏销售公司1名。交通控股公司委派人员担任董事长，中石化江苏石油分公司委派人员担任副董事长。

3. 监事会

高速石油公司设5名监事，其中交通控股公司2名，中石化江苏石油分公司2名，职工监事1名。由中石化江苏石油分公司委派人员担任监事会主席。

4. 机构设置及人员组成

高速石油公司实行董事会领导下的总经理负责制。高速石油公司本部设立综合部、财务审计部、人力资源部、安全营运部和业务部5个职能部门，对下采用“公司本部+片区总站+加油站”的三级管理架构。公司为一级法人，总站为公司的派出管理机构，加油站为非法人的分支机构。

2012年，公司本部人员系由交通控股公司和中石化江苏石油分公司分别推荐聘用，加油站基层人员实行合同制，面向社会招聘，截至2012年底，在册职工人数为1458人。

三、徽标设计

高速石油公司徽标以高速公路和石油油滴为基本要素，由三个红色色块组成。通过变形处理，将向远方延伸的高速公路与石油油滴融合在一起，同时融入“江苏”、“高速”、“石油”汉语拼音中的“S”，呼应了公司是由三大股东共同出资组建。

高速石油加油站

第三节 加油站经营与管理

一、加油站经营

1. 成品油零售

加油站24小时营业，按照统一价格对外零售汽柴油，兼营润滑油零售，不经营汽柴油批发业务。自高速石油公司成立以来，零售量逐年增长，2002年完成成品油零售5.5万吨，2004年和2007年分别突破10吨和50万吨，2012年实现成品油零售101.7万吨、销售收入782085万元，利润7350万元。

2. 油品资源供应

汽柴油资源由中石化江苏石油分公司和中石油江苏销售公司的区域分公司进行配送，按月结算。根据2005年《江苏石油分公司供应高速石油公司油品统一结算管理办法（试行）》。结算价格采用零售价倒扣方式确定，两大供应商油品结算价保持一致。

3. 润滑油销售

高速石油公司经营长城品牌的小包装车用润滑油零售业务，由中石化江苏石油分统一配送，按照统一价格销售。

4. 加油卡推广应用

自2006年起，高速石油公司加油站开始推广应用中石化加油IC卡，通过加油机改造和更新，截至2012年底，有116座站可以使用IC卡，占在营比例91%，刷卡比率达到20.7%。

二、加油站管理

1. 加油站贯标

雨棚正面均贯高速石油标志，两个侧面分别贯中国石化标志。省界加油站、重点加油站均贯中国石化标志，并采用亚克力灯箱贯标。

根据2005年5月24日江苏省人民政府与中国石油化工股份有限公司签订的合作协议，以及2005年8月25日交通控股公司与中石化江苏公司就落实合作协议签署的会谈纪要，江苏新增高速公路加油站将按照合作协议精神贯中国石化标志。

2. 账务体系

高速石油公司实现一级财务核算体制，加油站为非独立核算的分支机构，在省国税局直属分局统一纳税。加油站实行“收支两条线”管理，基础业务账表采用中国石化系统的7套统一账表体系，2012年开展零售管理系统试点。

3. 制度规范

高速石油公司参照中国石化《加油站管理规范》和《加油站达标创星管理办法》，结合高速公路加油站的经验管理特点，制定了一系列适合高速公路成品油零售管理要求的制度和规范。

4. 安全管理

高速石油公司安全生产委员会负责安全生产管理工作，通过树立“大安全”的管理理念，持续开展“我要安全”的主题活动，不断落实安全生产责任、完善规章制度、持续开展忧患排查治理和应急演练活动，扎实推进安全生产长效管理，成立10年来没有发生一起责任性安全生产事故。

5. 内务管理

由于高速公路比较封闭，员工上下高速不便，加油站实行住站式的半军事化管理。

6. 后勤保障

高速石油公司成立初期，由于高速公路设计缺陷，加油站后勤保障设施匮乏，员工住站条件十分艰苦。2004年以来，公司遵循“以人为本”的管理思路，重点实施“五小工程”，持续推进“职工之家”

加油站贯有“江苏高速石油”和“中国石化”双标识

员工在检查计量口

员工在检查消防器材

建设，逐步改善了员工生活环境，已基本解决了加油站员工吃住问题。

7. 规范化服务

高速石油公司本部与中石化客服中心和高速公路“96777”联网客服中心建立了业务联系，受理客户表扬、投诉，解决客户困难。加油站现场员工遵照“加油八步操作法”的要求进行现场服务。定期开展服务培训和竞赛活动，不断通过现场服务水平和突发事件处置能力，提升高速公路加油站的“窗口”形象。

8. 民主管理

加油站每周均召开一次站务会和民主生活会，内容包括传达文件、业务学习、民主生活等各方面内容。通过员工的参与，民主决定加油站的工资考核分配、伙食管理、人才推荐、活动组织等重大事项。

9. 建设学习型企业

为建设学习型企业，每一座加油站均建立了员工学习交流园地。站长每月制定本站的员工学习计划并组织实施。公司每年组织开展后备管理员选拔培训、基层管理人员培训、新员工入职培训，以及零售管理系统、设备维修等作业培训，开展劳动技能竞赛以及消防运动会等活动。

三、加油站网络发展

公司成立之初经营京沪、连徐和宁宿徐3条高速公路9对服务区18座加油站，后经逐年接收高速公路新建站和其他经营单位租赁到期站点，加油站网络得到了快速发展，自2002年接受连徐高速毕庄母子站开始，2004年和2007年分别突破40座和100座。截至2012年底，公司经营的加油站涵盖江苏境内京沪、连徐、京福、连徐、宁宿徐、沿海、宁靖盐、宿淮盐、广靖锡澄、宁杭、锡宜、扬州西北绕城、宁常镇溧、沿江、宁淮、沪苏浙、江阴大桥等19条高速公路和过江大桥65个服务区的128座加油站。

第四节 党团工会建设

一、党建工作

2004年2月13日，成立高速石油公司党总支，下设机关党支部、京沪党支部、连徐三个党支部。2008年7月16日，高速石油公司党委成立，设机关党支部，并以片区为单位设有6个基层党支部，2011年公司党委根据经营网络的发展情况，对基层党支部进行了全面调整并对支部进行了改选，确保了党务工作的覆盖面。截至2012年底，有党员60名。

二、工会建设

2004年2月11日成立公司工会，设有7个片区分工会、65个工会小组，现有工会会员1458名。自公司工会成立以来，贯彻落实“敬业爱岗、服务诚信、业务熟练、奋发向上”的员工队伍建设方针，紧密围绕加油站经营管理工作，一是加强基层工会组织建设，根据高速公路加油站员工驻站管理的实际情况，深入开展“先进职工之家”、“先进职工小家”和“模范职工之家”等不同层次的建家活动，推进“五小”工程建设，落实劳保用品、文体活动和学习书籍的配备，为建家活动创造了良好的条件。2010年公司本部被省部属企事业工会评为“先进职工之家”，青山泉、范水、太湖3个加油站先后被省部属企事业工会授予“工人先锋号”荣誉称号。二是有针对性地组织开展了6次劳动竞赛和岗位技术练兵活动，在全公司掀起了争当“学习型、知识型、技能型”职工的热潮。公司8名技能竞赛优胜选手，在中石化江苏石油分公司第三届消防运动会上获得“油箱口着火应急预案第二名”的好成绩。三是广泛开展职工文化体育活动。成功组织了“高速石油杯”篮球、乒乓球、羽毛球等职工喜闻乐见的体育活动，丰富活跃了职工文化生活，充分展示了公司员工队伍团结进取，积极向上的精神风貌。

三、共青团工作

2004年4月21日，高速石油公司团委成立。团委下辖65个基层团支部。

表6—16—1　　高速石油公司2001—2012年主要经济指标表

年份＼指标	1.成品油销售量（万吨）	2.零售量（万吨）	3.销售收入（万元）	4.利润（万元）	5.吨油费用（元）	6.资产总额（万元）	7.员工总数（人）
2002	5.5	5.5	15831	956	220	7000	156
2003	9.1	9.1	28195	1342	226	8900	159
2004	19.7	19.7	68565	2551	204	8000	321
2005	32.5	32.5	128931	1060	241	11100	556
2006	46.2	46.2	214735	2441	223	14100	839
2007	57.1	57.1	280999	3368	235	18400	1044
2008	80.0	80.0	463593	3471	227	19200	1237
2009	64.7	64.7	365951	5035	257	20700	1296
2010	70.9	70.9	468945	5206	269	34800	1380
2011	97.9	97.9	730451	6110	265	32800	1418
2012	101.7	101.7	782085	7350	287	33542	1458

表6—16—2　　领导人员变动情况

姓　名	职　务	任职时间	备　注
陈祥辉	董事长	2012.05—	
倪仁杰	董事长	2005.06—2012.04	
曹光前	总经理 董事长	2002.06—2010.05 2003.08—2005.05	
邵　毅	董事长	2002.06—2003.07	
冯培育	副董事长 副董事长	2004.04—2007.03 2010.06—	中石化 中石化
宋布尔	副董事长	2007.04—2010.05	中石化
傅建平	监事会主席	2008.05—	中石化
王中艾	监事会主席	2002.06—2008.04	中石化
成秀虎	总经理	2010.06—	
徐洪辉	副总经理 常务副总经理	2003.08—2010.05 2010.06—	中石化委派 中石化委派
曹玉春	副总经理	2006.04—	
王　勤	副总经理	2008.05—2011.03	
朱道明	总经理助理	2011.04—	
张济超	副总经理	2002.06—2003.07	中石化委派
孙东城	副总经理	2002.06—2003.07	中石化委派

表6—16—3　　历年荣誉

年份	姓名／项目／集体	荣誉称号	授予单位
2004—2006	高速石油公司	免检企业	省工商局
2004	川星加油站	巾帼示范岗	省部属企事业工会
2007	高速石油公司	省服务业百强企业	省发改委、省统计局
2007	高速石油公司工会	合格职工之家	省部属企事业工会
2007	浦南加油站	五一巾帼示范岗	省部属企事业工会
2009	青山泉加油站	工人先锋号	省部属企事业工会
2010	高速石油公司工会	先进职工之家	省部属企事业工会
2010	范水加油站	工人先锋号	省部属企事业工会
2010	太湖加油站	工人先锋号	省部属企事业工会
2012	高速石油公司工会	模范职工之家	省部属企事业工会

人物名表

一、省公司行政领导任职情况

姓　名	职　务	任职时间	备　注
周立和	总经理	1998.10—2004.03	2000.01—2004.03 兼非上市部分总经理
杨　棣	总经理	2004.03—2006.11	2004.03—2006.10 兼非上市部分总经理
吕建华	总经理	2006.11—	2006.11—　兼非上市部分总经理
叶健宁	副总经理	2011.05—	
张有根	副总经理	1996.03—	2000.04—　兼非上市部分副总经理 2004.11—　兼总法律顾问
王远超	副总经理	2000.01—2001.7	非上市部分
王其敏	副总经理	1998.03—2010.07	2000.04—2010.07 兼非上市部分副总经理 2010.07—2012.04 任调研员
冯培育	副总经理	1998.03—	2000.04—　兼非上市部分副总经理
宋布尔	副总经理	2001.08—	2001.08—　兼非上市部分副总经理
鲁广余	副总经理	2000.01—2005.09	2000.01—2005.09　兼非上市部分副总经理
杨其明	总会计师	2009.09—	

二、省公司党委领导任职情况

姓名	职务	任职时间	备注
黄 彪	党委书记、纪委书记	2000.01—2011.05	
叶健宁	党委书记、纪委书记	2011.05—	
周立和	党委委员	1998.10—2004.03	
杨 棣	党委委员	2004.03—2006.11	
吕建华	党委委员 兼党委副书记	2006.11—2011.05 2011.05—	
张有根	党委委员	1996.03—	
王远超	党委副书记	1998.03—2006.12	1998.03—2006.12 兼机关党委书记 2001.01—2006.12 兼工会主席
王其敏	党委委员	1998.03—2010.07	
冯培育	党委委员	1998.03—	
宋布尔	党委委员	2001.08—	2007.07— 兼机关党委书记
鲁广余	党委委员	2000.01—2005.09	
杨其明	党委委员	2009.09—	

三、省公司总经理助理、副总经济师、副总会计师

姓名	职务	任职时间	备注
刘淞烈	副总经济师	2000.01—2005.01	兼企业文化部部长、机关党委副书记、机关工会主席
刘贵宝	副总经济师	2000.01—2002.08	
赵建平	副总会计师	2000.01—2005.01	
罗统华	副总经理（非上市部分）	2001.01—2005.09	
林振权	总经济师（非上市部分）	2001.01—2005.01	
韦元根	总经理助理	2002.02—2005.01	兼镇江分公司党委书记
徐 光	总经理助理	2002.04—2005.01	兼连云港分公司经理
王 媛	副总经济师	2003.03—2005.01	兼经营管理处处长
周雪洪	副总会计师	2009.03—2009.09	兼财务资产处处长
方顺利	副总经济师	2011.11—	兼管道办主任
朱建德	总经理助理	2012.03—	兼苏州分公司经理
陈 伟	副总经济师	2012.09—	兼经营管理处处长
江 宁	副总经济师	2012.09—	

四、地市级以上的劳动模范和五一劳动奖章获得者

2001年，南京分公司朱炳贵被江苏省总工会评为“江苏省劳动模范”。

2002年，南京分公司满金柱被集团公司评为“中石化劳动模范”。

2002年，淮安分公司陈伟被江苏省总工会授予“江苏省五一劳动奖章”，被淮安市政府评为“淮安市劳动模范”；2005年被集团公司评为“中石化劳动模范”。

2003年，南京分公司王其兵被南京市总工会评为“南京市劳动模范”。

2004年，徐州分公司李茜先后被集团公司评为“中石化劳动模范”、国资委“中央企业劳动模范”、“中央企业优秀共产党员”。

2005年，淮安分公司叶宝华被淮安市政府评为“淮安市劳动模范”。

2005年，南通分公司顾忠辉被南通市政府评为“南通市劳动模范”。

2006年，南通分公司顾忠辉被江苏省政府评为“江苏省劳动模范”。

2008年，苏州分公司朱建德、扬州分公司方顺利、盐城分公司徐安芳被集团公司评为“中石化劳动模范”。

2008年，淮安分公司黄在祥被淮安市政府评为“淮安市劳动模范”。

2009年，苏州分公司朱建德被国资委评为“中央企业劳动模范”。

2009年，南京分公司李涛被南京市总工会授予“南京市五一劳动奖章”。

2010年，扬州分公司王文清被评为中央文明办“助人为乐中国好人”；2011年，被新华社评为“中国网事·感动2010”年度十大网络人物，被授予人民网第六届人民社会责任贡献奖，同年被中华全国总工会授予“五一劳动奖章”。

2010年，南京分公司孔筠被南京市总工会授予“南京市五一劳动奖章”。

2011年，淮安分公司朱镇被淮安市政府评为“淮安市劳动模范”。

2011年，南通分公司李鑫龙被南通市政府评为“南通市劳动模范”。

五、教授级、高级专业技术职务人员(截至2012年底，在职人员)

教授级高级经济师（2人）：吕建华、李宁

教授级高级政工师（1人）：叶健宁

高级经济师（18人）：张有根、宋布尔、朱晖、蒋必森、黄新、茅永新、谭建国、朱报春、孙建华、张文林、杨东升、张振华、李邦华、蔡云康、陈香、胡春艳、卢叶春、蔡必华

高级工程师（11人）：杨其明、江宁、朱建平、周彦山、谢翔、宋增安、康忠民、王荣、王一明、王玉霞、尤一浩、胡开健、朱军山

高级会计师（10人）：刘群、毛忠泉、张家林、邹红娣、孙楠、沈冬兰、袁陈红、邹秋萍、林文、刘建国、吴凤奇

高级审计师（1人）：许建明

高级政工师（5人）：叶宝华、王跃兵、曾亚锦、刘华、陈新建

高级研究馆员（1人）：凌爱清

荣 誉

2001—2012年，江苏石油全系统涌现出一批为企业经营、发展作出突出贡献的先进集体、项目和个人。第一节为江苏石油分公司级单位荣誉，第二节为省公司相关部门、分公司及加油站等集体荣誉，第三节为个人荣誉，第四节为项目荣誉，第五节为技能竞赛比武荣誉。

收录范围：省公司级（含集体、项目、个人）包括在石化行业及当地政府所获荣誉；分公司级为石化行业所获荣誉（分公司在当地政府所获荣誉已在第6篇各章节中表述）。

第一节 公司荣誉

年份	称号	颁奖单位
2001	2001年度集团公司安全生产先进单位	集团公司
2001	1999—2001年江苏省思想政治工作优秀企业	省委组织部等
2002	1999—2001年全国内部审计先进单位	国家审计署
2002—2006	2000—2005年度集团公司审计工作先进单位	集团公司
2001—2009	决算报表先进单位	股份公司财务部
2002 2003 2006 2009	财务管理标兵单位	股份公司财务部
2004 2005 2008	财务管理先进单位	股份公司财务部
2002	2001年度集团公司安全生产先进单位	集团公司
2003	2002年度股份公司财务管理标兵单位	股份公司财务部
2004	集团公司效能监察工作先进集体	集团公司
2004	2003年度集团公司安全生产先进单位	集团公司

续表

年份	称号	颁奖单位
2005	2002—2004 年全国内部审计先进单位	国家审计署
2005	2004 年集团公司安全生产先进单位	集团公司
2006	第六批城市节水型企业	省建设厅
2006	2005 年江苏营业收入百强企业第 6 位	省经济贸易委员会、省统计局等
2007	2004–2006 年度江苏省思想政治工作优秀单位	省委组织部、省委宣传部等
2007	2007 年度投资统计报表优胜单位	股份公司发展计划部
2008	2007 年度集团公司节能先进单位	集团公司
2008	法律事务工作先进单位	集团公司
2008 2009 2010	全省依法治企、诚信经营先进单位	省经贸委
2008	2007 年江苏省连锁企业总店销售额排名第二	省经贸委、省统计局
2008	2008 年股份公司投资统计报表先进单位	股份公司发展计划部
2008	2007 年度江苏省百强企业第 6 位	省经贸委、省统计局等
2008	2005—2007 年全国内部审计先进单位	国家审计署
2009	2008 年度全省依法治企、诚信经营先进单位	省经贸委
2009	2008 年江苏省服务业百强企业第 2 位	省发改委、江苏省统计局等
2009	清理整顿工作先进单位	集团公司
2009	2008 年度教育培训工作先进单位	销售公司
2009	2008 年度财会工作先进单位	销售公司
2009	2008 年度直属单位领导班子绩效考核 A 级单位	集团公司企改部
2010	2009 年度江苏省百强企业（集团）第 5 位	省经信委、省统计局等
2010	2009 年度企业信息化水平评价 A 级单位	股份公司信息部
2010	2008—2009 年度全省脱贫攻坚工作先进单位	省扶贫工作领导小组
2010	2009 年度政务信息工作先进单位	集团公司
2010	2007—2009 年度集团公司审计工作先进单位	集团公司
2010	2009 年度直属单位领导班子绩效考核 A 级单位	集团公司企改部
2010	2009 年度销售企业三基工作优秀组织单位	销售公司
2010	加油站改造先进单位	销售公司
2010	强化经营管理年活动优秀组织单位	销售公司
2010	ERP 综合应用先进单位	销售公司
2010	商标打假维权先进单位	销售公司

续表

年份	称号	颁奖单位
2011	上海世博会安保工作先进单位	集团公司安环局
2011	全省帮扶农机合作社发展先进企业	省农机局
2011	省级“平安企业”	省公安厅等
2011	2010 年度土地管理先进单位	集团公司
2011	ERP 综合应用典型企业	股份公司
2011	信息化先进企业	集团公司
2011	法律工作先进单位	集团公司
2011	2010 年度、2011 年度“三基”工作先进组织单位	集团公司
2011	2010 年度直属单位领导班子绩效考核 A 级单位	集团公司企改部
2012	改善经营管理建议工作突出企业、标准化制度建设突出企业	销售公司

第二节 集体荣誉

年份	获奖单位	称号	颁奖单位
2001—2011	南京分公司汉中门加油站、徐州分公司矿山路加油站	2001—2011 年集团公司全国青年文明号	集团公司、共青团中央
2001	徐州分公司、无锡分公司	2001 度集团公司优秀政治工作基层单位	集团公司
2003	苏州分公司	2002 年度集团公司优秀思想政治工作基层单位	集团公司
2005	无锡分公司	集团公司“四五”普法先进集体	集团公司
2005	南京分公司	加油站规范化管理百日竞赛优胜地市公司	销售公司
2005	南京分公司示范加油站、徐州分公司邳州第二加油站、常州分公司虹桥加油站、南通分公司越江路加油站、连云港分公司海连西路加油站、盐城分公司滨海东坎加油站	加油站规范化管理百日竞赛优秀加油站	销售公司
2005—2010	江苏石油记者站	先进记者站	中国石化报社
2006	江阴分公司党委	集团公司先进基层党组织	集团公司党组
2008	盐城分公司信访办公室	集团公司信访稳定工作先进集体	集团公司
2008	省公司物流中心、江阴分公司、盐城分公司	集团公司“深入群众促和谐，凝心聚力促发展”主题活动先进集体	集团公司党组
2008	淮安分公司	集团公司“抓源头、促清廉”先进集体	集团公司党组
2008	扬州分公司、徐州分公司	2007 年度销售企业“四好”地市公司领导班子	销售公司
2008	省公司经理办公室	2007 年度销售企业“四好”处室	销售公司
2009	南京分公司中山南路加油站、南通分公司越江路加油站	2008 年度全国青年文明号	集团公司、共青团中央
2009	南京分公司中山南路加油站	省部属企业工人先锋号	省部署企业工会
2009	江阴分公司	集团公司廉洁文化“六进”工程先进集体	集团公司党组
2009	南京分公司公园路站、徐州分公司运通站、常州分公司兰园站、南通分公司如皋南郊站、扬州分公司邗城站	销售企业五星级加油站	销售公司
2009	连云港分公司连海路加油站	省五一劳动奖章	省总工会
2010	扬州分公司	2009 年度集团公司“三基”工作先进基层单位	集团公司

续表

年份	获奖单位	称号	颁奖单位
2010	物流中心、南通分公司	集团公司岗位练兵先进集体	集团公司
2010	省公司商客中心、信息管理处	强化经营管理年活动专项管理先进单位	销售公司
2010	苏州分公司、泰州分公司	2009 年零售全员销售竞赛活动“销售先进地市公司”	销售公司
2010	姚港油库	销售企业“达标创优”优秀油库	销售公司
2010	江阴分公司、南通分公司	2009 年度销售企业商标打假维权先进基层单位	销售公司
2010	苏南成品油管道工程部	省部属企业工人先锋号	省部署企业总工会
2011	省公司审计处	2008—2010 年全国内部审计先进集体	国家审计署
2011	苏南成品油管道工程部	省级工人先锋号	省总工会
2011	苏州分公司吴江十七站	中央企业红旗班组	国资委
2011	苏州分公司党委、姚港油库党支部	集团公司先进基层党组织	集团公司
2011	淮安分公司、江阴分公司、南京分公司	信息化先进基层单位	集团公司
2011	宿迁分公司第一加油站	2010 年度中国石化青年文明号	集团公司
2011	扬州分公司	2010 年度“三基”工作先进基层单位	集团公司
2011	江苏石油记者站	优秀记者站	中国石化报社
2011	苏州分公司	地市公司“四好班子”	销售公司
2011	省公司零售中心	机关“四好”处室	销售公司
2012	省公司党委、徐州分公司党委、南通海安分公司党支部、苏州张家港分公司党支部	创先争优先进基层党组织	集团公司党委
2012	徐州运通加油站、泰州靖江第一加油站、常州虹桥加油站、扬州文昌西路加气站、苏州吴江十七加油站、泰州润滑油东站门市部	创先争优群众满意窗口	集团公司党委
2012	省公司办公室	2012 年度优秀办公室	集团公司
2012	徐州分公司	2011 年度“三基”工作先进基层单位	集团公司
2012	省公司审计处	机关“四好”处室	销售公司
2012	苏州分公司	地市公司“四好”班子	销售公司
2012	省公司办公室	优秀办公室	集团公司

第三节 个人荣誉

年份	获奖个人	称号	颁奖单位
2001	省公司经理周立和	2000 年集团公司有突出贡献的科技和管理专家	集团公司
2001	苏州分公司柳春峰、无锡分公司杨佩陵	2001 年度集团公司青年岗位能手	集团公司、共青团中央
2001	省公司王远超、苏州分公司陈留华、无锡分公司吴松巍、淮阴分公司刘全礼	2001 年度集团公司优秀思想政治工作者	集团公司
2001	省公司钱卫军	2000 年度扶贫促小康先进工作者	省扶贫工作领导小组
2001	省公司艾明华，江阴分公司刘杰、苏州分公司徐长年、南京分公司陈华芳、镇江分公司陈新建	2001 集团公司纪检监察系统先进工作者	集团公司
2001	南通分公司徐鹤鹏、省公司李乐仁	集团公司“三五”法律宣传教育先进个人	集团公司
2002	省公司王中艾	全国内部审计先进工作者	国家审计署
2002	王斌、许建明、王跃军、朱建国、朱明、朱明俊	2000—2001 年度集团公司审计工作先进工作者	集团公司
2002	南京分公司杨晓红	2001 年度决算报表先进个人	股份公司财务部
2002	省公司周进	2002 年度扶贫工作先进工作者	省扶贫工作领导小组
2003	省公司司文全	2002 年集团公司优秀青年知识分子	集团公司
2003	徐州分公司李茜	销售公司第二届销售状元	销售公司
2003	满金柱、李坤明、邵洪平、魏中辉、马春梅、周国平	销售公司第二届优秀加油站站长	销售公司
2003	王美、戴春芳、钱晶、陆伟、丁芹、刘娟、吴文华、邢春英、朱建梅、支利萍、蒋猛、何文贤	销售公司第二届先进加油员	集团公司
2003	徐州分公司王忠元、泰州分公司谢同骏	2002 年度集团公司优秀思想政治工作者	集团公司
2004	林文、张秋萍、张海光、何小江、姚菲、王中艾	2002—2003 年度集团公司审计工作先进工作者	集团公司
2004	徐州分公司李茜	2003 年集团公司青年岗位能手	集团公司、共青团中央
2004	徐州分公司李茜	中央企业劳动模范	人事部、国资委
2004	省公司吕莹娟、淮安分公司林云生、连云港分公司王晓莉、泰州分公司陈耀宗	集团公司纪检监察系统先进工作者	集团公司
2004	省公司杨棣、南京分公司陈华芳	集团公司效能监察先进个人	集团公司
2004	周立和、黄彪、王远超	2003 年度集团公司安全生产先进管理者	集团公司
2004	朱建平、邵子林、黄玉成、刘伟谦	2003 年集团公司安全生产先进职工	集团公司

续表

年份	获奖个人	称号	颁奖单位
2005	陈明军、裔照和、顾飞、马敏伟、徐星、季建平、陈香	2004年度优秀兼职记者	中国石化报社
2005	省公司陈海龙	2004年中国石化优秀青年知识分子	集团公司
2005	淮安分公司殷国珍	集团公司“四五”普法先进个人	集团公司
2005	杨棣、黄彪、王远超、符林章	2004年度集团公司安全生产先进管理者	集团公司
2005	范协南、袁强、董杰、夏文柏、史东平	2004年度集团公司安全生产先进职工	集团公司
2005	省公司秦智勇、胡立友	2004年股份公司财务决算报告先进个人	股份公司
2006	省公司胡滨	节约用水先进个人	南京市市政公用局
2006	江阴分公司郁岳麒	2005年度集团公司岗位能手	集团公司、共青团中央
2006	无锡分公司吴松巍	集团公司优秀共产党员	集团公司党组
2006	扬州分公司记林道发	集团公司优秀党务工作者	集团公司党组
2006	常州分公司陈新建	集团公司廉政勤政优秀领导人员	集团公司党组
2006	徐玉、袁剑、孙迎春、李正宏、周广良	2004—2005年集团公司审计工作先进个人	集团公司
2006	省公司康忠民	信息化建设优秀信息中心主任	集团公司
2006	省公司谢建华	信息化建设先进个人	集团公司
2006	省公司李艳、吴斌	2005年度财务决算报告先进个人	股份公司财务部
2006	沈作、赵运林、沈余元	销售网络建设工作优秀个人	销售公司
2007	叶晓珊、任金刚、高巍、杨青、周永凤、戴迎春	加油站优质服务月“百佳服务明星”	销售公司
2008	省公司黄卿	优秀共青团干部	团省委
2008	省公司黄卿、鲍志民	2007年度集团公司青年岗位能手	集团公司、共青团中央
2008	朱镇、毛宁庆、徐光、张振华	集团公司“深入群众促和谐，凝心聚力促发展”主题活动先进个人	集团公司党组
2008	省公司许建明	2005—2007年江苏省内部审计先进个人	江苏省审计厅
2008	江阴分公司刘悦	集团公司“抓源头、促清廉”先进个人	集团公司党组
2008	省公司张磊	优秀法律事务工作者	集团公司

续表

年份	获奖个人	称号	颁奖单位
2008	省公司叶传华	“五五”普法中期先进工作者	集团公司
2008	刘海	2007 度集团公司安全卫士	集团公司
2008	丁禹珍、季永生、秦富荣、洪成东	2007 度集团公司安全生产职工	集团公司
2008	省公司胡文悦和南通分公司董仲炜	2007 年度股份公司财务决算报告先进个人	股份公司财务部
2008	朱有才、周春辉、傅文楠、夏寿斌	2007 年销售企业加油站改造优秀项目管理人员	销售公司
2009	江阴分公司何小军、苏州分公司陆玉猛	2008 年度集团公司青年岗位能手	集团公司、共青团中央
2009	常州分公司陈国荣	中国石化销售标兵	集团公司
2009	常州分公司乐秀龙	中国石化营销能手	集团公司
2009	泰州分公司许学华、淮安分公司郑向东、南京分公司刘芸、宿迁分公司邵莉莉、无锡分公司潘奕芳、江阴分公司刘德华、镇江分公司陈冰、苏州分公司冯晓东、徐州分公司韩伟、无锡分公司潘正平、南通分公司吴和林、合资公司高丽萍	中国石化销售能手	集团公司
2009	扬州分公司王晓星	集团公司廉洁文化“六进”工程先进个人	集团公司党组
2009	苏州分公司朱建德	中央企业劳动模范	国务院国资委、人力资源和社会保障部
2009	省公司张有根	2008 年度全省依法治企、诚信经营先进个人	省经贸委
2009	左瑞华、许迎春、张云、高振华	2008 年度安全生产先进职工	集团公司
2009	盐城分公司蔡玲	销售企业“我要安全”主题活动金牌演讲选手	销售公司
2009	省公司陈剑平	销售企业“我要安全”主题活动银牌演讲选手	销售公司
2009	徐州分公司王洪亮、扬州分公司高峰	2008 年度教育培训工作先进个人	销售公司
2009	省公司胡文悦	2008 年度财务决算先进个人	股份公司财务部
2009	省公司陈晶晶	2008 年资产公司财务决算先进个人	资产公司财务资产部
2009	王建华、袁陈红、叶宝华、程毅、陈宝荣、蒋志刚、胡少东	清理整顿工作先进个人	集团公司
2009	林道发、黄亚萍、曹斌、王正、左海滨	改制分流先进个人	集团公司

续表

年份	获奖个人	称号	颁奖单位
2010	潘卫红、龚伟国、刘景玉	2010 年度安全生产先进职工	集团公司
2010	宋增安、袁成刚	2010 年度环境保护先进工作者	集团公司
2010	金东军、戎令梅、夏松潢、黄友才	2010 年“我要安全”主题活动安全卫士	集团公司
2010	省公司易思安	ERP 应用组织奖	销售公司
2010	省公司王峰	ERP（SD）应用创新奖	销售公司
2010	省公司胡文悦	ERP（FI/CO/TR）应用创新奖	销售公司
2010	省公司张明	ERP（PM 模块）应用创新奖	销售公司
2010	南通分公司朱小松	“身边的榜样”中国石化青年成长成才典型	集团公司党组
2010	省公司李湛扬	集团公司效能监察先进个人	集团公司
2010	省公司蔡必华	2009 年度中国石化政务信息工作先进个人	集团公司
2010	省公司盛登盈	中国石化保密工作先进个人	集团公司
2010	省公司程凌云、泰州分公司帅文娟	2009 年度销售企业商标打假维权先进个人	销售公司
2010	苏夕静、黄永艳、李四珍、谭蔚菁	2009 年度安全生产先进职工	集团公司
2010	李国琪、徐鸿飞	2009 年度环境保护先进工作者	集团公司
2010	姜秀雷、陈中华	“我要安全”主题活动安全卫士	集团公司
2010	张明、席长时	集团公司设备管理先进个人	集团公司
2010	袁剑、黄云峰	2007—2009 年度集团公司审计工作先进个人	集团公司
2010	郭宏春	2009 年度优秀教师（培训项目经理）	销售公司
2010	王甲正	2010 年人事劳资统计工作先进个人	集团公司人事部
2010	朱小松、董斌、董璟忠	集团公司岗位练兵标兵	集团公司
2010	闫成新	2009—2010 年集团公司技术能手（油品储运调和操作工）	集团公司
2010	省公司黄彪	集团公司尊老敬老好干部	集团公司
2010	省公司黄亚萍	集团公司离退休工作先进个人	集团公司
2010	省公司沈建东	ERP 深化应用先进个人	销售公司

续表

年份	获奖个人	称号	颁奖单位
2010	省公司黄松涛	2009年集团财务决算先进个人	集团公司财务部
2010	张东升	2010年集团公司财会人员素质达标竞赛个人优胜奖	集团公司
2010	省公司胡文悦、唐永杰	2009年度财务决算先进个人	股份公司财务部
2010	省公司张庭安	成品油管道建设优秀项目经理	销售公司
2010	省公司胡春艳、李学良、高夫春	强化经营管理者活动先进个人	销售公司
2010	沈建东	ERP深化应用先进个人	销售公司
2010	省公司张飚	业务公开先进个人	销售公司
2010	苏州分公司余磊	法律工作先进个人	集团公司
2010	徐州分公司魏铭雯	“五五”普法先进工作者	集团公司
2010	南通分公司李鑫龙	中央企业先进职工	国资委
2011	省公司蔡玉宗	集团公司“十一五”节能先进个人	集团公司
2011	王成、王清、吴和林	集团公司“优秀共产党员”	集团公司
2011	毛宁庆、汪正名	集团公司“优秀党务工作者”	集团公司
2011	省公司张秀梅	质量工作先进个人	集团公司
2011	赵海林、包胜、陆春华	2011年度安全生产先进职工	集团公司
2011	刘学山	“我要安全”主题活动安全卫士	集团公司
2011	省公司黄新	2010年度《车友报》文化促销优秀记者站站长	中国石化报社
2011	徐州分公司曹伟	中国石化销售标兵	集团公司
2011	苏州分公司朱建德、付建军	中国石化营销能手	集团公司
2011	南通分公司吴和林、江阴分公司刘德华、常州分公司唐沈娟、盐城分公司王晓阳、南京分公司刘亚梅、宿迁分公司张兰、无锡分公司叶俊娣、合资公司吴建新、连云港分公司席长红	中国石化销售能手	集团公司
2011	省公司谢翔	2010年度工程建设先进个人	集团公司
2011	省公司沈建东、鲍志明、胡文悦、朱建国、张瓒	信息化先进工作者	集团公司
2011	沈建东、帅文娟、孟艳秋、丁艳、江惠兰	2010年度中国石化青年岗位能手	集团公司
2011	省公司徐玉	2010年“三基”工作先进个人	集团公司
2011	南通分公司张姝娥	优秀组织人事干部	集团公司人事部

续表

年份	获奖个人	称号	颁奖单位
2011	扬州分公司王文清	全国五一劳动奖章	全国总工会
2011	省公司唐永杰、徐紫云	2011 年度财务决算先进个人	股份公司财务部
2011	苏州分公司朱建德	2010 年度比学赶帮超活动“优秀地市公司经理标兵”	销售公司
2011	徐州分公司曹伟	2010 年度比学赶帮超活动“优秀加油站站长标兵”	销售公司
2011	常州分公司陈国荣	2010 年度比学赶帮超活动“优秀成品油客户经理标兵”	销售公司
2012	省公司傅建萍	2008-2010 年全国内部审计先进工作者	审计署
2012	省公司赵林泉	集团公司节能达标先进个人	集团公司
2012	徐州分公司徐光、南通分公司陈宝生、泰州兴化分公司邹贻诚、徐州运通加油站站长姜秀雷、常州溧阳一片区经理史金球	创先争优优秀共产党员	集团公司党委
2012	徐州分公司张昉、淮安分公司刘学龙、镇江分公司吴诚、盐城分公司祁旭、江阴分公司商业许慎颖、宿迁分公司张兰、无锡分公司许哲霞、连云港分公司常新芹、南京分公司马志璐、淮安分公司徐学云	创先争优优秀服务标兵	集团公司党委
2012	江阴分公司龚伟国、省公司沈妍	集团公司设备管理先进个人	集团公司
2012	南京分公司袁陈红	2011 年度土地管理先进个人	集团公司
2012	省公司闫近伦	2011 年度“三基”工作先进个人	集团公司
2012	南通分公司陈宝生	十佳地市公司经理	销售公司
2012	南通分公司王跃兵	十佳地市公司书记提名奖	销售公司
2012	泰州分公司帅文娟、徐州分公司运姜秀雷、镇江分公司高家门加气站站长金涛	2011 年度比学赶帮超活动“个人标兵”	销售公司
2012	陈晶晶	2011 年财务会计报表先进个人	集团公司财务部
2012	董燕	2012 年业务竞赛油品分析工铜奖	集团公司人事部
2012	唐永杰、张岩	2011 财务决算先进个人	股份公司财务部
2012	陈凯、闫成新、王洪波	2012 年度安全生产先进职工	集团公司
2012	邹秀健	2012 年度环境保护先进工作者	集团公司

第四节 项目荣誉

年份	获奖项目	称号	颁奖单位
2001	地县石油公司区域整合和流程再造	第八届国家级企业管理现代化创新成果二等奖	全国企业管理现代化创新成果审定委员会
2001	改革体制　创新管理	集团公司第10届管理现代化创新成果一等奖	集团公司
2001	再造观念　再造流程	集团公司第10届管理现代化创新成果一等奖	集团公司
2001	江苏石油公司2001年财务决算审计	优秀审计项目一等奖	集团公司
2001	新时期内审工作的重点应转向经营审计	优秀审计论文一等奖	集团公司
2001	江苏石油分公司系统分建账资产负债审计及后续审计	优秀审计项目三等奖	集团公司
2002	创新CORO管理模式，实施零售体制改革	集团公司企协第11届管理现代化创新成果三等奖	集团公司
2002	改制后存续企业以集权为特征的重组再造	第九届国家及企业管理现代化创新成果一等奖	全国企业管理现代化创新成果审定委员会
2002	江苏石油分公司系统网络建设建设资金专项审计	优秀审计项目一等奖	集团公司
2002	江苏石油分公司2000年财务决算审计	优秀审计项目二等奖	集团公司
2004	2004年加油站投资情况专项审计	优秀审计项目二等奖	集团公司
2005	梅林油库工程建设项目决算	优秀审计项目三等奖	集团公司
2005	小额投资及修理费支出专项审计	优秀审计项目三等奖	集团公司
2006	2006年1—8月份商品流通费预算执行情况专项审计	优秀审计项目三等奖	集团公司
2007	加油站投资决策评价系统	中国石化集团企协第16届管理现代化创新成果一等奖	集团公司企改部、中国石化集团企业管理协会
2007	规范管理构建法律权证信息化管理体系	中国石化集团企协第16届管理现代化创新成果二等奖	集团公司企改部、中国石化集团企业管理协会
2007	强化过程控制　培育第三方物流体系	中国石化集团企协第16届管理现代化创新成果三等奖	集团公司企改部、中国石化集团企业管理协会
2009	基于V20平台的加油站成品油数量管理体系研究	中国石化集团企协第18届管理现代化创新成果三等奖	中国石化集团企协
2010	群舞《迎宾鼓舞》	中国石化第四届职工文艺录相调演舞蹈类三等奖	集团公司文联

续表

年份	获奖项目	称号	颁奖单位
2010	加油员之歌	中国石化第四届职工文艺录像调演音乐类优秀奖	集团公司文联
2010	非油品业务经营管理情况专项审计	优秀审计项目二等奖	集团公司
2010	推广应用党建“八助工作法”	2009年省部属企业、科研院所党组织“十大创新工作”	省委组织部
2010	建设“五小”工程	2009省部属企业、科研院所党组织“服务党员群众十件实事”	省委组织部
2010	基于V20平台的加油站油品损耗管理体系应用	“2010中国油气计量技术论坛”中国石化获奖论文三等奖	股份公司科技部
2010	江苏石油分公司安防建设项目组	集体二等功	省公安厅
2010	以创优为特色的企业管理模式探索	集团公司第19届管理现代化创新成果一等奖	集团公司
2010	苏州分公司城市便利加油点	集团公司第19届管理现代化创新成果二等奖	集团公司
2010	淮安分公司ERP在直分销环节效能监控工作中的应用、省公司手机终端的移动信息化办公系统（MOA系统）	集团公司第19届管理现代化创新成果三等奖	集团公司
2011	油库商品库存管理专项审计	优秀审计项目二等奖	集团公司
2011	江苏成品油管线（江南线）工程	2011年度中国石化优质工程奖	集团公司
2011	以落实责任制为导向的石化销售企业精细化管理实践	集团公司第20届管理现代化创新成果一等奖	集团公司
2012	石油销售企业精细化为导向的系统优化管理	第18届国家级管理现代化创新成果二等奖	全国企业管理现代化创新成果审定委员会
2012	建立经营风险防范长效机制	集团公司第21届管理现代化创新成果一等奖	集团公司

第五节 技能竞赛比武荣誉

一、2006年销售企业职业技能竞赛和技术比武决赛

1. 质检岗位技术比武决赛团体第二名：江苏石油分公司

2. 物流优化岗位技术比武决赛团体第二名：江苏石油分公司

3. 加油站操作员职能技能竞赛决赛铜牌：蒋腾、郭宏春、薛建峰

4. 油品储运操作工职能技能竞赛决赛铜牌：李俊

5. 计量岗位技术比武决赛银牌：韩亚军

6. 计量岗位技术比武决赛铜牌：高书标

7. 质检岗位技术比武决赛铜牌：陶小波、陆元华

8. 物流优化岗位技术比武决赛金牌：朱小松、董瑾忠

9. 物流优化岗位技术比武决赛银牌：史培峻、谢建华

10. 费用及预算个人单项赛铜牌：王宏伟

11. 财务管理与会计核算岗位个人综合赛铜牌：施雪勤

二、2007年销售企业职业技能竞赛和技术比武决赛

1. 决赛公平竞赛奖：江苏石油分公司

2. 普法考试暨法律知识技术比武决赛团体优秀奖：江苏石油分公司

3. 加油站操作员技术比武决赛优秀奖：郭宏春、蒋腾

4. 润滑油业务技术比武决赛加油站销售银奖：卢小飞

5. 网络公文技术比武决赛金奖：顾永康

6. 网络公文技术比武决赛铜奖：刘迎春

7. 质检岗位技术比武决赛铜奖：纪明宏

8. 信息管理技术比武决赛系统管理铜奖：范方耀

9. 信息管理技术比武决赛网络管理银奖：王斌

10. 信息管理技术比武决赛网络管理铜奖：樊晓红

11. 信息管理技术比武决赛信息论文竞赛银奖：鲍志民

12. 法律知识技术比武决赛油品购销类铜奖：余磊

13. 销售企业技术能手：王斌、鲍志民、顾永康、卢小飞

14. 销售企业技术比武优胜选手：范方耀、樊晓红、纪明宏、余磊、刘迎春

三、2008年集团公司职业技能竞赛

1. 油品计量工优秀选手：高书标、韩亚军

2. 集团公司2007—2008年度技术能手（油品储运调和操作工）：沙振华

四、2008年销售企业职业技能竞赛和技术比武决赛

1. 地市润滑油管理岗铜奖：陆玉猛

2. ERP运维铜奖：何小军

3. 销售企业技术比武优胜选手、企业管理岗位决赛铜奖：谭颖

4. 销售企业技术能手：陆玉猛、何小军

五、2009年销售企业职业技能竞赛和技术比武决赛

1. 团体最佳进步奖：江苏石油分公司

2. 审计专业决赛第二名：江苏石油分公司

3. 营销岗位技术比武决赛铜奖：包强、周清骅

4. 零售（销售技能）技术比武决赛铜奖：夏书华

5. 审计专业技术比武决赛铜奖：单文辉、陈星

6. 销售企业技术能手、投资和项目管理人员技术比武决赛银奖：李作室

7. 劳动工资管理岗位技术比武决赛铜奖：赵剑

8. 劳动工资论文优秀奖：李宁

9. 销售企业技术比武优胜选手：包强、周清骅、夏书华、陈星、单文辉、赵剑

六、2010年股份公司信息部ERP应用技能竞赛

1. 团体二等奖：江苏石油分公司

2. 信息基础设施运维及安全知识竞赛决赛三等奖：江苏石油分公司

3. ERP应用技能竞赛业务模块一等奖：王峰

4. ERP应用技能竞赛业务模块二等奖：沈建东

5. ERP应用技能竞赛业务模块三等奖：胡文悦

6. ERP应用技能竞赛ABAP/BASIS三等奖：何小军

7. 信息基础设施运维及安全知识竞赛决赛信息安全银牌：丁锦峰

8. 信息基础设施运维及安全知识竞赛决赛网络技术铜牌：裴琛

9. 信息基础设施运维及安全知识竞赛决赛服务器技术铜牌：何小军

七、2010年销售企业职业技能竞赛和技术比武决赛

1. 土地管理人员技术比武决赛团体第三名：江苏石油分公司

2. 土地管理人员技术比武决赛金奖：董斌

3. 土地管理人员技术比武决赛银奖：胡少东

4. 纪检监察管理人员技术比武决赛铜奖：江惠兰

5. 销售企业技术能手：董斌、胡少东

6. 销售企业技术比武优胜选手：江惠兰、桂建军

八、2006—2010年销售企业职业技能竞赛和技术比武决赛

先进企业：江苏石油分公司

九、2010年集团公司“创先争优、与法同行”法律知识竞赛

1. 团体三等奖：江苏石油分公司

2. 个人银奖：丁嘉一

3. 个人铜奖：余磊

十、2011年集团公司职业技能竞赛

1. 审计业务技术比武团体三等奖：江苏石油分公司

2. 信息人员桌面安全管理团体优秀奖：江苏石油分公司

3. 油品计量工职业技能竞赛个人银奖：孙城楼

4. 审计业务技术比武个人铜奖：张宇翔

十一、2011年销售企业职业技能竞赛和技术比武

1. 零售人员技术比武团体优秀组织奖：江苏石油分公司

2. 零售人员技术比武个人优秀选手奖：陈建丽

十二、2012年集团公司职业技能竞赛

1. ERP应用技能竞赛团体二等奖：江苏石油分公司

2. ERP应用技能竞赛个人金奖：王峰

3. ERP应用技能竞赛个人银奖：唐永杰、沈东波

4. ERP应用技能竞赛个人铜奖：何小军

十三、2012年销售企业职业技能竞赛和技术比武

1. 零售综合管理技术比武团体公平竞赛奖：江苏石油分公司

2. 企业管理人员技术比武团体最佳组织奖：江苏石油分公司

3. 非油品业务人员技术比武团体三等奖：江苏石油分公司

4. 非油品业务人员技术比武站长岗个人金奖：杨雪萍

5. 企业管理人员技术比武个人铜奖：余磊

6. 油品分析工职业技能竞赛暨质量管理人员技术比武个人铜奖：陆元华、董燕

7. 非油品业务人员技术比武运营人员岗个人铜奖：黄晨

8. 零售综合管理技术比武个人优秀选手奖：蒋腾

9. 企业管理人员技术比武个人优秀选手奖：胡春艳

10. 销售企业技术能手：杨雪萍

11. 销售企业技术比武优胜选手：陆元华、余磊、黄晨

后记

《江苏石油志（2001—2012）》是《江苏石油志》编纂委员会主持编纂的企业志，它记载了江苏石油分公司2001—2012年经营、改革、发展的历史。志书编纂历时一年，主要经历了以下五个阶段。

2012年2—3月，学习策划阶段。为向2013年司庆60周年献礼，江苏石油分公司决定编纂志书。2012年3月，江苏石油分公司与中国石化出版社、江苏油田、西南石油局、河南油田等史志办专业人员进行了座谈学习，决定编纂《江苏石油志（2001—2012）》。

2012年4—5月，启动筹备阶段。4月6日，江苏石油分公司开始部署《江苏石油志（2001—2012）》编撰工作。4月19日，举办编纂培训班，对志书编纂相关知识进行讲授和答疑。5月4日，正式下发《关于续编〈江苏石油志〉的通知》，明确工作任务，成立编委会，下设办公室。编委会办公室设计篇目框架，形成初步提纲，对编纂工作进行分工，5月21日，正式下发《关于明确〈江苏石油志〉撰写职责分工和撰写要求的通知》。6月29日，召开分公司撰稿人会议，介绍志书相关知识，讨论分公司写作内容。

2012年7—10月，集中撰稿阶段。省公司各部门、各分公司陆续提交初稿，编委会不定期召开会议，逐家对接修改意见，经过两轮修改，形成志书初稿内容。10月12日，召开分公司审稿会，对分公司及投控股企业稿件进行审核修改。10月23—26日，召开省公司审稿会，对省公司各部门稿件进行审核修改。

2012年11—12月，修改评审阶段。10月底开始排版，将编印成册的讨论稿送省公司编委会审查。针对各单位及省公司领导提出的修改意见，责任编辑进行了校核和补编。12月5—7日，进行集中审稿。12月底，评审稿送中国石化出版社，请专家审查把关。

2013年1—2月，出版印刷阶段。1月中旬，各撰稿单位填补2012年相关数据和内容。2月1日，组织专家终审评审；2月底正式付梓印刷。

志书编纂过程中，《江苏石油志》编纂委员会对志书编纂给予了大力关心和支持，吕建华总经理、叶健宁书记对志书进行总体策划；总编张有根副总经理对志书进行总指导；冯培育、宋布尔、杨其明、朱建德、李宁、陈伟等公司领导，指导编委会对志书进行充实完善提升，顾问王其敏对志书进行认真审核修改；副总编朱晖、孙剑、卢叶春负责总体计划安排和工作推进。省公司各部门负责人、分公司经理和书记多次对志书进行修改补充。

各位编辑在不误本职工作的同时，笔耕不辍，付出了辛勤的劳动。责任编辑范协南负责第一篇中“物流运行”、第二篇“储运销网络建设”及第三篇中“安全与设备管理”、“数质量管理”等内容的统筹与审核；责任编辑沈宏伟负责第五篇“非上市部分”的统筹与审核；责任编辑陈香负责概述、大事记、附录、第六篇“分公司及投控股企业”等以及全书照片的统筹与审核；责任编辑周泉、李学良负责第一篇“经营业务”的统筹与审核；责任编辑胡春艳负责第三篇中“体制改革”、“财务与会计”、“内部审计管理”、“信息技术管理”、“法律事务”、“综合管理”等内容的统筹与审核；责任编辑江惠兰负责第四篇“党建工作与队伍建设”的统筹与审核。

集中审稿阶段，南通分公司张红玉、泰州分公司帅文娟、淮安分公司张悦、盐城分公司许菁菁、常州分公司张建、苏州分公司贾习文也积极参与，付出了辛勤劳动。

在这短短一年的时间里，《江苏石油志（2001—2012）》能顺利出版，得益于省公司领导的正确指导，得益于省公司各部门、各分公司的全力支持，也得益于全体撰稿人员和责任编辑的辛勤劳动，在此一并表示诚挚的感谢！

编志工作是一项系统的文化建设工程，涉及面广、专业性强，编纂时间较为短暂，加之参编人员水平有限，遗漏、错讹在所难免，敬请读者批评指正。

《江苏石油志（2001—2012）》编纂委员会办公室

2013年2月